Rolf Steininger

Deutsche Geschichte

Darstellung und Dokumente
in vier Bänden

Band 4: 1974
bis zur Gegenwart

Fischer Taschenbuch Verlag

Lektorat: Walter H. Pehle

Originalausgabe
Veröffentlicht im Fischer Taschenbuch Verlag,
einem Unternehmen des S. Fischer Verlages GmbH,
Frankfurt am Main, November 2002

Redaktion: Harald Dunajtschik
Satz: Fotosatz Otto Gutfreund GmbH, Darmstadt
Druck und Bindung: Clausen & Bosse, Leck
Printed in Germany
ISBN 3-596-15583-5

Inhalt

16 juin

17 juin

Vorbemerkung

Mit den Bänden 3 und 4, die die Zeit von 1955 bis 2002 behandeln, wird die »Deutsche Geschichte seit 1945« abgeschlossen. Wie bei den ersten beiden Bänden, die bis 1955 reichen, steht auch hier die deutsche Frage im Mittelpunkt. Es geht um Teilung und Einheit, stärker als vorher auch im Zusammenhang mit den deutsch-deutschen Beziehungen: In dem Bemühen um eine gesamtdeutsche Darstellung werden im Grunde zwei, trotz aller Gegensätzlichkeiten zusammengehörende deutsche Geschichten erzählt, analysiert und dokumentiert.
Daneben gab es bis 1990 eine separate Geschichte der BRD und eine der DDR: Deren innen- und außenpolitische Aspekte werden untersucht und dabei auch Themen behandelt, die man in anderen Gesamtdarstellungen kaum findet, etwa die Beziehungen zu Österreich, zu Italien, die Südtirolfrage, die deutsch-israelischen Beziehungen, der Umgang mit dem Holocaust. In mehreren Kapiteln geht es auch um die europäische Integration.
Die Höhepunkte der Jahre 1989/90 werden in Band 4 in vier Kapiteln geschildert: der Fall der Mauer sowie die Innen- und Außenpolitik für die Einheit unter einem Kanzler Helmut Kohl, der die Gunst der Stunde nutzte und erfolgreich nach dem »Mantel der Geschichte« griff. In den beiden abschließenden Kapiteln 9 und 10 von Band 4 werden 12 Jahre vereinigtes Deutschland untersucht, bis hin zu den Terrorangriffen in den USA im September 2001 und deren Folgen sowie der Einführung des Euro als Bargeld im Januar 2002 in 12 der 15 Mitgliedsländer der Europäischen Union.
Aus der inzwischen äußerst umfangreichen Fülle der Literatur habe ich versucht, eine einigermaßen überschaubare Auswahl zu treffen (mit Neuerscheinungen für den in Band 1 und Band 2 behandelten Zeitraum 1945–1955 in Band 1, S. 392–398, Nr. 1055–1186). Da das einfache Aneinanderreihen von Titeln allerdings für den Leser auch nicht sehr hilfreich ist, habe ich in Band 4 in einem bibliographischen

Essay einige Schwerpunkte für die neuere Literatur gesetzt, ergänzt um Hinweise auf Fernsehdokumentationen und nützliche Adressen im Internet. In beiden Bänden ermöglichen ausführliche Zeittafeln – bis 1988 BRD und DDR gegenübergestellt, danach vereinigt – sowie ein Personen-, Sach- und Ortsregister einen schnellen Überblick bei Daten etc.

Die »20 Fragen« in Band 4 – die Zahl könnte leicht verdreifacht werden – sind als Anregung für eine Diskussion oder als Vorbereitung auf eine Prüfung gedacht; so oder ähnlich lauten jedenfalls meine Prüfungsfragen.

Die Bände 1 und 2 sind 1996 als erweiterte Neuauflage erschienen und waren schon bald vergriffen. Von daher schien es sinnvoll, sie zusammen mit den Bänden 3 und 4 neu aufzulegen – inhaltlich unverändert. Schon 1996 war der Darstellungsteil erheblich ausgeweitet worden – zu Lasten der Dokumente: Aus der Erstauflage konnten etliche, zum Teil erstmals veröffentlichte Dokumente aus Platzgründen nicht mehr übernommen werden (was vielfach bedauert wurde). Ähnlich ist es jetzt auch bei den Bänden 3 und 4: erweiterter Darstellungsteil, weniger Dokumente. Hier bot sich das Internet als Lösung an. Als Ergänzung zu den Bänden 1 bis 4 habe ich weitere Dokumente (z. T. bislang unveröffentlicht), Faksimiles, Bilder und Karten ins Netz gestellt. Sie stammen aus dem ehemaligen Zentralen Parteiarchiv der SED in Ost-Berlin (jetzt Bundesarchiv), wo ich unmittelbar nach den Wahlen in der DDR im März 1990 Akten einsehen konnte, den National Archives in Washington, D. C., dem Public Record Office in London, dem Politischen Archiv des Auswärtigen Amts in Berlin, sowie vom Bundesbeauftragten für die Stasi-Unterlagen in Berlin und sind im Zeitgeschichte-Informations-System ZIS des Instituts für Zeitgeschichte der Universität Innsbruck unter *http://zis.uibk.ac.at* – Stichwort »Deutsche Geschichte seit 1945« – abrufbar.

Innsbruck und Pyne Mountain,
West Virginia,
im März 2002

Rolf Steininger
(rolf.steininger@uibk.ac.at)

1. Kapitel

1974–1989: Von Helmut Schmidt zu Helmut Kohl

Dokumente

1974–1989: Von Helmut Schmidt zu Helmut Kohl

Wirtschaftspolitik

Am 16. Mai 1974 wurde Helmut Schmidt zum Nachfolger des zurückgetretenen Bundeskanzlers Willy Brandt gewählt. Außenminister wurde Hans-Dietrich Genscher (der dieses Amt bis 1992 behielt). Schmidt war ein Mann von überragender Kompetenz in Finanz-, Wirtschafts-, Sicherheits- und Verteidigungsfragen. In all diesen Bereichen hatte er zuvor seine Fähigkeiten unter Beweis gestellt. Er brachte das mit, was manche seit 1972 bei Willy Brandt vermißt hatten: straffe Führung und unermüdlichen Fleiß. Er war ein gefürchteter Debattenredner; schon bald nannte man das »Schmidt-Schnauze«, und im englischsprachigen Raum »Schmidt-lip« – Schmidt spricht perfekt Englisch. Nicht jeder mochte diesen Stil, auch und gerade in den eigenen Parteireihen. So sprach der SPD-Bundestagsabgeordnete, Politologieprofessor und Bildungsexperte Ulrich Lohmar – der zu seiner großen Enttäuschung nicht Minister geworden war –, wenige Tage nach Schmidts Amtsübernahme im »Spiegel« von »verbalem Aktivismus«; Schmidt fehle die gelassene Distanz Adenauers und die liberale, freundliche Offenheit Willy Brandts. Schmidt »packt zu, er entscheidet, er arbeitet wie zwei Pferde, er tut seine Pflicht. Und er wird selbst dort noch schwierige Aufgaben lösen, wo es gar keine gibt.« Aber, und das war wohl wichtiger: »Er sagt nicht nur, was er meint, sondern er meint auch, was er sagt.«[1]

Die Genossen seiner Fraktion erfuhren das bereits am 16. Mai, noch bevor Schmidt seine Ernennungsurkunde erhalten hatte. Er warf den Sozialdemokraten vor, nach der Wahl 1972 das Augenmaß verloren zu haben, und warnte sie davor, als Hochstapler und Illusionisten dazustehen: »Wir haben uns sehr nahe an den Punkt heranbegeben, an dem wir für die ganzen siebziger Jahre die Chance verspielen können, ein Mandat zur Gesetzgebung und zur Regierung überhaupt noch erlangen zu können.« Noch schärfer wurde er, als er auf die für den folgenden Tag vorgesehene Regierungserklärung einging und darum bat,

»mit sich selber zu ringen in den nächsten Tagen – und so viele Tage habt Ihr gar nicht Zeit zu ringen – um die Einsicht in die Notwendigkeit, auf dem Boden einer Zwischenbilanz etwas anders neu anzufangen, als es vor zehn Tagen aufgehört hat«.[2]

In der Regierungserklärung am nächsten Tag nannte er die politische Grundlinie seiner Politik: »In einer Zeit weltweit wachsender Probleme konzentrieren wir uns in Realismus und Nüchternheit auf das Wesentliche, auf das, was jetzt notwendig ist, und lassen anderes beiseite. Kontinuität und Konzentration – das sind die Leitworte der neuen Regierung.«[3] Das lief im Kern auf einen harten Neuanfang hinaus. Schmidt erwähnte dann zwar jene »Reformen, die verwirklicht oder auf gutem Weg sind«, kündigte aber nicht eine einzige neue an. Die Reformeuphorie war vorüber; die Probleme häuften sich. Das Hauptproblem und die größte Herausforderung für Schmidt war und blieb in den folgenden Jahren – neben dem Terrorismus – die Wirtschaftspolitik. Dieses Problem bekam die Regierung nicht wirklich in den Griff. Schmidt wies in Erklärungen immer wieder auf die internationalen Verflechtungen der Weltwirtschaft hin, deren nachhaltige Schwächung durch den Ölpreisschock von 1973 die westdeutsche Wirtschaft unmittelbar beeinflußte. Tatsache aber blieb, daß daneben auch die strukturellen Probleme der Wirtschaft durchschlugen, und die Zahl der Arbeitslosen erstmals in die Höhe schnellte und in keinem Jahr mehr weit unter der Millionengrenze lag. Am Ende der Regierungszeit Schmidts nahm die Arbeitslosigkeit drastisch zu. 1981 lag die Quote bei ungefähr 5,5 Prozent, das entsprach einer Arbeitslosenzahl von etwa 1,3 Millionen Menschen.

Gleichzeitig stiegen die Lohnkosten stetig, so daß eine Reihe von Unternehmen aufgeben mußte: Die Zahl der Insolvenzen erreichte 1975 mit 9195 einen Nachkriegsrekord. Zum Bergbau, der schon längere Zeit zu den Krisenbranchen zählte[4], kamen die Stahlindustrie sowie der Maschinen- und Anlagenbau hinzu. Der erste Ölpreisschock wurde nie wirklich überwunden. So erhöhte sich noch 1976 die Ölrechnung trotz des günstigen Wechselkurses der D-Mark gegenüber dem US-Dollar (2,35:1) von rd. 15 (1973) auf mehr als 35 Mrd. DM. Das bedeutete, daß allein 1976 Staat, Industrie und Bürgern rd. 20 Mrd. DM weniger für Investitionen, Sozialaufgaben oder Konsum zur Verfügung standen. 1977 gab es 1,03 Millionen Menschen ohne Arbeit, wobei erstmals auch die Dauer der Arbeitslosigkeit gegenüber früheren Jahren deutlich anstieg: Waren es im Rezessionsjahr 1967 durchschnittlich 7,5 Wochen, so dauerte sie 1977 15 Wochen. Ein Absinken der Arbeitslosenzahl war nicht zu erwarten. Die Unternehmen verhielten sich wegen der geringen Nachfrage abwartend und nahmen kaum Neueinstellungen vor. Hinzu kam, daß neue Fertigungsmethoden zunehmend Arbeitskräfte ersetzten. Beschäftigungsprogramme, wie sie u. a. von den Gewerkschaften gefordert wurden, lehnte die Bundesregierung jedoch mit Hinweis auf die damit verbundene Inflationsgefahr ab.

Konjunkturdämpfend wirkte sich auch die Abschwächung der Auslandsnachfrage infolge des anhaltenden Dollarverfalls gegenüber der D-Mark aus (1970: 3,66 DM; 1975: 2,41 DM; Tiefststand am 3. Januar 1980: 1,71 DM). Welche Bedeutung dieser Faktor besaß, verdeutlicht die Tatsache, daß bereits 1977 jeder fünfte Arbeitsplatz exportabhängig war; 1960 war es noch jeder siebte gewesen. Von der Bundesregierung wurden Weichenstellungen erwartet. Im Grundsatzstreit der Experten über eine angebots- und nachfrageorientierte Politik wählte die sozialliberale Regierung einen Mittelweg. Die Entscheidungen vom Herbst 1977 sahen auf der einen Seite Entlastungen bei der Lohn- und Einkommensteuer zur Stärkung der privaten Nachfrage, auf der Angebotsseite umfassende Abschreibungserleichterungen für die Unternehmen als Anreiz für Investitionen vor. Damit sollten rd. 20 Mrd. DM für neue Konjunkturimpulse zur Verfügung gestellt werden. Zusätzlich wurde auch ein konjunkturförderndes Investitionsprogramm in Höhe von 16 Mrd. DM beschlossen. Kurzfristig wurde dadurch zwar eine Erholung der Konjunktur erreicht, aber ein zweiter Ölpreissprung im Dezember 1978 infolge der Irankrise wirkte sich wiederum dämpfend auf die Weltwirtschaft aus, die ab 1980 erneut ins Trudeln geriet und auch die deutsche Wirtschaft in Mitleidenschaft zog.

Seit Sommer 1980 ging die Produktion der westdeutschen Wirtschaft deutlich zurück: am Jahresende waren etwa 20 % der Industriekapazität ungenutzt. Die Zahl der Firmenzusammenbrüche stieg wieder, in einzelnen Branchen waren Entlassungen und Kurzarbeit an der Tagesordnung. Gleichzeitig kränkelte die sonst so stabile D-Mark. Als Hauptgrund für diese Entwicklung wurde das hohe Defizit der bundesdeutschen Leistungsbilanz angesehen, die 1980 ein Minus von 29,54 Mrd. DM aufwies – verursacht einmal durch die große Reiselust der Bundesbürger, zum anderen aber auch dadurch, daß der Außenhandels-

überschuß mit 8,9 Mrd. DM deutlich geringer ausfiel als in den Vorjahren. Angesichts der leeren Staatskassen hatte die Bundesregierung wenig Spielraum, um der drohenden Wirtschaftskrise entgegenzuwirken. In der Öffentlichkeit war darüber hinaus das Spektakel des Jahres 1976 nicht vergessen, als SPD und FDP vor den Bundestagswahlen am 3. Oktober das Versprechen abgegeben hatten, im Falle ihrer Wiederwahl die Renten zum 1. Juli 1977 zu erhöhen. Dieses Versprechen wurde nach der Wahl nicht eingelöst, was bei der Opposition zu einem Sturm der Entrüstung führte; man sprach von »Rentenbetrug« und warf der Koalition vor, den Wähler vorsätzlich getäuscht zu haben.
In den siebziger Jahren waren jedenfalls mehrere Staats- und Regierungschefs darum bemüht, die internationale Wirtschafts-, Finanz- und Währungsordnung vor dem völligen Zusammenbruch zu retten. Das war, wie Schmidt schon im Juli 1974 formulierte, eine staatsmännische Aufgabe von so hohem Rang, »daß lediglich die Erhaltung des Weltfriedens noch höher einzuschätzen«[5] war. Ähnlich dachte auch der französische Staatspräsident Giscard d'Estaing. Von ihm und Schmidt gingen in der Folgezeit zahlreiche Initiativen aus, um das o. g. Ziel zu erreichen. Zunächst der Weltwirtschaftsgipfel. Der erste dieser Art fand vom 15.–17. November 1975 in Rambouillet statt. In den folgenden Jahren und Jahrzehnten entwickelten sich daraus dann Mammuttreffen – zuletzt im Juli 2001 in Genua –, die mit diesem ersten Treffen nichts mehr gemein hatten. In Rambouillet waren die großen Sechs vertreten – USA, Frankreich, Großbritannien, BRD, Italien, Japan –, die sich immerhin verpflichteten, »auf Maßnahmen zu verzichten, mit denen sie versuchen könnten, ihre Probleme auf Kosten anderer zu lösen«.[6] Ergänzend dazu wurden regelmäßige Gipfeltreffen der Europäischen Gemeinschaft vereinbart. Auf diesen Veranstaltungen wurde Schmidt zu einer führenden Persönlichkeit – mit dem Höhepunkt auf dem Weltwirtschaftsgipfel im Sommer 1978 in Bonn, der allseits als »Schmidt-Gipfel« gefeiert wurde. Schmidts Ratschläge waren – fast – überall gefragt.

Währungs- und Europapolitik

Nachdem 1971 der bisherige Dollar-Gold-Standard aufgehoben worden war und die westlichen Währungen je nach Angebot und Nachfrage schwankten, bestand auch in der Währungspolitik dringender

Handlungsbedarf. Die Europäer hatten im März 1972 mit dem europäischen Wechselkursverband, der sogenannten Währungsschlange, reagiert, in dem die Währungen mit einer Schwankungsbreite von 2,25 % aneinandergekettet waren. Das System funktionierte allerdings mehr schlecht als recht, da wirtschaftliche Schwierigkeiten Großbritannien 1972, Italien 1973, Frankreich 1974 und 1976 zur Aufgabe der »Schlange« zwangen. Auf den neuerlichen Verfall des US-Dollars im Frühjahr 1977 reagierten Giscard d'Estaing und Schmidt mit der Konstruktion eines neuen »Europäischen Währungssystems« (EWS), um eine Zone stabiler Wechselkurse zu schaffen. Das »Floating« der Währungen, d. h. die Veränderungen der Wechselkurse nach der jeweiligen Marktlage, sollte eingeschränkt werden. Wichtigstes finanztechnisches Mittel war ein 62 Mrd. DM umfassender Interventionsfonds zum Ausgleich größerer Kursschwankungen. Als Bezugsgröße für alle Währungen des EWS wurde die »Europäische Währungseinheit« (European Currency Unit, ECU) eingeführt. Die einzelnen Währungen durften vom ECU-bezogenen Leitkurs nicht um mehr als 2,25 % abweichen. Für die italienische Lira galt eine Bandbreite von sechs Prozent. Das Ziel des ECU war, stufenweise und allmählich eine einheitliche europäische Währung zu schaffen, die dem Dollar und Yen gleichkommen konnte. Am 5. Dezember 1978 vereinbarten die Staats- und Regierungschefs der EG-Mitgliedstaaten die Einführung dieses EWS. Giscard d'Estaing sprach von einem »notwendigen Durchgangsstadium« für »eine neue Etappe der Organisation Europas«.[7] Nach Meinung Schmidts sollte das EWS »dem Prozeß der Europäischen Union Impulse geben«.[8] Der Beschluß der Regierungschefs war gefaßt worden, obwohl es in der Bundesrepublik erhebliche Bedenken gegeben hatte, insbesondere bei der Bundesbank, daß sich die D-Mark damit in eine Inflationsgemeinschaft hineinbegeben würde.

Am 1. Januar 1979 trat das Europäische Währungssystem in Kraft. Auf dem EU-Gipfel in Maastricht im Jahre 1991 wurde dann der Beschluß gefaßt, eine einheitliche Währung in der Europäischen Union einzuführen. (Seit dem 1. Januar 1999 gibt es den Euro tatsächlich, seit dem 1. Januar 2002 auch als Bargeld; die nationalen Währungen wurden abgeschafft; vgl. Kap. 9.)

Ansonsten betrieb die Regierung Schmidt/Genscher eine Europapolitik, die der Regierungserklärung entsprach und die von einem deutschen Beamten in der EG-Kommission treffend als eine »Kombination von eher britischem Pragmatismus, nahezu preußischer Sparsamkeit und kritischer Sicht der bisherigen integrationspolitischen Entwicklung« charakterisiert wurde.[9]

Die BRD blieb allerdings ein verläßlicher Partner, insbesondere im Zusammenspiel mit Frankreich. Fortschritte auf dem Weg zur Vertiefung der Integration sollten die Direktwahlen zum Europaparlament bringen. Die Hoffnungen wurden allerdings enttäuscht. Immerhin wurde der Beschluß von Paris 1974, im Jahre 1978 Direktwahlen durchzuführen, 1979 umgesetzt. Auch wenn es nur ein Parlament ohne Kompetenzerweiterung war, die Bedeutung dieses Schrittes war europapolitisch hoch einzuschätzen. Schmidt meinte dazu vor dem Parteivorstand der SPD am 15. Januar 1977,

> »er sehe in der Realisierung dieser Institution eine der wichtigsten Möglichkeiten, Europa ein Stückchen voranzubringen. Im übrigen vertraue er auf die Kraft der eigenen Entwicklung des Parlaments, das in der Lage sein werde, sich seine Rechte zu nehmen.«[10]

Jedenfalls hatte mit der Europawahl nicht die von Oppositionsführer Helmut Kohl vorausgesagte »große Schicksalsstunde dieses Jahrhunderts«[11] geschlagen, sie wurde auch nicht zum Motor der Integration. Hier war nach wie vor der Wille der Regierungen entscheidend. Und da kam man in wichtigen Punkten nicht weiter. Ende der Siebziger wäre Großbritannien Nettozahler geworden und verlangte daher einen »fairen Ausgleich«. Für eine grundlegende Reform fehlte den EG-Mitgliedstaaten allerdings die Kraft. Die britische Nettozahlung wurde dann für 1980 und 1981 vermindert – zu Lasten der BRD. Unvergessen bleibt der Ausspruch von Margaret Thatcher: »I want my money back.« Auch die Reform der EG-Agrarordnung war dringend notwendig, aber ebenfalls nicht machbar. Zur gleichen Zeit stand die Erweiterung der EG um Griechenland, Spanien und Portugal auf der Tagesordnung; für alle war klar, daß dies die Vertiefung erschweren würde.

Terrorismus

Der Terrorismus wurde 1977 zur größten, auch menschlich-persönlichen Herausforderung für Helmut Schmidt. Begonnen hatte alles bereits Jahre vorher. In der Nacht vom 2. auf den 3. April 1968 wurden zwei Kaufhäuser in Frankfurt am Main in Brand gesetzt. Es entstand ein Sachschaden in Höhe von etwa 2,2 Mio. DM. Die Täter – unter ihnen die Germanistikstudentin und Stipendiatin der »Studienstiftung des Deutschen Volkes«, Gudrun Ensslin, und ihr Freund Andreas Baader – wurden am 5. April gefaßt und unter dem Verdacht menschengefährdender Brandstiftung in Untersuchungshaft genommen. Die Brandstifter wollten nach eigener Aussage ein Zeichen setzen gegen das kapitalistische System, die angebliche Unterstützung der Bundesrepublik für den »imperialistischen« Krieg der USA gegen Vietnam, die Wiederbewaffnung der Bundesrepublik, die Diffamierung demonstrierender Studenten in den Springer-Zeitungen und gegen den sogenannten Konsumterror. Alle bisherigen Studentenaktionen im Rahmen der außerparlamentarischen Opposition hatten ihrer Meinung nach keine Veränderung bewirkt. Die Angeklagten wurden von Rechtsanwalt Horst Mahler verteidigt (der heute auf der extrem rechten Seite zu finden ist; s. Kap. 9). Im Oktober wurden die Angeklagten zu je drei Jahren Gefängnis verurteilt. Ensslin und Baader hatten politische Motive für ihre Tat geltend gemacht, das Gericht sah in ihnen jedoch keine politischen Gesinnungstäter, sondern »gescheiterte Existenzen«. In der Zeitschrift »konkret« kommentierte die 33jährige Journalistin Ulrike Meinhof im Mai 1968 die Kaufhausbrandstiftung in einer Kolumne mit dem Titel »Vom Protest zum Widerstand« u. a. folgendermaßen:

»Stellen wir fest: Diejenigen, die von politischen Machtpositionen aus Steinwürfe und Brandstiftung hier verurteilen, nicht aber die Hetze des Hauses Springer, nicht die Bomben auf Vietnam, nicht Terror in Persien, nicht Folter in Südafrika, [...] sie messen mit zweierlei Maß [...]. Ihnen fehlt beides: die politische und moralische Legitimation, gegen den Widerspruchswillen der Studenten Einspruch zu erheben. [...] Es ist dokumentiert worden, daß es in diesem Land noch Leute gibt, die Terror und Gewalt nicht nur verurteilen, sondern [...] bereit und fähig sind, Widerstand zu leisten, so daß begriffen werden kann, daß es so nicht weitergeht.«[12]

Offensichtlich schien es legitim, gegen die Gesellschaft auch mit Terror anzukämpfen. Diejenigen, die dafür waren, bildeten den Kern der späteren »Baader-Meinhof-Gruppe«, aus der dann die »Rote Armee Fraktion« (RAF) hervorging. In den folgenden Jahren wurde der politische Terrorismus zu einer der meistbeachteten Erscheinungen nicht nur in der BRD, sondern in der westlichen Industriegesellschaft insgesamt. Es ging um die bereits genannten Themen, aber auch um die Palästinenserfrage. In linken Studentenkreisen konnten die Palästinenser auf Sympathie zählen. Anders als bei der Verbindung mit den Lateinamerikanern – Leitfigur war hier Che Guevara – wurde die Beziehung der deutschen Terroristen zu den Palästinensern zu einer engen Zusammenarbeit ausgebaut, die in gemeinsamen Aktionen mündete.

1970 folgte die gewaltsame Befreiung Baaders; an der Aktion waren u. a. Ulrike Meinhof, Gudrun Ensslin und Horst Mahler beteiligt. Sie gingen anschließend in den Untergrund. In der Folgezeit widmete sich die Gruppe dem Aufbau der sogenannten Logistik, der ziemlich traurig aussah: Banküberfälle, Einbrüche und Autodiebstähle dienten der Versorgung mit Geld und Hilfsmitteln. Die Sprengstoffanschläge gingen weiter, durchgeführt durch eine Gruppe, die sich »Bewegung 2. Juni« nannte (am 2. Juni 1967 war der Student Benno Ohnesorg bei einer Demonstration gegen den Besuch des Schahs von Persien in West-Berlin erschossen worden; vgl. Bd. 3, Kap. 8).

In der Bundesrepublik begann im Sommer 1970 eine Serie von Brand- und Sprengstoffanschlägen, die sich in den folgenden Jahren, mit einem Höhepunkt im Mai 1972, steigerte: die RAF forderte den Staat heraus. In Heidelberg wurden bei Anschlägen auf amerikanische Militäreinrichtungen drei Soldaten getötet und fünf verletzt. Es gab weitere Anschläge auf das Hauptquartier des V. US-Corps in Frankfurt, Bombenanschläge auf die Polizeidirektion Augsburg, im Parkhof des Landeskriminalamtes in München, einen Anschlag auf das Auto des Bundesrichters Wolfgang Buttenberg in Karlsruhe und am 19. Mai eine Bombenexplosion im Springer-Verlagsgebäude in Hamburg mit 17 Verletzten.

Die Aktivisten der RAF gingen nach dem Vorbild der südamerikanischen Stadtguerilla vor, um ihrem Ziel näher zu kommen, das Machtgefüge des Staates zu erschüttern und so allmählich die Bedingungen für eine »revolutionäre Situation« zu schaffen. Dies alles war Illusion und Phantasterei. Der Staat sah sich durch diese Attentatsserie aufs höchste herausgefordert und antwortete Ende Mai 1972 mit der größten Fahndung in der Geschichte der Bundesrepublik. Bei der »Aktion Wasserschlag« wurde auch der Bundesgrenzschutz eingeschaltet, der Verkehr auf den Autobahnen zum großen Teil lahmgelegt, alle verfügbaren Hubschrauber eingesetzt, um Gruppen von Polizeibeamten an einzelne Autobahnauf- und -abfahrten zu bringen; es wurden Straßensperren errichtet, alle ankommenden Fahrzeuge gestoppt und die Fahrer überprüft. Auf der Autobahn ging zwar kein RAF-Mitglied der Polizei in die Falle, aber am 1. Juni wurden Andreas Baader, Holger Meins und Jan Carl Raspe verhaftet; in den folgenden Wochen konnten weitere Mitglieder des »harten Kerns« festgenommen werden, so

am 15. Juni Ulrike Meinhof. Bei ihr fand die Polizei einen Kassiber, den Gudrun Ensslin aus dem Gefängnis herausgeschmuggelt hatte. Deren Anwalt Otto Schily – seit 1998 SPD-Bundesinnenminister – wurde verdächtigt, die Nachricht weitergeleitet zu haben.
Am 9. November 1974 starb der mutmaßliche RAF-Angehörige Holger Meins den Hungertod. Er hatte sich mit 39 anderen Gefangenen aus Protest gegen angeblich unmenschliche Haftbedingungen seit September im Hungerstreik befunden. Am nächsten Tag wurde der Westberliner Kammergerichtspräsident Günter von Drenkmann ermordet, nach Ansicht der Polizei eine Vergeltungsaktion der RAF.
Im folgenden Jahr ging der Terror weiter. Am 27. Februar 1975, drei Tage vor der Wahl zum Westberliner Abgeordnetenhaus, wurde der Westberliner CDU-Landesvorsitzende und Bürgermeister-Kandidat Peter Lorenz von Mitgliedern der »Bewegung 2. Juni« verschleppt. Für die Freilassung stellten sie u. a. die Bedingung, sechs wegen terroristischer Straftaten verurteilte Häftlinge sofort auf freien Fuß zu setzen, mit Geld auszustatten und in Begleitung des Fahrers – dem ehemaligen Regierenden Bürgermeister Heinrich Albertz (SPD) – zu einem Ziel ihrer Wahl ausgeflogen zu werden. Sie setzten eine Frist von 72 Stunden.
In Bonn beriet ein Krisenstab unter Leitung von Helmut Schmidt. In den frühen Morgenstunden des 2. März gab er bekannt, daß man beschlossen habe, das Leben von Peter Lorenz über die Staatsräson zu stellen und den Forderungen nachzugeben. Fünf Häftlinge starteten am 3. März von Frankfurt am Main aus mit Albertz zu einem zunächst unbekannten Ziel. Schließlich landeten sie in Aden in der Demokratischen Volksrepublik Jemen, wo sie eine Aufenthaltserlaubnis bekamen. Am 5. März wurde Peter Lorenz daraufhin von seinen Entführern freigelassen.
Einen Monat später, am 24. April 1975, besetzten Terroristen – »Kommando Holger Meins« – die Botschaft der Bundesrepublik in Stockholm, nahmen mehrere Botschaftsangehörige als Geiseln und erschossen den Militärattaché Andreas von Mirbach. Sie forderten ultimativ die Freilassung von 26 der Baader-Meinhof-Gruppe zugerechneten Häftlingen, denen ab Mai in Stuttgart der Prozeß gemacht werden sollte. Nun zeigte sich, daß im Fall Lorenz zum ersten und einzigen Mal das Leben über die Staatsräson gestellt worden war. Auf Drängen von Helmut Schmidt beschloß der Krisenstab in Bonn, den Forderungen der Botschaftsbesetzer nicht nachzugeben, die daraufhin ein wei-

teres Mitglied der Botschaft – den Diplomaten Heinz Hillegaart – erschossen und anschließend das Botschaftsgebäude in Brand setzten. Es gelang der Polizei schließlich, die Geiseln zu befreien und die Terroristen festzunehmen. Einer der sieben Terroristen war von einer Sprengladung getötet worden, ein weiterer erlag später seinen Brandverletzungen.

Am 25. April 1975 begründete Schmidt in einer Regierungserklärung das harte Vorgehen Bonns damit, daß der Staat die Aufgabe habe, das Leben und die Freiheit aller seiner Bürger zu schützen:

»Vor dieser Aufgabe hätten wir versagt, wenn 26 anarchistische Banditen freigelassen worden wären, von denen zahlreiche – anders als jene fünf, mit deren Freilassung wir damals für das Leben von Peter Lorenz bezahlt haben – in diesem Falle des mehrfachen Mordes oder des versuchten Mordes und anderer Gewaltverbrechen angeklagt sind.«

Am 9. Mai 1976 verübte Ulrike Meinhof in der Haftanstalt Stuttgart-Stammheim Selbstmord. Am gleichen Tag kamen bei einer Schießerei in Köln ein Polizist und ein Terrorist ums Leben. Ein Jahr später, 1977, kam es dann zu einer dramatischen Zuspitzung des Terrors. Am 7. April ermordete die RAF Generalbundesanwalt Siegfried Buback und seinen Fahrer Wolfgang Gabel. Einige Wochen danach erschien in Göttingen ein mit »Mescalero« unterzeichneter Nachruf, in dem der anonyme Verfasser u. a. seine »klammheimliche Freude« über den Mord ausdrückte. Diese Formulierung erlangte schnell eine mehr als fragwürdige Berühmtheit; häufig diente sie dazu, linken Hochschulangehörigen oder anderen Linksintellektuellen gewisse nicht offen ausgesprochene Sympathien oder zumindest Verständnis für die RAF-Terrorakte zu unterstellen. (Erst im Jahr 2001 gab sich der Verfasser zu erkennen, als in der Öffentlichkeit die »Protestvergangenheit« der Grünen Bundesminister Joschka Fischer [Außen] und Jürgen Trittin [Umwelt] diskutiert wurde.)

Am 20. Juli 1977 wurden die Stockholm-Terroristen zu lebenslangen Haftstrafen verurteilt; zehn Tage später, am 30. Juli 1977, wurde der Vorstandssprecher der Dresdner Bank, Jürgen Ponto, von RAF-Terroristen in seinem Haus in Oberursel angeschossen und tödlich verletzt. Am 5. September wurde der Präsident der Bundesvereinigung der Deutschen Arbeitgeberverbände und des Bundesverbandes der Deutschen Industrie, Hanns-Martin Schleyer, entführt. Dessen Fahrer sowie drei Sicherheitsbeamte wurden dabei von den Terroristen erschossen. In einem Bekennerbrief nannten sie ihre Bedingungen für die

Freilassung Schleyers: Die Freilassung von elf inhaftierten RAF-Mitgliedern – unter ihnen Baader, Ensslin und Raspe; sie sollten jeweils 100 000 DM erhalten und ausgeflogen werden.
Bei der Fahndung nach den Terroristen kam es dann zu zahlreichen Pannen und Versäumnissen; ungeachtet dessen war der große Krisenstab in Bonn unter Leitung von Helmut Schmidt entschlossen, nicht auf die Forderungen der Terroristen einzugehen, da ein Nachgeben die RAF zu erneuten Geiselnahmen und Erpressungsversuchen ermutigen würde. Die Bundesregierung setzte entsprechende Zeichen: In einem bislang einmaligen Eilverfahren verabschiedete der Bundestag mit großer Mehrheit das sogenannte Kontaktsperre-Gesetz, das die zeitweilige Isolierung von terroristischen Straftätern von der Außenwelt zuließ; Hintergrund war, daß einige RAF-Gefangene vermutlich noch aus der Zelle heraus aktiv waren.
Gleichzeitig wurde beschlossen, bis 1981 zusätzlich 870 Millionen DM für die Bekämpfung des Terrorismus aufzuwenden. Über eine Person, die Kontakt mit den Terroristen hielt, bemühte sich der Bonner Krisenstab, Zeit zu gewinnen. Daraufhin entführten zwei Männer und zwei Frauen zur Unterstützung der Terroristen am 13. Oktober 1977 eine Boeing 737 der Lufthansa. Die »Landshut« befand sich mit fünf Besatzungsmitgliedern und 82 Passagieren auf dem Flug von Mallorca nach Frankfurt am Main. Die Entführer stellten Helmut Schmidt ein Ultimatum, in dem ebenfalls die Freilassung von elf RAF-Häftlingen gefordert wurde. Für die Insassen der »Landshut« begann damit ein mehr als 9000 Kilometer langer Irrflug. Nach Zwischenlandungen in Rom, Larnaca (Zypern), Bahrein und Dubai mußte die Boeing in Aden in der Volksrepublik Jemen wegen Treibstoffmangels notlanden. Flugkapitän Jürgen Schumann verließ dort kurzzeitig das Flugzeug, um es auf Schäden zu untersuchen. Als er wieder an Bord kam, wurde er von den Terroristen als »Verräter« bezeichnet und durch einen Kopfschuß getötet. Der Ko-Pilot mußte das Flugzeug anschließend nach Mogadischu fliegen. Dort führte die inzwischen eingeflogene Bundesgrenzschutz-Sondereinheit »GSG 9« am 18. Oktober eine spektakuläre Befreiungsaktion durch: drei Terroristen wurden getötet, eine Terroristin schwer verletzt; die Geiseln blieben unversehrt.[13]
Wenige Stunden nach der Befreiungsaktion begingen die Terroristen Baader, Ensslin und Raspe in ihren Zellen im Gefängnis von Stuttgart-Stammheim Selbstmord. Nach Bekanntwerden der Geiselbefreiung und des Selbstmordes der Terroristen wurde Hanns-Martin Schleyer

noch am 18. Oktober durch drei Schüsse in den Kopf getötet. Am nächsten Tag fand man ihn tot im Kofferraum eines Autos in Mülhausen im Elsaß.

Am 20. Oktober gab Helmut Schmidt vor dem Deutschen Bundestag eine Regierungserklärung ab, in der er die drei Maximen umriß, die das Handeln der Bundesregierung bestimmten, nämlich:

»1. Dr. Schleyer lebend zu befreien – zu einem späteren Zeitpunkt war es selbstverständlich, daß dies ebenso galt für die als Geiseln genommenen 82 Passagiere und fünf Besatzungsmitglieder in dem entführten Lufthansa-Flugzeug.
2. Die Täter zu ergreifen und vor Gericht zu stellen.
3. Die Fähigkeit des Staates, seine Bürger gegen Gefahren zu schützen, zu sichern und das Vertrauen der Bürger, aber auch das Vertrauen der Menschen außerhalb der Bundesrepublik Deutschland in diese Schutzfunktion des Staates zu wahren.

Jedermann kann erkennen, daß es kaum vorstellbar erscheinen konnte und erscheinen kann, alle drei Maximen zugleich, durch eigenes Handeln und eigenes Unterlassen in die Wirklichkeit zu übertragen. Vielmehr war uns von Anfang an klar – und dies galt für unsere Bemühungen um das Leben und die Freiheit Dr. Schleyers, für die Rettung der 87 Geiseln im Flugzeug und das gilt für zukünftig denkbare Fälle –, daß die Erfüllung jeder einzelnen der drei Maximen nach menschlicher Voraussicht die Erfüllung der übrigen Maximen einschränken oder gar gefährden mußte. In dieser unausweichlichen Gewißheit hatten wir unsere Entscheidung zu treffen. Unausweichlich befanden wir uns damit im Bereich von Schuld und Versäumnis. [...]

Der Terrorismus ist keineswegs tot – weder in Deutschland noch sonst wo auf der Welt. Die Bundesregierung und alle Parteien und Fraktionen des Deutschen Bundestages werden anläßlich der gegenwärtigen schweren Belastungen alles tun, um die Fähigkeit des Staates, seine Bürger zu schützen, zu wahren.«

Die Staatsräson war über das Wohl eines einzelnen gestellt worden – eine Entscheidung von grundsätzlicher Bedeutung. Der Terrorismus war zwar nicht tot, aber es gab keinen neuen Oktober 1977 mehr. Symptomatisch für das deutsch-deutsche Verhältnis war damals auch, daß die DDR BRD-Terroristen Unterschlupf gewährte.

14 Jahre später, 1991, gab es wieder ein Opfer des Terrors: der Leiter der Treuhandanstalt wurde ermordet (s. Kap. 9); im September 2001 kam es dann zu dem bis dahin schlimmsten Terroranschlag, diesmal in den USA (s. Kap. 10).

Der NATO-Doppelbeschluß

Willy Brandts Ostpolitik wurde von den Agierenden immer auch als Friedenspolitik verstanden. Von daher war vielleicht verständlich, daß Breschnew den Rücktritt Brandts als »einen schweren Schlag« für die

Entspannungspolitik bezeichnete.[14] Wie wir heute wissen, bot er Brandt auf vertraulichem Kanal »alle nur mögliche Hilfe« an, um ihn im Amt zu halten, nachdem dieser bereits beschlossen hatte, zurückzutreten. Den Rücktritt empfand Breschnew dann als eine persönliche Niederlage, für die er in erster Linie Honecker verantwortlich machte: »Wer hat sich das ausgedacht? Ausgerechnet unsere deutschen Freunde! Wie ich dabei aussehe, scheint die ›Freunde‹ überhaupt nicht zu interessieren. Sie haben nur ihre Abrechnung im Sinn« – soll er gesagt haben.[15]

Mit Schmidt änderten sich die Dinge. Während Breschnew von »meinem Freund Brandt« gesprochen hatte, gab es im Verhältnis Schmidts zu Breschnew weniger Gefühle. Im übrigen überwog in Schmidts Version der Entspannungspolitik »die Orientierung an der Gegenwart, die Inspiration durch das künftig Mögliche«.[16] Dabei sah die Gegenwart schon bei seinem Amtsantritt nicht besonders vertrauenswürdig aus. Die Sowjetunion nutzte nämlich die innenpolitische Schwäche der USA während des Niedergangs von Nixon zur weiteren Aufrüstung. Nur mit Mühe konnte der 1972 von NATO und Warschauer Pakt getroffene Beschluß realisiert werden, eine Konferenz über Sicherheit und Zusammenarbeit in Europa (KSZE) anzuberaumen. Seit 1954 war es der Wunsch des Kreml gewesen, eine solche Konferenz zustande zu bringen, auf der in erster Linie die europäische Nachkriegsordnung – Grenzen etc. – im Sinne der Sowjets festgeschrieben werden sollte.

Erst nach den Verträgen von Moskau und Warschau 1970 und der Berlin-Regelung 1971 hatte sich der Westen zu einer solchen Konferenz bereit gefunden. Das Ziel der Sowjets hieß unverändert Auflösung der Militärblöcke, Rückzug der USA aus Europa, Schwächung der Europäischen Gemeinschaft, Anerkennung der Unveränderlichkeit der Grenzen und die Einrichtung eines ständigen Kontrollorgans über Europa. Dank ihres geschlossenen Auftretens konnten die Westmächte sich jedoch mit ihrem Sicherheitskonzept durchsetzen: es sah zwar ebenfalls die Anerkennung des Status quo vor, räumte aber zugleich die Möglichkeit einer friedlichen Veränderung ein. Es baute außerdem auf der Überzeugung auf, daß dauerhafte Entspannung nicht allein durch die Garantie für staatliche Souveränitäts- und Unabhängigkeitsrechte entstehen könne, sondern auch individuelle Selbstbestimmungs- und Freiheitsrechte einschließen müsse.

Am 1. August 1975 unterzeichneten die Staats- und Regierungschefs der 35 Teilnehmerstaaten in Helsinki die KSZE-Schlußakte – nach immerhin 2341 Arbeitssitzungen in Genf. Sie enthielt die berühmten drei Körbe: In Korb I ging es um die grundsätzliche Gestaltung der Beziehungen der Teilnehmerstaaten untereinander; in Korb II um Zusammenarbeit in den Bereichen Wirtschaft, Wissenschaft und Technik sowie Umwelt; in Korb III um die Zusammenarbeit in humanitären Fragen; er regelte zwischenmenschliche Kontakte im familiären Bereich, Familienzusammenführung, Freizügigkeit im Reiseverkehr zwischen den KSZE-Staaten, Austausch von Informationen etc. In diesem Zusammenhang konnten sich die westlichen Länder auch mit ihrer Forderung nach einer ungekürzten Veröffentlichung des KSZE-Dokuments in allen Teilnehmerstaaten durchsetzen.

Für die Hardliner im Westen war die KSZE-Schlußakte das Eingeständnis einer Niederlage der freien Welt. Ronald Reagan, der US-Präsident Gerald Ford die Kandidatur für die Präsidentschaftswahlen 1976 streitig machen wollte, lehnte sie als etwas völlig Unamerikanisches ab und stellte klar: »Ich bin dagegen, und ich denke, daß alle Amerikaner dagegen sein sollten.«[17] In einem Entschließungsantrag der CDU/CSU-Bundestagsfraktion wurde die Bundesregierung aufgefordert, das Dokument nicht zu unterzeichnen; dessen maßgebliche Inhalte würden einer »weltweiten Täuschung über die wahre Sicherheitslage in der Welt« dienen. Entspannungspolitik sei »nach östlicher Auffassung ein offensives, ein expansives, ein aggressives Konzept, und dem stellt der Westen nichts entgegen, nichts, was damit vergleichbar wäre«, wie Fraktionsvorsitzender Karl Carstens den Antrag am 25. Juli 1975 im Bundestag begründete. Die Kritiker hatten dabei mehr den Korb I im Blick, weniger den Korb III, der in den folgenden Jahren besondere Bedeutung in Osteuropa erlangen sollte und von den Machthabern dort unterschätzt wurde.

Zunächst aber schienen die Kritiker im Westen recht zu behalten. Die Sowjets dachten wenig an Zusammenarbeit und begannen eine expansive Außenpolitik, insbesondere in Afrika, wo sie den Bürgerkrieg in Angola unterstützten, dann aber auch am Horn des »schwarzen« Kontinents: sowjetische Waffen, Panzer und Militärberater sollten – gemeinsam mit kubanischen Kampftruppen – den Sieg der angeblich progressiven Kräfte in Äthiopien konsolidieren. Ende Februar 1978 waren dort 12 000 Kubaner und 15 000 sowjetische Militärberater im Einsatz. Und schon vor 1974 begannen die Sowjets damit, ihr Mittelstreckenarsenal in Europa nicht etwa abzubauen, sondern zu modernisieren. Sie ersetzten die älteren Raketen vom Typ SS 4 und SS 5 schritt-

Abb. 1: Mai 1978: Der sowjetische Staats- und Parteichef Leonid Breschnew in Bonn. V. l. n. r.: Der sowjetische Außenminister Andrej Gromyko, Breschnew, Valentin Falin (sowjetischer Botschafter in Bonn), Bundeskanzler Helmut Schmidt, Detlev Karsten Rohwedder (Staatssekretär im Bundeswirtschaftsministerium; er wird 1990 Chef der Treuhandanstalt, im Frühjahr 1991 von Terroristen ermordet), Wirtschaftsminister Otto Graf Lambsdorff, Außenminister Hans-Dietrich Genscher. Die deutsch-sowjetischen Gespräche verlaufen insgesamt eher enttäuschend. Meinungsverschiedenheiten gibt es vor allem beim Thema Rüstungsbegrenzung.

weise durch die neuen Mittelstreckenraketen vom Typ SS 20, die geeignet waren, der Sowjetunion eine Erstschlagskapazität gegenüber den europäischen NATO-Verbündeten zu verschaffen, über die sie bislang noch nicht verfügt hatte.

Die neuen Raketen waren mobil und damit weniger verletzlich; sie verfügten über eine größere Reichweite und bei geringerem Wurfgewicht und geringerer Explosionskraft über größere Zielgenauigkeit; außerdem waren auf jeder Rakete drei Sprengköpfe montiert. Auch wenn es auf sowjetischer Seite möglicherweise keine Überlegungen für einen Erstschlag gegen die NATO in Europa gab, sicher konnte man davor nicht sein! Und hier war es Helmut Schmidt, der auf diese Problematik aufmerksam machte. In einer Rede vor dem Internationalen Institut für strategische Studien in London wies er am 28. Oktober 1977 erstmals öffentlich auf die »in Europa bestehenden Disparitäten«

hin. Mit Blick auf die SS 20-Mittelstreckenraketen bedürfe es in Westeuropa einer »Nachrüstung« mit nuklearen Mittelstreckenwaffen, falls nicht Rüstungsbeschränkungen eine solche Maßnahme überflüssig machten.[18]

Inzwischen gab es in den USA einen neuen Präsidenten: Jimmy Carter. Seine Menschenrechts- und Chinapolitik führte bei den europäischen Verbündeten zu erheblichen Irritationen; es kam Entscheidungsschwäche in grundsätzlichen Fragen, etwa bei der Produktion und Einführung der Neutronenbombe, hinzu. Immerhin kam es am 12. Dezember 1979 zu jenem inzwischen berühmten Doppelbeschluß der NATO, nämlich

1. der Ankündigung, 108 Pershing-II-Raketen und 464 bodengestützte Marschflugkörper (Cruise Missiles) in Europa zu stationieren und gleichzeitig 1000 nukleare Gefechtsköpfe abzuziehen, und
2. mit der Sowjetunion über die Begrenzung der euro-strategischen Waffen zu verhandeln, um »durch Rüstungskontrolle ein stabileres, umfassendes Gleichgewicht bei geringeren Beständen an Nuklearwaffen auf beiden Seiten zu erreichen«.[19]

Punkt 1 sollte realisiert werden, falls die Verhandlungen mit den Sowjets ergebnislos bleiben würden. Der Beschluß sah vor, mit dem Aufstellen der Raketen und Marschflugkörper in Europa ab 1983 zu beginnen. Eine in der Bundesrepublik gestartete Pershing II – Reichweite 1800 km, 10–20 Kilotonnen Sprengladung – würde in weniger als acht Minuten Moskau erreichen; ein Marschflugkörper war langsamer und hätte von der BRD bis Moskau 150 Minuten gebraucht, dabei aber in Bodennähe (30 m) die gegnerische Radarabwehr unterflogen und eine wesentlich größere Sprengladung – maximal 200 Kilotonnen – transportiert. Die Sowjetunion betrachtete den NATO-Doppelbeschluß als Ultimatum und lehnte Verhandlungen ab. 14 Tage nach dem Beschluß der NATO marschierten sowjetische Truppen in Afghanistan ein. Carter sprach von einer ernsten Bedrohung des Friedens und einer flagranten Verletzung anerkannter internationaler Verhaltensregeln. Das Ende der Entspannung war eingeläutet.[20]

Ein Jahr später wurde Ronald Reagan zum neuen US-Präsidenten gewählt. Er trat seine Präsidentschaft im Januar 1981 mit einem relativ einfachen Weltbild an, das er oft vortrug. Entspannung war aus seiner Sicht gleichbedeutend mit westlicher Schwäche, einer Haltung, die es der Sowjetunion erlaubt hätte, »die größte Militärmaschinerie aufzubauen, die die Welt je gesehen hat«.[21] Für ihn war die Sowjetunion das

Abb. 2: 11. Juni 1982: US-Präsident Ronald Reagan in West-Berlin, begleitet vom Regierenden Bürgermeister Richard von Weizsäcker (links) und Bundeskanzler Helmut Schmidt, der u. a. betont: »Diese Stadt weist jeden Besucher auf die ungelöste deutsche Frage hin, auf die für alle Deutschen schmerzliche Teilung unseres Vaterlandes. Die Mauer, die Sie gesehen haben, symbolisiert den Riß, der quer durch diese Stadt, quer durch die Nation und das Empfinden jedes Deutschen geht.«

»Reich des Bösen«.[22] Amerika mußte seiner Meinung nach wieder die Führungsrolle in der westlichen Welt übernehmen und die NATO insgesamt mehr Stärke zeigen. Das hieß auch: Durchführung der Nachrüstung in Westeuropa. Das war das, was Schmidt initiiert hatte, damit aber auch innenpolitisch auf erheblichen Widerstand stieß. Dies trug mit zu seinem Sturz im Herbst 1982 bei.

Kanzlersturz

Am 10. Oktober 1981 fand in Bonn die bis dahin größte Friedensdemonstration seit Bestehen der Bundesrepublik Deutschland statt. Etwa 300 000 Menschen nahmen daran teil unter dem Motto: »Für Abrüstung und Entspannung in Europa.« Veranstalter waren die »Aktion Sühnezeichen« und die »Aktionsgemeinschaft Dienst für den Frieden«, die beide der evangelischen Kirche nahestanden. Nahezu 1000 verschiedene politische Gruppen und Verbände waren dem Demonstrationsaufruf gefolgt. Die »Friedensdemonstration« richtete sich in erster Linie gegen den Nachrüstungsbeschluß, aber auch gegen Atomrüstung, Waffenexport etc.

Im Vorfeld der Demonstration war es innerhalb der SPD-Führung zu einer bezeichnenden Auseinandersetzung gekommen, die deutlich machte, daß der Parteivorsitzende Willy Brandt nicht mehr hinter Kanzler Schmidt stand. Als Schmidt erfuhr, daß Erhard Eppler, immerhin Präsidiumsmitglied der SPD, an der Demonstration teilnehmen und gegen den Nachrüstungsbeschluß reden wollte, verwahrte er sich in einem Schreiben an Brandt gegen die »anti-amerikanische Aufputschung« und bat, Eppler zu »ersuchen, sich von der Veranstaltung fernzuhalten. Jedenfalls muß meines Erachtens das Präsidium beschließen, allen Sozialdemokraten zu empfehlen, sich von dieser Kundgebung fernzuhalten.« Brandt dachte nicht daran und ging sogar noch einen Schritt weiter. In der Fraktionssitzung am 29. September verwies er auf die Leistung der Partei, Ende der siebziger Jahre die APO integriert zu haben, und meinte: »Ich fühle mich aber auch im Wort gegenüber denen, die damals zu uns gekommen sind. Hat die Partei doch nicht langweiliger gemacht.« Ungeheuerlich aber war, was dann kam; er verglich nämlich die Nachrüstung mit dem Vietnamkrieg, über den er zu lange »die Schnauze gehalten« habe.[23]

Während Schmidt an dieser Sitzung nicht teilnahm und sich im Bundeswehrkrankenhaus in Koblenz einen Herzschrittmacher einpflanzen lassen mußte, setzte sich Brandt an die Spitze der Nachrüstungsgegner innerhalb der SPD. Die berühmte Troika – Brandt, Wehner, Schmidt – gab es nicht mehr, zumal Wehner, der inzwischen 75 Jahre alt war, sich mehr und mehr zurückhielt. Brandt hatte schon vorher, nach Rückkehr von einer Moskaureise im Sommer 1981, eindringlich vor einer sowjetischen »Nach-Nachrüstung« gewarnt und sich der Position Erhard Epplers und Oskar Lafontaines, professioneller »Bedenkenträger« der Partei, genähert.

Nachrüstung war *ein* Thema, die schwieriger werdende Wirtschaftslage ein anderes. Der »Macher« Schmidt machte nichts mehr und schien in Resignation zu verfallen. Daran konnte auch der Wahlerfolg 1980 nichts ändern. Die Koalitionsbildung ging bereits in einer merkwürdig gereizten Atmosphäre vor sich – mit Blick auf die FDP, die unter Führung von Hans-Dietrich Genscher schon bald neue strategische Entscheidungen traf. 1981 stieg die Zahl der Arbeitslosen auf 1,4 Mil-

 × Außerparlamentarische Opposition

lionen; das waren 400 000 mehr als im Jahr zuvor. Schmidt geriet mehr und mehr in die Defensive. Am 20. August 1981 begann das Ende der sozialliberalen Koalition, auch wenn die direkt Betroffenen das so nicht sehen wollten. Genscher schrieb den sogenannten »Wende-Brief«, der das Wort in den politischen Sprachgebrauch einführte (allerdings seit den Ereignissen 1989 in der DDR anders besetzt ist). Genscher zufolge stand das Land an einem Scheideweg; es gehe um eine »ähnliche grundsätzliche Auseinandersetzung« wie beim Wiederaufbau nach dem Zweiten Weltkrieg. Die Anspruchsmentalität müsse gebrochen werden, eine Wende sei notwendig. Genscher hielt es aber noch für möglich, diese Aufgabe mit der SPD zu lösen.[24]

Innerhalb der SPD wuchsen die Zweifel an der Verläßlichkeit der FDP; als diese dann ein Jahr später vor der Landtagswahl in Hessen beschloß, den Partner dort zu wechseln und eine Koalitionsaussage zugunsten der CDU abzugeben, wurde öffentlich der Absprung der FDP in Bonn erwartet. Auch als Wahlkämpfer hatte Schmidt keine Fortune mehr. Hamburg, die Geburtsstadt des Bundeskanzlers, bereitete der SPD bei den Wahlen im Juni 1982 den größten Wahlschock in der Regierungszeit Schmidts. Im Wahlkampf hatten die Sozialdemokraten auf den Slogan »Hamburg läßt Helmut nicht im Stich« gebaut. Aber genau das geschah: die Hamburger ließen Helmut im Stich. Die Verluste der SPD waren verheerend (von 69 Mandaten gingen 14 verloren); die Wahl »läutete der Bonner Koalition die Totenglocke«.[25]

Auch sonst waren die Zeiten für Schmidt unerfreulich. Am 10. Juni 1982 kam es beim NATO-Gipfel – erstmals auf deutschem Boden – in Bonn zu einer noch größeren Friedenskundgebung als im Jahr zuvor: etwa 400 000 Menschen demonstrierten gegen die Nachrüstung. Inzwischen wurde mehr und mehr deutlich, daß der Sparhaushalt 1982 in vielen liebgewordenen Bereichen zu erheblichem Leistungsabbau führte. Bei den Beratungen für den Etat 1983 wurden im Sommer 1982 die unterschiedlichen Vorstellungen der Koalitionspartner noch deutlicher: Die FDP verlangte weitere Einsparungen im Sozialbereich, um die Neuverschuldung drücken zu können, die SPD sah angesichts der Massenarbeitslosigkeit beschäftigungsfördernde Maßnahmen als unabdingbar an. Im Vorfeld der Landtagswahl in Hessen erklärte Genscher dann am 21. August auf dem Landesparteitag der hessischen FDP: »Wir haben den Wechsel zu schaffen, wenn er zur Lösung der anstehenden Probleme erforderlich ist. [...] Wir haben die ›neue Mehrheit‹ zu bilden.«

Abb. 3: 10. Oktober 1981: In Bonn findet mit etwa 300 000 Teilnehmern die bislang größte Demonstration für Frieden und Abrüstung in der Geschichte der Bundesrepublik Deutschland statt.

Schmidt forderte nach weiteren Wochen des Streites Wirtschaftsminister Otto Graf Lambsdorff auf, Stellung zu den zahlreichen Unmutsäußerungen des Sommers zu nehmen. Lambsdorff legte daraufhin sein »Konzept für eine Politik zur Überwindung der Wachstumsschwäche und zur Bekämpfung der Arbeitslosigkeit« am 13. September der Öffentlichkeit vor. In Bonn wurde dieses Papier als »Scheidungsbrief« interpretiert, weil die darin enthaltenen Thesen, so Schmidt, eine »Abwendung vom demokratischen Sozialstaat und eine Hinwendung zur Ellenbogengesellschaft« darstellten, die von Sozialdemokraten nicht mitgetragen werden könnte. Jetzt war es nur noch eine Frage der Zeit, wann und wie die Koalition beendet werden würde.

Am 17. September schlug Schmidt im Bundestag als Ausweg aus der Lage Neuwahlen vor, die allein eine volle demokratische Legitimation für einen anderen Bundeskanzler und eine andere Politik ergeben könnten. Unmittelbar vor der Sitzung waren die vier FDP-Minister zurückgetreten und damit der bevorstehenden Entlassung durch Schmidt zuvorgekommen. CDU/CSU-Oppositionsführer Helmut Kohl forderte in seiner Erwiderung den Kanzler zum Rücktritt auf. Ein solcher Schritt sei Schmidts »patriotische Pflicht«. Wenn das nicht geschehe, werde die Opposition ein Mißtrauensvotum zur Wahl eines neuen Kanzlers einbringen, so rasch wie möglich eine handlungsfähige Regierung bilden und sich dann der Wahlentscheidung stellen: »Wir sind überzeugt: Unser Volk braucht einen neuen Anfang.«[26]

Schmidt trat nicht zurück. Die Unionsparteien brachten daraufhin einen Mißtrauensantrag ein und begründeten ihn damit, daß das SPD-Minderheitskabinett regierungsunfähig sei; dies zeigten u. a. die Hinterlassenschaft von 300 Mrd. DM Staatsschulden allein beim Bund und die hohe Zahl von fast 1,8 Millionen Arbeitslosen. Am 1. Oktober wählten die Abgeordneten des Bundestages mit 256 von 495 Stimmen (bei 235 Nein-Stimmen und vier Enthaltungen) den CDU-Vorsitzenden Helmut Kohl zum neuen Bundeskanzler. In der Geschichte der Bundesrepublik war es das zweite konstruktive Mißtrauensvotum – nach 1972 – und das erste, das erfolgreich war. Am 4. Oktober präsentierte Kohl sein neues Kabinett, dem vier Vertreter der FDP angehörten (mit Genscher wieder als Außenminister). Kohl aber war der Triumphator. Er hatte sein Ziel erreicht – den Sieg über Schmidt und Franz Josef Strauß, den Hauptgegner aus Bayern. Wolfgang Jäger formulierte das folgendermaßen:

»Die beiden Giganten des Wahlkampfs von 1980 hatten den Nachwuchspolitiker, der bis zu seinem Wechsel nach Bonn im Jahr 1976 als hoffnungsvoller neuer Star der deutschen Politik galt, wie nach einer geheimen Absprache jahrelang erniedrigt, ihm systematisch die Fähigkeiten eines Kanzlers abgesprochen. Kohls strategisches Machtkalkül, seinen parteipolitischen Machtinstinkt und sein zähes Durchhaltevermögen hatten sie jedoch unterschätzt. Strauß' Sieg über Kohl [als Kanzlerkandidat 1980] und Schmidts Sieg über Strauß [bei den Wahlen 1980] waren Pyrrhus-Siege gewesen. Lachender Dritter wurde jetzt der CDU-Vorsitzende.«[27]

Helmut Kohl Bundeskanzler

Bei der ersten vorbereitenden Besprechung über seine Regierungserklärung am 13. Oktober 1982 im Kanzleramt nannte Kohl drei Grundelemente seiner künftigen Politik. Trotz real existierender Teilung sollte die Erinnerung an die Nationalgeschichte gesamtdeutsche Konturen schärfen und das Thema »Nation« eine orientierende und integrierende Wirkung gewinnen. Die beiden anderen Elemente lauteten: »Europäische Integration als Schutz der Deutschen vor fragwürdigen Traditionsbeständen; USA als Garant der westlichen Werteordnung und der äußeren Sicherheit.«[28]

Im Vordergrund des öffentlichen Interesses aber standen zunächst Arbeitsplatzsicherung, Staatsfinanzen, Umweltschutz und Abrüstung. Kohl war angetreten, um in der Bundesrepublik »eine geistige Wende« herbeizuführen und die »geistig-moralische Krise« zu überwinden, wie er betonte. In seiner Regierungserklärung kündigte er an, wie Wirtschaftskrise und Massenarbeitslosigkeit bekämpft werden sollten: Er appellierte an den Opferwillen der Bürger; der einzelne müsse Initiativen ergreifen und nicht mehr nur auf den Staat warten; Leistung solle sich wieder lohnen: »Die Frage der Zukunft lautet, wie sich Freiheit, Dynamik und Selbstverantwortung neu entfalten können. Auf dieser Idee gründet die Koalition der Mitte.« Kohl hatte Glück: Die Weltwirtschaftslage änderte sich zum Positiven, so daß sich auch die Wirtschaft in der Bundesrepublik erholte. 1986 gab es einen Rekord-Außenhandelsüberschuß von 110 Milliarden DM; die Bundesrepublik wurde zur stärksten Handelsnation der Welt. Die Arbeitslosenzahl blieb dennoch besorgniserregend hoch. Sie lag in den achtziger Jahren durchgehend bei zwei Millionen im Jahr.

In der Deutschland- und Außenpolitik gab es eine erstaunliche Kontinuität (zur Deutschlandpolitik s. Kap. 4). Bereits am 14. November flog

Abb. 4: November 1982: Bundeskanzler Helmut Kohl zu Besuch bei Ronald Reagan in Washington. In einer gemeinsamen Erklärung zum Abschluß des Besuches heißt es: »Die deutsch-amerikanischen Bande sind tiefer als bloße Erwägungen des Nationalinteresses. Sie wurzeln in der tiefen Zuneigung der beiden Völker und werden getragen von engen persönlichen und familiären Bindungen zwischen Amerikanern und Deutschen.«

Kohl nach Washington, um das deutsch-amerikanische Verhältnis zu »reparieren«. Reagan wies darauf hin, daß Kohl als Oppositionsführer im Juni pro-amerikanische Kundgebungen in der Bundesrepublik organisiert hatte, und betonte: »Ich schätze diese wunderbare Geste sehr hoch.« Das war der Beginn einer wunderbaren Freundschaft und einer Vertiefung des deutsch-amerikanischen Verhältnisses. Reagan wies auch darauf hin, daß deutsche Auswanderer mehr als jede andere Volksgruppe die ethnische Zusammensetzung Amerikas geprägt und dem Land neben harter Arbeit und Fleiß auch Fortschritt und Freiheit gebracht hätten. Die Zukunft der beiden Länder hänge »so sehr von Freundschaft und gemeinsamen Werten ab«:

»In diesen unsicheren Zeiten, in denen eine Macht im Osten eine massive Kriegsmaschine weit über alle legitimen Verteidigungserfordernisse hinaus aufgebaut hat, müssen die westlichen Demokratien zusammenstehen, wenn unsere Freiheit und der Frieden in der Welt erhalten werden sollen. Das deutsche Volk steht an der Frontlinie der Freiheit.«

In einer gemeinsamen Erklärung zum Abschluß des Besuchs hieß es u. a.:

»Die deutsch-amerikanischen Bande sind tiefer als bloße Erwägungen des Nationalinteresses. Sie wurzeln in der tiefen Zuneigung der beiden Völker und werden getragen von engen persönlichen und familiären Bindungen zwischen Amerikanern und Deutschen.«

Mit Blick auf die Beziehungen zu Moskau hieß es: »Die Werte und Ziele der Sowjetunion entsprechen nicht den unseren.«[29] Das war der Grundtenor für die folgenden Jahre und sollte dann im Zuge der Wiedervereinigung entscheidend werden.
Die Regierung Kohl/Genscher bekannte sich unverzüglich zum NATO-Doppelbeschluß vom Dezember 1979 und bekräftigte nachdrücklich, daß die Mittelstreckenraketen in Europa stationiert würden, falls die Verhandlungen mit der Sowjetunion zu keinem Ergebnis führen sollten.
Am 6. März 1983 stellte sich die neue Regierung den Wählern – und wurde eindrucksvoll bestätigt: sie erzielte 277 Sitze im Bundestag. Die CDU/CSU erreichte mit 48,8 % (plus 4,3 %) der Stimmen (244 Sitze) das zweitbeste Ergebnis in ihrer Geschichte und verfehlte damit nur knapp die absolute Mehrheit. Die FDP verlor angesichts der Zerreißprobe durch die nicht unumstrittene »Wendepolitik« im Jahr zuvor 3,6 % der Stimmen und rutschte auf 7 % (34 Sitze). Die SPD erhielt 38,2 % (minus 4,7 %), 193 Sitze. Erstmals waren die Grünen im Bundestag vertreten (5,6 %, 27 Sitze).

Am 29. März wurde Helmut Kohl erneut zum Bundeskanzler gewählt. Die wichtigste Entscheidung im weiteren Verlauf des Jahres war am 22. November der Beschluß des Bundestages, der Stationierung amerikanischer Mittelstreckenraketen zuzustimmen – gegen den massiven Protest der Mehrheit in der SPD und der Grünen (sowie Gewerkschaften und Teilen der veröffentlichten Meinung). Der von CDU/CSU und FDP eingebrachte Antrag wurde in namentlicher Abstimmung mit 286 gegen 225 Stimmen bei einer Enthaltung angenommen. Für die Grünen erklärte Otto Schily in der Debatte u. a., der Beschluß sei »ein Akt der Unterwerfung unter die zunehmend aggressive Militärstrategie der gegenwärtigen US-Regierung, eine Kapitulation der Vernunft, ein Fiasko für den Frieden in Europa«.[30]

Das genaue Gegenteil sollte der Fall sein: die Sowjetunion brach zwar am 23. November 1983 die Abrüstungsverhandlungen in Genf ab, aber wohl nur die Festigkeit des Westens führte schließlich unter Gorbatschow im Dezember 1987 zum Vertrag über die Nullösung bei den Mittelstreckenraketen. Die Bonner Entschlossenheit wurde dann erst recht 1989/90 honoriert, als Washington die Wiedervereinigung sofort und mit Nachdruck unterstützte.

Bei den Bundestagswahlen am 25. Januar 1987 mußten die Unionsparteien zwar Stimmeneinbußen hinnehmen, die FDP legte allerdings zu, so daß die Regierungskoalition fortgesetzt werden konnte. Am 11. März wurde Helmut Kohl erneut zum Bundeskanzler gewählt. Die deutsch-amerikanische Solidarität wurde wenig später erneut gefordert, als Washington Zustimmung zu Reagans Strategischer Verteidigungsinitiative (Strategic Defense Initiative, SDI) erwartete. Bonn stimmte auch dieser Star Wars-Politik zu. SDI wurde in etwas abgewandelter Form von Präsident George W. Bush Anfang 2001 wieder aus der Versenkung geholt. Die rot-grüne Koalitionsregierung Schröder/Fischer tat sich mit ihrer Haltung wesentlich schwerer als die Regierung Kohl/Genscher. Nach den Terroranschlägen am 11. September 2001 änderte sich das dann entscheidend: es ging (und geht?) nicht mehr um ein »missile shield« im Weltraum, sondern um die Bekämpfung des weltweiten Terrorismus (s. hierzu Kap. 10).

Ansonsten waren die folgenden Jahre bis zum Herbst 1989 geprägt durch innenpolitische Pannen und Affären. An der wohl schmutzigsten war allerdings die Regierung Kohl nicht beteiligt. Es ging um den schleswig-holsteinischen CDU-Ministerpräsidenten Uwe Barschel, der schließlich am 11. Oktober 1987 tot in der Badewanne seines Zimmers im Hotel »Beau Rivage« in Genf aufgefunden wurde. Barschel hatte u. a. die Bespitzelung seines SPD-Gegenkandidaten bei den Landtagswahlen, Björn Engholm, veranlaßt. Die Umstände seines Todes wurden nie wirklich aufgeklärt.

Europäische Integration

Die europäische Integration war, wie bereits erwähnt, ein zentrales Thema der Kohlschen Außenpolitik. Hier gab es in den achtziger Jahren erstaunliche Erfolge. Zum einen den Beitritt von Spanien und Portugal. Die Beitrittsverhandlungen mit diesen beiden Ländern waren die längsten und detailliertesten; mit Spanien dauerten sie 80 Monate, mit Portugal 76. Die Erweiterung war auch ein Test, inwieweit die Europäische Gemeinschaft in der Lage war, durch den Beitritt dieser Länder die demokratischen Strukturen dort zu stärken, trotz aller wirtschaftlichen Vorbehalte und der klaren Erkenntnis, daß sie »Nehmerländer« sein würden. Die Spanier hatten dabei schon vorher klargemacht, daß eine Unterstützung des spanischen Beitritts eine Voraussetzung für die NATO-Mitgliedschaft Spaniens sei.

Anders als Großbritannien spielten diese beiden Länder sehr schnell eine aktive Rolle bei der Entwicklung der europäischen Integration. Spanier und Portugiesen sahen ihre Mitgliedschaft als Teil ihrer nationalen politischen Selbstachtung. Bei Spanien kam – anders als etwa bei Griechenland, das am 1. Januar 1981 Mitglied geworden war – die Überzeugung hinzu, ein Recht zu haben, genau so behandelt zu werden wie die übrigen großen Mitglieder der Gemeinschaft. Angesichts der Größe des Landes und der entwickelten Wirtschaft und Gesellschaft erwarteten sie gleichberechtigte Behandlung. So forderte man zwei Kommissare in Brüssel, um nur ein Beispiel zu nennen.

Spanien und Portugal wurden am 1. Januar 1986 Mitglieder der Gemeinschaft. Fast gleichzeitig gaben Außenminister Genscher und sein italienischer Kollege das Startsignal für einen großen Reformschritt innerhalb der Europäischen Gemeinschaft, der neben den institutionellen auch die materiellen und strukturellen Probleme der EG behandeln sollte. Im Winter 1985/86 einigte man sich auf die Einheitliche Europäische Akte (EEA). Zu den wichtigsten Inhalten dieses Dokuments gehörten die verbindliche Festlegung des Stichtages 1. Januar 1992 für die Vollendung des Europäischen Binnenmarktes, die Ein-

führung von qualifizierten Mehrheitsentscheidungen im Ministerrat bei Angelegenheiten des Binnenmarktes, die Stärkung des Europäischen Parlaments, die Eingliederung der Europäischen Politischen Zusammenarbeit (EPZ) – eines Vorläufers der gemeinsamen Außen- und Sicherheitspolitik – in das EG-Institutionengefüge sowie die Ausweitung der EG-Zuständigkeiten.
Entscheidend für das Zustandekommen der EEA war die enge deutsch-französische Zusammenarbeit – auch ein Anliegen der Regierung Kohl. Höhepunkt dieser Entwicklung war der von Bonn und Paris gemeinsam zum Treffen des Europäischen Rates in Mailand im Sommer 1985 vorgelegte »Vertragsentwurf über die Europäische Union«, der zur Grundlage der EEA wurde. Kohl und Frankreichs Staatspräsident François Mitterrand bekräftigten ihren Willen, das Ziel einer politischen Union notfalls auch dann durchzusetzen, wenn nicht alle EG-Partner sich daran beteiligen würden. Gleichzeitig erwies sich die Entscheidung von 1985, den französischen Wirtschafts- und Finanzminister Jacques Delors für das Amt des Präsidenten der Europäischen Kommission zu nominieren, als richtig. Von Delors gingen in der Folge wichtige Impulse und eine Stärkung der EG-Kommission aus. Er legte ein Paket vor, das eine Struktur-, Finanz- und Agrarpolitik der Gemeinschaft vorsah. Dieses Paket wurde mit Unterstützung von Kohl und Mitterrand und gegen den Widerstand von Margaret Thatcher beschlossen. Es bildete die Voraussetzung für die im sogenannten Delors-Bericht vom Sommer 1989 skizzierte Wirtschafts- und Währungsunion.

Dokumente zum 1. Kapitel

[1] Regierungserklärung von Bundeskanzler Helmut Schmidt zur Terrorismusbekämpfung, 15. 9. 1977

[...] Vor zwei Jahren habe ich bei einem ähnlichen Verbrechen gesagt, wir seien bereit, bis an die Grenzen dessen zu gehen, was uns der Rechtsstaat erlaubt und was er uns gebietet: Es entspringt dieser Bereitschaft, daß wir in der gegenwärtigen Lage nicht nur die wegen terroristischer Gewalttaten rechtskräftig Verurteilten, sondern auch die solcher Aktivitäten dringend Verdächtigen, also Strafgefangene ebenso wie Untersuchungsgefangene – und wessen Urteil noch nicht rechtskräftig ist, ist auch noch Untersuchungsgefangener –, während dieser Tage auch von dem Verkehr mit ihren Verteidigern abgeschnitten haben. Mehrere Gerichte haben dies gutgeheißen. Ein anderes Gericht hat an der Rechtfertigung dieser durch Landes- und Bundesbehörden verfügten Maßnahme gezweifelt. Uns erscheint dieser Schritt zur Abwendung einer erheblichen Gefahr für Menschenleben als eine im Augenblick unabweisbare Notwendigkeit.
Uns erreichen vielerlei Ratschläge, die über solche Maßnahmen weit hinausgehen wollen, bis hin zu dem Vorschlag von Repressionen und Repressalien, die sich gegen das Leben einsitzender Terroristen richten. Ich will dem Bundestag dazu meine Überzeugung nicht verhehlen: Androhen kann man nur, was man auch tatsächlich ausführen will und was man tatsächlich ausführen darf. Drohungen mit Schritten, die unsere Verfassung brechen würden, sind deshalb untauglich. Die Mitglieder der Bundesregierung und auch ich selbst haben vor dem Bundestag geschworen, das Grundgesetz und die Gesetze des Bundes zu wahren und zu verteidigen. Ich habe den festen Willen, diesem Eid zu gehorchen. Gleichzeitig will ich ebenso deutlich erklären, daß ich zur Erörterung jedes ernsthaften Rechtsgedankens, der uns in bezug auf zukünftige Gesetzgebung vorgetragen wird, bereit bin. [...]

Wir alle werden dabei den Staat nicht auf den Weg zu jenem Ende drängen lassen, welches die Terroristen unserer freiheitlichen, demokratischen Grundordnung zugedacht haben. Der Staat, den sie für ohnmächtig halten, den sie zu unterminieren trachten, dieser Staat ist keineswegs ohnmächtig. Er wird am Ende den Terrorismus besiegen, weil die breitesten Massen unseres Volkes den Terrorismus verabscheuen.
(Archiv der Gegenwart, 20.10.1977, S. 21305)

[2] Bundespräsident Walter Scheel zu den Reaktionen des Auslands auf die Maßnahmen zur Terrorismusbekämpfung, 19.9.1977

[...] Für uns und unsere Nachbarn bleibt festzustellen, daß bestimmte Vorurteile gegenüber diesem Land und dieser Nation in einigen europäischen Ländern außerordentlich zählebig sind. Diese Vorurteile sind aus der nationalsozialistischen Vergangenheit Deutschlands heraus durchaus verständlich. Vielleicht war es deshalb naiv, davon auszugehen, daß eine 30 Jahre lang funktionierende Demokratie ausreichen würde, solche Vorurteile zu beseitigen oder zumindest zu differenzieren. Zahl und Gewicht gegenteiliger Äußerungen im Ausland haben mich, ehrlich gesagt, in dem gleichen Maße erschreckt, wie mich die richtigstellenden Äußerungen erfreut haben. [...]
Wir haben gelernt. Aber ich habe den Eindruck, daß manche unserer Nachbarn noch nicht gelernt haben, daß wir gelernt haben. Sie sollten es allmählich lernen. Mit Sorge beobachte ich, wie, wiederum verständlicherweise, ein Teil der deutschen Öffentlichkeit auf die unverantwortliche Kritik aus dem Ausland reagiert. Will man eine solche Spirale von Vorurteilen, die notwendigerweise wieder andere Vorurteile hervorrufen muß, wirklich wieder in Bewegung setzen? Es wäre der sicherste Weg, die Einigung Europas unmöglich zu machen. Als Demokrat, als Deutscher und als Europäer möchte ich deshalb vor einer solchen Entwicklung warnen. Man beleidigt die Würde dieser Demokratie, wenn man ihr faschistische oder faschistoide Züge unterstellt. Als Präsident dieses Staates verwahre ich mich im Namen des deutschen Volkes ganz entschieden gegen solche Unterstellungen. Ich bitte unsere ausländischen Kritiker darum, zu glauben, daß die Deutschen auf solche Vorwürfe genauso reagieren wie im umgekehrten Falle unsere westlichen Freunde darauf reagieren würden. Wir grün-

den unser Selbstbewußtsein auf die 30jährige demokratische Tradition, auf die Leistungen unseres Landes in Politik, Recht, Wirtschaft und beim Aufbau eines vorbildlichen Sozialwesens. Vieles ist noch zu tun. Für Kritik sind wir dankbar. Aber man sollte aufhören, unsere demokratische Substanz anzuzweifeln. Unsere Fehler, die ich nicht leugne, sind, soweit ich das beurteilen kann, nicht schwerer erträglich als die unserer Nachbarn. Ich sagte bereits: der Terrorismus ist ein weltweites Problem und deshalb auch nur weltweit zu lösen. [...]

(Archiv der Gegenwart, 20. 10. 1977, S. 21 305)

2. Kapitel

1971–1989: Die DDR unter Honecker

Dokumente

1971–1989: Die DDR unter Honecker

Ulbrichts Sturz

Am 28. Juli 1970 traf Erich Honecker mit KPdSU-Chef Leonid Breschnew in Moskau zusammen. Dort machte der Kremlchef mit seltener Offenheit klar, was »Partnerschaft im Bruderbund« bedeutete, nämlich, daß die DDR als »unsere Errungenschaft, die mit dem Blut des Sowjetvolkes erzielt wurde, [...] nicht nur Eure, sondern unsere gemeinsame Sache ist«. Man werde es Ulbricht nicht gestatten,

»an uns vorbei zu regieren, unüberlegte Schritte gegen Sie und andere Genossen des PB [Politbüros] zu unternehmen. Wir haben doch Truppen bei Ihnen. Erich, ich sage Dir ganz offen, vergesse das nie: Die DDR kann ohne uns, ohne die SU, ihre Macht und Stärke, nicht existieren. Ohne uns gibt es keine DDR.«

Wahre Worte, wie sich vor allem 1989/90 zeigen sollte.
Breschnew kritisierte dann die von Honecker dem Genossen Ulbricht unterstellte Absicht, mit der SPD zusammenzuarbeiten, und fragte einigermaßen irritiert:

»Was will Walter mit der Möglichkeit, durch nichts zu beweisenden Möglichkeit, der Zusammenarbeit mit der westdeutschen Sozialdemokratie, was versteht er unter der Forderung, der Regierung Brandt zu helfen? Gut, Sie wissen es nicht, ich auch nicht.«

Und dann machte er noch einmal klar, worum es in Zukunft gehen werde:

»Es gibt und es kann keine, es darf zu keinem Prozeß der Annäherung zwischen der BRD und der DDR kommen. [...] Für uns ist wichtig die Festigung der Position der DDR, ihre weitere positive ökonomische Entwicklung, die entsprechende Erhöhung der Lebensbedingungen der Bevölkerung, der Arbeiterklasse der DDR. Auf diese Aufgaben muß man sich weiter konzentrieren. [...] Also, alles konzentrieren auf die allseitige Stärkung der DDR.«

Die Sowjetunion werde einen Anschluß der DDR an Westdeutschland nicht zulassen: »Im Gegenteil – die Abgrenzung, der Graben zwischen DDR und BRD wird noch tiefer werden.«[1]

Das war der Anfang vom politischen Ende Ulbrichts. Honecker sah nun endlich die Zeit gekommen, der erste Mann in Partei und Staat zu werden. Ihm gelang es, eine Mehrheit im Politbüro gegen Ulbricht zustande zu bringen und bei Breschnew die Zustimmung für einen Wechsel an der Parteispitze zu bekommen. Dazu trugen Äußerungen von Walter Ulbricht auf einer gemeinsamen Besprechung der ZK-Delegationen von KPdSU und SED am 21. August 1970 in Moskau bei. Er verkündete dort als Nahziel, die USA wissenschaftlich-technisch überholen und die Weltspitze erreichen zu wollen. Für Breschnew war das offensichtlich zu viel, wenn Ulbricht auf diese Weise den Führungsanspruch der Sowjetunion im östlichen Bündnis unterminieren wollte. Zur Zusammenarbeit mit der BRD meinte Ulbricht: »Wenn wir die Existenz einer unter sozialdemokratischer Führung stehenden Regierung Westdeutschlands nicht maximal ausnutzen, um die friedliche Koexistenz zu erreichen, dann werden uns die Völker das nicht verzeihen, auch nicht das Sowjetvolk.« Als er dann auch noch betonte, die DDR wolle sich in der künftigen Kooperation mit der Sowjetunion als »echter deutscher Staat entwickeln« und hervorhob: »Wir sind nicht Bjelorußland, wir sind kein Sowjetstaat. Also echte Kooperation«, war sein Schicksal endgültig besiegelt.[2]

Bereits Jahre vorher, 1964, kurz nach dem Sturz Nikita Chruschtschows, hatte Ulbrichts selbstherrliche Art das Mißfallen des neuen ersten Mannes in der Sowjetunion, Leonid Breschnew, erregt. In einem persönlichen Gespräch vertraute er Erich Honecker im Juli 1970 an:

»Du weißt, damals 1964 Datsche (Döllnsee) – er stellt einfach meine Delegation auf die Seite (Tichonow etc.), preßt mich in ein kleines Zimmer und redet auf mich ein, was alles falsch ist bei uns und vorbildlich bei euch. Es war heiß. Ich habe geschwitzt. Er nahm keine Rücksicht. Ich merkte nur, er will mir Vorschriften machen, wie wir zu arbeiten, zu regieren haben, läßt mich gar nicht erst zu Wort kommen. Seine ganze Überheblichkeit kam dort zum Ausdruck, seine Mißachtung des Denkens, der Erfahrung anderer.«

Ulbrichts Sturz begann dann konkret am 8. September 1970. Wie an jedem Dienstag tagte das Politbüro des ZK der SED. Willi Stoph trug ein von den Gegnern Ulbrichts erarbeitetes elfseitiges Papier über dessen Wirtschaftspolitik vor. Es war »moderat in der Form, vernichtend im Inhalt«[3] – und nur scheinbar folgenlos. Der nächste Akt wurde dann auf der 14. Tagung des ZK der SED vom 9. bis 11. Dezember gespielt. Es ging wieder um Planungsfehler, die Ulbricht freimütig eingestand; trotzdem hielt er die Grundlinie seiner Politik für richtig und meinte: »Es ist notwendig, daß wir gegen den Konsumentenstandpunkt Stel-

Abb. 5: Der sowjetische Staats- und Parteichef Leonid Breschnew und SED-Chef Erich Honecker. Breschnew zu Honecker: »Ohne uns gibt es keine DDR.«

lung nehmen, trotz der Schwierigkeiten [...], wir müssen ganz offen sagen, daß im Kampf zwischen den beiden Weltsystemen [...] auch Opfer gebracht werden müssen.«[4] Es gab Schlußbeifall, und das übliche Ritual wurde auch hier nicht durchbrochen: Versammlungsleiter Ulbricht bat nach jedem Punkt um Zustimmung, die einstimmig gewährt wurde. Aber dann kam es: Die üblicherweise schriftlich erteilte Zustimmung zur Veröffentlichung des Schlußwortes von Ulbricht wurde nicht von allen erteilt. Der SED-Chef gab nach und begnügte sich mit dem Abdruck einer kurzen Zusammenfassung im offiziellen Protokoll.

Am 21. Januar 1971 schickten dann 13 Mitglieder des Politbüros einen Brief an Breschnew, der schwerwiegende Vorwürfe und teilweise bösartige Unterstellungen gegen Ulbricht enthielt. Ihm wurden »lebensfremde, pseudowissenschaftliche, teilweise ›technokratische‹ Theorien« vorgeworfen, gesamtdeutsche Alleingänge angedeutet:

»Nicht nur in der Innenpolitik, sondern auch in unserer Politik gegenüber der BRD verfolgt Genosse Ulbricht eine persönliche Linie, an der er starr festhält. Damit wird ständig der zuverlässige Ablauf des zwischen der KPdSU und der SED koordinierten Vorgehens und der getroffenen Vereinbarungen gegenüber der BRD gestört.«

Es würden sich »bestimmte negative Seiten seines auch ohnehin schwierigen Charakters immer mehr verstärken«; er entfremde sich »vom wirklichen Leben der Partei, der Arbeiterklasse und aller Werktätigen« und verfolge »irreale Vorstellungen«:

»Im Umgang mit den Genossen des Politbüros und mit anderen Genossen ist er oft grob, beleidigend und diskutiert von einer Position der Unfehlbarkeit. Es tritt immer stärker hervor, daß Genosse Walter Ulbricht, von dem Gefühl seiner Unfehlbarkeit geleitet, für kommende Jahrzehnte, ja, bis zum Jahr 2000 politische und andere Prognosen vorlegt, die sich keine andere Partei der sozialistischen Staatengemeinschaft stellt.«

Man sprach geschickt Breschnews Eitelkeit an, als es weiter hieß: »Aus vielen Bemerkungen und manchem Auftreten geht hervor, daß sich Genosse Walter Ulbricht gern auf einer Stufe mit Marx, Engels und Lenin sieht.« Das hatte Breschnew schon vorher nicht gerne gehört. Dann kam die Anspielung auf die Tschechoslowakei: »Wir berücksichtigen dabei auch bestimmte Lehren aus den Ereignissen in Volkspolen und in der ČSSR.«[5] Offensichtlich wollte man damit andeuten, daß ähnliche Entwicklungen auch in der DDR möglich waren. Drei Monate später, am Rande des XXIV. Parteitages der KPdSU, zitierte Breschnew dann am 11. April 1971 Honecker und Ulbricht zu sich.
Ulbricht wollte damals ein drittes Treffen zwischen Stoph und Willy Brandt; die Frage bleibt, ob seine Intentionen mit Blick auf eine mögliche wirtschaftliche Konföderation der Grund für diese Entwicklung waren. Sein Rücktritt war jedenfalls nach dem Gespräch in Moskau beschlossene Sache. Und der vollzog sich wie geplant. Am 3. Mai 1971 legte Ulbricht dem ZK der SED folgenden Antrag vor:

»Nach reiflicher Überlegung habe ich mich entschlossen, das Zentralkomitee auf seiner heutigen Tagung zu bitten, mich von der Funktion des Ersten Sekretärs des Zentralkomitees zu entbinden. Die Jahre fordern ihr Recht und gestatten es mir nicht länger, eine solche anstrengende Tätigkeit wie die des Ersten Sekretärs des Zentralkomitees auszuüben. Ich erachte daher die Zeit gekommen, diese Funktion in jüngere Hände zu geben, und schlage vor, Genossen Erich Honecker zum Ersten Sekretär des Zentralkomitees zu wählen.« (18 Jahre später war es Honecker, der

»aus gesundheitlichen Gründen« um seinen Rücktritt »bat«; da war aber dann für die DDR alles zu spät.)

Der »Bitte« wurde entsprochen und Honecker als Ulbrichts Nachfolger nominiert. 14 Tage später war Honecker mit einer SED-Delegation in Moskau und meldete Breschnew Vollzug: »Alles ist jetzt auf seinem richtigen Platz.« Die »allseitige Stärkung« der DDR könne nur durch engste politische, ökonomische und ideologische Zusammenarbeit mit der Sowjetunion und den übrigen Partnern im Warschauer Pakt erfolgen: »Wir sind uns mit aller Deutlichkeit bewußt, daß es für uns keinen anderen Weg gab, gibt und geben wird«, denn: »Die DDR ist unser gemeinsames Kind. Sie ist das Ergebnis des Sieges des Sowjetvolkes im Großen Vaterländischen Krieg über den Hitlerfaschismus. Das werden wir nie vergessen.«[6]
Auf dem VIII. Parteitag der SED wurde Honecker am 19. Juni 1971 als Erster Sekretär des ZK der SED bestätigt. Am 24. Juni löste er Ulbricht auch als Vorsitzenden des Nationalen Verteidigungsrates, dem für die Landesverteidigung und die innere Sicherheit entscheidenden Gremium der DDR, ab. Der Machtwechsel war vollzogen. Walter Ulbricht aber verschwand weitgehend aus dem öffentlichen Bewußtsein und dem Gedächtnis der DDR. In seinen Erinnerungen kommentierte Erich Honecker zehn Jahre später den Führungswechsel mit den lapidaren Worten: »Wir handelten nach dem Leninschen Grundsatz, daß sich die Partei niemals scheuen darf, die Wirklichkeit so zu sehen wie sie ist.«[7] Die SED gab diesen Grundsatz schon bald vollständig auf.

Wirtschaftspolitik und Repression

Der Preis, den die Honecker-Gruppe für den Wechsel zahlte, bestand in der bedingungslosen Anpassung an die Linie der KPdSU. Das betraf die Deutschlandpolitik, vor allem aber auch die Wirtschaftspolitik. Als »Hauptaufgabe« des neuen Fünfjahresplans 1971–1975 wurde auf dem VIII. Parteitag im Juni 1971 formuliert:

»Weitere Erhöhung des materiellen und kulturellen Lebensniveaus des Volkes auf der Grundlage eines hohen Entwicklungstempos der sozialistischen Produktion, der Erhöhung der Effektivität, des wissenschaftlich-technischen Fortschritts und des Wachstums der Arbeitsproduktivität.«

Das hörte sich zwar sehr schön an, bedeutete allerdings im Klartext das Ende der Reformperiode des Neuen Ökonomischen Systems. Die SED

»kehrte im Schulterschluß mit der KPdSU zu den Dogmen der Politischen Ökonomie Stalins zurück«.[8] Damit einher ging die Beseitigung der rd. 11400 rein privat oder mit staatlicher Beteiligung geführten Betriebe mit bis zu 500 Beschäftigten, die z. T. bis zu 40 % der Konsumgüter produzierten.[9] Über die genauen Motive für diese weitreichende Entscheidung kann man nach wie vor nur rätseln, die Frage stellt sich allerdings, ob diese Entscheidung nicht bereits den Anfang vom Ende der DDR bedeutete.

Erich Honecker meldete Breschnew jedenfalls am 13. Juli 1972 erneut Vollzug:

»Lieber Genosse Leonid Iljitsch!
Mit Freude können wir immer wieder feststellen, daß Du trotz Deiner großen Arbeitsleistung als Generalsekretär des Zentralkomitees der KPdSU der Entwicklung des Sozialismus in der Deutschen Demokratischen Republik stets eine große Aufmerksamkeit widmest. Es ist mir angenehm, Dir im Auftrage des Politbüros des Zentralkomitees unserer Partei mitzuteilen, daß in diesen Tagen [...] die nach dem VIII. Parteitag eingeleitete Umwandlung der Betriebe mit staatlicher Beteiligung, Privatbetriebe und industriell produzierende Genossenschaften des Handwerks in volkseigene Betriebe mit Erfolg abgeschlossen werden konnte.
Mit kommunistischem Gruß
gez. E. Honecker.«[10]

1973 sprach Honecker dann erstmals vom »real existierenden Sozialismus«. Was jetzt kam, charakterisiert Stefan Wolle folgendermaßen:

»Erich Honecker war der Mann der kleinen Kompromisse, der Meister des stillen Nachgebens und des ›So Tuns als ob‹. Westfernsehen war nicht direkt verboten und nicht direkt erlaubt – aber die Verkaufsstellen des sozialistischen Einzelhandels boten die Apparate mit dem integrierten ›Westfarbsystem‹ (PAL) an. Der Umlauf von D-Mark als ›Zweitwährung‹ war nicht direkt verboten und nicht direkt erlaubt. Aber nur die Existenz der allgemein zugänglichen Intershops verlieh ihm ökonomischen Sinn. Ausreiseanträge zu stellen war nicht direkt verboten und nicht direkt erlaubt. Aber die umfangreiche Genehmigungspraxis, für die es eigentlich gar keine juristische Grundlage gab, führte zu immer mehr solcher Begehren. [...] Hinter dem Nebelvorhang einer Mini-Liberalisierung, die wenig Risiken in sich barg und viel Zustimmung einbrachte, steuerte der neue Erste Sekretär der SED allerdings einen regressiven Kurs. Er war der Mann der Staatssicherheit, und mit seinem Machtantritt vollzog sich auch der Aufstieg Erich Mielkes ins oberste Gremium der Macht.«[11]

Die in der »Hauptaufgabe« enthaltenen Versprechungen – Wohnungsbau, Lohn- und Rentenerhöhungen, verbesserte Versorgung – zielten darauf ab, »mangelndes Legitimationseinverständnis durch materielle Versorgung und soziale Sicherheit zu kompensieren« (Rainer Lepsius). Das auf dem IX. Parteitag der SED 1976 in die griffige Formel der »Einheit von Wirtschafts- und Sozialpolitik« gefaßte realsozialistische

Abb. 6: 20 Jahre nach dem Bau der Mauer: Plakate in Ost-Berlin interpretieren den »antifaschistischen Schutzwall«. Zum 40jährigen »Jubiläum« im Jahre 2001 gibt es erneut eine Diskussion über den Mauerbau.

Wohlfahrtspostulat hatte jedoch, wie Hans-Hermann Hertle betont, »schon bis zu diesem Zeitpunkt einen Verschuldungsmechanismus beschleunigt, der in der Folgezeit rasch an Brisanz zunahm«.[12] Die auf dem Parteitag verkündete Losung war zwar im Grunde ein ökonomisch durchaus vernünftiges Programm, mit dem die SED-Führung offensichtlich versuchen wollte, die Ausgaben für die Erhaltung des Lebensstandards der Bürger den tatsächlichen Möglichkeiten der DDR-Wirtschaft anzupassen[13], aber das war in der Praxis nicht durchzuhalten: Die SED-Oberen fürchteten den Unmut der Bürger über nicht gewährte Verbesserungen mehr als die finanziellen und wirtschaftlichen Folgen einer ökonomisch nicht fundierten weiteren Anhebung des Lebensstandards. Der 17. Juni 1953 war nicht vergessen. Der SED saß »die Angst vor der eigenen Bevölkerung« (Stefan Wolle) im Nacken.
Michael Bechtel beschreibt das so:

»Also forderte der Plan stets mehr Waren und mehr Wohnungen. Das Verbrauchsniveau der Bevölkerung war Dreh- und Angelpunkt. Auch wenn alle wußten: Das ist nicht zu schaffen. Vier, fünf Prozent mehr – das mußte bei der Planerstellung in Form von sogenannten Orientierungsziffern nach unten umgesetzt und durchgesetzt werden – über staatliche Planungskommission, Wirtschaftsministerium, die Generaldirektoren bis hinunter in die Betriebe.«[14]

Ausschlaggebend für Versorgungsstörungen, schlechte Qualität, Mangelerscheinungen, Produktionsstörungen und Fehlproduktionen war zunächst und vor allem die Planerstellung selbst. Obwohl die SED wußte, daß es keinen wissenschaftlich begründeten Perspektivenplan gab, hielt man am Dogma der Wirtschaftsplanung fest. Grundlage dafür waren eben nicht nur exakte Daten, sondern Annahmen und Schätzungen, z. B. über Konsumgewohnheiten und die Entwicklung des technischen Fortschritts. Man verkündete das Dogma der Überlegenheit der Planwirtschaft über die Marktwirtschaft, obwohl dies täglich ad absurdum geführt wurde.
Pläne wurden nicht erfüllt, oder Planerfüllung wurde »getürkt«, Lücken klafften zwischen Wirklichkeit und Statistik. Maschinen waren kaputt, der Betrieb konnte zu den staatlich geforderten Preisen nicht fertigen. Oder er produzierte 4–5 % mehr von dem, was gerade hergestellt wurde, ohne Rücksicht auf den wirklichen Bedarf: Dosenöffner statt Korkenzieher, Winterschuhe statt Sandalen. Die Mitteilungen über die Versorgungslage, die von den SED-Bezirksleitungen geschrieben wurden, erinnerten an »Frontberichterstattung«, wie Stefan Wolle das bezeichnet hat.

»Da wurde von stabiler Nachschublage, zeitweiligen Angebotslücken und Verstößen in der Lebkuchenversorgung für das Jahresende berichtet. Jedenfalls wußte man hinter den Kulissen immer ziemlich genau, was fehlte: Im November 1987 berichtete die Bezirksleitung Berlin von Problemen mit Hart- und Schnittkäse, aber auch das Angebot von Reis, Speiseöl, Knäckebrot, Kakaoerzeugnissen, Wein, Sekt, Marmelade, WC-Sitzen, Zahnbürsten, Schnürsenkeln und Dosenöffnern lasse zu wünschen übrig.«[15]

Zur Fehlentwicklung führte auch die Kontrolle der Planerfüllung. Ein Stichwort dafür lautete: Tonnenideologie. Solange das Gewicht für die Planerfüllung maßgebend war, wurden schwere Maschinen und Anlagen konstruiert, aber nicht unbedingt leistungsfähige.

Das hatte auch viel mit der Arbeitsproduktivität und -mentalität zu tun. In der DDR herrschte offiziell vier Jahrzehnte Vollbeschäftigung, 90 % der Bevölkerung im erwerbsfähigen Alter standen im Berufsleben. Überall stand man im »sozialistischen Wettbewerb«. Man durfte sich »Held der Arbeit«, »verdienter Aktivist« oder »Aktivist der sozialistischen Arbeit« nennen; ebenso vermeldeten »Tafeln der Besten«, ob der Plan erfüllt worden war oder nicht. Dies sollte Anreiz für die Werktätigen sein. Die Realität sah oftmals anders aus, etwa so, wie der für Wirtschaftspolitik im Politbüro zuständige Günter Mittag bereits im Juni 1970 über die Baupolitik berichtete:

»Dem Politbüro liegen Fotos von Untersuchungen auf Baustellen vor, die eine nicht mehr zu überbietende Unordnung und Verschwendung von wertvollen Materialien und Ausrüstungen zeigen und mit Worten kaum noch zu beschreiben sind. Seit zwei Jahren liegt tonnenweise nicht mehr benötigter Rundstahl herum, der von schweren Fahrzeugen teilweise in den Boden gefahren und deformiert wurde und bereits weitgehend verrostet ist. [...] Gebündelt zugelieferte Radialziegel wurden auf der Baustelle einfach abgekippt und lagen in unübersehbaren Haufen, zum erheblichen Teil zerbrochen. Über die Baustellen gehen doch jeden Tag Wirtschaftsfunktionäre und auch Partei- und Gewerkschaftsfunktionäre. Was denken diese Genossen, und was löst der Anblick dieser Mißstände in ihren Köpfen aus?«

Offensichtlich gar nichts, denn die Verhältnisse änderten sich in der Folgezeit nicht. 1988 brach die Zementversorgung regional zusammen. Das war zu einem Zeitpunkt, als die von Honecker 1971 zugesagte »Wohnbauinitiative« offenkundig gescheitert war. 1971 waren mehr als 50 % aller Wohnungen älter als 50 Jahre. Honecker verkündete ein Wohnbauprogramm: bis 1990 werde die »Wohnungsfrage als soziales Problem« gelöst sein. Es entstanden die berüchtigten Plattenbausiedlungen an den Stadträndern: Wohnblock um Wohnblock in Betonfertigteilen erstellt. In diesen »weißen Burgen« lebten bis zu 100 000 Menschen. Im Februar 1984 übergab Honecker die »zweimillionste Neubauwohnung«, im Oktober 1988 die »dreimillionste«.

Viele Wohnungssuchende merkten davon allerdings nichts, denn die Zahlen waren gefälscht. Bis Ende der achtziger Jahre waren zwei Millionen Neubauwohnungen errichtet worden. Noch schlimmer aber war, daß in den alten Stadtkernen die Baustruktur verfiel. Auf jede neue Plattenbauwohnung kam statistisch eine verfallende. Das war sozialistische Wohnraumbeschaffung bzw. -vernichtung. Die Altbaumieten wurden auf dem Stand von 1938 eingefroren; wirtschaftlich wurde damit die Vermietung von Wohnungen völlig unrentabel. Die Mieten lagen zwischen 80 Pfennig und 1,25 Mark je Quadratmeter; 1987 waren noch 23 % aller Wohnungen ohne Bad oder Dusche, und nur 70 % verfügten über eine Innentoilette.
Hinzu kam die für die DDR typische Infrastruktur: Die Straßen befanden sich in einem erschreckenden Zustand. Ein Drittel der Transportkapazität der Eisenbahn wurde für Braunkohle beansprucht. Die überschweren Güterwaggons verursachten Schäden auf den Gleisstrecken – die Folge waren Verspätungen und Umleitungen für den Personenverkehr. Fabriken und Kombinaten ging es ähnlich: Waren trafen verspätet oder gar nicht ein. Das Stromversorgungsnetz brach nicht selten zusammen; Abschaltungen in Spitzenzeiten und im Winter waren keine Seltenheit. Das Telefonnetz war so dürftig, daß die Wartezeiten für private Neuanschlüsse oft zehn Jahre überschritten.
Einer der schwerwiegendsten Fehler der SED-Wirtschaftsplanung bestand darin, den Preis als Gradmesser für die Knappheit eines Gutes außer Kraft zu setzen – mit einem Blick auf die BRD, mit einem anderen auf den 17. Juni 1953: Der Lebensstandard durfte nicht sinken. Die Preise für den täglichen Grundbedarf bei Nahrung und Kleidung deckten die Herstellungskosten nicht. Und Güter des gehobenen Konsums kamen – wenn überhaupt – oft um ein Vielfaches zu teuer in den Handel. Aus den Einnahmen sollten die Billigpreise für Grundnahrungsmittel, Wohnungen und Energie gestützt werden. Mitte der siebziger und in den achtziger Jahren ging das nicht mehr. Der Verbrauch von Fleisch und Butter wuchs zu schnell; auch andere »Luxusgüter« konnten wegen der steigenden Kosten nur noch unter dem Herstellungspreis verkauft werden. Zum Kauf von Grundnahrungsmitteln für 100 Mark steuerte der Staat 1986 etwa 85 Mark als Preisstützung bei; 80 % aller Warenpreise seien konstant, 20 % an die Marktbedingungen angepaßt, wie Honecker 1986 in einem Interview mit der »Zeit« betonte. Diese Preispolitik sei unverzichtbar für ein Klima der sozialen Sicherheit und Geborgenheit im realen Sozialismus.

1988 mußten 50 Mrd. Mark – etwa 20 % des Staatshaushaltes – für die Subventionierung von Verbraucherpreisen aufgewendet werden. Und trotzdem funktionierte das System immer weniger. Dafür einige Beispiele: Als in den sechziger Jahren nach westlichem Vorbild das Einkaufen per Katalog möglich wurde, war die Begeisterung der Kunden so groß, daß die angebotenen Produkte aus dem Sortiment normaler Kaufhäuser verschwinden mußten, um sie im Katalog anbieten zu können. Dennoch konnte Mitte der siebziger Jahre nur noch die Hälfte aller Bestellungen erfüllt werden. Der Katalog wurde daraufhin abgeschafft.

Ein Wirtschaftssystem, in dem Preise für Wohnungen, Brot, Strom, Fahrtkosten und sogar Blumen vom Staat festgelegt und durch Subventionen verzerrt wurden, konnte nichts über die wahren Kosten der Produktion wissen. Da das subventionierte Brot im Laden billiger war als das Getreide, das den Bauern abgekauft wurde, fütterte man in der DDR die Hühner mit Brot – nicht unbedingt zur Freude der Bäcker.

Unter Honecker stieg die Auslandsverschuldung der DDR um ein Vielfaches, begründet auch durch steigende Weltmarktpreise, Rohstoffkrise, Ölpreisschock und Exportschwäche der eigenen Wirtschaft. Seit 1970 hatte die DDR ein Defizit im Westhandel, ab 1975 kam ein Defizit gegenüber dem Haupthandelspartner Sowjetunion hinzu. Um die Verschuldung abzubauen, sollten Importe gedrosselt werden. Aber das war mit der eigenen Bevölkerung nicht so leicht zu machen, wie die »Kaffeekrise« des Jahres 1977 zeigte.

Als 1977 mehr als 53 000 Tonnen Kaffee für rd. 667 Mio. Mark importiert wurden, schlug Außenhandelsspezialist Alexander Schalck-Golodkowski Günter Mittag eine Radikalkur vor, nämlich: »Alle bisher in der DDR produzierten und angebotenen Sorten Röstkaffee werden ab 1. 7. 1977 nicht mehr produziert.« Ab 1. August sollten alle Behörden und Einrichtungen, die Armee, Betriebskantinen sowie bestimmte Gaststätten nur noch einen neuen Mischkaffee anbieten, der aus 51 % Röstkaffee, jeweils 5 % Zichorie, getrockneten Zuckerrübenschnitzeln und Spelzanteilen sowie 34 % Roggen/Gerstengemisch bestand. Die am 26. Juli 1977 vom Politbüro beschlossene neue »Versorgungsrichtlinie für Kaffee« konnte dann allerdings nicht umgesetzt werden. Die neue Mixtur – im Volksmund in Anlehnung an einen durch das Westfernsehen populären Werbeslogan »Erichs Krönung« genannt – war nicht absetzbar:[16] Es hagelte Eingaben und sogar Drohungen.[17]

Als das Politbüro im selben Jahr beschloß, die Delikat- und Exquisitläden mit ihren teuren Waren auszubauen, um die niedrigen Preise für Brot, Brötchen und Milch als soziale Errungenschaft weiter zu sichern, wanderten immer mehr Waren aus dem normalen Sortiment in die gehobene »Delikat«-Klasse – um auch dort bald wieder zu Mangelwaren zu werden. Mehr und mehr waren DDR-Wirtschaft und -handel auf die private Einfuhr von Konsumgütern und Nahrungsmitteln angewiesen. Teilweise überstieg diese Einfuhr von Kaffee, Kakao, Oberbekleidung und Schuhen die Menge der in der DDR produzierten Waren.[18] Wer Verwandte im Westen hatte, konnte hochwertige Produkte im »Intershop« kaufen; bei jenen, die diese Kontakte nicht hatten, wurde damit allerdings eine permanente Unzufriedenheit genährt. Das wurde auch dadurch nicht besser, daß man nach der Bestellung noch im Jahre 1989 elf Jahre auf einen »Trabant« und 14 Jahre auf einen »Wartburg« warten mußte. Der »Otto«-Katalog und die Prospekte von »Neckermann-Reisen« wurden mehr und mehr zur begehrten Literatur und von der SED-Führung als subversiv angesehen. Die DDR wurde ein klassisches Beispiel dafür, daß dem Konsumverhalten eine systemsprengende Kraft innewohnt. Denn der Wunsch, einmal in den Westen reisen und in westlicher Warenfülle einkaufen zu können, beförderte das Ende der DDR mehr als alle politischen Forderungen.

Im Westen wurde das lange Jahre nicht zur Kenntnis genommen. Man akzeptierte die Potemkinschen Dörfer. So meinte Helmut Schmidt in einem Telefonat mit Erich Honecker am 17. Oktober 1978, der Lebensstandard in der DDR habe »sicherlich einen sehr hohen Stand erreicht«. Erich Honecker bestätigte: »Ja, einen sehr hohen Standpunkt. Wir sind ziemlich gleich auf diesem Gebiet.« Um dann sofort zu ergänzen, daß man auf einem Gebiet Weltniveau erreicht habe, nämlich: »Wir haben den höchsten Pro-Kopf-Verbrauch an Butter in der Welt – 14 kg.« Indirekt kam er dann auf die »Kaffee-Krise« zu sprechen, als er meinte, die DDR gebe allein 400 Mio. Mark in Devisen für den Kaffee aus: »Unwahrscheinlich. Früher hatte man kaum, mit Ausnahme der Sachsen, Kaffee getrunken.«[19]

Propaganda und Realität klafften in der Wirtschaft weit auseinander. Die DDR rangierte nach offiziellen Statistiken der Weltbank auf dem 10.–12. Platz in der Reihe der führenden Industriemächte – was man im Westen auch glaubte, obwohl man es hätte besser wissen müssen. In der Realität verschlechterte sich die wirtschaftliche Situation in der DDR kontinuierlich. Die Mittel, die der Grunderneuerung der Wirtschaft entzogen wurden – am Ende war in der Industrie jede zweite

Maschine schrottreif –, flossen in die Sozial-, Jugend- und Sportpolitik, in ein perverses Überwachungssystem, in Fonds für die Privilegien der an der Macht beteiligten Institutionen und Personengruppen und damit in Kanäle von Korruption und Machtmißbrauch. Die Menschen wurden enteignet, gegängelt, entmündigt und bespitzelt durch eine zentralistische Parteidiktatur, die jeden Pluralismus ablehnte, weil sie sich im Besitz der Wahrheit glaubte oder zu glauben vorgab. Schwer erträglich war das Auseinanderklaffen von Propaganda und politischer Realität auch in anderen Bereichen. Waren in der Verfassung freie Meinungsäußerung, Freiheit der Presse, des Rundfunks und des Fernsehens sowie die Versammlungsfreiheit verankert, so wurde doch mit massiven Unterdrückungsmaßnahmen die Ausübung dieser Rechte verhindert.

Die wirksamste Institution der Repression war das Ministerium für Staatssicherheit (MfS) mit seinen 91015 hauptberuflichen und 170000 Inoffiziellen Mitarbeitern (IM). Die »Stasi« kontrollierte – fast – alles und jeden (vgl. dazu auch Kap. 7 und 9). Dabei kam es auch zu so mancher Absurdität, wie wir heute wissen. Ein gutes Beispiel ist die Verfälschung topographischer Karten als Folge übergroßer Geheimhaltung – mit all den Konsequenzen: wo vorher eine Straße oder ein Flugplatz war, verschwanden die Dinge einfach oder wurden topographisch verschoben. Seit 1958 war das MfS für Verschlußsachen zuständig. Dazu zählten auch Karten, die von der Verwaltung Vermessungs- und Kartenwesen im Ministerium des Innern (MdI) und vom Militärtopographischen Dienst im Ministerium für Nationale Verteidigung (MfNV) hergestellt und herausgegeben wurden. Um die Behandlung, Aufbewahrung, Sicherung und Verwaltung topographischer Unterlagen der Sicherheitsdoktrin der DDR entsprechend kontrollieren zu können, unterhielt das MfS in der Hauptabteilung VII (Abwehrarbeit im MdI) eigens eine Linie Vermessungswesen.

Ein Beschluß des Nationalen Verteidigungsrates der DDR vom 13. Oktober 1965, der im Zusammenhang mit der Konferenz der Staatlichen Geodätischen Dienste der sozialistischen Staaten in Moskau 1965 stand, sah u. a. vor, daß topographische Karten im einheitlichen Koordinatensystem 42 nur noch in den sogenannten »bewaffneten Organen« MfNV, MfS und MdI geführt werden durften, zukünftig »Ausgabe Sicherheit« (AS). Von allen anderen bisherigen Nutzern waren die Karten einzuziehen und durch eine »Ausgabe Volkswirtschaft« (AV) – Karten, aus denen einheitlicher Blattschnitt, geodätische Netze, trigono-

Abb. 7: Eine der üblichen DDR-Gründungsveranstaltungen mit Militärparade.

metrische Punkte, Qualitäts- und Quantitätsangaben sowie andere »vertrauliche Angaben« entfernt waren – zu ersetzen. Karten für die Öffentlichkeit sollten zusätzlich unregelmäßig Maßstabs- und Richtungsverzerrungen und Ungenauigkeiten bis zu ± 3 km aufweisen, was, wie wir jetzt wissen, auch schlecht für die Planwirtschaft war.

Mit zunehmender Repression, die keinen Lebensbereich aussparte, schwand die Legitimation der DDR-Führung, und mit schwindender Legitimation mußten die Repressionsmaßnahmen verstärkt werden. Als Folge davon zogen sich die Menschen ins Private zurück; es entstand eine Art Schattenöffentlichkeit, die vielzitierte »Nischengesellschaft«, eine Subkultur, in der die Menschen das sagten und taten, was in der Öffentlichkeit verboten war und bestraft wurde. Ohnmacht, Überwachung und Einschränkung hieß der Alltag. Soziale menschliche Probleme potenzierten sich: Die »Abschaffung der Wirklichkeit« durch die Politbürokratie trieb Menschen in Abgründe der Intoleranz und politischen Gewalttätigkeit gegenüber Andersdenkenden, in Lüge und Anpassung, in Bewußtseinsspaltung, in Sprachlosigkeit. Kommunikationsunfähigkeit führte zu Einsamkeit und Isolation, nicht selten zum Alkoholmißbrauch. Bei Jugendlichen gab es Rechtsextremismus, der offiziell allerdings geleugnet wurde. Die Scheidungsrate stieg in den achtziger Jahren drastisch an. Eine Reaktion auf diese psychischen Bedingungen im Staat war die Mentalität der Bürger, die sich durch geringes Selbstbewußtsein, Perspektivenlosigkeit und Verantwortungsscheu ausdrückte. Und so ist wohl zu erklären, warum sich kaum Oppositionsgruppen in Ostdeutschland entwickelten. Und wenn es kritische Intellektuelle gab, so wurden sie ausgebürgert.

Am spektakulärsten war dabei der »Fall Biermann«. Wolf Biermann, ein kritischer, kommunistischer Liedermacher, 1953 von Hamburg in die DDR übergesiedelt, war mit seiner beißenden Kritik der DDR-Staatsmacht mehr und mehr ein Dorn im Auge geworden. Am 16. November 1976 wurde er ausgebürgert, als er gerade auf Einladung der IG Metall ein Konzert in Köln gab. In einer kurzen ADN-Meldung hieß es, Biermann habe sich »mit seinem feindseligen Auftreten« gegenüber der DDR »den Boden für die weitere Gewährung der Staatsbürgerschaft entzogen«. Da halfen auch keine Proteste zahlreicher DDR-Künstler (u. a. Stephan Hermlin, Heiner Müller, Stefan Heym, Manfred Krug, Armin Mueller-Stahl, Nina Hagen): Die Ausbürgerung, so Ulrich Mählert, »markierte einen Einschnitt, in dessen Folge große Teile der kritischen DDR-Intelligenz von der Idee Abschied nah-

men, die DDR mit bzw. in der SED reformieren zu können«. Viele verabschiedeten sich vom Staat, einige wenige mit einem Paß, der die Rückkehr erlaubte. Die meisten für immer.
Für den »einfachen« DDR-Bürger gab es nur die Flucht in die BRD (oder den Freikauf als »politischer Häftling« durch Bonn, s. u.). Die BRD war für viele Ostdeutsche Hoffnungsträger schlechthin. Über Lebensstandard und -weise durch westdeutsche Fernsehsender genauestens informiert, sahen sie im Westen ein Schlaraffenland der Freiheit und des Konsums (das es so natürlich auch nicht gab). Da konnte Karl Eduard von Schnitzler (»Sudel-Ede«) noch so sehr jeden Montag im »schwarzen Kanal« des DDR-Fernsehens gegen die angeblich so verwerfliche und gleichzeitig zum Untergang verurteilte kapitalistische Konsumgesellschaft in der BRD seine Propagandashow abziehen (und gleichzeitig in West-Berlin den Freuden des Lebens nachgehen): die Unzufriedenheit der DDR-Bürger mit dem eigenen Leben stieg, was auch an der Anzahl von Ausreiseanträgen abzulesen ist:

1984	35000
1985	18000
1986	20000
1987	11500
1988	30000
1989	120000

Begleitet wurde diese Entwicklung von einer permanenten Schuldenkrise. Schon 1982 besaß die DDR keine Liquidität mehr. Die Zahlungsunfähigkeit Polens und Rumäniens führte dazu, daß die westlichen Banken an der Bonität der DDR zweifelten und mit einem Kreditstopp reagierten. In dieser Situation kam es 1983 zu jenem von Franz Josef Strauß eingefädelten Milliardenkredit an die DDR, den die Bundesregierung garantierte; sie verpflichtete sich, bei Zinsverzug sofort die fälligen Jahresraten zu übernehmen. 1984 folgte ein weiterer Kredit in Höhe von 950 Mio. DM (vgl. Kap. 5). Für die DDR war das wichtigste Ergebnis dieses Kredites die Rückgewinnung der Bonität auf dem internationalen Finanzmarkt – wenn auch nur kurzfristig.
Der Preisverfall für Erdöl ab 1985/86 traf die DDR fast so hart wie ein Förderland, denn allein 30 % aller Erlöse im Westhandel basierten auf aus Rohöl hergestellten Produkten. Der nächste Rückschlag kam durch den Verfall des Dollarkurses mit dem absoluten Tiefststand Anfang 1988. Damit ging der Wettbewerbsvorteil für Erzeugnisse der Leicht-

Abb. 8: Im »Intershop« kann man mit Westgeld Waren kaufen, die in der DDR sonst nur Spitzenfunktionären vorbehalten sind.

industrie gegenüber den auf Dollarbasis handelnden südostasiatischen Schwellenländern verloren. Die DDR kam 1986/87 sogar in Lieferschwierigkeiten gegenüber der Sowjetunion. Jede Woche versuchte damals die Arbeitsgruppe »Zahlungsplan« die Zahlungssicherheit der DDR für die kommenden Tage zu garantieren.

Ein Ausweg aus dem verhängnisvollen Kreislauf war nicht in Sicht. Da konnte selbst der Devisenbeschaffer Alexander Schalck-Golodkowski nicht helfen. Der Finanzjongleur und Stasi-Mann, der Honecker direkt unterstand, war zuständig für den Bereich »Kommerzielle Koordinierung«, besser bekannt als »Koko«. 1966 gegründet, war sie für eine »maximale Erwirtschaftung ausländischer Valuten« zuständig. Dazu gehörten dann in den folgenden Jahren Kunst-, Antik- und Waffenhandel, Müllimport, Zollbetrug, Verkauf von Blutkonserven etc. Der Menschenhandel wurde dabei zu einem der »lukrativsten Posten in der Bilanz des SED-Staates und gleichzeitig eine Art politischer Giftmüllentsorgung«:[20] Zwischen 1964 und 1989 kaufte die Bundesregierung insgesamt 33 755 politische Häftlinge frei und bezahlte dafür rd. 3,44

Milliarden DM. Daß der »real existierende Sozialismus« in der DDR gleichzeitig eine der größten ökologischen Katastrophen verursachte – Luftverschmutzung, Wasser, Abwasser, Bergbau, Abfallentsorgung –, wurde erst später in aller Deutlichkeit erkennbar. Zu DDR-Zeiten galt dies als »Geheime Verschlußsache«.[21]

Im Spätherbst 1989 – Honecker war schon von Egon Krenz abgelöst – lag der Bankrott offen zutage: Der Leiter der ZK-Abteilung Planung und Finanzen, Günter Ehrensperger, brachte es in der ZK-Sitzung am 10. November 1989 auf den Punkt, nämlich,

> »daß wir mindestens seit 1973 Jahr für Jahr über unsere Verhältnisse gelebt haben und uns etwas vorgemacht haben. Wir haben Schulden mit Schulden bezahlt. [...] Und wenn wir aus dieser Situation herauskommen wollen, müssen wir 15 Jahre mindestens hart arbeiten und weniger verbrauchen, als wir produzieren.«[22]

Die Industrienation DDR war in fast allen Wirtschaftszweigen auf den Stand eines Entwicklungslandes zurückgefallen. »Die Feststellung, daß wir über ein funktionierendes System der Leitung und Planung verfügen, hält einer näheren Betrachtung nicht stand«, so hieß es in dem Papier, das Planungschef Gerhard Schürer und Schalck-Golodkowski verfaßt hatten. Die Verschuldung gegenüber dem Westen – 20 Mrd. Dollar – stelle die Zahlungsfähigkeit der DDR in Frage. Die wichtigste Ursache: »Der Verschleißgrad der Ausrüstungen in der Industrie hat sich auf 53,8 % erhöht.« Auf Deutsch: jede zweite Maschine war schrottreif. Ohne Wirtschaftshilfe aus dem Westen gehe nichts mehr: »Alleine das Stoppen der Verschuldung würde im Jahre 1990 eine Senkung des Lebensstandards um 25–30 % erfordern und die DDR unregierbar machen.« Unregierbar war die DDR bereits, pleite auch, und auf neue Kredite aus dem Westen – gar noch ohne politische Bedingungen – war nicht mehr zu hoffen.

Auf dem Weg zum 9. November 1989

Das dritte KSZE-Folgetreffen nach Belgrad 1977/78 und Madrid 1980–83 fand vom 4. November 1986 bis 15. Januar 1989 in Wien statt. Im Vordergrund der Verhandlungen stand zwar die Abrüstung, aber den westlichen Staaten ging es primär um die Unterzeichnung eines Dokumentes über Menschen- und Grundrechte, Freizügigkeit, Souveränität der Einzelstaaten und Unverletzlichkeit der Grenzen. Diese Verhandlungen drohten am Widerstand der DDR-Delegation zu schei-

tern. So hieß es in einem DDR-internen Papier: »Westlichen Bestrebungen, die [...] bürgerlichen Freiheiten zum Gradmesser für die Verwirklichung der Menschenrechte zu machen, ist die sozialistische Menschenrechtskonzeption entgegenzustellen.«
Doch schließlich mußte Honecker dem massiven Druck Gorbatschows nachgeben. Außenminister Oskar Fischer unterzeichnete das Schlußdokument der Konferenz, allerdings mit einer entscheidenden Einschränkung, nämlich: »Die DDR wird das in Wien Vereinbarte im Rahmen ihrer nationalen Gesetzgebung ausfüllen.«
Nach außen wurden in der Folge zwar von der DDR alle Bestimmungen erfüllt, aber im Inneren sah es anders aus. Die DDR-Führung war nicht bereit, das Land gegenüber dem Westen zu öffnen, sondern bestand weiterhin auf Abschottung und innerer Autonomie. Immerhin war es der außenpolitische Anpassungsdruck im Zuge des KSZE-Prozesses, der in politischen Verfahren in der DDR eine Zügelung des strafrechtlichen Verfolgungswillens bewirkte. Das änderte allerdings nichts daran, daß im Rechtssystem der DDR das Unrecht System war. Staatssicherheit und politische Justiz waren »Partner des politisch-operativen Zusammenwirkens«, wie im MfS-Jargon die »Partnerschaft der Sicherheits- und Justizorgane« in der Ära Honecker hieß. Dies machte seinen Sinn, waren doch beide Institutionen als unterschiedliche Organe der »einheitlichen sozialistischen Staatsmacht« auf den unbedingten Machterhalt des SED-Regimes eingeschworen. Von daher verwundert es auch nicht, daß das KSZE-Dokument mit der entsprechenden Einschränkung versehen wurde.
Schwieriger wurde es allerdings, sich in ähnlicher Weise gegenüber den »Freunden« in Moskau abzuschotten, von denen letztlich die Existenz der DDR abhing. In Moskau war inzwischen Michail Gorbatschow an die Macht gekommen und hatte mit »Glasnost« und »Perestroika« einen Systemwandel eingeleitet, der außer Kontrolle geriet und letztlich zum Zerfall der Sowjetunion in Einzelstaaten und auch zur Wiedervereinigung Deutschlands führen sollte. Die Transformationsprozesse in Polen und Ungarn lassen sich nur vor dem Hintergrund der veränderten sowjetischen Politik verstehen. Moskau signalisierte jedenfalls, daß es Demokratisierungsversuche diesmal weder verhindern, noch militärisch intervenieren oder die betreffenden Länder wirtschaftlich erpressen würde.
In der SED-Führung rief die neue sowjetische Politik größte Besorgnis hervor. Sie wurde noch verschärft, als Gorbatschow im Herbst 1986 da-

mit begann, von einer Neuordnung der Verhältnisse in Europa und der Bildung des Europäischen Hauses zu sprechen. Die Parole »Von der Sowjetunion lernen, heißt siegen lernen« galt für die SED-Spitze von nun an nicht mehr. Kurt Hager, Mitglied des Politbüros der SED, brachte dies im April 1987 in einem Interview mit dem Wochenmagazin »stern« folgendermaßen auf den inzwischen oft zitierten Punkt: »Würden Sie, nebenbei bemerkt, wenn Ihr Nachbar seine Wohnung neu tapeziert, sich verpflichtet fühlen, Ihre Wohnung ebenfalls neu zu tapezieren?«

Im Juni 1987 verlangten Jugendliche in Ost-Berlin in Sprechchören den Abriß der Mauer und skandierten Gorbatschow-Rufe, während als erste Reaktion sowjetische Filme in der DDR verboten wurden. Höhepunkt dieser Entwicklung war das Verbot der kritischen sowjetischen Monatszeitschrift »Sputnik« im November 1988. In der gestörten Selbstwahrnehmung der Partei verschwamm die Realität, so daß die SED-Spitze offenbar wirklich glaubte, mit dem Verbot und einer Anti-Gorbatschow-Kampagne Diskussionen in der Bevölkerung aus der Welt schaffen zu können. Das war ein fataler Irrtum, wie sich schon bald zeigen sollte.

Erich Honeckers DDR war nicht jene schöne, heile Welt, als die sie sich selbst darstellte und für manchen in nostalgischer Erinnerung noch ist. Sie war grau und trist, muffig und braunkohlenstinkig und durch Erich Mielkes Stasi – das MfS als »VEB Greif und Horch« – repressiv und in manchen Bereichen geradezu pervers. In keinem anderen Land des Ostblocks gab es in bezug auf die Einwohnerzahl mehr Spitzel als in der DDR: Während auf einen MfS-Angehörigen 180 DDR-Bürger kamen, lag das Verhältnis in der Sowjetunion bei 1:595, in der Tschechoslowakei bei 1:867 und in Polen bei 1:1574.[23] Es gab Internierungslager, Rechtlosigkeit, Hunderte Tote an der Mauer, wo sogar Kinder (!) – mindestens 31 – erschossen wurden. Und es gab erschütternde Fälle von staatlich organisiertem Kinderraub. So wurden z. B. Eltern, die eine Flucht in den Westen versucht oder Wahlen verweigert hatten, die Kinder weggenommen! Die SED-Führung war unfähig zur Reform. Die DDR lebte von der Substanz; als die verbraucht war, fiel der »erste Arbeiter- und Bauernstaat auf deutschem Boden« wie ein Kartenhaus in sich zusammen. Zum 40. Jahrestag des 13. August 1961 nannte Bundespräsident Johannes Rau, der als Kanzlerkandidat 1986/87 Honecker und die SED-Spitze noch als Wahlhelfer genutzt hatte (vgl. Kap. 4, S. 121 f.), am 13. August 2001 den Mauerbau ein »Verbrechen« der

DDR-Regierung. Dabei muß man wohl bedenken, daß es in den siebziger und vor allem achtziger Jahren geradezu zum »guten Ton« für westdeutsche Politiker gehörte, von Erich Honecker, dem Erbauer der Mauer, empfangen zu werden.

Dokumente zum 2. Kapitel

[3] Erich Honecker: »Einwandfreies Schußfeld gewährleisten«, 3. 5. 1974

In der Aussprache [...] legte Genosse Erich Honecker folgende Gesichtspunkte dar:
- die Unverletzlichkeit der Grenzen der DDR bleibt nach wie vor eine wichtige politische Frage,
- es müssen nach Möglichkeit alle Provokationen an der Staatsgrenze verhindert werden,
- es muß angestrebt werden, daß Grenzdurchbrüche überhaupt nicht zugelassen werden,
- jeder Grenzdurchbruch bringt Schaden für die DDR,
- die Grenzsicherungsanlagen müssen so angelegt werden, daß sie dem Ansehen der DDR nicht schaden, [...]
- überall muß ein einwandfreies Schußfeld gewährleistet werden, [...]
- nach wie vor muß bei Grenzdurchbruchsversuchen von der Schußwaffe rücksichtslos Gebrauch gemacht werden, und es sind die Genossen, die die Schußwaffe erfolgreich angewandt haben, zu belobigen. [...]

(Erich Honecker auf der 45. Sitzung des Nationalen Verteidigungsrates vom 3. Mai 1974 zum Tagesordnungspunkt 4: Bericht über die Lage an der Staatsgrenze der DDR zur BRD, zu Westberlin und an der Seegrenze. In: BArch MZA, VA-O1/39 503; abgedruckt bei: Judt, DDR (23), S. 468 f.)

[4] »Grenzverletzer« und Schußwaffenanwendung, 25. 3. 1982

§ 9 Allgemeine Bestimmungen

(1) Die Staatsgrenze der Deutschen Demokratischen Republik darf grundsätzlich nur über die Grenzübergangsstellen oder an anderen in völkerrechtlichen Verträgen festgelegten Stellen und mit den erforderlichen Dokumenten passiert werden. [...]

(3) Der unberechtigte Austausch von Gegenständen sowie die unberechtigte Aufnahme anderer Verbindungen über die Staatsgrenze sind verboten.

[...]

§ 17 Grenzverletzungen

Grenzverletzungen im Sinne dieses Gesetzes sind alle Handlungen, die gegen die Unverletzlichkeit der Staatsgrenze oder die territoriale Integrität der Deutschen Demokratischen Republik gerichtet sind, sowie Handlungen, die das Hoheitsgebiet oder den Verlauf der Staatsgrenze der Deutschen Demokratischen Republik beeinträchtigen. Dazu gehören:

a) das Schießen oder Werfen von Gegenständen über die Staatsgrenze,
b) das widerrechtliche Passieren der Staatsgrenze,
c) das widerrechtliche Eindringen in die See- oder Grenzgewässer oder das widerrechtliche Verlassen der See- oder Grenzgewässer. [...]

§ 18 Pflichten der staatlichen Organe

(1) Die Schutz- und Sicherheitsorgane und die anderen zuständigen staatlichen Organe haben in enger Zusammenarbeit die erforderlichen Maßnahmen zur Gewährleistung der Sicherheit und der Ordnung in den Grenzgebieten und den Seegewässern, des grenzüberschreitenden Verkehrs und zur Durchsetzung der Rechtsvorschriften zu treffen.

(2) Die Grenztruppen der Deutschen Demokratischen Republik (nachfolgend Grenztruppen der DDR genannt) haben alle erforderlichen Maßnahmen zum zuverlässigen Schutz der Staatsgrenze zu treffen und im engen Zusammenwirken mit den anderen Schutz- und Sicherheitsorganen die territoriale Integrität der Deutschen Demokratischen Republik und die Unverletzlichkeit ihrer Staatsgrenze zu gewährleisten.

[...]

§ 27 Anwendung von Schußwaffen

(1) Die Anwendung der Schußwaffe ist die äußerste Maßnahme der Gewaltanwendung gegenüber Personen. Die Schußwaffe darf nur in solchen Fällen angewendet werden, wenn die körperliche Einwirkung ohne oder mit Hilfsmitteln erfolglos blieb oder offensichtlich keinen Erfolg verspricht. Die Anwendung von Schußwaffen gegen Personen ist erst dann zulässig, wenn durch Waffenwirkung gegen Sachen oder Tiere der Zweck nicht erreicht wird.

(2) Die Anwendung der Schußwaffe ist gerechtfertigt, um die unmittelbar bevorstehende Ausführung oder die Fortsetzung einer Straftat zu verhindern, die sich den Umständen nach als ein Verbrechen darstellt. Sie ist auch gerechtfertigt zur Ergreifung von Personen, die eines Verbrechens dringend verdächtig sind.

(3) Die Anwendung der Schußwaffe ist grundsätzlich durch Zuruf oder Abgabe eines Warnschusses anzukündigen, sofern nicht eine unmittelbar bevorstehende Gefahr nur durch die gezielte Anwendung der Schußwaffe verhindert oder beseitigt werden kann.

(4) Die Schußwaffe ist nicht anzuwenden, wenn
   a) das Leben oder die Gesundheit Unbeteiligter gefährdet werden können,
   b) die Personen dem äußeren Eindruck nach im Kindesalter sind oder
   c) das Hoheitsgebiet eines benachbarten Staates beschossen würde.

   Gegen Jugendliche und weibliche Personen sind nach Möglichkeit Schußwaffen nicht anzuwenden.

(5) Bei der Anwendung der Schußwaffe ist das Leben von Personen nach Möglichkeit zu schonen. Verletzten ist unter Beachtung der notwendigen Sicherheitsmaßnahmen Erste Hilfe zu erweisen.

(Gesetz über die Staatsgrenze der Deutschen Demokratischen Republik (Grenzgesetz) vom 25. März 1982. In: GBl. DDR I, Nr. 11 vom 29. März 1982, S. 198–200)

[5] Grundsätze für Isolierungslager, 14. 11. 1983

3. Vollzug der Isolierung
   3.1. Der Vollzug der Isolierung erfolgt in zentral vorbereiteten Isolierungsobjekten des Ministeriums für Staatssicherheit und der Bezirksverwaltungen. [...]
   3.2. Die zu isolierenden Personen sind bei der Aufnahme in das Iso-

lierungsobjekt erkennungsdienstlich zu behandeln, medizinisch zu befragen, mit [...] Angaben zur Person zu erfassen und mit fortlaufender Nummer zu registrieren. Über jede Person ist eine Handakte zu führen. Mitgeführte Gegenstände, die nicht dem persönlichen Gebrauch dienen, sind mit Protokoll in Effektenkammern zu lagern. Rückgabe bzw. Weitergabe hat nur auf Weisung und gegen Quittung zu erfolgen. Die Isolierten sind über ihre Rechte und Pflichten sowie die Ordnungs- und Verhaltensregeln zu belehren und mit der Hausordnung vertraut zu machen.

3.3. Unterbringung, Versorgung und Betreuung der Isolierten haben so zu erfolgen, daß sie den allgemeinen Grundsätzen zur Erhaltung der Gesundheit, der Hygiene und des Zusammenlebens in Gemeinschaftsunterkünften und unter Beachtung des vorhandenen operativen Materials, getrennt nach Geschlecht, der Schwere begangener Straftaten und Jugendlichen entsprechen. Isolierte tragen die für sie festgelegte Kleidung.

3.4. Zur Durchsetzung einer straffen Disziplin, Ordnung und Sicherheit sowie Pflichterfüllung sind in einer Hausordnung [...] die Rechte und Pflichten der Isolierten, die Verhaltensregeln gegenüber den Vollzugs- und Sicherungskräften, die Bestimmungen für den allgemeinen Tagesablauf sowie für das Verhalten untereinander festzulegen. Zur Gewährleistung von Disziplin, Ordnung und Sicherheit können Isolierte eingesetzt werden als Stuben- und Unterkunftsältester, Bereichs- bzw. Funktionsbereichsältester, Objektältester, Schichtleiter, Brigadier, Ordner, Beauftragter der Objektleitung für Sonderaufgaben.
Die Bekleidung der Isolierten mit Funktionen ist gemäß Anlage 4 zu kennzeichnen.
Der Leiter des Isolierungsobjektes ist ermächtigt, mit Unterstützung der eingesetzten Sicherungskräfte die Maßnahmen zur Isolierung und Gewährleistung der Disziplin, Ordnung und Sicherheit, erforderlichenfalls mit zweckentsprechenden und angemessenen Zwangsmaßnahmen, durchzusetzen.

3.5. Isolierte können zu gesellschaftlich notwendigen Arbeiten eingesetzt werden. Für den Arbeitseinsatz finden die im Verteidigungszustand für den Strafvollzug gültigen Grundsätze analoge Anwendung. Der Arbeitseinsatz kann inner- und außerhalb des Isolierungsobjektes erfolgen.

[...]

6.3. Zum Bereich der Außensicherung des Isolierungsobjektes gehören eine Umwehrmauer bzw. -zaun mit beidseitiger Sperrzone, sofern die Voraussetzungen zur Schaffung bestehen. [...] Das unmittelbare Vorgelände des Isolierungsobjektes ist sichtbar abzugrenzen, [...] zu kennzeichnen und erforderlichenfalls zu umfrieden. Es ist unter ständiger Kontrolle zu halten und darf durch Unbefugte nicht befahren oder betreten werden. Das erweiterte Vorgelände des Isolierungsobjektes ist als Sperrgebiet zu kennzeichnen.

[...]

7.2. Die operativen Diensteinheiten, die Personen für die Isolierung planen, haben sicherzustellen, daß sich darunter ein ausreichender Bestand an IM befindet bzw. geschaffen wird, damit die politisch-operative Abwehrarbeit, besonders in der Anfangsphase, gewährleistet werden kann. [...] An die für einen Einsatz im Isolierungsobjekt vorgesehenen IM sind hohe Ansprüche hinsichtlich der Zuverlässigkeit und Standhaftigkeit zu stellen.

[...]

Anlage 4: Kennzeichnung der Bekleidung
Stuben- bzw. Unterkunftsältester – 1 Ärmelstreifen grün 2 cm breit,
Bereichs- bzw. Funktionsbereichsältester – 2 Ärmelstreifen grün 2 cm breit,
Objektältester – 3 Ärmelstreifen grün 2 cm breit,
Schichtleiter – gelbe Armbinde – SL – Buchstaben schwarz,
Brigadier – gelbe Armbinde – B – Buchstabe schwarz,
Ordner – gelbe Armbinde – O – Buchstabe schwarz,
Beauftragter der Objektleitung für Sonderaufgaben – blaue Armbinde – SAG – Buchstaben schwarz.
Die Ärmelstreifen sind in einer Länge von 10 cm auf ein Stoffstück in der Farbe der Oberbekleidung aufzunähen und dieses auf den linken Unterärmel der Oberbekleidung – 13 cm vom unteren Rand entfernt – quer anzubringen. Die Armbinde ist am linken Oberärmel der Oberbekleidung zu tragen.

(Grundsätze zur Vorbereitung und Durchführung der Isolierung sowie der Gewährleistung der inneren und äußeren Sicherheit der Isolierungsobjekte der Arbeitsgruppe des Ministers [Mielke] vom 14. November 1983. Zit. nach: Auerbach, Tag X (438), S. 89–100; auch bei Judt, DDR (23), S. 474 ff.)

3. Kapitel

Die SED und die »nationale Frage«

Dokumente

Die SED und die »nationale Frage«

Wiederherstellung der Einheit?

Der neuen Deutschlandpolitik der Brandt/Scheel-Regierung begegnete die SED mit einer massiven Abgrenzungspolitik. Ein Ziel des Grundlagenvertrages aus Bonner Sicht war es, die Kommunikationsmöglichkeiten zwischen den Bürgern beider deutscher Staaten zu erleichtern, ganz im Sinne des neuen Credos: »zwei Staaten – eine Nation«. Je mehr sich die DDR der internationalen Entspannung anpassen mußte – auch und ganz im Sinne des Grundlagenvertrages –, um so intensiver betrieb sie die Abgrenzung zur BRD im Sinne einer Abwehrstrategie gegenüber westlichen Einflüssen. »Zwei Staaten – zwei Nationen« hieß nun das neue SED-Credo. Wie absurd das war, wird deutlich, wenn man sich die Entwicklung der sogenannten nationalen Frage aus der Sicht der SED selbst ansieht. Noch in der ersten Verfassung der DDR aus dem Jahre 1949 hieß es: »Deutschland ist eine unteilbare demokratische Republik; sie baut sich auf den deutschen Ländern auf«; in der Präambel war die Rede vom »deutschen Volk«. In der DDR-Hymne vom November 1949 hieß es:

»Auferstanden aus Ruinen und der Zukunft zugewandt,
laß uns Dir zum Guten dienen, Deutschland, einig Vaterland.
Alle Not gilt es zu bezwingen, und wir zwingen sie vereint,
und es wird uns doch gelingen, daß die Sonne schön wie nie über Deutschland scheint.
Glück und Frieden sei beschieden Deutschland, unserm Vaterland. [...]«

In den folgenden Jahren betonte die SED immer wieder als ihr wichtigstes Ziel die Wiederherstellung der Einheit. Auf dem IV. Parteitag 1954 meinte Walter Ulbricht in seinem Schlußwort:

»Wir sind für die Einheit Deutschlands, weil die Deutschen im Westen unserer Heimat unsere Brüder sind, weil wir unser Vaterland lieben, weil wir wissen, daß die Wiederherstellung der Einheit Deutschlands eine unumstößliche historische Gesetzmäßigkeit ist und jeder zugrunde gehen wird, der sich diesem Gesetz entgegenzustellen wagt.«

In den fünfziger Jahren bediente sich die DDR häufig des Attributs »national« zur Charakterisierung wesentlicher Elemente und Institutionen ihrer Politik: Nationale Front, nationale Geschichtsschreibung, Nationale Volksarmee, Nationales Aufbauwerk etc.
Im Dezember 1960 bezeichnete Ulbricht vor dem ZK der SED die Ansicht, daß zwei deutsche Nationen entstehen könnten, als »falsche Perspektive«. Auf dem VI. Parteitag im Januar 1963 verabschiedete die SED ihr Programm, in dem es hieß, die Partei halte »unverrückbar an ihrem Ziel, der Wiederherstellung der nationalen Einheit Deutschlands«[1], fest. Historische Mission der Partei sei es, durch die »umfassende Verwirklichung des Sozialismus« in der DDR eine feste Grundlage dafür zu schaffen, daß »in ganz Deutschland die Arbeiterklasse die Führung übernimmt, die Monopolbourgeoisie auch in Westdeutschland entmachtet und die nationale Frage im Sinne des Friedens und des gesellschaftlichen Fortschritts gelöst wird«. Ganz in diesem Sinne forderte Ulbricht bei seiner Begründung des Programms, daß »das weitere Auseinanderleben des Volkes verhindert und der Weg zur Wiedervereinigung freigemacht wird«.[2] Auch die Verfassung der DDR von 1968 ging von der Existenz einer deutschen Nation in zwei Staaten aus. In der Präambel wurde gefordert, der »ganzen deutschen Nation den Weg in eine Zukunft des Friedens und des Sozialismus zu weisen«.[3] In Art. 1 wurde die DDR als »ein sozialistischer Staat deutscher Nation« definiert. Im Kommentar zur Verfassung, der offiziellen Charakter hatte, wurde das wie folgt interpretiert:

»Damit ist verfassungsrechtlich verankert, daß der über ein Jahrhundert währende revolutionäre Kampf der deutschen Arbeiterklasse gegen die imperialistische deutsche Großbourgeoisie und das mit ihr verbündete Junkertum in der Deutschen Demokratischen Republik zum Siege geführt hat und ein Teil der Nation, befreit von der Unterdrückung und Ausbeutung durch das Kapital, den Weg in die Zukunft der gesamten Nation bereits erfolgreich beschreitet.«[4]

Art. 8 enthielt ein Wiedervereinigungsgebot, das »die Überwindung der vom Imperialismus der deutschen Nation aufgezwungenen Spaltung Deutschlands, die schrittweise Annäherung der beiden deutschen Staaten bis zu ihrer Vereinigung auf der Grundlage der Demokratie und des Sozialismus« vorsah.[5]
In diesem Zusammenhang wurde im offiziellen Kommentar Walter Ulbricht mit folgendem Satz zitiert:

»Was die deutschen Imperialisten gespalten haben, werden die deutschen Arbeiter im Bündnis mit den Bauern, der Intelligenz und allen anderen werktätigen Schichten und demokratischen fortschrittlichen bürgerlichen Kreisen vereinen.«[6]

Bis 1969 hielt die SED daran fest, daß die Deutschen in beiden Staaten zu einer Nation gehörten.

Kurswechsel

Anfang 1970 vollzog die SED als Reaktion auf die Deutschlandpolitik der Brandt/Scheel-Regierung einen abrupten Kurswechsel. Aus dem »sozialistischen Staat deutscher Nation« der Verfassung von 1968 wurde der »sozialistische deutsche Nationalstaat«. Repräsentanten der SED betonten nunmehr, es gebe »nicht zwei Staaten einer Nation, sondern zwei Nationen in Staaten verschiedener Gesellschaftsordnung«, so etwa 1972 Albert Norden, Mitglied des ZK der SED.[7] Die Formel lautete jetzt: »zwei Staaten – zwei Nationen«. Erich Honecker meinte 1972: »Die BRD ist somit Ausland, und noch mehr, sie ist imperialistisches Ausland.« Das Wort »deutsch« sollte so weit wie möglich verschwinden. So wurde aus der »Deutschen Akademie der Wissenschaften« die »Akademie der Wissenschaften der DDR«, aus dem »Deutschlandsender« die »Stimme der DDR«, das internationale Autokennzeichen »D« wurde durch »DDR« ersetzt usw. Die Nationalhymne mit der Zeile »Deutschland, einig Vaterland« wurde nur noch gespielt, nicht mehr gesungen.

Die im Widerspruch zur neuen Interpretation der nationalen Frage stehenden Verfassungsnormen wurden von der Volkskammer mit Wirkung vom 7. Oktober 1974 abgeschafft. Von nun an wollte die DDR als »ein sozialistischer Staat der Arbeiter und Bauern« (Art. 1) verstanden werden. Aus der Präambel der Verfassung wurde der Hinweis auf die Verantwortung für den zukünftigen Weg der »ganzen deutschen Nation« entfernt. Der zweite Absatz des Art. 8, der die »schrittweise Annäherung der beiden deutschen Staaten bis zu ihrer Vereinigung auf der Grundlage der Demokratie und des Sozialismus« postulierte, wurde ersatzlos gestrichen.

Nach SED-Auffassung gab es auch keine gemeinsame Geschichte und Kultur mehr. Honecker:

> »Gemeinsame Geschichte? Dafür seien nur die Geschichtsbücher in beiden deutschen Staaten herangezogen. Es gibt zweierlei Geschichte. [...] Gemeinsame Kultur? Stets gab es auch in Deutschland zwei Kulturen, die der herrschenden Ausbeuterklasse und die der werktätigen Massen.«

Letztere sei zur

»aufblühenden sozialistischen Nationalkultur der DDR geworden – geschieden durch eine unüberbrückbare Kluft zum spätbürgerlichen Kulturverfall, zur Entstellung des Menschenbildes, zur Pornographie, Brutalität und bewußt betriebener Verdummung im imperialistischen Staat«.

Die gemeinsame deutsche Sprache lasse im übrigen keinen Schluß auf den Fortbestand einer Nation zu: Deutsch werde in Österreich sowie in Teilen der Schweiz, Luxemburgs und Ostfrankreichs gesprochen, ohne daß daraus die Zugehörigkeit zur deutschen Nation abzuleiten sei. Zwar durften ethnische Besonderheiten nicht übersehen werden, sie konnten jedoch nach Meinung der SED nicht das Wesen einer Nation bestimmen. Dafür galt vielmehr die Klassenstruktur, die sozialökonomische Gestalt einer Gesellschaft. Nach dem ZK-Mitglied Hermann Axen waren Nationen »in erster Linie das Resultat grundlegender ökonomischer und sozialer Entwicklungsprozesse und geschichtlicher Klassenkämpfe«.[8]

Diese neue Interpretation stieß in weiten Teilen der Bevölkerung der DDR auf Unverständnis und Widerspruch. Honecker meinte, der Verwirrung ein Ende bereiten zu müssen, und hielt eine Erläuterung für geboten. Auf der XIII. Tagung des ZK der SED erklärte er im Dezember 1974: »Unser sozialistischer Staat heißt Deutsche Demokratische Republik, weil ihre Staatsbürger der Nationalität nach in der übergroßen Mehrheit Deutsche sind [...], Staatsbürgerschaft – DDR, Nationalität – deutsch. So liegen die Dinge.«[9] Mit anderen Worten: Zwei Staaten – zwei Nationen – zwei Staatsbürgerschaften – eine Nationalität, nämlich deutsch. Das hätte man notfalls noch hinnehmen können, wenn nicht aus dieser Neuinterpretation heraus die massive Abgrenzung in alle Lebensbereiche der DDR-Bürger hineingetragen worden wäre.

Das auf dem IX. Parteitag im Mai 1976 verabschiedete Parteiprogramm der SED beschrieb die »sozialistische Nation« als

»eine von antagonistischen Widersprüchen freie, stabile Gemeinschaft freundschaftlich verbundener Klassen und Schichten, die von der Arbeiterklasse und ihrer marxistisch-leninistischen Partei geführt wird. Sie umfaßt das Volk der Deutschen Demokratischen Republik und ist gekennzeichnet durch den souveränen Staat auf deren Territorium.«

In der DDR wachse ein »sozialistisches Nationalbewußtsein, in dem sich sozialistischer Patriotismus und proletarischer Internationalismus organisch verbinden«.

Für die DDR war das Problem der Nation zu einem wichtigen Feld des ideologischen Klassenkampfes geworden. Die sozialistische Nation in der DDR und die kapitalistische in der BRD unterschieden sich dem-

nach nicht in ihrer ethnischen Charakteristik, ihrer Nationalität, sondern ihren sozialen Grundlagen und Inhalten nach, weil es sich um zwei qualitativ verschiedene historische Typen der Nation handelte. Die Frage, ob zu einem späteren Zeitpunkt – nach einem Sieg der »sozialistischen Revolution« in der BRD – wieder eine einheitliche, dann »sozialistische deutsche Nation« entstehen könnte, wurde damals weder positiv noch negativ beantwortet; das hänge offensichtlich von geschichtlichen Bedingungen ab, die niemand vorhersagen könne.
Im Entwurf des ZK-Berichts an den IX. Parteitag der SED 1976 war zunächst ein Abschnitt über die Perspektiven zweier Nationen – einer bürgerlichen und einer sozialistischen – und ihre mögliche Vereinigung im Sozialismus enthalten. In der veröffentlichten Endfassung des Berichts fehlte dieser Aspekt. Bei der Vorbereitung des X. Parteitages der SED 1981 erklärte Honecker aber – und das wurde später immer wieder zitiert:

»Wenn der Tag kommt, an dem die Werktätigen der Bundesrepublik an die sozialistische Umgestaltung der Bundesrepublik gehen, dann stellt sich die Frage der Vereinigung beider deutscher Staaten vollkommen neu.«[10]

Ein am 10. Oktober 1983 im »Neuen Deutschland« veröffentlichter Brief Honeckers an Bundeskanzler Kohl endete mit der Feststellung, die DDR schließe sich der Forderung nach einem atomwaffenfreien Europa »im Namen des deutschen Volkes« an. Auch andere Äußerungen von Sprechern der SED ließen es als nicht ausgeschlossen erscheinen, daß die DDR in einer veränderten und für sie günstigeren Situation einen Rückgriff auf die nationale Argumentation der fünfziger und sechziger Jahre als Mittel einer offensiven Deutschlandpolitik entdecken würde.
Jedenfalls war mit der Entscheidung, eine eigene DDR-Nation zu proklamieren, der Weg frei, endgültig zu einem neuen, geschlossenen Geschichtsbild zu kommen, das im neuen Staat DDR unter der neuen Staatsnation sozusagen seine Vollendung fand.

Griff nach der Geschichte: Preußen und Luther

Honecker befaßte sich auf den ersten beiden Parteitagen unter seiner Ägide (1971, 1976) sehr eingehend mit der Geschichtsfrage. Die Herausbildung zweier deutscher Staaten und – wie er unterstellte – zweier deutscher Nationen schob er den herrschenden Klassen des späten

Preußen, dem Junkertum und den Kapitalisten als historische Schuld zu. In der Folgezeit wurde Honecker immer wieder vorgeworfen, er wolle mit seiner nationalen Politik, die von zwei Nationen auf dem Territorium des ehemaligen Deutschen Reiches ausgehe, die DDR von allem abkoppeln, was mit Deutschland, der deutschen Nation, ihrer Geschichte und ihrer Gemeinsamkeit in Sprache und Kultur zusammenhänge. Die DDR geriet dadurch in die Defensive. Daraufhin versuchte Honecker, das deutsche Element in seiner Politik immer wieder herauszustellen, ja, sich als dessen eigentlicher Bewahrer auszuweisen. In der Zeit zwischen dem VIII. (1971) und IX. (1976) SED-Parteitag wandte er sich in vielen Reden und Veröffentlichungen dieser Frage zu. So erklärte er bereits im Mai 1973, die DDR sei »heute die staatliche Verkörperung der besten Traditionen der deutschen Geschichte«.[11]

Honeckers Eintreten für ein neues, von den Anfängen der deutschen Geschichte bis in ihre Gegenwart kontinuierliches Geschichtsbild, für die Legalisierung und Legitimierung der DDR aus dieser Geschichte, zeigte durchaus Wirkung, die sich im Umgang mit den historischen Epochen erkennen ließ. Die DDR machte sich daran, ihr Defizit in der Verarbeitung der deutschen Geschichte zu verringern und deutsche wie preußische Geschichte für sich in Beschlag zu nehmen, was auch dadurch erleichtert wurde, daß der Geschichtsunterricht in den BRD-Schulen mehr und mehr vernachlässigt wurde. In dieses Defizit mit einer eigenen Geschichtslegende hineinzustoßen, mußte für die SED-Ideologen offensichtlich verlockend erscheinen. Das wurde z. B. an der Behandlung Preußens erkennbar. Galt das Preußentum jahrzehntelang als reaktionär, so änderte sich das nun. Preußen war plötzlich zu keiner Zeit mehr mit den herrschenden Klassen identisch, und selbst die galt es nun differenzierter zu werten. Es entstand das neue Bild Friedrichs II., der für die DDR und die SED lange Zeit ausschließlich (wenn überhaupt Bestandteil des historischen Erbes) zum negativen Erbe zählte. Preußens Geschichte wurde quasi in das Geschichtsbild der DDR zurückgeholt. Friedrich II. konnte jetzt wieder Friedrich der Große genannt, sein Reiterstandbild »Unter den Linden« wieder aufgestellt werden.

Noch dramatischer gestaltete sich die Wandlung des Luther-Bildes in der DDR. In einem 1946 erschienenen und bis 1951 mehrfach wieder aufgelegten Buch von Alexander Abusch hatte es geheißen, Luther sei die »größte geistige Figur der deutschen Gegenrevolution für Jahrhunderte«, »Konterrevolutionär«, »Denunziant« – in bezug auf Thomas Müntzer –, »Verräter an Volk und Nation« und »Fürstenknecht«. Abusch war damals Kulturbund-Funktionär, später Kulturminister der DDR. Die Einschätzung Luthers in der DDR änderte sich bereits andeutungsweise 1967 zum 450. Jahrestag der Reformation, als die SED erstmals ihren Anspruch auf das Erbe Luthers und der Reformation erhob. Im Juni 1980 wurde dann mit großem publizistischen Aufwand das staatliche Luther-Komitee gegründet – mit 100 Mitgliedern aus allen Parteien und Massenorganisationen. Den Vorsitz übernahm Honecker selbst. Er bezeichnete den Reformator bei dieser Gelegenheit als »einen der bedeutendsten Humanisten, dessen Streben einer gerechten Welt galt«, und der SED-Historiker Horst Bartel befand:

»Martin Luther gehört ein wesentlicher Platz in den progressiven Traditionen der deutschen Geschichte, die von der Arbeiterklasse und vom ganzen Volk aufgenommen, unter neuen Bedingungen fortgesetzt wurden und im Sieg des Sozialismus in der DDR gipfelten.«

1981 wurde dann in einem 14seitigen Thesenpapier über Luther der Reformator zu einem »Wegbereiter der großen geistigen und politischen Auseinandersetzung« aufgewertet, »mit denen Deutschland und Europa in die Epoche des Verfalls des Feudalismus, der Herausbildung des Manufakturkapitalismus und der ersten bürgerlichen Revolution eintraten«. In der Folgezeit setzte in der DDR auch eine bauliche Restaurationswelle ein, von der alle kirchlichen und staatlichen Gedenkstätten betroffen waren, die mit dem Reformator in Verbindung standen, u. a. das Geburtshaus Luthers, das Sterbehaus, das ehemalige Augustiner-Kloster in Erfurt, in dem er von 1505 bis 1511 als Mönch lebte, die Wartburg, auf der er 1521/22 das Neue Testament übersetzte, die Stadtkirche von Wittenberg und deren Schloßkirche, die Stätte des Thesenanschlags.
Einbezogen in die Vorbereitungen zum Luther-Jubiläum 1983 wurden auch die kulturellen Massenorganisationen der DDR wie die Wissenschaftsgesellschaft »Urania« oder der Kulturbund. Gleichzeitig wurden Kolloquien und Konferenzen sowie Ausstellungen in den bekanntesten Museen und Galerien veranstaltet oder für das Jubiläumsjahr angekündigt. Die DEFA produzierte für das Fernsehen einen mehrteiligen Film über Leben und Wirken des Reformators, die Schallplattenindustrie brachte zehn Langspielplatten heraus – darunter zwei mit Texten aus der Lutherbibel –, und in staatlichen wie kirchlichen Verlagen erschienen 1983 zahlreiche Bücher über Luther. Honecker sagte auf der 2. Sitzung des staatlichen Komitees Ende Oktober 1982:

»Uns sind alle Gäste herzlich willkommen, die sich Martin Luther und seinem Werk verpflichtet fühlen. Bei ihrem Aufenthalt werden sie Gelegenheit haben, den realen Sozialismus zu erleben, den unser Volk in wahrer Freiheit gestaltet.«[12]

Er glaubte offensichtlich selbst an das, was er sagte.

Dokumente zum 3. Kapitel

[6] Otto Grotewohl zur Einheit der deutschen Kultur, 22.3.1950

Es geht um die Existenz der deutschen Kultur, die nicht geteilt werden kann. Unser Ziel ist die Pflege und Weiterentwicklung einer wahren, edlen Kultur der Nation. Zu dieser Nation gehören für uns auch die Menschen im Westen unserer Heimat.

Deshalb unsere entschiedene Abwehr gegen den Amerikanismus und seine hervorstechendste Ideologie, den Kosmopolitismus. Mit seiner Hilfe wird der Versuch unternommen, die nationalen Widerstandskräfte europäischer Völker zu brechen, um sie für die Welteroberungspläne amerikanischer Imperialisten einspannen zu können.

Daß bei solchen Plänen das nationale Bewußtsein und die nationale Widerstandskraft gegen eine Kolonisierung und Überfremdung, gegen eine Kriegsvorbereitung zunächst einmal von innen her untergraben werden muß, scheint allerdings verständlich.

Von hierher also ist alles das, was an Kulturverrat in Westdeutschland geschieht, begreiflich. An Stelle von lebensbejahender, vorwärtsweisender Kultur werden Ausweglosigkeit, Pessimismus und Barbarei gesetzt. Der Telegraf erklärt – und er kann es bestimmt beurteilen: »Westdeutschland und Westberlin tanzen Samba und Raspa. Packt uns ihr Rhythmus, dann werden die Menschen gleich massenhaft weich in den Knien.« Solche Menschen braucht die amerikanische Kriegsvorbereitung. Wer mit festen Schritten nationalen Selbstbewußtseins geht, wird schwer für amerikanische Kriegsziele einzuspannen sein.

(Rede auf der 13. Tagung der Volkskammer, 22. März 1950; »Neues Deutschland«, 23.3. 1950)

[7] Walter Ulbricht: Zwei Staaten – zwei Kulturen, 17. 4. 1967

Der Existenz von zwei Staaten in Deutschland entsprechen zwei verschiedene herrschende Kulturen, die einander unversöhnlich gegenüberstehen. Mit der entwickelten sozialistischen Gesellschaft schaffen wir systematisch und planmäßig die unserer Ordnung gemäße sozialistische Kultur, die frei sein muß von allen Einflüssen imperialistischer Ideologie und Unkultur. Jene geistlosen und dekadenten Produkte der Unterhaltungskunst, wie sie zur Verdummung und Manipulierung der Menschen von den die kulturellen Bereiche beherrschenden Monopolen in Westdeutschland produziert werden, sind mit der sozialistischen Kultur ebenso unvereinbar wie die philosophischen oder ästhetischen Auffassungen der spätbürgerlichen Kultur. [...] Die leitenden Organe der Partei haben vor allem die Einhaltung der politischen Grundlinie dieser Konzeption zu vertreten und bei den allgemeinen wie den einzelnen Erscheinungen der Kultur den ideologischen und politischen Gesichtspunkten vor den rein ästhetischen den Vorzug zu geben, ohne dabei die Forderung hoher Meisterschaft aufzugeben.
Wie es die Partei vor Jahren verstanden hat, nicht nur die Massen ihrer Mitglieder, sondern auch Hunderttausende von Parteilosen zum Studium der Politischen Ökonomie und wichtiger Standardwerke des Marxismus-Leninismus zu bewegen oder sie in Massen zum Besuch politisch besonders wichtiger und künstlerisch hochwertiger Filmveranstaltungen oder anderer Aufführungen anzuregen, so ist die Zeit gekommen, jetzt ein für allemal die Anerkennung der Kultur als eines entscheidenden Hebels für die gesamte sozialistische Entwicklung durchzusetzen.

(Rede auf dem VII. Parteitag der SED, April 1967; Auszug in: »Neues Deutschland«, 18. 4. 1967)

[8] Kurt Hager: Sozialistische Nationalkultur der DDR – Teil der sozialistischen Weltkultur, 19. 6. 1980

Neuerdings redet man in der BRD wieder viel von der angeblichen »einheitlichen deutschen Kultur«. Die Einheitlichkeit soll auf Geschichte und Sprache gegründet sein. Sie wird auch mit einer bloßen Aufzählung von Schriftstellern beider deutscher Staaten begründet. Hier wird Kultur gänzlich – und dies ist wohl beabsichtigt – von der je-

weiligen Gesellschaftsordnung getrennt. Es wird von ihrem ideellen Gehalt, ihrer Thematik, ihrer sozialen Stellung und Wirkung abstrahiert. Das erlaubt es, die Behauptung von der »Einheit der Kultur« oder einer »Kulturgemeinschaft« aufzustellen. Doch mit solchen »Argumenten« lassen sich historische Tatsachen nicht aus der Welt schaffen. Es ist eine unwiderlegbare Tatsache, daß in der DDR durch die antifaschistisch-demokratische Umwälzung und den Aufbau des Sozialismus auch eine Literatur und Kunst entstanden ist, die durch die Ideen des Friedens, des Humanismus, des Sozialismus geprägt wird. Es ist eine eigenständige sozialistische Nationalkultur der DDR entstanden. Diese Kultur ist Teil der sich entwickelnden sozialistischen Weltkultur. Sie ist solidarisch verbunden mit allen progressiven, humanistischen Strömungen in der Literatur und Kunst der BRD. [...]
Im übrigen muß man um der historischen Wahrheit willen eine weitere Tatsache feststellen, daß es in der deutschen Geschichte seit dem Mittelalter stets zwei entgegengesetzte Strömungen in Literatur und Kunst gegeben hat, die progressive, demokratische und humanistische, realistische, proletarisch-revolutionäre und sozialistische Strömung auf der einen Seite und die reaktionäre, dem Humanismus feindliche, die Ausbeuterherrschaft verteidigende, ja die faschistische Strömung auf der anderen Seite. Soviel zum Thema. In Wirklichkeit nährt diese Losung von der angeblichen »Einheitlichkeit der deutschen Kultur« nur die illusionären Hoffnungen jener Kreise, die sich immer noch nicht mit den historischen Gegebenheiten, mit der Existenz eines sozialistischen deutschen Staates abfinden können.

(Schlußwort auf der zentralen Parteiaktivtagung im Kulturbund der DDR in Berlin, 19. 6. 1980; in: »Sonntag«, 29. 6. 1980; abgedruckt bei Judt, DDR (23), S. 335)

4. Kapitel

1974–1989: Deutsch-deutsche Beziehungen

Dokumente

1974–1989: Deutsch-deutsche Beziehungen

Schwierige »Normalität«

Am letzten Tag seiner Kanzlerschaft, dem 1. Oktober 1982, schrieb Helmut Schmidt an Erich Honecker, den »Sehr geehrten Herrn Generalsekretär«, einen Brief, in dem er sich dafür bedankte, »daß sich unsere Kontakte im Laufe der Jahre zu einer von gegenseitigem Verständnis für die Position des anderen getragenen Gesprächsverbindung entwickeln konnten«. Dies entsprach der Realität. Schmidt und Honecker hatten in der Tat Kommunikationsformen praktiziert, in deren Verlauf entsprechend dem Grundlagenvertrag versucht worden war, »normale gutnachbarliche Beziehungen zu entwickeln«. »Trotz aller Schwierigkeiten und Rückschläge«, so fuhr Schmidt in dem Brief fort, sei man diesem Ziel »näher gekommen«. Und weiter: Mit der Normalisierung ihrer Beziehungen hätten sich die beiden deutschen Staaten ihrer »besonderen Verantwortung für den Frieden in Europa« gestellt.

»Frieden in Europa« war eine deutsch-deutsche Formel, die durch eine zweite ergänzt wurde, die Brandt und Stoph schon in Erfurt und Kassel im Frühjahr 1970 geprägt hatten, nämlich »daß von deutschem Boden nie wieder Krieg ausgehen darf«. In diesen – später geradezu gebetsmühlenartig gebrauchten – Formeln schlug sich die vielzitierte »Verantwortungsgemeinschaft« der beiden deutschen Staaten nieder. Allerdings konnten damit auch konkrete Interessen beider Seiten zum Ausdruck gebracht werden, ohne gleichzeitig Interessengegensätze beim Namen nennen zu müssen. Für seine Politik, deren Ziel es war, die Grenze zwischen den beiden deutschen Staaten im Interesse der Menschen durchlässiger zu machen, brauchte Bonn die Entspannung und den Partner in Ost-Berlin. In diesem Punkt war »manches noch nicht erreicht«, wie Schmidt in seiner Abschiedsbilanz Honecker zu verstehen gab.[1]

Aus Ostberliner Sicht versprachen die erwähnten Formeln wirtschaftliche Vorteile und einen gewissen Zuwachs an außenpolitischem Spielraum. Gleichzeitig aber ging von der selbstbewußten Bonner Entspannungspolitik eine Bedrohung für die Identität und möglicherweise sogar für den Bestand der DDR aus. Einige in der SED-Spitze sahen das so. Das Feindbild Bundesrepublik konnte dennoch nicht mehr benutzt werden. An die Stelle der traditionellen Politik der Stärke, wie sie auf dem Höhepunkt des Kalten Krieges entwickelt worden war, trat seit Bildung der sozial-liberalen Koalition 1969 die gefährlichere Stärke einer Bundesrepublik, die den zweiten Staat de facto zwar anerkannte und auf territoriale Revision verzichtete, im Zuge der Entspannungspolitik die Grenzbarrieren jedoch vielfach mit Ideen, Geld und Wirtschaftsgütern überwand.
Die daraufhin einsetzende Abgrenzungspolitik (vgl. Bd. 3, Kap. 11) stieß bereits im Frühjahr 1973 auf eine gewisse Skepsis bei der Bundesregierung. So meinte Egon Bahr im Mai jenes Jahres gegenüber seinem DDR-Verhandlungspartner Michael Kohl, nach Ratifizierung und UN-Beitritt werde die DDR wohl erklären, »die BRD kann uns den Buckel runterrutschen. Der Mohr hat seine Schuldigkeit getan, der Mohr kann gehen.«[2] Auf die harte Abgrenzungspolitik der DDR war man in Bonn offensichtlich nicht vorbereitet. Auf der Basis des Grundlagenvertrages folgte nun eine Politik, die sich auf den Nenner »D-Mark gegen Entgegenkommen« reduzieren ließ (neben bereits seit Jahren praktizierter Praxis, politische Häftlinge freizukaufen).
Im Juli 1974 ließ Schmidt eine Liste von Punkten anfertigen, die Honecker von Herbert Wehner übergeben wurde. In alphabetischer Reihenfolge waren das:
Altersgrenze für Reisen,
Ausbau Eisenbahnstrecken,
Autobahn-Ausbau Berlin (West)-Helmstedt,
Autobahn-Neubau Berlin (West)-Hamburg,
Braunkohlenlager Helmstedt/Harpke,
Dienstleistungsvereinbarung,
Eheschließungen,
Entlassung und Übersiedlung von Häftlingen,
Erdgasvorkommen Wustrow/Salzwedel,
Familienzusammenführung,
Geheimnisträger,
Grenznaher Verkehr,

Gruppenreisen für DDR-Bewohner,
Industrielle Kooperation,
Kinderrückführung,
Kriterien für Genehmigungen zur Übersiedlung,
Kriterien für Reisegenehmigungen,
Maschinenlieferungen der DDR,
Mindestumtausch,
Pipeline Raffinerie Schwedt-Berlin (West),
Swing,
Teltow-Kanal,
Transitpauschale,
Zoll- und Abschöpfungsfreiheit.

Über diese Punkte sprachen dann die Staatssekretäre Karl Otto Pöhl und Alexander Schalck-Golodkowski – letzterer »ohne ideologische Scheuklappen« – »mit großer Offenheit und ohne die sonst üblichen formalen Finessen«, wie Pöhl notierte. Im einzelnen ging es um den nicht kommerziellen Zahlungsverkehr, Autobahnbau, Transitpauschale, Stromversorgung West-Berlins, wirtschaftliche Kooperation und Swing. Die drei schwierigen Punkte: Mindestumtausch, d. h. Reduzierung der Umtauschsätze und Freistellung von Rentnern, Reisemöglichkeiten für DDR-Bürger, insbesondere eine Herabsetzung der Altersgrenze, und Familienzusammenführung wurden offen angesprochen. Schalck deutete Konzessionsbereitschaft bei entsprechenden Finanzhilfen an, signalisierte aber zugleich, daß diese Punkte »auf dem ›bewährten Kanal‹ weiter behandelt werden« sollten.[3] Der »bewährte Kanal« waren Herbert Wehner, DDR-Rechtsanwalt Wolfgang Vogel und Erich Honecker.
In der nun beginnenden zweiten Phase der Deutschlandpolitik war Herbert Wehner der »Motor und Mittler«[4]. Für Schmidt war dies jedenfalls noch keine Chefsache; es gab noch keine wirkliche Beziehung zu Honecker. Vielleicht lag das auch daran, wie Egon Bahr ZK-Mitglied Günter Mittag im April 1980 einmal vertraulich wissen ließ, daß Schmidt relativ spät in die SPD eingetreten war und die Ostpolitik »mit kleinerer Flamme« betreibe. Die jetzigen Regierenden hätten den Grundlagenvertrag nicht gemacht und würden mit ihm nicht richtig umgehen.[5]
Schon während der Kanzlerschaft Willy Brandts hatte Herbert Wehner auf geheimen Kanälen mit den SED-Oberen konferiert; er setzte das auch unter Schmidt fort – vorbei an der offiziellen staatlichen

Bürokratie. Dieses Verfahren hatte etwas Konspiratives an sich und lag Wehner und Honecker offensichtlich. Möglicherweise war es auch unersetzbar, weil hier zusätzliche Erläuterungen gegeben, nachgefragt, gelegentlich auch persönliche Gefühle geäußert werden konnten. In jedem Fall war das Verhältnis Honecker–Wehner von besonderer Qualität. Honecker war jedenfalls bereit, wie er Schmidt mitteilte, alles zu tun, »um auf breiterer Basis die Entwicklung gutnachbarlicher Beziehungen zu fördern« und den »Dialog« ergebnisorientiert weiterzuführen.[6] Ende des Jahres 1974 konnte ein erstes Ergebnis erzielt werden: spürbare Herabsetzung des Mindestumtausches; Befreiung der Rentner vom Mindestumtausch. Dafür wurde der Swing verlängert und auf 850 Millionen DM erhöht. Heinrich Potthoff wertet das so:

»Das von der Bundesregierung erzielte Ergebnis konnte sich wahrlich sehen lassen. Es resultierte aus einer im Kern neuen Deutschlandpolitik, die einerseits nüchtern, pragmatisch auf das Interesse der DDR an Westhandel, Westdevisen und wirtschaftliche Kooperation setzte und dafür Reiseerleichterungen und Verbesserungen für Berlin (West) einkaufte und andererseits auf den direkten Draht zur Nr. 1 im SED-Staat setzte, ohne den Umweg Moskau und möglichst unter Umgehung des Apparates und auf verschwiegenen Kanälen. Das ideologisch Trennende blieb dabei im Hintergrund. Es war Realpolitik, aber Realpolitik mit einem großen Gespür für die Psyche der Mächtigen und aus einem hohen Verantwortungsbewußtsein für die konkret betroffenen Menschen.«[7]

Es ist sicherlich zutreffend, wenn Timothy Garton Ash schreibt, daß für Schmidt »direkte Beziehungen mit der DDR nicht die gleiche Priorität« wie für Brandt besessen hätten und er von Honecker »eine ziemlich geringe Meinung« gehabt habe.[8] Potthoff weist das zurück; aber man muß wohl differenzieren zwischen den verschiedenen Phasen dieser Entwicklung. So führte Schmidt erst am 20. März 1977 ein erstes Telefonat mit Honecker.

In seiner Erklärung zur Lage der Nation am 30. Januar 1975 kritisierte der Kanzler offen »Terrorurteile« der DDR bei Fluchthelferprozessen sowie »Mauer, Stacheldraht, Todesstreifen und Schießbefehl«, die »ihre Unmenschlichkeit nicht verloren« hätten; allerdings erwähnte er auch die »positiven Ergebnisse« gerade im Bereich »humanitärer Probleme« und bekannte sich zur Politik eines »geregelten Miteinanders«, um gleichzeitig die DDR daran zu erinnern, daß sie sich als »ein mitteleuropäischer Staat [...] ihrer Verantwortung für die Entspannung in Europa stellen« müsse.[9]

Sechs Monate später, anläßlich der Unterzeichnung der KSZE-Schlußakte in Helsinki am 1. August 1975, traf Schmidt zum ersten Mal mit

Abb. 9: Juli 1975: Konferenz für Sicherheit und Zusammenarbeit in Europa. In Helsinki sind Bundeskanzler Helmut Schmidt (daneben Bundesaußenminister Hans-Dietrich Genscher) und SED-Chef Erich Honecker (daneben der ZK-Sekretär für internationale Verbindungen, Hermann Axen) nebeneinander plaziert worden. Diese Sitzordnung, so Schmidt zu Honecker, »symbolisiere den erreichten Grad der Normalisierung in den Beziehungen zwischen der BRD und der DDR«.

Honecker zusammen. Dabei ging er auch auf seine Erklärung vom 30. Januar 1975 ein. Er habe Vorwürfe bekommen, weil er in seiner Regierungserklärung 1974 »nichts über die Wiedervereinigung« gesagt habe. Daher sei ein gewisser Nachholbedarf entstanden, den er mit der Rede im Januar 1975 abgedeckt habe. Unmittelbar vorher hatte Honecker darauf hingewiesen, daß man »in jüngster Zeit in der Bundesrepublik sehr viel von Wiedervereinigung« spreche; als nüchterne Leute wüßten er und der Bundeskanzler von der Existenz zweier souveräner Staaten. Wem nutze nun das Reden von der Wiedervereinigung? Dies erwecke doch nur Hoffnungen und bringe Enttäuschungen. Selbst wenn man unterstelle, daß derartige Äußerungen in der BRD aus Rücksicht auf die Opposition und die Meinung eines Teils der Bevölkerung getan würden, so wirkten sie sich doch als Erwecken und später als ein Enttäuschen von Hoffnungen negativ aus.
Schmidt warf ein, auch er sehe »keinen Sinn darin, Hoffnungen zu erwecken, die vielleicht nicht erfüllbar seien. Er wolle sich zu dieser Frage nicht äußern, denn niemand wisse, wie das 20. Jahrhundert enden

werde.« Er ging dann auf das Urteil der Karlsruher Verfassungsrichter zum Grundlagenvertrag vom Juli 1973 ein und meinte, wie er darüber denke, habe er im Bundestag öffentlich gesagt. Als Regierungschef könne er sich aber nicht über das mit diesem Urteil gesetzte Recht hinwegsetzen. Schmidt schrieb später, er habe die Auseinandersetzung über die Präambel und den dauernden Gebrauch des Wortes »Wiedervereinigung« längst satt gehabt und keine Lust verspürt, »ausgerechnet mit dem Staatschef der DDR einen Streit über das Grundgesetz zu führen«.[10]

Interessant ist, daß Franz Josef Strauß bei seinem ersten Zusammentreffen mit Honecker in der DDR am 24. Juli 1983 ebenfalls auf den Grundlagenvertrag und das Karlsruher Urteil verwies. Er sei ein Gegner dieser Verträge gewesen, weil sie schlampig ausgehandelt worden seien, aber »pacta sunt servanda« – Verträge seien einzuhalten. Immerhin meinte er dann noch, schließlich sei er es gewesen, der veranlaßt habe (durch den Gang nach Karlsruhe), daß die Entscheidung gefallen sei, wonach es »Bürger der DDR« gebe. Er meinte damit jene Passage in dem erwähnten Urteil, wo die DDR »im Sinne des Völkerrechts« als »Staat« bezeichnet und der Begriff »Bürger der Deutschen Demokratischen Republik« verwendet worden war.[11]

In Helsinki waren Honecker und Schmidt durch das Staatenalphabet nebeneinander plaziert worden; diese Sitzordnung, so Schmidt zu Honecker, »symbolisiere den erreichten Grad der Normalisierung in den Beziehungen zwischen der BRD und der DDR«. In den Gesprächen am 31. Juli und 1. August wurden alle jene Probleme angesprochen, die Gegenstand der deutsch-deutschen Beziehungen waren: Reisefreiheit, Mindestumtausch, Familienzusammenführung, Berlin-Fragen, Grunderneuerung der Transitautobahn und Kostenaufteilung, Transitpauschale, Straßenbenutzungsgebühren, wirtschaftliche Kooperation bis zur Frage engerer Konsultationen über internationale Fragen.

Vergleicht man die Protokolle West und die Protokolle Ost miteinander, so fällt auf, daß in den West-Protokollen Schmidt mit ungleich kritischeren Äußerungen wiedergegeben wird als in den DDR-Aufzeichnungen. Beide Politiker waren sich jedenfalls einig, daß die notwendige Normalisierung der Beziehungen zwischen den beiden deutschen Staaten viel Geduld und die Fähigkeit beider Seiten verlange, unter Wahrung der unterschiedlichen Grundpositionen vernünftig, angemessen und im taktischen Interesse der Menschen in beiden Staaten zu handeln. Zu den unterschiedlichen Grundpositionen bzw. unüber-

brückbaren Gegensätzen gehörten die jeweiligen Auffassungen in der deutschen Frage. Schmidt war da realistisch. Es gab für ihn keine auf Illusionen gegründete Aktualisierung des Problems, das nur in einer historischen Perspektive gesehen werden konnte. Es gab auch für ihn – aber dies eben nicht unbedingt – den Anspruch, die Frage grundsätzlich und in ihrer historischen Bedeutung klar anzusprechen, wenn dies nötig war – wie es im übrigen auch die DDR oft genug tat. Insgesamt waren die zwei Treffen Schmidt–Honecker in Helsinki nach Aussage des DDR-Protokolls »nützlich«; nach Aussage der Kanzleraufzeichnung hätten beide sie als »offen, sachlich und konstruktiv« gesehen, und beide wollten, daß sich Helsinki »positiv auf den Frieden und für die Menschen auswirke«. Schmidt hatte jedenfalls das Gefühl, »daß Erich Honecker ein verläßlicher Vertragspartner« war.[12]
In Helsinki hatte Schmidt gesagt, ein erneutes Treffen mit Honecker könne man für 1977 ins Auge fassen, worauf Honecker bemerkt hatte, der Bundeskanzler müsse es nur sagen, wenn ihm das Treffen zu einem früheren Zeitpunkt nützlich schiene. Schmidt hatte geantwortet, eine erneute Zusammenkunft noch vor den Wahlen 1976 werde keine Hilfe sein.[13]
Der nächste Kontakt fand dann tatsächlich erst wieder am 20. März 1977 statt, als Schmidt zum ersten Mal mit Honecker telefonierte. In solchen Telefonaten waren beide Gesprächspartner in der Regel zurückhaltend, da abgehört wurde. Weniger zurückhaltend ging es in den internen Gesprächen mit den jeweiligen Beauftragten zu. So etwa am 16. Mai 1977 in West-Berlin, wo Schmidt und Wehner mit Vogel zusammentrafen. Hier wurden offen Bonner Wünsche für die weitere Verstärkung der Zusammenarbeit vorgetragen, ausgehend von einem 25-Punkte-Katalog, den Staatssekretär Günter Gaus, der Leiter der Ständigen Vertretung in Ost-Berlin (Honecker: »Eine der größten Fehlleistungen, Gaus auf diesen Platz gesetzt zu haben«), übergeben hatte. Klar war auch, wie Schmidt betonte, daß beim Thema »DDR-Staatsbürgerschaft« eine »Lösung im Augenblick ausgeschlossen« sei. Die Sache sei »nicht überbrückbar«. Schmidt ließ bei dieser Gelegenheit bei Honecker anfragen, ob an ihm zugegangenen Gerüchten etwas dran sei, daß der Mindestumtausch angehoben werden solle. Hier könnte sich, wenn dies der Fall wäre, »Konfrontation und Polarisierung ergeben, sehr zum Schaden der Entspannung insgesamt«. (Gut ein Jahr später kam die Erhöhung des Umtausches, worüber Schmidt besonders verbittert war, handelte es sich doch bei diesem Thema um eines seiner

Hauptanliegen im deutsch-deutschen Verhältnis.) Honecker ließ bei dieser Gelegenheit auch eine Einladung zu einem offiziellen Besuch von Helmut Schmidt in der DDR übergeben.[14]

Auch wenn Schmidt und Wehner bei diesem Treffen gemeinsam auftraten, einiges lief damals doch an Schmidt vorbei über Wehner. Das Verhältnis Wehner–Honecker war, wie bereits erwähnt, von ganz besonderer Qualität. Das wird an einem Vorgang deutlich, der schon mehr als erstaunlich ist. Schmidt schrieb sechs Wochen nach dem Gespräch in Berlin an Honecker einen Brief und ließ eine Liste mit 18 Punkten übergeben, die für Sondierungen mit der DDR vorgesehen waren. Punkt 4 war eines der Kernanliegen Schmidts, nämlich die »Herabsetzung der Altersgrenze bei Ost-West-Reisen«. Bei diesem Punkt vermerkte Honecker am Rande handschriftlich »Nein«. Ähnlich auch andere Randbemerkungen. Honecker schickte seinen Antwortentwurf zur Begutachtung an Herbert Wehner!

Heinrich Potthoff erklärt diesen erstaunlichen Vorgang folgendermaßen: Honecker sei doch sehr um Konzilianz und einen günstigen Grundtenor bemüht gewesen, und »um ganz sicher zu gehen und wohl auch, um sein besonderes Vertrauen zu unterstreichen«, habe er den Brief an Wehner geschickt.[15] Durch Vogel gab Honecker zu verstehen, daß es beim Thema »Altersgrenze bei Reisen von drüben nach hier« Spielraum gebe, »wenn wir eine Sprachregelung fänden (z. B. die Pauschale etwas höher setzen und dies nur eine Handvoll wissen lassen): EH [Erich Honecker] möchte wissen, wann demnächst mal über eine solche Angelegenheit geredet würde, wie sich der BK [Bundeskanzler] dazu einstellt.« Wehner machte offensichtlich keine Einwendungen; erst dann legte Honecker dem Politbüro ein leicht abgeändertes Schreiben vor, das abgesegnet wurde und am 2. August 1977 an Schmidt ging.[16] Ob Schmidt von den Sonderbeziehungen Wehner–Honecker nichts mehr hielt oder die deutsch-deutschen Verhandlungen nur stärker an sich selbst binden wollte, muß offen bleiben. Jedenfalls wurde diese Angelegenheit nun Chefsache und Hans-Jürgen Wischnewski zu Schmidts Vertrauensmann, worüber Wehner und Gaus nicht gerade begeistert waren.

Am 22. Dezember 1977 ging Schmidt in einem Brief an Honecker auf dessen Schreiben vom 2. August ein, wo dieser den Wunsch geäußert hatte, auf dem Weg der Normalisierung weiter voranzuschreiten. Schmidt schlug nun vor, in den kommenden Monaten eine neue Anstrengung zum weiteren Ausbau der Beziehungen zwischen den bei-

den Staaten zu unternehmen; er nahm die Einladung zu einem offiziellen Besuch in die DDR an, wies aber gleichzeitig darauf hin, daß es immer noch eine »Vielzahl ungelöster Probleme« in den Beziehungen gebe. Um so mehr sollten sich beide Seiten bei der Vorbereitung des Treffens von dem Bestreben leiten lassen, »die Normalisierung jetzt ein weiteres Stück voranzubringen. Die Menschen in beiden Staaten werden dies in der richtigen Weise zu würdigen wissen.«[17] Es kam dann in der Folgezeit zwar zu »Störkampagnen« – Honecker sprach in einem Telefonat mit Schmidt am 18. Januar 1978 die Veröffentlichung des »Manifests« eines sogenannten DDR-»Bundes Demokratischer Kommunisten« im »Spiegel« an, bestätigte aber auch »das größte Interesse an der Weiterführung des Prozesses der Entspannung«. Man sollte, so Honecker, »die Dinge wieder in ruhiges Fahrwasser lenken«.[18]
Der SED-Chef antwortete dann am 13. Juni 1978 auf das Schreiben Schmidts vom 22. Dezember 1977. Er betonte nochmals die Entschlossenheit der DDR, die Politik der friedlichen Koexistenz und der Entspannung »konstruktiv weiterzuführen«, erwähnte hier aber bereits drei Punkte, die Jahre später massiv als Forderung vorgetragen wurden und zu einer spürbaren Verschlechterung des Klimas führten, nämlich

1. Grenzverlauf der Elbe (Flußmitte als Grenze),
2. Anerkennung einer DDR-Staatsbürgerschaft,
3. Zentrale Erfassungsstelle in Salzgitter.[19] (Die Zentrale Erfassungsstelle der Landesjustizverwaltungen in Salzgitter war durch Beschluß der Justizministerkonferenz vom 25.–27. Oktober 1961 in Wiesbaden im November 1961 eingerichtet worden. Sie registrierte und dokumentierte von Staatsorganen der DDR begangene Gewaltakte; die DDR forderte wenig später die Auflösung; 1998 beschlossen die SPD-Ministerpräsidenten, die finanzielle Unterstützung der Zentralstelle zu streichen.)

Trotz der »Störmanöver« wurde von beiden Seiten immer wieder der Wille betont, auf dem einmal beschrittenen Weg weiterzumachen und sich um Erleichterungen für die Menschen zu bemühen. Dabei verbesserte sich das persönliche Verhältnis zwischen Honecker und Schmidt mehr und mehr, was auch an der Art und Weise deutlich wurde, wie sie ihre Telefonate führten, etwa jenes am 17. Oktober 1978. Da ist schon so etwas wie Vertraulichkeit zu spüren.[20]
In der Zwischenzeit versuchten die jeweiligen Beauftragten, konkrete Ergebnisse zu erzielen. Die Grundposition für Bonn und Ost-Berlin hatte Egon Bahr im März 1978 im Bundestag noch einmal formuliert:

»Beide Staaten sind eingebunden in ihre Verpflichtungen, ihre Bündnisse, ihre gesellschaftlichen Ordnungen. Daran wird sich auf absehbare Zeit nichts ändern. Beide Staaten haben ein lebenswichtiges Interesse an der Erhaltung des Friedens. Beide Staaten haben nur zu gewinnen, wenn sie über sie hinausgreifende Bemühungen um Entspannung unterstützen und selbst Entspannung praktizieren. Es bleibt uns aufgegeben, auch als gespaltene Nation, uns als Ordnungselement zu verstehen. Anders hat die Nation keine Aussicht.«[21]

Schadensbegrenzung

Der Hinweis auf das Ordnungselement wurde in den folgenden Monaten und Jahren immer schwieriger und drängender angesichts der sich massiv verschlechternden internationalen Großwetterlage. Vor dem Hintergrund des sich zuspitzenden Verhältnisses zwischen den Supermächten – NATO-Doppelbeschluß im Dezember 1979, sowjetischer Einmarsch in Afghanistan wenige Tage später, Kriegsrecht in Polen, Boykott der Olympischen Spiele in Moskau 1980 und Los Angeles 1984, Neutronenbombe, Reagans »Reich des Bösen« und SDI, US-Embargopolitik gegenüber der Sowjetunion – bemühten sich die Führungen beider deutscher Staaten um Schadensbegrenzung. Honecker bat Schmidt Ende Januar 1980 angesichts der »zugespitzten und undurchsichtigen Situation« darum, das geplante Treffen mit ihm zu verschieben:

»Letztlich liefe ein solches Treffen im Augenblick in Anbetracht der *beiderseitigen* Bündnisverpflichtungen auf gegenseitige Vorhaltungen und vor allem auf eine Enttäuschung für die Menschen hinaus, die sich so viel davon versprechen.«

Die Entspannungspolitik sollte jedoch fortgesetzt werden, so etwa die Gespräche Schalck–Gaus, ebenfalls Treffen auf Minister- und Staatssekretärsebene, um anstehende Fragen zu lösen, etwa humanitäre Angelegenheiten, Familienzusammenführung etc. Im Gespräch mit Vogel und in einer entsprechenden Botschaft an Honecker bestätigte Schmidt, daß er genauso wie Honecker sehr besorgt sei über die zunehmende Verschlechterung der internationalen Lage, beide wüßten, daß davon für die Menschen in beiden deutschen Staaten schwere Risiken ausgehen könnten. Beide würden deshalb versuchen, im Rahmen ihrer Bündnisse und Verbindungen vernunftgemäße Beiträge zur Mäßigung und internationalen Konfliktbeherrschung zu leisten. Insbesondere hielten beide die Aufrechterhaltung des politischen Kontaktes und des Meinungsaustausches zwischen den Supermächten für notwendig.[22]

War Honecker hier möglicherweise weiter als einige Hardliner im SED-Politbüro oder in Moskau? In diesem Zusammenhang wird immer wieder auf ein Dokument verwiesen, das im Frühjahr 1980 entstanden ist – nach dem Besuch von Günter Mittag bei Helmut Schmidt am 17. April 1980. Über diesen Besuch gingen die Meinungen im SED-Politbüro offenbar weit auseinander. Mittag berichtete dort am 22. April. Schmidt hatte demnach den Einmarsch der Sowjets in Afghanistan als schweren Fehler bezeichnet; die Sowjetunion habe einen solchen Widerstand in der Welt nicht erwartet; sie müsse die Truppen zurückziehen. Er, Schmidt, sage dies, damit sich Honecker von seinen Auffassungen ein Bild machen könne; ihm, Schmidt, läge sehr viel daran, für die DDR berechenbar zu bleiben. Dabei gehe es nicht um freundschaftliche Illusionen. Krieg sei furchtbar für alle Deutschen. Dann habe Schmidt berichtet, was er zu US-Präsident Carter gesagt habe, nämlich:

»Du hast es mit 15 Geiseln [in Teheran] zu tun, aber ich fühle mich für 85 Millionen Deutsche, für 60 Millionen in der BRD, 17 Millionen in der DDR und die in den anderen sozialistischen Ländern wie Polen, ČSSR, Ungarn usw. sowie in den anderen Staaten überhaupt, also für alle Deutschen verantwortlich.«[23]

SED-Politbüro-Mitglied Werner Krolikowski und der DDR-Ministerratsvorsitzende Willi Stoph fertigten eine Aufzeichnung über den Bericht Mittags an, mit einer anschließenden Wertung. Darin hieß es, man sei über das »vollständige Gespräch« mit Schmidt nicht informiert worden:

»Wir wissen auch nicht, ob das, was er dem Politbüro mitgeteilt hat, überhaupt stimmt. Wir beide haben Zweifel daran und glauben, daß der Bericht von Günter Mittag im Politbüro eine ›extra schön aufgemachte Information‹ von Erich Honecker und Günter Mittag für das Politbüro und die KPdSU ist, um beide ›politisch zu befriedigen‹.«

Da war die Rede vom

»konspirativen Charakter dieses Kontaktes mit dem Feind. [...] Selbst dieser schöngefärbte Bericht entlarvt offenkundig, daß Günter Mittag nicht als ein Vertreter der festgefügten sozialistischen Staatengemeinschaft und ihrer einheitlichen Außenpolitik, sondern als Teilnehmer eines deutsch-deutschen Techtelmechtel aufgetreten ist. Im Grunde genommen hat er mit Schmidt zusammen auf einem Stuhl gesessen, den Schmidt hingestellt hat, um zwischen der Sowjetunion und der DDR zu differenzieren.«

Honecker und Mittag gehe es gar nicht um die Durchsetzung der Gesamtinteressen der sozialistischen Gemeinschaft im Verhältnis zur BRD; es seien nicht die Interessen der Gesamtstrategie des Sozialismus vertreten worden, sondern »nur Teilinteressen und Sonderinteressen, entsprechend ihrer falschen politischen Konzeption«. An dem Punkt, an dem Schmidt von den 85 Millionen Deutschen gesprochen habe, hätte Mittag

»demonstrativ und mit heller Empörung die Interessenvertretung der DDR-Bürger durch den Bonner Kanzler zurückweisen müssen. Es ist mit der hohen Verantwortung eines Mitglieds der DDR-Führung völlig unvereinbar, daß er diese Alleinvertretungsanmaßung von Schmidt ohne Widerspruch zur Kenntnis nahm. Das ist nicht einfach ein Lapsus.«[24]

Offensichtlich war es üblich, beim »Großen Bruder« in Moskau die eigenen Genossen anzuschwärzen. Das war Anfang 1971 mit Blick auf Ulbricht geschehen, offensichtlich jetzt auch bei Honecker. Krolikowski und Stoph schickten ihren Bericht nämlich nach Moskau. Für Honecker blieb das allerdings ohne irgendwelche Konsequenzen: Er war und blieb bis zum Herbst 1989 die unbestrittene Nummer eins in der DDR. Daß immer wieder kritische Berichte über Honecker nach Moskau gingen, überrascht eigentlich – oder auch nicht. Dokumentiert ist z. B. die Information über ein Gespräch zwischen Stoph und Mielke vom 13. November 1980, über das Krolikowski den Kreml informierte. Darin wurde Mielkes Einschätzung über Honecker folgendermaßen wiedergegeben:

»Besonders im Verhältnis zur BRD sei sichtbar, daß er öffentlich provokativ auftritt, während er intern gegenüber der BRD für sein öffentliches Verhalten Entschuldigungen abgibt. Im Gespräch von E. H. [Erich Honecker] mit G. G.[aus] [am 3. November; s. u.] sei dies ganz eindeutig erfolgt. Die Niederschrift, die E. H. über dieses Gespräch im Pb [Politbüro] verteilt hat, enthält nicht die ganze Wahrheit. Das stehe eindeutig fest. Er habe weitere Äußerungen zu G. G.[aus] getan, die gegen die Interessen der Sowjetunion und DDR sind und Bonn begünstigen. [...] Mielke sagte zu W. Stoph: E. H. verschaukelt uns und die sowjetischen Freunde.«[25]

Fünf Wochen später empfahl Krolikowski der sowjetischen Führung folgenden Weg:

»Wir schlagen der sowjetischen Seite vor, E. H.s Handlungen in der Außenpolitik gegenüber der BRD sorgfältig zu analysieren und mit ihm über die gemachten Fehler zu sprechen, damit die Grundlage für einen prinzipiell klaren außenpolitischen Kurs gegenüber der BRD erarbeitet und dem X. Parteitag zur Beschlußfassung vorgeschlagen wird.«[26]

Im Gegensatz zu den Hardlinern im Politbüro hatte sich Honecker offensichtlich, so der Eindruck von Schmidt, ein gewisses »Gefühl für die Nöte der Menschen bewahrt«[27]; Honecker hielt vertrauliche Kanäle nach Bonn offen, wohl, um aufzuzeigen, daß man mit ihm reden konnte.

1980: Die Geraer Forderungen

Schmidt hatte noch großes Verständnis dafür gezeigt, daß das für Ende August 1980 vorgesehene Treffen mit Honecker nicht zustande gekommen war – in erster Linie wegen der sich verschärfenden Situation in Polen und weil er darauf beharrt hatte, auch Rostock zu besuchen. Wenig Verständnis hatte er für das, was unmittelbar nach der Bundestagswahl vom 5. Oktober 1980 geschah: Am 9. Oktober erhöhte die DDR den Mindestumtausch für Besucher der DDR drastisch von 13 auf 25 DM pro Tag. In der Folge verringerte sich der Reiseverkehr von West nach Ost erheblich. Die Verhärtung der DDR-Position gegenüber der BRD wurde vier Tage später noch deutlicher. Bei der Eröffnung des Parteilehrjahres der SED in Gera verlangte Honecker als Voraussetzung für normale Beziehungen zwischen beiden Staaten von der Bundesrepublik u. a.:

1. die Anerkennung der Staatsbürgerschaft der DDR,
2. die Auflösung der Zentralen Erfassungsstelle in Salzgitter,
3. die Umwandlung der beiden Ständigen Vertretungen in Bonn und Ost-Berlin in Botschaften, sowie
4. die Festlegung des Grenzverlaufs zwischen BRD und DDR in der Strommitte der Elbe.

Unter Hinweis auf den NATO-Doppelbeschluß erklärte er:

»Niemand soll doch ernsthaft glauben, er könne aktiv die Politik des westlichen Bündnisses vertreten, aus Solidarität mit den USA die Olympischen Spiele in Moskau boykottieren, als Erfinder und Einpeitscher des Brüsseler Raketenbeschlusses auftreten und gleichzeitig so tun, als brauche man mit der DDR nur über ›Reiseerleichterungen‹ zu sprechen.«

Die Forderungen konnten in Bonn nicht wirklich überraschen, waren sie doch schon vorher mehrfach erwähnt worden. So bemühte sich Honecker in einem Gespräch mit Gaus am 3. November, die Bedeutung der Rede herunterzuspielen. Sie habe auch positive Elemente enthalten; es sei »keinesfalls der Rückwärtsgang in den Beziehungen zwischen der DDR und der BRD eingeschaltet worden«. Seine Seite habe nicht die Absicht, gegen den Mißbrauch des Transitverkehrs stärkere Maßnahmen zu ergreifen. »Auch gelte immer noch seine Weisung an die Grenztruppen der DDR, den Schießbefehl so zurückhaltend wie möglich auszulegen. Soweit er unterrichtet sei, habe es seit dieser, seiner Weisung praktisch kaum noch Schüsse an der Grenze gegeben.«[28] In Bonn kam man zu dem Schluß, daß Honecker

»in der gegenwärtigen durch die Ereignisse in Polen bestimmten, für die DDR schwierigen Lage weitere Eskalationen im innerdeutschen Verhältnis nach Möglichkeit vermeiden möchte, den Dialog über einen weiteren Ausbau der bilateralen Beziehungen aber nicht fortsetzen kann«.[29]

Daß Honecker im Gespräch mit Gaus tatsächlich »Schießbefehl« gesagt hatte, hatte diesen wohl außerordentlich verblüfft; in einem zweiten Fernschreiben vom 7. November bestätigte er nämlich ausdrücklich: »Honecker hat das Wort ›Schießbefehl‹ benützt; er hat den Begriff ›deutsch-deutsche Freundschaft‹ verwendet«, nämlich in dem Sinne, daß die NATO-Erklärung zur deutschen Einheit – die NATO hatte wieder einmal Selbstbestimmung und Einheit für das deutsche Volk gefordert – »wie eine Ohrfeige gegen die deutsch-deutsche Freundschaft« gewirkt habe.
Eine Woche später, am 10. November 1980, erkannte die polnische Regierung die Gewerkschaft »Solidarność« unter Lech Wałesa an. Das wirkte auf Honecker wie ein Schock: er sah in Polen konterrevolutionäre Aktivisten am Werk. Dies, so Stasi-Chef Mielke, beeinflusse auch Honeckers Verhältnis zur Bundesrepublik. Am 13. November äußerte sich Mielke gegenüber Willi Stoph:

»Wenn jetzt E. H. [Erich Honecker] richtige Forderungen superscharf gegenüber der BRD vertritt, so ist dies nicht auf die Breschnew-Kritik von der Krim zurückzuführen. E. H. sind die Ereignisse in Polen in die Knochen gefahren. Er hat Angst, daß es in der DDR auch zu Schwierigkeiten kommt; er fürchtet den Einfluß der BRD.«[30]

Unter diesen Umständen hörten sich die Äußerungen Honeckers vor der SED-Bezirksdelegiertenkonferenz in Ost-Berlin am 15. Februar 1981 mehr als merkwürdig an:

»Wenn der Tag kommt, an dem die Werktätigen der Bundesrepublik an die sozialistische Umgestaltung der BRD gehen, dann stellt sich die Frage der Vereinigung beider Staaten vollkommen neu. Wie wir uns dann entscheiden, daran dürfte wohl kein Zweifel bestehen.«

Auf die Idee, daß es genauso auch umgekehrt gehen könnte, kam er offensichtlich nicht.

Beschluß der Kultusministerkonferenz

Merkwürdig erschien damals einigen deutsch-deutschen Aktivisten und Politikern im Osten auch der Beschluß der westdeutschen Kultusministerkonferenz vom 12. Februar 1981, in dem »Grundsätze für die einheitliche Darstellung Deutschlands in Schulbüchern und Schulatlanten« festgeschrieben wurden. Hanna-Renate Laurien (CDU), Kultusministerin von Rheinland-Pfalz und Präsidentin der Konferenz, erklärte zu dem Beschluß, daß dieser nach »langwierigen Beratungen in echter Gemeinsamkeit« gefaßt worden sei. Demzufolge mußte die Kennzeichnung der deutschen Grenzen in Schulbüchern und kartographischen Werken für den Schulunterricht »das Fortbestehen der Viermächteverantwortung für Deutschland als Ganzes sowie die Rechtsprechung des Bundesverfassungsgerichts zum Grundlagenvertrag und zu den Ostverträgen« berücksichtigen. Dies gelte besonders für die Grenzen des Deutschen Reiches vom 31. Dezember 1937 auf politischen Karten und großformatigen Übersichten. Bei allen Karten der Bundesrepublik Deutschland müsse der Ausschnitt so gewählt werden, daß auch Berlin dargestellt werde, wobei die beiden Teile West-Berlin und Ost-Berlin voneinander abzuheben seien. Die Grenze zwischen der Bundesrepublik und der DDR sei als »Grenze besonderer Art zu kennzeichnen«. Des weiteren einigten sich die Kultusminister darauf, die Abkürzung »BRD« nicht zu verwenden; im internationalen postalischen Verkehr könne – wo aus Platzgründen erforderlich – die übliche Bezeichnung »D« verwendet werden. Der Beschluß sah ebenfalls vor, die deutschen Namen ausländischer Städte zu benützen und den fremdsprachigen Namen in Klammern hinzuzusetzen, z. B. »Königsberg (Kaliningrad)«; umbenannte Städte in der DDR sollten mit dem derzeitigen Namen unter Zusatz des früheren bezeichnet werden, z. B. »Karl-Marx-Stadt (Chemnitz)«.

Dieser Beschluß stieß im Ostblock auf massiven Widerspruch. Radio Prag kommentierte ihn am 13. Februar folgendermaßen:

»Die Entscheidung der westdeutschen Länderkultusminister bedeutet, daß auch eine weitere Kindergeneration in Westdeutschland in revanchistischem Geist und in der Illusion von der Existenz des Deutschen Reiches in den Grenzen von 1937 erzogen wird.«

Die »Stimme der DDR« meinte am 15. Februar, der Wortlaut des Beschlusses sei durch ein Wort zu ersetzen, nämlich »Landkartenrevanchismus«, und weiter: »Da dieser Beschluß erwiesenermaßen an der Groß-Deutschland-Fiktion festhalten möchte, sieht auch dieser Konsens expansionistisch aus.« Besonders betroffen reagierte man in Polen. Die Nachrichtenagentur PAP stellte am 16. Februar fest:

»Dieser Beschluß negiert den dauerhaften Charakter der territorialen Veränderungen in Europa nach 1945, u. a. die Oder-Neiße-Linie, die im Vertrag vom 7. Dezember 1970 anerkannt wurde und jetzt zu einer Demarkationslinie degradiert worden ist. Der lange Disput über eine einheitliche Kennzeichnung ist somit zur vollen Befriedigung der Revisionisten gelöst worden. Die 1971 vom Ministerium für Gesamtdeutsche Fragen annullierten revanchistischen Instruktionen über Landkarten sind jetzt, zehn Jahre später, wieder in Kraft gesetzt worden. Der von den Kultusministern unternommene Schritt mißachtet die Arbeitsresultate einer gemeinsamen Schulbuchkommission, deren Beschluß von 1972 nicht etwa eine legale Aggression gegen Landkarten und Atlanten sanktionieren sollte. [...] Die erstaunlichste und zum Nachdenken Anlaß gebende Tatsache ist, daß der Beschluß auch von den Ländern gutgeheißen worden ist, die von der SPD und FDP regiert werden. Gegenwärtig sehen wir nicht mehr nur eine langsame Durchführung der Schulbuchbeschlüsse, sondern einen geradezu systematischen Abbau der Empfehlungen, der von dem jüngsten Beschluß gekrönt wird.«

Radio Moskau kommentierte am selben Tag wie folgt: »Der Unterricht, der auf der Konferenz in Bonn in politischer Geographie erteilt wurde, entspricht voll und ganz der Lehrmethodik in deutscher Geschichte während der Hitlerherrschaft in den Schulen.«
Der polnische Außenminister Josef Czyrek erklärte am 6. März vor dem Parlament in Warschau, daß sein Ministerium einen Protest gegen den Beschluß über die deutsche Botschaft in Warschau nach Bonn weitergeleitet habe, in dem die Bundesregierung aufgefordert werde, den Beschluß über die Markierung der Grenzen von 1937 in Schulbüchern und Atlanten unverzüglich zurückzunehmen.
Die »Frankfurter Allgemeine Zeitung« schrieb am 19. März – Bundesminister Genscher hielt sich zu einem offiziellen Besuch in Polen auf –, daß sich Hamburg von den ursprünglich einstimmig vereinbarten Grundsätzen distanzieren werde; außerdem gebe es Anzeichen dafür, daß sich Bremen anschließen werde, was dann die Auflösung dieser Vereinbarung zur Folge haben könnte. In einem Interview mit dem »Spiegel« beantwortete der Bremer Bildungssenator Horst von Hassel (SPD) die Frage, ob die Kultusminister das Problem mit dem »Grenzstricheln« bis zum Jahr 2000 bewältigen würden, u. a. wie folgt:

»Ich wage da heute, nach diesen Erfahrungen, überhaupt keine Prognose. [...] Vielleicht kommen wir am Ende zu dem Ergebnis, daß die Kultusminister überfordert sind. Es war ja letztlich keine auf unser Fachgebiet reduzierte Frage. Dahinter steckt ein tiefgehender politischer Dissens in den großen parteipolitischen Gruppierungen. Wir haben jetzt den Fehler gemacht, die Sache aus dem Schlummer zu holen und eine vermeintliche Lösung zu verabschieden. Das war wohl politisch falsch, hat aber den großen Vorzug, das Thema dorthin zu bringen, wo es hingehört, nämlich in die gesamtpolitische und auch in die außenpolitische Diskussion.«[31]

Daß die Grenzfrage auch sonst zu Skurrilitäten führte, zeigte die Wetterkarte des Deutschen Fernsehens. Die Gebiete östlich von Oder und Neiße gehörten irgendwie zu Deutschland: die Grenze war gestrichelt.

Am selben Tag, an dem die Kultusminister ihren Beschluß faßten, 12. Februar 1981, unterhielt sich Schmidt mit Honeckers Abgesandtem Wolfgang Vogel. Vogel konnte mitteilen, Honecker habe deutlich gemacht, daß neue Belastungen im deutsch-deutschen Verhältnis vermieden werden sollten. Es solle keinen Anlaß geben, die sozialliberale Koalition in Schwierigkeiten zu bringen. Schmidt verwies auf die Verschlechterung der »Großwetterlage«; er sei von tiefer Sorge über Polen erfüllt; Honecker müsse doch auch Angst vor Gewaltanwendung dort haben. Käme es zu Gewalt von außen, dann würde sich eine ganz entscheidende Verschlechterung der Situation in ganz Europa auf Jahre hinaus mit entsprechenden Konsequenzen für die Weltwetterlage ergeben. Möglicherweise maß Schmidt Honecker doch zu viel internationales Gewicht zu. Kurz vor der Verkündung des Kriegsrechtes in Polen meinte er jetzt zwar, der Einfluß von Honecker auf Moskau sei »sicherlich nicht sehr groß«; immerhin aber sprach er nun gegenüber Vogel die Erwartung aus: »Eins könne und solle H. auf jeden Fall erreichen: kein Eingreifen der NVA«, worauf Vogel ergänzte: »etwa wie in der ČSSR«.[32]

Schmidt und Honecker waren offensichtlich mehr und mehr davon überzeugt, daß sie beide gemeinsam dazu beitragen konnten, die Entwicklung in Europa stärker auf Entspannung und Zusammenarbeit hin zu orientieren, kurz: »auf den Frieden«. In einem Telefonat am 30. Oktober 1981 meinte Schmidt, er sehe gegenwärtig eine seiner Hauptaufgaben darin, »das Verständnis aufzuschließen bei dem einen für den anderen und bei dem anderen für den einen« – gemeint waren Reagan und Breschnew; der Besuch des Kremlführers in der Bundesrepublik war für den 22. bis 25. November vorgesehen. Honecker: »Die entscheidende Frage ist selbstverständlich immer wieder: Gelingt es uns, das Wettrüsten zu verhindern?« Schmidt: »Richtig.« Honecker: »Gelingt es uns, den Frieden zu bewahren. Das ist die Hauptfrage.«

Schmidt und Honecker sprachen hier beide von der Sowjetunion als dem »Großen Bruder« der DDR. Die USA dagegen nannte Schmidt »meinen amerikanischen großen Freund«. Und weiter: Ziel sei ein militärisches Gleichgewicht auf »niedrigerer Ebene«. »Wir machen alle hier viel zuviel Militärausgaben in der Welt. Es wäre besser, wir würden Wohnungen und Fabriken dafür bauen.« Honecker darauf: »Na eben. Das scheint mir wirklich das Entscheidende zu sein, da stimmen wir voll und ganz überein. [...] Dieser Wettlauf führt ja sowieso zu nichts.«[33]

Unter diesem Aspekt war auch die umfassende Bestandsaufnahme der innerdeutschen Beziehungen beim Treffen zwischen Schmidt und Honecker zu sehen, das endlich vom 11. bis 13. Dezember 1981 am Werbellinsee stattfand.[34] Für den bereits für 1980 vorgesehenen Besuch hatte Stasi-Chef Mielke einen »Plan der Maßnahmen zur Gewährleistung der Sicherheit während des Arbeitsbesuches des Bundeskanzlers der Bundesrepublik Deutschland in der Deutschen Demokratischen Republik« verfügt. Was für 1980 geplant war, galt auch 1981. Heinrich Potthoff weist auf diesen Plan hin; er sei hier noch einmal erwähnt. Er liest sich fast wie ein »Horrorkatalog«, macht aber auch deutlich – bei allen freundlichen Telefonaten zwischen Schmidt und Honecker –, mit was für einem Regime man es in der DDR zu tun hatte. Demnach sollten mehr als 30 000 Mann eingesetzt werden, um eine stabile politische Lage jederzeit zu gewährleisten, Journalisten und »bevorrechtete Personen« aus dem Westen »wirksam« zu kontrollieren, jegliche »gegen die DDR und den Besuch gerichtete Handlungen zu unterbinden« und »den Mißbrauch« der ihnen gewährten Rechte zu verhindern. Zentrale Aufgabe war es demnach,

»die Pläne, Absichten und Maßnahmen sowie Mittel und Methoden der imperialistischen Geheimdienste, Zentren der politisch-ideologischen Diversion, anderer feindlicher Zentren und Institutionen, extremistischer, terroristischer u. a. feindlicher Organisationen, Gruppen und Einzelpersonen, feindlicher und negativer Kräfte zur Störung oder Diffamierung des Arbeitsbesuchs, zur Verleumdung, Entstellung oder Herabwürdigung der Politik der DDR oder zur Diskreditierung der DDR und ihres internationalen Ansehens durch demonstratives oder provokatives Auftreten oder durch einseitige Sympathiekundgebungen für die Politik der BRD rechtzeitig und umfassend aufzuklären und konsequent zu verhindern. Provokationen und Störungen sind nicht zuzulassen. Kräfte, von denen derartige Aktivitäten zu erwarten sind, müssen von den Handlungsräumen des Arbeitsbesuches ferngehalten werden.«[35]

So etwas wie beim Besuch von Willy Brandt im März 1970 in Erfurt sollte sich jedenfalls nicht wiederholen – und wiederholte sich auch nicht. Als Schmidt am letzten Tag des Treffens Güstrow besuchte, um im dortigen Dom Plastiken von Ernst Barlach zu besichtigen, verwandelten 19 000 MfS-Sicherheitskräfte und weitere 18 000 vom Ministerium des Innern den Ort in eine Festung und spielten Bevölkerung: Die ganze Stadt wurde ausgetauscht. Kein Bewohner bekam den Bundeskanzler zu Gesicht.

Im ersten Vier-Augen-Gespräch zwischen Schmidt und Honecker ging

es um die internationale Lage, die Nachrüstung, um ein mögliches Rahmenabkommen über Handel, Wirtschaft und Technik. Dann sprach Schmidt die Erhöhung des Mindestumtausches an und die damit verbundene Enttäuschung des Vertrauens in den Bestand von Regelungen, die die DDR gleichzeitig mit neuen westdeutschen Leistungen in Kraft gesetzt habe; dies habe zu einer »schweren Belastung der Beziehungen zwischen den beiden deutschen Staaten geführt«.
Honecker kam auf seine Geraer Rede zurück und erwähnte die dort genannten Punkte: Regelung der Elbegrenze, die Respektierung – nicht mehr Anerkennung – der DDR-Staatsangehörigkeit, Umwandlung der Ständigen Vertretungen in Botschaften und Auflösung der Zentralen Erfassungsstelle in Salzgitter. Für ihn wäre es in den Gremien leichter, wenn die BRD wenigstens in einer oder zwei dieser Fragen Entgegenkommen zeigen könnte. Zur Elbegrenze meinte Schmidt, mit gutem Willen könne da eine Lösung gefunden werden; zur Staatsangehörigkeit, daß er die Regelung wegen des Grundgesetzes nicht ändern könne; zum Thema Ständige Vertretungen, daß Dinge, die beim Abschluß des Grundlagenvertrages nicht hätten geregelt werden können, jetzt auch nicht geregelt werden könnten; zu Salzgitter, daß dies eine Einrichtung der Länder sei und daher auch nur von den Ländern aufgelöst werden könne.
Und dann machte Schmidt seine grundsätzliche Position zum Thema Wiedervereinigung klar. Die Zeit, in der an jedem 17. Juni lautstark davon gesprochen worden sei, sei vorbei. Er gehe davon aus, daß jedenfalls in diesem Jahrhundert eine Wiedervereinigung nicht mehr zustande komme. Deswegen gehe es ihm jetzt darum, die Grundlagen für ein friedliches Zusammenleben der Bürger in beiden deutschen Staaten im nächsten Jahrhundert zu schaffen. Dieses Ziel verfolge er »mit Herz und Verstand«; mit seinem Besuch in der DDR wolle er dazu beitragen, »vernünftige gutnachbarliche Beziehungen zwischen den beiden deutschen Staaten zu schaffen«. Den Begriff »Normalität« verwende er nicht, denn schon das Grenzregime sei »nicht normal«.
Im Delegationsgespräch am 12. Dezember wurde von beiden Seiten noch einmal bekräftigt, daß beide Staaten mit dazu beitragen sollten, eine Verbesserung oder Entschärfung der Weltlage herbeizuführen. Honecker versicherte, weitere Schritte zur Normalisierung im Verhältnis der beiden deutschen Staaten zu tun, und wies dann wieder auf die Geraer Forderungen hin.
Der letzte Tag war überschattet von den Nachrichten aus Polen, wo der

Kriegszustand verhängt worden war. Schmidt brach den Besuch trotz der Ereignisse nicht ab, was ihm später von Franz Josef Strauß als »politische Instinktlosigkeit und Unredlichkeit« vorgeworfen wurde. Nach insgesamt 15stündigen Gesprächen wurde ein Kommuniqué veröffentlicht, in dem noch einmal die Überzeugung beider Seiten unterstrichen wurde, daß »von deutschem Boden nie wieder Krieg ausgehen darf«. Ferner wurde betont, daß die Bemühungen um gutnachbarliche Beziehungen fortgesetzt würden. Die Zusammenarbeit im Wirtschafts- und Umweltschutzbereich sollte ausgebaut und der zum Jahresende auslaufende zinslose Überziehungskredit im innerdeutschen Handel, die sogenannte Swing-Regelung, bis Mitte 1982 verlängert werden. In den Kernpunkten Mindestumtausch für Reisen in die DDR, Anerkennung bzw. Respektierung der DDR-Staatsbürgerschaft, Elbegrenze und Salzgitter blieben die politischen Grundpositionen unverändert. Das SED-Politbüro kam zu folgender Einschätzung des Besuchs:

»Die Durchführung des Treffens mit BRD-Bundeskanzler Schmidt in der DDR hat sich als richtig erwiesen. Es war ein wichtiger Beitrag zur Fortsetzung des internationalen Dialogs auf höchster Ebene im Kampf um Entspannung, Rüstungsbegrenzung und Abrüstung. [...] In den Beziehungen zur BRD ist weiterhin die Friedenssicherung als zentrale Frage in den Mittelpunkt zu stellen. Die Ergebnisse des Treffens sind zu nutzen, um die BRD weiter an den Kurs der Entspannung zu binden.«[36]

An der Entspannung hatte die Bundesrepublik weiterhin großes Interesse, noch größeres aber an der Korrektur des Zwangsumtausches. Hier bewegte sich allerdings auch im Jahre 1982 nichts. Entgegenkommen zeigte die DDR nur in kleineren Punkten, so etwa beim Jugendaustausch, Kulturabkommen, Berliner Abwasserproblemen etc.
Blickt man auf die Politik von Brandt und Schmidt zurück, so bleibt festzuhalten, daß beide Kanzler – und im übrigen dann auch Kohl – die DDR als einen Staat betrachteten, der über ihre Zeit hinaus existieren würde. Im Interesse der Deutschen sahen sie die Notwendigkeit, die DDR-Führung als gleichberechtigt zu respektieren und zu ihr ein gutes Verhältnis herzustellen und zu vertiefen – im Rahmen des Grundgesetzes. Wo dieser Rahmen überschritten worden wäre, gab es Stillstand. Trotz allem wurde deutlich, wie »Wandel durch Annäherung« in der Praxis funktionierte, manchmal mühsam, manchmal weniger mühsam. Diese Politik der Normalisierung nahm in Kauf, was die Diktatur in der DDR an Abnormitäten mit sich brachte und was die deutsche »Normalität« keineswegs zufriedenstellend erscheinen ließ.

Selbst Honecker meinte einmal, »natürlich« sei »nicht alles normal«. Das gemeinsame Interesse, eine weitere Verschärfung des Kalten Krieges zu verhindern, diente als Brücke zwischen Bonn und Ost-Berlin. Über die zwischenstaatlichen »normalen« Beziehungen hinaus versuchte die Regierung Schmidt beharrlich, die Abgrenzungsbestrebungen der DDR zu durchbrechen. Dafür wie für weitreichenden friedlichen Wandel war die Normalisierung im Verhältnis der beiden deutschen Staaten eine zentrale Voraussetzung. Normalisierung war das zureichende Minimum, um graduellen Wandel erzielen zu können. Von Liberalisierung in der DDR war man dabei allerdings weiter entfernt denn je.

1982: Kontinuität unter Helmut Kohl

Das wußte auch Schmidts Nachfolger Helmut Kohl, der diese Politik – zur Überraschung so mancher Zeitgenossen – erfolgreich fortsetzte. Und doch gab es bei Kohl andere Nuancen. Das wurde bereits bei dessen erster Regierungserklärung am 13. Oktober 1982 deutlich. Bei der vorbereitenden Besprechung über diese Erklärung im Kanzleramt nannte Kohl als eines von drei Grundelementen seiner zukünftigen Politik, daß trotz real existierender Teilung die Erinnerung an die Nationalgeschichte gesamtdeutsche Konturen schärfen und das Thema »Nation« eine orientierende und integrierende Wirkung gewinnen sollte.[37] Wählerstimmen waren in jener Zeit mit diesem Thema nicht zu gewinnen. Im Vordergrund des öffentlichen Interesses standen damals Arbeitsplatzsicherung, Staatsfinanzen, Umweltschutz und Abrüstung.
Für den ersten großen programmatischen Auftritt des neuen Kanzlers, die Regierungserklärung, entwarfen seine Redenschreiber ein Manuskript, in dem die Deutschlandpolitik dennoch als Schlußakkord den emotionalen Höhepunkt markierte. Der konkret-praktische Teil knüpfte unmittelbar an das vom Amtsvorgänger Schmidt Erreichte an, das es zu bewahren und auszubauen gelte.

»Der Nationalstaat der Deutschen ist zerbrochen. Die deutsche Nation ist geblieben, und sie wird fortbestehen. [...] Mauer, Stacheldraht und Schießbefehl sind und können nicht das letzte Wort zwischen Ost und West sein, in Deutschland, in Europa und in der Welt. Menschlichkeit und Vernunft weigern sich, dies hinzunehmen. Gedanken sind frei, und Menschen müssen von Deutschland nach Deutschland gehen können ohne Todesgefahr. [...] Wir bestehen aber auf die Rücknahme der Erhöhung des Mindestumtausches für Besucher Ost-Berlins in der DDR.«

Diese Worte nannten die Dinge deutlicher als zuvor beim Namen. Abschließende Sätze über Berlin, in denen Kohl ein verstärktes Engagement ankündigte, beschlossen den Teil zur Deutschlandpolitik. Es schien sich eine Richtungsänderung anzudeuten. Der CDU/CSU wurde von der Opposition sogleich mangelnde Friedfertigkeit, Unzuverlässigkeit hinsichtlich der Ostpolitik, Unfähigkeit im Umgang mit der DDR, fehlender Sinn auch für das geschichtlich Notwendige vorgeworfen; die SPD prognostizierte für die Ostpolitik eine »neue Eiszeit«, wie Hans-Dietrich Genscher in seinen Erinnerungen schreibt.[38] Die SED-Führung reagierte zurückhaltend, wenn auch kritisch auf die Regierungserklärung; Teile davon »stammen aus der Zeit des Kalten Krieges«, wie es im »Neuen Deutschland« am 14. Oktober 1982 hieß. Während eines Staatsbesuchs auf Zypern erklärte Honecker, für die DDR sei die Friedensfrage das Wichtigste, er aber habe »erhebliche Zweifel, ob man sie lösen könne, wenn die Bundesregierung vorbehaltlos der Politik der Vereinigten Staaten zustimme«.

Es gab keine neue Eiszeit, wie schon sehr bald deutlich wurde. Im übrigen begann die CDU/CSU-Regierung in ihrem Verhältnis zur SED-Führung nicht bei Null. Seit Mitte der siebziger Jahre hatte es hochrangige Gespräche gegeben, von CDU-Seite wurden sie von Schatzmeister Walther Leisler Kiep geführt. Auch wenn CDU und CSU die Deutschlandpolitik der sozialliberalen Koalition in den siebziger Jahren erbittert bekämpft hatten, deutschlandpolitisch stellte der Regierungswechsel 1982 keine Zäsur dar. Das wurde besonders nach der für die neue Koalition erfolgreichen Bundestagswahl im März 1983 deutlich, als Kohls erster Bericht zur Lage der Nation weitere Klarheit schuf. Kohl steckte darin drei Eckpunkte seiner Deutschlandpolitik ab, die bis zum Ende des Jahrzehnts Gültigkeit besaßen. Er hob den normativen Abstand zum SED-Regime hervor und stellte Freiheit und Verwirklichung der Menschenrechte im Westen der Unfreiheit und der Rechtlosigkeit im Osten gegenüber.

Weniger eindeutig waren seine Ausführungen zur deutschen Frage, die er in den Kontext der europäischen Integration stellte: »Die Teilung Deutschlands ist immer zugleich die Teilung Europas. Deutschlandpolitik muß sich deshalb immer auch als Beitrag zum europäischen Einigungswerk und damit als europäische Friedenspolitik verstehen.«[39] Welcher Einigungsprozeß Priorität haben sollte, blieb unklar. Ein hoher Mitarbeiter des innerdeutschen Ministeriums notierte damals: »Was heißt hier Europa und Europäisierung der Deutschlandfrage. Ein

Abb. 10: Juli 1983: Bundeskanzler Helmut Kohl (neben ihm Bundesaußenminister Hans-Dietrich Genscher) zu Gesprächen in Moskau bei Staats- und Parteichef Juri Andropow (daneben Außenminister Andrej Gromyko). Kohl unterstreicht den deutschen Wunsch nach Wiedervereinigung.

Schwamm, in den man alles aufsaugen, aus dem (man) schnell alles wieder herausdrücken kann. Was ist, wo liegt Europa?«[40] Im Entwurf hatte es noch geheißen:

»Bis zur Wiederherstellung der Einheit Deutschlands werden wir allerdings noch einen langen Weg gehen müssen. Wir werden bis dahin nicht untätig verharren, sondern alles tun, damit die Belastungen abgebaut und Spannungen vermindert werden und die Menschen in Deutschland zueinander kommen.«

Diese Passage wurde gestrichen; dafür stellte Kohl jetzt fest, daß eine »praktische Deutschlandpolitik [...] nur als Politik des Dialogs, des Ausgleichs und der Zusammenarbeit erfolgreich sein« könne. Ziel sei es, die Teilung »erträglicher« zu machen. Auf der Kohlschen Agenda für innerdeutsche Verhandlungen stand das, was auch schon bei Schmidt gestanden hatte, nämlich Senkung des Mindestumtausches, Ausbau des Reise-, Besucher- und Transitverkehrs, Umweltschutz, Zusammenarbeit in Kultur, Bildung, Wissenschaft, Technik und Sport, Rechtshilfeverhandlungen und innerdeutscher Handel. Kohl betonte, einseitige Vorleistungen der Bundesrepublik seien nicht zu erwarten; er forderte eine Politik des »Gebens und Nehmens«.
Damit wurde bestätigt, was er bereits seit November deutlich gemacht hatte. Am 14. November 1982 war es in Moskau zu einer Begegnung

zwischen Karl Carstens und Erich Honecker am Rande der Trauerfeierlichkeiten für den sowjetischen Parteichef Breschnew gekommen. Der Bundespräsident gab eine Mitteilung des Kanzlers weiter, wonach dieser

»auf Kontinuität und Dialog Wert lege. Die Treffen von Ministern der BRD und der DDR seien ein gutes Zeichen, daß die Kontakte fortgesetzt würden und man sich bemühe, die Probleme zu lösen. Die DDR könne fest davon ausgehen, daß die Politik Bonns fortgesetzt werde.«[41]

Am 29. November hatte Kohl in einem Schreiben an Honecker die von Carstens überbrachte Botschaft bestätigt und gleichzeitig die Einladung an den SED-Chef zum Besuch in der Bundesrepublik bekräftigt. Kohl hatte Honecker am 24. Januar 1983 angerufen und betont, daß beide »in besonderem Maße auch Verantwortung für die Sicherung des Friedens in Europa tragen«, und es der Wunsch sei, auch unter diesen Zielsetzungen die Möglichkeiten aus dem Grundlagenvertrag weiterzuentwickeln und zu nutzen, um positive Impulse für die Zusammenarbeit zu ermöglichen. Was Rüstungskontrolle und Abrüstung betraf, so stellte Kohl die These der Bundesregierung klar: »Wir wollen Frieden schaffen mit weniger Waffen.« Dem hatte sich Honecker geradezu begeistert angeschlossen: »Wir sind auch für Frieden mit weniger Waffen.« Es waren dann jene praktischen Fragen angesprochen worden, die Kohl in seinem Bericht zur Lage der Nation auch öffentlich nannte.

1983: Milliardenkredit und Moskau

Auch wenn Kohl stärker als seine Vorgänger den normativen Dissens zur DDR-Führung betonte und seine Deutschlandpolitik kompromißlos und konfrontativ gegenüber der DDR in einen größeren historischen Rahmen einbettete, die pragmatische Kooperation im deutschlandpolitischen Alltagsgeschäft gestaltete sich für die Beobachter des Regierungswechsels und die Bonner Opposition überraschend gut. Mitentscheidend dafür war auch die sich dramatisch verschlechternde wirtschaftliche Lage der DDR. Hilfe konnte nur aus Bonn kommen. Von daher war der von Franz Josef Strauß im Sommer 1983 eingefädelte und am 29. Juni bekanntgegebene Milliardenkredit für die DDR fast so etwas wie eine Wende. Entgegen den Ankündigungen des Bundeskanzlers erhielt die DDR erstmals ein von Bonn genehmigtes Bankendarlehen, das nicht offiziell an Vorbedingungen oder an einen Verwendungszweck gebunden war. Ausgerechnet einer der schärfsten Kritiker der Ostpolitik, Strauß, war der Initiator. Aus der Opposition heraus hatte die CDU einst die Kreditvergabe der sozialliberalen Koalition gegeißelt und bemängelt, es werde zuviel für zuwenig gegeben. Jetzt hieß es, die Bundesregierung wolle »entspannungspolitische Zeichen« setzen.

Kreditgeber war ein Bankenkonsortium unter Führung der Bayerischen Landesbank. Für die Banken bedeutete der Kredit ein großes Geschäft, weil er durch die Bürgschaft der Bundesregierung ohne Risiko war. Verhandlungspartner von Strauß war Schalck-Golodkowski, der als stellvertretender Minister und Staatssekretär für Außenwirtschaft zugleich Leiter der so berüchtigten DDR-Außenhandelsorganisation Kommerzielle Koordinierung (Koko) war. Deren Hauptaufgabe war die Beschaffung von Devisen für die DDR. Die Frage, welche Rolle Koko und prominente westdeutsche Politiker gespielt haben, wurde nach der Wiedervereinigung ein brisantes Thema.

Der Milliardenkredit hatte auch eine innenpolitische Dimension. In gewisser Weise negativ für Strauß, da es innerhalb der CSU zu ernsten Auseinandersetzungen bis hin zu Parteiaustritten und am 16. Juli beim Parteitag zur »Denkzettelwahl« kam: Mit nur 77 % der Stimmen mußte Strauß das schlechteste Ergebnis seiner bis dahin 22jährigen Amtszeit bei der Wiederwahl zum Vorsitzenden einstecken. Positiv für Kohl, da das Kreditgeschäft Strauß in die deutschlandpolitische Linie der Bundesregierung einband; erst dadurch wurde der Kredit risikolos und machtabsichernd für Kohl. Ein Wegbegleiter Kohls erinnerte sich an die Feststellung des Bundeskanzlers, daß ihm damit »der größte Fischzug geglückt sei, den er sich je habe träumen lassen«.[42]

Das Geld begrenzte auch jenen Schaden, den der Vollzug des NATO-Doppelbeschlusses für das deutsch-deutsche Verhältnis zunächst bedeutete. Erst jetzt kam Schwung in die innerdeutschen Angelegenheiten. Mit dem Kredit wurde die DDR stabilisiert, die ihrerseits gewisse daran geknüpfte Erwartungen nach dem Prinzip »Vertrauen gegen Vertrauen« erfüllte, wie es der Regierende Bürgermeister von Berlin, Richard von Weizsäcker, gegenüber Honecker am 15. September 1983 formulierte: Der Mindestumtausch für Jugendliche bis zum 14. Lebensjahr wurde aufgehoben, die Selbstschußanlagen an der innerdeutschen Grenze wurden abgebaut. Auch in den Kulturverhandlungen, bei den Themen Wissenschaft und Technik, Gesundheit, Verkehr und Umwelt gab es Fortschritte.

Als sich im Herbst 1983 die Zustimmung des Bundestages zur Stationierung der Pershing II-Raketen abzeichnete, absolvierte Honecker eine Pflichtübung und drohte öffentlich mit einer Eiszeit in den deutsch-deutschen Beziehungen, falls der Doppelbeschluß tatsächlich verwirklicht werde. Der Bundestag billigte die Raketenstationierung am 22. November, aber es kam auch diesmal zu keiner Eiszeit. Während die Sowjetunion mit Drohungen und Beschimpfungen der Bundesrepublik reagierte, bemühte sich Honecker unter dem Motto »Jetzt erst recht alles für den Frieden« um Schadensbegrenzung und Dialog mit dem Westen, vor allem mit Bonn. Er bot dem Bundeskanzler eine »Koalition der Vernunft« an und sprach sich sogar – erstaunlich genug – »im Namen des deutschen Volkes« für ein von Atomwaffen freies Europa aus. Gleichzeitig meldete die DDR weiteren Kreditbedarf an. Im Juli 1984 kam es daraufhin zu einem zweiten Kreditgeschäft in Höhe von 950 Mio. DM.

Bis Ende des Jahres stellten sich auch die von Bonn erwarteten Gegenleistungen auf humanitärem Gebiet ein: erhöhte Familienzusammenführung; zügigere Abfertigung an der Grenze; weniger Kontrollen beim Transitverkehr; die Zahl der Reisen von DDR-Bewohnern in dringenden Familienangelegenheiten stieg um mehr als 40%; im grenznahen Bereich gab es Mehrfachberechtigungsscheine für sechs statt bisher drei Monate; man durfte auch in mehr als drei grenznahe DDR-Kreise reisen; das S-Bahn-Problem in Berlin wurde gelöst; im Umweltschutz konnten Abkommen unterzeichnet werden; im Post- und Fernmeldeverkehr wurden Fortschritte erzielt; der Selbstwählferndienst konnte ausgebaut, zusätzliche Telefon- und Fernschreibleitungen geschaltet werden; die Minenfelder an der Grenze wurden beseitigt.

Unbeeindruckt von der weltpolitischen Konfliktlage rückten die beiden deutschen Staaten enger zusammen und setzten die pragmatische Kooperation vor die ideologische Konfrontation.[43] Jetzt war von der »Verantwortungsgemeinschaft« die Rede. Am 19. Dezember 1983 rief Kohl Honecker zum drittenmal innerhalb von zwölf Monaten an. (Danach gab es kein Telefonat mehr mit Honecker; erst wieder 1989 hat Kohl mit Krenz telefoniert. Honecker war kein Freund der Telefondiplomatie; er telefonierte ungern, da er befürchtete, »überfahren« zu werden, wie Schalck-Golodkowski 1985 Schäuble mitteilte.[44]) Die Atmosphäre dieses Telefonats war entspannt, das Gespräch erfüllte seinen Zweck, nämlich »nach der Entscheidung über die Stationierung zur Entkrampfung beizutragen«, wie Staatsminister Philipp Jenninger resümierte. Es diente der Schadensbegrenzung.[45]

In diesem Telefonat versicherte Kohl dem SED-Generalsekretär wörtlich: »Sie können vor allem davon ausgehen, das glaube ich, ist sehr wichtig: Sie sprechen hier mit einem Mann, der nichts unternehmen wird, um Sie in eine ungute Lage – ich will es nicht näher interpretieren –, in eine ungute Lage zu bringen.«[46] Am 13. Februar 1984 trafen Honecker und Kohl zum erstenmal persönlich zusammen, und zwar in Moskau am Rande der Trauerfeierlichkeiten für den verstorbenen KPdSU-Generalsekretär Juri Andropow. Wie schon das Telefonat, so war auch dieses Treffen von entspannter Atmosphäre gekennzeichnet. Honecker war Kohl keineswegs unsympathisch, »weil«, so Kohl später (und ähnlich wie Schmidt), »wir trotz härtester politischer Gegensätze ein irgendwie menschliches, wenn auch seltsames Verhältnis zueinander hatten«.[47] Man tauschte Erinnerungen an gemeinsame Bekannte aus dem Saarland aus und kam sich menschlich näher.

Damals verwahrten sich die Sowjets gegen die Bonner Versuche, sich, wie es hieß, »direkt in die Angelegenheiten der DDR« einzumischen und sich zum Sprecher aller Deutschen »aufzuspielen«. Das mußte Honecker bei einem Geheimtreffen in Moskau zur Kenntnis nehmen, wo er sich von den Sowjetführern die Zustimmung für seinen Besuch in der BRD holen wollte. Er sprach von der Notwendigkeit des politischen Dialogs mit Bonn, von Schadensbegrenzung nach dem Raketenbeschluß und daß es darum gehe, alle Kräfte weiter zu ermuntern, die sich für den Stopp der Raketenstationierung und den Abzug der bereits aufgestellten Systeme einsetzten.

»Alles in allem: Unter Abwägung aller Faktoren kommen wir zu der Schlußfolgerung, daß der Besuch in der BRD richtig wäre und für unsere gemeinsame Politik des Kampfes zur Verminderung der Kriegsgefahr, gegen die Hochrüstungspolitik der Vereinigten Staaten und der NATO von Nutzen wäre.«

Der neue sowjetische Parteichef Konstantin Tschernenko hielt dagegen: »Gegenwärtig auf einen Ausbau der Beziehungen mit der BRD einzugehen, bedeutet, ihr zusätzliche Kanäle für die ideologische Beeinflussung der DDR zu geben.« Es gebe keine Veranlassung für die Losung einer gesamtdeutschen Koalition der Vernunft. »Wir möchten Ihnen sagen, daß die sowjetischen Kommunisten es positiv aufnehmen würden, wenn Sie in der entstandenen Lage von dem Besuch Abstand nehmen.« Der sowjetische Verteidigungsminister Dimitri Ustinow warf Honecker vor, es fehle ihm an Härte in den Beziehungen mit der

Bundesrepublik. Wenn er das Tor zur DDR weiter aufmache, steige nicht nur die Gefahr der Spionage, auch die Sicherheit der dort stationierten Sowjetsoldaten werde gefährdet. Kurz nach dem Moskauer Treffen sagte Honecker seinen für September vorgesehenen Bonn-Besuch ab. In der öffentlichen Begründung kam Moskau allerdings nicht vor. Honecker benutzte eine Äußerung des CDU-Politikers Alfred Dregger als Vorwand. Dregger hatte in einem Interview erklärt, daß die Zukunft der Bundesrepublik nicht davon abhänge, ob Honecker Bonn »die Ehre seines Besuchs« gebe – was im übrigen wohl zutraf.[48]

Politbüro-Mitglied Herbert Häber hatte die Westreise des SED-Chefs vorbereitet und mußte im Herbst 1984 ausbaden, was Moskau an der mit westdeutschen Milliardenkrediten erkauften »Verständigungsbereitschaft« Honeckers mißfiel. Für den Fall, daß sich Häber nicht in seine Rolle als Sündenbock für die abgesagte Reise Honeckers gefügt hätte, hatte Stasi-Chef Erich Mielke nach allen Regeln interner kommunistischer Konfliktbewältigung eine »operative« Akte anlegen lassen. Häber wurde darin in einen unmittelbaren Zusammenhang mit der Organisation Gehlen, dem BND und der CIA gerückt. Ein Politbüro-Mitglied als Informant westlicher Dienste, das hätte für mehr als nur ein politisches Todesurteil gereicht. Honecker ließ Häber fallen und aus allen politischen Funktionen entfernen.[49]

Am 12. März 1985 trafen Kohl und Honecker erneut zusammen – wieder in Moskau, wo der nächste KPdSU-Chef beerdigt wurde. Beide waren auf die Bilanz deutsch-deutscher Politik seit 1982 stolz. Kohl meinte, er habe seit seinem Amtsantritt »eine Reihe von Schritten getan, an die seine Vorgänger nicht zu denken gewagt, geschweige denn unternommen hätten«. In der sogenannten »Moskauer Erklärung« unterstrichen beide nun das, was inzwischen schon zu einer Art Ritual geworden war, nämlich den gemeinsamen Willen: »Von deutschem Boden darf nie wieder Krieg, von deutschem Boden muß Frieden ausgehen.« Wie letzteres organisiert werden sollte, war eine andere Frage. Gleichzeitig wurde auch ein Bekenntnis abgelegt, wonach die »Unverletzlichkeit der Grenzen und die Achtung der territorialen Integrität und der Souveränität aller Staaten in Europa in ihren gegenwärtigen Grenzen eine grundlegende Bedingung für den Frieden« seien.[50]

Das klang alles ganz wunderbar. Im deutsch-deutschen Verhältnis schien so etwas wie gut funktionierende Normalität einzuziehen. Dies auch unterhalb der hochoffiziellen politischen Ebene. Unvergessen für den Autor bleibt in diesem Zusammenhang das erste deutsch-deutsche

Historikertreffen 1986 in Hagen in Westfalen (mit Gegenbesuch ein Jahr später in der DDR). Zum erstenmal trafen sich Kolleginnen und Kollegen, die bislang nur in Fußnoten aufgetaucht waren. Zwei Tage wurde über Themen der deutschen Geschichte seit 1945 diskutiert, zunächst in merkwürdig gespannt-verkrampfter, dann in immer lockerer werdender Atmosphäre.

Verkrampft war es dann wieder ein Jahr später nach einem Vortrag des Autors an der Universität Jena: Vorbestimmte Frager stellten vorbestimmte Fragen. Für mich ein lächerlich-absurdes Theater: DDR live. Erfreulicher war, daß ich mich mit österreichischem Dienstpaß ohne Visum und Zwangsumtausch wo, wann und wie immer ich es wollte, in der DDR aufhalten konnte, wovon ich damals reichlich Gebrauch gemacht habe.

Die politischen deutsch-deutschen Gespräche wurden in jenen Jahren intensiver und in vertraulicher Runde auch erstaunlich offen geführt – dies zumeist allerdings nur von westdeutscher Seite. Strauß tat sich dabei besonders hervor. Kohl hatte ihn zwar in seine Politik eingebunden, aber in den Gesprächen, vor allen Dingen mit Schalck-Golodkowski, gab es ätzende Kritik am Bundeskanzler, so etwa in dem Gespräch mit Schalck am 10. Juni 1985 in München. Kohl zeige ernste Führungsschwächen; das habe er, Strauß, bereits 1984 gesagt, und das habe sich in zunehmendem Maße bestätigt; das zeige sich insbesondere darin, daß Kohl »einen oberflächlichen Arbeitsstil hat, die Probleme nicht gründlich durchdenkt und keine Entscheidungen trifft«. Schalcks Aufzeichnung von diesem Gespräch liest sich so, als sei Strauß so etwas wie »der Zuträger der DDR-Staatssicherheit oder werde von ihr als Einflußagent geführt«.[51] Schalcks Gesprächsvermerk endet mit einem Zitat des CSU-Vorsitzenden, der demnach gemeint hatte:

»Eigentlich darf ich Ihnen dies gar nicht sagen, Herr Schalck, aber nehmen Sie das mal mit, ich und meine politischen Freunde sind froh darüber, daß Erich Honecker als Staatsratsvorsitzender und Generalsekretär der Partei die Geschicke der DDR leitet. Wir hoffen, daß das noch viele Jahre der Fall ist.«[52]

Solche Gesprächsvermerke gefielen Erich – und waren wohl auch aus diesem Grund so abgefaßt.

1987: Honecker in der Bundesrepublik

1987 war eines der wichtigsten Jahre in der Geschichte der deutsch-deutschen Beziehungen. Vom 7. bis 11. September besuchte Erich Honecker endlich die Bundesrepublik. Dieser offizielle Besuch war der symbolische Höhepunkt der gegenseitigen Anerkennung der beiden deutschen Staaten. Es war auch der Höhepunkt der persönlichen Bemühungen Honeckers um politische Agitation in der BRD. Noch im April 1986 hatte Gorbatschow Einwände gegen den Besuch gehabt; laut Egon Krenz hatte der neue Kremlchef das SED-Politbüro gefragt, wie er es dem sowjetischen Volk erklären könne, daß »Erich vor mir nach Bonn geht?«[53] Als Helmut Kohl dann im Oktober 1986 in einem Gespräch mit Journalisten des amerikanischen Nachrichtenmagazins »Newsweek« kurz vor einer Reise in die USA Gorbatschows Public Relations-Fähigkeiten mit denen von Joseph Goebbels verglich, beschloß das Politbüro in Moskau, alle politischen Kontakte mit der Bundesrepublik für einige Zeit einzufrieren. Nach dem erneuten Wahlsieg der CDU/CSU-FDP-Koalition am 25. Januar 1987 war allerdings auch dem Kreml klar, daß man wohl mit Kohl als Bundeskanzler weiter vorliebnehmen mußte.

Im Sommer 1987 versuchte die DDR-Führung dann erneut, vom Kreml grünes Licht für den Besuch Honeckers zu bekommen. Sowjetischen Aufforderungen zu größerer Wachsamkeit gegenüber den subversiven Einflüssen der Bundesrepublik entgegnete SED-Politbüro-Mitglied Hermann Axen dialektisch gekonnt mit dem Argument:

> »Der Besuch werde einer der stärksten Schläge gegen den Revanchismus in der Geschichte sein. Die Gründung der DDR im Jahr 1949 war der erste schwere Schlag, der Schutzwall 1961 der zweite Schlag, der Grundlagenvertrag 1972 und die Aufnahme der DDR in die UNO 1973 der dritte Schlag. Im September 1987 werde dann ein vierter schwerer Schlag erfolgen.«[54]

Diesmal gab Moskau grünes Licht. In Bonn wurde Honecker mit *fast* allen Ehren empfangen, die dem Oberhaupt eines vollkommen souveränen, ausländischen Staates zustehen (mit einer Ausnahme: keine vollständige Motorradeskorte; nur sieben Motorräder statt 15; die 15 gestand ihm dann allerdings Franz Josef Strauß in München zu). In seiner Tischrede wies Kohl auf den Auftrag des Grundgesetzes zur Vollendung der »Einheit und Freiheit Deutschlands in freier Selbstbestimmung« hin, bekannte sich zum Glauben, zum Wunsch und Willen der Menschen zur deutschen Einheit, sprach von der Offenheit

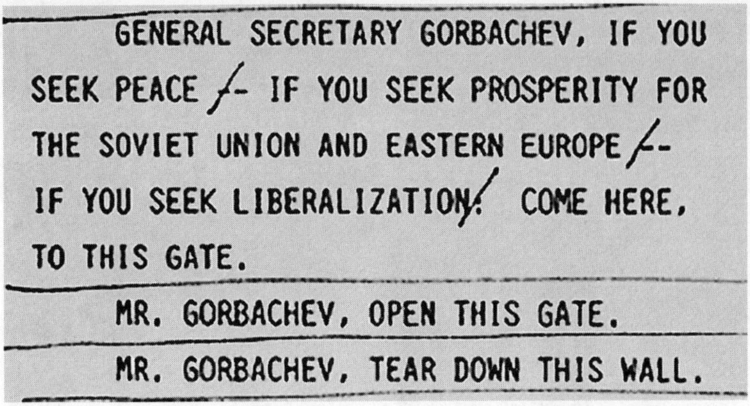
GENERAL SECRETARY GORBACHEV, IF YOU SEEK PEACE /– IF YOU SEEK PROSPERITY FOR THE SOVIET UNION AND EASTERN EUROPE /– IF YOU SEEK LIBERALIZATION/: COME HERE, TO THIS GATE.

MR. GORBACHEV, OPEN THIS GATE.

MR. GORBACHEV, TEAR DOWN THIS WALL.

Abb. 11: 12. Juni 1987: US-Präsident Ronald Reagan wieder zu Besuch in West-Berlin, wo er Michail Gorbatschow auffordert, die Mauer niederzureißen. Hier die Textvorlage.

der deutschen Frage und mahnte die Achtung der Menschenrechte, die Überwindung der Mauer und Frieden an der Grenze ein.[55] Das war zwar nicht als Abrechnung gemeint, aber es waren doch klare Worte über den Unrechtscharakter des SED-Regimes. Nicht alle CDU/CSU-Parteianhänger waren über den Besuch Honeckers begeistert. Für jeden sichtbar und im Fernsehen öffentlich dokumentiert wurde hier die Zweistaatlichkeit demonstriert. Es gab definitiv zwei deutsche Staaten. 2000 Journalisten, von denen 1700 aus dem Ausland kamen, die Honecker und seine Delegation auf Schritt und Tritt durch Bonn und die Bundesländer begleiteten, bestätigten das in jedem ihrer Berichte.

Honecker beschäftigte sich in seiner Antwortrede erwartungsgemäß mit Fragen der internationalen Friedenssicherung und Abrüstung. Auch die Gespräche unter vier Augen brachten keine Überraschungen. Im gemeinsamen Kommuniqué wurde dann der schon allseits bekannte Satz: »Von deutschem Boden darf nie wieder Krieg, von deutschem Boden muß Frieden ausgehen« zum x-ten Male wiederholt. Das Verhältnis beider Staaten zueinander müsse »ein stabilisierender Faktor für konstruktive West-Ost-Beziehungen bleiben«. Von ihm sollten »positive Impulse für friedliche Zusammenarbeit und Dialog in Europa und darüber hinaus ausgehen«.[56] Aus Sicht der DDR war das wichtigste, daß der Besuch überhaupt stattfand, wie Günter Mittag später

Abb. 12: 7. September 1987: In Bonn empfängt Bundeskanzler Helmut Kohl den Chef der SED und Staatsratsvorsitzenden der DDR, Erich Honecker.

meinte.[57] Honecker selbst wertete ihn in seinem Bericht für das Politbüro folgendermaßen:

»Der erste offizielle Besuch des Genossen Erich Honecker in der BRD war ein bedeutender politischer Erfolg für die DDR, ein wichtiges Ergebnis ihrer Politik der Vernunft und des Realismus. Der Besuch ist das wichtigste Ereignis in den Beziehungen zwischen der DDR und der BRD seit Abschluß des Grundlagenvertrages. Er ist von weitreichender Wirkung und historischer Bedeutung.«

Der Besuch

»und die durchgesetzte politische und protokollarische Behandlung des Genossen Erich Honecker als Staatsoberhaupt eines anderen souveränen Staates dokumentierten vor aller Welt Unabhängigkeit und Gleichberechtigung beider deutscher Staaten, unterstrichen ihre Souveränität und den völkerrechtlichen Charakter ihrer Beziehungen.«[58]

Stabilisierung ohne Liberalisierung

Nach Honeckers Besuch in der Bundesrepublik steigerte sich der Besuchstourismus hochrangiger westdeutscher Politiker in die DDR. Ihnen allen ging es »im Interesse der Menschen«, wie es hieß, um die Stabilisierung des SED-Regimes; von keinem ist etwas anderes überliefert. DDR-Oppositionelle wurden generell nicht zur Kenntnis genommen, geschweige denn besucht. Timothy Garton Ash zieht in diesem Zusammenhang eine kritische Bilanz. Die westdeutsche Hoffnung habe demnach Liberalisierung durch Stabilisierung geheißen,

»die Zwischenbilanz lautet jedoch: Stabilisierung ohne Liberalisierung. Und Liberalisierung – das muß ausdrücklich betont werden – nicht an den Freiheiten des Westens gemessen, sondern an den viel begrenzteren Freiheiten des Ostens. In seiner ersten Tutzinger Rede hatte Egon Bahr [1963] festgestellt, daß die politische Entwicklung der ›Zone‹ durch die besonderen Schwierigkeiten, die durch die Präsenz der Bundesrepublik herrschten, hinter Polen und Ungarn zurück lag. Doch nun zeigte sich, unter jedem nur möglichen Maßstab für ›Liberalisierung‹, daß die DDR nach mehr als 15 Jahren einer westdeutschen Politik, die darauf ausgerichtet war, diesen Abstand zu überwinden, noch weiter hinter Polen und Ungarn zurück lag.«[59]

Was wäre geschehen, wenn, so Garton Ash,

»die Bonner Regierung in den achtziger Jahren eine etwas härtere Politik verfolgt hätte, weniger großzügig im finanziellen Bereich gewesen wäre, ausdrücklich Verknüpfungen mit der Achtung der Menschenrechte innerhalb der DDR hergestellt hätte, eindeutigen Druck zu Gunsten von Reformen gemacht hätte, die unabhängigen Gruppen genauso ›anerkannt‹ hätte?«[60]

Hätte dies möglicherweise sogar die DDR gerettet?

An dieser Stelle muß auch die sogenannte »zweite Ostpolitik« der SPD erwähnt werden, jene Versuche, nach dem Verlust der Macht in Bonn 1982 Parteibeziehungen zwischen der SPD und der SED herzustellen. Das ZK der SED stimmte dem zu; es kam zu jährlichen Treffen; man vereinbarte eine chemiewaffenfreie Zone, eine atomwaffenfreie Zone, eine »Zone des Vertrauens und der Sicherheit« usw. Einige sprachen von einer Neben-Außenpolitik der SPD. Dabei ist es, wie wir heute wissen, zu manchen Peinlichkeiten gekommen und Honecker, etwa im Vorfeld der Bundestagswahlen, als Wahlhelfer engagiert worden.

So bezeichnete der SED-Chef den Kanzlerkandidaten der SPD, Johannes Rau, bei einem Gespräch am 7. Mai 1986 als den »Bundeskanzler von morgen«; man sei an einem Regierungswechsel in der BRD interessiert und wünsche, daß Rau die Bundestagswahl im Januar 1987 gewinne. Als »Wahlhilfe« für dessen Kandidatur »stoppte die SED-

Führung im September 1986 den Zustrom von Asylbewerbern, die via Flughafen Berlin-Schönefeld über West-Berlin in die Bundesrepublik einreisten, wie Jochen Staadt 1999 in der »Frankfurter Allgemeinen Zeitung« kritisch anmerkte.[61] Egon Bahr hatte diese Angelegenheit für Rau ausgehandelt und teilte Honecker in einem Gespräch am 5. September 1986 in Ost-Berlin im Auftrag von Willy Brandt folgendes mit: »Wir wollen in aller Form erklären, daß bei der Regierungsübernahme durch die SPD die Regierung der BRD voll die Staatsbürgerschaft der DDR respektieren wird und damit dieses Thema beerdigt wird.« Rau durfte dafür den Asylbewerber-Stopp vor der westdeutschen Presse bekanntgeben.[62] Das war schon alles ziemlich erstaunlich und hatte mit »Ostpolitik als Wiedervereinigungspolitik« aber schon gar nichts zu tun.

Die SPD/SED-Arbeitsgruppen wurden von Erhard Eppler, SPD-Vorstandsmitglied, und auf SED-Seite von Otto Reinhold, ZK-Mitglied und Rektor der Akademie für Gesellschaftswissenschaften beim ZK der SED, geleitet. Im August 1987, kurz vor Honeckers Besuch in Bonn, präsentierten sie schließlich das, wie es offiziell hieß, »gemeinsame Papier der Grundwertekommission der SPD und der Akademie für Gesellschaftswissenschaften beim Zentralkomitee der SED« unter dem Titel »Der Streit der Ideologien und die gemeinsame Sicherheit«. Da ging es um die Wahrung des Friedens, um den friedlichen Wettbewerb der Systeme, um die Notwendigkeit einer Kultur des politischen Streits und des Dialogs, um neues Denken und neues Handeln.[63] Da war von Destabilisierung keine Rede; im Gegenteil. Es hieß nämlich auch:

> »Beide Seiten müssen sich auf einen langen Zeitraum einrichten, währenddessen sie nebeneinander bestehen und miteinander auskommen müssen. Keine Seite darf der anderen die Existenzberechtigung absprechen. Unsere Hoffnung kann sich nicht darauf richten, daß ein System das andere abschafft.«

Bei all diesen Kontakten wollte auch die FDP nicht fehlen. Deren wendiger Ex-Vorsitzender Hans-Dietrich Genscher hatte zwar als Außenminister offiziell mit der DDR nichts zu tun – das war Sache des Kanzleramtes und des innerdeutschen Ministeriums –, aber auch er suchte den Kontakt zu den Oberen in Ost-Berlin. Die SED stellte dafür ihrerseits Otto Reinhold ab. Diese Gespräche schufen einen indirekten Draht zu Honecker, über den Genscher z. B. mitteilte – im Gespräch am 31. August 1987 –, daß er die These von der offenen deutschen Frage »in letzter Zeit« nicht verwendet habe; die Mehrheit jener Leute, die diese These ständig wiederholten, meinten eigentlich gar nicht, was sie sagten, sondern nutzten sie als ein »Instrument gegen die Normalisierung der Ost-West-Beziehungen und eines notwendigen Entspannungsprozesses«. Eine Intensivierung der Auseinandersetzung mit dieser These würde gerade diesen Leuten Auftrieb geben. Gleichzeitig erklärte er, daß das SPD/SED-Papier »sehr bedeutend« sei. Es wäre »sehr gut, wenn eine Möglichkeit gefunden würde, auch mit Vertretern der FDP kontinuierliche Gespräche zu führen«. Es gebe nur eine Schwierigkeit in der Partei, nämlich, daß sie keine entsprechenden Einrichtungen besäße.[64]

Auch die Grünen spielten dieses Spiel mit. Antje Vollmer hatte sich bereits 1984 für eine Anerkennung der Geraer Forderungen Honeckers ausgesprochen. Erst im Frühjahr 1989 sah Eppler die Dinge kritischer und meinte: »Wer den Dialog im Innern verweigert, gefährdet auch den nach außen.« Epplers Gegenüber Otto Reinhold konnte damit wenig anfangen.[65] Aus der »Koalition der Vernunft«, wie Bundestagspräsident Philipp Jenninger die deutsch-deutschen Kontakte 1984 charakterisiert hatte, hatte sich mehr und mehr eine De-facto-Anerkennung des SED-Regimes entwickelt, auf die Ost-Berlin so erpicht war.

Was läßt sich über die Deutschlandpolitik der Regierung Kohl bis unmittelbar vor dem Fall der Mauer sagen? Sie war stets nachrangig! Daran änderte auch der Machtantritt Michail Gorbatschows 1985 nichts. Karl-Rudolf Korte kommt in seiner Studie zur Deutschlandpolitik in Helmut Kohls Kanzlerschaft zu folgender Schlußfolgerung:

> »Selbst die Krisendiplomatie des Jahres 1989 fokussierte die Ausreisewelle [aus der DDR] als ein innenpolitisches Thema Westdeutschlands. Noch immer ging es um Reparaturarbeiten an der ansonsten akzeptierten Zweistaatlichkeit. Der Balanceakt zwischen Offenhalten der Deutschen Frage bei gleichzeitiger Interessenverflechtung mit der DDR wurde noch fortgesetzt. Bis in den November 1989 hinein galt unverändert eine Art Stillhalteabkommen mit der DDR. Das schloß zwar keine zeitlose Bestandsgarantie für das politische System mit ein, doch signalisierte die Bundesregierung, daß auch sie an einer Massenausreise aus der DDR nicht interessiert war.«[66]

Man schloß sogar noch geschäftliche Vereinbarungen ab. Die letzte größere Abmachung dieser Art war die Festlegung der Transitpauschale für den Zeitraum von 1990 bis 1999 in einer jährlichen Höhe von 860 Millionen DM, die an eine Vereinbarung zum Ausbau von Transitstrecken gekoppelt war, sowie über die Festlegung der Pauschalsumme für die Straßenbenutzungsgebühren. Kohls deutschlandpolitische Programmatik war dennoch unmißverständlich auf die langfristige Perspektive der deutschen Einheit in Freiheit ausgerichtet.[67] Er verfolgte dabei allerdings keine »operative Wiedervereinigungspolitik«. Von daher erfolgte der Zusammenbruch der SED-Diktatur im Herbst 1989 weder wegen noch trotz der Deutschlandpolitik Kohls. Als jedoch die deutsche Frage eine Antwort verlangte, wußte Kohl die Gunst der Stunde entschlossen und erfolgreich zu nutzen.

Interessant ist, wie einige die Lage noch im Herbst 1989 sahen. Gerhard Schröder meinte am 12. Juni 1989: »Nach vierzig Jahren Bundesrepublik sollte man eine neue Generation in Deutschland nicht über die Chancen einer Wiedervereinigung belügen. Es gibt sie nicht.«

Auch die Grünen hatten sich von der Präambel des Grundgesetzes mit dem Verfassungsziel der deutschen Einheit verabschiedet. Am 27. Juli 1989 stellte Joschka Fischer, der spätere Außenminister der rot-grünen Koalitionsregierung Schröder, klar: »Die Forderung nach Wiedervereinigung halte ich für eine gefährliche Illusion. Wir sollten das Wiedervereinigungsgebot aus der Präambel des Grundgesetzes streichen.« Und im Herbst 1989 sagte er: »Vergessen wir die Wiedervereinigung; halten wir die nächsten 20 Jahre die Schnauze darüber.«[68]

Der Generalsekretär der CDU, Volker Rühe, beschuldigte Anfang September 1989 unter Hinweis auf die von Egon Bahr 1963 geprägte Formel vom »Wandel durch Annäherung« (vgl. Bd. 3, Kap. 10) die Sozialdemokraten des versuchten »Wandels durch Anbiederung«[69]. Wenig später vertrat der Sozialdemokrat Norbert Gansel einen »Wandel durch Abstand«[70]. Mehr Abstand zur SED wäre möglicherweise besser gewesen. Die verfolgte Politik hatte letztlich zur Stabilisierung des SED-Regimes beigetragen; Wandel hatte es nur für einige Menschen gegeben, das System aber war stabilisiert worden. Oppositionelle waren freigekauft worden, womit sich das Regime unliebsame Kritiker vom Halse schaffte und gleichzeitig noch die Devisenlage verbesserte. In Deutschland hatte es eine, so Stefan Wolle, »wirksame große Koalition der Stabilisierer« gegeben, die so gegensätzliche Persönlichkeiten wie Franz Josef Strauß und Alexander Schalck-Golodkowski vereinigte:

»Sie reichte von der Bundesregierung bis zur Führung der SED mit der evangelischen Kirche in der DDR als wichtigem Scharnier, für dessen lautlose Bewegung Männer wie Manfred Stolpe oder Rechtsanwalt Wolfgang Vogel sorgten. Ihr Streben orientierte sich an Stabilität und Sicherheit, und um sie zu erreichen, mußten sie mit den Mächtigen reden, sogar ihr Vertrauen gewinnen und Problemfälle aus der Welt schaffen.«[71]

Die Politik unter Brandt, Schmidt und Kohl war jedenfalls nicht ausschlaggebend für die Wende in der DDR im Herbst 1989. Sie trug im Gegenteil über Jahre zur Stabilisierung des SED-Regimes bei. Der Irrtum auf westdeutscher Seite setzte sich bis wenige Tage vor dem Fall der Mauer fort. Ein gutes Beispiel dafür ist der Regierende Bürgermeister von West-Berlin, Walter Momper (SPD). Momper hatte Ende August öffentlich gesagt: »Die SED hat tatsächlich die Macht in der DDR, und sie wird sie in absehbarer Zeit behalten.« Er hatte dies mit der Hoffnung verbunden, daß sich der Reformdruck in der Bevölkerung der DDR und in Teilen der SED schließlich in der Spitze der Staatspartei durchsetze.[72] Am 29. Oktober traf sich Momper mit Bärbel Bohley, einer der Mitbegründerinnen des Neuen Forums, in deren Atelier-Wohnung. Und da wiederholte er – glauben wir der Stasi-Aufzeichnung – sinngemäß das, was er öffentlich gesagt hatte, nämlich, »es gebe gegenwärtig keine Kraft, die die SED ablösen könnte. Demzufolge stehe der Artikel 1 der DDR-Verfassung [Die DDR »ist die politische Organisation der Werktätigen in Stadt und Land unter Führung der Arbeiterklasse und ihrer marxistisch-leninistischen Partei«, d. i. die SED] nicht zur Disposition; wäre die SED bereit, die Macht zu teilen, würde sie sich als kommunistische Partei aufgeben.« Auf das Problem der Wiedervereinigung eingehend, meinte er, »daß die Belebung dieses Gedankens durch die BRD eine der größten Heucheleien darstelle«.[73] Elf Tage später fiel die Mauer, und auch der Artikel 1 der DDR-Verfassung – der dann im Dezember gestrichen wurde – konnte das SED-Regime nicht mehr retten.

Dokumente zum 4. Kapitel

[9] Die Geraer Rede von Erich Honecker, 13. 10. 1980

[...]
Wir halten es für notwendig, daß sich die BRD in der Frage der DDR-Staatsbürgerschaft endlich auf die Realitäten besinnt, was ihr auf Dauer ohnehin nicht erspart bleibt. Das würde es auch erleichtern, die dringendsten praktischen Fragen im Reiseverkehr, im Rechtshilfeverkehr und auf verschiedenen anderen Gebieten zu regeln. Überfällig ist die Auflösung der sogenannten »Zentralen Erfassungsstelle« Salzgitter. Schluß gemacht werden muß mit der Ausstellung vorläufiger Reiseausweise der BRD für Bürger der DDR bei deren zeitweiligem Aufenthalt in der BRD, ebenso mit der Ausstellung von BRD-Pässen für Bürger der DDR durch Botschaften der BRD in dritten Staaten.
Wir halten auch die Zeit für gekommen, auf diplomatischem Gebiet, so wie es den Beziehungen zwischen zwei souveränen, voneinander unabhängigen Staaten zukommt, Botschafter auszutauschen, das heißt, die Ständigen Vertretungen der DDR und der BRD in das zu verwandeln, was dem Völkerrecht entspricht – in Botschaften. Das wäre ein sichtbarer Schritt zur Normalisierung der Beziehungen zwischen beiden deutschen Staaten.
Von großer Bedeutung ist die Lage an der Staatsgrenze DDR–BRD, die zugleich die Trennlinie zwischen den Staaten des Warschauer Vertrages und der NATO darstellt. Die gemeinsame Grenzkommission beider deutscher Staaten hat eine positive Arbeit geleistet, und es kam zu wichtigen Vereinbarungen. Den Interessen des Friedens und der guten Nachbarschaft würde es dienen, möglichst bald eine Regelung des Grenzverlaufs auf der Elbe entsprechend dem internationalen Recht herbeizuführen, die bisher an unannehmbaren Standpunkten der BRD scheitert.
Was das Abkommen über den Transitverkehr zwischen der BRD und

Berlin (West) betrifft, so erbringt die DDR große Leistungen, um diesen Verkehr in der einfachsten, schnellsten und günstigsten Weise abzuwickeln. Die Zahlen belegen das.
Allein im Jahr 1979 wurden die Transitwege zwischen der BRD und Berlin (West) in beiden Richtungen von mehr als 6 243 500 Kraftfahrzeugen mit über 19 688 300 Personen benutzt. Aber noch immer gibt es von westlicher Seite Aktivitäten zum Mißbrauch des Transitabkommens, obwohl in diesem Abkommen der Regierung der BRD und dem Senat von Berlin (West) eindeutige Verpflichtungen auferlegt sind. Die DDR tut, was notwendig ist, um den Mißbrauch und die ständigen Verletzungen des Transitabkommens zu unterbinden. Ein entsprechendes Verhalten erwarten wir auch von der anderen Seite.
Für uns bleibt es beim Kurs der friedlichen Koexistenz, zu dem es keine annehmbare Alternative gibt. Die Gestaltung normaler Beziehungen zwischen der DDR und der BRD geht weit über bilaterale Fragen hinaus. Sie ist von wesentlicher Bedeutung für Frieden und Entspannung in Europa. Ungeachtet aller Schwierigkeiten und Probleme halten wir neue, positive Ergebnisse auf dem Wege zur Normalisierung der Beziehungen zwischen der DDR und der BRD für möglich, wenn die Prinzipien uneingeschränkt respektiert werden, die für die Beziehungen zwischen souveränen Staaten üblich sind.
[...]
(»Neues Deutschland«, 14. 10. 1980)

[10] Bundeskanzler Helmut Kohl an Erich Honecker, 29. 11. 1982

Sehr geehrter Herr Generalsekretär,
die neue Bundesregierung mißt dem Verhältnis zur Deutschen Demokratischen Republik große Bedeutung bei. Deshalb liegt mir daran, auch persönlich Verbindung zu Ihnen aufzunehmen.
Der Grundlagenvertrag sowie die anderen Abkommen, Vereinbarungen und Regelungen zwischen den beiden deutschen Staaten bleiben Grundlage und Rahmen für die Entwicklung der Beziehungen. Die Bundesregierung ist an guten Beziehungen zur Deutschen Demokratischen Republik interessiert. Das liegt im wohlverstandenen Interesse der Menschen und ist zugleich ein Beitrag für den Frieden und die Sicherheit in Europa.
Ich habe alle mit den Beziehungen zur Deutschen Demokratischen Re-

publik befaßten Bundesminister gebeten, die laufenden Verhandlungen mit der Regierung der Deutschen Demokratischen Republik fortzusetzen. Nehmen Sie dies bitte als Ausdruck unseres festen Willens, die Möglichkeiten des Grundlagenvertrages auszuschöpfen und so dazu beizutragen, daß die zwischen den beiden deutschen Staaten bestehenden Gegensätze die komplizierte internationale Lage nicht zusätzlich belasten.
Diese Politik der Bundesregierung ist vor allem anderen Friedenspolitik und wird von allen Kräften des Deutschen Bundestages unterstützt. Ich teile mit Ihnen die Überzeugung, daß von deutschem Boden nie wieder Krieg ausgehen darf. Aufgrund ihrer gemeinsamen Geschichte schulden die beiden deutschen Staaten ihren europäischen Nachbarn die Beherrschung ihrer Gegensätze und tragen in besonderem Maße Verantwortung für die Sicherung des Friedens in Europa. In einer problemgeladenen Welt müssen wir – auch hier rechne ich fest mit Ihrem Einvernehmen – alles tun, um, trotz der Zugehörigkeit beider Staaten zu unterschiedlichen Bündnissystemen, die Zielsetzungen der Schlußakte der Konferenz für Sicherheit und Zusammenarbeit in Europa zu verwirklichen. Die künftige Zusammenarbeit zwischen der Bundesrepublik Deutschland und der Deutschen Demokratischen Republik sollte positive Impulse für Zusammenarbeit und Dialog in Europa geben.
An dieser Aufgabe sollten wir beharrlich arbeiten. Wir dürfen dabei nicht aus dem Auge verlieren, daß die Menschen in beiden Staaten den Stand der Entwicklung der Beziehungen auch daran messen werden, wie weit es gelingt, Probleme zu lösen, die das Leben belasten.
Sie wissen, welch hohes Gewicht die neue Bundesregierung im Interesse der Menschen auf Verbesserungen im Reise- und Besucherverkehr legt. Von ausschlaggebender Bedeutung ist nach wie vor, den drastischen Rückgang des Reiseverkehrs zu beseitigen, der durch die von der Regierung der Deutschen Demokratischen Republik verfügte Erhöhung des Mindestumtausches eingetreten ist. Dies würde dazu beitragen, eine schon mehr als zwei Jahre fortwirkende Belastung der Gesamtbeziehungen abzubauen.
Mein Vorgänger hat Sie bei seinem Besuch am Werbellinsee in die Bundesrepublik Deutschland eingeladen. Die Menschen knüpfen an ein solches Treffen hohe Erwartungen. Ich halte an dieser Einladung fest. Sobald der Zeitpunkt für beide Seiten geeignet erscheint, sollten wir nicht zögern, einen Termin zu verabreden.

Ich gehe davon aus, daß die Gespräche zwischen dem Leiter der Ständigen Vertretung der Bundesrepublik Deutschland, Herrn Staatssekretär Dr. Bräutigam, und Ihrem Beauftragten wie bisher fortgesetzt werden. Mit Genugtuung habe ich zur Kenntnis genommen, daß auch die Bemühungen in den humanitären Angelegenheiten kontinuierlich weitergeführt werden, wobei auf unserer Seite nun Herr Staatssekretär Rehlinger der Gesprächspartner ist.
Die neue Bundesregierung tritt für Verläßlichkeit und Berechenbarkeit in den Beziehungen ein. Es ist mein Wunsch, alle Möglichkeiten auszuschöpfen, um dem Wohl der Menschen und dem Frieden zu dienen.

Mit freundlichen Grüßen
gez. Ihr H. Kohl

(SAPMO-BArch, DY 30/vorl. SED 41664; abgedruckt bei: Nakath/Stephan, Hubertusstock (31), S. 110 f.)

[11] Mündliche Botschaft von Erich Honecker an Helmut Kohl, übermittelt durch Herbert Häber, 28. 4. 1983

Ich bin vom Generalsekretär des ZK der SED bevollmächtigt, Herrn Bräutigam zu bitten, im Ergebnis des Gesprächs dem Bundeskanzler der BRD, verbunden mit den besten Grüßen des Generalsekretärs des ZK der SED, folgendes zu übermitteln:

1. Die DDR ist ungeachtet der unerfreulichen Ereignisse in der letzten Zeit an der Entwicklung normaler Beziehungen zwischen den beiden deutschen Staaten weiterhin interessiert.
2. Bei der Entwicklung dieser Beziehungen muß man von dem bestehenden Vertragssystem ausgehen. Die zwischen der DDR und der BRD bestehenden Verträge sind ein Teil des in den 70er Jahren entstandenen europäischen Vertragssystems, wobei die Verletzung des einen Teils auch das Funktionieren bzw. Nichtfunktionieren anderer Teile dieses Systems zur Folge haben kann.
3. Die Außenpolitik der DDR ist entsprechend der laufenden Abstimmungen mit der Sowjetunion und ihren anderen Verbündeten auf Frieden und Zusammenarbeit gerichtet. Vom Boden der DDR geht keine Bedrohung ihrer westlichen Nachbarn aus. Die DDR ist bestrebt, und sie wird es immer sein, strittige Fragen auf dem Wege von Verhandlungen zu lösen. In dieser Beziehung befinden wir uns

in Übereinstimmung mit der UNO-Charta, der Schlußakte von Helsinki, dem zwischen der DDR und der BRD bestehenden Vertragssystem, insbesondere dem Grundlagenvertrag, dem Abschlußkommuniqué des Treffens vom Werbellinsee sowie der Stellung der evangelischen und auch der katholischen Kirche, der Jüdischen Gemeinden und anderer Kirchen der DDR.

4. Das Transitabkommen zwischen der DDR und der BRD ist ein Teil des europäischen Vertragssystems, besonders des Viermächte-Abkommens vom September 1971, an dessen Zustandekommen sowohl die DDR als auch die BRD aktiv mitgearbeitet haben. Es hat sich bewährt und auf die Beruhigung der Lage im Zentrum Europas positiv ausgewirkt.
   Rund 21 Millionen Personen und 6,8 Millionen Pkw sowie eine große Anzahl von Nutzkraftwagen benutzen jährlich die Transitwege.
   Die Lage von Berlin-West ist durch das Vertragssystem sicherer geworden, zum Vorteil für beide Seiten, insbesondere zum Vorteil für die ständigen Einwohner von Berlin-West.
5. Trotz aller Mängel, die – wenn auch mit unterschiedlichen Motiven seitens der DDR als auch der BRD – zu Tage getreten sind, hat sich der Reise- und Besucherverkehr einschließlich des Tourismus zwischen der DDR und der BRD gut entwickelt. Durchschnittlich 6 bis 7 Millionen Bundesbürger sowie Einwohner von Berlin-West besuchen jährlich die DDR. Umgekehrt reisen jährlich 1,5 Millionen Bürger der DDR in die BRD bzw. nach Berlin-West. Die Tendenz der Reisen in dringenden Familienangelegenheiten und im Rahmen des Tourismus ist dabei ansteigend.
6. Es entstanden im Ergebnis des Vertragssystems entsprechend dem Prinzip von Leistung und Gegenleistung bessere Kommunikationsmöglichkeiten zwischen der DDR und der BRD sowie zwischen der DDR und Berlin-West. Das betrifft den Bau von Autobahnen, den Telefon- und Postverkehr, die Erhöhung der zollfreien Einfuhr im Umfang von 1000 DM, die Verlängerung von Tagesaufenthalten für Westberliner bis nachts 2 Uhr und anderes mehr.
7. Der Transitverkehr zwischen der BRD und Berlin-West vollzieht sich angesichts seines Umfangs im wesentlichen reibungslos, trotz des häufigen Mißbrauchs. Die konkreten Fälle wurden stets in der Transit-Kommission behandelt. Wenn die DDR alles an die große Glocke hängen würde, bliebe vom reibungslosen Transitverkehr

wenig übrig. Weniger Mißbrauch der Transitwege durch berufsmäßige Schieber und Schmuggler würde die wenigen Verdachtskontrollen noch verringern.

8. Der Handel zwischen der DDR und der BRD verläuft gut, obwohl er durch den Abbau von Restriktionen seitens der BRD noch umfassender gestaltet werden könnte. An ihm beteiligen sich neben den Firmen der DDR ca. 6000 kleine und mittlere Betriebe der BRD, abgesehen von der Zusammenarbeit zwischen den großen Firmen, die sich nunmehr zum Teil auch auf Drittmärkten vollzieht. Entsprechend dem Grundlagenvertrag und den Vereinbarungen vom Werbellinsee ist er zu fördern, wobei er sich nach dem Prinzip von Leistung und Gegenleistung entwickelt und für beide Seiten von Vorteil ist.
9. Die Hemmnisse bei der Entwicklung der bilateralen Beziehungen haben zum Teil ihre Ursachen darin, daß eine Reihe von Fragen bis jetzt nicht geklärt wurde, die einer Lösung auf dem Verhandlungswege bedürfen. Das ist die Frage der Elbgrenze, der Respektierung der Staatsangehörigkeit der DDR, der Einrichtung in Salzgitter, der Umwandlung der Vertretungen in Botschaften. Diese Fragen werden von uns als Verhandlungsgegenstand eingebracht und nicht als Fragen zur Störung der Beziehungen zwischen der DDR und der BRD, wobei es hinsichtlich der Elbgrenze schon ein gemeinsames Protokoll gab.
10. Ungünstig wirkt sich die Spekulation mit der Mark der DDR auf dem Geldmarkt der BRD und von Berlin-West aus. Das Verhältnis von eins zu vier bzw. eins zu fünf ist manipuliert. Das verleitet zum Schmuggel mit der Mark der DDR und ist gegen die wirtschaftliche Stabilität der DDR gerichtet. Nach den Gesetzen der DDR ist sowohl die Ausfuhr als auch die Einfuhr der Mark der DDR in bzw. aus dem nichtsozialistischen Ausland verboten. Bis jetzt wurden nur Stichkontrollen durchgeführt, da die Einführung von gründlichen Kontrollen sowohl den Transitverkehr als auch den Besucherverkehr erheblich stören würde. Hieraus ergibt sich die Notwendigkeit, durch die Festlegung des Mindestumtausches ein annähernd reales Tauschverhältnis zu sichern. Im übrigen gibt es nicht nur zwischen der DDR und der BRD bzw. Berlin-West einen Mindestumtausch. Nebenbei gesagt: Künstler der DDR erhalten bei ihren Auftritten in der BRD einen Tagessatz, der zwischen 38 und 80 DM liegt.

Im Jugendtourismus verlangen die Einrichtungen der BRD Tagessätze von 80 DM. In der DDR beträgt er nur 20 Mark.

11. Für die DDR gilt das abgeschlossene Vertragssystem nach Geist und Buchstaben einschließlich des gemeinsamen Kommuniqués vom Werbellinsee. Falls die BRD entgegen den vielen Versicherungen des Bundeskanzlers etwas anderes will, dann soll sie es sagen. Durch die Verwirklichung des Abkommens nach Buchstaben und Geist wurden günstige Bedingungen geschaffen für die Entwicklung der Beziehungen zwischen der DDR und der BRD sowie der DDR und Berlin-West, einschließlich der Lage an der Grenze, die – das darf man nicht aus den Augen verlieren – zugleich die Grenze ist zwischen den Streitkräften der NATO und des Warschauer Paktes.
Es versteht sich von selbst, daß die Minderung der Spannungen an der Grenze und die Verwirklichung dieser oder jener Maßnahme durch die gegenwärtige Atmosphäre, für die die DDR nicht verantwortlich ist, erschwert wird.
12. Angesichts der jüngsten Entwicklung im Verhältnis zwischen der BRD und der DDR glaubt bei uns niemand ernsthaft daran, daß der Generalsekretär jetzt, also in diesem Jahr, die Bundesrepublik besuchen kann. Schuld daran sind jene, die eine solche Atmosphäre geschaffen haben. Torpediert wurde damit auch die Absicht, durch regelmäßige Begegnung von Ministern usw. den politischen Meinungsaustausch zu einem Normalfall werden zu lassen, was sich günstig ausgewirkt hätte.
13. Die alles übergreifende Frage ist jedoch die Friedenssicherung – das heißt die Verhinderung eines atomaren Krieges. Durch die Rüstungspolitik der Reagan-Administration wird die Gefahr eines solchen Krieges heraufbeschworen. Man spricht in den USA bereits von einem gewinnbaren Atomkrieg.
Die Rede von Minister Heinz Hoffmann im Jahre 1975, die in einer Fernsehsendung der Kardinal Höffner anführte, entspricht nicht dem Standpunkt der Regierung der DDR. Ein mit atomaren Waffen geführter Krieg ist nichts anderes als ein gegenseitiger Selbstmord und durch keinerlei Begründung zu rechtfertigen. Die DDR unterstützt vollkommen die entsprechenden Darlegungen des Generalsekretärs der KPdSU, Andropow, einschließlich seiner Ausführungen im »Spiegel«-Interview sowie in der Antwort an die Wissenschaftler der USA.

14. Die DDR verfolgt nicht das Ziel, die Verankerung der BRD im NATO-Bündnis zu lockern. Bundeskanzler Kohl möge jedoch nicht vergessen, daß die DDR ebenfalls fest in ihrem Bündnis verankert ist. Die Stationierung von neuen USA-Nuklear-Raketen, von Pershing-II und Cruise-Missiles, würden keinesfalls zur Herstellung gutnachbarschaftlicher Beziehungen beitragen.
15. Was den Sport- und Kulturaustausch betrifft, so wird er durch die Anpöbelungen, denen die Vertreter der DDR bei ihrem Aufenthalt in der BRD ausgesetzt sind, gefährdet. Die DDR bittet, das sehr ernst zu nehmen.
16. Bei allen Fragen, die zur Entscheidung stehen, sollte man nicht aus dem Auge verlieren, daß die DDR nicht erpreßbar ist. Versuche dieser Art würden nicht nur zum Nachteil für die DDR, sondern auch für die BRD und nicht zuletzt für Berlin-West sein, das bekanntlich nicht zur BRD gehört und von ihr nicht regiert werden darf. Übrigens ist von der Westberliner Zeitung »BZ« am heutigen Tag mitgeteilt worden, daß in der Bundesrepublik jährlich 200000 Menschen den plötzlichen Herztod erleiden. Es handelt sich zumeist um Leute mit Erkrankungen der Herzkranzgefäße. Besonders davon bedroht sind Menschen, die bereits einen Herzinfarkt erlitten haben. Fünf bis zehn Prozent dieser Patienten sterben im ersten Jahr nach dem Infarkt den Sekundentod. Wenn sich bei Transitreisenden Angst eingestellt hat, dann ist diese Angstpsychose durch die unverantwortliche Propaganda von seiten der BRD geschaffen worden.

(SAPMO-BArch, DY 30/J IV 2/10.02/11; abgedruckt bei: Nakath/Stephan, Häber-Protokolle (30), S. 357–360)

[12] Bundeskanzler Helmut Kohl an Erich Honecker, 14. 12. 1983

Sehr geehrter Herr Generalsekretär,
das neue Jahr wird die beiden Staaten in Deutschland vor wichtige Aufgaben der Förderung des Friedens, der Sicherheit und der Zusammenarbeit in Europa stellen. Die Erfüllung dieser Aufgaben wird nicht nur für die Beziehungen zwischen unseren beiden Staaten von großer Bedeutung sein, sondern auch für die Beziehungen zwischen West und Ost. Die beiden Staaten in Deutschland stehen in ihren Beziehungen zueinander in einer Verantwortungsgemeinschaft vor Europa und vor

dem deutschen Volk. Beide können gerade in schwierigen Zeiten des West-Ost-Verhältnisses einen wichtigen Beitrag für Stabilität und Frieden in Europa leisten, wenn sie aufeinander zugehen und das jetzt Machbare an Zusammenarbeit voranbringen.

Ich habe mit großer Aufmerksamkeit zur Kenntnis genommen, daß auch Sie sich für die Fortsetzung des Dialogs und für die Weiterentwicklung friedlicher Beziehungen entsprechend dem Vertragssystem ausgesprochen haben. Dazu sehe ich in der Tat keine Alternative.

Das gilt unabhängig davon, daß wir die Ursachen und Auswirkungen der derzeitigen Lage unterschiedlich bewerten.

Wir haben in letzter Zeit Erklärungen des Warschauer Paktes gehört, die sich kritisch zu der Aufstellung amerikanischer Raketen in einigen westeuropäischen Ländern geäußert haben. In meinem Schreiben vom 24. Oktober 1983 habe ich Ihnen, Herr Generalsekretär, die Haltung der Bundesregierung zur Frage der Mittelstreckensysteme dargelegt. Niemand konnte überrascht sein, wenn sich das westliche Bündnis mangels eines konkreten Ergebnisses bei den Genfer INF-Verhandlungen jetzt gezwungen sieht, mit der 1979 beschlossenen Nachrüstung in Westeuropa zu beginnen. Die Nachrüstung verfolgt den Zweck, zu vermeiden, daß die Sicherheit Westeuropas von der Nordamerikas getrennt wird. Sie soll verhindern, daß Westeuropa in eine Zone minderer Sicherheit verwandelt wird. Sie dient dazu, das durch die langjährige sowjetische Vorrüstung im Mittelstreckenwaffenbereich verlorengegangene Gleichgewicht wieder herzustellen und damit der Gefahr einer instabilen Entwicklung vorzubeugen.

Ich bedauere, daß die Sowjetunion den Genfer INF-Verhandlungstisch verlassen und hierdurch Unsicherheit über den weiteren Fortgang des Dialoges über Rüstungskontrolle in diesem wichtigen Bereich geschaffen hat. In diesem Zusammenhang möchte ich daran erinnern, daß das Bündnis an den INF-Verhandlungen trotz des bis zum heutigen Tage anhaltenden Aufbaus des sowjetischen Potentials an Mittelstreckenwaffen festgehalten hat. Wir bleiben auch weiterhin der Auffassung, daß eine vereinbarte Lösung des Problems der Mittelstreckenwaffen entscheidend zur Stabilität in Europa beitragen, die Sicherheit für alle erhöhen und damit den Interessen sämtlicher Beteiligter entsprechen würde.

Dementsprechend unterstützen wir nachdrücklich die USA in ihrer Bereitschaft, die Verhandlungen über dieses Problem bis zu einem konkreten Ergebnis fortzuführen. Jede einzelne amerikanische Rakete, die jetzt stationiert wird, kann wieder abgebaut werden, sobald ein konkretes Verhandlungsergebnis vorliegt, das dies ermöglicht. Ich habe deshalb an Generalsekretär Andropow appelliert, Verhandlungen über die Mittelstreckenwaffen nicht zu blockieren und den Dialog über Rüstungskontrolle wie bisher auf allen Ebenen fortzusetzen.

Ich versichere Ihnen, daß die Bundesregierung nach wie vor entschlossen ist, ihre Politik des Dialogs und der langfristig angelegten Zusammenarbeit auch mit der Deutschen Demokratischen Republik fortzusetzen. Sie möchte das in den Beziehungen zwischen den beiden Staaten in Deutschland im Verlauf vieler Jahre Erreichte bewahren und das Geflecht der Beziehungen auf den bewährten vertraglichen Grundlagen weiterentwickeln und ausbauen. Ich bin mit Ihnen darin einig, daß vom Verhältnis unserer beiden Staaten zueinander positive Impulse auf das europäische Klima ausgehen sollten. Ein Höchstmaß an Dialog und Zusammenarbeit wird der Entspannungsprozeß in Europa fördern. Dies ist gerade dann wichtig, wenn die internationale Lage schwieriger geworden ist.

Es ist zu begrüßen, daß sich im letzten halben Jahr in den Beziehungen zwischen unseren beiden Staaten Bewegung ergeben hat. Die von mir geführte Bundesregierung hat zu einem Fortschritt der Entwicklung der Beziehungen beigetragen. Sie gibt ihrer Erwartung Ausdruck, daß auch die Regierung der Deutschen Demokratischen Republik über die ersten Schritte hinaus ihren Teil dazu beiträgt, die Beziehungen qualitativ zu verbessern. Alle Kontakte, Gespräche und Verhandlungen zwischen unseren beiden Staaten sollten zügig und mit dem Ziel fortgeführt werden, praktische Probleme gemeinsam zu lösen und weitere Felder der Zusammenarbeit zu erschließen. In diesem Zusammenhang nehme ich gerne Ihren Hinweis vom 25. November 1983 auf, »jeden vernünftigen Vorschlag sorgfältig zu prüfen, die Beziehungen zwischen unseren Staaten entsprechend dem Vertragssystem auf ein normales Gleis zu bringen«. Ich rege daher an, alsbald in einen umfassenden Dialog über die Weiterentwicklung und den Ausbau der Zusammenarbeit einzutreten. Ich bin gerne bereit, Ihnen meine Vorstellungen dazu, wenn Sie es wünschen, durch einen Beauftragten näher erläutern zu lassen.

Niemand zweifelt daran, daß die ungelösten Sicherheitsfragen für die West-Ost-Beziehungen große Bedeutung besitzen. Diese Fragen können aber nur auf dem Verhandlungswege gelöst werden. Solche Lösungen können erleichtert werden, wenn sich beide Seiten um ein bes-

seres Klima in den Beziehungen zwischen Ost und West insgesamt bemühen.
Wir haben Erklärungen von seiten der Staaten des Warschauer Paktes gehört, in denen die Sorge ausgedrückt wurde, die neuen Raketen in Westeuropa, mit denen der Westen in Ermangelung eines rechtzeitigen Verhandlungsergebnisses in Genf auf die sowjetische SS-20-Vorrüstung geantwortet hat, könnten zum Ausgangspunkt für eine Politik der Konfrontation gegenüber der Sowjetunion werden. Ich versichere Ihnen, daß solche Befürchtungen gänzlich unbegründet sind. Im Gegenteil. Das Nordatlantische Bündnis hat in seiner Brüsseler Erklärung zum Ost-West-Verhältnis soeben bekräftigt, daß die gesamte Allianz die Bereitschaft zur Entspannung und Zusammenarbeit mit dem Osten ebenso ernst meint wie die Gewährleistung der eigenen Sicherheit. Mit der Erklärung hat der Westen sein Angebot an die Sowjetunion und die anderen Mitgliedsländer des Warschauer Paktes unterbreitet. Ich möchte Ihre Aufmerksamkeit besonders auf folgenden Passus lenken:
»Wir werden auch weiterhin unser Äußerstes tun, um eine sichere und friedliche Zukunft zu gewährleisten. Wir machen der Sowjetunion und den übrigen Staaten des Warschauer Paktes das Angebot, mit uns zusammenzuarbeiten, um ein langfristiges, dauerhaftes, konstruktives und realistisches Verhältnis herzustellen, das auf Gleichgewicht, Mäßigung und Gegenseitigkeit beruht. Zum Nutzen der Menschheit treten wir für einen offenen und umfassenden Dialog und für Zusammenarbeit auf der Grundlage gegenseitigen Vorteils ein.«
Ich weise auf den Appell hin, gemeinsame Anstrengungen zu unternehmen, um bei den Wiener MBFR-Verhandlungen, bei den Bemühungen um ein vollständiges Verbot chemischer Waffen und bei den START-Verhandlungen Fortschritte zu erzielen. Das westliche Bündnis hat seine Entschlossenheit unterstrichen, die Stockholmer KVAE-N Konferenz als neue Möglichkeit zu nutzen, um den West-Ost-Dialog zu erweitern, vertrauensbildende Maßnahmen auszuhandeln und die Stabilität und Sicherheit in ganz Europa zu erhöhen. Ich unterstreiche besonders den Aufruf der Partner des westlichen Bündnisses an die Sowjetunion, zu den Verhandlungen über Mittelstreckenwaffen zurückzukehren. Verhandlungsbereitschaft ist der Prüfstein für den Willen zur Entspannung, zur Abrüstung und zum Frieden. Dagegen wäre es unrealistisch zu glauben, daß eine Seite bereit sein könnte, ihre Sicherheitsinteressen als Preis für die Bereitschaft der anderen Seite zu guten politischen Beziehungen zu opfern.

Die Erfahrungen, die wir trotz schwieriger internationaler Bedingungen mit dem KSZE-Folgetreffen in Madrid gemacht haben, geben Anlaß zur Hoffnung, daß wir bei gutem Willen auf allen Seiten auch in Stockholm Ergebnisse erzielen können, die zu einer politischen Verbesserung der West-Ost-Beziehungen beitragen.
Die Bundesregierung wird auch in den kommenden Wochen und Monaten im Bewußtsein ihrer Verantwortung für den konstruktiven Fortgang der West-Ost-Beziehungen handeln. Sie erwartet, daß sich auch die Deutsche Demokratische Republik von einem gemeinsamen Interesse an Zusammenarbeit, Sicherheit und Frieden leiten lassen wird. Es wäre sehr zu begrüßen, wenn die Regierung der Deutschen Demokratischen Republik das in der politischen Erklärung von Brüssel bekundete Angebot einer langfristig angelegten Zusammenarbeit aufnähme, einer Zusammenarbeit, die den legitimen Sicherheitsinteressen aller entspräche, den Wohlstand der Völker mehrte und ganz besonders den Deutschen diente. Ich bitte, meine eingangs gemachten Vorschläge auch in diesem Sinne zu verstehen.
Zum Jahreswechsel übermittle ich Ihnen meine besten Wünsche.
gez. Ihr H. Kohl

(SAPMO-BArch/DY 30/J IV/2/2/2621; abgedruckt bei: Nakath/Stephan, Hubertusstock (31), S. 155–159)

[13] Bericht über Erich Honeckers Besuch in der BRD, 7.–11. 9. 1987

[...]
Zusammenfassende Wertung

1. Der erste offizielle Besuch des Genossen Erich Honecker in der BRD war ein bedeutender politischer Erfolg für die DDR, ein wichtiges Ergebnis ihrer Politik der Vernunft und des Realismus. Der Besuch ist das wichtigste Ereignis in den Beziehungen zwischen der DDR und der BRD seit Abschluß des Grundlagenvertrages. Er ist von weitreichender Wirkung und historischer Bedeutung. Neben dem Grundlagenvertrag und der Gemeinsamen Erklärung vom 12. März 1985 bildet das Gemeinsame Kommuniqué über den Besuch vom 8. September 1987 die Basis für die künftige Gestaltung der Beziehungen mit der BRD. Das Stattfinden des Besuches und die durchgesetzte politische und proto-

kollarische Behandlung des Genossen Erich Honecker als Staatsoberhaupt eines anderen souveränen Staates dokumentierten vor aller Welt Unabhängigkeit und Gleichberechtigung beider deutscher Staaten, unterstrichen ihre Souveränität und den völkerrechtlichen Charakter ihrer Beziehungen. Damit wurde allen revanchistischen und innerdeutschen Bestrebungen ein schwerer Schlag versetzt. Das konnten auch Äußerungen von Kohl und anderen über »Rechtspositionen« und zur »Einheit der Nation« nicht ändern.
Es ist bedeutungsvoll, daß gerade eine CDU/CSU-geführte Regierung gezwungen war, dem Besuch und seinem Ablauf in dieser Form zuzustimmen. Sie konnte nicht umhin, den Nachkriegsgegebenheiten in Europa und dem Willen der Mehrheit der BRD-Bevölkerung für Frieden, Entspannung und normale Beziehungen zur DDR Rechnung zu tragen.
Verlauf und Ergebnisse des Besuches des Genossen Erich Honecker widerspiegeln das gestiegene Ansehen der DDR, die Kraft ihrer Friedenspolitik und ihre gewachsene internationale Ausstrahlung.

2. Angesichts der komplizierten internationalen Lage hatten die Gespräche zwischen dem Generalsekretär des ZK der SED und Vorsitzenden des Staatsrates der DDR, Genossen Erich Honecker, und dem Bundeskanzler der BRD, Helmut Kohl, sowie anderen führenden Persönlichkeiten der BRD großes Gewicht, um den Frieden zu festigen und der Gefahr eines nuklearen Infernos entgegenzuwirken.
Ausgehend von der Rolle der BRD bei der Friedenssicherung in Europa war der Besuch ein bedeutungsvoller Schritt, um die BRD weiter an den Prozeß der friedlichen Koexistenz zu binden. Der Konfrontationspolitik der USA wurde entgegengewirkt. Dabei wurde an Interessenunterschiede der BRD gegenüber den USA angeknüpft. Damit leistete die DDR einen wichtigen Beitrag zur praktischen Umsetzung der Friedenspolitik der sozialistischen Staaten, insbesondere der bedeutsamen Initiativen von M. Gorbatschow und der Berliner Gipfelkonferenz des Warschauer Vertrages.
Der Besuch hatte herausragendes internationales Gewicht. Er ist ein bedeutungsvoller Beitrag zur Verbesserung des Klimas in Europa sowie zur weiteren Festigung der internationalen Stellung der DDR; er stärkt die DDR als gleichberechtigten Partner in den Beziehungen zu anderen kapitalistischen Industrieländern.

3. Durch sein offensives Auftreten leistete Genosse Erich Honecker einen entscheidenden Beitrag, um die Politik des sozialistischen deutschen Staates und der sozialistischen Staaten zu den Fragen des Friedens, der Abrüstung und Entspannung umfassend und überzeugend darzulegen, die Position realistisch eingestellter Kräfte innerhalb der herrschenden Kreise der BRD zu stärken, eine Koalition der Vernunft und des Realismus zu fördern und den Differenzierungsprozeß in der Regierungskoalition bis in die CDU/CSU hinein zu verstärken.
Die DKP, die Friedensbewegung und alle demokratischen, friedliebenden Kräfte in der BRD wurden unterstützt. Der Besuch hatte positive Wirkungen zur Unterstützung der Politik der SPD.

4. Genosse Erich Honecker stellte die gemeinsame Auffassung, wonach von deutschem Boden nie wieder Krieg, sondern stets nur Frieden ausgehen dürfe, in den Mittelpunkt des Besuches. Beiden deutschen Staaten erwachse die Verpflichtung, aktiv für Frieden, Abrüstung und Entspannung nach dem Prinzip der Gleichheit und gleichen Sicherheit einzutreten. Die DDR und die BRD müßten einen wichtigen Beitrag leisten, um die Abrüstung voranzubringen und die friedliche Zusammenarbeit in Europa zu fördern. Nur so würden sie der Verantwortungsgemeinschaft für den Frieden gerecht. Bundeskanzler Kohl mußte dem zustimmen.
Genosse Erich Honecker stellte die Notwendigkeit des Abschlusses einer Vereinbarung über die globale Beseitigung der Mittelstreckenraketen in den Mittelpunkt als Einstieg zur nuklearen Abrüstung und begründete die Vorschläge zur Schaffung eines kernwaffenfreien Korridors in Mitteleuropa und einer chemiewaffenfreien Zone in Europa.
Es wurde unterstrichen, daß sich die Beziehungen zwischen der DDR und der BRD nicht von der internationalen Entwicklung abkoppeln lassen und daß beide Staaten zugleich aktiv und positiv darauf einwirken müssen. Für die DDR sei und bleibe die Friedensfrage die alles übergreifende Frage auch für die bilateralen Beziehungen.
Bundeskanzler Kohl konnte nicht umhin, den Willen der BRD zu betonen, zur Abrüstung und Entspannung beizutragen und die Unterstützung der globalen doppelten Null-Lösung bei den Mittelstreckenraketen zu bekräftigen. Noch vor dem Besuch war er zu der Erklärung über die Beseitigung der Pershing Ia gezwungen. Die dadurch möglich gewordene Übereinstimmung in der Unterstützung der globalen dop-

pelten Null-Lösung durch beide deutsche Staaten ist ein entscheidendes Ergebnis des Besuches des Genossen Erich Honecker in der BRD.

5. Von beiden Seiten wurden der Grundlagenvertrag und die Gemeinsame Erklärung zwischen Erich Honecker und Helmut Kohl vom 12. März 1985 als die Basis für die Beziehungen bekräftigt.
Genosse Erich Honecker verwies darauf, daß
– die Unverletzlichkeit der Grenzen und die Achtung der territorialen Integrität und der Souveränität aller Staaten in Europa in ihren gegenwärtigen Grenzen eine grundlegende Bedingung für den Frieden sind;
– der Kerngedanke des Grundlagenvertrages, daß beide deutsche Staaten gegenseitig Unabhängigkeit und Selbständigkeit in ihren inneren und äußeren Angelegenheiten respektieren, strikt eingehalten werden muß.

Die BRD-Seite mußte sich erneut zum Grundlagenvertrag und zur Gemeinsamen Erklärung vom 12. März 1985 bekennen sowie die Einhaltung der mit der DDR geschlossenen Vereinbarungen zusichern.
Auf dieser Basis war es möglich, eine Verständigung über Schritte zur weiteren Normalisierung der Beziehungen zu treffen. Die Voraussetzungen für weitere Fortschritte in der Koexistenz- und Dialogpolitik wurden wesentlich verbessert.
Aus den konkreten Ergebnissen des Besuches ist festzuhalten:
– die Zusage der CDU/CSU/FDP-Koalition, an der Herstellung offizieller Kontakte zwischen Volkskammer und Bundestag zu arbeiten;
– Abschluß der drei Abkommen und Vereinbarungen zu den Fragen des Umweltschutzes, von Wissenschaft/Technik und des Strahlenschutzes; es wurde vereinbart, auf dem Gebiet des Umweltschutzes durch beide Seiten geeignete Objekte zu benennen und zu erörtern;
– Vereinbarungen, kurzfristige Gespräche zur Bildung einer Gemischten Kommission zur weiteren Entwicklung der wirtschaftlichen Beziehungen aufzunehmen;
– Übereinstimmung, die wirtschaftliche Zusammenarbeit zwischen Kombinaten und Außenhandelsbetrieben der DDR und Unternehmen der BRD weiterzuentwickeln und dabei solche Kooperationsformen wie die Zusammenarbeit beim Export von Anlagen und Ausrüstungen, besonders auf dritten Märkten, sowie bei der Gestaltungsproduktion verstärkt zu entwickeln;
– Vereinbarung, kurzfristige Verhandlungen zum Abschluß von Regelungen und Vereinbarungen zum Ausbau und zur Elektrifizie-

rung von Eisenbahnstrecken im Transitverkehr zwischen der BRD und Berlin (West) aufzunehmen;
- Übereinstimmung, hinsichtlich der Grunderneuerung bzw. des Ausbaus von Autobahnabschnitten, insbesondere im Transitverkehr BRD–Berlin (West), baldmöglichst Gespräche aufzunehmen; kurzfristige Aufnahme von Gesprächen im Zusammenhang mit einer eventuellen weiteren Offenhaltung der GÜST Staaken über den 31. 12. 1987 hinaus.
- Erwartung, daß die konkreten Fragen zum Bezug und zur Lieferung von Elektroenergie zwischen der DDR und der BRD unter Einbeziehung von Berlin (West) auf der kommerziellen Ebene gelöst werden und die entsprechenden Verhandlungen zum Abschluß langfristiger Vereinbarungen führen.
- Übereinstimmung, daß Fortschritte in den weiteren Verhandlungen zur Reduzierung der Salzbelastung der Werra möglich sind, wenn Einvernehmen über den Einsatz des in der BRD vorhandenen Verfahrens zur umweltschonenden Aufbereitung von Kalisalzen unter Berücksichtigung der ökonomischen Interessen beider Seiten erzielt wird.
- Vertrauliche Zusicherung H. Kohls und E. Albrechts, sich für eine einvernehmliche Regelung der Frage der Elb-Grenze einzusetzen.
- Erklärung E. Honeckers, in diesem Fall neben dem Abschluß der bereits weitgehend ausgehandelten Vereinbarungen zum Binnenschiffsverkehr, Sportbootverkehr, Hochwasserschutz und zur Fischerei Verhandlungen über den Gewässerschutz der Elbe aufzunehmen sowie Hannover, Hamburg und Kiel in den grenznahen Verkehr einzubeziehen.
- Zusage der DDR, einige Erleichterungen im Reise- und Besucherverkehr, einschließlich Berlin (West), einzuführen (Veränderungen bei den Einfuhrbestimmungen, Gestattung der Einreise für ehemalige DDR-Bürger, die vor dem 1. Januar 1982 die DDR verlassen haben, sofern es sich nicht um unerwünschte Personen handelt, Mitführung von Fahrrädern als Reisegebrauchsgegenstände).
- Absicht, intern und informell über einige mit Westberlin zusammenhängende Fragen weiter zu sprechen.
- Übereinstimmung, bei der Bekämpfung von AIDS noch enger zusammenzuarbeiten.

Bedeutungsvoll ist, daß zum erstenmal eine Begegnung zwischen den beiden Außenministern auf deutschem Boden, im Amtszimmer von

BRD-Außenminister Genscher, stattfand und weitere derartige Begegnungen vereinbart wurden.

6. Der Besuch leitete damit eine neue Etappe in den bilateralen Beziehungen zwischen beiden deutschen Staaten ein. Es wurde deutlich, daß neue positive Ergebnisse auf dem Weg der Normalisierung der Beziehungen zum Wohl der Völker in Europa und in beiden Staaten möglich sind, wenn von der realen Lage ausgegangen wird, d. h. von der Tatsache, daß im Ergebnis des Zweiten Weltkrieges und der Nachkriegsentwicklung zwei souveräne, voneinander unabhängige deutsche Staaten mit unterschiedlicher Gesellschaftsordnung und Bündniszugehörigkeit entstanden sind.

7. Der Besuch des Genossen Erich Honecker fand international und in den Medien der BRD ein außergewöhnlich großes Echo. In allen Weltagenturen und bedeutenden Zeitungen wurden der Besuch, sein Verlauf und seine Ergebnisse als bedeutendes Ereignis der Nachkriegsgeschichte hervorgehoben, mit dem der Entwicklung nach 1945 Rechnung getragen wurde. In der BRD war die Berichterstattung ausführlich, überwiegend sachlich und korrekt. Der Besuch gab eine breite Möglichkeit, die internationale und die Öffentlichkeit der BRD mit dem Standpunkt der DDR zu internationalen Grundfragen, ihrer Friedenspolitik und ihrem konstruktiven Verhalten in den bilateralen Beziehungen vertraut zu machen.
[...]

(SAPMO-BArch, DY 30/IV 2 2A/3054; abgedruckt bei: Potthoff, »Koalition« (34), S. 570–574)

[14] Blitztelegramm an Erich Honecker über ein Gespräch von Werner Felfe mit Helmut Kohl in Bonn, 25. 11. 1987

Während Begegnung bei Schäuble am 25. 11. 87 ließ Bundeskanzler Kohl mitteilen, daß er mich zu einem Gespräch empfangen möchte.
Habe herzliche Grüße von Genossen Erich Honecker an H. Kohl übermittelt. H. Kohl bat mich, herzliche Grüße an Genossen E. Honecker zu übermitteln.
Kohl brachte zum Ausdruck, daß er sehr zufrieden sei mit den Ergebnissen des Besuches von Genossen E. Honecker. Die Zusammenarbeit

habe sich sehr gut entwickelt. Was er mit Genossen E. Honecker besprochen habe, werde von Seiten der Bundesregierung ohne Abstriche aufgearbeitet. Er sei erfreut, daß sich ein entspanntes Verhältnis zwischen der DDR und der BRD entwickelt habe. Das sei für beide Seiten gut.

Kohl brachte zum Ausdruck, daß man nicht darüber zu reden brauche, was uns trennt, sondern daß man das realisieren solle, was möglich ist. Dieser Weg sei richtig. Auf Seiten des Westens und auch auf Seiten der Warschauer Vertragsstaaten werde zunehmend, wenn auch mit gewissen Unterschieden, erkannt, daß die Entwicklung guter Beziehungen zwischen der DDR und der BRD von Vorteil ist. Ein entspanntes Verhältnis zwischen DDR und BRD sei für alle gut.

Er werde im Januar nach Prag fahren. Von ihm wurde darauf hingewiesen, daß er einen Brief von Gorbatschow erhalten und beantwortet habe. Kohl sei sicher, daß in Kürze ein Termin für den Besuch Schewardnadses in der BRD gefunden wird.

H. Kohl sagte, daß Präsident Reagan die Linie der Bundesregierung zur Unterstützung des Zustandekommens der Vereinbarung über die Abschaffung der Mittelstreckenraketen ohne Wenn und Aber unterstützt habe.

H. Kohl zeigte sich sehr zufrieden mit der Entwicklung der Beziehungen zwischen der SU und den USA. Er meinte, daß für ihn auch keine größeren Probleme aus innenpolitischer Sicht der BRD vorhanden sind. Er glaube nicht, daß der Dollarabfall zu einer Rezension* in der BRD führt. Natürlich sei manches leichter, wenn der Dollarpreis sich auf der Höhe von 1,70 und darüber einpegeln würde.

Abschließend betonte H. Kohl nochmals, daß er nicht beabsichtige, mit Genossen E. Honecker abgesprochene Lösungen zu relativieren. Das treffe auch auf die Regelung der Elbgrenze zu. Die Bundesregierung strebe eine Lösung an. Dafür brauche er mit Rücksicht auf die innenpolitische Situation etwas Zeit. Die Regelung wird jedoch nicht aufgeschoben. Er stehe zu allem, was vereinbart wurde.

H. Kohl bemerkte, daß er Genossen E. Honecker um Weihnachten herum anrufen werde.

Werner Felfe

(SAPMO-BArch, DY 30/J IV J/114, abgedruckt bei: Nakath/Stephan, Hubertusstock (31), S. 344 f.)

* Schreibfehler; muß »Rezession« heißen.

5. Kapitel

9. November 1989: Der Fall der Mauer

Dokumente

9. November 1989: Der Fall der Mauer

Kirche und erste Protestaktionen

Während in der Sowjetunion die von Parteichef Michail Gorbatschow eingeleitete Reformpolitik der »Perestroika« fortschritt, war die DDR-Führung zu Reformen weder bereit noch fähig. Zur Sicherung ihrer Macht blieb sie fest entschlossen, jeden Anflug von Opposition im Keim zu ersticken. Die Stasi war allgegenwärtig. Unbequeme Bürger hatte man schon vorher ausgebürgert, wie etwa Wolf Biermann 1976 oder Reiner Kunze 1977. Warum hätte man das ändern sollen? Auf entsprechende Proteste reagierte die Führung mit zunehmender Härte.

Zum Sammelpunkt für kritische Geister wurden mehr und mehr die evangelischen Gemeinden, eine Entwicklung, die sich seit Anfang der achtziger Jahre deutlich verstärkte. Dabei versuchte die Kirche eine Gratwanderung. Auf der einen Seite beanspruchte und verteidigte sie gesellschaftliche Freiräume, in denen sich bekennende Christen ohne Furcht vor politischen und wirtschaftlichen Nachteilen entfalten konnten. Das wurde mit den Jahren immer schwieriger. Als ein Beispiel sei hier die Jugendweihe genannt, die 1954 staatlich erzwungen wurde. Sie war als Teil der »staatsbürgerlichen Erziehung« und als »feierliche Einführung« der Kinder in einen neuen Lebensabschnitt gedacht. In dem Beschlußdokument war die Rede von »Maßnahmen der Partei im Kampf um die Durchführung einer fortschrittlichen Kirchenpolitik«. Damit wurde der Schluß nahegelegt, daß es der SED bei der Einführung der Jugendweihe vor allem um eine antikirchliche Aktion ging – als eine Konkurrenz zur Konfirmation.

Das wurde für alle erkennbar, als die Kirchen gegen die Jugendweihe mit Unvereinbarkeitsbeschlüssen vorgingen, die sie nicht durchhalten konnten. Die von den Kirchen ausgelösten Konflikte um die Jugendweihe wurden von der SED-Propaganda mit der Feststellung gekontert: »Die Kirchen spalten die Bevölkerung.« Diese sahen die Konkurrenz zur Konfirmation schon durch die Durchführung der Jugendweihen in der Osterzeit gegeben. Schwierigkeiten hatten die Kirchen selbstverständlich auch mit dem der religiösen Sphäre entstammenden Weihebegriff, der allerdings auch schon in anderen Zusammenhängen säkularisiert worden war (z. B. Fahnenweihe), und dem Gelöbnis, das allerdings niemals ein dezidiertes Bekenntnis zum Atheismus einschloß. Interessant ist auch, daß in den Jugendweiheausschüssen, die bis auf die Kreisebene herunter für die Vorbereitung der sozialistischen Weihehandlung zuständig waren, nur die Blockpartei CDU bis 1987 konsequent die Mitarbeit verweigerte.

Insgesamt gesehen trug die Durchsetzung der Jugendweihe gegenüber der Konfirmation maßgeblich zur Entfremdung der Jugend von den Kirchen und damit zur Entchristianisierung der DDR-Gesellschaft bei, was von seiten der SED von Anfang an auch beabsichtigt gewesen war. Die Kirchen wurden seit Mitte der fünfziger Jahre immer stärker in eine Minderheitensituation abgedrängt, deren wahres Ausmaß durch ihre aus dem Westen finanzierte Ausstattung allerdings weithin verdeckt wurde.

Auf der anderen Seite waren die Kirchenleitungen um ein möglichst entspanntes Verhältnis zur SED bemüht. Dies drückte sich unter anderem in der Anfang der siebziger Jahre geprägten Formel aus: »Wir wollen nicht Kirche gegen, sondern Kirche im Sozialismus sein« – mit all den damit verbundenen Problemen. Nach dem Sturz des SED-Regimes wurde führenden Kirchenmännern der Vorwurf gemacht, durch ihren engen Kontakt zur Macht der Opposition häufig eher geschadet als genützt zu haben.

Bis zum Sommer 1989 konnte man von einer eigentlichen Opposition in der DDR nicht sprechen, auch wenn es immer wieder zu Unmutsäußerungen kam, insbesondere bei Jugendlichen. So forderten etwa beim Evangelischen Kirchentag im Juni 1987 Tausende Jugendliche von der DDR-Regierung unter anderem, den Dienst in der Volksarmee verweigern zu können, und die Umgestaltung der Gesellschaft im Sinne von »Glasnost« und »Perestroika«. Ihre Hoffnungen wurden allerdings enttäuscht.

Manchmal kamen auch von anderen Gruppen Spontanproteste gegen das Regime auf, so etwa am 6. und 7. Juni 1987, als es zu heftigen Auseinandersetzungen zwischen der Volkspolizei und Jugendlichen kam, die ein Konzert mit David Bowie und ein Rockfestival in der Nähe des

Brandenburger Tores in West-Berlin live mithören wollten. Die DDR-Sicherheitskräfte hatten das Gelände vor dem Brandenburger Tor schon tagsüber abgesperrt; am Abend verstärkten sie die Polizeikette, um das Vordringen von etwa 3000 Rockfans in Richtung Mauer zu verhindern. Als es etwa 1000 von ihnen gelang, die Kette zu durchbrechen, kam es in Höhe der sowjetischen Botschaft Unter den Linden zu schweren Zusammenstößen mit den Jugendlichen. In Sprechchören riefen diese: »Die Mauer muß weg!«, »Lang lebe Freiheit und Demokratie!« oder: »Wir wollen Gorbatschow!« Etwa 50 Personen wurden festgenommen.[1]

Ein halbes Jahr später, in der Nacht vom 24. auf den 25. November 1987, schlug die Stasi wieder zu. Sie durchsuchte die Räume der Evangelischen Zionsgemeinde in Ost-Berlin und beschlagnahmte Material der sogenannten »Umweltbibliothek«. Mehr als 20 Mitarbeiter von unabhängigen Umwelt-, Friedens- und Menschenrechtsgruppen wurden verhaftet. Die DDR-Behörden erklärten, diese seien auf »frischer Tat bei der Herstellung staatsfeindlicher Schriften« ertappt worden. Die Zeiten der direkten Lüge und Verhaftungen war allerdings schon vorbei. Mehrere hundert Menschen forderten die unverzügliche Freilassung der Festgenommenen sowie die Freigabe der beschlagnahmten Materialien und Geräte. Die Führung der Evangelischen Kirche von Berlin-Brandenburg reagierte mit Empörung: Vergleichbare Willkürakte habe es in der DDR zuletzt in den fünfziger Jahren gegeben. Offensichtlich versuche die Staatsführung, das wachsende Protestpotential in der Bevölkerung einzuschüchtern. Die Kirche sei nicht bereit, derartige Übergriffe hinzunehmen, und werde sich entschlossen vor die Betroffenen stellen. Die Verhafteten wurden wieder freigelassen, die eingeleiteten Ermittlungsverfahren eingestellt. Die Zionskirche wurde allerdings wegen angeblicher Mängel »baupolizeilich geschlossen«.

Die nächste Konfrontation kam im Januar 1988, als bei der Rosa-Luxemburg-Demonstration in Ost-Berlin mehr als 120 Mitglieder von Friedens-, Umwelt- und Menschenrechtsgruppen festgenommen wurden. Sie hatten versucht, Transparente mit regimekritischem Inhalt zu enthüllen. Im Rahmen der Aktionen wurden zahlreiche Bürgerrechtler, unter ihnen der Liedermacher Stefan Krawczyk und die Theaterregisseurin Freya Klier, in die Bundesrepublik abgeschoben.

Ein Jahr später wurden bei der gleichen Veranstaltung in Ost-Berlin ähnliche Protestaktionen durch ein massives Aufgebot von Sicherheitskräften im Keim erstickt. Was in Ost-Berlin verhindert wurde, fand in Leipzig statt. 150–200 Menschen versammelten sich vor dem Untergrundmessehaus auf dem Alten Markt im Zentrum der Stadt. Laut Stasi-Jargon »rotteten sie sich zusammen«; es erfolgte »durch die Schutz- und Sicherheitsorgane die Zuführung von insgesamt 53 Personen«.[2]

Vier Monate später geschah etwas Außergewöhnliches, aus der Sicht der Stasi geradezu Ungeheuerliches – zum einen in Ungarn, zum anderen in der DDR: Partei und Regierung Ungarns leiteten eine grundlegende Umgestaltung des politischen und wirtschaftlichen Systems ein, die weiter ging als im übrigen Osteuropa. Am 2. Mai 1989 öffnete Ungarn als erstes Land des Warschauer Paktes die Grenze zum Westen. Die ungarischen Grenzeinheiten begannen mit dem Abbau der elektrischen Sicherungsanlagen und des Stacheldrahtverhaus an der Grenze zu Österreich. Damit wurde der Eiserne Vorhang durchlöchert – und eine neue Fluchtmöglichkeit für DDR-Bürger eröffnet. »Erschrocken und hilflos«, so im nachhinein der Erste Sekretär der SED Berlin, Günter Schabowski, habe man beobachtet, »wie der sozialistische Block in die Brüche ging«[3]. Wenige Monate zuvor, im November 1988, hatte der Leipziger Jugendforscher Walter Friedrich den als Honecker-Kronprinzen gehandelten ZK-Sekretär Egon Krenz in einer streng vertraulichen Analyse über den stetig wachsenden Einfluß der BRD in Fragen der Wirtschaft und Kultur informiert. Die gravierenden

»Mängel und Schwächen im eigenen Land (z. B. Versorgungs-, Ersatzteilprobleme, Informationspolitik, Schönfärberei, reale demokratische Mitgestaltung etc.) werden immer deutlicher wahrgenommen und immer kritischer bewertet. An der Überlegenheit des Sozialismus wird immer mehr gezweifelt. Die Nichtöffnung in Richtung der Perestroika-Strategie spitzt alles noch zu.«[4]

Die SED-Führung verfügte zu diesem Zeitpunkt jedoch weder über alternative politische Konzepte noch über materielle Ressourcen, um dem wachsenden Unmut in der Bevölkerung durch eine kurzfristige Verbesserung des Lebensstandards zu begegnen. Ihre Bemühungen, die eigene Macht mit Durchhalteparolen und Repression zu behaupten, griffen ins Leere. Für die DDR nahm das Unheil seinen Lauf, auch wenn man es in der SED-Führung nicht zur Kenntnis nahm.

7. Mai 1989: Kommunalwahlen in der DDR

In der DDR fanden am 7. Mai 1989 Kommunalwahlen statt. Gegen Mitternacht verkündete der Vorsitzende der Zentralen Wahlkommission, Egon Krenz, im Fernsehen das offizielle Endergebnis: 98,89 % für die Kandidaten der Nationalen Front – den Zusammenschluß der fünf zugelassenen Parteien unter Führung der SED sowie der Massenorganisationen und Verbände – bei einer Wahlbeteiligung von 98,77 %. Für Erich Honecker war dies wieder einmal ein »eindrucksvolles Bekenntnis zu der auf Frieden und Sozialismus gerichteten Politik der SED«. Alles schien so wie in den vergangenen 40 Jahren; auch da waren die Wahlen manipuliert worden.

Diesmal allerdings war es anders. Erstmals in der Geschichte der DDR waren nämlich Vertreter verschiedener Oppositionsgruppen bei der Auszählung der Stimmen dabei und stellten massive Fälschungen fest. Irgendwo auf dem Weg zwischen den Wahllokalen und den zentralen Auszählungsstellen verschwanden dann die unerwünschten Zettel. Stasi-Chef Erich Mielke wurde mit Berichten über »feindliche, oppositionelle und andere negative Kräfte«, die versuchten, »Beweise über eine angebliche Fälschung der Wahlergebnisse« zu erbringen, regelrecht bombardiert. Er wies die »Sicherheitsorgane« an, jeden Bürger, der sich über die Inkorrektheit des Wahlverfahrens beschwere, darüber zu »informieren«, daß »keine Anhaltspunkte für den Verdacht einer Straftat vorlägen«.[5]

Es sollte die letzte »99 %-Volkswahl« in der Geschichte der DDR gewesen sein. Die Oppositionsgruppen riefen nun für jeden 7. des Monats zu einer Protestkundgebung zur Erinnerung an die Wahlfälschung auf. Der Anfang vom Ende der DDR hatte begonnen, auch wenn die SED-Führung in vollkommener Verblendung nicht einmal ansatzweise die Zeichen der Zeit erkannte. Im Gegenteil: man glaubte, die Bevölkerung weiter einschüchtern zu können. Das Massaker auf dem »Platz des Himmlischen Friedens« in Peking am 4. Juni, mit mehreren hundert Toten, wurde von der Volkskammer als »innere Angelegenheit der Volksrepublik China« zur »Wiederherstellung von Ordnung und Sicherheit« bezeichnet. Im »Neuen Deutschland« hieß es, in China sei ein »konterrevolutionärer Aufruhr« niedergeschlagen worden. Egon Krenz reiste nach Peking und ließ sich gemeinsam mit der dortigen Parteiführung fotografieren und filmen. Das war ein Signal an Moskau, aber auch an die DDR-Bevölkerung, daß man in Ost-Berlin wohl wisse, wie man den Sozialismus wirksam verteidigen könne. Auch dies sollte ein Trugschluß sein.

Massenflucht

Die DDR-Bevölkerung ließ sich nicht mehr so leicht einschüchtern. In der Erkenntnis, daß die SED-Führung reformunfähig war, faßten immer mehr Bürger den Entschluß, ihr Land zu verlassen. Im Sommer 1989 stellten 120000 einen Antrag auf Ausreise in die Bundesrepublik. Von jenen, denen die Ausreise verweigert wurde, suchten etliche Zuflucht in der Ständigen Vertretung Bonns in Ost-Berlin und den westdeutschen Botschaften in Warschau, Budapest und Prag. Als am 27. Juni Ungarns Außenminister Gyula Horn und sein österreichischer Kollege Alois Mock in einem symbolischen Akt den Stacheldrahtzaun an der gemeinsamen Grenze zerschnitten, stieg in der DDR die Zahl der Ungarn-Urlauber sprunghaft an. Viele von ihnen waren entschlossen, nicht mehr zurückzukehren. Ende Juli begann die große Flucht. Anfangs meldeten sich nur 20–30 DDR-Bürger bei den österreichischen Behörden, aber die Zahl stieg. Bis zum 10. August waren es 1600 Flüchtlinge. Bei einer Veranstaltung der Paneuropa-Union an der ungarisch-österreichischen Grenze bei Sopron am 19. August flüchteten 661 DDR-Bürger nach Österreich.
Inzwischen war am 8. August die bundesdeutsche Vertretung in Ost-Berlin wegen Überfüllung geschlossen worden; am 13. August wurde die Botschaft in Budapest geschlossen; am 22. August jene in Prag, wo sich über 100 DDR-Bürger aufhielten. Am 24. August verschärfte sich die Lage an der österreichisch-ungarischen Grenze, die immer noch scharf bewacht wurde. Ungarische Grenzsoldaten schossen mit Maschinenpistolen über die Köpfe der Flüchtenden und prügelten mit Gummiknüppeln auf sie ein. Daraufhin kam es am nächsten Tag zu einem streng geheimgehaltenen Treffen zwischen Kohl und Genscher sowie dem ungarischen Ministerpräsidenten Milos Nemeth und Außenminister Gyula Horn in Bonn. Kohl und Nemeth gelangten zu einer stillschweigenden Vereinbarung; jeder half dem anderen. Nemeth war bereit, am 11. September, kurz vor Beginn des CDU-Parteitages in Bremen, wo die Gegner Kohls den Aufstand proben wollten und dieser um seine Wiederwahl fürchten mußte, die Deutschen aus der DDR über Österreich ausreisen zu lassen. Im Gegenzug stellte

Kohl wirtschaftliche und finanzielle Hilfe in Aussicht. Am 4. Oktober nannte er den Betrag: eine Milliarde DM.[6]
Ungarn öffnete seine Grenzen zu Österreich in der Nacht vom 10. auf den 11. September. Binnen 24 Stunden nutzten etwa 10000 DDR-Bürger die Fluchtmöglichkeit in den Westen; bis Ende September waren es bereits 32500. In einem ADN-Kommentar unter der Überschrift »Der ›Coup‹ aus der BRD« las sich das am 11. September folgendermaßen: Dieser »Coup« sei »weder eine zufällige noch vereinzelte Aktion. Er ist Bestandteil des Kreuzzuges des Imperialismus gegen den Sozialismus insgesamt.« In einem weiteren Bericht hieß es: »Eiskaltes Geschäft mit DDR-Bürgern – Silberlinge für Ungarn.«[7] Zu Beginn des Parteitages in Bremen bedankte sich Kohl bei Nemeth »für den großherzigen Akt der Menschlichkeit«. »Ihre Politik ist richtungsweisend und vorbildlich«, und er versprach: »Herr Ministerpräsident, was Ungarn in diesen Tagen für uns geleistet hat, werden wir nie vergessen.« Kohl war der Held des Parteitages, seine innerparteilichen Gegner wurden von ihm abserviert. Die Wahrnehmung der Krise in der DDR wird am besten illustriert durch die Frage von Erich Mielke in einer Dienstbesprechung im MfS am 31. August 1989: »Ist es so, daß morgen der 17. Juni ausbricht?«[8]
Aber auch auf westlicher Seite gab es ähnliche Besorgnis. So fragte der stellvertretende Außenminister der Vereinigten Staaten, Lawrence Eagleburger, bei seinem Besuch in Bonn eine Woche später den Chef des Bundeskanzleramtes, Rudolf Seiters, »wie gefährlich sich die Lage in der DDR entwickeln könnte, wenn es keine Reformen gebe, und ob die Gefahr eines Volksaufstandes bestehe«.[9]
Inzwischen füllten sich die bundesdeutschen Botschaften in Prag und Warschau mit DDR-Flüchtlingen; in Prag kletterten die Menschen über den Zaun auf das Gelände der Botschaft, Ende September befanden sich dort mehrere tausend Flüchtlinge; in Warschau waren es etwa 800. In dieser Zeit gelang es Außenminister Genscher am Rande der UNO-Vollversammlung in New York, gemeinsam mit seinen Kollegen aus der DDR, der Sowjetunion, der Tschechoslowakei, Polen und Ungarn, eine Lösung für die Flüchtlinge zu finden. Am 30. September flog er dann in Begleitung von Seiters nach Prag, um vom Balkon der Botschaft den Flüchtlingen jenen Satz mitzuteilen, der inzwischen berühmt geworden ist: »Wir sind zu Ihnen gekommen, um Ihnen mitzuteilen, daß heute Ihre Ausreise [...].« Der Rest ging im Jubel der DDR-Bürger unter. Noch in der Nacht zum 1. Oktober fuhren von Prag

Zum Aufruf
der Initiativgruppe
"Sozialdemokratische Partei in der DDR"

So kann es nicht weitergehen!

Viele warten darauf, daß sich etwas ändert.
Das aber reicht nicht aus!

Wir wollen das unsere tun.
Die notwendige Demokratisierung der DDR hat die grundsätzliche Bestreitung des Wahrheits- und Machtanspruchs der herrschenden Partei zur Voraussetzung.
Wir brauchen eine offene geistige Auseinandersetzung über den Zustand unseres Landes und seines künftigen Weges.
Das bedarf programmatischer Bemühungen und solcher Bürger, die die dafür notwendige Kompetenz mitbringen bzw. gewinnen wollen.

Wir, die Unterzeichnenden, halten für den künftigen Weg unserer Gesellschaft die Bildung einer s o z i a l d e m o k r a t i s c h e n p a r t e i für wichtig.

Unser Ziel:
eine ökologisch orientierte soziale Demokratie

Das erfordert die klare Trennung von Staat und Gesellschaft und

- die sozialen, kulturellen und politischen Grundrechte der Bürger und die ihnen entsprechende Wahrnahme von Verantwortung zu ermöglichen, zu stärken und zu schützen;
- den Schutz der natürlichen Umwelt und die Sicherung von Ressourcen und Lebensmöglichkeiten für kommende Generationen zu gewährleisten.

Wir fordern alle, die den nachfolgenden unverzichtbaren programmatischen Orientierungen zustimmen, auf, sich vor Ort zusammenzuschließen.

+ Rechtsstaat und strikte Gewaltenteilung
+ parlamentarische Demokratie und Parteienpluralität
+ relative Selbständigkeit der Regionen (Länder), Kreise, Städte und Kommunen (finanziell, wirtschaftlich, kulturell)
+ soziale Marktwirtschaft mit striktem Monopolverbot zur Verhinderung undemokratischer Konzentration ökonomischer Macht
+ Demokratisierung der Strukturen des Wirtschaftslebens
+ Freiheit der Gewerkschaften und Streikrecht

Wir suchen mit allen, die sich zu diesen Grundprinzipien zusammenfinden, solidarische und verbindliche Organisationsformen.

Wer sich mit uns nicht in Übereinstimmung sieht, erkläre sich und bestimme seine eigene demokratische Perspektive.
Wir suchen ein Bündnis mit allen, die an einer grundlegenden Demokratisierung unseres Landes mitarbeiten wollen.

Martin Gutzeit
Breite Str. 20
Marwitz 1421

Markus Meckel
W.-Rathenau-Str. 19a
Niederndodeleben 3107

Arndt Noack
Karl-Marx-Platz 15
Greifswald 2200

Ibrahim Böhme
Chodowieckistr. 41
Berlin 1058

Abb. 13: Ende August 1989: Aufruf der Initiativgruppe »Sozialdemokratische Partei in der DDR«.

und Warschau aus mehr als 6000 Flüchtlinge in sieben Sonderzügen der DDR-Reichsbahn in die Bundesrepublik. In einem vom kranken Honecker redigierten Kommentar hieß es dazu im »Neuen Deutschland«, die Flüchtlinge hätten alle durch ihr »Verhalten die moralischen Werte mit Füßen getreten und sich selbst aus unserer Gesellschaft ausgegrenzt. Man sollte ihnen deshalb keine Träne nachweinen.«[10] Noch im August hatte er vor Erfurter Mikroelektronikern gereimt: »Den Sozialismus in seinem Lauf hält weder Ochs noch Esel auf.«

Inzwischen füllten sich die Botschaften erneut mit Flüchtlingen. Am 4. Oktober wurden etwa 7600 in verriegelten Sonderzügen über das Gebiet der DDR in die Bundesrepublik gebracht. Die Ausreise hatte sich – angeblich »aus technischen Gründen« – um einen Tag verzögert. Tatsächlich waren Gleise und Bahnhöfe in der DDR von Menschen geräumt worden, die auf die Züge hatten aufspringen wollen. In Dresden kam es vor dem Hauptbahnhof zu gewalttätigen Auseinandersetzungen zwischen Sicherheitskräften und rd. 3000 Menschen. Mit dem Umweg durch die DDR sollte die Souveränität der DDR und ihre Verfügungsgewalt über die Flüchtlinge demonstriert werden. Den Flüchtlingen wurden in den Zügen die Personaldokumente abgenommen, um sie nachträglich ausbürgern zu können. Außerdem war nur so die Kenntnis der Personalien möglich, um sich des Eigentums der »Abtrünnigen« zu bemächtigen, Sperrmaßnahmen über die Ausgereisten zu verhängen und Besuchsreisen in die DDR sowie die Benutzung der Transitstrecken zu verhindern.[11]

Am Tag zuvor, dem 3. Oktober, war der visumfreie Reiseverkehr zwischen der DDR und der ČSSR mit sofortiger Wirkung ausgesetzt worden, weil, wie es hieß, »bestimmte Kreise in der BRD weitere Provokationen zum 40. Jahrestag der DDR« vorbereiteten. Anläßlich dieses Jahrestages hatte Honecker inzwischen »antifaschistische Widerstandskämpfer und Aktivisten der ersten Stunde« empfangen und die DDR als »festen Grundpfeiler für die Sicherheit und Stabilität auf unserem Kontinent« bezeichnet. Der Realitätsverlust des SED-Generalsekretärs, der wochenlang krank gewesen war, war bereits weit fortgeschritten.

Neues Forum

Inzwischen gab es so etwas wie eine Opposition jener, die das Land nicht verlassen, sondern reformieren wollten. Anfang September hing an den Schwarzen Brettern vieler Kirchengemeinden ein Papier mit der Überschrift »Aufbruch 89 – Neues Forum«. Einzige Forderung: Dialog, um einen Ausweg aus der Krise zu eröffnen. Über die »Aufgaben des Rechtsstaates, der Wirtschaft und der Kultur« müsse in aller Öffentlichkeit nachgedacht werden. Alle Bürger der DDR, die an der Umgestaltung des Landes mitwirken wollten, wurden aufgerufen, sich zu beteiligen. Am 19. September beantragte das Neue Forum unter Berufung auf Artikel 29 der DDR-Verfassung beim Innenministerium sowie in elf Bezirken die offizielle Zulassung als Vereinigung. Das wurde zwei Tage später mit der Begründung abgelehnt, die Vereinigung sei eine »staatsfeindliche Plattform«. Aus Sicht der SED bestand kein gesellschaftlicher Bedarf. Das wiederum ignorierte das Neue Forum und stellte klar: »Die Zeit ist reif für selbstbestimmtes politisches Handeln.« Das Neue Forum unterschied sich durch seine programmatische Offenheit von allen anderen inzwischen entstandenen Initiativen, wie etwa dem »Demokratischen Aufbruch« (DA), »Demokratie Jetzt« (DJ) und der »Sozialdemokratischen Partei in der DDR« (SDP). Deren Initiatoren stellten kurz und bündig fest: »Wir haben dem Staat unsere Gründe mitgeteilt. Wir bitten nicht um Legalisierung. Wir sind von den Bürgern legitimiert.«

»Wer zu spät kommt ...«

In dieser Situation liefen wie geplant die Vorbereitungen für die Feiern zum 40. Jahrestag der DDR-Gründung. Auf Befehl Honeckers ordnete Verteidigungsminister Heinz Keßler allerdings für den Zeitraum vom 6. bis 9. Oktober nicht nur eine verstärkte Grenzsicherung für Ost-Berlin, sondern auch »erhöhte Gefechtsbereitschaft« für verschiedene Truppenteile in und um Ost-Berlin mit einer Gesamtstärke von rd. 1500 Mann an.[12]

Ehrengast bei den Feierlichkeiten war Michail Gorbatschow. Am 6. Oktober, Freitag, lief alles wie seit 40 Jahren ab. Am nächsten Tag allerdings wurde Gorbatschow gegenüber einem Mitglied des SED-Politbüros und Honecker deutlich: »Kühne Entscheidungen« seien notwendig,

Aufbruch 89 - NEUES FORUM

In unserem Lande ist die Kommunikation zwischen Staat und Gesellschaft offensichtlich gestört. Belege dafür sind die weitverbreitete Verdrossenheit bis hin zum Rückzug in die private Nische oder zur massenhaften Auswanderung. Fluchtbewegungen dieses Ausmaßes sind anderswo durch Not, Hunger und Gewalt verursacht. Davon kann bei uns keine Rede sein.
Die gestörte Beziehung zwischen Staat und Gesellschaft lähmt die schöpferischen Potenzen unserer Gesellschaft und behindert die Lösung der anstehenden lokalen und globalen Aufgaben. Wir verzetteln uns in übelgelaunter Passivität und hätten doch Wichtigeres zu tun für unser Leben, unser Land und die Menschheit.
In Staat und Wirtschaft funktioniert der Interessenausgleich zwischen den Gruppen und Schichten nur mangelhaft. Auch die Kommunikation über die Situation und die Interessenlage ist gehemmt. Im privaten Kreis sagt jeder leichthin, wie seine Diagnose lautet und nennt die ihm wichtigsten Maßnahmen. Aber die Wünsche und Bestrebungen sind sehr verschieden und werden nicht rational gegeneinander gewichtet und auf Durchführbarkeit untersucht. Auf der einen Seite wünschen wir uns eine Erweiterung des Warenangebots und bessere Versorgung, andererseits sehen wir deren soziale und ökologische Kosten und plädieren für die Abkehr von ungehemmtem Wachstum. Wir wollen Spielraum für wirtschaftliche Initiative, aber keine Entartung in eine Ellenbogengesellschaft. Wir wollen das Bewährte erhalten und doch Platz für Erneuerung schaffen, um sparsamer und weniger naturfeindlich zu leben. Wir wollen geordnete Verhältnisse, aber keine Bevormundung. Wir wollen freie, selbstbewußte Menschen, die doch gemeinschaftsbewußt handeln. Wir wollen vor Gewalt geschützt sein und dabei nicht einen Staat von Bütteln und Spitzeln ertragen müssen. Faulpelze und Maulhelden sollen aus ihren Druckposten vertrieben werden, aber wir wollen dabei keine Nachteile für sozial Schwache und Wehrlose. Wir wollen ein wirksames Gesundheitswesen für jeden; aber niemand soll auf Kosten anderer krank feiern. Wir wollen an Export und Welthandel teilhaben, aber weder zum Schuldner und Diener der führenden Industriestaaten noch zum Ausbeuter und Gläubiger der wirtschaftlich schwachen Länder werden.
Um all diese Widersprüche zu erkennen, Meinungen und Argumente dazu anzuhören und zu bewerten, allgemeine von Sonderinteressen zu unterscheiden, bedarf es eines <u>demokratischen Dialogs</u> über die Aufgaben des Rechtsstaates, der Wirtschaft und der Kultur. Über diese Fragen müssen wir in aller Öffentlichkeit, <u>gemeinsam und im ganzen Land</u>, nachdenken und miteinander sprechen. Von der Bereitschaft und dem Wollen dazu wird es abhängen, ob wir in absehbarer Zeit Wege aus der gegenwärtigen krisenhaften Situation finden. Es kommt in der jetzigen gesellschaftlichen Entwicklung darauf an,

- daß eine größere Anzahl von Menschen am gesellschaftlichen Reformprozeß mitwirkt,
- daß die vielfältigen Einzel- und Gruppenaktivitäten zu einem Gesamthandeln finden.

Wir bilden deshalb gemeinsam eine <u>politisch Plattform</u> für die ganze DDR, die es Menschen aus allen Berufen, Lebenskreisen, Parteien und Gruppen möglich macht, sich an der Diskussion und Bearbeitung lebenswichtiger Gesellschaftsprobleme in diesem Land zu beteiligen. Für eine solche übergreifende Initiative wählen wir den Namen

NEUES FORUM

Die Tätigkeit des NEUEN FORUM werden wir auf gesetzliche Grundlagen stellen. Wir berufen uns hierbei auf das in Art. 29 der Verfassung der DDR geregelte Grundrecht, durch gemeinsames Handeln in einer Vereinigung unser politisches Interesse zu verwirklichen. Wir werden die Gründung der Vereinigung bei den zuständigen Organen der DDR entsprechend der VO vom 6.11.1975 über die "Gründung und Tätigkeit von Vereinigungen" (GBl I, Nr. 44, S. 723) anmelden.
Allen Bestrebungen, denen das NEUE FORUM Ausdruck und Stimme verleihen will, liegt der Wunsch nach Gerechtigkeit, Frieden und Demokratie sowie Schutz und Bewahrung der Natur zugrunde. Es ist dieser Impuls, den wir bei der kommenden Umgestaltung der Gesellschaft in allen Bereichen lebensvoll erfüllt wissen wollen. Wir rufen alle Bürger und Bürgerinnen der DDR, die an der Umgestaltung unserer Gesellschaft mitwirken wollen, auf, Mitglieder des NEUEN FORUM zu werden.
Die Zeit ist reif.

Abb. 14: 9./10. September 1989: Aufruf des »Neuen Forums«.

jede Verzögerung politischer und ökonomischer Reformen werde zur Niederlage führen.[13]

Abseits des offiziellen Geschehens wurde Gorbatschow noch deutlicher. Auf die Frage eines Journalisten, ob die jetzige Lage in der DDR gefährlich sei, antwortete er: »Gefahren warten nur auf jene, die nicht auf das Leben reagieren.« Inoffiziell fiel, an die Adresse Honeckers gerichtet, der inzwischen berühmte Satz: »Wer zu spät kommt, den bestraft das Leben.«

Während am 7. Oktober, Samstag, am Abend im Palast der Republik gefeiert wurde, versammelten sich auf dem Alexanderplatz 15000–20000 Menschen, die »Gorbi, Gorbi«-Rufe skandierten. Als Gorbatschow dann zum Flughafen fuhr, schlugen die »Antiterroreinheiten« des MfS mit unglaublicher Härte zu.[14] Zwei Tage später, am 9. Oktober, kam in Leipzig der Moment der Entscheidung. Einheiten der Volkspolizei und der Betriebskampfgruppen wurden zusammengezogen, am Stadtrand standen Panzer der NVA bereit, Piloten der Hubschrauberstaffel aus der 150 km entfernten Albert-Zimmermann-Kaserne hatten »Führungsbereitschaft«, Krankenhäuser bereiteten sich auf die Versorgung einer größeren Zahl von Verletzten vor. In der Stadt kursierten Gerüchte, man munkelte von einer »chinesischen Lösung«. 70000 Menschen standen bereit, um unter dem Motto »Wir sind das Volk – keine Gewalt!« für Demokratie und eine Umgestaltung der DDR zu demonstrieren.

Wem es zu verdanken ist, daß die Sicherheitskräfte nicht zuschlugen, ist bis heute unklar. Wahrscheinlich hatte die Parteispitze die Weisung erteilt, eine Eskalation zu vermeiden. Jedenfalls setzten sich die besonnenen Kräfte durch. In einem von Kurt Masur, dem Kapellmeister des Leipziger Gewandhauses, initiierten und im Rundfunk verlesenen Aufruf appellierten u. a. auch drei Sekretäre der SED-Bezirksleitung für einen friedlichen Ablauf des Geschehens. Möglicherweise hatte auch Moskau signalisiert, daß es nicht wie 1953 eingreifen werde, obwohl, wie Ex-ZK-Sekretär Kurt Hager in der Sitzung des ZK am 10. November betonte, die Situation »schärfer, ernster als 1953« sei.[15] Von diesem Datum an jedenfalls, so Stefan Wolle, »begann ein neues und zugleich das letzte Kapitel in der Geschichte der DDR«.[16] Am 16. Oktober forderten 100000 Demonstranten in Leipzig demokratische Reformen.

Wenn für die SED-Führung überhaupt noch etwas zu retten war, dann offensichtlich ohne Honecker, der noch am 7. Oktober von einer »zü-

Abb. 15: Ein Bild aus besseren Tagen der DDR, als man bei der Freien Deutschen Jugend (FDJ) noch skandierte: »Wir sind die Fans von Egon Krenz.« Egon Krenz wird am 24. Oktober 1989 vom Zentralkomitee der SED als Nachfolger von Erich Honecker zum Vorsitzenden des Staatsrates und des Nationalen Verteidigungsrates der DDR gewählt.

gellosen Verleumdungskampagne« gesprochen hatte, die international koordiniert gegen die DDR geführt werde und darauf abziele, Menschen zu verwirren und »Zweifel in die Kraft und die Vorzüge des Sozialismus zu säen«. Jetzt erging es Honecker so wie 18 Jahre zuvor Walter Ulbricht. Mit Zustimmung Gorbatschows verständigten sich Egon Krenz, der Berliner SED-Bezirkschef Günter Schabowski, der Vorsitzende der Einheitsgewerkschaft Harry Tisch und Ministerpräsident Willi Stoph sowie einige weitere Mitglieder der SED-Spitze, Erich Honecker abzusetzen. So hofften sie, das angeschlagene System vor dem völligen Zusammenbruch zu retten. Erich Honecker ahnte nichts, als das Politbüro wie jeden Dienstag, so auch am 17. Oktober, zu einer Sitzung zusammentrat. Nach seinen einleitenden Worten unterbrach ihn Willi Stoph, der vorschlug, die Tagesordnung zu ändern und über die Absetzung des Generalsekretärs zu beraten. Mit »steinernem Gesicht«, so erinnerte sich Schabowski später, ließ der SED-Chef die Debatte zu, an deren Ende beschlossen wurde, das Zentralkomitee sollte Honecker am folgenden Tag »auf eigenen Wunsch« von allen Ämtern entbinden. Auf der 9. Tagung des ZK, die am 18. Oktober um 13.55 Uhr begann, bat Honecker dann die versammelten »Genossinnen und Genossen«, ihn

»aus Gesundheitsgründen von der Funktion des Generalsekretärs des Zentralkomitees, vom Amt des Vorsitzenden des Staatsrates der DDR und von der Funktion des Vorsitzenden des Nationalen Verteidigungsrates der Deutschen Demokratischen Republik zu entbinden«.

Er schlug Egon Krenz als seinen Nachfolger vor. Krenz sei »fähig und entschlossen, der Verantwortung und dem Ausmaß der Arbeit so zu entsprechen, wie es die Lage erfordert«. Das ZK billigte dieses Anliegen einstimmig und verabschiedete den »Kämpfer für Sozialismus und Frieden« mit »stürmischem Beifall«.[17]

Am 24. Oktober wählte die Volkskammer Krenz in offener Abstimmung zum Staatsratsvorsitzenden und Vorsitzenden des Nationalen Verteidigungsrates. Entgegen der bis dahin üblichen Praxis bei solchen Entscheidungen gab es 26 bzw. 8 Gegenstimmen und 26 bzw. 17 Enthaltungen. Der neue Möchtegern-Diktator – der frühere Bischof von Berlin-Brandenburg, Albert Schönherr, meinte nach der Wahl: »Der Mann ist bekannt für das, was er in der Vergangenheit getan hat« – hielt anschließend eine mit altbekannten Floskeln durchsetzte Rede, in der er seiner Gefolgschaft versicherte, daß »der Sozialismus auf deutschem Boden nicht zur Disposition steht« und »unsere Macht die Macht der Arbeiterklasse und des ganzen Volkes ist unter Führung unserer Partei«. Er kündigte aber auch »gesellschaftlichen Dialog« und »einen neuen Arbeitsstil für Volkskammer und Staatsrat« an. In der sich anschließenden, für die meisten Mitglieder ungewohnten, weil zaghaft offenen Diskussion war es der »Hoffnungsträger« Hans Modrow aus Dresden, der für den Beginn eines Dialogs mit friedlichen Demonstranten warb, gleichzeitig aber auch Entschlossenheit bekundete, den Sozialismus gewaltsam zu verteidigen.

Am Morgen des 26. Oktober kam es zu einem ersten Telefonat zwischen Kohl und Krenz. Letzterer hatte am 18. Oktober erklärt, die SED habe eine »Wende« eingeleitet. Darauf verwies er jetzt und erläuterte: »Wende bedeutet aber jedoch keinen Umbruch, da hoffe ich, stimmen Sie mit mir überein, daß eine sozialistische DDR auch im Interesse der Stabilität in Europa ist.«[18] Auch wenn er es nicht sagte, in diesem Punkt stimmte Kohl wohl nicht mit Krenz überein. Immerhin

wünschte Kohl ihm »eine glückliche Hand und viel Erfolg« für seine »wichtige und sehr, sehr schwierige Aufgabe« und bekundete Interesse an einer »ruhigen, vernünftigen Entwicklung« in der DDR.[19]
Es wird eine offene Frage bleiben, ob und in welchem Maße Bundeskanzler und Kanzleramt bereits jetzt eine Destabilisierung der DDR betrieben. Stunden vor dem Mauerfall erklärte Kohl in Warschau dem Vorsitzenden der Gewerkschaft »Solidarność«, Lech Wałesa, »daß die DDR im Gegensatz zu Polen und Ungarn keine Nation, sondern ein Teil Deutschlands sei«. Wenn die Zahl der Zufluchtsuchenden noch dramatischer anwachse, werde sie »kollabieren«.[20] Und was dann? Rudolf Seiters hatte am 7. September gegenüber dem stellvertretenden US-Außenminister, Lawrence S. Eagleburger, eine im Kanzleramt oft zitierte Äußerung des SED-Ideologen und ZK-Mitgliedes Otto Reinhold erwähnt. Der hatte am 19. August 1989 die Frage gestellt: »Welche Existenzberechtigung sollte eine kapitalistische DDR neben einer kapitalistischen Bundesrepublik haben?« Und gleich selbst geantwortet:

»Keine natürlich. Er wolle ›keine große Sache‹ daraus machen, aber doch darauf hinweisen, daß Präsident Bush meine, was er sage, wenn er sich öffentlich für die Wiedervereinigung ausspreche. Die USA sei unter allen Verbündeten das Land, das sich hierzu am eindeutigsten äußere. Die Wiedervereinigung sei zwar nicht eine ›Frage des Heute‹, aber die Entwicklung in Osteuropa habe alles in Bewegung gebracht. Er wiederhole, daß es in dieser Frage keinen Unterschied der öffentlichen und privat geäußerten Meinung der US-Regierung gebe.«

Seiters hatte die Frage ähnlich gestellt und klarer beantwortet: »Was sei die DDR ohne das System? Deutschland!« Eagleburger war begeistert: »Sehr gut.«[21]
Die DDR würde Reformen nicht überleben; das war systemimmanent. Und genau darum ließ Bonn unmittelbar vor und vor allen Dingen nach dem Fall der Mauer keine Gelegenheit aus, den Reformdruck auf die DDR zu erhöhen, obwohl Kohl lange gezögert und sich öffentlich zurückgehalten hatte. Erst am 6. November, drei Tage vor der Maueröffnung, fiel im Kanzlerbungalow bei einer Besprechung zwischen Helmut Kohl, Rudolf Seiters und Wolfgang Schäuble die Entscheidung, die bisherige Zurückhaltung aufzugeben und sich offen in die inneren Angelegenheiten der DDR einzumischen – nachdem Schalck gegenüber Seiters die Finanzmisere der DDR offenbart hatte. Für die bereits fertig vorliegende Rede zum »Bericht zur Lage der Nation im geteilten Deutschland«, die Kohl am 8. November im Bundestag halten wollte, formulierten sie abends folgenden Passus:

»Ich erkläre gegenüber der neuen SED-Führung meine Bereitschaft, einen Weg des Wandels zu stützen, wenn sie zu Reformen bereit ist. Kosmetische Korrekturen genügen nicht. Wir wollen nicht unhaltbare Zustände stabilisieren. Aber wir sind zu umfassender Hilfe bereit, wenn eine grundlegende Reform der politischen Verhältnisse in der DDR verbindlich festgelegt wird.«[22]

Um die Ernsthaftigkeit des Angebots zu unterstreichen, setzten sie die Schlüsselwörter »umfassend«, »grundlegend« und »verbindlich« ein.[23] Wirtschaftliche Zusammenarbeit, so ein Kanzleramtsbeschluß vom 6. November, sollte es nur noch bei Maßnahmen geben, »die wir auch dann durchführen müßten, wenn Deutschland nicht geteilt wäre«.[24] Es gab aber noch keinen Deutschlandplan! Im Gegenteil: Noch am 7. November erklärte der Kanzler vor der Unionsfraktion, das Ziel aktueller Politik gegenüber der SED müsse die Herbeiführung freier Wahlen sein. Zugleich warnte er aber auch vor unüberlegtem Aktionismus und einem »Deutschlandplan. Wie kommt man zur Wiedervereinigung?«[25]

Inzwischen gingen die Demonstrationen in der Republik weiter. Allein in der Woche vom 23. bis 30. Oktober zählte die Stasi über 130 mit insgesamt etwa einer halben Million Teilnehmern. Am 4. November, Samstag, kam es zur größten Demonstration in der Geschichte der DDR, zugleich der ersten von den Behörden genehmigten Kundgebung der Opposition. Drei Tage vorher, am 1. November, war Krenz in Moskau mit Gorbatschow zusammengekommen. Der Kremlchef hatte ihn ermuntert, den »Dialog mit der Gesellschaft« weiterzuführen und auch in stürmischen Auseinandersetzungen »keine Angst vor dem eigenen Volk zu bekommen«. Krenz hatte die Entschlossenheit der SED-Führung bekräftigt, politische Probleme mit politischen Mitteln lösen und keine Polizei gegen die Demonstranten einsetzen zu wollen. Wenn allerdings auf der für den 4. November beabsichtigten Großdemonstration in Ost-Berlin der schlimmste Fall eintrete und »ein Massendurchbruch durch die Mauer versucht werde, müßte die Polizei eingesetzt und müßten gewisse Elemente eines Ausnahmezustandes eingeführt werden«. Zum Thema »Wiedervereinigung« hatte der neue SED-Chef erklärt, diese Frage stehe »nicht auf der Tagesordnung«. Das ambivalente Verhältnis von Krenz zur Frage der Gewaltanwendung war Gorbatschow nicht verborgen geblieben; er hatte Krenz davor gewarnt, das Volk insgesamt als Feind zu betrachten: »Wenn es sich gegen die Politik auflehne, müsse man überlegen, was an der Politik zu ändern sei, damit sie den Interessen des Volkes und dem Sozialismus entspricht.«[26]

Jetzt forderten eine Million Menschen auf dem Alexanderplatz unter anderem freie Wahlen, Meinungsfreiheit, die Abschaffung des Machtmonopols der SED, den Rücktritt der Regierung und die Zulassung von Oppositionsgruppen. Mit bissigen bis witzigen Spruchbändern drückten die Demonstranten ihre Meinung aus: »Alle Macht dem Volke – nicht der SED«; »Das Volk sind wir – gehen sollt ihr«; »Rechtssicherheit statt Staatssicherheit«; »Sozialismus ja – SED nein«; »Demokratie – jetzt oder nie«; »Neue Wahlen für neuen Weg«; »Jetzt geht's nicht um Bananen, jetzt geht's um die Wurst«; »Pluralismus statt Parteiendemokratie«; »Die Wahrheit geht auf die Straße, und die SED hinkt hinterher«; »Keine Kosmetik, sondern Reformen«. Das DDR-Fernsehen sendete unangekündigt eine Direktübertragung der dreistündigen Abschlußveranstaltung, auf der neben Vertretern von Oppositionsgruppen und mit ihnen sympathisierenden Künstlern – u.a. die Schriftsteller Stefan Heym, Christoph Hein und Christa Wolf – auch führende Politiker wie der ehemalige Geheimdienstchef Markus Wolf und Ost-Berlins SED-Chef Günter Schabowski zu Wort kamen. Sie konnten sich mit der vorgetragenen Selbstkritik und ihrer Versicherung, die politische Wende werde nun perfekt und dauerhaft gemacht (Wolf), kaum gegen das Pfeifkonzert auf dem Platz durchsetzen. Christoph Hein machte Honecker für »Fehler, Versäumnisse und Verbrechen« verantwortlich. Am selben Tag gab es auch in anderen Städten der DDR Demonstrationen: in Magdeburg, Potsdam, Arnstadt, Altenburg, Rostock, Ludwigslust, Parchim, Gadebusch, Suhl und Dresden.
Zwei Tage später, am 6. November, kamen eine halbe Million Demonstranten in Leipzig »zur bisher machtvollsten Demonstration« (ADN) zusammen, in Dresden 70000, in Magdeburg Zehntausende, 60000 in Halle, 50000 in Karl-Marx-Stadt, 10000 in Cottbus und 25000 in Schwerin. Hans Modrow charakterisierte den in Gang gesetzten Dialog als »bisher größte demokratische Bewegung des Volkes in der DDR«.
Am 7. November lehnte der Verfassungs- und Rechtsausschuß der Volkskammer den Entwurf eines Reisegesetzes als unzureichend ab. Daraufhin trat der gesamte Ministerrat, d.h. die Regierung der DDR, unter Willi Stoph zurück.

Am 8. November, Mittwoch, begann die dreitägige 10. Tagung des ZK der SED – mit neuen Erfahrungen für den neuen Generalsekretär Krenz. Das Politbüro trat zwar zunächst geschlossen zurück, dann aber ließ eine Mehrheit der ZK-Mitglieder einige von Krenz vorgeschlagene Kandidaten bei der Wahl zum neuen, von 21 auf 11 Mitglieder reduzierten Politbüro durchfallen. Dagegen rückte Hans Modrow, der gleichzeitig als neuer Ministerpräsident nominiert wurde, in das oberste Machtzentrum nach.

Während sich vor dem ZK-Gebäude Tausende SED-Mitglieder versammelten und auf Transparenten und in Sprechchören ihre Forderungen anmeldeten – z. B. »Für eine Parteiführung, die auf das Volk hört« –, verkündeten im Inneren des Gebäudes die für die Wirtschaft verantwortlichen SED-Funktionäre bittere Wahrheiten, die Krenz in den Worten zusammenfaßte:

»Das Prinzip, daß nur verbraucht werden kann, was vorher erwirtschaftet worden ist, wurde sträflichst verletzt, die Einheit von Wirtschafts- und Sozialpolitik inkonsequent durchgesetzt. Den Leistungsrückständen der Produktion standen steigende Sozial- und Subventionsausgaben gegenüber. Der Ausgleich sollte durch Aufnahme ständig steigender Kredite erreicht werden. Dafür haben wir heute teuer zu bezahlen. Mit der ungenügenden Durchsetzung des Leistungsprinzips entstanden unsoziale Nebenwirkungen wie Schattenwirtschaft, Schmiergelder und Abhängigkeiten durch Beziehungen.«

Modrow machte klar, was zu tun sei, nämlich: Nur eine »Ökonomisierung der ganzen Wirtschaft« und die Anerkennung der Leistung »als ein Bewertungsprinzip der sozialistischen Gesellschaft« könnten den DDR-Sozialismus retten. Innenminister Friedrich Dickel sorgte sich dagegen mehr um die schwindende Autorität der Staatsorgane, die »mit Fußtritten, Fausthieben, Steinen, Eisenstangen und Reizsprays angegriffen« würden. Damit war man wohl eher selbst gemeint. Günter Jahn, der Erste Sekretär der Bezirksleitung Potsdam, verspürte jedenfalls keine Neigung, sich weiterhin öffentlich beschimpfen zu lassen. Er wolle »lieber ein feiger Hund als ein dummes Schwein« sein, und erntete vom Plenum für diese Erklärung »zustimmende Zurufe«. Zum Dialog mit dem demonstrierenden Volk waren nur wenige bereit, wie etwa Günter Schabowski oder Hans Modrow.

Es klingt fast wie ein Treppenwitz der Geschichte, daß das Zentralkomitee das Schicksal der DDR eher beiläufig besiegelte, indem es dem von Egon Krenz vorgeschlagenen Reisegesetz zustimmte, ohne auch

nur zu ahnen, daß einige Stunden später auf Grund eines Mißverständnisses bei der Verkündung dieses Gesetzes durch Günter Schabowski die Mauer in der Nacht des 9. November 1989 fallen würde.
Das verwirrende Puzzle, wie es zu diesem Mißverständnis kam, hat am ausführlichsten Hans-Hermann Hertle untersucht. Zusammengefaßt sieht das so aus: Die ČSSR bat die DDR-Regierung am 8. November, die Ausreise von DDR-Bürgern in die Bundesrepublik »direkt und nicht über das Territorium der ČSSR« abzuwickeln. Von daher war eine neue Reiseverordnung dringend erforderlich. Die zuständigen Offiziere der Staatssicherheit und des Innenministeriums, die im Auftrag des Politbüros den entsprechenden Entwurf erarbeiteten, den der Ministerrat noch am 9. November beschließen sollte, schrieben zwar als ersten Punkt in diesen Entwurf hinein, daß ab sofort auch Privatreisen für jedermann möglich sein sollten, sie dachten aber keineswegs an eine generelle Reisefreiheit, da sie gleichzeitig Durchführungsbestimmungen für die Paß- und Meldestellen der Volkspolizei vorbereiteten. Privatreisen sollten nach wie vor beantragt werden müssen, und nur wer einen Reisepaß besaß, sollte ein Visum erhalten. Einen Reisepaß aber besaßen nur etwa vier Millionen Bürger; alle anderen, so das Kalkül, mußten zunächst einen Paß beantragen und sich dann noch einmal mindestens vier Wochen bis zu dessen Ausgabe gedulden. Einem sofortigen Aufbruch aller DDR-Bürger schien damit ein wirksamer Riegel vorgeschoben.
Ein Exemplar der Ministerrats-Beschlußvorlage erhielt Egon Krenz, der um 16.00 Uhr die Regelung den 216 ZK-Mitgliedern vorlas und die leicht resignierte Bemerkung hinzufügte: »Wie wir es machen, machen wir es verkehrt! Aber das ist die einzige Lösung, die uns die Probleme erspart, alles über Drittstaaten zu machen, was dem internationalen Ansehen der DDR nicht förderlich ist.« Das ZK war mit dieser Lösung einverstanden. Obwohl als Sperrfrist der 10. November, 4.00 Uhr, festgesetzt war, händigte Krenz die Beschlußvorlage samt Pressemitteilung Schabowski aus und gab ihm den Auftrag, darüber bereits auf einer für 18.00 Uhr angesetzten internationalen Pressekonferenz zu informieren.
Schabowski war nicht dabei gewesen, als das Politbüro die Reiseverordnung in den Mittagsstunden bestätigt hatte; er war auch nicht im Saal, als Krenz die Reiseregelung dem ZK vorgelesen hatte. Er kannte deshalb weder den Wortlaut des Papiers, noch wußte er etwas von einer Sperrfrist. Er ging im Gegenteil davon aus, daß die Pressemittei-

lung bereits verbreitet worden sei. Das Papier von Krenz steckte er unbesehen zu seinen Unterlagen.
Am 9. November 1989 um 18.57 Uhr versetzte Schabowski im Pressezentrum in der Mohrenstraße vor laufenden Fernsehkameras der SED-Herrschaft den Gnadenstoß. Es war ein historischer Moment. Am Ende einer Routine-Pressekonferenz erkundigte sich der italienische Korrespondent Riccardo Ehrmann nach dem Entwurf für das Reisegesetz. Was dann kam, ist inzwischen oft im Fernsehen gezeigt worden. Schabowski wühlte in seinen Papieren und teilte mit, das ZK habe beschlossen, »... heute ... äh ... eine Regelung zu treffen, die es jedem Bürger der DDR möglich macht, ... äh ... über Grenzübergangspunkte ... äh ... auszureisen«.
Aus dem Auditorium wurde nachgefragt: »Ab wann tritt das in Kraft? Ab sofort?« Schabowski kratzte sich am Kopf, setzte sich, während er weitersprach, seine Brille auf und ordnete seine Unterlagen:

»Also, Genossen, mir ist das hier also mitgeteilt worden, daß eine solche Mitteilung heute schon ... äh ... verbreitet worden ist. Sie müßte eigentlich in Ihrem Besitz sein. Also [liest sehr schnell vom Blatt] ... Privatreisen nach dem Ausland können ohne Vorliegen von Voraussetzungen (Reiseanlässe und Verwandtschaftsverhältnisse) beantragt werden.«

Dann machte Schabowski weitere Ausführungen zur Beantragung von Pässen; jemand hakte nach: »Wann tritt das in Kraft?« Schabowski blätterte wieder in seinen Papieren und teilte schließlich mit: »Das tritt nach meiner Kenntnis, ist das sofort, unverzüglich [blättert weiter in seinen Unterlagen] ... [leise] ... unverzüglich.« In dem folgenden Stimmengewirr murmelte er zweimal resigniert: »Ich habe nichts Gegenteiliges gehört«, um noch einmal präzisierend zu wiederholen: »Ja, ich habe nichts Gegenteiliges gehört. Ich drücke mich nur so vorsichtig aus, weil ich nun in dieser Frage nicht, also, ständig auf dem laufenden bin, sondern kurz, bevor ich rüberkam, diese Information in die Hand gedrückt bekam.«
Während einige Journalisten eilig den Raum verließen, stellte jemand die Frage: »Herr Schabowski, was wird mit der Berliner Mauer jetzt geschehen?« Schabowski wies darauf hin, daß es 19.00 Uhr und die Pressekonferenz damit abgeschlossen sei, stotterte weiter herum und meinte dann abschließend:

»Und ... Herr ... sicherlich wird die Debatte über diese Frage ... äh ... positiv beeinflußt werden können, wenn sich auch die BRD und wenn sich die NATO zu Abrüstungsschritten entschließt und sie durchsetzt, so oder ähnlich wie die DDR und

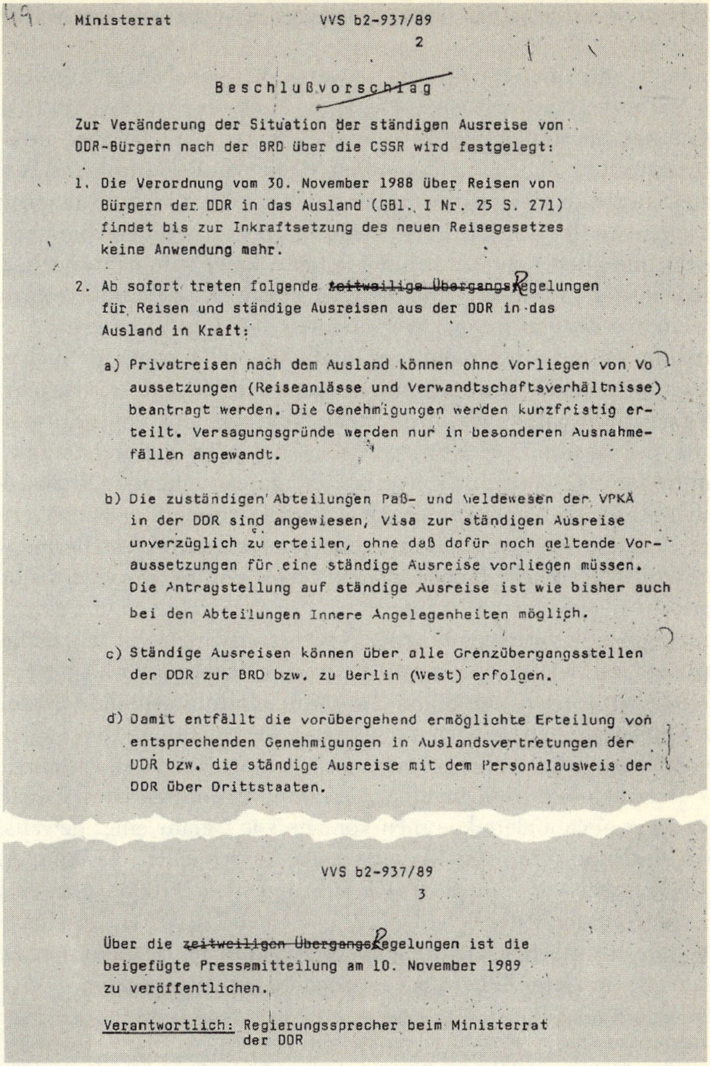

49 Ministerrat VVS b2-937/89

2

Beschlußvor~~schlag~~

Zur Veränderung der Situation der ständigen Ausreise von DDR-Bürgern nach der BRD über die CSSR wird festgelegt:

1. Die Verordnung vom 30. November 1988 über Reisen von Bürgern der DDR in das Ausland (GBl. I Nr. 25 S. 271) findet bis zur Inkraftsetzung des neuen Reisegesetzes keine Anwendung mehr.

2. Ab sofort treten folgende ~~zeitweilige Übergangsr~~Regelungen für Reisen und ständige Ausreisen aus der DDR in das Ausland in Kraft:

   a) Privatreisen nach dem Ausland können ohne Vorliegen von Voraussetzungen (Reiseanlässe und Verwandtschaftsverhältnisse) beantragt werden. Die Genehmigungen werden kurzfristig erteilt. Versagungsgründe werden nur in besonderen Ausnahmefällen angewandt.

   b) Die zuständigen Abteilungen Paß- und Meldewesen der VPKÄ in der DDR sind angewiesen, Visa zur ständigen Ausreise unverzüglich zu erteilen, ohne daß dafür noch geltende Voraussetzungen für eine ständige Ausreise vorliegen müssen. Die Antragstellung auf ständige Ausreise ist wie bisher auch bei den Abteilungen Innere Angelegenheiten möglich.

   c) Ständige Ausreisen können über alle Grenzübergangsstellen der DDR zur BRD bzw. zu Berlin (West) erfolgen.

   d) Damit entfällt die vorübergehend ermöglichte Erteilung von entsprechenden Genehmigungen in Auslandsvertretungen der DDR bzw. die ständige Ausreise mit dem Personalausweis der DDR über Drittstaaten.

VVS b2-937/89

3

Über die ~~zeitweiligen Übergangsr~~Regelungen ist die beigefügte Pressemitteilung am 10. November 1989 zu veröffentlichen.

Verantwortlich: Regierungssprecher beim Ministerrat der DDR

Abb. 16: Der vom ZK-Mitglied Günter Schabowski auf seiner historischen Pressekonferenz am Abend des 9. November 1989 verlesene »Zettel«, der den Fall der Mauer einleitete.

andere sozialistische Staaten schon mit bestimmten Vorleistungen getan haben. Herzlichen Dank!«[27]

»Sofort« und »unverzüglich«: Das waren die Signalworte, mit denen die Nacht der Nächte begann. Die Pressekonferenz war live im DDR-Fernsehen übertragen worden; entscheidend wurde jetzt aber die Berichterstattung in den westdeutschen Medien, in Rundfunk und Fernsehen. Tausende Ostberliner machten sich auf den Weg zur Mauer, um zu sehen, was los war. Die Grenzsicherungsorgane wurden völlig überrascht und blieben zunächst ohne Befehle. Einer kam dann noch: die Auffälligsten rauslassen – mit Stempel im Paß, der bedeutete (was nur die Grenzer wußten): keine Wiedereinreise. Aber es war zu spät. Fassungslos und von der ahnungs- und hilflosen Führung im Stich gelassen, wichen die Grenzsicherungsorgane den Massen. Was sie jahrelang gesichert hatten, war nicht mehr. Sie trafen eine kluge Entscheidung. Genau um 23.14 Uhr stellten sie in der Bornheimerstraße alle Kontrollen ein. »Wir fluten jetzt!« kündigte der leitende Offizier der Paßkontrolle an. Dann wurden die Schlagbäume geöffnet, der »Wahnsinn« begann: Abertausende strömten von Ost- nach West-Berlin, wo sich unbeschreibliche Freudenszenen abspielten. Es war eine historische Nacht, die man im Fernsehen mit bewegtem Herzen und emotional aufgewühlt verfolgen konnte. Es war etwas Unglaubliches, Unfaßbares geschehen. »Wer hat uns das bloß eingebrockt?« klagte Egon Krenz am nächsten Morgen im Politbüro. Hoffnungen, die Kontrolle zurückzugewinnen, gingen nicht mehr in Erfüllung. Der Fall der Mauer, der weder vorhergesehen noch vorhersehbar war, erwies sich als unumkehrbar. Die Dinge nahmen ihren bekannten Lauf. Es hätte allerdings auch anders kommen können. Die Gefahr einer gewaltsamen Eskalation, um die Mauer wieder zu schließen, bestand. Am 10. November versetzte die NVA-Führung über 20000 Soldaten in Alarmbereitschaft; der Befehl wurde erst einen Tag später aufgehoben. Aber die eigentliche Gefahr lag in der Reaktion der Sowjetunion. Deren Außenminister Eduard Schewardnadse berichtete später,

»daß er und Gorbatschow in dieser Zeit ›sehr aktiv zur Gewaltanwendung gedrängt‹ wurden. Man solle, so wurde ihnen nahegelegt, nach den Szenarien von 1953, 1956 und 1968 handeln. Konkret sei vorgeschlagen worden, an der deutsch-deutschen Grenze ›Divisionen und Sperranlagen aufzustellen und die Triebwerke der Panzer anzukurbeln‹. Zu jenen, die eine gewaltsame Schließung der Grenze nach dem Mauerfall erwogen, gehörten laut Sagladin[28] viele Mitarbeiter im Außen- und Verteidigungsministerium sowie in der internationalen Abteilung... Es dürfte Gorbatschows resoluter Führung am 10. November 1989 zu verdanken sein, daß das sowjetische Militär nach dem Mauerfall in Berlin in den Kasernen blieb.«[29]

Das Elend des ZK

Mit am erstaunlichsten war wohl, was sich am Morgen nach dem Mauerfall bei der Fortsetzung der ZK-Tagung der SED ereignete. Die ZK-Riege versammelte sich um 9.05 Uhr – und ignorierte die in der Nacht eingetretene Entwicklung. Gerhard Schürer referierte über die katastrophale Wirtschaftslage. Erst nach einer Stunde ging Krenz auf die Ereignisse der Nacht ein:

»Genossen, ich bitte um Verständnis. Ich weiß nicht, ob wir alle noch nicht oder viele, da will ich niemandem zu nahe treten, den Ernst der Lage erkannt haben. Der Druck, der bis gestern auf die tschechoslowakische Grenze gerichtet war, ist seit heute Nacht auf unsere Grenzen gerichtet. Es besteht eine große Gefahr, daß uns viele Menschen verlassen, obwohl ein positives Zeichen ist: Von denen, die heute Nacht nach Westberlin gegangen sind – der Druck war nicht zu halten, es hätte nur eine militärische Lösung gegeben, Genossen, damit wir uns einig sind, durch das besonnene Verhalten unserer Grenzsoldaten, unserer Genossen vom MdI, vom MfS ist die Sache mit großer Ruhe bewältigt worden –, und über zwei Drittel derer, die heute Nacht Westberlin besucht haben, sind inzwischen wieder auf ihren Arbeitsplätzen hier. Das ist ein positives Signal. Aber der Druck nimmt weiter zu.«[30]

Das Plenum blieb unbeeindruckt; für die Genossen waren offensichtlich die Wirtschaftslage und die Vorschläge zur Rettung des Sozialismus, aber auch die persönlichen Entschuldigungen wichtiger, selbst als Kurt Hager feststellte: »Die Situation ist heute schärfer, ernster als 1953.«[31] Schließlich verabschiedete man ein »Aktionsprogramm« zur Verwirklichung der von Egon Krenz am 3. November angekündigten Reformen, u. a. freie Wahlen, Wirtschaftsreform, ein neues Strafrecht, ein Mediengesetz sowie ein Gesetz für Versammlungs- und Vereinigungsfreiheit.

Das ZK stellte weiter fest, »daß ernste Fehler des abgelösten Politbüros Partei und Republik in eine tiefe Krise geführt haben«. Als Sündenbock mußte der langjährige oberste Wirtschaftslenker – und bereits abgelöste – Günter Mittag herhalten, der »wegen gröblichster Verstöße gegen die innerparteiliche Demokratie, gegen die Partei- und Staatsdisziplin sowie die Schädigung des Ansehens der Partei«[32] aus dem Zentralkomitee ausgeschlossen wurde. In der nachfolgenden erregten Diskussion um Verantwortung und Schuld für die Entwicklung in der DDR erklärte der Generalintendant der Städtischen Theater Leipzig, Karl Kayser, »aus Altersgründen« seinen Rücktritt mit den Worten: »Genossen, mich ekelt das alles an.« Egon Krenz pflichtete ihm bei: »Mich auch, ja.«[33]

Man einigte sich dann auf die Einberufung einer Parteikonferenz, auf der die Dinge weiter diskutiert werden sollten. Drei Tage später, auf der 11. ZK-Tagung, die am Montag, dem 13. November, um 20.30 Uhr begann, sah alles schon wieder anders aus. Den ganzen Tag hatte die Volkskammer getagt – bis um 20.10 Uhr. Im Verlauf der Tagung war es zu einer, wie es Krenz formulierte, »lebendigen Diskussion« gekommen. Dies war auch die Sitzung, in der jener von Stasi-Minister Mielke bekannte Ausspruch: »Ich liebe doch alle Menschen« fiel. Willi Stoph hatte in der Sitzung erklärt, daß der Ministerrat und er als sein Vorsitzender »den verfassungsmäßigen Pflichten nicht voll nachgekommen« seien, und hinzugefügt: »Unsere Kompetenz war bekanntlich wesentlich eingeschränkt...« Auf die Nachfrage, wer für die Einschränkungen verantwortlich gewesen sei, erklärte Stoph: »Der Vorsitzende des Staatsrates und Generalsekretär des ZK der SED [Honecker] und der Stellvertreter des Staatsratsvorsitzenden, das Mitglied des Politbüros, Mittag.«[34]

In der ZK-Sitzung demontierten nun die nicht im ZK vertretenen Aktivisten aus der Kaderreserve der Partei, die auf die Einberufung eines außerordentlichen Parteitages drängten, die neue, alte Parteiführung, die schließlich dem Druck nachgab und zustimmte, einen Parteitag und nicht die weniger wichtige Parteikonferenz einzuberufen. Und sie hatten noch einen Erfolg zu vermelden: Sie erzwangen den »freiwilligen« Rücktritt der alten Garde, die neben Honecker über Jahrzehnte die Geschicke der DDR bestimmt hatte.

Kurt Hager kam sich in dieser Sitzung vor wie bei einer »mittelalterlichen Inquisition«; während andere meinten, es sei »schlimmer als im Mittelalter!« Alles, was jetzt gefordert wurde, wurde mit dem Verlangen der Basis begründet, auch die Inthronisation von Hans Modrow, der das Zentrum der Macht von der Partei auf den Staat verlagern wollte. Modrow wurde an diesem Tag von der Volkskammer mit einer Gegenstimme zum Ministerpräsidenten gewählt.

Drei Wochen später, am 3. Dezember 1989, Sonntag, fand die letzte Sitzung des ZK statt. Es war eine kurze Sitzung: von 13.10 Uhr bis 14.50 Uhr. Krenz erkannte zumindest ansatzweise, womit alles unmittelbar begonnen hatte, nämlich mit den manipulierten Kommunalwahl-Ergebnissen vom Mai. Und da fügte er jetzt noch ein »persönliches Wort« hinzu:

»Ich meinerseits habe nicht die Absicht, weiter zu gehen, als ich bisher öffentlich gegangen bin. Ich möchte das auch begründen. Selbstverständlich ist mir klar bewußt, auch aus heutiger Sicht, daß das erzielte Wahlergebnis mit der tatsächlichen politischen Situation im Lande weder damals noch heute übereingestimmt hat. Es gab aber keine andere Möglichkeit, ein anderes Wahlergebnis bekanntzugeben, weil es so entsprechend den Protokollen, die auch in den Kreisen existierten, zusammengestellt worden ist.«

Einige hatten vorgeschlagen, diese Frage neu aufzurollen. Krenz dazu: »Ich habe die Furcht, dann räumen wir nicht nur Positionen, die wir noch besitzen, dann können wir ganz nach Hause gehen. Ich bitte, das nicht zu Protokoll zu nehmen.«[35]
Dem 86jährigen ZK-Mitglied Bernhard Quandt kamen die Tränen. Weinend meinte er, ihm falle es schwer zu begreifen, »daß unsere Partei, unsere ruhmreiche Partei, in Gefahr ist, [sich] aufzulösen«. Er sprach von der »Verbrecherbande des alten Politbüros« und machte den Vorschlag, die 1987 abgeschaffte Todesstrafe wieder einzuführen. Man solle »alle standrechtlich erschießen, die unsere Partei in eine solche Schmach gebracht haben«.[36] Krenz war zwar »betreten«, aber dann ging die Diskussion im Chaosstil weiter. Am Ende trat das Politbüro mit Krenz an der Spitze unter dem Druck der Basis ebenso geschlossen zurück wie das gesamte ZK der Partei. Prominente Vertreter der früheren Führung, u. a. Erich Honecker, wurden aus der Partei ausgeschlossen. An die Spitze der Partei trat ein provisorischer, aus unbelasteten SED-Politikern bestehender 25köpfiger Arbeitsausschuß unter Leitung des Ersten Sekretärs der SED-Bezirksleitung Erfurt, Herbert Kroker. Günter Mittag, Harry Tisch und der ehemalige Erfurter SED-Chef Gerhard Müller wurden verhaftet; Schalck-Golodkowski zur Fahndung ausgeschrieben und aller Ämter enthoben.
Krenz beendete die letzte Tagung des ZK mit den Worten: »Das ZK hat sich aufgelöst... Genossinnen und Genossen! Die Tagung ist beendet«[37], ohne wohl begriffen zu haben, daß es auch mit der DDR zu Ende ging.

Dokumente zum 5. Kapitel

[15] MfS-Bericht: Reaktionen auf die Ausreisewelle, 13.9. 1989

»Hinweise auf die Reaktionen der Bevölkerung im Zusammenhang mit der ständigen Ausreise von Bürgern der DDR bzw. dem ungesetzlichen Verlassen der DDR.«

Die Problematik der ständigen Ausreise von Bürgern der DDR in das nichtsozialistische Ausland sowie des ungesetzlichen Verlassens der DDR bildet einen wesentlichen Schwerpunkt in der Reaktion der Bevölkerung. Die Entwicklung der Lage auf dem Gebiet hat unter großen Teilen der Bevölkerung, vor allem aber unter progressiven Kräften, Besorgnis und Beunruhigung bis hin zu Verunsicherung ausgelöst. [...]

In den sehr umfangreich und häufig sehr heftig geführten Diskussionen zu den Ursachen und begünstigenden Bedingungen für diese gesamte Entwicklung wird mehrheitlich zum Ausdruck gebracht, die eigentlichen Ursachen lägen in der seit langem angestauten Unzufriedenheit breitester Teile der Bevölkerung mit einer Vielzahl ungelöster Probleme im Arbeits-, Wohn- und Freizeitbereich, in den unterschiedlichsten gesellschaftlichen Bereichen.

Zwar sei auf zentraler Ebene eine Vielzahl Beschlüsse zu deren Beseitigung gefaßt worden, diese hätten jedoch keine spürbaren Veränderungen gebracht. Das habe in beachtlichem Umfang zu Auffassungen/Haltungen geführt, es ändere sich auf lange Sicht nichts für den Bürger, die Partei- und Staatsführung kenne nicht die Probleme, die die Bevölkerung bewegen.

In der Mehrzahl der Diskussionen und Meinungsäußerungen wird dabei ein enger Zusammenhang hergestellt zu den immer wieder genannten Hauptgründen für die Entschlußfassung zum ungesetzlichen Verlassen der DDR bzw. zur Antragstellung auf ständige Ausreise.

Als Hauptgründe werden genannt:

1. Probleme in der Versorgung der Bevölkerung
In beachtlichem Umfang wird die Auffassung vertreten, die Bedürfnisse der Bevölkerung – bezogen auf die Versorgung, die Dienstleistungen und die medizinische Grundversorgung – würden nur unzureichend befriedigt.
Insbesondere die »gravierenden« Mängel hinsichtlich der bedarfs-, sortiments- und qualitätsgerechten Bereitstellung von Waren, die als unerträglich empfundenen Wartezeiten für den Neuerwerb von PKW, die »indiskutable« Versorgung mit Ersatzteilen sowie die ständigen Mängel im Sortiment »1000 kleine Dinge« hätten dazu geführt, daß der Sozialismus im Vergleich zum Kapitalismus als »nicht attraktiv« bewertet wird. Vielfach werden derartige Auffassungen durch Eindrücke von Reisen in die BRD und nach Westberlin sowie durch den fortgesetzten Empfang westlicher Medien, in denen die westliche Lebensweise und das Konsumangebot verherrlicht werden, noch bekräftigt. [...]

3. Reisemöglichkeiten von DDR-Bürgern
Die bestehenden Reisemöglichkeiten für DDR-Bürger werden in breiten Teilen der Bevölkerung als unbefriedigend bewertet, wobei in erster Linie Vergleiche angestellt werden zu Reisemöglichkeiten für BRD-Bürger.
Hauptsächlich Jugendliche äußern Unzufriedenheit bezüglich beschränkter Reisemöglichkeiten in das nichtsozialistische Ausland. Sie wollen nicht erst »bis zur Rente warten«, argumentieren sie, um in andere Länder reisen zu können.
Es wird aber auch verwiesen auf großzügigere Regelungen, die in anderen sozialistischen Staaten im Ergebnis des KSZE-Prozesses eingeführt worden seien. [...]

4. Der Stand der Entwicklung der sozialistischen Demokratie
Die Formen der realen Mitwirkung und Einflußnahme der Bürger bei staatlichen Entscheidungen auf zentraler Ebene und im kommunalen Bereich werden häufig als unzureichend empfunden und deshalb kritisiert. Schöpferkraft und Initiative würden vielfach gehemmt durch zu viel Administration und Gängelei seitens staatlicher Organe.

5. Die Informations- und Medienpolitik
Grundsätzlich wird die Erwartung geäußert, daß sich die Probleme, mit denen sich die Werktätigen täglich auseinandersetzen müssen und die

sie bewegen, in den Medien wesentlich konkreter widerspiegeln und die Wege zu deren Lösung bzw. Überwindung öffentlich diskutiert werden. [...]
In den Medien wird insgesamt eine offensivere Auseinandersetzung erwartet.
Die Notwendigkeit wird damit begründet, daß ein großer Teil der Bevölkerung regelmäßig und mit großer Aufmerksamkeit die aktuellen Beiträge dazu in den westlichen Medien verfolge. Dort gegebene Informationen, Kommentare und Argumentationen haben wesentlichen Einfluß auf die Meinungs- und Standpunktbildung zu dieser Thematik. Häufig sind sie Anlaß und Gegenstand einer Vielzahl von Meinungsäußerungen der Werktätigen im Wohn- und Freizeitbereich; sie bestimmen in beachtlichem Maße aber auch den Inhalt der Gespräche in den Arbeitskollektiven. [...]

(BStU, ZA, ZAIG 4256; abgedruckt bei Walter Süß, Die Stimmungslage der Bevölkerung im Spiegel von MfS-Berichten, in: Kuhrt, SED-Herrschaft (475,1), S. 260f.)

[16] MfS-Bericht: Reaktionen auf die Maueröffnung, 24.11.1989

In einer Vielzahl von Meinungsäußerungen zur ökonomischen Situation und zur Devisenlage in der DDR spielt die Entwicklung des Reiseverkehrs von DDR-Bürgern in das nichtsozialistische Ausland eine große Rolle. Obwohl die »Öffnung der Grenzen« generell auf breite, z.T. euphorische Zustimmung der Bevölkerung stieß, mehren sich Meinungsäußerungen, in denen wachsende Sorge und Befürchtungen hinsichtlich negativer Auswirkungen dieser Maßnahmen auf die Lage im Innern der DDR zum Ausdruck kommen. [...]
Eng damit im Zusammenhang stehend werden zunehmend pessimistische Auffassungen zur Stabilisierung der Lage im Innern der DDR vertreten.
Es häufen sich Standpunkte, wonach die tiefe ökonomische Krise, insbesondere die hohe Staatsverschuldung, alle Hoffnungen auf eine Konsolidierung der Wirtschaft zerstört habe.
Als einziger erfolgversprechender Ausweg wird von zahlreichen Werktätigen eine enge wirtschaftliche Bindung an die BRD bzw. an die Europäische Gemeinschaft gesehen.
In zunehmendem Umfang gibt es unter Bezugnahme auf den desola-

ten Zustand in der Wirtschaft Meinungsäußerungen zu einer möglichen Wiedervereinigung beider deutscher Staaten. Obwohl eine Wiedervereinigung Deutschlands zum gegenwärtigen Zeitpunkt mehrheitlich abgelehnt wird, wird die Schaffung einer Konföderation zwischen beiden deutschen Staaten unter Beibehaltung der unterschiedlichen Gesellschaftssysteme als ein möglicher Weg angesehen.
Gleichzeitig wird aber auch die Meinung vertreten, im Falle eines Scheiterns der Politik der Wende sei eine Wiedervereinigung unausweichlich.
In grenznahen Räumen werden von der Bevölkerung z. T. euphorische Bekenntnisse zur Wiedervereinigung, die durch die Öffnung der Grenze ihrer Meinung nach bereits praktisch vollzogen sei, artikuliert. Die Kontakte zwischen den Menschen in Ost und West seien niemals abgerissen gewesen; man fühle sich als Deutscher verbunden. Alles andere sei eine Sache der Regierung. [...]

(MfS ZAIG, »Hinweise über die Reaktion der Bevölkerung auf die 12. Tagung der Volkskammer der DDR« vom 24. 11. 1989; BStU, ZA, ZAIG 5351; abgedruckt bei Walter Süß, Die Stimmungslage der Bevölkerung im Spiegel von MfS-Berichten, in: Kuhrt, SED-Herrschaft (475,1), S. 275)

6. Kapitel

1989/90: Auf dem Weg zur Einheit

Dokumente

1989/90: Auf dem Weg zur Einheit

Helmut Kohl und der Fall der Mauer

Am 9. November war Bundeskanzler Helmut Kohl auf Staatsbesuch in Polen. In Warschau erreichte ihn an diesem Abend während eines Essens mit dem polnischen Ministerpräsidenten Tadeusz Mazowiecki ein Anruf seines Beraters Eduard Ackermann aus Bonn. Ackermann hat darüber später berichtet:

»Ich sagte: ›Herr Doktor Kohl, halten Sie sich fest, die DDR-Leute machen die Mauer auf.‹ Er wollte es nicht glauben. ›Sind Sie sicher, Ackermann?‹ Ich erzählte ihm, daß ich die Pressekonferenz von Schabowski im Fernsehen verfolgt hätte und daß in Berlin bereits Menschen aus dem Ostteil herübergekommen seien. ›Das gibt's doch nicht. Sind Sie wirklich sicher?‹ Ich sagte: ›Das Fernsehen überträgt live aus Berlin, ich kann es mit eigenen Augen sehen.‹ Kohl: ›Das ist ja unfaßbar.‹«[1]

Kohl selbst erinnerte sich:

»Es verschlug mir fast die Sprache. Wir alle hatten erwartet, daß nach meinem Signal vom 8. November im Bundestag bald etwas Entscheidendes in Sachen Reisefreiheit passieren würde, aber daß es so schnell und vor allem mit solchen Auswirkungen geschehen würde, das war kaum zu fassen.«

Es verschlug Kohl fast, aber eben nur fast die Sprache. Für ihn war klar: Er mußte – anders als Adenauer beim Mauerbau im August 1961 – sofort nach Berlin, wo für den nächsten Abend der Regierende Bürgermeister Walter Momper (SPD) kurzfristig zu einer Kundgebung aufgerufen hatte. Die polnischen Gastgeber hörten das zwar nicht gerne – glaubten auch nicht Kohls Versicherung, zurückzukommen, um den Besuch fortzusetzen –, aber am nächsten Tag war der Bundeskanzler in Berlin.

Am Abend des 9. November behandelte der Bundestag den Entwurf eines Vereinsförderungs-Gesetzes, als der CSU-Abgeordnete Karl-Heinz Spielker ans Rednerpult trat und eine erste dpa-Eilmeldung über Schabowskis Pressekonferenz vorlas: »Ab sofort können DDR-Bürger

Abb. 17: Als die Mauer fällt, bleiben die Truppen der Nationalen Volksarmee (NVA) in den Kasernen. Am 10. November werden zwar 20000 Soldaten in Alarmbereitschaft versetzt, der Befehl am nächsten Tag aber wieder aufgehoben.

direkt über alle Grenzstellen zwischen der DDR und der Bundesrepublik ausreisen.«
Es gab lang anhaltenden Applaus – dann setzten die Abgeordneten die Debatte ungerührt fort. Nach einer Unterbrechung der Sitzung ergriff dann Kanzleramtsminister Rudolf Seiters um 20.46 Uhr das Wort, um eine mit Kohl abgestimmte Erklärung der Bundesregierung vorzutragen. Mit der Erlaubnis von Besuchsreisen und Ausreisen werde »erstmals Freizügigkeit für die Deutschen in der DDR hergestellt«. Er wiederholte dann die am Tag zuvor von Kohl genannten Bedingungen für wirtschaftliche Hilfsleistungen an die DDR und appellierte an die Solidarität der Westdeutschen. SPD-Fraktionsvorsitzender Hans-Jochen Vogel wurde deutlicher: »Diese Entscheidung bedeutet, daß die Mauer nach 28 Jahren ihre Funktion verloren hat.« Das Ziel der DDR müsse es sein, durch freie Wahlen die Bereitschaft, in der DDR zu bleiben, zu stärken und die Übersiedlungen zu stoppen. Der FDP-Abgeordnete Wolfgang Mischnick betonte: »Alle diejenigen, die jetzt noch schwanken, bitte ich herzlich: Bleibt Daheim!« Dann erhoben sich die Abgeordneten und stimmten die Nationalhymne an. Die Sitzung wurde um

21.10 Uhr geschlossen.[2] Die Mauer war zwar noch zu, aber die Dinge nahmen bereits ihren Lauf.

In Washington verfolgten Präsident George Bush und Außenminister James Baker den Fall der Mauer im Fernsehen. Bereits kurz nach 15.30 Uhr Washingtoner Zeit begrüßte Bush öffentlich die Entscheidung der DDR-Führung zur Öffnung der Grenze. Zur Überraschung der Journalisten reagierte er jedoch keinesfalls euphorisch. Während die amerikanische Öffentlichkeit und zahlreiche Politiker aufgewühlt von Live-Berichten auf fast allen Kanälen euphorisch über »das Ende des Eisernen Vorhangs« sprachen und einen großen Sieg im Kampf zwischen Ost und West verkündeten, meinte Bush lediglich, er sei »sehr zufrieden«, und begründete das damit, daß er schließlich kein sonderlich emotionaler Typ sei. Die so Angesprochenen verstanden dieses zurückhaltende Auftreten zunächst nicht. Dahinter aber stand die Sorge, daß die sowjetische Führung durch eine triumphierende Rhetorik verärgert und zu unberechenbaren Schritten verleitet werden könnte. Der Fall der Mauer war ja auch eine Niederlage des Kremls im Kalten Krieg. Angesichts von rd. 340 000 sowjetischen Soldaten in der DDR hatte auch Außenminister Baker Bedenken, daß beispielsweise »ein betrunkener oder allzu euphorischer Ostdeutscher einen Vorfall auslösen könnte, der das Ganze außer Kontrolle geraten lassen würde«. Rücksicht auf die Reformer in Moskau war deshalb für Bush und seine Mitarbeiter das Gebot der Stunde. »I didn't want to rub it in«, meinte er später. Es gab auch in Washington zu diesem Zeitpunkt noch keinen Masterplan für die weitere Entwicklung.

Auch Moskau wurde vom Fall der Mauer überrascht. Gorbatschow schlief – und niemand weckte ihn. Am Morgen danach verlangte der Moskauer Botschafter in Ost-Berlin, Wjatscheslaw I. Kotschemassow, von DDR-Außenminister Oskar Fischer telefonisch eine Erklärung. Der hatte anscheinend Wichtigeres zu tun, wie seine Antwort deutlich machte: »Wozu jetzt noch darüber reden?« Bei Egon Krenz erging es Kotschemassow wenig besser. »Die Öffnung der Grenze in Berlin berührt die Interessen der Alliierten«, hielt er dem SED-Generalsekretär vor. Krenz gab eine bemerkenswerte Antwort: »Dies ist jetzt nur noch eine theoretische Frage. Das Leben hat sie heute Nacht beantwortet.«[3]

Krenz schickte anschließend ein Telegramm an Gorbatschow, in dem er u. a. mitteilte:

»Im Zusammenhang mit der Entwicklung der Lage in der DDR war es in den Nachtstunden notwendig zu entscheiden, die Ausreise von Bürgern der Deutschen

Demokratischen Republik auch nach Berlin (West) zu gestatten. Größere Ansammlungen von Menschen an den Grenzübergangsstellen nach Berlin (West) forderten von uns eine kurzfristige Entscheidung. Eine Nichtzulassung der Ausreise nach Berlin (West) hätte auch zu schwerwiegenden politischen Folgen geführt, deren Ausmaße nicht überschaubar gewesen wären.«[4]

Am späten Nachmittag des 10. November ließ Gorbatschow Krenz mitteilen, alles sei völlig richtig getan worden; so müsse es auch weitergehen – energisch und unbeirrt. An anderer Stelle heißt es, er habe Krenz zu dessen »mutigem Schritt« gratuliert. Tatsache war, daß auch in Moskau ein Wort im Mittelpunkt stand: Stabilität, keine Destabilisierung der DDR. Entsprechend lauteten die Botschaften Gorbatschows an François Mitterrand, Margaret Thatcher und George Bush. Die an Kohl gerichtete Mitteilung wurde telefonisch an Kohls Berater Horst Teltschik nach Berlin durchgegeben und erreichte diesen kurz vor seiner Rede vor dem Schöneberger Rathaus. Gorbatschow hoffte, daß keine Verschärfung der Lage eintreten würde, und bat den Kanzler, einer Destabilisierung vorzubeugen. Es solle darauf hingewirkt werden, daß die Ereignisse nicht einen Verlauf nehmen, »der nicht wünschenswert wäre«. Weiter hieß es in der Botschaft:

»Insgesamt möchte ich hervorheben, daß gegenwärtig in der DDR tiefe und bedeutsame Veränderungen vor sich gehen. Wenn aber in der BRD Erklärungen laut werden, die auf ein Anheizen der Emotionen im Geiste der Unversöhnlichkeit gegenüber der Nachkriegsrealität, d. h. der Existenz zweier deutscher Staaten abzielen, dann können solche Erscheinungen politischen Extremismus nicht anders eingeschätzt werden denn als Versuche, die sich jetzt in der DDR dynamisch entwickelnden Prozesse der Demokratisierung und Erneuerung aller Bereiche des gesellschaftlichen Lebens zu untergraben. Mit Blick auf die Zukunft kann dies eine Destabilisierung der Lage nicht nur im Zentrum Europas, sondern auch darüber hinaus nach sich ziehen. Ich möchte der Hoffnung Ausdruck geben, daß das Ihr Verständnis findet.«[5]

Bush, Mitterrand und Thatcher schlug er gleichzeitig ein sofortiges Treffen der Vier Mächte vor, »damit die Ereignisse nicht einen Verlauf nehmen, der nicht wünschenswert ist«.[6] Auf der Kundgebung vor dem Schöneberger Rathaus sprach Momper inzwischen vom »Volk der DDR«, um die Zweistaatlichkeit Deutschlands zu betonen, was für Kohl in dieser Situation unglaublich war. Sein Kommentar dazu: »Lenin spricht, Lenin spricht.« Während Altbundeskanzler Willy Brandt für seine griffige Formel »Jetzt wächst zusammen, was zusammengehört« Beifall erhielt, ging die Rede von Kohl – »Wir alle haben für diesen Tag gearbeitet. Wir haben ihn herbeigesehnt« – genauso wie das gemeinsam angestimmte Deutschlandlied in einem gellenden Pfeifkonzert linker Gruppierungen unter. Für den Kanzler repräsentierte dieser »Pöbel« nicht die Berliner, womit er zweifelsohne recht hatte. Kohl fuhr später zum Checkpoint Charlie, wo die Menschen auf ihn zukamen und ihm die Hände schüttelten, als er, wie er später erzählte, »die weiße, über den Asphalt gezogene Trennlinie, die nicht mehr trennt, überschritt – dort, wo sich nach dem Bau der Mauer sowjetische und amerikanische Panzer [im Oktober 1961] gegenübergestanden hatten«.[7]

Teltschik, der Kohl begleitete, schrieb später: »Dem Kanzler gibt das Bad in der Menge sichtlich Kraft. Als wir wieder im Wagen sitzen, sagt er zu mir: ›Hier sieht man, was die Leute wirklich denken.‹«[8] Aus Berlin ins Bonner Bundeskanzleramt zurückgekehrt, erreichte Teltschik um Mitternacht ein Anruf von Brent Scowcroft, dem Nationalen Sicherheitsberater von George Bush: Gorbatschow schätze die Lage in Ost-Berlin als sehr »sensitive« ein; die »interessanteste Nachricht« aber war für Teltschik die vertrauliche Mitteilung, »daß Gorbatschow die SED-Spitze dazu aufgefordert habe, einen ›friedlichen Übergang‹ in der DDR sicherzustellen«. Für den Kanzler und seine Berater war damit klar: »Es wird keine Wiederholung des 17. Juni geben.«[9]

Noch am Abend dieses 10. November telefonierte Kohl – zurück in Bonn – zunächst mit Margaret Thatcher, anschließend mit George Bush. Thatcher schlug eine Sitzung des Europäischen Rates vor, um die Lage in den Griff zu bekommen. Bush erklärte, er wünsche dem Kanzler viel Erfolg; er solle wissen, »daß die amerikanische Regierung sehr stolz darauf sei, wie er die Dinge handhabe«.[10] Am nächsten Tag telefonierte Kohl mit Mitterrand, der sofort begriff, worum es sich handelte; für den Franzosen war es »ein großer Augenblick der Geschichte. Es sei die Stunde des Volkes«; man habe jetzt die Chance, »daß diese Bewegung in die Entwicklung Europas einmünde«. Man versicherte sich abschließend der gegenseitigen Freundschaft, die in den folgenden Wochen allerdings auf eine harte Probe gestellt werden sollte.[11] Kohl konnte nicht ahnen, daß Mitterrand am Abend zuvor die Bilder der DDR-Bewohner, die nach West-Berlin strömten, in privatem Kreis folgendermaßen kommentiert hatte: »Diese Menschen spielen mit einem Weltkrieg«, wie Mitterrands Berater, Jacques Attali, seinem Tagebuch anvertraute.[12]

Am selben Tag, 11. November, telefonierte Kohl auch mit Krenz, der sich einmal mehr als orthodoxer Kommunist zeigte. Er wolle ihm sagen, so Kohl, »daß ich sehr, sehr begrüße, diese sehr wichtige Entscheidung der Öffnung«, jetzt aber nicht »Aufgeregtheit«, sondern »eine ruhige Gelassenheit« angebracht sei, und er möglichst rasch mit Krenz in der DDR zusammenkommen möchte, um »einmal zu überlegen, was geht und was nicht«. Nach Meinung von Krenz würden auch in Zukunft die Grenzen in Deutschland bestehenbleiben; allenfalls durchlässiger werden; das hieße nicht, sie abzubauen. Er wäre sehr dankbar, wenn Kohl in dieser Beziehung »beruhigend einwirken« könnte, worauf Kohl erwiderte, er habe in dieser Situation »immer wieder darauf hingewiesen, daß das, was meine Politik, daß jede Form von Radikalisierung gefährlich ist«. Dann kam Krenz auf die Wiedervereinigung zu sprechen. Er gehe davon aus, daß beide »absolut übereinstimmten«, daß sie »gegenwärtig« nicht auf der Tagesordnung stehe, worauf Kohl klarmachte, daß beide da »vom Grundverständnis« ganz unterschiedlicher Meinung seien,

»weil wir halt auf die Verfassung der Bundesrepublik Deutschland vereidigt sind, und da steht ja das Selbstbestimmungsrecht drin. Bloß das ist jetzt nicht das Thema, das uns im Augenblick am meisten beschäftigt. Sondern im Moment muß uns beschäftigen, daß wir zu vernünftigen Beziehungen zueinander kommen.« [13]

Wenig später telefonierte Kohl mit Gorbatschow. Für Gorbatschow brauchte die Entwicklung in der DDR Zeit. Ihm ging es um Stabilität, Verantwortungsgefühl und die Umsicht, kein Chaos entstehen zu lassen. Kohl stimmte ihm zu: »Dies bedeute, daß man bei allem, was man tue, die Folgen bedenken müsse.«[14] So war es in der Tat.

28. November 1989: Helmut Kohls Zehn-Punkte-Plan

Der Fall der Mauer war ein historisches Ereignis. Die deutsche Frage war über Nacht wieder zu einem großen Thema der internationalen Politik geworden. Niemand wußte dabei so recht, wie es weitergehen würde. Es galt, die Initiative zu ergreifen und der Entwicklung eine klare Richtung hin zur deutschen Einheit zu geben. Kohl war sich sicher, daß vor allem die Bewohner der DDR auf eine solche Initiative warteten – und sie mußte von Bonn kommen. Er ergriff diese Initiative und wurde so zum souveränen und überaus zielstrebigen Lenker der deutschen Einigung. Dabei lag der vielzitierte »Schlüssel zur Einheit« nicht mehr allein in Moskau, sondern auf den Straßen der DDR, insbesondere Ost-Berlins, wo ihn die Ost-Berliner am 9. November an sich gebracht hatten. Es war nicht zu sehen, wie ihnen irgend jemand den Schlüssel wieder entreißen würde. Bei der weiteren Entwicklung entstand nicht das, was Gorbatschow Bush, Mitterrand und Thatcher vorgeschlagen hatte: Viermächte-Beratungen über Deutschland. Das Bundeskabinett hatte schon am 9. November beschlossen, solche Kontakte über die Köpfe der Deutschen hinweg »abzulehnen«.[15] Es entstand auch nicht jenes Dreieck, das Gorbatschow im Telefonat mit Kohl am 11. November angeregt hatte, »in dem alles balanciert und ausgewogen sein müsse« – und womit er Bonn, Ost-Berlin und Moskau gemeint hatte –, sondern eine ganz andere Konstellation, nämlich Bonn, Washington, und dann erst Moskau.

In den folgenden Wochen und Monaten kam es zu einer ganz und gar erstaunlichen deutsch-amerikanischen Zusammenarbeit: kein Telefonat mit Gorbatschow, das Kohl nicht umgehend mit Bush besprochen hätte; kein amerikanisch-sowjetischer Gipfel, den Bush nicht mit dem Kanzler vor- und nachbesprach. Und wenn es nicht anders ging, dann wartete auf dem Moskauer Flughafen der amerikanische Botschafter mit einem Brief für den Bundeskanzler: auf diese Weise wurde er etwa am 10. Februar 1990 über die Gespräche von US-Außenminister James Baker mit Gorbatschow informiert. Kohl versicherte Bush bei jeder Begegnung, bei jedem Telefonat und in jedem Brief der Bonner Bündnistreue. Das war die Grundlage für das Einvernehmen mit Washington. Die USA wollten über das Ende des Kalten Krieges hinaus europäische Macht bleiben. Das war nur möglich über die NATO, und die wiederum konnte auf Deutschland nicht verzichten, d. h. Mitgliedschaft auch des vereinigten Deutschland in der NATO und damit auch kein Abzug der amerikanischen Truppen – bei gleichzeitigem Abzug der sowjetischen. Auf dieser Grundlage waren sich Washington und sein Bonner »partner in leadership« dann einig, den Status quo der Teilung Europas verändern zu wollen.

Washington informierte Bonn über Gorbatschows Vier-Mächte-Vorschlag und machte Moskau gleichzeitig klar, daß es solche Verhandlungen ohne Beteiligung Bonns nicht geben würde. Dies war die erste Bewährungsprobe der deutsch-amerikanischen Partnerschaft. Bush hatte diese Position bei Mitterrand und Thatcher durchgesetzt, die wohl eher geneigt waren, Gorbatschows Vorschlag zu akzeptieren.

Am 17. November bilanzierte Horst Teltschik in einer Vorlage für den Bundeskanzler die Haltung der drei Westmächte und der Sowjetunion zur Wiedervereinigung:

»Unter den drei Westmächten gibt es eine deutlich abgestufte Haltung zur Wiedervereinigung: am positivsten die USA, zurückhaltender Frankreich und gegenüber beiden deutlich abfallend Großbritannien. [...]
Der mögliche Prozeß einer Wiedervereinigung wird – soweit überhaupt angesprochen – als langsam, vorsichtig, demokratisch und evolutionär gewünscht, ebenso wie eine Einbettung in den europäischen Einigungsprozeß.
Die besondere Verantwortung (Deutschlandvertrag) wird – wenn überhaupt – dann nur sehr zurückhaltend zum Ausdruck gebracht. [...]
Die USA haben sich insgesamt – wenn auch mit Nuancen – am deutlichsten für die Wiedervereinigung ausgesprochen. Dies gilt insbesondere für Präsident Bush, aber auch z. B. für den Mehrheitsführer im US-Senat, den Demokraten Mitchell.«

Im Gegensatz dazu verträten Gorbatschow und Schewardnadse klar die Position, daß die Wiedervereinigung »jetzt nicht zur Debatte stehe und lediglich in einer fernen, nicht sehr konkret gesehenen Zukunft nur bei Auflösung der Militärpakte, Beachtung der bestehenden Grenzen und nicht in Form einer ›Absorbierung‹ der DDR denkbar sei«.[16] Nach Meinung Teltschiks mußte Bonn jetzt initiativ werden.

Bemerkenswert, geradezu grotesk aber war, daß der Anstoß zur wenig später erfolgten Initiative Kohls wiederum von den Sowjets kam. Am 21. November traf Teltschik im Bundeskanzleramt mit Nikolai Portugalow zusammen. Portugalow war Mitarbeiter der Internationalen Abteilung des ZK der KPdSU und Vertrauter von Valentin Falin, dem Leiter der Abteilung. Teltschik erlebte den sowjetischen Gesprächspartner »um vieles ernsthafter« als sonst. Portugalow übergab »fast feierlich« ein handgeschriebenes Papier, in dem die sowjetischen Überlegungen zur weiteren Entwicklung in der DDR niedergelegt waren. In diesem Papier wurden so weitreichende Punkte beim Thema deutsche Frage angesprochen, daß Teltschik wie »elektrisiert« war. Im Kreml war über »Undenkbares« nachgedacht worden. Die Sowjetunion, so Teltschik, identifiziere sich mit der Entwicklung in der DDR und »übernimmt mit dem Hinweis auf die Perestroika sogar die Verantwortung dafür«. Von sowjetischer Seite kamen konkrete Fragen und Überlegungen, die in Richtung deutsche Einheit deuteten. Für Teltschik war schlagartig klar: Bei diesem Thema war man in der sowjetischen Führung schon viel weiter als im Kanzleramt.[17]

Von den Massendemonstrationen in der DDR am Tag zuvor war Teltschik besonders beeindruckt: »Zum ersten Mal ist die Forderung nach Wiedervereinigung unüberhörbar. Die Parole ›Wir sind das Volk!‹ ist weiterentwickelt worden«, notierte er. »Wir sind *ein* Volk!« riefen die Menschen, und bei der Leipziger Montagsdemonstration am 13. November waren Sprechchöre »Deutschland, einig Vaterland!« zu hören gewesen.

Am 23. November schlug Teltschik im Kanzlerbungalow vor, ein »Wiedervereinigungskonzept« zu erarbeiten, »das einen gangbaren Weg zur deutschen Einheit aufzeigt«. Er plädierte für einen »Überraschungseffekt«: Der Kanzler müsse während der Debatte über den Bundeshaushalt in der Woche darauf einen realistischen Weg zur Wiedervereinigung aufzeigen. Nicht einmal die Mitglieder der Bundesregierung sollten informiert werden. Damit stieß Teltschik im Kanzleramt jedoch auf Widerstand. Seiters und der Leiter des Arbeitsstabes »Deutschlandpolitik«, Carl Duisburg, bezweifelten, ob es mit Blick auf das westliche Ausland und die möglichen Wirkungen auf die Bevölkerung der DDR taktisch klug sei, Kohl mit einem solchen Plan an die Öffentlichkeit treten zu lassen. Man einigte sich darauf, einen Entwurf zu erarbeiten und dann den Kanzler entscheiden zu lassen.

Am 25. November stand der Entwurf, nachdem man vor allem über die Frage gestritten hatte, ob der Bundeskanzler konföderative Strukturen oder eine deutsche Föderation vorschlagen sollte. Der Entwurf lag Kohl am Wochenende des 25./26. November in seinem Privathaus in Oggersheim vor. Der Kanzler fügte selbst »Ergänzungen und Korrekturen« in den Text ein. Es war keine nur redaktionelle Überarbeitung, sondern eine klare inhaltliche Präzisierung der deutschlandpolitischen Zielsetzung. Seine Frau Hannelore schrieb die umgearbeiteten Teile des Textes auf einer alten Reiseschreibmaschine. So setzte Kohl die Formulierung »konföderative Strukturen zwischen beiden Staaten in Deutschland zu entwickeln mit dem Ziel, eine Föderation, das heißt eine bundesstaatliche Ordnung in Deutschland zu schaffen« als Punkt fünf ein. Auch die Begriffe »Wiedervereinigung« und »wiedervereinigt« setzte erst Kohl in den Redeentwurf ein.

Die endgültige Formulierung des zehnten Punktes: »Die Wiedervereinigung, d. h. die Wiedergewinnung der staatlichen Einheit Deutschlands«, kam im Gespräch mit dem niedersächsischen Ministerpräsidenten Ernst Albrecht zustande, der sich am Montag, dem 27. November, zufällig im Kanzleramt aufhielt. Ein drittes Anliegen des Kanzlers galt dann noch der stärkeren Akzentuierung von Punkt sieben, der Europäischen Gemeinschaft als »Grundlage einer wirklich umfassenden europäischen Einigung«, und dem Prozeß der »Wiedergewinnung der deutschen Einheit« als »europäisches Anliegen«.[18]

Kohl trug die »Zehn Punkte« am 28. November im Bundestag vor. Weder die Alliierten noch die Mitglieder der Bundesregierung waren vorher unterrichtet worden, »um den Überraschungseffekt zu sichern«.

Deutschland erfordern ein immer dichteres Netz von Vereinbarungen in allen Bereichen und auf allen Ebenen.

Diese Zusammenarbeit wird zunehmend auch gemeinsame Institutionen erfordern. Bereits bestehende gemeinsame Kommissionen können neue Aufgaben erhalten, weitere Kommissionen können neu gebildet werden. Ich denke dabei insbesondere an die Bereiche Wirtschaft, Verkehr, Umweltschutz, Wissenschaft und Technik, Gesundheit und Kultur. Es ist selbstverständlich, daß Berlin in diese Zusammenarbeit voll einbezogen wird.

Ich rufe alle gesellschaftlichen Gruppen und Institutionen auf, an der Ausgestaltung einer solchen Vertragsgemeinschaft mitzuwirken.

Fünftens: Wir sind aber auch bereit, noch einen entscheidenden Schritt weiterzugehen, nämlich konföderative (und später föderative) Strukturen zwischen beiden Staaten in Deutschland zu entwickeln. Dies setzt zwingend [redacted] [redacted] demokratisch legitimierte Regierungen [redacted] in beiden Staaten in Deutschland voraus

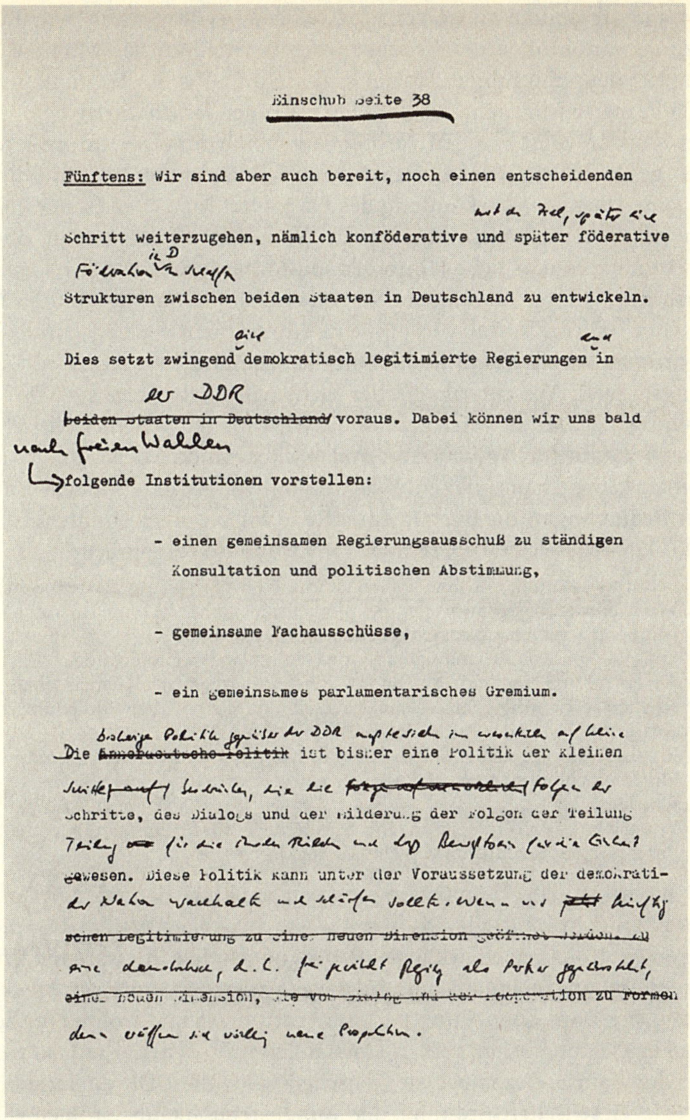

Einschub Seite 38

Fünftens: Wir sind aber auch bereit, noch einen entscheidenden Schritt weiterzugehen, nämlich konföderative und später föderative Strukturen zwischen beiden Staaten in Deutschland zu entwickeln. Dies setzt zwingend demokratisch legitimierte Regierungen in beiden Staaten in Deutschland voraus. Dabei können wir uns bald folgende Institutionen vorstellen:

- einen gemeinsamen Regierungsausschuß zu ständigen Konsultation und politischen Abstimmung,
- gemeinsame Fachausschüsse,
- ein gemeinsames parlamentarisches Gremium.

Die ... ist bisher eine Politik der kleinen Schritte, des Dialogs und der Milderung der Folgen der Teilung gewesen. Diese Politik kann unter der Voraussetzung der demokratischen Legitimierung zu einer neuen Dimension geöffnet werden ...

Abb. 18: 28. November 1989: Aus dem Zehn-Punkte-Plan von Bundeskanzler Helmut Kohl. Mit handschriftlichen Ergänzungen des Kanzlers und Teilen des Textes, die seine Frau Hannelore auf einer alten Reiseschreibmaschine schrieb.

Die Punkte sollten nicht zerredet werden; es war nicht, wie Kohl meinte, »die Stunde der Bedenkenträger«, sondern der Moment, in dem der deutsche Bundeskanzler sich die Initiative in Richtung deutsche Einheit nicht mehr aus der Hand nehmen lassen durfte.[19]
Der Kanzler wollte von den Verbündeten vorab nur einen informieren: George Bush. Sein Brief erreichte den US-Präsidenten dann allerdings erst am Abend der Verkündung des Planes im Deutschen Bundestag – ein peinlicher Übermittlungsfehler. Vom Zehn-Punkte-Plan überrascht und ohne jegliche Hintergrundinformation, stellte sich George Bush dennoch mit »blindem« Vertrauen sofort öffentlich hinter den Kanzler.[20] Dieser Vorfall verdeutlichte einmal mehr den engen und einzigartigen Schulterschluß von Amerikanern und Deutschen im Einigungsprozeß. Aus amerikanischer Sicht wurde die deutsche Wiedervereinigung zu einer »Sternstunde der Diplomatie«, weil die politischen Hauptakteure durch geschicktes und rasches Handeln den Gegnern der Einheit keine Chance ließen. Washington war für die Einheit – unter vier Bedingungen, die Bush in einer Rede vor den Regierungschefs der NATO in Brüssel am 4. Dezember 1989 formulierte, nämlich:

»1. Selbstbestimmung soll ohne Vorwegnahme des Ergebnisses angestrebt werden. Wir sollten zum gegenwärtigen Zeitpunkt weder eine bestimmte Form der Einheit befürworten noch ausschließen.
2. Einigung sollte im Zusammenhang von Deutschlands weiterem Engagement in der NATO und einer zunehmend integrierten Europäischen Gemeinschaft geschehen sowie mit angemessener Rücksicht auf die rechtliche Rolle und Verantwortlichkeiten der Alliierten Mächte.
3. Im Interesse allgemeiner Stabilität in Europa sollten Schritte auf eine Einigung hin friedlich, allmählich und als Teil eines Schritt-für-Schritt-Prozesses geschehen.
4. Was die Frage von Grenzen angeht, so sollten wir unsere Unterstützung für die Prinzipien der Schlußakte von Helsinki bekräftigen.«

Die amerikanische Hauptbedingung war die Einbeziehung eines wiedervereinigten Deutschlands in das westliche Allianzsystem. Das alles waren für Kohl keine wirklichen Bedingungen. Für ihn war eine Wiedervereinigung ebenfalls nur in diesem Rahmen denkbar. Moskau fühlte sich vom Zehn-Punkte-Plan überrumpelt und wollte eine solche Entwicklung unter keinen Umständen mitmachen. Kohl, so Gorbatschow am 5. Dezember zu Genscher, wolle die DDR einverleiben, ihr die Gesellschaftsordnung der Bundesrepublik überstülpen. Das alles mache den Anschein einer »Blitz-Vereinigung«. Kohl hatte die Initiative übernommen und gab sie in den folgenden Wochen und Monaten nicht mehr aus der Hand.

«Bedenkenträger« gab es nicht nur bei der SPD – hier insbesondere Oskar Lafontaine, 1990 Kanzlerkandidat –, sondern vor allem auch in London und Paris. In einer höchst brisanten Phase, als die deutsche Einigung plötzlich und unerwartet auf die Tagesordnung der internationalen Politik gerückt war, formierte sich dort eine Abwehrfront, die in ihrer Stärke wie in ihrer Reichweite kaum abzuschätzen war und deshalb im Kanzleramt tiefes Mißtrauen hervorrief. Das wird deutlich, wenn man sich das Gespräch zwischen Mitterrand und Gorbatschow am 6. Dezember 1989 in Kiew anschaut. Daran verwundert vor allem der verblüffende Rollentausch der beiden Staatsmänner: Mitterrand als derjenige, der seinem sowjetischen »Freund und Verbündeten« unverhohlen seine Ablehnung einer deutschen Einigung kundtat und den Generalsekretär der KPdSU in immer neuen Variationen zum konkreten und resoluten Eingreifen in die deutschlandpolitische Entwicklung drängte; dagegen Gorbatschow, der das Prinzip der »Wahlfreiheit« hochhielt und Mitterrand wiederholt auswich.[21] Dieses Schlüsselerlebnis dürfte Mitterrand, der fest auf Gorbatschows Widerstand gegen eine deutsche Einigung gezählt hatte, in seiner deutschlandpolitischen Meinungsbildung maßgeblich geprägt haben.
Genscher machte Briten und Franzosen klar, was sie riskierten, falls sie sich in Berlin auf ein Vier-Mächte-Spiel einlassen würden: »Sie müssen sich entscheiden zwischen Zusammenarbeit mit uns in der NATO und in der Europäischen Gemeinschaft oder mit der Sowjetunion im Kontrollrat.« London und Paris kamen auf diese Idee nicht mehr zurück. Mitterrand, der sich am längsten gegen die Einheit Deutschlands wehrte, kannte seine Grenzen. Monate später, am 25. Mai 1990, im Flugzeug nach Moskau, erklärte er seinem Berater Jacques Attali:

> »Gorbatschow wird mich wieder auffordern, gegen die Wiedervereinigung Deutschlands Widerstand zu leisten. Ich würde es mit Vergnügen tun, wenn ich wüßte, daß Gorbatschow hält, was er verspricht. Aber warum soll ich mich mit Kohl überwerfen, wenn Gorbatschow mich drei Tage später fallen läßt? Ich wäre völlig isoliert. Und Frankreich kann sich das nicht öfter als dreimal im Jahrhundert leisten.«

Gorbatschow selbst hatte keine Wahl. Die Sowjetunion stand vor der Zahlungsunfähigkeit. Für seine Perestroika brauchte er immer größere Kredite, die dann binnen Tagen im Nichts verschwanden. Nur an einem Ort konnte er sie bekommen: in Bonn. Das wurde in den folgenden Wochen erkennbar (und von Kohl vorausgesagt).

Abb. 19: 19. Dezember 1989: Vor der Ruine der Frauenkirche in Dresden spricht Bundeskanzler Helmut Kohl vor Zehntausenden. Kohl setzt nun definitiv auf die Einheit, nachdem er als Ziel seiner Politik die Einheit der Nation genannt hat, »wenn die geschichtliche Stunde es zuläßt«. Für ihn ist diese Stunde jetzt gekommen.

Von den vielzitierten europäischen »Freunden« der Deutschen war damals wenig zu sehen. Das wurde bei der Tagung des Europäischen Rates am 8./9. Dezember in Straßburg besonders deutlich. Niemals zuvor hatte Kohl, so berichtete er später, »einen EG-Gipfel in so eisiger Atmosphäre miterlebt«. Er mußte eine »fast tribunalartige Befragung« zu seinem Zehn-Punkte-Plan über sich ergehen lassen.[22] Die britische Premierministerin Margaret Thatcher hatte sogar Karten vom Großdeutschen Reich dabei und warnte in vertraulicher Runde, so werde es wieder kommen. Lediglich vom spanischen Ministerpräsidenten, dem Sozialisten Felipe Gonzáles, erhielt Kohl uneingeschränkte Unterstützung.

Inzwischen skandierten Hunderttausende DDR-Bürger bei ihren Demonstrationen »Deutschland! Deutschland!« und »Wir sind *ein* Volk!« Am 11. Dezember sprachen sich drei Viertel der 547 000 Einwohner der Stadt Leipzig für die Wiedervereinigung aus.[23] Acht Tage später reiste Kohl zu einem zweitägigen Treffen mit dem Vorsitzenden des DDR-Ministerrates, Hans Modrow, nach Dresden – sein erster offizieller Besuch dort als Kanzler. Mitarbeiter von ihm, aber auch er selbst[24], haben diesen Besuch in Dresden am 19. Dezember immer wieder als ein Schlüsselerlebnis des Kanzlers auf dem Weg zur Einheit genannt. Kohl beschrieb später die Eindrücke nach der Landung auf dem Flughafen in Dresden folgendermaßen:

»Wir waren kaum gelandet, da wurde mir schlagartig bewußt: Dieses Regime ist am Ende. Die Einheit kommt! Der gesamte Flughafen, vor allem das Gebäude, war bevölkert von Tausenden von Menschen, ein Meer von schwarz-rot-goldenen Fahnen wehte in der kalten Dezemberluft – dazwischen eine fast vergessene: es war die weiß-grüne Fahne des Landes Sachsen. Als die Maschine ausgerollt war, ich auf der untersten Stufe der Rolltreppe stand und Modrow mich vielleicht zehn Meter davon entfernt mit versteinerter Miene auf dem Flugfeld erwartete, drehte ich mich zu Rudi Seiters um und sagte: ›Die Sache ist gelaufen.‹ Als wir in die Stadt fuhren, säumten Zehntausende die Straßen, Belegschaften von Betrieben, die der Arbeit ferngeblieben waren, ganze Schulklassen darunter. Sie jubelten uns zu. Ich las auf Transparenten: ›Kohl, Kanzler der Deutschen‹ oder ›Bundesland Sachsen grüßt den Kanzler‹. Modrow, der neben mir im Auto saß, machte einen sehr befangenen Eindruck. Ich sagte ihm: ›Lassen Sie das jetzt mal außer acht. Wichtig ist jetzt, daß wir vernünftige Arbeit machen. Wir müssen jetzt den Hoffnungen und Erwartungen all dieser Menschen gerecht werden.‹ Modrow berichtete mir, aus der ganzen DDR seien Sonderzüge nach Dresden unterwegs. [...] Immer wieder wurde ›Helmut, Helmut‹, ›Deutschland, Deutschland‹ oder ›Wir sind *ein* Volk‹ skandiert, aber zu hören war auch der Ruf, ich solle zu den Menschen sprechen.«[25]

Kohl hielt dann die – zuvor nicht geplante – Rede vor der Frauenkirche. Zigtausende waren gekommen und jubelten ihm zu – mit den erwähnten Sprechchören. Kohl und Modrow vereinbarten dann noch, im Rahmen der »Vertragsgemeinschaft« eine Reihe von Kommissionen einzurichten, die die Zusammenarbeit verbessern sollten. Kohl selbst aber war davon nicht mehr wirklich überzeugt. Er setzte jetzt definitiv auf die Wiedervereinigung, nachdem er vor der Ruine der Frauenkirche als Ziel seiner Politik die Einheit der Nation genannt hatte, »wenn die geschichtliche Stunde es zuläßt«. Für ihn war diese Stunde jetzt gekommen.

Wenige Tage später, am 22. Dezember, gab es wieder ein emotionales Erlebnis: Das Brandenburger Tor wurde für Fußgänger geöffnet. Trotz strömenden Regens erlebten mehrere Zehntausend Menschen mit, wie nach 28 Jahren der Trennung zwei Durchgänge rechts und links des Tores geschaffen wurden.

4. Januar 1990: Helmut Kohl bei François Mitterrand

Einen Tag vorher hatte Mitterrand bei seinem ersten offiziellen Staatsbesuch in der DDR in einer Rede vor 1000 Studenten der Karl-Marx-Universität in Leipzig erklärt, »daß die Grenze zwischen den beiden deutschen Staaten eine besondere Grenze ist – nur durch freie, offene und demokratische Wahlen kann man wissen, was die Deutschen auf beiden Seiten wollen«. Frankreich werde sich »dem nicht widersetzen«. Widersetzen sicher nicht, aber wenigstens so weit wie möglich verzögern wollte Paris schon. Eine Wiedervereinigung auf Kosten der deutsch-französischen Freundschaft konnte es aber nicht geben, davon war man im Kanzleramt überzeugt – und das wußte wohl auch Mitterrand. Die Wiedervereinigung mußte in den europäischen Integrationsprozeß eingebettet sein.

Kohl unternahm es in den folgenden Wochen, vorhandene Ängste und Befürchtungen in Paris abzubauen (in London war das zwecklos, aber auch gar nicht nötig; Thatcher reagierte nur noch). Er begann am 4. Januar, als er Mitterrand in dessen Privathaus in Latché ausführlich die Lage beschrieb. Zunächst schilderte er die Situation in der DDR. Die sei »schlechter, als die DDR-Führung sie darstelle«. Zur Zeit würden immer noch etwa 2000 Menschen pro Tag die DDR verlassen; es sei wichtig, der Bevölkerung das Vertrauen zu vermitteln, daß aus dem Anschein Wirklichkeit werde; die Menschen müßten sehen, daß es vorwärts gehe; dieser Gesichtspunkt sei für ihn, Kohl, auch bei seinem Zehn-Punkte-Plan entscheidend gewesen. Er verstehe nicht, daß man außerhalb Deutschlands Zweifel daran habe, was die Deutschen wollten. Das sei eindeutig. Die Deutschen wollten zusammenkommen. Wer in Dresden an der Frauenkirche gestanden habe, hätte dies gespürt. Allerdings: Die Wiedervereinigung warte nicht an der nächsten Ecke, »sondern dies werde Jahre dauern«. Dafür aber, so Kohl, sei die feste Verankerung Deutschlands in der Europäischen Gemeinschaft die Voraussetzung. Er verstehe die Ängste der anderen, »aber aus Ängsten könne man keine Welt aufbauen«. Das Deutschland von morgen werde ein westlich orientiertes Land sein. Der Rhein habe heute eine andere Bedeutung als früher. Das Lebensgefühl in Deutschland sei anders geworden. Die DDR sei nicht Ostdeutschland, sondern Mitteldeutschland. Kohl ging dann auf die Sowjetunion ein. Die Probleme mit Moskau auf dem Gebiet der Sicherheitspolitik müsse man lösen. Auch die Grenzen müßten garantiert werden. Die Diskussion um die Oder-

Neiße-Grenze sei ein nur künstlich erzeugtes innenpolitisches Problem.

Mitterrand sah zwei Probleme, nämlich »das russische Problem und das deutsche Problem«. Was komme nach Gorbatschow, wenn er scheitere? Ultras! Eine harte Militärdiktatur. Die Deutschen müßten verstehen, daß Ostdeutschland zum Warschauer Pakt, Westdeutschland zur NATO gehöre, daß die Wirtschaftssysteme und vieles andere unterschiedlich seien, und daß jeder unkluge Schritt Gorbatschow verpflichte, zu reagieren oder zu verschwinden. Die Einigung Deutschlands dürfe nicht so erfolgen, »daß die Russen sich verhärten und mit Säbelrasseln reagierten«. Für ihn, Mitterrand, sei die Wiedervereinigung kein Problem, »sie sei eine Realität«. Wenn beide Teile Deutschlands Regierungen wählten, die die deutsche Einheit wollten, »wäre es dumm und ungerecht, sich dem zu widersetzen«.

Dann ging er auf die zwischen Kohl und Modrow in Dresden vereinbarte »Vertragsgemeinschaft« ein. Das sei eine gute Idee; man müsse sich dann Zeit nehmen, die Fragen der Allianzen und der Rüstung zu klären. Wenn die beiden Deutschlands durch die Zugehörigkeit zu verschiedenen militärischen Lagern getrennt würden, gebe es keine Chance. Es bestehe dann die Gefahr der Neutralisierung, worauf Kohl einwarf, »dies sehe er als die größte Gefahr«. Mitterrand verstand die Position Kohls, als er meinte, wenn er, Mitterrand, Deutscher wäre, wäre er für die Wiedervereinigung so schnell wie möglich – er würde sogar mit Bedauern sehen, daß nicht alle Deutschen die Wiedervereinigung so schnell wollten. Aber er sei Franzose. Und dann nannte er seine Bedingungen: Man sei nicht daran interessiert, daß Gorbatschow verschwinde; man müsse gemeinsam vorgehen und die deutsche und die europäische Einheit gleichzeitig anstreben; der Bundeskanzler solle klar zeigen, daß die polnische Grenze nicht in Frage gestellt werde; die Lösung des deutschen Problems dürfe nicht ein neues russisches Drama hervorrufen oder umgekehrt; das deutsche Problem und das Problem Europa müßten zusammen gelöst werden. Die Sicherheitsinteressen der Sowjetunion müßten berücksichtigt werden.[26]

Mitterrand konnte sich jedenfalls nicht vorstellen, daß die Sowjetunion den Deutschen das zugestehen werde, was sie ihnen 40 Jahre vorenthalten hatte: die Ausübung des Selbstbestimmungsrechts – verbunden mit freien Wahlen als Schritt zur Wiedervereinigung, und damit verbunden den Rückzug ihrer Truppen aus der DDR. Wie sich später zeigen sollte, war dies eine Fehleinschätzung, die er mit Margaret

Thatcher in London teilte. Dies führte dazu, daß beide beim Wiedervereinigungsprozeß keine gestaltende Rolle spielten, sondern eher Statisten blieben. Aus der Sicht Londons und Paris' war es allemal besser, wenn Deutschland geteilt bliebe. Die zunehmende Schwäche der Sowjetunion und die Entwicklung in der DDR gaben dann quasi den Fahrplan vor – forciert durch Entscheidungen Kohls, sich wieder an die Spitze der Bewegung zu setzen.

Januar 1990: Kurswechsel in Moskau

Anfang Januar bat die Sowjetunion die Bundesregierung um eine sofortige Lebensmittelhilfe auf Grund akuter Versorgungsengpässe bei Fleisch, Fetten, Pflanzenöl und Käse. Kohl reagierte: 120000 Tonnen Fleisch wurden in den nächsten Wochen in die Sowjetunion transportiert, zusätzlich setzte er sich für eine weitere Unterstützung durch die EG-Kommission ein. Die Deutschen schickten Pakete in die Sowjetunion!

Gleichzeitig erforderte die Situation in der DDR rasches Handeln. In Bonn war man davon überzeugt, daß die staatlichen Organe der DDR ihre Glaubwürdigkeit verloren hatten, nachdem am 15. Januar die Bevölkerung die Zentrale der Staatssicherheit in der Ost-Berliner Normannenstraße ungehindert gestürmt hatte. Es ging nun darum, wie es hieß, »den Leuten mit der Einführung der D-Mark eine klare Perspektive zu geben«. Von der in Dresden vereinbarten Vertragsgemeinschaft mit der Modrow-Regierung war keine Rede mehr; mit dieser Regierung würde Bonn keinen Vertrag abschließen. DDR-Wünschen nach einem Kredit von 15 Milliarden DM wurde die Forderung nach einer klaren Perspektive für die Herstellung der staatlichen Einheit Deutschlands entgegengestellt.

In Moskau setzte sich zu diesem Zeitpunkt mehr und mehr die Überzeugung durch, daß die deutsche Einheit unvermeidbar sein werde. Da war der Zusammenbruch der Staatssicherheit in der DDR, die wirtschaftlichen Schwierigkeiten, die Wirkung des Zehn-Punkte-Plans,

»verbunden mit dem Risiko, daß die Entwicklung zur deutschen Einheit schneller voranschreitet als gedacht und es für die Sowjetunion zunehmend schwieriger wird, ihre Interessen einzubringen. Hinzu kommt die Unterstützung Washingtons für diesen Prozeß. Dem werden sich in letzter Konsequenz London und Paris nicht widersetzen können. Ins Gewicht fallen außerdem zunehmende Versorgungsprobleme und sich abzeichnende Liquiditätsschwierigkeiten.«[27]

Die neue Lage wurde beim Besuch von Modrow am 30. Januar in Moskau deutlich. Auf Fragen von Journalisten sagte er anschließend, »Probleme der Vereinigung der deutschen Staaten« seien »eingehend erörtert worden«. Gorbatschow habe der Formel zugestimmt, daß »beide deutsche Staaten ihre Beziehungen zueinander zielstrebig ausbauen« sollten, um so »das Zusammenrücken der DDR und der BRD auf dem Weg einer Konföderation weiter zu verfolgen«. Schon vorher hatte Gorbatschow mit seiner Äußerung, die Vereinigung werde »niemals und von niemandem prinzipiell in Zweifel gezogen«, für Aufsehen gesorgt. Der Kurswechsel in Moskau war für jeden erkennbar.
Am 1. Februar legte Modrow dann als Konsequenz der Entwicklung in Moskau einen Vier-Stufen-Plan »für Deutschland, einig Vaterland« zur »Bildung eines einheitlichen deutschen Staates« vor, dessen Regierung ihren Sitz in Berlin haben sollte. Schon bei der ersten der vier Stufen, der Vertragsgemeinschaft, sollte es eine Wirtschafts-, Währungs- und Verkehrsunion geben, in der zweiten Stufe eine Konföderation »mit gemeinsamen Organen und Institutionen«; in der dritten Stufe sollten Souveränitätsrechte beider Staaten an Organe der Konföderation übertragen werden und schließlich »Wahlen in beiden Teilen der Konföderation zu einem einheitlichen Parlament« führen. Gleichzeitig wollte Modrow die »militärische Neutralität von DDR und BRD auf dem Weg zur Föderation«.
Das war zwar eine deutliche Abkehr von bisherigen offiziellen Positionen der DDR-Regierung, der Zehn-Punkte-Plan Kohls wurde sogar überholt, aber in Bonn gab es vorwiegend skeptische Reaktionen. Von sämtlichen Politikern, allen voran Kohl, wurde die militärische Neutralität abgelehnt. Aus der Sicht Bonns war die Regierung Modrow zu diesem Zeitpunkt schon kein Partner mehr. Als Kohl Modrow am 3. Februar am Rande des World Economic Forums in Davos traf, klagte letzterer über die sich verschlechternde Lage in der DDR und unterstrich wiederholt die Forderung nach finanzieller Hilfe im Umfang von 15 Milliarden DM.
In dieser Situation lief in Bonn bereits alles auf das Angebot einer Wirtschafts- und Währungsunion mit der DDR hinaus, obwohl es gerade in diesem Punkt schwere Bedenken gab. Kohl sah das anders. »Wenn die Union es zulasse«, so erklärte er am Abend des 8. Februar vor dem Bundesvorstand der CDU, »daß unser Land in dieser Schicksalsfrage aus finanziellen Ängsten vor der Einheit zurückweiche, dann danke die Bundesrepublik vor der Geschichte ab.«[28] Am Tag zuvor

hatte die Bundesregierung öffentlich die Bereitschaft erklärt, »mit der DDR unverzüglich in Verhandlungen über eine Währungsunion mit Wirtschaftsreform einzutreten«.[29] Am selben Tag war ein Kabinettsausschuß »Deutsche Einheit« unter Vorsitz Kohls eingerichtet worden. Bonn verschärfte das Einheitstempo!

Zu diesem Zeitpunkt befand sich der amerikanische Außenminister James Baker auf dem Weg nach Moskau, wo er zunächst mit Außenminister Schewardnadse über das weitere Vorgehen in der Einigungsfrage konferierte. Die Amerikaner waren sich über die wesentlichen Elemente der neuen sowjetisch-ostdeutschen Politik im klaren: Neben der grundsätzlichen Zustimmung zur Einheit die unnachgiebige Forderung nach Neutralisierung und Entmilitarisierung eines geeinten Deutschland. Das war für die Amerikaner unannehmbar. Sie wollten das vereinte Deutschland in der NATO, um so auch die deutsche Militärmacht in westlichen Institutionen zu verankern – mit amerikanischen Truppen in Deutschland. Es ging jetzt darum, den Sowjets klarzumachen, warum das für Washington so war und daß dies in Verhandlungen der vier Großmächte plus die beiden Deutschlands festzuklopfen sei. Schewardnadse war eher resigniert, konnte sich aber trotzdem vorstellen, die Vereinigung zu unterstützen, »aber nur, wenn sie langsam vor sich gehe, in mehreren Phasen«. Anschließend präsentierte Baker diesen Vorschlag Gorbatschow selbst. Von diesem kam der erste Hinweis darauf, daß die Sowjets ihrerseits schon über ein Sechserforum nachgedacht hatten. Gorbatschow: »Ich sage Vier-plus-Zwei, Sie sagen Zwei-plus-Vier. Was halten Sie von diesen Formeln?« »Zwei-plus-Vier ist die bessere Variante«, antwortete Baker – sie plazierte die Deutschen an die erste Stelle.

Dann erläuterte Baker die Gründe, weshalb die USA ein neutrales Deutschland ablehnten. Zu seiner Überraschung gab es nicht wie bei Schewardnadse ein Händeringen über die historische Gefahr des deutschen Militarismus; statt dessen sagte Gorbatschow: »Grundsätzlich teile ich Ihre Meinung.« Die UdSSR müsse sich den neuen Gegebenheiten anpassen: »Die Aussicht auf ein geeintes Deutschland hat nichts Erschreckendes an sich.« Er wisse, daß manche Länder, wie Frankreich und Großbritannien, sich fragten, wer der Hauptakteur in Europa sein werde. Doch dies sei ebensowenig das Problem der Sowjetunion wie das der USA: »Wir sind große Staaten und haben unser eigenes Gewicht.« Baker stellte Gorbatschow dann die direkte Frage, was ihm lieber sei, ein unabhängiges Deutschland außerhalb der NATO, ohne

US-Truppen auf deutschem Boden, oder ein vereinigtes Deutschland, das in die NATO eingebunden sei, mit der verbindlichen Zusage, »daß es keine Ausdehnung der gegenwärtigen NATO-Zuständigkeit nach Osten geben wird«. Gorbatschow erwiderte, daß er darüber nachdenken werde: »Wir werden bald ein Seminar mit unserer politischen Führung abhalten, um über all diese Optionen zu sprechen.« Eines sei jedoch jetzt schon klar: »Jede Ausdehnung der NATO-Zuständigkeiten ist unannehmbar.« »Einverstanden«, sagte Baker. Gorbatschow fügte hinzu, daß er die Vorteile der Anwesenheit amerikanischer Truppen in Deutschland sehe. Von Bakers Argumentation sichtlich beeindruckt, erklärte er:

»Das von Ihnen umrissene Vorgehen ist durchaus vorstellbar. Wir wollen ganz gewiß keine Wiederholung von Versailles, als die Deutschen sich unabhängig wiederbewaffnen konnten. [...] Der beste Weg, diesen Prozeß aufzuhalten, ist, dafür zu sorgen, daß Deutschland in die europäischen Strukturen eingebunden ist. Was Sie über Ihre Vorgehensweise und Ihre Präferenzen gesagt haben, ist sehr realistisch. Also lassen Sie uns darüber nachdenken. Aber verlangen Sie nicht von mir, Ihnen auf der Stelle eine endgültige Antwort zu geben.«

Jene beiden Akteure auf amerikanischer Seite, die auch über die dramatischen Ereignisse 1989/90 berichten – Philip Zelikow und Condoleezza Rice, letztere seit 2001 Nationale Sicherheitsberaterin von US-Präsident George W. Bush –, deuteten dieses Gespräch später folgendermaßen; es war »von herausragender Bedeutung«. Der sowjetische Staatschef hatte sowohl hinsichtlich des diplomatischen Prozesses als auch in bezug auf dessen Ergebnis, die deutsche Vereinigung, eine Haltung eingenommen, die sich in ihrer Flexibilität von allem unterschied, was bisher zu hören gewesen war. »Gorbatschow schien als Einziger in der deutschen Frage flexibel zu sein.«

Die US-Formel lautete: Das gesamte Territorium Deutschlands müsse zur NATO gehören und die Garantie des Bündnisses genießen. Außerdem sollte Ostdeutschland nicht entmilitarisiert werden, sondern nur einen »besonderen militärischen Status innerhalb der NATO erhalten«.[30] Damit war der Rahmen für die äußeren Aspekte der Vereinigung abgesteckt; die inneren würden allein Angelegenheit der Deutschen sein. Noch bevor Baker Moskau verließ, ließ er Kohl bei dessen Ankunft am Flughafen in Moskau durch Botschafter Jack Matlock einen Brief übermitteln, in dem er über sein Gespräch mit Gorbatschow berichtete. Präsident Bush war der Ansicht, daß die amerikanische und die westdeutsche Position absolut identisch sein sollten. Auch war er sich bewußt, unter welchem Druck Kohl auf seiner Reise nach Moskau stand, und er wollte ihn wissen lassen, daß Washington hinter ihm stand. »Kohl unternimmt den vermutlich bedeutsamsten Auslandsbesuch seines Lebens«, schrieb Sicherheitsberater Brent Scowcroft an Bush. »Ich denke, Sie sollten ihm sowohl Ihre ganze persönliche Unterstützung zuteil werden lassen, als auch unsere Prioritäten in bezug auf das künftige vereinigte Deutschland deutlich machen.«[31] Genau das tat Bush dann auch (s. u., S. 263ff.).

10. Februar 1990: Helmut Kohl bei Michail Gorbatschow

Kohl und Genscher kamen am 10. und 11. Februar in Moskau mit der Sowjetführung zusammen. Das entscheidende, zweieinhalbstündige Gespräch zwischen Kohl und Gorbatschow fand am 10. Februar statt. Auf deutscher Seite nahm nur noch Teltschik teil, der auch das deutsche Protokoll anfertigte. Kohl erwähnte zunächst die »großen Sympathien«, die Gorbatschow in der Bundesrepublik genieße, und ging dann auf die Situation in der DDR ein, wobei, so Teltschik, ihm Gorbatschow »mit ernstem Gesicht aufmerksam zuhört«. Seit Mitte Januar sei die Staatssouveränität der DDR zusammengebrochen, die Wirkungen seien katastrophal; 1989 habe es 380 000 Übersiedler gegeben, zumeist junge Leute; die Ordnung löse sich auf, das Chaos nehme zu. Kohl stellte dann eine Prognose über die weitere Entwicklung an: Nach den Wahlen im März [Volkskammerwahl am 18. März] würde sich das Parlament konstituieren und eine Regierung ernennen; er sage voraus, daß das neue Parlament sich für die Einheit aussprechen werde, unabhängig davon, wie die Wahl ausgehen werde. Er müsse handeln, wenn das Angebot zur Einigung da sei. Gorbatschow versuchte erst gar nicht, der düsteren Voraussage für die Zukunft der DDR zu widersprechen. Überhaupt war von ihm kein einziges kritisches Wort über Kohl selbst oder die Politik der Bundesrepublik zu hören.
Kohl räumte ein, daß die Einigung elementare Interessen der Sowjetunion berühre, machte aber auch klar, daß er es drehen und wenden könne, wie er wolle: die Frage der Entscheidung stünde kurz bevor; die Entwicklung laufe unaufhaltsam auf ihn zu. All die damit zusammenhängenden Fragen der internationalen Einbettung müßten mit den Partnern besprochen werden. Er nannte die Hauptpunkte: Die Grenzfrage könne dabei endgültig geregelt werden, eine Neutralisierung sei allerdings mit der Bundesregierung »nicht durchsetzbar«. Dann kam

das, was Baker bereits gesagt hatte: Natürlich könne die NATO ihr Gebiet nicht auf das heutige Territorium der DDR ausdehnen; erforderlich seien jedoch Regelungen, um ein Einvernehmen zu finden. Ein geeintes Deutschland werde auch in der Frage von ABC-Waffen die gleiche Position einnehmen wie die heutige Bundesrepublik. Das Interesse des Generalsekretärs sei es, die Sicherheit der Sowjetunion zu gewährleisten; das deutsche Interesse sei es, die Souveränität zu wahren und Regelungen zu finden, die auf beiden Seiten Vertrauen schaffen würden.
Obwohl Gorbatschow in seiner Antwort im Prinzip nur das sagte, was er bereits vorher Baker mitgeteilt hatte, klang es für Kohl und Teltschik vollkommen anders. Gorbatschow, so die Aufzeichnung Teltschiks,

»glaube, daß es zwischen der Sowjetunion, der Bundesrepublik und der DDR keine Meinungsunterschiede über die Einheit gebe und über das Recht der Menschen, die Einheit anzustreben und über die weitere Entwicklung zu entscheiden. Was den Hauptausgangspunkt betreffe, bestehe zwischen ihnen beiden Einvernehmen, daß die Deutschen ihre Wahl selbst treffen müßten. Die Deutschen in der Bundesrepublik und in der DDR müßten es selbst wissen, welchen Weg sie gehen wollten.«

Kohl bekräftigte, daß die Entscheidung für die Einheit eine deutsche Angelegenheit sei. Er warf Teltschik einen Blick zu, als wollte er sagen: »Geschafft!«, während Teltschik folgendes in sein Tagebuch schrieb:

»Mir fliegt die Hand, um jedes Wort präzise aufzuschreiben, ja nichts zu überhören oder auszulassen, was wesentlich wäre oder später zu Mißverständnissen führen könnte. Innerlich jubelnd: Das ist der Durchbruch! Gorbatschow stimmt der Einigung zu. Ein Triumph für Helmut Kohl, der als Kanzler der deutschen Einheit in die Geschichte eingehen wird.«

Gorbatschow wiederholte seine Worte im Verlauf des Gesprächs. Ein Mißverständnis war ausgeschlossen. Als es dann um die NATO-Mitgliedschaft Deutschlands ging, verlangte der Kremlchef weder Neutralisierung noch Entmilitarisierung, nicht einmal den Abzug westlicher Atomwaffen. Er fächerte das Spektrum der möglichen Resultate auf und sagte, er müsse die verschiedenen Möglichkeiten noch genauer durchdenken. »Wieder eine Sensation«, notierte Teltschik später in sein Tagebuch, »keine Einforderung eines Preises und schon gar keine Drohung. Welch ein Treffen!«[32]
Kohl nahm, so Teltschik, die »historischen Sätze Gorbatschows ohne erkennbare Emotionen« wahr. Das Gesprächsklima wurde aber ab diesem Zeitpunkt »immer entspannter«. Teltschik: »Gorbatschow erinnerte Kohl an dessen Einladung in die Pfalz, dort wolle er mit ihm die gute Wurst essen, die er ihm geschickt habe. Jetzt bin ich mir absolut sicher, daß der Durchbruch geschafft ist.«[33]

Kohl stellte das Treffen auf Drängen Teltschiks vor der Presse als »historisches Ereignis« dar. Nach außen hin nüchtern und geradezu gelassen, richtete er eine »Botschaft an alle Deutschen«, die lautete: Gorbatschow hat grünes Licht für die Vereinigung gegeben. Erst auf dem Rückflug nach Köln/Bonn stieß der Kanzler mit Journalisten bei einem Glas Sekt im Flugzeug auf den Erfolg an. Auch wenn Genscher und seine Diplomaten Teltschik als außenpolitischen Amateur bezeichneten, so hatte dieser doch mit seinen Formulierungen den entspannten Ton des Treffens ebenso eingefangen wie den Sinn von Gorbatschows Äußerungen. Kohl und seine Umgebung waren zutiefst davon überzeugt, einen historischen Augenblick erlebt zu haben. Teltschik: »Mit dem ›Jubel‹ über das Ja-Wort des Kreml hatte Kohl die Schwungkraft gewonnen, die seiner Sache in den bevorstehenden ostdeutschen Wahlen zum Sieg verhelfen sollte.«[34]

Gorbatschow selbst hatte wohl keine Wahl. Sein Land steckte in einer tiefen Finanz- und Wirtschaftskrise, der Ostblock fiel auseinander. Dagegen befand sich Bonn in einer Position außerordentlicher wirtschaftlicher und politischer Stärke. Der Kreml konnte nur von Bonn Hilfe erwarten. Und mit Bonn hatte der Kreml offensichtlich noch Großes vor. Als Kohl wenige Wochen später, am 23. April, gegenüber dem sowjetischen Botschafter in Bonn, Jurij Kwizinskij, die Möglichkeit einer umfassenden und weitreichenden Zusammenarbeit zwischen Deutschland und der Sowjetunion nach Erreichung der deutschen Einheit erwähnte, sprach Kwizinskij etwas Außergewöhnliches – mit Blick auf die Vergangenheit – gelassen aus, nämlich, »daß es von Anfang [an] so etwas wie sein Traum gewesen sei, zwischen der Bundesrepublik Deutschland und der Sowjetunion etwas im Bismarckschen Sinne zu machen«.[35]

Die neue Sicht der Dinge erfuhr, oder besser erlitt, als erster Modrow. Gorbatschow war zu der Überzeugung gekommen, daß weder Modrow noch die DDR eine politische Zukunft besaßen. Das wurde in dem Telefonat am 12. Februar deutlich, als er Modrow über die Besuche von Baker und Kohl informierte. Auf dessen leidenschaftliche Bitte um Unterstützung bei den Verhandlungen mit Kohl ging Gorbatschow nicht ein. Statt dessen sagte er nur, daß es wichtig sei, einen konsequenten Kurs beizubehalten, und wünschte Modrow viel Erfolg.[36]

Die guten Wünsche blieben ohne Wirkung. Das mußte der Regierungschef der DDR bei seinem Besuch am 13./14. Februar in Bonn erfahren. Mit dieser Regierung, deren Ministerpräsident es offensichtlich primär darum ging, der Stasi Gelegenheit zu geben, diskriminierende Unterlagen zu vernichten, wollte Bonn nichts mehr aushandeln, auch wenn Antje Vollmer, Fraktionssprecherin der Grünen im Bundestag, damals die Meinung äußerte, Modrow sei »eben ein redlicher Verwalter dieses Übergangsprozesses in der DDR«.[37] Die Verhandlungen mit Modrow bestätigten, was man in Bonn bereits wußte: Die DDR war bankrott und zum Offenbarungseid gezwungen. Ohne D-Mark würde sich nichts mehr in der DDR bewegen; und diese D-Mark würde es so einfach nicht geben. Von dem Solidarbeitrag in Höhe von 10 bis 15 Milliarden DM, den der »Runde Tisch« gefordert hatte und um den Modrow in Bonn fast schon bettelte, zeigte sich Kohl wenig beeindruckt.[38]

Für die weitere Entwicklung würde der Ausgang der Volkskammerwahlen am 18. März entscheidend sein.

Dokumente zum 6. Kapitel

[17] Der Zehn-Punkte-Plan von Bundeskanzler Helmut Kohl, 28. 11. 1989

[...]
Der Weg zur deutschen Einheit, das wissen wir alle, ist nicht vom »grünen Tisch« oder mit einem Terminkalender in der Hand zu planen. Abstrakte Modelle kann man vielleicht polemisch verwenden, aber sie helfen nicht weiter. Aber wir können, wenn wir nur wollen, schon heute jene Etappen vorbereiten, die zu diesem Ziel hinführen.
Ich möchte diese Ziele an Hand eines Zehn-Punkte-Programms erläutern:
Erstens: Zunächst sind Sofortmaßnahmen erforderlich, die sich aus den Ereignissen der letzten Wochen ergeben, insbesondere durch die Fluchtbewegung und die neue Dimension des Reiseverkehrs. Die Bundesregierung ist zu sofortiger konkreter Hilfe dort bereit, wo diese Hilfe jetzt benötigt wird. Wir werden im humanitären Bereich und auch bei der medizinischen Versorgung helfen, soweit dies gewünscht wird und auch nützlich ist. Wir wissen auch, daß das Begrüßungsgeld, das wir für jeden Besucher aus der DDR einmal jährlich zahlen, keine Lösung für die Finanzierung von Reisen sein kann. Letztlich muß die DDR selbst ihre Reisenden mit den nötigen Devisen ausstatten. Wir sind aber bereit, für eine Übergangszeit einen Beitrag zu einem Devisenfonds zu leisten. Voraussetzung dafür ist allerdings, daß der Mindestumtausch bei Reisen in die DDR entfällt, Einreisen dorthin erheblich erleichtert werden und die DDR einen eigenen substantiellen Beitrag zu einem solchen Fonds leistet. Unser Ziel ist und bleibt ein möglichst ungehinderter Reiseverkehr in beide Richtungen.
Zweitens: Die Bundesregierung wird wie bisher die Zusammenarbeit mit der DDR in allen Bereichen fortsetzen, die den Menschen auf beiden Seiten unmittelbar zugute kommt. Das gilt insbesondere für die

wirtschaftliche, wissenschaftlich-technologische und kulturelle Zusammenarbeit. Besonders wichtig ist eine Intensivierung der Zusammenarbeit im Bereich des Umweltschutzes. Hier kann schon in aller Kürze, wie immer sonst die Entwicklung sein mag, über neue Projekte entschieden werden. Das gleiche gilt – der Bundespostminister hat die entsprechenden Gespräche eingeleitet – für einen möglichst baldigen umfassenden Ausbau der Fernsprechverbindungen mit der DDR und des Telefonnetzes der DDR. Über den Ausbau der Eisenbahnstrecke Hannover–Berlin wird weiter verhandelt. Ich bin allerdings der Auffassung, daß dies zu wenig ist und daß wir angesichts der jetzt eingetretenen Entwicklung uns einmal sehr grundsätzlich über die Verkehrs- und Eisenbahnlinien in der DDR und in der Bundesrepublik Deutschland unterhalten müssen. Vierzig Jahre Trennung bedeuten ja auch, daß sich die Verkehrswege zum Teil erheblich auseinanderentwickelt haben. Das gilt nicht nur für die Grenzübergänge, sondern beispielsweise auch für die traditionelle Linienführung der Verkehrswege in Mitteleuropa, für die Ost-West-Verbindungen. Es ist nicht einzusehen, weshalb die klassische Route Moskau–Warschau–Berlin–Paris, die ja immer über Köln führte und zu allen Zeiten große Bedeutung hatte, im Zeitalter schneller Züge und am Vorabend des Ausbaus eines entsprechenden europäischen Verkehrswesens nicht mit eingebracht werden sollte.

Drittens: Ich habe angeboten, unsere Hilfe und unsere Zusammenarbeit umfassend auszuweiten, wenn ein grundlegender Wandel des politischen und wirtschaftlichen Systems in der DDR verbindlich beschlossen und unumkehrbar in Gang gesetzt wird. »Unumkehrbar« heißt für uns und vor allem für mich, daß sich die DDR-Staatsführung mit den Oppositionsgruppen auf eine Verfassungsänderung und auf ein neues Wahlgesetz verständigt. Wir unterstützen die Forderung nach freien, gleichen und geheimen Wahlen in der DDR unter Beteiligung unabhängiger, das heißt selbstverständlich auch nichtsozialistischer, Parteien. Das Machtmonopol der SED muß aufgehoben werden. Die geforderte Einführung rechtsstaatlicher Verhältnisse bedeutet vor allem die Abschaffung des politischen Strafrechts und als Konsequenz die sofortige Freilassung aller politischen Gefangenen.

Herr Präsident, meine Damen und Herren,

wirtschaftliche Hilfe kann nur dann wirksam werden, wenn grundlegende Reformen des Wirtschaftssystems erfolgen. Dies zeigen die Erfahrungen mit allen RGW-Staaten – mit Belehrungen von unserer

Seite hat das nichts zu tun. Die bürokratische Planwirtschaft muß abgebaut werden.

Wir wollen nicht unhaltbar gewordene Zustände stabilisieren. Wir wissen: Wirtschaftlichen Aufschwung kann es nur geben, wenn sich die DDR für westliche Investitionen öffnet, wenn sie marktwirtschaftliche Bedingungen schafft und privatwirtschaftliche Betätigungen ermöglicht. Wer in diesem Zusammenhang den Vorwurf der Bevormundung erhebt, den verstehe ich nicht.

In Ungarn und in Polen gibt es jeden Tag Beispiele dafür, an denen sich doch die DDR – ebenfalls Mitgliedstaat des RGW – ohne weiteres orientieren kann.

Unser und mein dringender Wunsch ist es, daß es möglichst rasch zu einer solchen Gesetzgebung kommt. Denn es wäre für uns ein wenig erfreulicher Zustand, wenn – was ich ebenfalls wünsche – Privatkapital aus der Bundesrepublik Deutschland in Polen und noch mehr – die Dinge entwickeln sich sehr erfreulich – in Ungarn investiert würde und mitten in Deutschland diese Investitionen ausbleiben. Wir wollen, daß möglichst viele derartige Investitionen von möglichst zahlreichen Unternehmen getätigt werden.

Ich will es noch einmal klar unterstreichen: Dies sind keine Vorbedingungen, sondern das ist schlicht und einfach die sachliche Voraussetzung, damit Hilfe überhaupt greifen kann. Im übrigen kann kein Zweifel daran bestehen, daß dies auch die Menschen in der DDR wollen. Sie wollen wirtschaftliche Freiheit, und sie wollen damit die Früchte ihrer Arbeit endlich ernten und mehr Wohlstand gewinnen.

Wenn ich heute die Diskussion zu diesem Thema – der künftigen Wirtschaftsordnung in der DDR – innerhalb der SED selbst verfolge – wir werden es in ein paar Tagen auf dem Parteitag der SED vor aller Öffentlichkeit erleben können –, dann kann ich beim besten Willen nicht erkennen, daß derjenige, der das hier ausspricht, sich in die inneren Angelegenheiten der DDR einmischt. Ich finde das ziemlich absurd.

Viertens: Ministerpräsident Modrow hat in seiner Regierungserklärung von einer Vertragsgemeinschaft gesprochen. Wir sind bereit, diesen Gedanken aufzugreifen. Denn die Nähe und der besondere Charakter der Beziehungen zwischen den beiden Staaten in Deutschland erfordern ein immer dichteres Netz von Vereinbarungen in allen Bereichen und auf allen Ebenen.

Diese Zusammenarbeit wird zunehmend auch gemeinsame Institutionen erfordern. Bereits bestehende Kommissionen könnten neue Aufgaben erhalten, weitere könnten gebildet werden. Ich denke dabei insbesondere an die Bereiche Wirtschaft, Verkehr, Umweltschutz, Wissenschaft und Technik, Gesundheit und Kultur. Ich brauche nicht zu betonen, daß bei all dem, was jetzt zu geschehen hat, für uns Berlin voll einbezogen bleiben muß. Das war, ist und bleibt unsere Politik.

Fünftens: Wir sind aber auch bereit, noch einen entscheidenden Schritt weiterzugehen, nämlich konföderative Strukturen zwischen beiden Staaten in Deutschland zu entwickeln mit dem Ziel, eine Föderation, das heißt eine bundesstaatliche Ordnung, in Deutschland zu schaffen. Das setzt aber eine demokratisch legitimierte Regierung in der DDR zwingend voraus.

Dabei könnten wir uns nach schon bald freien Wahlen folgende Institutionen vorstellen:

- einen gemeinsamen Regierungsausschuß zur ständigen Konsultation und politischen Abstimmung,
- gemeinsame Fachausschüsse,
- ein gemeinsames parlamentarisches Gremium
- und manches andere mehr angesichts einer völlig neuen Entwicklung.

Die bisherige Politik gegenüber der DDR mußte sich angesichts der Verhältnisse im wesentlichen auf kleine Schritte beschränken, mit denen wir vor allem versuchten, die Folgen der Teilung für die Menschen zu mildern und das Bewußtsein für die Einheit der Nation wachzuhalten und zu schärfen. Wenn uns künftig eine demokratisch legitimierte, das heißt frei gewählte Regierung als Partner gegenübersteht, eröffnen sich völlig neue Perspektiven.

Stufenweise können neue Formen institutioneller Zusammenarbeit entstehen und ausgeweitet werden.

Herr Präsident, meine Damen und Herren,

ein solches Zusammenwachsen liegt in der Kontinuität der deutschen Geschichte. Staatliche Organisation in Deutschland hieß in unserer Geschichte fast immer auch Konföderation und Föderation. Wir können doch auf diese historischen Erfahrungen zurückgreifen.

Wie ein wiedervereinigtes Deutschland schließlich aussehen wird, das weiß heute niemand.

Daß aber die Einheit kommen wird, wenn die Menschen in Deutschland sie wollen, dessen bin ich sicher.

Sechstens: Die Entwicklung der innerdeutschen Beziehungen bleibt eingebettet in den gesamteuropäischen Prozeß, das heißt immer auch

in die West-Ost-Beziehungen. Die künftige Architektur Deutschlands muß sich einfügen in die künftige Architektur Gesamteuropas. Hierfür hat der Westen mit seinem Konzept der dauerhaften und gerechten europäischen Friedensordnung Schrittmacherdienste geleistet.
Generalsekretär Gorbatschow und ich sprechen in der Gemeinsamen Erklärung vom Juni dieses Jahres, die ich bereits zitiert habe, von den Bauelementen eines »gemeinsamen europäischen Hauses«. Ich nenne beispielhaft dafür:

- Die uneingeschränkte Achtung der Integrität und der Sicherheit jedes Staates. Jeder Staat hat das Recht, das eigene politische und soziale System frei zu wählen.
- Die uneingeschränkte Achtung der Grundsätze und Normen des Völkerrechts, insbesondere Achtung des Selbstbestimmungsrechts der Völker.
- Die Verwirklichung der Menschenrechte.
- Die Achtung und Pflege der geschichtlich gewachsenen Kulturen der Völker Europas.

Mit alledem wollen wir – so haben es Generalsekretär Gorbatschow und ich festgeschrieben – an die geschichtlich gewachsenen europäischen Traditionen anknüpfen und zur Überwindung der Trennung Europas beitragen.
Siebtens: Die Anziehungs- und Ausstrahlungskraft der Europäischen Gemeinschaft ist und bleibt eine entscheidende Konstante der gesamteuropäischen Entwicklung. Wir wollen und müssen sie weiter stärken. Die Europäische Gemeinschaft ist jetzt gefordert, mit Offenheit und Flexibilität auf die reformorientierten Staaten Mittel-, Ost- und Südosteuropas zuzugehen. Dies haben die Staats- und Regierungschefs der EG-Mitgliedstaaten kürzlich bei ihrem Treffen in Paris ja auch so festgestellt. Hierbei ist die DDR selbstverständlich eingeschlossen: Die Bundesregierung befürwortet deshalb den baldigen Abschluß eines Handels- und Kooperationsabkommens mit der DDR, das den Zugang der DDR zum Gemeinsamen Markt erweitert, auch was die Perspektive 1992 betrifft.
Wir können uns für die Zukunft sehr wohl bestimmte Formen der Assoziierung vorstellen, die die Volkswirtschaften der reformorientierten Staaten Mittel- und Südosteuropas an die EG heranführen und damit das wirtschaftliche und soziale Gefälle auf unserem Kontinent abbauen helfen. Das ist eine der ganz wichtigen Fragen, wenn das Europa von morgen ein gemeinsames Europa sein soll.

Den Prozeß der Wiedergewinnung der deutschen Einheit verstehen wir immer auch als europäisches Anliegen. Er muß deshalb auch im Zusammenhang mit der europäischen Integration gesehen werden. Ich will es ganz einfach so formulieren: Die EG darf nicht an der Elbe enden, sondern muß die Offenheit auch nach Osten wahren.
Nur in diesem Sinne – wir haben das Europa der Zwölf immer nur als einen Teil und nicht als das Ganze verstanden – kann die Europäische Gemeinschaft Grundlage einer wirklich umfassenden europäischen Einigung werden. Nur in diesem Sinne wahrt, behauptet und entwickelt sie die Identität aller Europäer. Diese Identität, meine Damen und Herren, ist nicht nur in der kulturellen Vielfalt Europas, sondern auch vor allem in den Grundwerten von Freiheit, Demokratie, Menschenrechten und Selbstbestimmung begründet.
Soweit die Staaten Mittel- und Südosteuropas die erforderlichen Voraussetzungen erfüllen, würden wir es auch begrüßen, wenn sie dem Europarat und insbesondere auch der Konvention zum Schutze der Menschenrechte und Grundfreiheiten beiträten.
Achtens: Der KSZE-Prozeß ist ein Herzstück dieser gesamteuropäischen Architektur. Wir wollen ihn vorantreiben und die bevorstehenden Foren nutzen:
- die Menschenrechtskonferenzen in Kopenhagen 1990 und in Moskau 1991,
- die Konferenz über wirtschaftliche Zusammenarbeit in Bonn 1990,
- das Symposion über das kulturelle Erbe in Krakau 1991 und
- nicht zuletzt das nächste Folgetreffen in Helsinki.

Dort sollten wir auch über neue institutionelle Formen der gesamteuropäischen Zusammenarbeit nachdenken. Wir könnten uns eine gemeinsame Institution zur Koordinierung der West-Ost-Wirtschaftszusammenarbeit sowie die Einrichtung eines gesamteuropäischen Umweltrates sehr gut vorstellen.
Neuntens: Die Überwindung der Trennung Europas und der Teilung Deutschlands erfordern weitreichende und zügige Schritte in der Abrüstung und Rüstungskontrolle. Abrüstung und Rüstungskontrolle müssen mit der politischen Entwicklung Schritt halten und, wenn notwendig, beschleunigt werden.
Dies gilt im besonderen für die Wiener Verhandlungen über den Abbau konventioneller Streitkräfte in Europa und für die Vereinbarung vertrauensbildender Maßnahmen ebenso wie für das weltweite Verbot chemischer Waffen, das, wie ich hoffe, 1990 kommen wird. Dies erfor-

dert auch, daß auch die Nuklearpotentiale der Großmächte auf das strategisch erforderliche Minimum reduziert werden können.
Das bevorstehende Treffen zwischen Präsident Bush und Generalsekretär Gorbatschow bietet eine gute Gelegenheit, den jetzt laufenden Verhandlungsrunden neue Schubkraft zu geben.
Wir bemühen uns – auch in zweiseitigen Gesprächen mit den Staaten des Warschauer Pakts einschließlich der DDR –, diesen Prozeß zu unterstützen.
Zehntens: Mit dieser umfassenden Politik wirken wir auf einen Zustand des Friedens in Europa hin, in dem das deutsche Volk in freier Selbstbestimmung seine Einheit wiedererlangen kann.
Die Wiedervereinigung, das heißt die Wiedergewinnung der staatlichen Einheit Deutschlands, bleibt das politische Ziel der Bundesregierung.
Wir sind dankbar, daß wir in der Erklärung des Brüsseler NATO-Gipfels vom Mai dieses Jahres dafür erneut die Unterstützung unserer Freunde und Partner gefunden haben.
Meine Damen und Herren,
wir sind uns bewußt, daß sich auf dem Weg zur deutschen Einheit viele schwierige Fragen stellen, auf die korrekterweise heute niemand eine abschließende Antwort geben kann. Dazu gehört vor allem auch – ich betone das – die ebenso schwierige wie entscheidende Frage übergreifender Sicherheitsstrukturen in Europa.
Die Verknüpfung der deutschen Frage mit der gesamteuropäischen Entwicklung und den West-Ost-Beziehungen – wie ich sie eben in zehn Punkten erläuterte – ermöglicht eine organische Entwicklung, die den Interessen aller Beteiligten Rechnung trägt und – dies ist unser Ziel – einer friedlichen und freiheitlichen Entwicklung in Europa den Weg bahnt.
Nur miteinander und in einem Klima des wechselseitigen Vertrauens können wir die Teilung Europas, die immer auch die Teilung Deutschlands ist, friedlich überwinden. Das heißt, wir brauchen auf allen Seiten Besonnenheit, Vernunft und Augenmaß, damit die jetzt begonnene – so hoffnungsvolle – Entwicklung stetig und friedlich weiterläuft. Was diesen Prozeß stören könnte, sind nicht Reformen, sondern deren Verweigerung. Nicht Freiheit schafft Instabilität, sondern deren Unterdrückung. Jeder gelungene Reformschritt bedeutet für ganz Europa ein Mehr an Stabilität und einen Zugewinn an Freiheit und Sicherheit.
Herr Präsident, meine Damen und Herren,

in wenigen Wochen beginnt das letzte Jahrzehnt dieses Jahrhunderts, ein Jahrhundert, das so viel Elend, Blut und Leid sah. Es gibt heute viele hoffnungsvolle Zeichen dafür, daß die neunziger Jahre die Chancen für mehr Frieden und mehr Freiheit in Europa und in Deutschland in sich tragen. Es kommt dabei – jeder spürt dies – entscheidend auch auf unseren, den deutschen Beitrag an. Wir alle sollten uns dieser Herausforderung der Geschichte stellen.

(Bulletin des Presse- und Informationsamtes der Bundesregierung, Nr. 134, 29. 11. 1989)

[18] Vorlage von Horst Teltschik an Helmut Kohl, 6. 12. 1989

Betr.: Die Sowjetunion und die »deutsche Frage«
Beigefügte »amtliche« wie »nichtamtliche« Überlegungen sind mir auf dem zwischen Ihnen und Generalsekretär Gorbatschow verabredeten vertraulichen Wege übermittelt worden.
Der Überbringer hat mir ausdrücklich gesagt, daß die »amtliche Position« Überlegungen von »höchster Stelle« (Generalsekretär Gorbatschow) enthalte; die »nichtamtlichen« Ausführungen seien Gedanken, die in der Internationalen Abteilung des Zentralkomitees diskutiert würden (Politbüromitglied Jakowlew).
Ziffer 1 bis 7 beweisen, daß Ihr 10-Punkte-Plan zur Deutschlandpolitik auf wesentliche Überlegungen der sowjetischen Führung zurückgreift.
Der nichtamtliche Teil (II) dokumentiert, daß die sowjetische Führung die Frage der Wiedervereinigung in allen Variationen konkret diskutiert. Ihr 10-Punkte-Plan verhindert, daß die Weltöffentlichkeit mit sowjetischen Vorschlägen zur deutschen Frage konfrontiert wird, ohne daß die Position der Bundesregierung bekannt gewesen wäre.

Votum:
Die im Teil II angesprochenen Punkte sollten in dem von Bundesminister Seiters einzuladenden Deutschlandkreis sobald wie möglich diskutiert werden.
Auf vertraulichem Wege sollte Generalsekretär Gorbatschow ein Gespräch mit Ihnen angeboten werden. Bei diesem Gespräch sollten Sie in der Lage sein, die angesprochenen Themen mit der sowjetischen Seite zu diskutieren.
Teltschik

I. *»Amtliche» Position*

1. Grundsätzlich positive Einstellung der sowjetischen Führung zur Entwicklung in der DDR.
2. Keine Einmischung in die Angelegenheiten der DDR, aber Entwicklung wäre ohne SU und erst [recht] gegen sie undenkbar gewesen.
   SU war sich von Beginn ihrer eigenen Reformpolitik an bewußt, welche Folgen dies für die DDR haben werde.
3. Strukturelle Umgestaltung in der SU in allen Bereichen (politisch, wirtschaftlich, »im nationalen Bereich«) noch immer im Anfangsstadium. Dies gelte erst recht für die DDR.
   Ablauf, Qualität und Tempo der Umgestaltung in der DDR hingen jedoch – im Gegensatz zur SU – entscheidend von der Politik der Bundesregierung ab.
4. Politische Parolen, wie der Vorrang der gesamteuropäischen Friedensordnung vor der Lösung der deutschen Frage oder die Lösung der deutschen Frage ausschließlich unter einem europäischen Dach, klängen vernünftig; sie könnten sich jedoch als Leerformeln erweisen oder – was noch schlimmer wäre – in Widerspruch zur tatsächlichen Politik geraten.
   SU sei besorgt, daß die Entwicklung der deutsch-deutschen Beziehungen gerade in dieser entscheidenden Phase der Zäsur in eine für sie unerwünschte und gefährliche Richtung gehen könnte – aus welchen Gründen auch immer.
5. Die Entwicklung in der DDR müsse mit Geist und Buchstaben der gemeinsamen deutsch-sowjetischen Erklärung vom 12. 6. 1989 in Einklang bleiben. Das betreffe vor allen Dingen die Anerkennung der bestehenden europäischen Nachkriegsstrukturen auf absehbare Zeit als Grundlage für neue Entwicklung.
   Für die SU heiße das, daß der Aufbau einer gesamteuropäischen Friedensordnung Priorität haben müsse vor der Lösung der deutschen Frage, d. h. vor der Beantwortung der Frage nach den künftigen Formen der nationalen und staatlichen Existenz der Deutschen. Die gesamteuropäische Friedensordnung müsse als unabdingbare Voraussetzung für die Lösung der deutschen Frage aufgefaßt werden.
6. Die strikte, uneingeschränkte und vorbehaltlose Einhaltung der Ostverträge, einschließlich des Grundlagenvertrages mit der DDR, müsse so lange eine Selbstverständlichkeit sein, bis die neue ge-

samteuropäische Friedensordnung und Stabilität hergestellt und gesichert sei.

7. Heute sei eine neue Lage in der DDR entstanden. Jetzt gilt es, auf der Grundlage des Grundlagenvertrages mit der DDR einen neuen Modus vivendi zu finden.
   Der Vorschlag von Ministerpräsident Modrow einer »Vertragsgemeinschaft« sollte es ermöglichen, den Alleinvertretungsanspruch der Bundesrepublik Deutschland restriktiv und pragmatisch zu handhaben. Andernfalls werde die DDR objektiv in ihrer Existenz bedroht.

II. *»Nichtamtliche« Überlegungen*

Jetzt sei die Stunde gekommen, das Verhältnis der Bundesrepublik Deutschland zur DDR von allen Relikten aus der Vergangenheit zu befreien.

1. Die DDR sei auf wirtschaftliche Zusammenarbeit angewiesen. Vorbedingungen dürfen nicht zur Selbstverleugnung und zur Destabilisierung der DDR führen. Die Bundesregierung sollte sich großzügig verhalten und einen langen Atem haben.
2. Im Bereich der Abrüstung tun sich für beide Staaten der deutschen Nation zusätzliche großartige Möglichkeiten auf. Es hänge jetzt in ganz entscheidender Weise von der Bundesregierung ab, wie schnell und umfassend Fortschritte im Interesse beider deutscher Staaten bei den Abrüstungsfragen erreicht werden können.
3. Es sei der Wunsch bzw. die Bitte der SU, die langfristige Lösung der deutschen Frage nicht zum Gegenstand der Tagespolitik oder des Wahlkampfes zu machen.
4. Rein theoretisch gefragt: Wenn die Bundesregierung beabsichtigen würde, die Frage der Wiedervereinigung bzw. Neuvereinigung in die praktische Politik einzuführen, dann wäre es vernünftig, öffentlich über die Vorstellungen der zukünftigen Allianzzugehörigkeit beider deutscher Staaten und über die Austrittsklausel der Pariser Verträge und des Römischen Vertrages im Wiedervereinigungsfall nachzudenken.
5. Sollte es – theoretisch gesehen – ebenso gelingen, die DDR recht bald in die EG zu integrieren, soll dann die SU am »Katzentisch« sitzen und ihren DDR-Handel via Brüssel betreiben, Eurozölle bezahlen und auf die heutige Meistbegünstigung mit der DDR verzichten? Auch darüber sollte die Bundesregierung nachdenken.

6. Die SU denke im Zusammenhang mit der deutschen Frage bereits über alle möglichen Alternativen nach, sogar über gewissermaßen »Undenkbares«. Sie habe von Anfang an gewußt, worauf sie sich bei einer Umgestaltung auch in der DDR einlasse.
   In diesem Zusammenhang wäre die SU an der Haltung der Bundesregierung zu einem möglichen Friedensvertrag interessiert. Die Bundesrepublik Deutschland könne sich dabei nicht auf ihre Alliierten verlassen, die nicht auf ihr Besatzungsstatut verzichten wollten.
7. Die SU verfolge mit einem lachenden und mit einem tränenden Auge, daß »mancher gescheite Kopf in Bonn« den Ausweg darin sieht, eine künftige deutsche Konföderation in die EG zu integrieren, wobei dies als gesamteuropäische Integration verbrämt werde. Diese Richtung passe der SU nicht.
   Die Bundesregierung solle dabei daran denken, daß die SU die Westalliierten, vor allem Paris, mit der Idee von zwei Friedensverträgen jeweils mit der Bundesrepublik Deutschland und der DDR verführen könnte. Dabei sei sicher, daß in einem solchen Fall die Westalliierten mehr Rechte in der Bundesrepublik als die SU in der DDR beanspruchen würden.
8. Es könne durchaus davon ausgegangen werden, daß sich auf dem Wege der Annäherung der beiden deutschen Staaten schon sehr bald die Frage eines Friedensvertrages stellen werde. Es wäre deshalb vernünftig, gemeinsam vertraulich darüber nachzudenken, evtl. auch gemeinsam mit der DDR.
9. Es sei vorstellbar, daß die SU in absehbarer Zeit, d. h. mittelfristig, einer wie immer gearteten deutschen Konföderation grünes Licht geben könnte. Dies würde jedoch voraussetzen, daß es auf deutschem Boden keine fremde nukleare Präsenz mehr geben dürfte. Dies wäre vielleicht die einzige Conditio sine qua non, die die SU für ihr Wohlverhalten gegenüber künftigen deutschen Regelungen aufrechterhalten könnte.

(DzD, Deutsche Einheit (14), S. 616 ff.)

7. Kapitel

1990: Innenpolitik für die Einheit

Dokumente

1990: Innenpolitik für die Einheit

18. März 1990: Die Volkskammerwahl

Bis zum Herbst 1989 gab es neben der alles beherrschenden Staatspartei SED nur die im ehemaligen »Demokratischen Block« (seit 17. 6. 1949; vorher »Antifaschistisch-Demokratischer Block«) zusammengeschlossenen Altparteien CDU, LDPD, NDPD und DBD, die zusammen mit den Massenorganisationen FDGB, FDJ, DFD und KB die Nationale Front gebildet hatten. Im Sog des revolutionären Umbruchs entstand dann eine Vielzahl neuer Parteien und politischer Gruppierungen. Die wichtigsten von ihnen waren zusammen mit den Altparteien seit dem 7. Dezember 1989 nicht nur am zentralen »Runden Tisch« vereint, sondern gehörten seit dem 5. Februar 1990 auch der »Regierung der Nationalen Verantwortung« an, die ihre Aufgabe darin sah, die DDR bis zu den vorgezogenen Wahlen zur Volkskammer am 18. März einigermaßen stabil zu halten.

Dieser frühe Wahltermin war anfangs so nicht vorgesehen und auch nicht vorauszusehen. Er hatte mit dem anhaltenden Ausreisedruck, dem Ausbruch nationaler Empfindungen und Erwartungen, die nach der Öffnung der Grenzen auf die Einheit Deutschlands drängten, und mit parteipolitischem Kalkül nicht zuletzt der Bonner Großparteien zu tun. Die neuen Parteien und Bewegungen in der DDR hatten ursprünglich an einen viel späteren Zeitpunkt für die Wahl gedacht – irgendwann im Herbst 1990. Der vernünftige Gedanke war, daß sie ihre Organisation, ihre Programmatik und auch eine gewisse Chancengleichheit gegenüber den alteingesessenen Blockparteien und Massenorganisationen nach so langer Zeit des Aderlasses und der Unterdrückung nicht so schnell würden schaffen können.

Doch Ausreisedruck und die verstärkt aufbrechenden wirtschaftlichen Schwierigkeiten führten zu einem politischen Einheitsdruck, unter dem die Dämme brachen. Zumal, da die übermächtigen Bundestagsparteien nun einerseits Chancen zu wittern und andererseits Risiken zu befürchten begannen. Sie hatten daher die Formierung von Schwesterparteien oder -allianzen in der DDR ebenso beschleunigt, wie sie dann nach Heuschreckenart einfielen und den Wahlkampf prägten. Selbst der zunächst festgelegte Wahltermin 6. Mai konnte unter diesen Umständen nicht gehalten werden. Am 28. Januar vereinbarten Modrow und der »Runde Tisch« dann, den Termin auf den 18. März vorzuziehen; am 6. Mai sollten lediglich Kommunalwahlen stattfinden.

Mit Ausnahme der Grünen zwangen die Bonner Parteien insgesamt – teils absichtlich-direkt, teils unabsichtlich-indirekt – der DDR einen Wahlkampf auf, auf den das Land nicht vorbereitet war. Er trug zuletzt Züge von Vandalismus und Randalismus; Denunziation, Drohung und Gewalt überschatteten ihn. Die im Grundsatz und aus jahrzehntelanger Einübung eher auf Konsens denn Dissens gestimmte DDR-Gesellschaft war sichtlich überfordert von der von außen herangetragenen, übermäßig und kontrovers geführten Material- und Redeschlacht. Sie benachteiligte zudem die Gruppierungen, die sich keine Unterstützung von außen sichern konnten oder wollten – das waren vornehmlich die Bürgerbewegungen, die die politische Wende im Herbst und davor wesentlich mit herbeigeführt und durchgesetzt hatten, daneben auch ein paar der alten, aber nun ihrerseits »gewendeten« Blockparteien, die aber immerhin über einige eigene Ressourcen verfügten.

Bereits ab Mitte Januar war der Wahlkampf voll im Gange, wobei vor allem Medien und die West-Politiker eine Krise – wenn auch noch nicht den baldigen Zusammenbruch – der Modrow-Regierung prophezeiten. Parallel dazu wurde auf den Straßen der DDR der Ruf nach der Einheit immer lauter.

Nach der chaotischen Anfangsphase begann sich Ende Januar/Anfang Februar die Parteienlandschaft in der DDR zu formieren, zum Teil mit kräftiger Nachhilfe aus dem Westen. Wahlbündnisse wurden nicht in Ost-Berlin, sondern in West-Berlin bzw. Bonn und München gegründet. So war auch der heftig umstrittene Beschluß des zentralen »Runden Tisches« Anfang Februar zu erklären, wonach aus Gründen der Chancengleichheit westdeutsche Redner im DDR-Wahlkampf nicht auftreten sollten. Jeder wußte, daß dieser Beschluß nicht bindend sein konnte, daß sich SPD, CDU, Demokratischer Aufbruch und LDPD nicht daran halten würden. Aber der Beschluß war als Mahnung zu verstehen, es mit dem Überstülpen des westdeutschen Parteienschemas auf

die DDR, mit der Umfunktionierung der DDR-Wahl zu einer Art Vorwahlkampf und Test für die Bundestagswahl nicht allzu bunt zu treiben. Dabei ergab eine Umfrage des »Spiegel« Ende Februar, daß die deutsch-deutschen Ereignisse angeblich keine Auswirkung auf die Stärke der Westparteien hätten.[1]
Neben der materiellen Unterstützung der Parteien in der DDR gab es vor allem Wahlkampfauftritte der Westgrößen Helmut Kohl, Hans-Dietrich Genscher und Willy Brandt. Sie hatten denn auch die meisten Zuhörer.
Den Wahlkampf beherrschte bald nur noch ein Thema: die deutsche Einheit – und die D-Mark; und beides sollte möglichst bald kommen. Unter dem Druck des Wahlkampfes wollte keine Partei sich von einer anderen in ihrem Einheitsbekenntnis übertrumpfen lassen. »Die Zeit« schrieb am 16. Februar: »Die Wahl wird zum Referendum über die Selbstaufgabe, und an ihrem Ausgang besteht heute insofern kein Zweifel.« *Ein* Thema wurde im Wahlkampf tunlichst vermieden: die möglichen materiellen und ideellen Kosten der Einheit. Den neuen Ost-Parteien war ihre Loyalität gegenüber den Mutterparteien in der BRD wichtiger als gegenüber ihrer untergehenden Heimat. Über die BRD-Parteien definierten sie sich, dank ihnen genossen sie Ansehen, Vertrauen und Popularität. Ohne die großen Namen Kohl, Brandt und Genscher blieben von ihnen nur kümmerliche allgemeine Programme, die sich wenig voneinander unterschieden, und mittelmäßige Politiker, die die Menge neben den verehrten Idolen gerade noch hinnahm. Der Wahlkampf illustrierte insofern die ganze Schizophrenie des Augenblicks: Ost-Parteien agitierten mit dem geliehenen Glanz aus dem Westen, der weiter eine magische Anziehungskraft besaß, auch wenn sich viele DDR-Bürger am grellen Wahlrummel stießen und sie die verbal-radikalen Attacken von West-Politikern auf die Ost-Konkurrenz erschreckten.[2] Zur Wahl traten letztlich 24 Parteien, Gruppierungen und Bündnisse an.

PDS

Die alte SED stellte sich als PDS – Partei des Demokratischen Sozialismus – in beinahe Bewunderung erweckender Weise darauf ein, von einer über die absolute Macht verfügenden Partei zu einer zu werden, die sich erstmals mit Konkurrenz auseinanderzusetzen hatte. Sie konnte auf Menschen in der DDR zählen, die ihr nicht nur ihren Posten verdankten, sondern sogar die Existenz der entsprechenden »Planstelle«. Die Motive waren möglicherweise eine Mischung aus alter Treue und dem Wunsch, vor sich selbst nicht als Opportunist dazustehen. Am 4. Februar 1990 beschloß der Parteivorstand, daß die Partei – seit dem außerordentlichen SED-Parteitag vom Dezember 1989 SED-PDS – nur noch den Namen PDS tragen sollte. Zum Vorsitzenden wurde der Rechtsanwalt Gregor Gysi gewählt (er wurde im Dezember 1990 Mitglied des gesamtdeutschen Bundestages und bei den Wahlen zum Berliner Abgeordnetenhaus im Oktober 2001 Spitzenkandidat der PDS, seit 17. Januar 2002 in der SPD/PDS-Koalition in Berlin Bürgermeister und Senator für Wirtschaft, Arbeit und Frauen). Trat die Partei zunächst für die Existenz zweier deutscher Staaten bis zu einem deutschen Staatenbund in einem entmilitarisierten, vereinten Gesamteuropa sowie die Anerkennung der bestehenden Grenzen ein, so änderte sich dies, nachdem der stellvertretende PDS-Vorsitzende und Vorsitzende des DDR-Ministerrats, Hans Modrow, am 1. Februar, nach seinen Gesprächen in Moskau, seinen Plan »Deutschland, einig Vaterland« vorlegte, der in mehreren Schritten die deutsche Einheit in einer Föderation vorsah. Von nun an setzte sich auch die PDS für die Einigung ein, allerdings in einem schrittweisen Übergang.

Gysi sprach sich gegen eine zu schnelle Vereinnahmung der DDR und gegen eine NATO-Mitgliedschaft eines geeinten Deutschland aus. (Seine damaligen Gespräche mit Gorbatschow u. a. sind mehr als lesenswert.)[3] Vor allen Dingen aber sprach er die sozialen Ängste jener Bürger an, die – nach dem hoffnungsfrohen Einheitsüberschwang des Beginns – die ökonomischen und sozialen Risiken einer Wirtschafts- und Währungsunion als Unsicherheit und Bedrängnis empfanden. Stichworte waren: Arbeitsplätze, Wohnung und Eigentum, Löhne, Renten und Sparguthaben, schließlich Mieten und Preise. Die so geschürten Ängste waren Wasser auf die Mühlen gerade der PDS, die sich als eine Partei darstellte, die Sozialabbau verhindern und überdies die Eigenständigkeit und Identität der DDR, so gut es ging, bewahren wollte.

In diesem Zusammenhang war Gregor Gysi das beste, was der PDS hatte passieren können.[4] Im Wahlkampf zog er alle Register. Nach seinem ersten Fallschirmabsprung erklärte er unter Jubel: »Ich kann Euch sagen, die Welt sieht von oben so schön aus, daß ich finde, es lohnt sich schon noch, was dafür zu tun. Und das Stück DDR, das ich da einsehen konnte, ist auch ein sehr schönes Stück. Wir haben es nicht zu verschenken!« Auf allen drei Kongressen der SED auf dem Weg zur PDS hatte für ihn die Bewahrung der Partei nie zur Diskussion gestanden: »Aus anderthalb Jahrhunderten Geschichte der Arbeiterbewegung steigt man nicht einfach aus!« Den DDR-Bürgern rief er zu: »Wir wollen soziale Geborgenheit für alle erreichen!« oder »Für eine starke Opposition!« oder »Oft war's schwer, manchmal beschissen, doch künftig wirst Du rausgeschmissen.« »Auch Ihr Betrieb kann morgen reprivatisiert werden; die Folgen sind: Arbeitslosigkeit und Sozialabbau, der bei Frauen und sozial Schwachen beginnt. Wollen Sie das?« Ein ganz modernes, westliche Fremdsprachenkenntnisse voraussetzendes Wahlkampfmotto der PDS lautete: »Don't worry, take Gysi« oder »Take it Gysi«. Folgendes Gedicht kam noch hinzu: »AngeWAIGELt, SCHNURgerade in die KOHLrabenschwarze MAIZIERE hinein, Firma EBELING macht's möglich, Bezahlung per Nachnahme, aber lieber per PDS mühsam in die Gegenrichtung aus eigener Kraft.« (Theodor Waigel war Bundesfinanzminister; Schnur, de Maizière, Ebeling in der »Allianz für Deutschland«; s. u.)

SPD

Am Jahrestag der DDR-Staatsgründung, am 7. Oktober 1989, war in Schwandte in der Nähe von Oranienburg bei Berlin die »Sozialdemokratische Partei der DDR« (SDP) gegründet und der Historiker Ibrahim Böhme zum Geschäftsführer bestimmt worden. Als politisches Ziel der SDP war die Etablierung einer »ökologisch orientierten sozialen Demokratie« genannt worden. Auf der ersten Delegiertenkonferenz am 13. Januar 1990 wurde die Partei dann in SPD umbenannt. Was die DDR-Sozialdemokraten bei dieser Veranstaltung am Alexanderplatz mit engagierter Beteiligung der Parteiprominenz aus dem Westen – Hans-Jochen Vogel, Johannes Rau, Walter Momper und Egon Bahr – veranstalteten, war eine frenetische Feier, die Vorwegnahme der Einheit auf Parteiebene, die zumindest symbolische Wiederaufnahme der verschütteten und 40 Jahre lang unterdrückten Tradition. Die »Kontakte« zur bundesdeutschen Schwesterorganisation hatten ihnen einen wonnigen Vorgeschmack auf das beschlossene Ziel ihrer Politik vermittelt, die »Einheit der deutschen Nation«.

Was sich die Delegierten von der West-Hilfe erwarteten, hatte einer

von ihnen in drastischer Poesie auf den Punkt gebracht: »Der Stammbaum ist gut, aber trocken. Mit dem Saft aus dem Westen wird er blühen.«[5] Auf dem ersten ordentlichen Parteitag der SPD vom 22. bis 25. Februar wurden Ibrahim Böhme, der die Partei zusammen mit Martin Gutzeit am »Runden Tisch« vertreten hatte, zum neuen Vorsitzenden und Willy Brandt einmütig zum Ehrenvorsitzenden gewählt. Die SPD lehnte mit Nachdruck ein Wahlbündnis – etwa mit dem Neuen Forum – ab, auch wenn, wie es hieß, weiter »enger Kontakt« mit den anderen Gruppen gehalten werden sollte. Die einzige feststehende Koalitionsaussage hieß: »Ohne die SED.« Und so trat die Partei allein zur Wahl an. Der Wahlkampf wurde von der Bonner Parteizentrale geführt unter dem Motto: »Die Zukunft hat wieder einen Namen: SPD.« Dabei war eine verwirrende Doppelstrategie zu erkennen: Willy Brandt zog mit »vaterländisch segnender Gebärde durchs Land« (»Die Zeit«), oder, so Kohl gegenüber Gorbatschow am 10. Februar im Kreml, »wie ein alter Bischof oder Metropolit«[6] – und wiederholte immer wieder seinen schon berühmten Satz vom 10. November: »Jetzt wächst zusammen, was zusammengehört.« Brandt betrieb keinen gewöhnlichen Wahlkampf; er machte den Menschen Mut, erteilte Ratschläge, redete da und dort ins Gewissen, nannte Schwierigkeiten und sprach den Menschen aus dem Herzen. Dabei knüpfte er vielfach an seine Politik in den siebziger Jahren an. So machte er z. B. eine »Deutschland-Gedächtnisfahrt« nach Erfurt. Das war eine gekonnte Inszenierung: die Fahrt vom 19. März 1970 wurde bis ins kleinste Detail (Eisenbahn, Schaffner, Menü) wiederholt. Bei dieser »Wiederholungsfahrt« ließ er sich als »Vater der deutschen Einheit« feiern.
Dem stand Oskar Lafontaine gegenüber, der nach seinem Wahlsieg im Saarland von der West-SPD zum Kanzlerkandidaten ernannt worden und von daher Herausforderer Kohls bei den Bundestagswahlen im Herbst war. Er vertrat gegenüber dem Nationalpopulismus von Brandt eine Art Sozialpopulismus, warnte vor einer raschen Währungsreform und vermied nationale Töne. Die deutsche Einheit kam für ihn nach der europäischen – wenn überhaupt; er sprach von Austritt aus der NATO etc. Er war jedenfalls nicht die Leitfigur der SPD im DDR-Wahlkampf und kein begeisterter Anhänger der deutschen Einheit. Für die Ost-SPD hieß das Prinzip Hoffnung Willy Brandt. Alle Umfragen gingen von einem überwältigenden Wahlsieg der SPD aus. Bedenken, warum möglicherweise jemand nicht die SPD wählen könnte, brachte ein DDR-Bürger folgendermaßen auf den Punkt: »Wenn die SPD ge-

winnt, dann bleibt das Großkapital draußen, und Helmut Kohl läßt uns am ausgestreckten Arm verhungern.«[7] Diese Bedenken nahmen die Genossen schlichtweg nicht zur Kenntnis. Um so ernüchternder war dann das Erwachen am Wahlabend.

Allianz für Deutschland (CDU/DA/DSU)

Während die FDP die Ost-LDPD »vereinnahmte«, zögerte die West-CDU zunächst mit einer Unterstützung der Ost-CDU. Das war eine jener »Blockflöten«-Parteien, mit denen man zunächst wenig zu tun haben wollte. Wenig einladend waren auch die Äußerungen des neuen Parteivorsitzenden Lothar de Maizière, der noch am 19. November 1989 in einem Interview mit »Bild am Sonntag« erklärt hatte, er halte »Sozialismus für eine der schönsten Visionen menschlichen Denkens« und teile nicht die Auffassung, »daß die Forderung nach Demokratie zugleich die Forderung nach Abschaffung des Sozialismus beinhaltet«. Und was die Einigung Deutschlands betreffe, so sei sie »nicht das Thema der Stunde«, sondern eine Überlegung, »die vielleicht unsere Kinder oder unsere Enkel anstellen können«. Hinzu kam, daß die Ost-CDU aktiv in der Modrow-Regierung mitarbeitete.
Inzwischen gab es zwei weitere konservative Bewegungen, zum einen den Demokratischen Aufbruch (DA), geführt von den Pastoren Friedrich Schorlemmer aus Wittenberg (der noch im Januar zur SPD übertrat) und Rainer Eppelmann aus Ost-Berlin sowie dem Rostocker Rechtsanwalt Wolfgang Schnur, zum anderen die Deutsche Soziale Union (DSU) unter Führung von Pastor Hans-Wilhelm Ebeling aus Leipzig. Bei der Gründung der DSU in Leipzig stand die bayerische CSU Pate. Ebeling gehörte für manchen zu den typischen Wendehälsen. Im Gegensatz zu vielen anderen Pfarrern hatte er die Leipziger Thomaskirche erst am 9. Oktober 1989 für die Friedensgebete der Demonstranten geöffnet. Außerdem war er in den Stasi-Akten nie als »observierungsbedürftig« geführt worden wie andere Geistliche. Jetzt galt allerdings nur, daß er für die Soziale Marktwirtschaft und die schnelle Einheit ohne Wenn und Aber eintrat.
Erst der befürchtete und von den Meinungsforschern vorausgesagte Erdrutschsieg der SPD brachte Kohl dazu, mit Lothar de Maizière über ein konservatives Wahlbündnis zu sprechen. Er traf ihn am 2. Februar allein, und dann am 5. Februar gemeinsam mit CDU-Generalsekretär

Volker Rühe und Kanzleramtsminister Rudolf Seiters noch einmal mit Schnur und Ebeling, um die »Allianz für Deutschland« zu installieren, die als Wahlbündnis von Ost-CDU, DA und DSU antreten sollte. Geformt und geprägt wurde sie von Bonn aus im Kanzleramt. Die Allianz war Kohls Wahlverein; er erhob einen Monopolanspruch auf sie, und bis zuletzt wagte niemand einen ernsthaften Einspruch dagegen. Am 1. März stellten die in der »Allianz für Deutschland« verbundenen Parteien im Beisein von Kohl in Bonn den gemeinsamen Wahlaufruf für die Volkskammerwahl und ein gemeinsames Sofortprogramm für eine frei gewählte Regierung vor, das unter das Motto »Freiheit und Wohlstand – nie wieder Sozialismus« gestellt und in dem detailliert zur inneren Entwicklung Deutschlands Stellung genommen wurde. Die Grundaussage war ein eindeutiges Ja zur deutschen Einheit und zur sozialen Marktwirtschaft, die durch eine sofortige Wirtschaftsreform eingeführt werden sollte. Die Allianzpartner drängten auch auf die sofortige Einführung der D-Mark in der DDR. Als Ziele wurden eine Währungsunion und eine unabhängige Notenbank genannt; Sparguthaben in der DDR sollten im Verhältnis 1:1 umgetauscht werden. Weiters wurde die Herstellung der Einheit Deutschlands auf der Grundlage des Grundgesetzes entsprechend Art. 23 gefordert (einfacher Beitritt; s. unter Einigungsvertrag). Einig war man sich, daß ein wiedervereinigtes Deutschland nicht neutral sein dürfe.
Kohl stürzte sich mit ungeheurem Engagement in den Wahlkampf (sechs große Wahlauftritte in der DDR mit zusammen mehreren hunderttausend Zuhörern) und sagte aus diesem Grund sogar Auslandsbesuche ab. Er personifizierte für den DDR-Wähler Freiheit, Einheit und Wohlstand. Er genoß das Bad in der Menge und verbürgte sich für das Versprechen von der »Erlösung« der DDR-Bürger vom Dasein der Deutschen zweiter Klasse. Die »blühenden Landschaften« schienen schon erkennbar. Hauptgegner der Allianz war die SPD. Kohl warf ihr im Bundestag vor: »Sie waren doch mit diesen Leuten verbrüdert, nicht wir!« und »Lafontaine betreibt ein Geschäft mit der Angst.« Die Ost-SPD wurde in die Nähe der verhaßten SED gerückt, Böhme als Ex-SED-Mitglied und alternativer Marxist vorgestellt. Auf Handzetteln hieß es: »Mit Böhme in den Abgrund«, und »Sozialismus? Nein, danke«. Und weiter: »Nie wieder menschenverachtender Kollektivismus, nie wieder Unterdrückung der Freiheit.«
Eher peinlich war es da, als sich Vorwürfe gegen den Vorsitzenden des Demokratischen Aufbruch, Wolfgang Schnur, er habe mehrere Jahre

für den ehemaligen Staatssicherheitsdienst der DDR gearbeitet, als richtig erwiesen. Schnur wies die ihm zur Last gelegten Vorwürfe zunächst vehement zurück, bis er dann auf Druck der Bonner CDU am 14. März zurücktrat. Zu seinem Nachfolger als Parteivorsitzender wurde Rainer Eppelmann gewählt.
Die großen Verlierer schon vor der Wahl waren jene Basisgruppen der Bürgerbewegungen – allen voran das Neue Forum –, die für Reformen in der DDR auf die Straße gegangen waren und nicht für die Wiedervereinigung. Aus der Leipziger Losung »Wir sind *das* Volk!« war nach dem 9. November »Wir sind *ein* Volk!« geworden. Die Bürgerbewegungen mit ihrem Wunsch nach einer Veränderung der DDR gingen im Wunsch der Bevölkerung nach Einheit unter. Der Stimmungswandel nach dem 9. November drückte sie an den Rand. Jens Reich hat diese Erfahrung im September 1990 treffend so zusammengefaßt:

»Als erste stemmten wir uns gegen das verrammelte Tor. Das Schloß gab nach, das Tor ging auf, wir stürzten der Länge nach hin, während die Nachfolgenden uns überrannten, neuen Zielen zu, die wir nicht mehr aussuchen konnten.«[8]

Ohne West-Hilfe waren sie zudem weder finanziell noch materiell in der Lage, einen adäquaten Wahlkampf zu führen. Bündnis 90 verteilte z. B. in Potsdam handgeschriebene DIN A4-Blätter. Es fehlten aber auch bekannte Persönlichkeiten, wie sie die großen Parteien mit ihren Spitzenpolitikern aus der BRD aufweisen konnten.
Rund 12,2 Mio. DDR-Bürger waren aufgerufen, am 18. März erstmals in freier, allgemeiner, gleicher, direkter und geheimer Wahl 400 Volkskammerabgeordnete für die Dauer von vier Jahren zu bestimmen. Bei dieser Wahl gab es letztlich nur ein Thema, wenn auch in verschiedenen Ausprägungen: die rasche Wiedervereinigung. Die Wähler meinten damit weniger die verfassungsrechtlichen Fragen als die Probleme des alltäglichen Wohlergehens und Lebensstandards. Strittig war das Tempo, das vorgelegt werden sollte. Die Allianz versprach, glaubwürdiger als alle anderen, den zügigsten Fahrplan.
Viele Aspekte des Wählervotums kamen letztlich nicht unerwartet, aber in der Höhe und Eindeutigkeit überraschend: Bei einer außerordentlich hohen Wahlbeteiligung von über 93 % erhielten die Parteien der Allianz insgesamt 48,15 % (193 Mandate), doppelt soviel wie SPD (21,84 %: 87 Mandate) und Liberales Bündnis (5,28 %: 21 Mandate) zusammen. In den Reihen jener, die auf eine gewisse Eigenständigkeit der DDR beim Aushandeln der Modalitäten und Wahrung von Besitzständen Wert legen wollten, nämlich PDS und Bündnis 90, erzielte nur

Abb. 20/21: Wahlkampf in der DDR. Die ersten freien Wahlen für die Volkskammer finden am 18. März 1990 statt.

Nie wieder
Sozialismus
Ja!
Freiheit und
Wohlstand
NZ FÜR DEUTSCHLA
DSU

die PDS mit 16,33 % (65 Mandate) ein nennenswertes Ergebnis; Bündnis 90 erhielt lediglich 2,9 % der Stimmen (12 Mandate), die übrigen zusammen 22 Mandate. Damit war auch klar: Von der DDR würde nichts mehr übrig bleiben. Die DDR, so klagte Stefan Heym, »wird nichts sein als eine Fußnote in der Weltgeschichte«. Endlich schien Schluß zu sein mit jener ironischen Deutung der Abkürzung DDR, die am Selbstwertgefühl der Bürger des SED-Staates jahrzehntelang genagt hatte, nämlich: »Der doofe Rest.« 12 Jahre später, im Januar 2002, – nachdem mehr als eine Billion DM Fördergelder für den Aufbau Ost ausgegeben worden waren – fragte »Der Spiegel« dennoch: »Wieder der doofe Rest?«[9]
Die Regierungsbildung erwies sich zunächst als einigermaßen schwierig. Lothar de Maizière wollte eine Regierung mit verfassungsändernder Zweidrittelmehrheit; das war nur mit der SPD möglich, deren Vorstand am 19. März allerdings bekräftigte, die Partei werde bei einer großen Koalition, an der auch die DSU beteiligt sei, nicht mitmachen. In der Folgezeit gab es dann mehrere »Sondierungsgespräche« zwischen de Maizière und dem amtierenden SPD-Vorsitzenden Markus Meckel und am 5. April ein »Versöhnungsgespräch« zwischen SPD und DSU-Politikern. Zwar gab es nach Meinung der SPD an der Basis der DSU »weiter rechtsextreme Äußerungen«, aber die SPD war nun doch zu einer großen Koalition bereit, nachdem auch noch der inzwischen zum Fraktionsvorsitzenden gewählte Ibrahim Böhme durch eine Veröffentlichung im »Spiegel« als Inoffizieller Mitarbeiter (IM) des MfS enttarnt worden war und zurücktreten mußte. Schließlich gelang es den Parteien, sich bis zum 12. April auf einen Koalitionsvertrag zu einigen. In der Präambel des 50 Seiten umfassenden Papiers wurde zunächst folgendes festgehalten:

»Die besondere Lage in der DDR seit dem 9. November 1989 macht es zur Lösung der anstehenden Zukunftsaufgaben im Prozeß der Vereinigung beider Teile Deutschlands erforderlich, parteitaktische Interessen zurückzustellen und eine große Koalition für die Zeit des Zusammenwachsens beider deutscher Staaten zu bilden.«

Als Ziel der Koalition wurde genannt: »Wohlstand und soziale Gerechtigkeit für alle Bürger der DDR zu sichern, Freiheit und Rechtsstaatlichkeit durchzusetzen, die Einheit Deutschlands nach Verhandlungen mit der BRD auf der Grundlage des Art. 23 GG zu verwirklichen.« Die gleichzeitige Wirtschafts-, Währungs- und Sozialunion mit der BRD zum 1. Juli wurde als eine der »wichtigsten Aufgaben« bezeichnet. Die Umstellung der Löhne und Gehälter sollte im Verhältnis 1:1 erfolgen,

die volkseigenen Betriebe entflochten und in eine geeignete Rechtsform überführt werden.
Am 12. April wählte die Volkskammer Lothar de Maizière mit 265 zu 108 Stimmen bei drei Enthaltungen zum Ministerpräsidenten der DDR. Noch vor der Wahl verlas die Präsidentin der Volkskammer, Sabine Bergmann-Pohl (CDU), eine Erklärung aller Fraktionen, die ohne Gegenstimmen bei 21 Enthaltungen angenommen worden war. Darin hieß es, die Abgeordneten würden sich »zur Verantwortung der Deutschen in der DDR für ihre Geschichte und ihre Zukunft« bekennen. Das betraf die von Deutschen verübten Verbrechen vor allem gegenüber den Juden, den Völkern der Sowjetunion, dem polnischen Volk und dem Volk der Sinti und Roma: »Diese Schuld darf niemals vergessen werden.« Man bat die Juden in aller Welt, genauso wie das Volk in Israel um Verzeihung für Heuchelei und Feindseligkeit der offiziellen DDR-Politik gegenüber dem Staat Israel und für die Verfolgung und Entwürdigung jüdischer Mitbürger auch nach 1945 »in unserem Land«. An die Bürger der Tschechoslowakei gerichtet, erklärten die Abgeordneten: »Die Volkskammer der DDR bekennt sich zur Mitschuld der DDR an der Niederschlagung des ›Prager Frühlings‹ 1968 durch die Truppen des Warschauer Paktes.« Man bat um Entschuldigung für das begangene Unrecht.
Abschließend hieß es, man erkläre

»erneut feierlich, die im Ergebnis des Zweiten Weltkrieges entstandenen deutschen Grenzen zu allen Anrainerstaaten ohne Bedingungen anzuerkennen. Insbesondere das polnische Volk soll wissen, daß sein Recht, in sicheren Grenzen zu leben, von uns Deutschen weder jetzt noch in Zukunft durch Gebietsansprüche in Frage gestellt wird. Wir bekräftigen die Unverletzbarkeit der Oder-Neiße-Grenze zur Republik Polen als Grundlage des friedlichen Zusammenlebens unserer Völker in einem gemeinsamen europäischen Haus.«[10]

De Maizière kündigte in seiner Regierungserklärung als Hauptaufgabe an: »Die Einheit muß so schnell wie möglich kommen, aber ihre Rahmenbedingungen müssen so gut, so vernünftig und so zukunftsfähig sein wie nötig.« Mit Nachdruck plädierte er für eine Währungsumstellung im Verhältnis 1:1, damit DDR-Bürger nicht das Gefühl bekämen, zweitklassige Bundesbürger zu werden; gleichzeitig appellierte er eindringlich an die Bürger der Bundesrepublik, die Leistungen der Ostdeutschen anzuerkennen:

»Wir bringen unsere bitteren und stolzen Erfahrungen an der Schwelle zwischen Anpassung und Widerstand ein. Wir bringen unsere Identität ein und unsere Würde. Unsere Identität, das ist unsere Geschichte und Kultur, unser Versagen und unsere Leistung, unsere Ideale und unsere Leiden. Unsere Würde, das ist unsere Freiheit und unser Menschenrecht auf Selbstbestimmung.«[11]

Einige im Westen meinten schon damals, die DDR bringe als Mitgift wenig bis gar nichts ein.

1. Juli 1990: Die Wirtschafts- und Währungsunion

Bereits vor der Jahreswende 1989/90 schlug die Begeisterung der Westdeutschen über das Wiedersehen mit den »Brüdern und Schwestern« aus der DDR in Sorge und Ängste um. Der Übersiedlerstrom wurde von vielen als Belastung und Bedrohung empfunden. Bis Ende 1989 hatte es etwa 340000 Übersiedler gegeben, im neuen Jahr waren es täglich etwa 2000. Bis Ende Februar rechnete man mit 110000 weiteren. Dies, so Kohl in fast allen seinen Gesprächen mit ausländischen Politikern, entspreche der Größe einer Stadt wie Dessau (bei den Amerikanern nannte er Philadelphia, »umgerechnet auf US-Verhältnisse«; vgl. unten S. 263). Die Übersiedler hatten Standortvorteile in der Bundesrepublik; das gehörte mit zum Konzept der Bundesregierung, das SED-Regime zu destabilisieren. Wenn das so weitergehen würde, mußte es zu einer Vereinigung auf BRD-Boden kommen, in jedem Fall aber zu einer Vereinigung. Die Frage war, was dann mit der DDR geschehen würde. Die Fraktionssprecherin der Grünen, Antje Vollmer, meinte, die Übersiedler kämen nicht trotz, sondern wegen der Wiedervereinigung, da die DDR künftig ein Niedriglohn-Land mit günstigen Investitionsbedingungen und faktisch ohne sozialen Schutz für die Bewohner sein werde; ohne Schutz auch für die Eigentümer von Grund und Boden, für die Bauern, für die Sparkonten der kleinen Leute, ohne eine Sozialcharta gegen die Arbeitslosigkeit: »Da kann man es niemandem verdenken, wenn er die Koffer packt.«[12]
In der BRD aber waren die Gemeinden, Städte und Landkreise nicht mehr in der Lage, weiter täglich Tausende Übersiedler aufzunehmen. Der SPD-Kanzlerkandidat Oskar Lafontaine spielte auf dieser Klaviatur und forderte eine Änderung des Aufnahmeverfahrens und den Abbau der von Bund und Land bezahlten Leistungen für die Übersiedler. Den Menschen aus der DDR sollte der Anreiz genommen werden, durch Übersiedlung in den Westen die DDR ausbluten zu lassen. Die große Mehrheit der westdeutschen Bevölkerung stand hinter solchen Forderungen.

In dieser Situation handelte Kohl. Den Menschen in der DDR mußte ein Anreiz gegeben werden, das Land nicht zu verlassen. Sie sollten wissen, daß sie bald D-Mark in Händen haben würden. Mit der Einführung der D-Mark sollte ihnen eine klare Perspektive gegeben werden. Lothar de Maizière glaubte, daß weitere zweieinhalb bis drei Millionen Menschen auf gepackten Koffern saßen. Ein solcher Exodus hätte nach Bonner Einschätzung nicht nur die DDR-Regierung in die Knie gezwungen, sondern auch die bundesdeutschen Wohnungsbau- und Sozialetats überfordert und Kohls Chancen auf eine Wiederwahl zunichte gemacht. Wenn man nicht wolle, daß die Menschen »zur D-Mark kommen«, so Kohl am 6. Februar 1990 vor der CDU/CSU-Bundestagsfraktion, »muß die D-Mark zu den Menschen gehen«.[13]
Vier Tage vorher hatten ihm seine Mitarbeiter einen Fünf-Punkte-Plan vorgelegt, mit dem er sich wieder an die Spitze der Bewegung in der Einheitsfrage setzen sollte. Es gehe um ein deutliches Signal gegenüber den potentiell ausreisebereiten Menschen in der DDR, daß sich die Verhältnisse in ihrer Heimat *in überschaubarer Zeit* zum Besseren wenden würden. Das Ziel sollte sein, im bereits angelaufenen DDR-Wahlkampf mit der ebenso einfachen wie durchschlagenden Aussage: »Dieses Konzept wollen wir sofort nach dem 18. März gemeinsam mit Helmut Kohl in die Tat umsetzen« auftreten zu können.[14]
Die Schaffung der Wirtschafts- und Währungsunion stand für die Bundesregierung in einem unauflösbaren Zusammenhang mit dem Abbau des Sozialismus und der Einführung der Marktwirtschaft in der DDR. Am 7. Februar beriet das Bundeskabinett über dieses Thema. Finanzminister Theodor (»Theo«) Waigel skizzierte drei mögliche Wege zur Währungsunion. Der umfassendste – der Königsweg – sei die Einführung der Währungsunion nach der Durchführung von Wirtschaftsreformen. Die zweite Variante sei die Festlegung eines von der Bundesbank zu garantierenden festen Wechselkurses zwischen D-Mark und Mark der DDR. Die dritte und einfachste Option sei die sofortige Einführung der D-Mark als alleiniges Zahlungsmittel in der DDR. Für diesen drastischen Schritt, so fügte Waigel hinzu, müßte die Geld- und Finanzpolitik der DDR sofort der Bundesbank unterstellt werden und die DDR die westdeutsche Wirtschaftsordnung übernehmen.[15]
Beim Besuch Modrows in Bonn wurde deutlich, daß dieser zwar die Vorteile der Währungsunion nutzen – 15 Mrd. DM –, die wirtschaftliche Eigenständigkeit der DDR aber nicht aufgeben wollte. Man

einigte sich schließlich nur darauf, eine gemeinsame Expertenkommission einzurichten, die die konkreten Bedingungen für »Währungsunion und Wirtschaftsgemeinschaft« ausarbeiten sollte.

Kohl war davon überzeugt, daß es mit der Wirtschafts- und Währungsunion zu einem »zweiten Wirtschaftswunder« kommen würde, wie er gegenüber dem israelischen Außenminister Moshe Arens am 15. Februar meinte.[16] Am 14. März – vier Tage vor der Volkskammerwahl – legte die im Februar eingerichtete gemeinsame Expertenkommission ihren Zwischenbericht vor. Demnach verstanden beide Seiten die Wirtschafts- und Währungsunion als »entscheidenden Schritt zur deutschen Einheit«; sie sei bei entsprechendem Willen »zügig machbar«. Modalitäten und Zeitpunkt der Währungsumstellung könnten nur im Gesamtverbund aller Elemente entschieden werden. Die Gespräche sollten fortgesetzt werden.[17]

Während de Maizière dabei war, eine große Koalition zu bilden, wurde in Bonn eine interministerielle »erste Skizze für einen Vorschlag an die DDR« erarbeitet. Darin wurde davon ausgegangen, daß die staatliche Einheit Deutschlands in absehbarer Zeit nach Art. 23 Grundgesetz vollendet werde und die Währungs-, Wirtschafts- und Sozialunion dazu den ersten bedeutsamen Schritt darstelle. Verschiedene Punkte waren offen geblieben, unter anderem die Eigentumsfrage und die Probleme der Enteignungen vor Gründung der DDR. Für die DDR-Bevölkerung, die am 18. März der Allianz zu einer komfortablen Mehrheit verholfen hatte, war mehr und mehr entscheidend, was Kohl im Wahlkampf zugesagt hatte, nämlich die Umstellung von D-Mark zu Mark der DDR im Verhältnis 1:1. Die öffentliche Diskussion wurde daher erheblich angeheizt, als die Stellungnahme des Zentralbankrates der Deutschen Bundesbank unter Präsident Karl-Otto Pöhl am 30. März bekannt wurde, in der sich das Gremium für ein Verhältnis 2:1 aussprach, mit Argumenten, die im nachhinein betrachtet nur allzu berechtigt waren. Die Umstellung 2:1, so hieß es da, sei vor allem im Interesse der Wettbewerbsfähigkeit der DDR notwendig. Und weiter:

> »Ein Umstellungssatz 1:1 würde die Wirtschaft der DDR dem internationalen Wettbewerb mit einem Kostenniveau und einer Verschuldung aussetzen, dem die meisten Betriebe nach unserer Auffassung nicht gewachsen wären. Die Folge wäre möglicherweise ein dramatischer Anstieg der Arbeitslosigkeit in der DDR mit allen Konsequenzen.«[18]

Das Bekanntwerden dieser Vorschläge löste eine Welle des Protestes bei der Bevölkerung der DDR aus. Von »Wortbruch« war die Rede;

»Eins zu eins – oder wir werden nicht eins«, »Entweder kommt die D-Mark zu uns oder wir zu Euch« – so und ähnlich lauteten öffentlich verkündete Parolen. Kohl verständigte sich mit de Maizière, daß noch keine endgültige Entscheidung über den Umtauschkurs getroffen worden sei. Inzwischen hatte die D-Mark die DDR-Mark beinahe schon verdrängt. DDR-Betriebe belieferten einander nur noch gegen Westwährung. »Wir hätten praktisch bereits eine Wirtschaftsgemeinschaft«, meinte der soeben abgewählte Ministerpräsident Modrow Ende März 1990 fassungslos, »ohne daß es konkrete, den Austausch regelnde Absprachen zwischen den Regierungen gäbe.« Dies sei ein Stück »Anarchie«. Sehr vieles geschehe jetzt spontan: Händler aus der Bundesrepublik Deutschland kämen mit ihren Waren über die Grenze, die sie zu unterschiedlichen Tauschraten direkt an die DDR-Bevölkerung absetzten, z. T. in der Relation 1:1, 1:3 oder gar 1:5. Die DDR habe das bisher ausgehalten und damit bewiesen, daß sie wirtschaftlich stabiler sei, als manche vermutet hätten. Aber er frage sich, wie lange das noch gutgehe. Er verwies in diesem Zusammenhang auf die Tatsache, daß innerhalb weniger Wochen die 15jährigen Lieferfristen für den Trabant und den Wartburg auf Null zusammengebrochen seien und daß diese Autos in der DDR nicht mehr verkäuflich seien. Da es für sie auch keine Exportmärkte gebe, werde die Produktion mit allen sich daraus ergebenden sozialen Folgen zusammenbrechen. Der Gesprächspartner Modrows, der Bonner Staatssekretär Franz Bertele, teilte die Sorgen Modrows, daß die wirtschaftliche Entwicklung in der DDR ganz schnell zu kritischen sozialen Zuständen führen könne.[19]

Der Koalitionsvertrag der Regierung de Maizière sah als Termin für das Inkrafttreten der Währungs-, Wirtschafts- und Sozialunion den 1. Juli 1990 vor. Gefordert wurde die Umstellung des Kurses im Verhältnis 1:1. Eine andere Umstellung wäre zwar ökonomisch sinnvoll gewesen, ganz im Sinne der Bundesbankbedenken, war aber politisch jetzt nicht mehr durchsetzbar. Und so kam es denn auch. Am 18. Mai unterzeichneten Theo Waigel und DDR-Finanzminister Walter Rhomberg (SPD) im alten Kabinettsaal des Palais Schaumburg in Bonn den entsprechenden Staatsvertrag. Damit war die erste wichtige Etappe der inneren Vereinigung erreicht. Beim Umtauschsatz hatte man sich auf folgende Regelung geeinigt: Gestaffelt nach Altersgrenzen konnten ab dem 1. Juli zunächst 2000 und ab 9. Juli bis zu 6000 DM im Verhältnis 1:1 abgehoben werden. Dieses Verhältnis galt auch für Löhne und Gehälter, Renten, Mieten, Pachten, Stipendien und bestimmte Sozial-

leistungen, während für alle über 6000 DM hinausgehenden Guthaben und Verbindlichkeiten ein Kurs von 2:1 festgesetzt worden war.
Bundestag und Volkskammer stimmten dem Staatsvertrag am 21. Juni zu: der Bundestag mit 440 gegen 60 Stimmen von SPD und Grünen, die Volkskammer mit 302 gegen 82 Stimmen von PDS und Bündnis 90/Die Grünen. Im Bundesrat wurde der Vertrag am 22. Juni auch von den SPD-Ländern – bis auf Niedersachsen und das Saarland – akzeptiert, nachdem einige Änderungen vorgenommen worden waren. Die SPD hatte bis zuletzt damit gedroht, den Vertrag im Bundesrat scheitern zu lassen, zumal der Parteivorstand auf Druck von Oskar Lafontaine, einem strikten Gegner des Abkommens, die Währungsunion am 21. Mai einstimmig abgelehnt hatte. Die Sozialdemokraten warfen der Bundesregierung vor, eine »abrupte Einführung« der D-Mark in der DDR zu planen, ohne den Betrieben zuvor ausreichende Anpassungshilfen zu geben. Sie hatten darüber hinaus gefordert, einer »Umweltunion« den gleichen Rang wie der Wirtschafts- und Währungsunion einzuräumen.
Mit diesem Vertrag wurde in der DDR die Soziale Marktwirtschaft eingeführt. Die DDR übernahm das Währungs-, Wirtschafts- und Sozialsystem der BRD vollständig und verlor auf diesen Gebieten ihre Souveränität. Faktisch erfolgte damit eine Eingliederung der DDR in die Bundesrepublik. Alle sozialistischen Vorschriften verloren ihre Gültigkeit, als der Vertrag am 1. Juli in Kraft trat, den de Maizière als »Brücke für die Vereinigung« bezeichnete.
Bereits in der Nacht zum 1. Juli warteten rd. 10 000 Menschen in Ost-Berlin darauf, daß die Filiale der Deutschen Bank am Alexanderplatz als erstes von insgesamt 15 000 Geldinstituten DDR-Mark umtauschte. Insgesamt ging der Umtausch erstaunlich reibungslos, ruhig und fast wie selbstverständlich vonstatten. Die Besonnenheit der DDR-Bürger beeindruckte vielfach. Es hieß, nur ein Viertel der bereitgestellten 25 Mrd. DM sei am ersten Tag der Währungsunion in Umlauf gebracht, die vorläufige Obergrenze von 2000 DM pro Person weit unterschritten und im Durchschnitt nur rd. 300 DM eingetauscht worden.
Am Vorabend des Inkrafttretens des Staatsvertrages sprach Helmut Kohl im deutschen Fernsehen. Dies, so der Kanzler,

»ist der entscheidende Schritt auf dem Weg zur Einheit unseres Vaterlandes, ein großer Tag in der Geschichte der deutschen Nation. Jetzt wird für die Menschen in Deutschland in wichtigen Bereichen ihres täglichen Lebens die Einheit erlebbare Wirklichkeit. [...] Die Deutschen in der Bundesrepublik und der DDR sind jetzt wieder unauflöslich miteinander verbunden. [...] Sie werden es auch bald wieder in einem freien und vereinten Staat sein. Es wird harte Arbeit erfordern, bis wir Einheit und Freiheit, Wohlstand und sozialen Ausgleich für alle Deutschen verwirklicht haben. Viele unserer Landsleute werden sich auf neue und ungewohnte Lebensbedingungen einstellen müssen und auch auf eine gewiß nicht einfache Zeit des Überganges. Aber niemandem werden dabei unbillige Härten zugemutet. Den Deutschen der DDR kann ich sagen, was auch Ministerpräsident Lothar de Maizière betont hat: Es wird niemandem schlechter gehen als zuvor – dafür vielen besser.«

Den Bundesbürgern gab er folgendes mit auf den Weg:

»Für das große Ziel der Einheit unseres Vaterlandes werden auch wir in der Bundesrepublik Opfer bringen müssen. Ein Volk, das dazu nicht bereit ist, hätte seine moralische Kraft längst verloren. Für die Menschen in der Bundesrepublik gilt: Keiner wird wegen der Vereinigung Deutschlands auf etwas verzichten müssen. Es geht doch allenfalls darum, Teile dessen, was wir in den kommenden Jahren zusätzlich erwirtschaften, unseren Landsleuten in der DDR zur Verfügung stellen zu wollen – als Hilfe zur Selbsthilfe. Das ist ein Gebot nationaler Solidarität.« [20]

Später wurde Kohl oft an diese Rede und an die »blühenden Landschaften«, die er am 18. Mai vorausgesagt hatte (s. u., Kap. 9), erinnert. Lothar de Maizière rief seine Landsleute auf, nicht in erster Linie die Probleme, sondern die Chancen der Wirtschafts- und Währungsunion zu sehen. Manchem gehe das alles zu schnell, und er könne dieses Gefühl verstehen, doch müsse er zugleich sagen:

»Wir haben nichts überstürzt und wir werden auch künftig Schritt für Schritt vorangehen. Aber die Schritte müssen sichtbar und spürbar sein. Denn der Prozeß der Einheit läßt sich nicht in die Länge ziehen. Ich bin der festen Überzeugung, daß wir dem Lande am besten dienen, wenn wir die Einheit nicht nur gut, sondern auch schnell vollziehen. [...] Es gibt Arbeit in Hülle und Fülle, und es wird auch viele neue Arbeitsplätze geben.«

Daran wurde de Maizière später oft erinnert. FDP-Wirtschaftsminister Helmut Haussmann meinte, die Arbeiter in der DDR müßten noch für drei bis fünf Jahre mit niedrigeren Löhnen und längeren Arbeitszeiten rechnen als ihre bundesdeutschen Kollegen. Er ahnte nicht, daß die Arbeiter in der DDR bald überhaupt nichts mehr zu arbeiten hatten. Das deutete Bundesbankpräsident Pöhl ansatzweise an. Er verglich die Währungsunion mit einem Sprung ins kalte Wasser und warnte davor, in der DDR durch protektionistische Maßnahmen einen »wirtschaftlichen Naturschutzpark« zu errichten. Ein Kommentar von Radio Moskau kam der schon bald eintretenden Realität noch näher. Da hieß es, die DDR-Bürger hätten nicht nur »Marx gegen Fugger« getauscht, sondern seien in das kalte Wasser einer anderen Lebensphase gesprungen:

»Zusammen mit der D-Mark bekamen die Industrie und die Landwirtschaft erbarmungslose Konkurrenten. Man sagt den Bankrott von 80 Prozent der DDR-Betriebe und die Bildung eines drei bis vier Millionen Menschen zählenden Arbeitslosenheeres voraus.«[21]

Die Währungs-, Wirtschafts- und Sozialunion machte am 1. Juli 1990 dann nur noch amtlich, was schon lange Realität war. Wirtschaftswunder und blühende Landschaften blieben allerdings aus. Tatsache war aber eben auch, daß es keine ernsthafte Alternative zu dieser Politik gab.

31. August 1990: Der Einigungsvertrag

Spätestens in dem Moment, in dem klar war, daß es zur Vereinigung kommen würde, stellte sich die Frage, wie dies geschehen sollte. Grundsätzlich gab es zwei Möglichkeiten: einmal nach Art. 23 Grundgesetz, der besagte, daß die Verfassung außer in den bereits bestehenden Ländern der Bundesrepublik auch in »anderen Teilen Deutschlands [...] nach deren Beitritt in Kraft zu setzen« sei, oder nach Art. 146 Grundgesetz, demzufolge das Grundgesetz an dem Tage seine Gültigkeit verlor, »an dem eine Verfassung in Kraft tritt, die von dem deutschen Volke in freier Entscheidung beschlossen worden ist«. Mit Ausnahme der »Allianz für Deutschland« traten die Parteien und Bürgerrechtler in der DDR, aber auch die SPD in der BRD für die Vereinigung gemäß Art. 146 ein. Dieser Weg eröffnete ihrer Meinung nach eine größere demokratische Legitimation, möglicherweise auch eine größere Akzeptanz bei der Bevölkerung – mit Ausarbeitung einer neuen Verfassung –, vor allen Dingen aber, so die Argumente in der DDR, würde damit der Eindruck der Annexion oder eines Anschlusses der DDR durch die BRD vermieden. Klar war aber auch, wie Umfragen zeigten, daß die Mehrheit der westdeutschen Bevölkerung für einen Beitritt nach Art. 23 war.
Von Anfang an waren auch Kohl, Schäuble und die CDU-regierten Länder für diesen Weg. Für Kohl war ein Beitritt nach Art. 146 indiskutabel, wie er am 12. März gegenüber dem britischen Außenminister Douglas Hurd betonte. Die Ausarbeitung einer neuen Verfassung würde mindestens anderthalb Jahre in Anspruch nehmen; dies sei »politisch nicht durchzuhalten«. Diejenigen, die für Art. 146 seien, wollten seiner Meinung nach eine neue Verfassung mit plebiszitären Ele-

menten; vor allen Dingen aber müßte dann auch die Mitgliedschaft des vereinigten Deutschland in der NATO und in der Europäischen Gemeinschaft neu verhandelt werden. Da Lafontaine bekanntlich die NATO verlassen wolle, sei dies für ihn ein eleganter Ausweg. Das Anschluß-Argument lehnte Kohl ab, da die DDR ihrerseits zunächst einen entsprechenden Beitrittsantrag stellen müsse, und dann müßten auch Übergangsregelungen ausgehandelt werden. Er sei jedenfalls entschlossen, den Schwerpunkt des künftigen Bundestagswahlkampfes unter das Thema des Artikels 23 zu stellen.[22]

Eine Woche später, nach den Volkskammerwahlen, war auch diese Frage entschieden. Die Regierung de Maizière stellte im Koalitionsvertrag fest, daß die DDR den Beitritt nach Art. 23 vornehmen wolle. Unklar war nach wie vor, wann und wie dies geschehen sollte: Nachwahlen in der DDR, parallel dazu Bundestagswahlen, gesamtdeutsche Wahlen dann erst im Jahr 1991 etc.? Fragen, die in den folgenden Wochen und Monaten geklärt wurden. Dabei mußte Bonn auf die DDR-Regierung Rücksicht nehmen, um nicht doch den Eindruck eines Anschlusses zu erwecken, zumal sich Lothar de Maizière, wie Schäuble befremdet registrierte, »in den Gedanken verbissen (hatte), daß sich die DDR erst aus eigener Kraft in Ordnung bringen müsse und daß erst danach eine Vereinigung beider deutscher Staaten in Frage kommen könne«.[23]

De Maizière wurde nicht müde zu wiederholen: »So schnell wie möglich, so gut wie nötig. [...] Das ist nicht ein ungeordnetes Aufeinanderzustürzen, und das muß sich, meine ich, auch in einer gewissen Würde vollziehen.«[24] Seine Regierung wollte einen Staatsvertrag abschließen; dabei konnte sie als gleichberechtigter Verhandlungspartner auch gegenüber der eigenen Bevölkerung auftreten, ihre politische Bedeutung wurde aufgewertet, was psychologisch wichtig war; und in einen solchen Vertrag konnten alle möglichen Übergangsregelungen hineingeschrieben werden. Ein solcher Vertrag war notwendig, da Bundesrecht auch durch Beitritt nach Art. 23 nicht automatisch in der ehemaligen DDR gelten würde. Auch politisch schien es Innenminister Schäuble günstig, einen solchen Vertrag auszuhandeln, damit die DDR wußte, worauf sie sich einließ. Entsprechend hatte er bereits vorarbeiten lassen.[25]

In der Folge brachten auch die westdeutschen Bundesländer ihre Argumente in die Diskussion ein. Ihnen ging es um die Änderung des Stimmengewichts im Bundesrat; Bayern und Nordrhein-Westfalen als finanz- und bevölkerungsstarke Länder wollten keine Schwächung ihrer Position im Bundesrat durch die neu hinzukommenden Länder hinnehmen; es ging um die Bund-Länder-Finanzbeziehungen, um Berlin als mögliche Hauptstadt etc.

Die erste Verhandlungsrunde über den Einigungsvertrag begann am 6. Juli in Ost-Berlin. In einer einleitenden Erklärung machte de Maizière klar, worum es gehen sollte, was er erwartete, nämlich, »daß dieser Tag einmal als historisch für Deutschland und Europa angesehen werde«. Die DDR sei bereit und entschlossen, die staatliche Einheit nach über 40 Jahren der Teilung durch einen Beitritt zur Bundesrepublik und zum Geltungsbereich des Grundgesetzes gemäß Art. 23 Grundgesetz zu vollenden, und strebe die Wahl des ersten gesamtdeutschen Parlaments im Dezember 1990 an.

Die DDR habe den Wunsch, über die Voraussetzungen des Beitritts einen Vertrag zu schließen, der nach ihrer Meinung nicht als zweiter Staatsvertrag, sondern als »Einigungsvertrag« bezeichnet werden sollte. Es gehe darum, »eine Balance herzustellen zwischen dem, was auf beiden Seiten in mehr als 40 Jahren unterschiedlich gewachsen« sei. »Die Teilung sei nur durch teilen zu überwinden«; dies gelte insbesondere für die Regelung der finanziellen Beziehungen und des Finanzausgleichs. Er wies dann auf die Besonderheit des zu verhandelnden Vertrages hin, nämlich, »daß er zwischen zwei Partnern geschlossen werde, die zueinander finden wollen und sollen und von denen einer dabei untergehen werde«. Deshalb gehe es darum, die Interessen der Bürger dieses Partners zu sichern, wozu unter anderem die politische Einigung über die Eigentumsfragen juristisch festgeschrieben werden müßte. De Maizière nannte dann folgende Fragen, über die man sich verständigen müsse: Hauptstadt, staatliche Symbole, Finanzen, Zuständigkeit und Verantwortlichkeit für die Treuhandstelle[26] (zu letzterem vgl. Kap. 9).

Die Verhandlungen zwischen den Bundesressorts unter Beteiligung der Ländervertreter und den DDR-Ressorts fanden dann am 11. und 18. Juli statt. Interessant dabei war, daß sich hier weniger die beiden deutschen Regierungen gegenüberstanden als vielmehr die Oppositionsparteien in den Parlamenten, geführt von der SPD-Regierung Nordrhein-Westfalens. Die DDR wollte sicherstellen, daß fortgeltendes DDR-Recht nach dem Beitritt nicht angefochten werden konnte; dazu gehörten etwa die Regelung zum Schwangerschaftsabbruch und die in der DDR gültigen Vermögensregelungen. Man einigte sich zunächst auf eine Änderung der Präambel des Grundgesetzes; Forderungen von jüdischer Seite nach Erwähnung der deutschen Vergangenheit wurden nicht übernommen; Art. 23 sollte ersatzlos gestrichen werden.

Das wohl schwierigste aller kontroversen Themen war die Frage des Paragraphen 218 und der künftigen Regelung des Abtreibungsrechts. Hier stießen unvereinbare Rechtsstandpunkte und ideologische Gesichtspunkte aufeinander. In der DDR galt seit 1972 die sogenannte Fristenlösung, nach der Frauen eine ungewollte Schwangerschaft innerhalb einer Frist von zwölf Wochen abbrechen konnten. In der Bundesrepublik war eine ähnliche Lösung 1975 am Bundesverfassungsgericht gescheitert. Hier schrieb der Paragraph 218 eine sogenannte Indikationsregelung vor, die einen Abbruch nur unter bestimmten medizinischen oder sozialen Voraussetzungen zuließ. In der DDR hatte es 1989 81 000 Abbrüche gegeben, im Westen wurde die Zahl legaler und illegaler Abtreibungen auf 200 000 geschätzt. Dabei hatte die DDR mit 13 Babys pro 1000 Einwohnern eine höhere Geburtenrate als die Bundesrepublik mit elf Säuglingen – allen Prognosen über die Folgen eines liberaleren Abtreibungsrechts zum Trotz (nach der Einigung ging die Geburtenrate in der ex-DDR dann radikal zurück).

Die westdeutschen Anhängerinnen der Fristenlösung hofften auf eine Übernahme der DDR-Gesetze, wo laut Umfragen ca. 90 Prozent der Frauen die bisherige Regelung beibehalten wollten. Es komme nicht in Frage, so betonte die Staatsministerin im Auswärtigen Amt, Irmgard Adam-Schwaetzer (FDP), der DDR das westdeutsche Recht »überzustülpen«. Auch die DDR-Regierung war gegen die Indikationslösung. Am 16. Juni kam es in Bonn zu einer Großdemonstration, auf der 10 000 Frauen mit Losungen wie »Weg mit § 218« oder »Kinder oder keine, bestimmen wir alleine« gegen das bundesdeutsche Recht demonstrierten. Die westdeutschen Abtreibungsgegner beharrten jedoch auf ihren Positionen. Bayerns Ministerpräsident Max Streibl (CSU) hielt eine Fristenlösung »unter gar keinen Umständen« für denkbar. Da man keine Lösung finden konnte, wurde die Entscheidung darüber bis Ende 1992 verschoben. Bis dahin galten auf den bisherigen Territorien der Bundesrepublik und der DDR die alten Regelungen (zur weiteren Entwicklung s. Kap. 9).

Schwierig war auch die Hauptstadtfrage. Artikel 2 des Einigungsvertrages sah zwar als künftige Hauptstadt Berlin vor, aber NRW-Ministerpräsident Johannes Rau hatte sich mit seiner Forderung durchgesetzt, die wesentlich gewichtigere Frage nach dem künftigen Sitz von Parlament und Regierung erst vom gesamtdeutschen Bundestag entscheiden zu lassen (zur weiteren Entwicklung s. Kap. 9).

Schwierig waren auch die Verhandlungen über die Eigentumsproblematik. Hier traf der Staatsvertrag eine klare Lösung in der Frage, was mit dem nach 1949 enteigneten Grundbesitz zu geschehen hatte, nämlich: »Rückgabe vor Entschädigung.« Die ehemaligen Eigentümer oder ihre Erben sollten damit wieder über ihren einstigen Grund und Boden verfügen können.

23. August 1990: Entscheidung für den 3. Oktober

Inzwischen war es in der DDR-Regierung wegen des möglichen Wahlmodus und der Sperrklausel für die gesamtdeutschen Wahlen zu einer ersten Regierungskrise gekommen. Immer drängender wurde auch die Frage nach einer Entscheidung über den Termin für den Beitritt der DDR zur BRD. Die Bonner Koalitionsparteien traten Anfang August für eine Beschleunigung des Einigungsprozesses ein. Hintergrund dafür war die Verärgerung Bonner Politiker über finanzielle Nachforderungen und andere kostenintensive Entscheidungen des nicht mehr lange existierenden Staates DDR, deren Folgen Bonn zu tragen hätte. Man sprach von »unseriösen Zahlenspielereien« der DDR-Minister; außerdem besetzte DDR-Außenminister Markus Meckel noch wenige Monate vor Auflösung der DDR ohne Absprache mit Bonn verschiedene Botschafterposten der DDR im Ausland neu. Man wollte halt noch ein richtiger Staat sein – bevor man unterging. De Maizière sagte sogar Wiedergutmachungszahlungen an die jüdische Claims Conference zu – die in jedem Fall Bonn zu zahlen hätte. Nachdem de Maizière Bundeskanzler Kohl in dessen österreichischem Urlaubsdomizil am Wolfgangsee besucht hatte, schlug er am 3. August in der Volkskammer vor, den Beitritt der DDR noch vor den Wahlen zu einem gesamtdeutschen Parlament zu vollziehen und diese Wahlen auf den 14. Oktober, den Termin der Landtagswahlen in der DDR, vorzuziehen:

»Die gesamtdeutsche Wahl schafft politische Klarheit und damit auch wirtschaftliche Sicherheit. Je schneller das geschieht, um so besser für die Sanierung bestehender Betriebe, für neue Investitionen und für die Entstehung neuer Arbeitsplätze.«

Die DDR-SPD reagierte mit Empörung auf diesen Alleingang der CDU; die Erklärung wurde als Affront bezeichnet, der an Wahlbetrug grenze. Die Bonner SPD sah sich in ihren Befürchtungen bestätigt, daß die schlechte Wirtschaftslage der DDR die sozialen Gegensätze rapide verschlimmere und daß sich die CDU angesichts dieser Entwicklung durch einen frühen Termin ein besseres Wahlergebnis erhoffe. Lafontaine sprach denn auch von einem »durchschaubaren Manipulationsversuch« und einem Bruch der Absprachen. Im Gespräch zwischen Koalitionsspitze und SPD-Führung erzielte man am 7. August zwar Übereinstimmung darüber, daß der Beitritt möglichst rasch erfolgen solle, nicht aber über den Wahltermin. Beide Seiten warfen einander eine »Verweigerungshaltung« vor. Die Grünen wollten für den Fall, daß die Wahl auf den 14. Oktober vorverlegt würde, Verfassungsklage einreichen und sprachen von einem »politischen Skandal«.
Die Dinge wurden immer komplizierter, als auf einer Sondersitzung der Volkskammer am 8. August die Mehrheit der Abgeordneten den sofortigen Beitritt der DDR ablehnte. In der Bundestagsdebatte am 9. August warf Lafontaine der Bundesregierung Täuschung der Wähler vor und bot Gespräche über die Sanierung der DDR unter der Voraussetzung an, daß die Kosten der Einheit offengelegt würden. Man müsse erörtern, wie die soziale Katastrophe in der DDR zu verhindern sei. Regierung und Koalition dürften die Wahrheit nicht beschönigen. Dreistellige Milliardensummen müßten vom Steuerzahler aufgebracht werden. Es sei nun an der Zeit, »Strickfehler« des Einigungsprozesses zu korrigieren. In der Abstimmung am 9. August über den Termin für die Bundestagswahl sprachen sich dann 254 Abgeordnete für den 14. Oktober, 186 allerdings dagegen aus. Als Konsequenz daraus beschloß das Bundeskabinett am 10. August, die Wahl auf den 2. Dezember zu legen, eine Entscheidung, die die SPD begrüßte.
Am 15. August verließen die SPD-Minister die Regierung de Maizière; unter Hinweis auf den Einigungsvertrag meinte Meckel, es müsse auch ein solcher werden, »nicht ein Verzichtsvertrag«. In den folgenden Tagen überschlugen sich die Ereignisse in der DDR. Die DSU hatte mehrfach auf einen Beschluß über den Beitritt gedrängt, zuletzt in der Sitzung der Volkskammer am 22. August, in der der Beitritt der DDR noch am gleichen Tag erklärt werden sollte. Dieser Antrag wurde abgelehnt und ein Abänderungsantrag am 23. August kurz vor 1.00 Uhr eingebracht. In der namentlichen Abstimmung votierten die Abgeordneten der Fraktionen CDU/DA, FDP, DSU und DPD/DFD ohne Aus-

nahme, die SPD bis auf zwei Nein-Stimmen und zwei Enthaltungen für den Antrag. Darin hieß es: »Die Volkskammer erklärt den Beitritt der Deutschen Demokratischen Republik zum Geltungsbereich des Grundgesetzes der Bundesrepublik Deutschland gem. Art. 23 des Grundgesetzes mit Wirkung vom 3. Oktober 1990 [...].« Mit einer Mehrheit von 294 gegen 62 bei sieben Enthaltungen wurde dieser Antrag angenommen.
De Maizière würdigte den »großen Tag« der Beitrittserklärung und äußerte sich befriedigt darüber, daß sich das Parlament nun wieder Sachfragen zuwenden könne. Volkskammerpräsidentin Sabine Bergmann-Pohl meinte, es sei ein »wirklich historisches Ereignis«. Der Abgeordnete Gysi (PDS) gab dazu eine persönliche Erklärung ab, in der er u. a. sagte:

»Das Parlament hat soeben nicht mehr und nicht weniger als den Untergang der Deutschen Demokratischen Republik zum 3. Oktober 1990 ... (jubelnder Beifall bei der CDU/DA, der DSU, teilweise bei der SPD) beschlossen. Ich bedaure, daß die Beschlußfassung im Hau-Ruck-Verfahren über einen Änderungsantrag geschehen ist und keine würdige Form ohne Wahlkampftaktik gefunden hat.«

Die PDS-Abgeordneten schwiegen.[27]
In der gleichen Sitzung nahm die Volkskammer auch den Wahlvertrag an, das Wahlgesetz wurde wenige Stunden später auch vom Bundestag in Bonn verabschiedet. Kohl wertete in einer Regierungserklärung die Beitrittsentscheidung der Volkskammer als »historisches Ereignis in der Geschichte der Deutschen« und meinte: »Der heutige Tag ist ein Tag der Freude für alle Deutschen.«
Nach dieser Grundsatzentscheidung wäre eigentlich der Abschluß eines Einigungsvertrages nicht mehr notwendig gewesen, da BRD-Recht auch durch ein Überleitungsgesetz in der DDR hätte in Kraft gesetzt werden können. Aus politisch-psychologischen Gründen wollte das aber niemand. Der Einigungsvertrag wurde dann am 31. August – mit fixiertem Beitrittsmodus (Art. 23 GG) und Beitrittsdatum (3. Oktober 1990) – von den beiden Delegationsleitern, Innenminister Wolfgang Schäuble für die Bundesrepublik und Staatssekretär Günther Krause für die DDR, in Ost-Berlin unterzeichnet. Trotz der Kritik Lafontaines wegen »katastrophaler Fehler« bei der Bewältigung der Einheit wurde der Vertrag am 20. September im Bundestag mit 442 gegen 47 Stimmen angenommen. Zu den Gegnern zählten die Grünen wegen der Regelung in der Abtreibungsfrage, aber auch einige Unionsabgeordnete, die den Verzicht auf ehemals ostdeutsche Gebiete ablehnten.

Abb. 22: Das Ende einer Karriere: Erich Honecker als Pappkamerad im Frühjahr 1990 in der DDR.

Die Volkskammer billigte den Vertrag mit 299 gegen 80 Stimmen (PDS, Bündnis 90/Die Grünen).
Es kam damals zu einem »weltweit einmaligen Ökodeal« (»Der Spiegel«): In der Wendezeit 1989/90 entwickelte der Biologe Michael Succow ein neues Naturlandschaftskonzept, auf dessen Grundlage die Regierung de Maizière in ihrer letzten Sitzung ein neues Nationalparkprogramm beschloß, das im Einigungsvertrag gesichert wurde – mit einem erstaunlichen Ergebnis: Im Jahre 2002 sind 10 % der Flächen der ehemaligen DDR Nationalpark, Biosphärenreservat oder Naturpark. Damit gibt es im Osten Deutschlands doppelt so viele Ökotope wie im Westen.[28]
Kurz vor der Einheit, am 29. September, erklärte das Bundesverfassungsgericht das Gesetz für die Bundestagswahl für verfassungswidrig, da die vorgesehene Listenverbindung unterschiedlicher Parteien keine Chancengleichheit gewährleiste, mit anderen Worten, kleine Parteien würden durch die bundesweite Fünf-Prozent-Hürde benachteiligt werden. Diese Hürde mußte daraufhin in den Wahlgebieten Ost und West getrennt angewandt werden; ein entsprechendes Wahlgesetz verabschiedete der Bundestag am 5. Oktober.

Die Stasi-Akten

Am 4. September besetzten 30 Bürgerrechtler die ehemalige Zentrale des Staatssicherheitsdienstes in der Normannenstraße in Ost-Berlin und begannen kurz darauf einen 16tägigen Hungerstreik. Sie protestierten gegen die im Einigungsvertrag festgelegte Übergabe der über sechs Millionen Stasi-Akten an die bundesdeutsche Archivverwaltung und verlangten, daß jeder DDR-Bürger Einsicht in seine Unterlagen erhalten sollte. Die Stasi-Abwicklung war bis zu diesem Zeitpunkt eher unbefriedigend verlaufen. Maßgeblich beteiligt war hier Innenminister Peter-Michael Diestel (DSU, später CDU), der die Tradition der Modrow-Regierung fortgesetzt hatte. Er hatte den von der Modrow-Regierung eingesetzten Leiter des Staatlichen Komitees zur Auflösung des Amtes für Nationale Sicherheit bestätigt und auch nur einen Vertreter der Bürgerkomitees in die Regierungskommission berufen. Er hatte sogar den ehemaligen Mielke-Stellvertreter und Leiter der Hauptverwaltung Aufklärung, Markus Wolf, kooptieren wollen. Dies war allerdings am öffentlichen Protest gescheitert. Diestel hatte dann für eine endgültige Vernichtung der Stasi-Akten plädiert – mit der Begründung, im vereinigten Deutschland dürften nicht weiter mit »verbrecherischem Material« Politik oder Privatgeschäfte gemacht werden.[29]

Zumindest mit der Bezeichnung des Materials hatte er recht. Das 1950 offiziell gegründete Ministerium für Staatssicherheit (MfS) war in der DDR »Schild und Schwert der Partei« gewesen und unter Erich Mielke zu einem »Staat im Staat« ausgebaut worden. Am 31. Oktober 1989 hatte das MfS insgesamt 91015 hauptamtliche Mitarbeiter, von denen 11426 Mielkes militärischer Verfügungstruppe angehörten, dem Berliner Wachregiment des MfS, das seit 1967 den »Ehrennamen« Feliks E. Dzierzynski trug. (Zum Vergleich: die Gestapo hatte nur etwa 30000 »Mitarbeiter«.) Hinzu kamen noch mindestens 170000 »Inoffizielle Mitarbeiter« (IM). Am Ende der DDR waren damit auf 180 Bürger ein hauptamtlicher Stasi-Mann und zwei Inoffizielle Mitarbeiter gekommen. Damit hatte sich das MfS – gemessen an der Bevölkerungszahl – »zum wohl größten geheimpolizeilichen und geheimdienstlichen Apparat der Weltgeschichte« (Jens Gieseke) entwickelt, der Daten von etwa sechs Millionen Menschen gesammelt hatte. Die Aktenbestände sind aneinandergereiht über 200 Kilometer lang.

Die Stasi verfügte über ca. vier Mrd. Mark Jahresetat, 836 Wohnhäuser und 1819 Dienst-, Sport- und Erholungseinrichtungen. Sie arbeitete auch mit der westdeutschen Terrorgruppe RAF zusammen. Regimegegner konnten selbst im engsten Familien- und Freundeskreis vor Bespitzelungen nicht sicher sein. Erst später wurde bekannt, daß die Stasi die Errichtung von Internierungslagern geplant hatte; verurteilte »Staatsverbrecher« sollten dort ebenso gefangengehalten werden wie Personen, die wegen ihrer Ausreiseanträge aufgefallen waren. Die Liste hatte am 13. November 1989 mehr als 10000 mögliche Opfer umfaßt.

Bereits wenige Tage nach der Volkskammerwahl am 18. März hatte sich das »Bürgerkomitee Normannenstraße« an die in der Volkskammer vertretenen Parteien mit der Bitte gewandt, zum frühestmöglichen Zeitpunkt einen Kontrollausschuß zur Auflösung des MfS zu bilden, um die Arbeit des staatlichen Komitees auch in Zukunft überwachen zu können.

Am 31. Mai 1990 kam es dann durch einen Antrag aller Fraktionen der Volkskammer zur Bildung dieses Ausschusses. Am 19. Juni trat der Sonderausschuß zu seiner konstituierenden Sitzung zusammen. Die elf Mitglieder kamen aus allen Fraktionen der Volkskammer; zum Vorsitzenden wurde der Abgeordnete der Fraktion Bündnis 90/Grüne, Joachim Gauck, gewählt. Das besondere Interesse des parlamentarischen Sonderausschusses konzentrierte sich auf die Arbeit des staatlichen Komitees. Vor allem dessen Personalpolitik, für die Innenminister Diestel die Verantwortung trug, war einer der herausragenden Kritikpunkte, so daß die Konzentration von ehemaligen MfS-Mitarbeitern im Archivbereich und in den Arbeitsstäben der einzelnen Bezirksverwaltungen immer wieder kritisiert wurde. Ministerpräsident de Maizière entzog Diestel immerhin die Verantwortung für die MfS-Auflösung. Ein weiterer Schwerpunkt der Arbeit des Sonderausschusses war die Problematik der Offiziere im besonderen Einsatz (OibE), da zu vermuten war, daß einige von diesen MfS-Leuten auch für das Stasi-Komitee arbeiteten und somit an einer Aufklärung gar nicht interessiert waren. Nachdem der Sonderausschuß am 27. Juni 1990 die Besoldungsstammkartei des MfS versiegelt und daraus Listen mit den Namen der OibE zusammengestellt hatte, war es möglich, diese Offiziere aus höheren Positionen zu entfernen.

Ebenso wichtig in der dreimonatigen Tätigkeit des Ausschusses war die Erarbeitung eines Gesetzes zum Umgang mit den personenbezogenen Unterlagen des ehemaligen MfS. Dieses war dringend notwendig, da bis zu dem Zeitpunkt lediglich eine Regelung durch den Ministerratsbeschluß vom 16. Mai 1990, nicht jedoch durch ein eigenes Gesetz erfolgt war. Die Frage war: Was sollte mit den Akten geschehen? Sollte alles sofort und ohne Einschränkung jedermann zugänglich gemacht werden? Oder sollte besser alles unter Verschluß gehalten werden? Oder wäre es am besten, alles zu vernichten? Wenn aber nicht zu vernichten wäre, wo sollten die personenbezogenen Unterlagen, die z. T. in der Zentrale in der Normannenstraße in Berlin, z. T. in den Bezirksverwaltungen des MfS lagerten, endgültig aufbewahrt werden – zentral oder dezentral?

Die Regierungskommission befaßte sich am 5. Juli 1990 zum ersten Mal mit einem Entwurf zu einem entsprechenden Gesetz, der in ihrem Auftrag durch das staatliche Komitee erarbeitet worden war. Paragraph 3 sah vor, daß »die Erhebung, Verbreitung, Nutzung und Weitergabe personenbezogener Daten [...] für eine geheimdienstliche Tätigkeit verboten« sei. Paragraph 7 sah vor, daß jeder Bürger das Recht haben sollte, »selbst oder durch einen Rechtsanwalt beim Sonderbeauftragten Auskunft zu beantragen, ob über ihn im Bestand des ehemaligen MfS/AfNS personenbezogene Daten vorliegen«.

Das Bundesministerium des Innern in Bonn hatte eine vollkommen andere Meinung. Demnach sollte ein Zugriff auf personenbezogene Daten nur im Zusammenhang mit Rehabilitierungen und im Fall von Strafverfahren möglich sein. Der Sonderausschußentwurf wurde abgelehnt. Ohne die Bedenken des Innenministeriums in Bonn zu berücksichtigen, verabschiedete die Volkskammer am 24. August mit überwältigender Mehrheit – eine Gegenstimme und wenige Enthaltungen – das Gesetz in der vom Sonderausschuß überarbeiteten Fassung. Ausdrücklich forderte sie, daß dieses Gesetz Bestandteil des Einigungsvertrages werden solle.

Parallel zu den Arbeiten an diesem Gesetz war jedoch in den Vorbereitungen zum Einigungsvertrag festgelegt worden, daß die Unterlagen der ehemaligen Staatssicherheit durch das Bundesarchiv übernommen werden sollten. Empört über diese offensichtlich beabsichtigte Mißachtung ihres Willens machte die Volkskammer bei einer erneuten Abstimmung mit nur zwei Gegenstimmen deutlich, daß sie an der Forderung festhielt, das Gesetz vom 24. August in den Einigungsvertrag einfließen zu lassen.

Wenig später kam es zu der erwähnten Besetzung des ehemaligen MfS. Unter den Besetzern, die am 12. September in den Hungerstreik traten, da sich keine Einigung abzeichnete, befanden sich unter anderem Bärbel Bohley, Jürgen Fuchs und Katja Havemann. Kurz nach Beginn der Besetzung ließ Innenminister Diestel Anzeige wegen Hausfriedensbruch erstatten und das Gebäude absperren. Forderungen der Besetzer und der Fraktionen der Volkskammer standen dem Willen der Bundesregierung diametral gegenüber. Zu einem möglichen Kompromiß meinte der Bürgerrechtler und Volkskammerabgeordnete (dann im Bundestag und 1994 unabhängiger Kandidat zur Wahl des Bundespräsidenten) Jens Reich in einem Interview mit der »taz«:

> »Das Gesetz ist sehr detailliert von dem Ausschuß der Volkskammer ausgearbeitet worden. Ich halte das für unmöglich, daß mit ein paar dahingewischten Bemerkungen aus Bonn bessere Lösungen kommen können. Das ist unsere schmutzige Wäsche und unser Mief – den müssen wir selber ausräumen.«

Mit ihrer Aktion unterstützten die Bürgerrechtler zum einen nun die entsprechenden Beschlüsse der Volkskammer vom August. Zum anderen forderten sie den Rücktritt von Innenminister Diestel, dem vorgeworfen wurde, Stasi-Machenschaften zu verschleiern. Schließlich wurden unter dem Druck der Proteste in der Nacht vom 30. zum 31. August erneut Verhandlungen aufgenommen, die zu einer Ände-

rung des ursprünglichen Textes des Einigungsvertrages führten. Damit war dem Anliegen der Volkskammer, das Gesetz vom 24. August 1990 zum Bestandteil des Vertrages zu machen, zwar nicht Genüge getan, aber eine gesonderte Behandlung der Unterlagen des ehemaligen MfS wurde festgeschrieben.
Am 18. September einigten sich Krause und Schäuble auf einen Kompromiß: Die Akten sollten demnach dezentral in der dann ehemaligen DDR gelagert werden, Betroffene sollten sie nur dann einsehen können, wenn die schutzwürdigen Interessen anderer Personen nicht verletzt würden. Vom Ministerrat mit breiter Zustimmung der Volkskammer vorgeschlagen, wurde Joachim Gauck von der Bundesregierung zum Sonderbeauftragten für die Stasi-Akten ernannt. Er trat sein Amt am 3. Oktober an, dem Tag des Beitritts der DDR zur Bundesrepublik (zur weiteren Entwicklung s. Kap. 9).

3. Oktober 1990: Die Einheit

Der 2. Oktober 1990 war der letzte Tag der DDR. An jenem Dienstag löste sich auch die vielgerühmte Nationale Volksarmee auf; die nicht entlassenen Soldaten unterstanden ab diesem Moment BRD-Verteidigungsminister Gerhard Stoltenberg. In seiner letzten Ansprache als Ministerpräsident nannte Lothar de Maizière am Abend des 2. Oktober in einer Feierstunde im Ostberliner Schauspielhaus (nachdem Beethovens 9. Symphonie gespielt worden war) den Abschied der DDR aus der Gemeinschaft der Staaten einen »Abschied ohne Tränen«. Er warnte aber gleichzeitig davor, die Einheit zu einer rein materiellen Frage zu degradieren: »Die Einheit will nicht nur bezahlt, sondern auch mit dem Herzen gewollt sein«, und mahnte, nach der notwendigen Klärung von Schuld und Unschuld müßten »Aussöhnung und Befriedung unserer Gesellschaft« stehen. Das waren schöne Worte.
Am 3. Oktober um Mitternacht – nur vier Tage vor dem 41. Jahrestag – hörte die DDR auf, als Staat zu existieren und wurde Teil der Bundesrepublik Deutschland. Der »erste Arbeiter- und Bauernstaat auf deutschem Boden« hatte sich selbst überlebt, die DDR-Bürger wurden Bundesbürger. Symbolische Zeichen der erreichten deutschen Einheit waren das Läuten der von den Amerikanern gestifteten Freiheitsglocke im Schöneberger Rathaus in Berlin und die vor dem Reichstag gehißte riesige Bundesflagge. Auf dem Platz der Republik vor dem Reichstag

nahmen Hunderttausende an der Zeremonie teil, darunter die Staats- und Regierungsspitzen der BRD und der nunmehr ehemaligen DDR. Bläser und Chor intonierten das Deutschlandlied.

Die Einheit wurde zwar im ganzen Land mit Feiern und Volksfesten begangen, die Feiern, auch jene in Berlin, verliefen allerdings ohne allzu großen patriotischen Überschwang. Die »Neue Zürcher Zeitung« meinte: »Der Freudentaumel nach dem Fall der Mauer wiederholte sich kaum.« Kohl mahnte, bei aller Freude die nationalsozialistischen Verbrechen nicht zu vergessen:

> »Deutsche haben in diesem Jahrhundert durch zwei verheerende Kriege, durch die Ermordung von sechs Millionen Juden und viele andere nationalsozialistische Verbrechen unermeßliches Leid angerichtet. Wir begreifen diesen Teil unserer Geschichte, der auf uns lastet, als eine dauerhafte Mahnung, der Versöhnung zu dienen und zur Verständigung unter den Völkern beizutragen.«[30]

In seiner Fernsehrede sprach er von einer schwierigen Bewährungsprobe und bat alle Deutschen: »Erweisen wir uns der gemeinsamen Freiheit würdig.« Ein beispielloser Vorgang war erfolgreich zu Ende gebracht worden. Helmut Kohl war sich dessen wohl am ehesten bewußt. Er meinte später: »Alles hätte auch anders kommen können.«[31]

Dokumente zum 7. Kapitel

[19] Vorlage von Michael Mertes an Helmut Kohl, 2. 2. 1990

1. Durch das Zehn-Punkte-Programm vom 28. November 1989 haben Sie und die Unionsparteien sich einen deutlichen deutschlandpolitischen Kompetenzvorsprung erworben.
   Es gilt jetzt, diesen Vorsprung zu halten und nach Möglichkeit auszubauen.
2. Im Mittelpunkt der gegenwärtigen Diskussion über die deutschlandpolitische Entwicklung steht die Frage des wirtschaftlichen Neuaufbaus in der DDR. Daran werden auch die Modrow-Vorschläge (in denen ja auch der Gedanke einer Wirtschafts- und Währungsunion aufgegriffen wird) nichts ändern.
   Im Bewußtsein der Öffentlichkeit bei uns und in der DDR richten sich die Erwartungen dabei mindestens ebenso an die Bundesregierung wie an die Verantwortlichen in der DDR: Zwar gibt es auf unserer Seite in bezug auf die DDR eine Fülle wichtiger Aktivitäten auf wirtschaftlichem Gebiet. Diese entfalten jedoch keine für breite Bevölkerungskreise erkennbare Außenwirkung.
   Die hiesige Opposition macht sich diesen Eindruck geschickt zunutze, indem sie versucht, die Bundesregierung in die Defensive zu drängen mit der ständig wiederholten Frage »Was tut ihr eigentlich, um den Übersiedlerstrom einzudämmen?«
3. Sie haben es bislang aus guten Gründen vermieden, die Dynamik des Einigungsprozesses zu forcieren. Inzwischen ist eine Situation eingetreten, in der Zurückhaltung von unserer Seite eher negative Auswirkungen haben dürfte. Insofern empfehlen wir, daß Sie sich – wie seinerzeit schon beim 10-Punkte-Programm – wieder »an die Spitze der Bewegung« setzen. Dafür sprechen folgende Argumente:
   - Es darf nicht der Eindruck entstehen, daß wir uns von der deutschlandpolitischen Entwicklung »überrollen« lassen.

- Es geht um ein deutliches Signal gegenüber den potentiell ausreisebereiten Menschen in der DDR, daß sich die Verhältnisse in ihrer Heimat *in überschaubarer Zeit* zum Besseren wenden.
- Zeitliche Perspektiven können – wie das erfolgreiche Beispiel »31. Dezember 1992« zeigt – einen *heilsamen Entscheidungsdruck* erzeugen.

4. Auch für unsere künftigen Partner in der DDR ist es von wahlentscheidender Bedeutung, ihrer eigenen Wählerschaft möglichst bald ein griffiges, allgemein verständliches Konzept für einen raschen Neuaufbau der DDR-Wirtschaft präsentieren zu können.
   Unser Ziel sollte es sein, daß sie im bereits angelaufenen DDR-Wahlkampf auftreten können mit der ebenso einfachen wie durchschlagenden Aussage: »Dieses Konzept wollen wir sofort nach dem 18. März gemeinsam mit Helmut Kohl in die Tat umsetzen.«
   Das noch zu formierende Wahlbündnis der Mitte sollte sich mit einem solchen Konzept (= Wahlprogramm) möglichst bald in der Öffentlichkeit selbst darstellen können. Optimal wäre es, wenn das Konzept noch *vor* dem Modrow-Besuch feststünde.
5. Im übrigen sollte mit unseren künftigen Partnern ebenfalls in Grundzügen ein Konzept besprochen werden, wie es nach dem 18. März mit der Entwicklung konföderativer Strukturen – mit der Perspektive deutsche Einheit – weitergehen soll.
6. Zu diesem Zweck haben wir zwei »Papiere« vorbereitet, die als Anlage beigefügt sind:
   - ein Statement, in dem Sie Ihre Vorstellungen über die nächsten Schritte zur Verwirklichung der *politischen Einheit* in Deutschland präsentieren (z. B. bei Gelegenheit einer Pressekonferenz);
   - ein Stichwort-Konzept, in dem Schritte zur *wirtschaftlichen Einheit* Deutschlands dargestellt werden.

   Wenn Sie mit der Skizze zur Herstellung der deutschen Wirtschaftseinheit im Prinzip einverstanden sind, müßten die einzelnen Punkte noch einmal sorgfältig durchgeprüft werden – und zwar im Benehmen mit dem Bundesfinanzminister und der Bundesbank.
   Die Skizze stellt sich bewußt in die Kontinuität Ludwig Erhards, der im September 1953 gesagt hat: »Als erste Maßnahme wird sich eine Währungsneuordnung in der Sowjetzone, d. h. eine Einbeziehung in unser Währungssystem, als unerläßlich erweisen. Damit vollzieht sich dann zwangsläufig eine Angleichung des Preis- und Lohnniveaus an die in der Bundesrepublik herrschenden Verhält-

nisse. Man wird dabei auf die Erfahrungen der Währungsreform von 1948 zurückgreifen können...« Es ist schon bemerkenswert, daß sich die hiesige SPD erbschleicherisch auf genau diesen Satz beruft, um ihr eigenes Konzept zu legitimieren.

Eine Kopie der Erhard-Rede, die von ihrer Aktualität nur wenig eingebüßt hat, ist zu Ihrer Information beigefügt. Man könnte sie als »Steinbruch« für Ihre eigenen Reden verwenden.

Mertes

Die Herren Teltschik und Ackermann erhalten eine Kopie.

(DzD, Deutsche Einheit (14), S. 749 f.)

[20] Gespräch zwischen Staatssekretär Franz Bertele und Hans Modrow, 28. 3. 1990

[...]

Ich teile die Sorgen von MP Modrow, daß die wirtschaftliche Entwicklung in der DDR ganz schnell zu kritischen sozialen Zuständen führen kann. Es ist zutreffend, daß sich viele Menschen in weiten Bereichen so verhalten, als hätten wir bereits die Wirtschaftsunion. In der Erwartung des Umtauschs ihrer Sparguthaben im Verhältnis 1:1 stellen sie die Nachfrage nach technischen Bedarfsgütern zurück. Sie erwarten, in Kürze mit den dann umgetauschten DDR-Mark sehr viel hochwertigere westliche Güter erwerben zu können. Es gehört keine Prophetengabe dazu, vorherzusehen, daß die Kraftfahrzeugproduktion in der DDR sowie die Herstellung von Fernsehgeräten, Radiogeräten und anderen technischen Geräten mangels Absatzmöglichkeiten zum Stillstand kommt. Dies wird bedeuten, daß Entlassungen in großer Zahl erfolgen werden. Wir sind bisher davon ausgegangen, daß die soziale Absicherung zeitgleich mit der Wirtschafts- und Währungsunion erfolgen wird. Wir haben nun die tatsächliche Situation, daß die Vorwirkungen der Wirtschafts- und Währungsunion auf den Beschäftigungsbereich durchschlagen, ohne daß das hierfür erforderliche soziale Netz geknüpft ist. Wir müssen uns darüber im klaren sein, daß die Bevölkerung der DDR von der Bundesregierung erwartet, daß die soziale Absicherung, die mit dem Wechsel des Wirtschafts- und Währungssystems verbunden ist, durch uns erfolgt. Ärger und Enttäuschung, die sich aus dem Zusammenbruch von Betrieben und dem

Anschwellen der Arbeitslosenzahl ergeben werden, werden sich unmittelbar gegen die Bundesregierung und erst in zweiter Linie gegen die Regierung der DDR richten. Wir müssen daher möglichst schnell Mittel und Wege finden, um zusammen mit der DDR nach der Bildung der neuen DDR-Regierung die soziale Abfederung in Angriff zu nehmen. Dies sollten wir auch öffentlich erklären.
Bei vielen Gesprächen, die ich in den letzten Tagen anläßlich der Inthronisation des neuen Bischofs in Magdeburg, bei einem Besuch in Dresden und jetzt mit MP Modrow zu führen hatte, hat es sich als nachteilig erwiesen, daß ich über Einzelheiten der Gespräche über die Fragen der Wirtschafts-, Währungs- und Sozialunion nicht unterrichtet werde. Ich wäre daher sehr dankbar, wenn meine Unterrichtung für die Zukunft sichergestellt würde. Daß Vertraulichkeit gewahrt bliebe, ist selbstverständlich.
Bertele

(DzD, Deutsche Einheit (14), S. 986)

8. Kapitel

1990: Außenpolitik für die Einheit

Dokument

1990: Außenpolitik für die Einheit

Washington an der Seite Bonns[1]

Der entscheidende Einschnitt in der innerdeutschen Entwicklung war der Fall der Mauer am 9. November 1989. Auch wenn zu diesem Zeitpunkt die (Wieder-)Vereinigung öffentlich kein Thema war – ganz zu schweigen von einer schnellen Wiedervereinigung –, so war es doch Helmut Kohl, der mit seinem Zehn-Punkte-Plan vom 28. November die Initiative ergriff. Er war davon überzeugt, daß die Menschen in den beiden deutschen Staaten zusammenkommen wollten; dafür mußte man vor allen Dingen den Ostdeutschen eine realistische Perspektive bieten, da sonst, so meinte er am 12. Dezember gegenüber dem amerikanischen Außenminister James Baker, die Gefahr bestehe, daß sich die Frustration in der DDR in gewalttätigen Unruhen entlade. Er meinte auch, daß, wäre er nicht mit seinem Plan hervorgetreten, die Sowjets möglicherweise in einer Neuauflage des »Stalin-Tricks von 1952« die Vereinigung zum Preis der Neutralisierung angeboten hätten. Ein solcher Schritt habe in der Luft gelegen.

Ob das letztere zu dem Zeitpunkt *so* zutraf, und ob die Stalin-Note von 1952 nur ein Trick Stalins gewesen war, darf bezweifelt werden. Daß aber so etwas wie eine neue »Stalin-Note« in der Luft lag, wurde Wochen später erkennbar, als die Entwicklung bereits darüber hinweggegangen war und die Sowjets wieder einmal zu spät kamen. Als die Mauer fiel, und noch Wochen danach, ging Gorbatschow von der Tatsache zweier deutscher Staaten aus. Der sowjetische Parteichef wollte jedenfalls keine Wiedervereinigung. Gegenüber US-Präsident George Bush machte er dies beim Gipfeltreffen an Bord der »Maxim Gorki« in Malta am 2. Dezember folgendermaßen klar: »Es gibt zwei deutsche Staaten – so fügte es die Geschichte.« Und so sollte es seiner Meinung nach auch bleiben. Gorbatschow sprach dann wieder von seinem »europäischen Haus«. Was die Veränderungen anbelange, und zwar in ganz Europa, so stellten sie einen »objektiven Prozeß« dar, »der die Länder des Kontinents einander näher bringt«. Alle Europäer, sogar Kohl, stimmten darin überein, daß »alles im Kontext von Helsinki getan werden sollte, statt das Erreichte zu zerstören«. In einem »Helsinki II« sollte man die neue Lage erörtern; damit werde man die Stabilität sichern und bewirken, daß sich NATO und Warschauer Pakt aus rein militärischen Bündnissen in stärker politisch geprägte Organisationen umwandelten.[2] Gorbatschow hatte damit zwei Stichworte gegeben, auf die Bush Ende Mai 1990 in Washington noch einmal zurückkommen sollte – um den Weg für eine NATO-Mitgliedschaft des vereinten Deutschlands definitiv zu ebnen.

Als Modrow am 4. Dezember auf der Tagung der Warschauer Paktstaaten in Moskau seine Idee der Vertragsgemeinschaft vortrug – die dann 14 Tage später in Dresden mit Kohl vereinbart wurde –, meinte Gorbatschow, diese sei nur akzeptabel, wenn sie nicht zur deutschen Einheit führe. Mit aller Härte vertraten Gorbatschow und auch Schewardnadse dann gegenüber Genscher bei dessen Besuch in Moskau am 5. Dezember die sowjetische Position. Zu diesem Zeitpunkt war erkennbar, daß Modrow die Lage nicht in den Griff bekommen würde. Wenn sich die Situation in der DDR weiter verschlechtern würde, mußte Gorbatschow einen Gesichtsverlust befürchten, der die Machtverhältnisse in Moskau kippen und alles zerstören konnte, wofür er gearbeitet hatte.[3] Und daher verwunderte es nicht, daß er Kohls Zehn-Punkte-Plan massiv ablehnte. Besonders empörend empfinde er, so meinte er gegenüber Genscher, daß Kohl tiefgreifende politische Veränderungen in der DDR zur Vorbedingung für wirtschaftliche Hilfe gemacht habe: »Das kann man nur als Ultimatum bezeichnen, als ›Diktat‹.« Kohls Initiative sei für ihn eine »absolute Überraschung« gewesen. Er hätte geglaubt, in dem Telefongespräch am 11. November eine Verständigung mit dem Kanzler erreicht zu haben. »Und dann das – solch ein Schritt!«

Genscher betonte, der Plan sei kein Ultimatum, sondern ein Vorschlag. Gorbatschow ließ sich nicht besänftigen: »Das hat alles nichts zu sagen.« Der Bundeskanzler behandle die Bürger der DDR wie seine Untertanen. »So etwas hat sich nicht einmal Hitler erlaubt«, warf Schewardnadse dramatisch ein. Gorbatschow ließ jedenfalls keinen Zweifel daran, daß die DDR ein eigenständiger Staat und Mitglied des Warschauer Pakts bleiben mußte.[4]

Das war bereits zu diesem Zeitpunkt Wunschdenken. Es war ein Standpunkt, aber keine Politik. *Die* wurde auf den Straßen der DDR gemacht. Und es waren die Amerikaner, die dann eine klare Strategie entwickelten, die im Zusammenspiel mit Kohl umgesetzt wurde. Sie förderten den Wiedervereinigungsprozeß uneingeschränkt. Für die amerikanische Unterstützung war allerdings eine Voraussetzung unabdingbar, nämlich die Mitgliedschaft auch des vereinigten Deutschland in der NATO und damit dessen feste Verankerung im Westen. An dem Punkt trafen sich Bush und Baker mit Kohl, für den die Mitgliedschaft in der NATO kein Preis für die deutsche Einheit sein konnte, wie er immer wieder betonte – so etwa am 12. März 1990 gegenüber dem britischen Außenminister Hurd (im Zusammenhang mit dem möglichen Beitrittsszenario: Art. 146 oder Art. 23 Grundgesetz).[5] NATO-Mitgliedschaft war das eine, Vertiefung der europäischen Integration das andere.

Kohl führte geradezu eine Kampagne zur Beruhigung der europäischen Nachbarn. Die Wiedervereinigung sollte in die europäische Integration eingebettet werden. Wieder und wieder versicherte er fast gebetsmühlenartig den westeuropäischen Partnern, daß das Bonner Engagement für die europäische Integration nicht nachlassen werde. Bereits vor dem Fall der Mauer hatte er von einer europäischen Währungsunion gesprochen. Aber das Opfer – letztlich die Aufgabe der D-Mark zugunsten einer europäischen Währung – wurde lange Zeit nicht honoriert. »Er frage sich«, so beklagte sich der Kanzler einmal bei Außenminister Baker, »was er denn noch mehr tun könne als beispielsweise die Schaffung einer europäischen Wirtschafts- und Währungsunion mitzutragen. Diesen Entschluß habe er gegen deutsche Interessen getroffen.«

Die Sowjets hätten das deutsche Problem am liebsten auf einer Viermächte-Konferenz besprochen; an dem Punkt trafen sie sich mit Mitterrand und Thatcher. Kohl und Genscher waren allerdings entschieden gegen ein solches Vorgehen. Zuletzt hatten die Vier 1959 in Genf über die deutsche Frage beraten; die Zeiten hatten sich inzwischen gewaltig geändert: Bonn befand sich in einer Position außerordentlicher politischer und wirtschaftlicher Stärke. Als die Sowjetunion am 8. Dezember 1989 vorschlug, »innerhalb kürzester Zeit« in Berlin ein Botschaftertreffen der Vier Mächte abzuhalten, um über die Besorgnisse angesichts der Entwicklung in der DDR und des möglichen Zusammenbruchs der dortigen öffentlichen Ordnung zu sprechen, war die Zustimmung von Franzosen und Briten nicht schwer zu erreichen.

Mitterrand stellte sich hinter den sowjetischen Vorschlag. Auf die Frage, ob Bonn über ein Viermächte-Treffen nicht ungehalten sein würde, erwiderte ein hoher französischer Regierungsvertreter: »Deshalb sollte man es abhalten.«[6] Kohl reagierte denn auch mehr als verärgert: »Wir brauchen keine vier Hebammen.«[7] Die Amerikaner spielten nicht mit und schlugen sich auf die Seite Bonns. Sie richteten jedenfalls auf dem Weg zur deutschen Einheit keine Hürden auf. »Im Gegenteil!« schrieb Teltschik in sein Tagebuch: »Das Signal steht auf Grün – zur Vorsicht wird ermahnt, aber die Weichen sind richtig gestellt.«[8]

Der Zwei-plus-Vier-Mechanismus

Im Januar 1990 beschleunigte sich der Zusammenbruch der DDR; gleichzeitig wurde die wirtschafts- und finanzpolitische Misere der Sowjetunion immer deutlicher erkennbar. Aus dieser Situation heraus war Gorbatschow bereit, das Selbstbestimmungsrecht der Deutschen anzuerkennen, an dessen Ende die Wiedervereinigung stehen würde. Der Weg dazu war der von Modrow öffentlich gemachte Vierstufenplan, wie im vorigen Kapitel bereits dargestellt.

Bonn und Washington wollten jetzt allerdings den direkten Weg zur Einigung – ohne Umweg über Vertragsgemeinschaft, Konföderation etc. Damit stellten sich für Washington Ende Januar 1990 drei Fragen:

1. Wie schnell sollte die Vereinigung konkret vonstatten gehen und mit welchem Ergebnis hinsichtlich der NATO?
2. Welchen Mechanismus sollte man für die Regelung der äußeren Aspekte der Vereinigung wählen?
3. Welche Militärpräsenz sollte man in den neunziger Jahren in Europa und speziell in Deutschland beibehalten, und wie sollte sich dies in den Rüstungskontrollverhandlungen widerspiegeln?[9]

Es wurden verschiedene Überlegungen angestellt, wie und in welchem Gremium diese Fragen am besten zu beantworten seien; letztlich übernahm Baker den Vorschlag seiner Berater Dennis Ross, dem späteren Nahostvermittler unter US-Präsident Bill Clinton, und Robert Zoellick, in »Zwei-plus-Vier-Gesprächen die deutsche Einheit zu verwirklichen«. Die »Zwei« waren die beiden deutschen Regierungen, die »Vier« die ehemaligen Sieger. Baker überzeugte Gorbatschow bei seinem Besuch Anfang Februar in Moskau von dieser Vorgangsweise (wie oben dargestellt; s. S. 198 ff.); Kohl war ebenfalls einverstanden. Bevor er nach Moskau fuhr, erhielt er am 9. Februar ein Schreiben von Bush, von dem er nach seiner Rückkehr meinte, der Brief werde einmal »zu den großen Dokumenten der deutsch-amerikanischen Freundschaft zählen«.[10] Bush versicherte Kohl in diesem Schreiben seiner absoluten Unterstützung:

»Was immer die formalrechtliche Rolle der Vier Mächte bei der Anerkennung des frei geäußerten Willens des deutschen Volkes sein mag, so sollen Sie doch wissen, daß die Vereinigten Staaten nichts unternehmen werden, was Ihren Landsleuten die Annahme nahelegen könnte, daß wir ihre Entscheidung für die Zukunft ihrer Nation nicht respektieren werden.«

Auf gar keinen Fall werde man der Sowjetunion erlauben, den Viermächte-Mechanismus dazu zu benutzen, die Vereinigung zu verzögern und ein Deutschland nach ihren Vorstellungen zu schaffen.[11]

Mit der Zustimmung Gorbatschows zum Zwei-plus-Vier-Verfahren wurde der Prozeß der Wiedervereinigung in eine innenpolitische und eine außenpolitische Entwicklung getrennt. Mitterrand stimmte zu, zähneknirschend auch Thatcher, wobei Bush eine Art Psychotherapeuten spielte. Vor dem Besuch von Kohl am 24./25. Februar 1990 in Washington habe er, so Bush zum deutschen Kanzler, Thatcher angerufen »und ihr eine gute Stunde zugehört«.[12] Die übrigen westeuropäischen Partner wurden nicht gefragt. Der italienische Ministerpräsident Giulio Andreotti hatte auf der NATO-Ministerratssitzung am 4. Dezember davor gewarnt, daß das Prinzip der Selbstbestimmung Schwierigkeiten heraufbeschwören könne, wenn es zu weit getrieben werde. Er hatte sich von Kohl ziemlich unwirsch sagen lassen müssen, daß er vermutlich anders dächte, wenn der Tiber sein Land teilen würde.[13]

Am 13. Februar war es dann Baker, der am Rande einer Abrüstungskonferenz von NATO und Warschauer Pakt im kanadischen Ottawa in zahlreichen Gesprächen die Zwei-plus-Vier-Lösung geradezu durchboxte. Das Vorhaben stieß auf heftige Kritik seitens der übrigen NATO-Mitglieder, die sich übergangen fühlten. Entsprechend massive Bedenken äußerten der Niederländer Hans Vandenbroek und der Italiener Gianni de Michelis. Sie forderten ein Mitspracherecht der NATO-Staaten. Baker versprach regelmäßige Konsultationen über den Fortgang der Gespräche; als de Michelis damit nicht zufrieden war, machte Genscher in scharfer Form klar, was Sache war: »You are not part of the game!«[14]

Interessant war, daß es zu diesem Zeitpunkt immer noch erhebliche

Bedenken in Washington gab, ob die Zwei-plus-Vier-Gespräche wirklich das adäquate Instrument waren, um zu einer schnellen Lösung der Probleme zu kommen. Der Nationale Sicherheitsrat war nach wie vor der Meinung, daß es der Sowjetunion damit ermöglicht werde, den Vereinigungsprozeß zu blockieren, zumindest aber zu verlangsamen. Man kritisierte, daß Baker den Präsidenten vor vollendete Tatsachen gestellt habe, so daß dieser notgedrungen, wenn auch zögernd, zugestimmt hatte. Nach Meinung von Zelikow und Rice war diese Episode der »bei weitem schwerwiegendste Dissens innerhalb der US-Regierung während des deutschen Vereinigungsprozesses«[15] – von dem allerdings nichts an die Öffentlichkeit drang.

Im nachhinein weiß man, daß auch mit den Zwei-plus-Vier-Gesprächen alles gut lief, aber die Risiken blieben bestehen, zumal die Sowjets sich fast feindlich gaben. Die NATO-Mitgliedschaft eines vereinten Deutschland war für sie lange Zeit völlig ausgeschlossen. Schewardnadse beklagte sich über jene Politiker, »die politisches Schnellschach mit einer Zeitgrenze von fünf Minuten spielen wollen«. Gorbatschow kündigte an, daß sich die Sowjetunion jedem Versuch des Westens widersetzen werde, ihr im Rahmen des Zwei-plus-Vier-Mechanismus seine Bedingungen aufzuzwingen:

> »Wir lehnen ein Vorgehen ab, bei dem drei oder vier zuerst untereinander zu einer Übereinkunft kommen und dann ihre bereits abgestimmte Position den anderen Teilnehmern unterbreiten. Das ist unannehmbar.«[16]

Was würde geschehen, so die Sorge in Washington, wenn die Sowjets ihrerseits Forderungen stellen und Vorschläge unterbreiten würden? Etwa Abzug der sowjetischen Truppen bei gleichzeitigem Abzug der amerikanischen Truppen aus Deutschland? Das wäre für Washington unannehmbar gewesen. Auch für Mitterrand ging alles viel zu schnell, obwohl er bereits jetzt erkannte, daß er sich der Wiedervereinigung nicht entgegenstellen konnte. Aber er nannte Bedingungen: Vertiefung der europäischen Integration, das hieß Verstärkung der Kontrolle Deutschlands – und das schneller als bislang vorgesehen. Die Sowjets machten letztlich keine Schwierigkeiten, während Mitterrand seine beschleunigte Vertiefung erhielt, mit weitreichenden Konsequenzen, die die Bürger aus 12 der 15 Staaten der Europäischen Union seit dem 1. Januar 2002 besonders deutlich spüren. Der Euro als Symbol für diese Integration ist möglicherweise die tiefgreifendste Konsequenz der deutschen Vereinigung (obwohl er auch ohne Vereinigung gekommen wäre, nur nicht so schnell).

Thatcher ging auch alles zu schnell; sie äußerte sich öffentlich und privat gegen die deutsche Vereinigung. Deutschland werde »das Japan Europas sein, nur schlimmer als Japan«, die Deutschen seien ein expansionistisches Volk, unverändert aggressiv; in den vergangenen vier Jahrzehnten seien sie von den Westmächten unter Kontrolle gehalten worden. Gegenüber Bush machte sie den Vorschlag, sowjetische Truppen auf unbestimmte Zeit in Deutschland zu belassen und die KSZE stärker ins Spiel zu bringen.[17] Noch am Vorabend der Unterzeichnung des abschließenden Vertrages in Moskau am 12. September machte sie Schwierigkeiten und hätte am liebsten alles scheitern lassen (s. u., S. 273 ff.).

24./25. Februar 1990: Helmut Kohl in Washington

Die Gespräche Kohls mit Bush und Baker am 24./25. Februar fanden nicht in Washington selbst statt, sondern in Camp David. Bush demonstrierte, was er gemeint hatte, als er Monate vorher Kohl zum »partner in leadership« deklariert hatte. Kohl fühlte sich geschmeichelt, da er der erste Bundeskanzler war, den man nach Camp David eingeladen hatte. In diesen zwei Tagen kam es zum definitiven Schulterschluß zwischen Kohl und den Amerikanern. Hier legte man die Strategie für die folgenden Verhandlungen zur Wiedervereinigung fest. Kohl schilderte zunächst noch einmal die dramatische Lage in Deutschland: 350 000 seien 1989 übersiedelt; das schaffe eine katastrophale Situation. In den ersten Wochen seit Jahresbeginn seien über hunderttausend gekommen. Um zu verdeutlichen, was das bedeutete, hatte er gegenüber Mitterrand (und anderen Europäern) klargemacht, daß dies der Größe einer Stadt wie Dessau entspreche; da die Amerikaner mit Dessau wohl nichts anfangen konnten, meinte Kohl jetzt, diese Zahl sei »umgerechnet auf die Verhältnisse der USA die Einwohnerzahl von Philadelphia«. Das verstanden Bush und Baker.
Einig war man in dem zentralen Thema der anstehenden Verhandlungen, daß, worin Bush Kohl voll und ganz zustimmte, »die USA und die Bundesrepublik Deutschland hinsichtlich der Zukunft Europas eine Schlüsselrolle spielten«. Das war denn auch der Sinn des Treffens in Camp David. Zu den Bedenken der europäischen Nachbarn bei der Wiedervereinigung meinte Kohl, man müsse hier die »Mund-[zu-]Mund-Beatmung« verstärken. Beim Thema KSZE, bei dem Genscher den Eindruck vermittelt hatte, als ob dort die Wiedervereinigungsfrage

behandelt würde, war man sich einig, daß dies nicht der Fall sein werde. Das Ergebnis der Zwei-plus-Vier-Verhandlungen könne der KSZE-Gipfel »zustimmend zur Kenntnis nehmen«, bzw., wie Kohl meinte, diesem »nach Art eines alten Bischofs den Segen geben«. Mehr nicht! Was die NATO-Mitgliedschaft betraf, so machte Kohl klar, daß es wichtig sei, den Sowjets zu vermitteln, daß die USA und die Bundesrepublik in dieser Frage »völlig klar und einig« seien. Und er wagte die Voraussage – die sich dann als richtig herausstellen sollte –, daß am Ende die Frage nach Bargeld stehen werde; möglicherweise würden die Sowjets den USA den Preis eher nennen als ihm.
Bush betonte, die Sowjetunion sei nicht in einer Position, dem Westen diktieren zu können, ob Deutschland in der NATO bleibe oder nicht. Man werde der Sowjetunion Achtung zollen, ihr bei der Gesichtswahrung helfen – aber nicht mehr. Übereinstimmung bestand auch darin, zuerst eine einheitliche Meinung der Eins-plus-Drei zu bilden, ehe die Verhandlungen Zwei-plus-Vier beginnen würden. Außerdem müsse der Eindruck vermieden werden, so Baker, daß der Zwei-plus-Vier-Mechanismus »Jalta wiederhole«. Auch die Oder-Neiße-Grenze wurde angesprochen. Hier machte Kohl seine Position klar, die auch von innenpolitischen Überlegungen bestimmt war. Von einer Änderung oder Nichtanerkennung dieser Grenze war keine Rede.[18]
Die Befürchtungen, daß aus Zwei-plus-Vier eine andere Verhandlungsrunde als geplant werden könnte, nämlich Zwei (DDR plus Sowjetunion) plus Vier (BRD plus Westmächte), waren nach den Volkskammerwahlen hinfällig. Es sollten die vorgesehenen Zwei-plus-Vier-Gespräche werden, obwohl schon sehr bald deutlich wurde, daß wirkliche Verhandlungen unter den Außenministern der Zwei-plus-Vier nicht stattfanden, sondern im Dreieck Washington–Bonn–Moskau die Entscheidungen fielen, wobei mehr aus psychologischen Gründen Rücksicht auf Moskau, das hieß Gorbatschow und Schewardnadse, genommen wurde.
An der Grundposition NATO-Mitgliedschaft des vereinigten Deutschland ließen Bonn und Washington nicht rütteln. Es ging aber nicht nur um die Einbindung Moskaus, sondern auch um die Beruhigung von London und Paris, wo man genau wußte, daß die Hauptakteure woanders saßen. Gorbatschow meinte am Schluß der Begegnung mit Kohl im Kaukasus im Juli 1990, »man müsse vermeiden, den Eindruck zu erwecken, als ob man für die Zwei-plus-Vier entschieden habe« – und ahnte wohl nicht, daß mit Kohl auch Bush am Verhandlungstisch saß.

In London und Paris war man sich im klaren darüber, wer was entschied. Der politische Berater Mitterrands, Jacques Attali, brachte das auf folgende Formel: »Die 4+2 sind nichts als Fiktion. [...] Tatsächlich können die sechs Minister nur die gemeinsame Erklärung Kohls und Gorbatschows zur Kenntnis nehmen, die alles regelt.«

5. Mai 1990: Das erste Zwei-plus-Vier-Gespräch in Bonn

Das erste Außenministertreffen im Rahmen der Zwei-plus-Vier-Gespräche war für den 5. Mai 1990 in Bonn vorgesehen. Im Vorfeld dieses Treffens gelang es Bush, Mitterrand und Thatcher auf den zwischen ihm und Kohl in Camp David festgelegten Kurs einzuschwören[19], während der Kreml auf eine harte Linie einschwenkte. Das Politbüro der KPdSU beschloß, auf keinen Fall die NATO-Mitgliedschaft eines vereinten Deutschland zu akzeptieren. Marschall Achromejew erklärte gegenüber dem amerikanischen Botschafter Jack Matlock, der politisch-militärische Status Deutschlands sei für die Sowjetunion eine Grundsatzfrage, die das gesamte Militärkommando, Millionen gewöhnlicher Menschen und die oberen Etagen von Regierung und Partei beunruhige.[20] Auch die Idee einer gleichzeitigen deutschen Mitgliedschaft in NATO und Warschauer Pakt wurde fallengelassen. Zwar wurde der Widerstand gegen die innere Vereinigung aufgegeben, aber auch beschlossen, diesen Vorgang von der Regelung der äußeren Aspekte abzukoppeln, um so weiter Einfluß auf die Entwicklung in Deutschland nehmen zu können.
Als in Bonn die Außenminister ihre Eingangserklärungen verlasen, waren die westlichen Minister von dem unnachgiebigen Ton Schewardnadses überrascht. Der machte drei Punkte klar:

1. Die beiden deutschen Staaten sollten selbst über ihre Einheit entscheiden;
2. die inneren und äußeren Aspekte der deutschen Einheit sollten »entkoppelt« werden;
3. die NATO-Mitgliedschaft des vereinten Deutschland bleibe inakzeptabel; die sowjetische Bevölkerung lehne dies rundweg ab.

Mit anderen Worten: Ein vereinigtes Deutschland sollte neutral sein und außerhalb des westlichen Bündnisses bleiben. Das war eine Position, die der Westen nicht akzeptieren konnte, während umgekehrt der Westen an einer Position festhielt, die Moskau nicht akzeptieren konnte. Kohl und Genscher lehnten die Entkoppelungsidee mit Nachdruck ab, wobei allerdings Genscher für eine gewisse Unklarheit sorgte, als er meinte, jener Teil von Deutschland, der in der NATO sei, werde in der NATO bleiben. Bis dahin war man in westlichen Hauptstädten davon ausgegangen, daß die Frage der Ausdehnung der NATO-Mitgliedschaft auf ganz Deutschland schon geklärt worden sei.

Es ging jetzt darum, die Sowjets von ihrer starren Haltung abzubringen – was Ende des Monats gelang. Zum einen hatte sich die Lage in Litauen verschärft, zum anderen aber geschah jetzt genau das, was Kohl schon im Februar in Washington angedeutet hatte: die Sowjets brauchten Geld. Die Zahlungsunfähigkeit der Sowjetunion stand unmittelbar bevor. Da sie von Washington kein Geld erwarten konnte – wegen Litauen –, blieb nur der Weg nach Bonn. In den Gesprächen, die Teltschik am 14. Mai in Moskau mit Gorbatschow führte, wurde erkennbar, daß eine Lösung möglich sein würde. Wiedervereinigung und NATO-Mitgliedschaft gegen Kredite und einen Vertrag zur Zusammenarbeit mit Moskau, so lautete jetzt die Gleichung der Deutschlandpolitik. Ergänzend dazu legten die Amerikaner einen Neun-Punkte-Plan vor, der es den Sowjets erleichtern sollte, die deutsche NATO-Mitgliedschaft zu akzeptieren.

Am 15. Mai faßte Kohl jedenfalls in Schreiben an Mitterrand und Thatcher seinen Gesamteindruck dahingehend zusammen, daß »die Ausgangslage für einen Kompromiß nicht ungünstig ist«.[21] Am 17. Mai war Kohl wieder in Washington. Er bezeichnete dort Bush als »Glücksfall für Europa und die Deutschen« und ging dann auf die Situation in Deutschland ein. Er verglich seine persönliche Situation »mit der eines Bauern, der vorsorglich, weil möglicherweise ein Gewitter droht, die Heuernte einbringen möchte«. Noch einmal bestätigte er, daß das wiedervereinigte Deutschland Mitglied der NATO sein müsse. Gleichzeitig beruhigte er den amerikanischen Präsidenten, er möge sich von

»Stimmen, die es auch in der Bundesrepublik Deutschland gebe, nicht beeindrucken lassen, die Amerikaner und Sowjets gleichsetzen wollten. Dies sei nicht neu. Dagegen habe er 1983 gekämpft – dies müsse man wieder kämpferisch durchstehen. Der Präsident könne davon ausgehen, daß er seine politische Existenz wieder aufs Spiel setzen werde. Die NATO sei nicht nur eine militärische Frage, sondern eine Grundfrage des Selbstverständnisses Europas und Deutschlands. Die NATO-Mitgliedschaft sei kein Preis, den er für die deutsche Einheit bezahlen werde.«[22]

Während sich Kohl und Genscher in Washington aufhielten, war Baker in Moskau, um den Neun-Punkte-Plan zu diskutieren. Im einzelnen sah dieser Plan vor:

1. Größe der Streitkräfte in Europa.
2. Rüstungskontrollverhandlungen über nukleare Kurzstreckenwaffen.
3. Verzicht Deutschlands auf ABC-Waffen.
4. Während einer Übergangsperiode sollten auf dem Gebiet der DDR keine NATO-Truppen stationiert werden.
5. Übergangsperiode für den Abzug der sowjetischen Truppen von deutschem Territorium.
6. Überprüfung der NATO-Strategie.
7. Verbindliche Festlegung der Grenzen Deutschlands.
8. Weiterentwicklung der KSZE.
9. Regelung der wirtschaftlichen Beziehungen zwischen der Sowjetunion und Deutschland.

Nach Aussage von Jurij Kwizinskij, dem ehemaligen sowjetischen Botschafter in Bonn, der Mitte Mai als Stellvertreter Schewardnadses nach Moskau gegangen war, gab es dort zu diesem Zeitpunkt einen »surrealistischen Wust von Ideen«.[23] Entsprechend waren auch die Reaktionen von Schewardnadse und Gorbatschow auf Bakers Plan. Baker faßte in einem Bericht für Bush den Eindruck folgendermaßen zusammen: Gorbatschow fühle sich offenbar in die Enge getrieben und werde wahrscheinlich heftig auf jeden Schritt reagieren, der seine politischen Probleme im eigenen Land vergrößere. Auch wachse ihm das Thema Deutschland »jetzt schon eindeutig über den Kopf. Wir sollten [...] weiterhin versuchen, die sowjetischen Sorgen zu zerstreuen, aber nicht auf die Durchsetzung unserer Ziele drängen. Es ist am besten, den Dingen ihren Lauf zu lassen.«[24]

Inzwischen hatte Kohl Gorbatschow am 22. Mai mitgeteilt, daß die Bundesregierung eine Bürgschaft in Höhe von fünf Milliarden DM übernehme; er erwarte dafür, daß die Sowjetunion bei den Zwei-plus-Vier-Verhandlungen »alles unternimmt, um erforderliche Entscheidungen herbeizuführen, die eine konstruktive Lösung der anstehenden Fragen ermöglichen«. Der Kredit war die zweite Vorleistung (nach den Lebensmittellieferungen im Winter); hinzu kam die Versicherung, die Lieferverpflichtungen der DDR zu übernehmen und dann noch die Zusage, die Regelung des Umtauschkurses für die sowjetischen Streitkräfte großzügig zu handhaben. Für den Kanzler war es jedenfalls unvorstellbar, so Kohl gegenüber Vertretern des amerikanischen Kongresses am 29. Mai in Bonn, daß »Gorbatschow die deutsche Einigung an der Frage der NATO-Mitgliedschaft scheitern lasse«.[25]

31. Mai 1990: Wendepunkt beim sowjetisch-amerikanischen Gipfel in Washington

Vom 30. Mai bis 3. Juni hielt sich Gorbatschow in den USA auf. Am Morgen des 31. war er in aller Form auf der Südseite des Weißen Hauses mit Salut und einem Spielmannszug in Uniformen der Kontinentalarmee des 18. Jahrhunderts begrüßt worden. Das hatte ihm gefallen. Am Nachmittag dieses 31. Mai kam es, wie ein Mitglied der amerikanischen Delegation später meinte, zu einer der »ungewöhnlichsten Szenen, denen er jemals beigewohnt hatte«[26] und was letztlich der außenpolitische Wendepunkt des deutschen Vereinigungsprozesses war. Das Gespräch drehte sich um die Zukunft Deutschlands und Europas. Als Gorbatschow mit den bekannten Argumenten kam: unter anderem Doppelmitgliedschaft Deutschlands in NATO und Warschauer Pakt; Deutschland dürfe keinesfalls nur einem Bündnis angehören, brachte Bush ein Argument vor, das auf unterer Ebene bereits von amerikanischen und westdeutschen Regierungsvertretern verwendet worden war: Gemäß der KSZE-Schlußakte hätten alle Staaten das Recht, ihre Bündniszugehörigkeit frei zu wählen. Also sollte auch Deutschland frei entscheiden können, welchen Bündnissen es sich anschließen wolle. Dies sei doch richtig? Gorbatschow nickte und pflichtete Bush bei. Die Amerikaner waren verblüfft. Sie sahen, wie auf sowjetischer Seite Marschall Achromejew und Valentin Falin hochschreckten und unruhig auf ihren Stühlen hin- und herrutschten.

Ein Mitglied der amerikanischen Delegation schrieb auf einen Zettel, daß Gorbatschow soeben die amerikanische Position vertreten habe, derzufolge jedes Land das Recht habe, sein Bündnis selbst zu wählen. Er schob den Zettel Präsident Bush mit der Frage zu, ob dieser Gorbatschow dazu bringen könnte, das zu wiederholen. Bush konnte: »Ich freue mich, daß Sie offenbar mit mir darin übereinstimmen, daß jedes Land sein Bündnis frei wählen kann.« Gorbatschows Berater Anatoli Tschernajew beschreibt den Vorgang in seinen Erinnerungen folgendermaßen:

»Gorbatschow: ›Wir formulieren also wie folgt: Die Vereinigten Staaten und die Sowjetunion sprechen sich dafür aus, um zu einer endgültigen Regelung unter Berücksichtigung der Ergebnisse des 2. Weltkrieges zu gelangen, dem vereinten Deutschland selbst die Entscheidung zu überlassen, zu welchem Bündnis es gehören will.‹ Bush: ›Ich würde eine etwas abgeänderte Fassung vorschlagen: Die USA sprechen sich eindeutig für eine Mitgliedschaft des vereinten Deutschland in der NATO aus, allerdings werden wir, falls es sich anders entscheiden sollte, die Entscheidung nicht anfechten, sondern tolerieren.‹ Gorbatschow: ›Einverstanden. Ich akzeptiere Ihre Formulierung.‹«[27]

In der gemeinsamen Pressekonferenz am 3. Juni erklärte Bush, ein vereinigtes Deutschland sollte »Vollmitglied der NATO sein«. Auch wenn Präsident Gorbatschow diese Ansicht nicht teile, seien sie beide »in voller Übereinstimmung, daß die Frage der Bündniszugehörigkeit gemäß der Schlußakte von Helsinki eine Angelegenheit ist, die von den Deutschen entschieden werden müsse«.[28] Das sowjetische Zugeständnis war aktenkundig. Als Tschernajew später gefragt wurde, wann die Sowjetunion der NATO-Mitgliedschaft eines vereinten Deutschland zugestimmt habe, antwortete er: »Beim sowjetisch-amerikanischen Gipfel in Washington.«[29] Bush informierte Kohl telefonisch über die, wie Teltschik notierte, »Sensation«.[30] Gorbatschow blieb in der Folgezeit bei seiner Haltung; dafür erhielt er im Gegenzug die Versicherung von Bush, die NATO umzugestalten, und er vereinbarte mit Bush die Halbierung strategischer Waffen.

8. Juni 1990: Helmut Kohl wieder in Washington

Am 8. Juni war Kohl wieder in Washington – zum dritten Mal innerhalb von vier Monaten. In allen Punkten gab es fast vollständige Übereinstimmung. Kohl legte seine Sicht der Dinge dar. Er hatte den Eindruck, daß die Sowjets nicht wüßten, was sie eigentlich wollten; die Rede war von Improvisation. Kohl glaubte darüber hinaus, daß man »eine gute Chance habe, in den nächsten acht Wochen die Dinge voranzubringen«. Für Gorbatschow sei wichtig gewesen, daß Bush ihm klar zu verstehen gegeben habe, daß er über eine NATO-Mitgliedschaft Deutschlands nicht zu diskutieren gedenke. »Im Grunde genommen pokere Gorbatschow. Man müsse natürlich auch seine Lage sehen. Zu Hause sehe er sich dem Vorwurf ausgesetzt, er verspiele die sowjetische Position in der Weltpolitik.« Von daher müsse das Ziel sein, Gorbatschow zu helfen, ohne etwas Wichtiges aufzugeben. Die Botschaft mit Blick auf die NATO müsse lauten, daß sie bereit sei, sich weiter zu entwickeln.

Ein Punkt, den Kohl anschnitt, war die zukünftige Stärke der Bundeswehr. Dies sollte kein Thema für die Zwei-plus-Vier-Gespräche sein. Die Bundeswehr hatte eine Sollstärke von etwa 480000 Mann, die Nationale Volksarmee von 170000 Mann. Künftige deutsche Streitkräfte, so Kohl, könnten nicht einfach aus der Addition der beiden bestehen. Die Sowjets sprachen von einer Gesamtobergrenze von 200 000–250 000 Mann. Dies war ein Thema, das später noch zu Differenzen zwischen Kohl und Genscher führen sollte. Man solle sich, so Baker, vor dem NATO-Gipfel über die künftige Stärke der Bundeswehr verständigen.[31]

Ein Thema war in den vergangenen Wochen auch die Frage der Oder-Neiße-Grenze gewesen, wo Polen die Idee eingebracht hatte, noch vor der Wiedervereinigung einen Grenzvertrag zu paraphieren. Bush sprach das Thema an; Kohl wies darauf hin, daß die Volkskammer und auch der Bundestag in 14 Tagen eine gleichlautende Erklärung verabschieden würden, die eine klare Garantie der bestehenden Grenzen enthalten werde. Darin würden sich beide Volksvertretungen sowie beide Regierungen zugleich verpflichten, daß ein wiedervereinigtes Deutschland sofort einen völkerrechtlichen Vertrag schließen werde, der die Frage abschließend regele. Bush hatte den Eindruck, daß die Polen »unsere Haltung jetzt besser verstünden«.

Am 21. Juni billigten dann der Bundestag und die Volkskammer nicht nur den Staatsvertrag über die Währungs-, Wirtschafts- und Sozialunion, sondern verabschiedeten auch eine gleichlautende Erklärung zur Westgrenze Polens.

Am nächsten Tag, 22. Juni, fand die zweite Runde der Zwei-plus-Vier-Verhandlungen in Ost-Berlin statt. Zuvor hatten die Außenminister an einer Feier zum Abbau des Alliierten Grenzhäuschens am Checkpoint Charlie teilgenommen. Die Station am Sektorenübergang Friedrichstraße wurde ebenso wie die anderen Übergänge überflüssig, da zum 1. Juli die Grenzkontrollen zwischen den beiden Stadthälften und den beiden deutschen Staaten wegfielen. Baker erklärte, die Zeit sei jetzt gekommen, mit einer neuen Generation sowjetischer Führer die alten Gräben zu überwinden. Schewardnadse legte bei den anschließenden Gesprächen einen Vertragstext vor, wonach die Streitkräfte der Sieger noch fünf Jahre nach der Vereinigung in Deutschland stationiert sein sollten, wobei während einer dreijährigen Übergangsperiode die deutschen Streitkräfte auf 200 000–250 000 Mann reduziert werden sollten. Im gleichen Zeitraum sollten die Truppen der vier Sieger um die Hälfte reduziert werden; die im Großraum Berlin stationierten Soldaten sollten bereits ein halbes Jahr nach Herstellung der deutschen Einheit abgezogen werden.

Dieser Vorschlag wurde von den übrigen Außenministern abgelehnt. Baker kritisierte, daß auf diese Weise das vereinte Deutschland singu-

larisiert und diskriminiert würde; eine Einschränkung seiner Souveränität komme nicht in Frage. Dem schlossen sich auch der britische Außenminister Hurd sowie Dumas, Genscher und Meckel an. Für diese Art von Vorschlägen war es ersichtlich zu spät.
Im Juli kam es dann zu einigen grundlegenden Entscheidungen. Zum einen in Deutschland die Wirtschafts- und Währungsunion, zum anderen beim NATO-Sondergipfel in London und dem G7-Gipfel in Houston/Texas. In London beschlossen die 16 Staats- und Regierungschefs der NATO den Wandel des Bündnisses. In der sogenannten Londoner Erklärung wurde den Ländern in Mittel- und Osteuropa die »Hand zur Freundschaft« gereicht. Das Bündnis betonte seinen defensiven Charakter; es werde »niemals und unter keinen Umständen als erstes Gewalt anwenden« und kündigte gleichzeitig eine grundlegende Änderung seiner Strategie an, um die bisherige »Vorneverteidigung« mit Nuklearwaffen zu ersetzen. Atomare Waffen sollten »wahrhaft zu Waffen des letzten Rückgriffs« gemacht werden. Im übrigen wollte man bei Abrüstungsverhandlungen für den Abbau der Nuklearwaffen in Europa plädieren. Der Warschauer Pakt wurde zu einer Erklärung aufgefordert, »daß wir uns nicht länger als Gegner betrachten [...] und uns der Androhung oder Anwendung von Gewalt enthalten«. Das war ausreichend für Moskau.
Auf dem Weltwirtschaftsgipfel in Houston kam es dagegen lediglich zu Absichtsbekundungen für eine Unterstützung des Reformprozesses in der Sowjetunion; Kredite würden nur jene Staaten gewähren, die dazu in der Lage waren, mit anderen Worten: Bonn war erneut gefragt.
In der Londoner Erklärung war auch gesagt worden, daß eine verbindliche Aussage über die Stärke der deutschen Streitkräfte gemacht werden würde. Darüber aber gab es intern auf deutscher Seite erhebliche Differenzen. Es ging um die Frage, was den Sowjets zuzumuten war. Genscher meinte weniger, Kohl meinte mehr. Genscher beharrte auf einer Zahl von 350000 Mann, Kohl wollte mit einer Zahl von 400000 Mann in die Verhandlungen gehen.

14.–16. Juli 1990: Helmut Kohl bei Michail Gorbatschow

Genscher berichtet in seinen Erinnerungen ausführlich über die Treffen zwischen ihm und Kohl sowie Gorbatschow und Schewardnadse vom 14. bis 16. Juli in Moskau und im Kaukasus. Aus deutscher Sicht ging es um die volle Souveränität für das vereinigte Deutschland, dessen Zugehörigkeit zur NATO, Absichtserklärungen über die Stärke der deutschen Streitkräfte, einen umfassenden Vertrag zwischen Deutschland und der Sowjetunion sowie um den Abzug der sowjetischen Truppen aus dem Gebiet der dann ehemaligen DDR.[32]

In Moskau begann Kohl das Gespräch mit Gorbatschow mit jenem Ausspruch Bismarcks, »daß man den Mantel der Geschichte ergreifen müsse«. Gorbatschow stimmte zu; diese Aussage von Bismarck sei sehr interessant. Letzte Versuche von Falin, die Konditionen für das sowjetische Zugeständnis zu erhöhen, wurden von Gorbatschow mit den Worten abgelehnt: »Ich werde tun, was ich kann. Nur fürchte ich, daß der Zug schon abgefahren ist.«[33] Die Gespräche verliefen außerordentlich zufriedenstellend. Zur Schlüsselfrage der NATO-Mitgliedschaft gab Gorbatschow klare Zusicherungen. Kohl zeigte dabei keine erkennbaren Reaktionen, während Teltschiks Kugelschreiber, wie er in seinem Tagebuch berichtet, über das Papier flog, um jedes Wort des Dolmetschers festzuhalten. Aus seiner Sicht kam es jetzt darauf an, »wortgenau zu protokollieren, um im nachhinein keine Mißverständnisse aufkommen zu lassen«.

Gorbatschow war auch bereit, die Vier-Mächte-Rechte unmittelbar nach Abschluß des Zwei-plus-Vier-Vertrages aufzuheben. Für den Aufenthalt der sowjetischen Truppen für weitere drei bis vier Jahre sollte ein separates Abkommen geschlossen werden. Um jedes Mißverständnis auszuschließen, faßte Kohl zusammen, was er gehört hatte, und Gorbatschow wiederholte seine Aussagen Punkt für Punkt. Teltschik war begeistert: »Der Durchbruch ist erreicht!« notierte er in seinem Tagebuch. »Welch' eine Sensation! So klare Zusagen Gorbatschows hatten wir nicht erwartet. Alle Vorzeichen waren zwar positiv, aber wer hätte ein solches Ergebnis voraussagen wollen? Für den Bundeskanzler ist dieses Gespräch ein unglaublicher Triumph.« Kohl ließ sich seine Gefühle nicht anmerken, nur ein vielsagender Blick zu Teltschik verriet seine Befriedigung.[34] Anschließend flog man in den Kaukasus, wo in vollkommen entspannter Atmosphäre die letzten Fragen geklärt wurden. Zuvor hatte Kohl von einem historischen Augenblick der Weltgeschichte gesprochen.

Die nächste Zwei-plus-Vier-Ministerrunde fand in Paris nur einen Tag nach dem Ende der Gespräche zwischen Kohl und Gorbatschow statt. Diesmal nahm auch der polnische Außenminister Krzysztof Skubiszewski teil. Er machte klar, daß es kein polnisches Junktim zwischen der

Souveränität Deutschlands und einer vertraglichen Anerkennung der Oder-Neiße-Grenze gebe, die juristisch unangreifbar in dem Sinne sei, daß ihre Endgültigkeit auch nicht durch spätere Ereignisse und Umstände in Frage gestellt werden könne. Er stimmte einem Text zu, den seine sechs Kollegen bereits zuvor gebilligt hatten.[35]

Am selben Tag unterrichtete Kohl Präsident Bush von den Gesprächen mit Gorbatschow. Bush nannte die Vorgänge »sehr bewegend« und kam dann erneut auf das schon mehrfach vorgebrachte Problem zu sprechen, das ihn nach wie vor beunruhigte, nämlich, ob mit einem Abzug der sowjetischen Truppen möglicherweise auch ein Rückzug der amerikanischen Truppen aus Deutschland verbunden sei. Eine solche Parallelität dürfe es nicht geben. Kohl beruhigte ihn, daß dieses Thema in seinen Gesprächen mit Gorbatschow »überhaupt keine Rolle gespielt« habe. Bush gab dann, wie es im Protokoll heißt, »seinem Stolz auf die Leistung des Bundeskanzlers Ausdruck«.[36]

Noch am selben Tag unterrichtete Kohl auch Mitterrand.[37]

12. September 1990: Unterzeichnung in Moskau

Der »Vertrag über die abschließende Regelung in bezug auf Deutschland«, der »2+4-Vertrag«, wurde am 12. September 1990 zum Abschluß der Zwei-plus-Vier-Verhandlungen in Moskau unterzeichnet. James Baker faßte das Ergebnis in dem Satz zusammen: »Wir haben richtig addiert: 2 + 4 = ein demokratisches Deutschland in einem freien und einigen Europa.« Die Vier Mächte verzichteten auf ihre Sonderrechte in Deutschland und Berlin, die aus der Übernahme der obersten Gewalt im Jahr 1945 fortbestanden hatten. Die Souveränität Deutschlands wurde ohne jede Einschränkung wiederhergestellt. Im Einvernehmen mit den Vier Mächten konnten die beiden deutschen Staaten am 3. Oktober 1990 ihre staatliche Vereinigung vollziehen.

Unmittelbar vor der Unterzeichnung des Vertrages am 12. September hatte Genscher noch einen »Stolperstein« zu beseitigen. In seinen »Erinnerungen« schildert er jene »Bademantelkonferenz« in der Nacht vom 11. auf den 12. September im Hotel des amerikanischen Außenministers Baker. Obwohl alles ausverhandelt war, verlangten die Briten plötzlich – nach Weisung aus London – für die Westalliierten das Recht, auf dem ehemaligen DDR-Gebiet nach Abzug der sowjetischen Truppen Manöver abhalten zu können.[38] Die Sowjets wollten darauf-

Abb. 23: 12. September 1990: In Moskau unterzeichnen die Außenminister der »Zwei-plus-Vier-Gespräche« den »Vertrag über die abschließende Regelung in bezug auf Deutschland«. V. l. n. r.: James Baker (USA), Douglas Hurd (Großbritannien), Eduard Schewardnadse (Sowjetunion), Roland Dumas (Frankreich), Lothar de Maizière (DDR), Hans-Dietrich Genscher (BRD).

hin die Unterschriftszeremonie am Morgen des 12. platzen lassen. In großer Erregung fuhr Genscher in der Nacht zu Baker – der eine Schlaftablette genommen hatte – und ließ ihn wecken. Baker versprach zu helfen.[39] Am nächsten Morgen wurde wie geplant unterzeichnet und damit ein grandioser deutsch-amerikanischer Sieg und eine ebenso grandiose sowjetische Niederlage besiegelt. Bezeichnenderweise fand die Zeremonie denn auch nicht im Kreml, sondern in einem Hotel statt.

In den Tagen vor Unterzeichnung des Abkommens in Moskau war es den Sowjets nur noch um Geld gegangen. Es ging um die Höhe der Summe für die Rückführung der sowjetischen Soldaten. Die Sowjets forderten jetzt plötzlich 18,5 Milliarden DM, für Finanzminister Waigel »unrealistisch« und »für eine zukünftige Zusammenarbeit schädlich«, weil die Öffentlichkeit in Deutschland das nicht akzeptieren würde. Kohl bot Gorbatschow acht Milliarden an, worauf ein sichtlich enttäuschter Gorbatschow meinte, elf Milliarden seien allein für den Wohnungsbau für die zurückgeführten Soldaten notwendig. Es war fast wie bei einem Pokerspiel. Am 10. September erhöhte Kohl in einem Telefonat mit Gorbatschow den Betrag und bot jetzt elf bis zwölf Milliarden an. Gorbatschow war auch damit nicht einverstanden. Er sprach jetzt von 15–16 Milliarden. Es gehe darum, »einen Großmechanismus zu bewegen, um die Vereinigung Deutschlands zu erreichen«. Falls nicht gezahlt würde, so war vorher schon gesagt worden, würde die Abzugsphase der sowjetischen Truppen erst Mitte 1996 und nicht bis Ende 1994 abgeschlossen. Schließlich sagte Kohl zwölf Milliarden zu, plus einen zinslosen Kredit von drei Milliarden. Gorbatschow war jetzt »spürbar erleichtert«. Die Sowjetunion war finanziell am Ende; das wurde deutlich, als Gorbatschow wenig später die sofortige Auszahlung des Dreimilliarden-Kredits in voller Höhe forderte. Bonn zahlte sofort zwei Milliarden, der Rest sollte 1991 überwiesen werden.[40]

Die Sowjets wollten viel Geld, die USA etwas. Am 13. September meinte Bush zu Kohl, Deutschland müsse seinen »gerechten Anteil an der Verantwortung für die Bemühungen einer Beilegung der Golf-Krise übernehmen«.[41] Kohl bot einen höheren Betrag an, als die amerikanische Seite genannt hatte. Außenminister Baker war höchst zufrieden.[42]

Dokument zum 8. Kapitel

[21] Vertrag über die abschließende Regelung in bezug auf Deutschland, 12. 9. 1990

Die Bundesrepublik Deutschland, die Deutsche Demokratische Republik, die Französische Republik, das Vereinigte Königreich Großbritannien und Nordirland, die Union der Sozialistischen Sowjetrepubliken und die Vereinigten Staaten von Amerika –
IN DEM BEWUSSTSEIN, daß ihre Völker seit 1945 miteinander in Frieden leben,
EINGEDENK der jüngsten historischen Veränderungen in Europa, die es ermöglichen, die Spaltung des Kontinents zu überwinden,
UNTER BERÜCKSICHTIGUNG der Rechte und Verantwortlichkeiten der Vier Mächte in bezug auf Berlin und Deutschland als Ganzes und der entsprechenden Vereinbarungen und Beschlüsse der Vier Mächte aus der Kriegs- und Nachkriegszeit,
ENTSCHLOSSEN, in Übereinstimmung mit ihren Verpflichtungen aus der Charta der Vereinten Nationen freundschaftliche, auf der Achtung vor dem Grundsatz der Gleichberechtigung und Selbstbestimmung der Völker beruhende Beziehungen zwischen den Nationen zu entwickeln und andere geeignete Maßnahmen zur Festigung des Weltfriedens zu treffen,
EINGEDENK der Prinzipien der in Helsinki unterzeichneten Schlußakte der Konferenz über Sicherheit und Zusammenarbeit in Europa,
IN ANERKENNUNG, daß diese Prinzipien feste Grundlagen für den Aufbau einer gerechten und dauerhaften Friedensordnung in Europa geschaffen haben,
ENTSCHLOSSEN, die Sicherheitsinteressen eines jeden zu berücksichtigen,
ÜBERZEUGT von der Notwendigkeit, Gegensätze endgültig zu überwinden und die Zusammenarbeit in Europa fortzuentwickeln,

IN BEKRÄFTIGUNG ihrer Bereitschaft, die Sicherheit zu stärken, insbesondere durch wirksame Maßnahmen zur Rüstungskontrolle, Abrüstung und Vertrauensbildung; ihrer Bereitschaft, sich gegenseitig nicht als Gegner zu betrachten, sondern auf ein Verhältnis des Vertrauens und der Zusammenarbeit hinzuarbeiten, sowie dementsprechend ihrer Bereitschaft, die Schaffung geeigneter institutioneller Vorkehrungen im Rahmen der Konferenz über Sicherheit und Zusammenarbeit in Europa positiv in Betracht zu ziehen,
IN WÜRDIGUNG DESSEN, daß das deutsche Volk in freier Ausübung des Selbstbestimmungsrechts seinen Willen bekundet hat, die staatliche Einheit Deutschlands herzustellen, um als gleichberechtigtes und souveränes Glied in einem vereinten Europa dem Frieden der Welt zu dienen,
IN DER ÜBERZEUGUNG, daß die Vereinigung Deutschlands als Staat mit endgültigen Grenzen ein bedeutsamer Beitrag zu Frieden und Stabilität in Europa ist,
MIT DEM ZIEL, die abschließende Regelung in bezug auf Deutschland zu vereinbaren,
IN ANERKENNUNG DESSEN, daß dadurch und mit der Vereinigung Deutschlands als einem demokratischen und friedlichen Staat die Rechte und Verantwortlichkeiten der Vier Mächte in bezug auf Berlin und Deutschland als Ganzes ihre Bedeutung verlieren,
VERTRETEN durch ihre Außenminister, die entsprechend der Erklärung von Ottawa vom 13. Februar 1990 am 5. Mai 1990 in Bonn, am 22. Juni 1990 in Berlin, am 17. Juli 1990 in Paris unter Beteiligung des Außenministers der Republik Polen und am 12. September 1990 in Moskau zusammengetroffen sind –
sind wie folgt übereingekommen:

ARTIKEL 1

(1) Das vereinte Deutschland wird die Gebiete der Bundesrepublik Deutschland, der Deutschen Demokratischen Republik und ganz Berlins umfassen. Seine Außengrenzen werden die Grenzen der Deutschen Demokratischen Republik und der Bundesrepublik Deutschland sein und werden am Tage des Inkrafttretens dieses Vertrags endgültig sein. Die Bestätigung des endgültigen Charakters der Grenzen des vereinten Deutschland ist ein wesentlicher Bestandteil der Friedensordnung in Europa.
(2) Das vereinte Deutschland und die Republik Polen bestätigen die

zwischen ihnen bestehende Grenze in einem völkerrechtlich verbindlichen Vertrag.

(3) Das vereinte Deutschland hat keinerlei Gebietsansprüche gegen andere Staaten und wird solche auch nicht in Zukunft erheben.

(4) Die Regierungen der Bundesrepublik Deutschland und der Deutschen Demokratischen Republik werden sicherstellen, daß die Verfassung des vereinten Deutschland keinerlei Bestimmungen enthalten wird, die mit diesen Prinzipien unvereinbar sind. Dies gilt dementsprechend für die Bestimmungen, die in der Präambel und in den Artikeln 23 Satz 2 und 146 des Grundgesetzes für die Bundesrepublik Deutschland niedergelegt sind.

(5) Die Regierungen der Französischen Republik, des Vereinigten Königreichs Großbritannien und Nordirland, der Union der Sozialistischen Sowjetrepubliken und der Vereinigten Staaten von Amerika nehmen die entsprechenden Verpflichtungen und Erklärungen der Regierungen der Bundesrepublik Deutschland und der Deutschen Demokratischen Republik förmlich entgegen und erklären, daß mit deren Verwirklichung der endgültige Charakter der Grenzen des vereinten Deutschland bestätigt wird.

ARTIKEL 2

Die Regierungen der Bundesrepublik Deutschland und der Deutschen Demokratischen Republik bekräftigen ihre Erklärungen, daß von deutschem Boden nur Frieden ausgehen wird. Nach der Verfassung des vereinten Deutschland sind Handlungen, die geeignet sind und in der Absicht vorgenommen werden, das friedliche Zusammenleben der Völker zu stören, insbesondere die Führung eines Angriffskrieges vorzubereiten, verfassungswidrig und strafbar. Die Regierungen der Bundesrepublik Deutschland und der Deutschen Demokratischen Republik erklären, daß das vereinte Deutschland keine seiner Waffen jemals einsetzen wird, es sei denn in Übereinstimmung mit seiner Verfassung und der Charta der Vereinten Nationen.

ARTIKEL 3

(1) Die Regierungen der Bundesrepublik Deutschland und der Deutschen Demokratischen Republik bekräftigen ihren Verzicht auf Herstellung und Besitz von und auf Verfügungsgewalt über atomare, biologische und chemische Waffen. Sie erklären, daß auch das vereinte Deutschland sich an diese Verpflichtungen halten

wird. Insbesondere gelten die Rechte und Verpflichtungen aus dem Vertrag über die Nichtverbreitung von Kernwaffen vom 1. Juli 1968 für das vereinte Deutschland fort.

(2) Die Regierung der Bundesrepublik Deutschland hat in vollem Einvernehmen mit der Regierung der Deutschen Demokratischen Republik am 30. August 1990 in Wien bei den Verhandlungen über konventionelle Streitkräfte in Europa folgende Erklärung abgegeben:

»Die Regierung der Bundesrepublik Deutschland verpflichtet sich, die Streitkräfte des vereinten Deutschland innerhalb von drei bis vier Jahren auf eine Personalstärke von 370000 Mann (Land-, Luft- und Seestreitkräfte) zu reduzieren. Diese Reduzierung soll mit dem Inkrafttreten des ersten KSE-Vertrags beginnen. Im Rahmen dieser Gesamtobergrenze werden nicht mehr als 345000 Mann den Land- und Luftstreitkräften angehören, die gemäß vereinbartem Mandat allein Gegenstand der Verhandlungen über konventionelle Streitkräfte in Europa sind. Die Bundesregierung sieht in ihrer Verpflichtung zur Reduzierung von Land- und Luftstreitkräften einen bedeutsamen deutschen Beitrag zur Reduzierung der konventionellen Streitkräfte in Europa. Sie geht davon aus, daß in Folgeverhandlungen auch die anderen Verhandlungsteilnehmer ihren Beitrag zur Festigung von Sicherheit und Stabilität in Europa, einschließlich Maßnahmen zur Begrenzung der Personalstärken, leisten werden.«

Die Regierung der Deutschen Demokratischen Republik hat sich dieser Erklärung ausdrücklich angeschlossen.

(3) Die Regierungen der Französischen Republik, des Vereinigten Königreichs Großbritannien und Nordirland, der Union der Sozialistischen Sowjetrepubliken und der Vereinigten Staaten von Amerika nehmen diese Erklärungen der Regierungen der Bundesrepublik Deutschland und der Deutschen Demokratischen Republik zur Kenntnis.

ARTIKEL 4

(1) Die Regierungen der Bundesrepublik Deutschland, der Deutschen Demokratischen Republik und der Union der Sozialistischen Sowjetrepubliken erklären, daß das vereinte Deutschland und die Union der Sozialistischen Sowjetrepubliken in vertraglicher Form die Bedingungen und die Dauer des Aufenthalts der sowjetischen

Streitkräfte auf dem Gebiet der heutigen Deutschen Demokratischen Republik und Berlins sowie die Abwicklung des Abzugs dieser Streitkräfte regeln werden, der bis zum Ende des Jahres 1994 im Zusammenhang mit der Verwirklichung der Verpflichtungen der Regierungen der Bundesrepublik Deutschland und der Deutschen Demokratischen Republik, auf die sich Absatz 2 des Artikels 3 dieses Vertrags bezieht, vollzogen sein wird.

(2) Die Regierungen der Französischen Republik, des Vereinigten Königreichs Großbritannien und Nordirland und der Vereinigten Staaten von Amerika nehmen diese Erklärung zur Kenntnis.

ARTIKEL 5

(1) Bis zum Abschluß des Abzugs der sowjetischen Streitkräfte vom Gebiet der heutigen Deutschen Demokratischen Republik und Berlins in Übereinstimmung mit Artikel 4 dieses Vertrags werden auf diesem Gebiet als Streitkräfte des vereinten Deutschland ausschließlich deutsche Verbände der Territorialverteidigung stationiert sein, die nicht in die Bündnisstrukturen integriert sind, denen deutsche Streitkräfte auf dem übrigen deutschen Territorium zugeordnet sind. Unbeschadet der Regelung in Absatz 2 dieses Artikels werden während dieses Zeitraums Streitkräfte anderer Staaten auf diesem Gebiet nicht stationiert oder irgendwelche andere militärische Tätigkeiten dort ausüben.

(2) Für die Dauer des Aufenthalts sowjetischer Streitkräfte auf dem Gebiet der heutigen Deutschen Demokratischen Republik und Berlins werden auf deutschen Wunsch Streitkräfte der Französischen Republik, des Vereinigten Königreichs Großbritannien und Nordirland und der Vereinigten Staaten von Amerika auf der Grundlage entsprechender vertraglicher Vereinbarung zwischen der Regierung des vereinten Deutschland und den Regierungen der betreffenden Staaten in Berlin stationiert bleiben. Die Zahl aller nichtdeutschen in Berlin stationierten Streitkräfte und deren Ausrüstungsumfang werden nicht stärker sein als zum Zeitpunkt der Unterzeichnung dieses Vertrags. Neue Waffenkategorien werden von nichtdeutschen Streitkräften dort nicht eingeführt. Die Regierung des vereinten Deutschland wird mit den Regierungen der Staaten, die Streitkräfte in Berlin stationiert haben, Verträge zu gerechten Bedingungen unter Berücksichtigung der zu den betreffenden Staaten bestehenden Beziehungen abschließen.

(3) Nach dem Abschluß des Abzugs der sowjetischen Streitkräfte vom Gebiet der heutigen Deutschen Demokratischen Republik und Berlins können in diesem Teil Deutschlands auch deutsche Streitkräfteverbände stationiert werden, die in gleicher Weise militärischen Bündnisstrukturen zugeordnet sind wie diejenigen auf dem übrigen deutschen Hoheitsgebiet, allerdings ohne Kernwaffenträger. Darunter fallen nicht konventionelle Waffensysteme, die neben konventioneller andere Einsatzfähigkeiten haben können, die jedoch in diesem Teil Deutschlands für eine konventionelle Rolle ausgerüstet und nur dafür vorgesehen sind. Ausländische Streitkräfte und Atomwaffen oder deren Träger werden in diesem Teil Deutschlands weder stationiert noch dorthin verlegt.

ARTIKEL 6

Das Recht des vereinten Deutschland, Bündnissen mit allen sich daraus ergebenden Rechten und Pflichten anzugehören, wird von diesem Vertrag nicht berührt.

ARTIKEL 7

(1) Die Französische Republik, das Vereinigte Königreich Großbritannien und Nordirland, die Union der Sozialistischen Sowjetrepubliken und die Vereinigten Staaten von Amerika beenden hiermit ihre Rechte und Verantwortlichkeiten in bezug auf Berlin und Deutschland als Ganzes. Als Ergebnis werden die entsprechenden, damit zusammenhängenden vierseitigen Vereinbarungen, Beschlüsse und Praktiken beendet und alle entsprechenden Einrichtungen der Vier Mächte aufgelöst.

(2) Das vereinte Deutschland hat demgemäß volle Souveränität über seine inneren und äußeren Angelegenheiten.

ARTIKEL 8

(1) Dieser Vertrag bedarf der Ratifikation oder Annahme, die so bald wie möglich herbeigeführt werden soll. Die Ratifikation erfolgt auf deutscher Seite durch das vereinte Deutschland. Dieser Vertrag gilt daher für das vereinte Deutschland.

(2) Die Ratifikations- oder Annahmeurkunden werden bei der Regierung des vereinten Deutschland hinterlegt. Diese unterrichtet die Regierungen der anderen Vertragschließenden Seiten von der Hinterlegung jeder Ratifikations- oder Annahmeurkunde.

Für die Französischen Republik
For the French Republic
Pour la République francaise
За Французскую Республику

Für die Union der Sozialistischen Sowjetrepubliken
For the Union of Soviet Socialist Republics
Pour l'Union des Républiques socialistes soviètiques
За Союз Советских Социалистических Республик

Für das Vereinigte Königreich Großbritannien und Nordirland
For the United Kingdom of Great Britain and Northern Ireland
Pour le Royaume-Uni de Grande-Bretagne et d'Irlande du Nord
За Соединенное Королевство Великобритании и Северной Ирландии

Für die Vereinigten Staaten von Amerika
For the United States of America
Pour les Etats-Unis d'Amérique
За Соединенные Штаты Америки

ZU URKUND DESSEN haben die unterzeichneten, hierzu gehörig Bevollmächtigten diesen Vertrag unterschrieben.

GESCHEHEN zu Moskau am 12. September 1990

IN WITNESS WHEREOF, the undersigned plenipotentiaries, duly authorized thereto, have signed this Treaty.

DONE at Moscow this twelfth day of September 1990.

EN FOI DE QUOI, les plénipotentiaires soussignés, dûment habilités à cet effet, ont signé le présent Traité.

FAIT à Moscou, le 12 septembre 1990

В УДОСТОВЕРЕНИЕ ЧЕГО нижеподписавшиеся, должным образом уполномоченные, подписали настоящий Договор.

СОВЕРШЕНО в Москве, 12 сентября 1990 г.

Für die Bundesrepublik Deutschland
For the Federal Republic of Germany
Pour la République fédérale d'Allemagne
За Федеративную Республику Германию

Für die Deutsche Demokratische Republik
For the German Democratic Republic
Pour la République démocratique allemande
За Германскую Демократическую Республику

Abb. 24: Unterschriftenseite des in Moskau am 12. September 1990 unterschriebenen »Vertrages über die abschließende Regelung in bezug auf Deutschland« (»Zwei-plus-Vier-Vertrag«): 55 Jahre nach der bedingungslosen Kapitulation geben die ehemaligen vier Siegermächte Deutschland damit seine volle Souveränität zurück.

ARTIKEL 9

Dieser Vertrag tritt für das vereinte Deutschland, die Französische Republik, das Vereinigte Königreich Großbritannien und Nordirland, die Union der Sozialistischen Sowjetrepubliken und die Vereinigten Staaten von Amerika am Tag der Hinterlegung der letzten Ratifikations- oder Annahmeurkunde durch diese Staaten in Kraft.

ARTIKEL 10

Die Urschrift dieses Vertrags, dessen deutscher, englischer, französischer und russischer Wortlaut gleichermaßen verbindlich ist, wird bei der Regierung der Bundesrepublik Deutschland hinterlegt, die den Regierungen der anderen Vertragschließenden Seiten beglaubigte Ausfertigungen übermittelt.

ZU URKUND DESSEN haben die unterzeichneten, hierzu gehörig Bevollmächtigten diesen Vertrag unterschrieben.

GESCHEHEN zu Moskau am 12. September 1990

Für die Bundesrepublik Deutschland
Hans-Dietrich Genscher

Für die Deutsche Demokratische Republik
Lothar de Maizière

Für die Französische Republik
Roland Dumas

Für das Vereinigte Königreich Großbritannien und Nordirland
Douglas Hurd

Für die Union der Sozialistischen Sowjetrepubliken
Eduard Schewardnadse

Für die Vereinigten Staaten von Amerika
James Baker

(Bulletin des Presse- und Informationsamtes der Bundesregierung, Nr. 109, 14. 9. 1990)

9. Kapitel

1990–1998: Das vereinigte Deutschland

Innenpolitik

Außenpolitik

1990–1998: Das vereinigte Deutschland

Innenpolitik

2. Dezember 1990: Gesamtdeutsche Wahlen

Das Ende der DDR bedeutete zwar auch das Ende der alten BRD, für deren Bewohner änderte sich allerdings nicht sehr viel. Das war grundlegend anders bei den Menschen der nun ehemaligen DDR, die von nun an die »Ostdeutschen« im »Beitrittsgebiet« waren und in den »neuen« Bundesländern lebten (obwohl Sachsen zweifellos älter war als etwa Nordrhein-Westfalen). Etwas abfällig wurden sie »Ossis« genannt, gegenüber den »Wessis« in Westdeutschland.
Mit der Vereinigung wurde den Ostdeutschen unglaublich viel zugemutet. Fast alles sollte sich verändern, vom Arbeitsplatz bis zur Wohnung, vom Schulsystem bis zu den Steuern; manch einer sah zum ersten Mal in seinem Leben einen Eurocheque. Alles und jedes wurde »abgewickelt«. 40 Jahre Leben in der DDR schienen plötzlich sinn- und bedeutungslos zu sein. Für manchen »Wessi« war »Neuostland« der »wilde Osten«, mit ungeahnten Chancen und Aufstiegsmöglichkeiten, die man im Westen nicht bekommen hatte (etwa im Hochschulbereich). Mit der neuen D-Mark in der Hand schien für die Ostdeutschen dennoch alles besser zu werden, hatte doch Bundeskanzler Kohl bei der feierlichen Unterzeichnung des deutsch-deutschen Staatsvertrages über die Wirtschafts- und Währungsunion am 18. Mai 1990 u. a. gesagt:

»Unseren Landsleuten in der DDR eröffnet sich – nach einer sicherlich nicht einfachen Zeit des Überganges – die Chance auf eine rasche, durchgreifende Besserung ihrer Lebensbedingungen. [...] Die Einführung der Sozialen Marktwirtschaft bietet allen die Chance, ja die Gewähr dafür, daß Mecklenburg-Vorpommern und Sachsen-Anhalt, daß Brandenburg, Sachsen und Thüringen wieder blühende Landschaften in Deutschland sein werden, in denen es sich für jeden zu leben und zu arbeiten lohnt.«[1]

Wenige Tage zuvor, am 15. Mai, hatten sich die Regierungen von Bund und Ländern über die Finanzierung der deutschen Vereinigung geeinigt: Vom 1. Juli 1990 bis zum 31. Dezember 1994 würden sie 115 Mrd. DM in den Fonds »Deutsche Einheit« einzahlen, um damit den Aufbau im Osten zu unterstützen. Diese Finanzierung und die damit verbundenen Belastungen für die Bundesbürger gehörten zu den politischen Haupt-Streitfragen, die auch den Ausgang der Bundestagswahl am 2. Dezember 1990 beeinflußten. »Keine Steuererhöhungen zum Zwecke der deutschen Einheit«, lautete das Wahlversprechen der Bundesregierung. Neue Abgaben würden das Wirtschaftswachstum und die Investitionsbereitschaft der Unternehmen hemmen, wie Finanzminister Theo Waigel betonte. Die SPD-Opposition dagegen sah höhere Steuern als unumgänglich an, um die Schuldenlast zu verringern. Der Fonds »Deutsche Einheit« sei »unseriöse Schuldenmacherei«.
Aus den ersten gesamtdeutschen Bundestagswahlen am 2. Dezember ging die regierende Koalition als klarer Sieger hervor. Die Koalitionsparteien verfügten mit zusammen 54,8 % und 398 von 662 Sitzen über ihren bisher größten Vorsprung im Parlament. Großer Sieger war dabei die FDP, die vor allem durch die Erfolge in Ostdeutschland bundesweit um knapp 2 % zulegte und auf 11 % kam. In Halle/Saale (der damalige Bundesaußenminister Hans-Dietrich Genscher stammt aus Reideburg bei Halle) gewannen die Liberalen ein Direktmandat (seit den Wahlen 1957 das erste überhaupt). In Bonn erhielt die FDP damit stärkeres Gewicht.
Die Union wurde vor allem im Osten klare Mehrheitspartei. Insgesamt verzeichnete die CDU/CSU mit 43,8 % aber im Vergleich zu 1987 einen leichten Verlust. Gegenüber der »Wende«-Wahl im Jahr 1983 (48,8 %) war der Abstand sogar erheblich. Vom »Einheitsbonus« der Regierung profitierte damit weniger die Union als die FDP. Ursache dafür war auch das Minus von 3,2 % der CSU in Bayern, die das erstmalige Auftreten der Republikaner verkraften mußte. Insgesamt aber honorierten die Wähler die Architekten der Einheit.
Für die Sozialdemokraten gab es an der Niederlage nichts zu beschönigen: Sie verloren mit ihrem Spitzenkandidaten, dem saarländischen Ministerpräsidenten Oskar Lafontaine, 3,5 % der Stimmen und verbuchten mit insgesamt 33,5 % ihr schlechtestes Wahlergebnis seit 1957. Die große Überraschung der Wahl war das Ausscheiden der westdeutschen Grünen aus dem Bundestag. Sie blieben in den alten Bundesländern mit 4,8 % unter der Fünf-Prozent-Hürde, die das Bun-

desverfassungsgericht jeweils für West- und Ostdeutschland getrennt festgeschrieben hatte. Bündnis 90/Die Grünen gelang dagegen mit 6 % im Osten der Sprung ins Parlament. Dort schaffte die SED-Nachfolgepartei PDS mit 11,1 % ebenfalls den Einzug in den Bundestag.
Am 17. Januar 1991 wurde Helmut Kohl mit seinem bislang besten Wahlergebnis erneut zum Bundeskanzler gewählt. Wenig später wurde die Bundesregierung durch die erforderlichen Zahlungen für den Golfkrieg und an die Sowjetunion sowie angesichts der wirtschaftlich desolaten Situation in den neuen Bundesländern von den finanzpolitischen Engpässen eingeholt. Das Wahlversprechen »keine Steuererhöhungen« galt nicht mehr. Am 16. Februar gab es die entsprechenden Entscheidungen: Zum 1. Juli 1991 wurde z. B. der sog. Solidaritätszuschlag eingeführt, der Lohn- und Einkommensteuer um 7,5 % erhöhte. Für den Fonds »Deutsche Einheit« gab es 1992 und 1993 weitere Erhöhungen; die Summe belief sich schließlich auf rd. 160 Mrd. DM.

Die Treuhandanstalt[2]

Das war zu einem Zeitpunkt, als Ökonomen die Situation der Wirtschaft in der ehemaligen DDR mit »Kollaps«, »Zusammenbruch« und dem »freien Fall nach unten« beschrieben. Das Bruttoinlandsprodukt der neuen Bundesländer erlebte bis Ende 1990, Anfang 1991 einen Absturz von 14,4 % – eine historisch einmalige Entwicklung. Besonders hart traf es die Industriebetriebe: Im Dezember 1990 liefen nur noch halb so viele Waren vom Band wie im Jahr zuvor (minus 53 %); die Betriebe der Lebensmittelindustrie produzierten im dritten Quartal 1990 über 60 % weniger als im Vierteljahr zuvor. Die Ostbevölkerung kaufte Westwaren – Westgurken schmeckten offensichtlich besser als Ostgurken – und trug damit zum Untergang der eigenen Betriebe nicht unerheblich bei.
Das alles geschah im Zeichen der Umwandlung der volkseigenen Betriebe in Richtung Marktwirtschaft. Die Privatisierung einer ganzen Staatswirtschaft war ein völlig neuer Vorgang und ohne Beispiel in der Wirtschaftsgeschichte. Das Stichwort hierfür lautet: Treuhandanstalt. Die Anfänge dieser Behörde reichen bis in die Zeit der letzten DDR-Regierung unter Ministerpräsident Modrow zurück. Zur »Wahrung des Volkseigentums« hatte der DDR-Ministerrat am 1. März 1990 beschlossen, eine »Anstalt zur treuhänderischen Verwaltung des Volks-

eigentums« zu gründen. Diese Anstalt wurde über Nacht zur größten Staatsholding der Welt und sollte 14000 Unternehmen mit mehr als vier Millionen Beschäftigten aus der Plan- in die Soziale Marktwirtschaft überführen. Neue Eigentümer und Investoren wurden für fast alles gesucht, auch für Häfen, Wälder, Kinos, Zirkustiere, Stadien oder Ferienheime.[3] Geplant war, den Bürgern »nach Abzug der Sanierungskosten ein verbrieftes Anteilsrecht am volkseigenen Vermögen« einzuräumen, um es so tatsächlich zu Volkseigentum werden zu lassen. In optimistischen Schätzungen ging die Modrow-Regierung davon aus, daß das Industrievermögen 650 Mrd. Mark wert sei; auf jeden DDR-Bürger sollten rd. 40000 Mark entfallen. Eine grandiose Fehleinschätzung.

Nach den ersten freien Wahlen zur Volkskammer am 18. März mit dem Sieg der konservativen Allianz wurde schnell deutlich, daß die Ziele, die die PDS mit der Treuhand verfolgt hatte, revidiert werden mußten. Nach den neuen westlichen, marktwirtschaftlichen Vorstellungen konnte es nicht genügen, daß eine staatliche Behörde die ostdeutschen Betriebe auf Dauer verwaltete.

Am Sonntag, dem 17. Juni 1990, der im Westen noch als »Tag der deutschen Einheit« gefeiert wurde, verabschiedete die Volkskammer deshalb in einer Sondersitzung das »Gesetz zur Privatisierung und Reorganisation des volkseigenen Vermögens« (Treuhandgesetz). Eile war geboten, denn die Wirtschafts- und Währungsunion sollte schon 14 Tage später die D-Mark in die DDR bringen. Alle Betriebe mußten bewertet, die Bilanzen auf die neue Währung umgestellt werden. Nach der ersten Bestimmung des Gesetzes galt es nun, die volkseigenen Betriebe zu entflechten und zu privatisieren, die Wettbewerbsfähigkeit möglichst vieler Unternehmen herzustellen und somit Arbeitsplätze zu sichern und neue zu schaffen sowie Grund und Boden für wirtschaftliche Zwecke bereitzustellen. Die Einnahmen der Treuhand sollten vorrangig für die Sanierung der Betriebe und erst in zweiter Linie zur Aufstockung des Staatshaushalts verwendet werden.

Die Probleme häuften sich: Nach nur fünfwöchiger Amtszeit trat Reiner Gohlke – ehemals Chef der Deutschen Bundesbahn – als Präsident der Treuhandanstalt am 20. August 1990 zurück. Die Gründe waren das, wie er sagte, »Chaos« in der DDR-Wirtschaft und die Schwierigkeiten bei deren Umgestaltung. Bis zu diesem Zeitpunkt hatte die Treuhand lediglich für 15 Firmen Käufer gefunden. Nachfolger Gohlkes wurde der Jurist Detlev Karsten Rohwedder, Jahrgang 1932 und

SPD-Mitglied. Er galt als Sanierungsspezialist, hatte er doch von 1979 bis 1985 die Dortmunder Hoesch-AG saniert. Mit ihrer Zentrale in Berlin und 15 Niederlassungen in den ehemaligen Bezirkshauptstädten der DDR wurde die Treuhand dann im Herbst 1990 arbeitsfähig. Die Konturen ihrer Tätigkeit wurden in dieser Zeit schärfer, Rohwedder sprach im September vor der Volkskammer von einer »Aufgabe von nahezu furchterregender Dimension«, im Oktober beklagte er die »äußerst zähe Symbiose« westdeutscher Unternehmer mit den noch vielfach Stasi- oder SED-durchsetzten Betriebsleitungen.
In ihrer Politik verfolgte die Treuhand drei Grundsätze: 1. privatisieren, 2. sanieren, 3. sozial verträglich schließen. Rohwedder wollte im Herbst 1990 eine Sanierung nur dann erwägen, wenn ein Unternehmen dadurch besser verkauft werden konnte. Er war ein Sozialdemokrat der besonderen Art, der nie die Menschen vergaß, für die er verantwortlich war, auch wenn er schon bald als »Jobkiller« galt. Er war bereit, den politischen Druck der unmöglichen Aufgabe auf sich zu nehmen und bezahlte dies mit seinem Leben: Am 1. April 1991, Ostermontag, wurde er in seinem Haus in Düsseldorf ermordet. Die Täter – vermutlich RAF-Terroristen – wurden nie gefaßt.
An die Spitze der Treuhand trat dann die ehemalige niedersächsische Wirtschafts- und Finanzministerin und spätere Chefin der EXPO 2000 in Hannover, Birgit Breuel. Als Vermächtnis Rohwedders wurde dessen »Osterbrief« an die Mitarbeiter verstanden, der die Maxime enthielt: »Schnell privatisieren, entschlossen sanieren und behutsam stilllegen.« Die Treuhandarbeit blieb auch für Frau Breuel ein undankbarer Job. Bei der Gratwanderung zwischen betriebswirtschaftlicher Analyse und strukturpolitischer Lenkung war die Treuhand eigentlich zum Scheitern verurteilt. Die Wirtschaft in der ehemaligen DDR war nicht mehr zu retten, die Substanz längst verbraucht, die meisten übernommenen Unternehmen kosteten die Treuhand viel mehr, als sie Erlöse einbrachten; die Absatzchancen von Ostprodukten litten darunter, daß, wie schon erwähnt, Verbraucher Westwaren bevorzugten; gleichzeitig brachen die osteuropäischen Märkte zusammen. Massenentlassungen und Firmenstillegungen häuften sich. In vielen Betrieben konnte man folgende Anschläge lesen:

»Es gibt drei Möglichkeiten, einen Betrieb zugrunde zu richten:
Mit Weibern – das ist die schönste;
mit Saufen – das ist die sicherste.
Durch einen Wessi – das ist die schnellste.«

Als weiterer wichtiger Faktor behinderte die vielfach ungeklärte Frage des Eigentums an Grund und Boden, Immobilien und Betrieben die notwendige Modernisierung der Unternehmen. »Rückgabe vor Entschädigung« lautete der entsprechende Passus im deutsch-deutschen Einigungsvertrag vom August 1990. Das in der DDR verstaatlichte Vermögen mußte demnach in der Regel an die früheren Eigentümer oder deren Erben zurückfallen.

Nach wie vor blieb auch die Produktivität gering. Wegen der veralteten Maschinen und Anlagen erreichten die Ostbetriebe 1992 gerade mal 35 % der Produktivität ihrer westdeutschen Konkurrenz. »Menschenverachtend« nannte Günter Grass die Arbeit der Treuhand; sie mache die ehemalige DDR »platt«, vom »Totengräber« war die Rede.

Das »Heranführen der ostdeutschen Wirtschaft an die Realität«, wie es hieß, war besonders schmerzlich für die Menschen: 2,5 Millionen Arbeitsplätze gingen verloren, 3500 Betriebe wurden stillgelegt. Die Betroffenen verloren nicht nur ihre Arbeit, sondern auch ihre Identität, ein Stück Heimat und ihre Wurzeln. Der Primat der Privatisierung stieß auf heftigen Widerspruch bei Gewerkschaften und Teilen der Politik. Am 15. März 1991 reagierte die Bundesregierung: Sie verabschiedete das sogenannte Spaltungsgesetz, das es ermöglichte, die Großbetriebe und Kombinate zu entflechten und in mittelstandsgerechten Teilen zu verkaufen. Hinzu kamen Regelungen, die Investoren mit einem schlüssigen Unternehmenskonzept gegenüber Alteigentümern bevorzugten.

1992 wurde eine weitere Entscheidung in dieser Richtung getroffen, nämlich »industrielle Kerne« in Ostdeutschland zu erhalten. Damit sollte das völlige wirtschaftliche Ausbluten der neuen Bundesländer verhindert und auch die sozialen Folgen der Wende gemildert werden. Zu diesen Kernen, deren Existenz mit Subventionen in Milliardenhöhe gesichert wurde, gehörten u. a. die Werftindustrie an der Ostseeküste, der Chemiestandort Bitterfeld-Leuna und der Braunkohleabbau in der Lausitz. Im Chemiedreieck Bitterfeld-Leuna wurden damals 35 Mrd. DM für neue, moderne Anlagen investiert. Jeder erhaltene Arbeitsplatz wurde mit 4,5 Mio. DM subventioniert; das war zwar betriebswirtschaftlich Wahnsinn, aber volkswirtschaftlich-politisch sinnvoll, sonst hätte es wohl einen Volksaufstand gegeben. Kohl wußte das und machte Leuna zur Chefsache.

Immerhin konnte die Treuhand einige wenige spektakuläre Verkaufsfälle von der Stromversorgung über die Werften und die Chemieindustrie bis hin zu Eko-Stahl in Eisenhüttenstadt vermelden. Die Zerschlagung der Maschinenbaukombinate Sket und Takraf oder die Stilllegung des Kalischachtes in Bischofferode spiegelten die Arbeit der Treuhand dabei ebenso wider wie die mühsamen Verhandlungen und Abschlüsse, die in der Öffentlichkeit weniger Beachtung fanden. Am Ende zählte die Treuhand, die zu Spitzenzeiten mehr als 4000 Mitarbeiter plus Berater beschäftigte, rd. 85 000 Verträge, davon 30 000 Privatisierungsvereinbarungen. Die neuen Eigentümer der Ostunternehmen, die in der Regel aus den alten Bundesländern oder dem Ausland kamen, sicherten darin insgesamt zu, mehr als 200 Mrd. DM zu investieren und rd. 1,5 Millionen Menschen zu beschäftigen.

Dabei wurden auch schwere Fehler gemacht – aus Unerfahrenheit oder aus Berechnung. Ganze Großbetriebe wurden für eine DM verschenkt, Verträge so vage gefaßt, daß Betriebe die mit der Treuhand ausgehandelten Arbeitsplatzzusagen nicht einhalten mußten; dem Bremer Vulkan-Konzern wurden Subventionen für die Privatisierung der Werften in Wismar und Stralsund überwiesen, die dieser statt dessen in den Westen umleitete. Beim Bau der Leuna-Raffinerie und der Privatisierung des ehemaligen DDR-Tankstellennetzes sollen – ebenso wie bei anderen Projekten – beträchtliche Schmiergelder geflossen sein. Gegen 200 Mitarbeiter der Treuhand wurde wegen des Verdachts der Untreue ermittelt. Kriminelle Seilschaften aus Treuhand-Mitarbeitern und betrügerischen Investoren verursachten Schäden in Milliardenhöhe. Die Staatsanwaltschaft ermittelte Ende 1994 in 937 Fällen, in 137 davon gegen Beschäftigte der Treuhand.

Am 31. Dezember 1994 wurde die Treuhandanstalt aufgelöst. Sie hinterließ trotz ihrer Milliardeneinnahmen dem Steuerzahler einen Schuldenberg von rd. 250 Mrd. DM. Die verbliebenen Aufgaben übernahmen mehrere Gesellschaften: Die Beteiligungs-Management-Gesellschaft (BMG) war für unternehmensbezogene Aufgaben und Beteiligungen zuständig, die Bodenverwertungs- und -verwaltungsgesellschaft (BVVG) für land- und forstwirtschaftliche Aufgaben. Der Bund übernahm die Liegenschaftsgesellschaft der Treuhandanstalt (TLG). Daneben wurde auch das Bundesamt zur Regelung offener Vermögensfragen (BAROV) eingerichtet. Die restlichen Abwicklungen, Reprivatisierungen und hoheitlichen Funktionen waren Aufgabe der Bundesanstalt für vereinigungsbedingte Sonderaufgaben (BVS).

Die Schulden der Treuhandanstalt gingen in den Erblastentilgungsfonds des Bundes über, der am 1. Januar 1995 eingerichtet wurde. Von der Treuhand selbst war schon bald keine Rede mehr. Die BVS wickelte die noch verbliebenen Aufgaben in aller Stille ab; Ende 2000, zehn Jahre nach Verabschiedung des Treuhandgesetzes, wurde auch sie Teil der Geschichte. Was an Aufgaben blieb, erledigten von 2001 an die Kreditanstalt für Wiederaufbau und die Oberfinanzdirektionen. Die Politik hatte das Kapitel Transformation abgeschlossen. Unterm Strich war die Umstrukturierung sicherlich sehr schmerzhaft, letztlich aber doch erfolgreich, auch wenn der leise Prozeß der wirtschaftlichen Angleichung in Ostdeutschland noch eine Weile dauern wird.

Das Stasi-Unterlagen-Gesetz[4]

Das Ministerium für Staatssicherheit war das wohl wichtigste Unterdrückungsinstrument des SED-Staates. Allein in der Zentrale in Ost-Berlin waren 33 000 Mitarbeiter beschäftigt, ferner bestanden 15 Bezirksverwaltungen sowie 290 Kreisdienststellen (vgl. auch Kap. 2 und Kap. 7, Stasi-Akten). Darüber hinaus gab es Ämter in Betrieben, Kasernen, Hochschulen, Haftanstalten usw. Vorrangige Aufgabe war die innere Sicherheit des Herrschafts- und Gesellschaftssystems der DDR durch die Überwachung aller Lebensbereiche der Bürger. Die »Stasi« war vielfach für das persönliche Elend des einzelnen in der DDR verantwortlich gewesen; sie war das Vollstreckungsorgan der alles beherrschenden SED-Diktatur. Über die letztlich von der SED zu verantwortenden Bespitzelungen, Denunziationen, Erpressungen, Zerstörung der Existenz von Menschen durch physische und psychische Mißhandlung, Freiheitsentzug sowie Beschädigungen der Gesundheit bis hin zum Mord konnte man wohl nicht zur Tagesordnung übergehen.
Das MfS, »Schild und Schwert der Partei«, speicherte bis 1989 Daten von etwa sechs Millionen DDR-Bürgern, aber auch von vielen Tausenden Westdeutschen und Ausländern. Unzählige Lebensläufe wurden im Laufe der Jahre durch die Staatssicherheit mitgeprägt. Das MfS beeinflußte den beruflichen Auf- oder Abstieg, nutzte systematisch menschliche Schwächen aus und schreckte auch nicht davor zurück, intimste Informationen für seine Zwecke zu verwenden. Ärztliche Schweigepflicht, Bank- und Postgeheimnis, selbst die in der Verfassung der DDR festgelegten Grundrechte eines jeden Bürgers waren für die Stasi kein Tabu. Über die zahlreichen erschütternden Informationen der Opfer über die menschenverachtenden Methoden, mit denen die

Stasi gegen sie vorging, darf allerdings nicht in Vergessenheit geraten, daß die Hauptverantwortlichen für dieses Unrechtssystem in den Spitzen des alles beherrschenden SED-Parteiapparates angesiedelt waren.
Zweites Aufgabengebiet des MfS waren Spionage, Desinformation und verdeckte Einwirkung im sogenannten nichtsozialistischen Ausland, vor allem in der BRD, durch die »Hauptverwaltung Aufklärung« unter Leitung von Markus Wolf. Das von der Staatssicherheit gesammelte Herrschaftswissen war in jenen bereits erwähnten rd. 200 Kilometern Unterlagen verwahrt, darunter mehr als 39 Millionen Karteikarten, Hunderttausenden Bild- und Tondokumenten und knapp 15 600 Säcken mit vom MfS in der Wendezeit zerrissenen (sogenannten vorvernichteten) Unterlagen. Mit Hilfe von Informationen aus diesen Unterlagen mußten auch Personalentscheidungen getroffen werden. Personen, die in Führungspositionen beschäftigt werden sollten, mußten sehr genau daraufhin überprüft werden, ob es sich bei ihnen um willfährige Vollstrecker des SED-Terrors gehandelt hatte. Ehemalige hauptamtliche Mitarbeiter sowie deren inoffizielle Helfer sollten keine neuen Machtstrukturen aufbauen können. Wie sollte man mit dieser Vergangenheit umgehen?
Im Einigungsvertrag war festgelegt worden, daß durch den Bundestag des vereinigten Deutschland ein Gesetz zu schaffen sei, das den Umgang mit den Stasi-Materialien unter Berücksichtigung der von der Volkskammer gesetzten Prämissen regeln sollte. Dieses »Gesetz über die Unterlagen des Staatssicherheitsdienstes der ehemaligen Deutschen Demokratischen Republik« (Stasi-Unterlagen-Gesetz StUG) wurde am 14. November 1991 vom Deutschen Bundestag mit großer Mehrheit verabschiedet und trat am 29. Dezember 1991 in Kraft. In ihm manifestierte sich noch einmal der Wille der breiten Mehrheit der Bevölkerung der ehemaligen DDR, sich offen mit der Hinterlassenschaft des MfS und der eigenen Vergangenheit auseinanderzusetzen.
Ziel des Gesetzes war und ist die politische, historische und juristische Aufarbeitung der Tätigkeit des Staatssicherheitsdienstes. An erster Stelle stand und steht die Möglichkeit jedes einzelnen, Einsicht in die zu seiner Person geführten Unterlagen zu nehmen. Parlamente, Behörden und Kirchen, Betriebe, Parteien und Verbände konnten und können darum ersuchen, Personen, die in ihrer Einrichtung tätig waren – oder wieder/noch sind –, auf eine frühere Tätigkeit für das MfS überprüfen zu lassen. Gleiches galt und gilt für die Rehabilitierung von Opfern des Staatssicherheitsdienstes und der politischen

Justiz der DDR sowie die Verfolgung von Straftaten, manchmal sogar bei Renten- und Vermögensfragen. Dies ließ und läßt sich nur mit Hilfe einer Mitteilung aus den MfS-Akten klären.

Die Behörde unter Leitung des ehemaligen Pfarrers und Oppositionellen Joachim Gauck (»Gauck-Behörde«) hatte anfangs knapp über 3100, im Oktober 2000 ca. 2600 Beschäftigte. Nach zehn Jahren Arbeit war etwa die Hälfte des vom MfS übernommenen Aktenbestandes für Recherchen nutzbar (nur 58 Kilometer konnten in geordnetem Zustand übernommen werden); von den zerrissenen, in Säcken vorgefundenen Unterlagen waren seit Februar 1995 rd. 467 835 Seiten wieder zusammengefügt worden, darunter auch ganze Akten. Der besondere Wert der Unterlagen besteht darin, daß sie vorwiegend aus dem letzten Jahrzehnt des Bestehens des Staatssicherheitsdienstes stammen. Somit vermitteln sie einen unmittelbaren Einblick in die Arbeit des MfS in dieser politisch wie gesellschaftlich besonders wichtigen Zeit der DDR. Bis Juli 2001 wurden von den bis dahin drei Millionen Ersuchen öffentlicher und nicht-öffentlicher Stellen 2,85 Millionen erledigt. Für viele ehemalige DDR-Bürger war die Akteneinsicht ein schmerzlicher Prozeß, dennoch meinte letztlich keiner der Befragten, er hätte die Akten lieber nicht lesen sollen. Die übergroße Mehrheit der Umfrageteilnehmer, insgesamt 90 %, bewertete die Einsicht positiv. Eine Frage lautete: »Was hat die Akteneinsicht für Sie persönlich bedeutet?« 24 % gaben an, nunmehr Gewißheit über ein vergangenes Kapitel erhalten zu haben. Eine Antwort lautete:

»Sie schafft Klarheit über das, was gewesen und geschehen ist. Auch für mich, meine Familie und Freunde, über unsere gemeinsame Vergangenheit – politisch, wirtschaftlich, religiös und kulturell. Sie zeigt, wozu Menschen fähig sind, was sie aus sich machen und machen lassen, und was es nie wieder geben darf. Für meine Kinder und unsere Öffentlichkeit, für die Nachgeborenen, sind diese Aktenkopien unendlich wichtig, sie zeigen auch den ›alltäglichen Sozialismus in den Farben der DDR‹.«

Wichtig war für die Antragsteller auch zu erfahren, wer dem Staatssicherheitsdienst über sie berichtet hatte. 58 % der Umfrageteilnehmer beantragten deshalb die Entschlüsselung der Decknamen von IMs, den »Informellen Mitarbeitern«, 19 % davon wollten mit dem ehemaligen IM über seine Zusammenarbeit mit der Stasi sprechen.[5] Die Konzentration auf die Staatssicherheit führte manchmal zu dem falschen Eindruck, daß die DDR ein Volk von Zuträgern gewesen sei. Aber dies war eben auch Teil der Aufarbeitung, die nach zehn Jahren zu einem gewissen Ende gekommen war.

Zu den ersten prominenten Antragstellern gehörten der CDU-Bundestagsabgeordnete und letzte DDR-Verteidigungsminister Rainer Eppelmann sowie Bärbel Bohley und Vera Wollenberger vom Bündnis 90. Der »Fall Wollenberger« wurde dabei zu einem besonderen Beispiel für die Verstrickungen unter der SED-Diktatur. Aus den Akten ergab sich nämlich, daß Vera Wollenbergers Mann Knud seit 1972 als Informant der Stasi gearbeitet hatte. Nach der Heirat 1982 hatte er auch seine Frau ausspioniert.

Die Öffnung der Archive förderte auch zahlreiche neue Vorwürfe gegen Prominente zutage, als Stasi-Spitzel tätig gewesen zu sein. Zu den prominentesten gehörten Brandenburgs Ministerpräsident Manfred Stolpe und der ehemalige PDS-Vorsitzende Gregor Gysi.

Am 29. September 2000 wurde Marianne Birthler vom Deutschen Bundestag als Nachfolgerin von Joachim Gauck gewählt und am 11. Oktober 2000 von Bundesinnenminister Otto Schily (SPD) in das Amt eingeführt. Birthler kam aus dem Bündnis 90 und war im März 1990 Mitglied der Volkskammer geworden. In Brandenburg war sie dann Ministerin für Bildung, Jugend und Sport, im Oktober 1992 aber als Reaktion auf die bekanntgewordenen Stasi-Kontakte von Ministerpräsident Manfred Stolpe von diesem Amt zurückgetreten. Ihre Biographie macht deutlich, wo sie stand und steht. So konnte auch ihre Reaktion auf ein Urteil des Berliner Verwaltungsgerichts vom Juli 2001 nicht überraschen.

Es ging um die Herausgabe von Stasi-Akten über Altkanzler Helmut Kohl. Gegen diese Herausgabe hatte Kohl geklagt und recht bekommen. Das Urteil war zwar formal betrachtet nur für den Einzelfall Kohl bindend und nicht rechtskräftig. Es könnte jedoch, so Birthler am 3. August 2001, wenn es rechtskräftig würde, grundsätzliche Bedeutung erlangen: Das Gericht habe sich nämlich nicht mit einzelnen Unterlagen auseinandergesetzt, sondern vielmehr abstrakt über die Verwendung sämtlicher MfS-Unterlagen über Personen der Zeitgeschichte, Amts- und Funktionsträger in Ost und West entschieden. Damit würde es die historische, gesellschaftliche und politische Aufarbeitung entscheidend behindern, die bisherigen Rechte von Presse und Wissenschaft erheblich einschränken.

Von daher entschied Frau Birthler, bis zum Abschluß des Rechtsstreits auch weiterhin personenbezogene Unterlagen von Personen der Zeitgeschichte ohne Einwilligung der Betroffenen herauszugeben. Daraufhin forderte Innenminister Otto Schily die Bundesbeauftragte ultimativ auf, diese Praxis einzustellen. Birthler war nicht bereit, diesem Ultimatum zu entsprechen. Der Streit schien zu eskalieren; Schily müßte im Konfliktfall eine Kabinettsentscheidung herbeiführen, hieß es. Birthler wandte sich zugleich an den Bundestag mit der Bitte, in das Stasi-Unterlagen-Gesetz eine Klarstellung aufzunehmen, welche die bisherige Praxis ihrer Behörde stütze.[6]

Der Fall hat im übrigen einen bitteren Beigeschmack. Solange es nur um das »Großreinemachen« im Osten ging, war man eher gleichgültig – so der allgemeine Eindruck. Erst als die Stasi-Akten westdeutsche Politiker zu belasten drohten, wollten sie diese unter allen Umständen unter Verschluß halten. Viele Ostdeutsche sahen und sehen darin eine Ungleichbehandlung. Die Westdeutschen hatten kein natürliches Monopol auf moralische Integrität und waren auch nicht besser als ihre ostdeutschen Landsleute. Aber der Versuch der Aufarbeitung der Vergangenheit, die Überwindung diktatorischer Strukturen und die Integration in demokratische Verhältnisse ließen die gemeinsame Verantwortung erkennen.

Am 8. März 2002 erhielt Altbundeskanzler Kohl erneut recht: In letzter Instanz entschied das Bundesverwaltungsgericht, daß die Stasi-Akten über ihn unter Verschluß bleiben. Frau Birthler reagierte mit drastischen Maßnahmen auf das Urteil. Sie ließ Tausende Internet-Seiten sperren und sämtliche Ausstellungen ihres Hauses vorübergehend schließen. 90 Prozent aller Akteneinsichtsanträge von Publizisten und Historikern könnten ihrer Schätzung nach vorläufig nicht genehmigt werden. Sie hielt auch eine Novellierung des Stasi-Unterlagen-Gesetzes noch vor der Bundestagswahl im September 2002 nicht für möglich. Eine solche Novellierung forderten u. a. die Landesbeauftragten für die Stasiunterlagen, die eine »Signalwirkung« des Urteils für das Ende der historischen Aufarbeitung befürchteten. Kanzler Schröder hatte zuvor von einer »Personalfragebogen-Politik« gesprochen, die ein Ende haben müsse. Die PDS stimmte dem zu, während die Abgeordneten Wiefelspütz (SPD) und Cem Özdemir (Grüne) sich für ihre Koalitionsfraktionen zuversichtlich äußerten, daß noch im Sommer 2002 das Gesetz novelliert werden würde. Die CDU-Abgeordnete Vera Lengsfeld und der Brandenburgische Ministerpräsident Stolpe (SPD) begrüßten das Urteil. Frau Lengsfeld sah keinen Anlaß für eine Gesetzesnovelle, während Stolpe dies forderte, damit bei der Aktenherausgabe kein Unterschied zwischen »Ost- und West-Biographien« gemacht werde. Der ehemalige Bürgerrechtler Wolfgang Templin und der CDU-Abgeordnete Eppelmann hielten es für notwenig, die mißverständliche Passage des Gesetzes zu ändern. Daß dies noch in der laufenden Wahlperiode geschehe, gehörte nach Eppelmanns Ansicht »zur politischen Hygiene des Parlaments«.

Der Paragraph 218

Ein weiteres ungelöstes Problem des vereinigten Deutschland war die Regelung des Paragraphen 218. Der Einigungsvertrag hatte den Bundestag verpflichtet, bis Ende 1992 eine einheitliche Regelung zu treffen. Die Zahl der offiziell bekannten Abtreibungen sank seit 1990 im Westen von 79 000 auf 74 800. Trotz der großen sozialen Not und der Fristenlösung war im Osten ein noch stärkerer Rückgang von 66 000 auf 43 000 zu verzeichnen (bei gleichzeitigem radikalen Geburtenrückgang). Im Bundestag gab es am 26. Juni 1992 eine leidenschaftliche Debatte über die Neuregelung des § 218. Insgesamt standen fünf Entwürfe zur Abstimmung, darunter ein Gruppenantrag, den die große Mehrheit der Abgeordneten von SPD und FDP, Bündnis 90/Die Grünen sowie einige CDU-Parlamentarier unterstützten. Der Gruppenantrag legte die Entscheidung über eine Abtreibung in den ersten zwölf Wochen der Schwangerschaft allein in die Hände der Frau. Zwingend vorgeschrieben wurde aber eine medizinisch-psychologische Beratung mindestens drei Tage vor dem Abbruch. Sie konnte anonym bleiben und sollte der Frau helfen, »eine verantwortungsbewußte eigene Gewissensentscheidung zu treffen«. 355 Abgeordnete, darunter 32 aus der CDU, votierten für diesen Antrag.

Der Beschluß hatte allerdings nur kurz Bestand. Die unterlegenen Unionsabgeordneten und die Bayerische Staatsregierung brachten das Thema vor das Bundesverfassungsgericht in Karlsruhe. Dort wurde das Gesetz am 28. Mai 1993 als verfassungswidrig aufgehoben. Mit dem Urteil sollte das Lebensrecht der Ungeborenen auch gegenüber ihren Müttern geschützt werden. Die Frauen, so das Gericht, hätten die Pflicht, ihr Kind auszutragen, und könnten nur in exakt festgelegten Ausnahmefällen davon abgehen. Bis zur Neuregelung des Gesetzes schrieben die Richter eine Übergangsregelung vor. Demnach war der Abbruch in den ersten zwölf Wochen rechtswidrig, blieb aber straffrei, wenn die Frau sich beraten ließ. Eine Neuregelung des Gesetzes scheiterte im Juli 1994 dann an der SPD-Mehrheit im Bundesrat. Erst ein Jahr später, im Juni 1995, wurde das Thema endgültig geregelt: Demnach bleibt eine Abtreibung straffrei, wenn sie in den ersten zwölf Wochen erfolgt und die betroffene Frau die Beratung durch eine staatlich anerkannte Stelle nachweisen kann.

Hauptstadt Berlin

Geklärt werden mußte auch die Hauptstadtfrage. Hier fiel die Entscheidung am 20. Juni 1991.[7] Mit 338 gegen 320 Stimmen entschied sich der Bundestag für Berlin als Parlaments- und Regierungssitz des vereinigten Deutschland. Der Abstimmung waren eine monatelange, äußerst kontrovers geführte Diskussion und eine hochkarätige Bundestagsdebatte vorausgegangen. Erstaunlich war das schon, war doch in den Jahren zuvor Berlin ganz selbstverständlich immer wieder als Hauptstadt eines wiedervereinigten Deutschland genannt worden. Als es jetzt ernst wurde, wollten viele davon nichts mehr wissen. Für Berlin sprachen sich jetzt u. a. Helmut Kohl, Wolfgang Schäuble und Willy Brandt mit dem Argument aus, daß mit dem Ende der alten Bundesrepublik auch die Zeit des »Provisoriums« Bonn beendet sein müsse. Außerdem sollte damit den neuen Bundesländern ein Signal gegeben werden, daß man nun eine neue Republik habe und nicht nur die ehemalige DDR etwas aufgegeben habe.
Für Bonn sprachen sich Bundestagspräsidentin Rita Süssmuth und Bundesarbeitsminister Norbert Blüm sowie der Bonner Bürgermeister Hans Daniels und der Chef der NRW-Staatskanzlei, Wolfgang Clement, aus. Sie sahen Bonn als Symbol für die demokratische, föderalistische und westintegrierte Bundesrepublik. Berlin hingegen verbanden sie mit Erinnerungen an die dunklen Stunden der deutschen Geschichte und Befürchtungen über eine Ostorientierung der »Berliner Republik«. Die Umzugskosten sollten ihrer Meinung nach besser in den Aufbau Ost investiert werden. Nach einer elfstündigen Marathonsitzung fiel die Entscheidung in freier Abstimmung. »Sitz des deutschen Bundestages ist Berlin«, lautete der Beschluß. Die Arbeitsfähigkeit sollte nach vier Jahren hergestellt, die volle Funktionsfähigkeit Berlins als Parlaments- und Regierungssitz nach zehn bis zwölf Jahren erreicht sein. Gleichzeitig sollte zwischen Berlin und Bonn eine »faire Arbeitsteilung« vereinbart werden, um den größten Teil der Arbeitsplätze in Bonn zu sichern. Die Region sollte im übrigen durch die Ansiedlung neuer Institutionen entschädigt werden.

Ein Jahr später wurde beschlossen, daß einige Bundesministerien dauerhaft in Bonn bleiben sollten, und zwar: Ernährung, Landwirtschaft und Forsten; Verteidigung; Gesundheit; Umwelt, Naturschutz und Reaktorsicherheit; Bildung, Wissenschaft, Forschung und Technologie; Wirtschaftliche Zusammenarbeit und Entwicklung. 1993 wurde ein neuer Zeitplan verabschiedet, der vorsah, den Umzug bis zum Jahr 2000 zu realisieren. Dieser Termin wurde tatsächlich eingehalten. Am 19. April 1999 eröffnete Bundestagspräsident Wolfgang Thierse (SPD) die erste reguläre Parlamentssitzung im umgebauten Berliner Reichstag mit der eindrucksvollen Glaskuppel über dem Plenarsaal. Diese Neugestaltung des britischen Architekten Norman Foster – ausgeführt von einem Wiener Ingenieurbüro – hat sich inzwischen zu einer der beliebtesten Sehenswürdigkeiten Berlins entwickelt. Daß Einschußlöcher aus dem Zweiten Weltkrieg und Graffiti sowjetischer Soldaten erhalten blieben, macht die Sache noch attraktiver. Dagegen ist von der elenden Mauer – fast – nichts mehr erhalten. Hier war im Sommer 1990 mit berühmt-berüchtigter deutscher Gründlichkeit vorgegangen worden. Ein weiteres Trauerspiel deutscher Geschichte.
Am 1. Juli 1999 verabschiedete sich dann der Bundestag aus Bonn. »50 Jahre Demokratie – Dank an Bonn« hieß der einzige Tagesordnungspunkt der letzten Sitzung. Die Entscheidung, Berlin zum Parlaments- und Regierungssitz zu machen, hatte – und hat – für Berlin weitreichende Folgen. Über Jahre präsentierte sich die Stadt als größte Baustelle der Welt, allerdings wurden die Pläne weitgehend fallengelassen, völlig neue Regierungsgebäude zu errichten. Als vorläufig letztes Gebäude wurde im Frühjahr 2001 das Kanzleramt fertiggestellt. Berlin selbst wurde zehn Jahre lang von einer Großen Koalition aus CDU und SPD regiert. Diese Koalition scheiterte im Sommer 2001. Der Regierende Bürgermeister Eberhard Diepgen wurde von der SPD mit Hilfe der PDS gestürzt, an seine Stelle Klaus Wowereit (SPD) gewählt. Neuwahlen fanden am 21. Oktober 2001 statt (s. Kap. 10).

Rechtsextremismus

Ein besonderes Phänomen in den ersten Jahren nach der Vereinigung war der Rechtsextremismus. Es begann im September 1991 im sächsischen Hoyerswerda, wo sich nach einem Überfall von Neonazis auf vietnamesische Händler die rechtsradikal motivierte Gewalt an den folgenden Tagen in tätlichen Angriffen auf ein Ausländerwohnheim und eine Asylantenunterkunft entlud. Etwa 100 Vermummte griffen das Gebäude mit Benzinbomben und Stahlkugeln an und lieferten sich Auseinandersetzungen mit Sicherheitskräften und Angehörigen der Autonomen Szene. Besonders bedenklich schien, daß die Randalierer offensichtlich Sympathien in weiten Teilen der Bevölkerung genossen; die Überfälle wurden von Schaulustigen mit Jubel und rassistischen Parolen begleitet.

Im August 1992 gab es wieder Szenen wie in Hoyerswerda, diesmal in Rostock. Die Exzesse entwickelten sich bis zum 27. August zur schlimmsten Demonstration deutscher Ausländerfeindlichkeit seit 1991. Rostock bildete den Auftakt für eine in der Bundesrepublik bislang nicht erlebte Welle von Attentaten gegen Minderheiten: Ausländer, Juden, Obdachlose und Behinderte. Am 26. September wurde ein Brandanschlag auf das ehemalige KZ Sachsenhausen verübt. Am 23. November ermordeten ausländerfeindliche Gewalttäter mit einem Brandanschlag auf zwei Häuser in Mölln eine 51jährige türkische Frau und zwei Mädchen im Alter von 10 und 14 Jahren. Blinder Haß forderte 1992 17 Tote und 452 Verletzte. Selbst FDP-Justizministerin Sabine Leutheuser-Schnarrenberger räumte ein, daß anfangs »vielleicht nicht mit der notwendigen Härte und Schnelligkeit vorgegangen wurde«.

Nach den Morden von Mölln gingen allerdings Hunderttausende Bürger ihrerseits auf die Straße, um gegen rechtsradikale Gewalt zu protestieren. Ihren Höhepunkt erreichten die Kundgebungen am Abend des 6. Dezember mit einer Lichterkette in München. 400 000 Menschen wehrten sich mit dieser »Botschaft an die Welt« (»Süddeutsche Zeitung«) gegen Intoleranz und Ausländerfeindlichkeit. In der Innenstadt wurde eine 45 Kilometer lange Lichterkette gebildet.

Sechs Monate nach Mölln, am 29. Mai 1993, gab es ein weiteres abscheuliches Attentat. Rechtsradikale Jugendliche legten im Treppenhaus eines von Türken bewohnten Hauses in der Innenstadt von Solingen Feuer. Bei dem Brandanschlag kamen zwei Frauen und drei Mädchen im Alter von vier, neun und zwölf Jahren ums Leben. Die Opfer gehörten zu einer Familie, die schon seit Jahren in Deutschland lebte.

In der kritischen Öffentlichkeit wurden auch die etablierten Parteien für die Eskalation der Gewalt verantwortlich gemacht, da sie mit ihrem emotionsgeladenen Streit über die Asylfrage fremdenfeindliche Ressentiments geschürt hätten. Während die Unionsparteien eine Änderung des Artikels 16 des Grundgesetzes befürworteten, in dem das Recht von politisch Verfolgten auf Asyl verankert ist, lehnten SPD und FDP dies ab. Die Sozialdemokraten sprachen sich dagegen für ein Einwanderungsgesetz mit jährlichen Zuwanderungsquoten aus, um eine Aushöhlung des Grundrechts auf Asyl durch Wirtschaftsflüchtlinge zu verhindern. Am 6. Dezember 1992 einigten sich die Regierungsparteien CDU/CSU und FDP mit der SPD-Opposition auf eine Neuregelung des Asylrechts im Grundgesetz, um die Zahl der Asylsuchenden zu verringern. Nach der endgültigen Verabschiedung des Kompromisses durch den Bundestag am 26. Mai 1993 sank die Zahl der Asylbewerber tatsächlich; gleichzeitig ging die Zahl der rechtsradikalen Aktionen stetig zurück. Befürchtungen, die vor allen Dingen auch im Ausland geäußert worden waren, erwiesen sich als grundlos, auch wenn es immer wieder mahnende Worte gab, wachsam zu bleiben.

Zu den vehementesten Mahnern gehörte und gehört der Präsident des Zentralrats der Juden in Deutschland, Paul Spiegel (genauso wie dessen 1999 verstorbener und in Israel bestatteter Vorgänger Ignatz Bubis). Am 20. August 2001 prophezeite Spiegel öffentlich, daß gewalttätiger Rechtsradikalismus die Bürger in Deutschland »als grausames Menetekel« auch in Zukunft begleiten werde. Es gehöre zur Realität, daß sich Menschen anderer Hautfarbe, anderen Glaubens oder anderer Nationalität »nirgends in diesem Land mehr sicher fühlen«. Die Situation für Minderheiten in der Bundesrepublik sei »so kritisch wie vielleicht noch nie in ihrer jungen Geschichte«. Zu lange habe die Politik quer durch alle Parteien »geschwiegen, weggeschaut, verharmlost«. Jeder demokratische Politiker müsse auch bedenken, »wieviel Schaden er mit Äußerungen, mit Thesen, mit Begriffen, mit Slogans« bewirken könne. Spiegel warnte davor, Rechtsextremismus nur als Problem der neuen Bundesländer zu sehen. Zahlreiche Übergriffe in jüngster Zeit auch im Westen hätten gezeigt: »Die Nazis sind unter uns.« Gleichwohl hätten die Juden in Deutschland (etwa 80 000) Vertrauen in die Bürger des Landes, sie »wollen in Deutschland sein, wollen ihre Gemeinden hier haben«. Wie die Zukunft der jüdischen Gemeinden in Deutschland aber aussehe, das hängt nach Spiegels Worten »nicht von uns, sondern von der nichtjüdischen deutschen Bevölkerung ab«.

Nach dem Brandanschlag auf die Düsseldorfer Synagoge im Oktober 2000 hatte der Zentralratspräsident geäußert: »Was muß noch passie-

ren, daß wir uns die Frage stellen, ob es richtig war, hier in Deutschland gegen die weltweite Kritik wieder jüdische Gemeinden aufzubauen?« Er hob hervor, daß diese Entscheidung richtig gewesen sei. Die Juden wollten in Deutschland leben, sie fühlten sich dort wohl.[8]
Fast gleichzeitig warnte auch Bundestagspräsident Wolfgang Thierse (SPD) vor Rechtsextremismus. Er forderte die Medien auf, der Berichterstattung über rechtsextremistisch motivierte Vorfälle weiterhin Aufmerksamkeit zu widmen. In einem Gespräch mit der »Zeit« am 23. August 2001 sagte er, es sei bedauerlich, daß kaum noch über rassistische Überfälle berichtet werde. Er warnte vor der Möglichkeit, daß das Empfinden wachsender Unsicherheit in der Zeit der Globalisierung von Rechtsextremisten für ihre Zwecke ausgenützt werden könnte: »Überforderungsängste und Vereinfachungsbedürfnis« seien die Basis für Erfolge rechtsextremistischer Ideologien.
Bemerkenswert war auch, daß Bundeskanzler Gerhard Schröder am selben Tag bei einem Besuch im sächsischen Sebnitz vor »rechtsradikalen Umtrieben« warnte und betonte, daß es sich bei rechtsextremistischen Vorfällen nicht »um ein besonderes ostdeutsches Problem« handle. Thierse sagte hingegen, rechtsextremistische Parteien wie die NPD seien im Osten besonders erfolgreich, weil dort die »soziale, moralische und ideelle Situation immer noch problematischer ist als im Westen«. Er verlangte: »Auch für die Schwächeren müssen wir Politik machen, sie brauchen Angebote der sozialen Sicherung, der kulturellen und moralischen Beheimatung«, und wies darauf hin, daß er auf seinen Reisen durch Ostdeutschland die Erfahrung gemacht habe, daß rechtsextremistische Gruppierungen dort selbstbewußter, offensiver und besser organisiert seien als je zuvor.
Gegen diese Einschätzung der Lage gab es allerdings auch Widerspruch, etwa vom innenpolitischen Sprecher der SPD-Bundestagsfraktion und Richter a. D., Dieter Wiefelspütz, der betonte, daß Deutschland nach wie vor einer der sichersten Staaten Europas und der Welt sei; Spiegels Äußerung sei deutlich übertrieben. In einem Interview mit der »Neuen Osnabrücker Zeitung« am 22. August meinte Wiefelspütz: »Wir haben allen Grund, weder zu verharmlosen, noch zu überzeichnen.« Auch wenn die Zahl rechtsextremer Gewalttaten im Jahr 2000 leicht gestiegen sei, bestehe kein Anlaß zu einer derart erregten Bemerkung, wie Spiegel sie gemacht habe. Zu dieser Äußerung paßte allerdings nicht die Mitteilung des nordrhein-westfälischen Justizministers Jochen Dieckmann (SPD) vom 22. August 2001, nach der die Zahl rassistischer

oder rechtsradikaler Internet-Seiten sich seit 1999 auf etwa 1000 erhöht und damit mehr als verdreifacht habe. Immerhin: im September 2001 wurde in Berlin ein wunderbares Jüdisches Museum eröffnet. Und es soll – so der Beschluß des Bundestages nach qualvollen Diskussionen – in Berlin ein Holocaust-Mahnmal errichtet werden. Man darf gespannt darauf sein, wie sich das entwickeln wird.
Bundesregierung, Bundestag und Bundesrat beantragten jedenfalls im Januar/März 2001 beim Bundesverfassungsgericht ein Verbot der NPD. Kurz zuvor war der NPD-Anwalt Horst Mahler, der die Partei in dem Verfahren vertreten sollte, aus der Vereinigung Berliner Strafverteidiger ausgeschlossen worden. Das Gericht in Karlsruhe setzte im Januar 2002 die für Februar vorgesehene Erörterung des Verbotsantrages ab, nachdem ihm telefonisch mitgeteilt worden war, daß eine geladene Auskunftsperson, ein langjähriger hoher NPD-Funktionär, in früheren Jahren Informant des nordrhein-westfälischen Verfassungsschutzes gewesen war. Für diesen Skandal übernahm Bundesinnenminister Schily die Verantwortung und entschuldigte sich im Bundestag bei den Verfassungsrichtern; Rücktrittsforderungen der Opposition lehnte er allerdings ab. Wenig später wurden weitere V-Männer »enttarnt«.
Neben dem Rechtsradikalismus blieb in all den Jahren die Zuwanderung – weniger das Asyl – ein Thema und die Frage weitgehend unbeantwortet, ob die Bundesrepublik ein Einwanderungsland ist. Wieviel Zuwanderung verträgt das Land? Computerexperten, die gebraucht werden (sogar Inder, die – welch eine Überraschung! – besser als die Deutschen sind), bekommen eine sogenannte »Green Card« – andere nicht. In zahlreichen Kommissionen wurden Vorschläge erarbeitet. Im Juli 2001 legte Innenminister Schily sein Konzept vor.
Am 1. März 2002 stimmte der Bundestag dem Entwurf für ein Zuwanderungsgesetz zu. CDU/CSU und PDS verweigerten mit großer Mehrheit dem Gesetz die Zustimmung, die FDP enthielt sich mit einer Ausnahme der Stimme. In der dreistündigen, emotional geführten Debatte warnte Bundeskanzler Gerhard Schröder die Union davor, das Gesetz wegen der Bundestagswahl im Herbst zu blockieren. Unions-Fraktionschef Friedrich Merz (CDU) kritisierte, das rot-grüne Vorhaben bedeute einen Wechsel hin zu einer multikulturellen Gesellschaft. Außerdem schaffe es zusätzliche Belastungen für den Arbeitsmarkt. Gewerkschaften, Industrie und die Evangelische Kirche riefen die Parteien dazu auf, doch noch einen Konsens zu finden.

Nun mußte der Bundesrat entscheiden. Dort kam es am 22. März zum Eklat. Was zum ersten großen Kräftemessen zwischen Gerhard Schröder und seinem Herausforderer Edmund Stoiber (CSU) hätte werden sollen, wurde zu einer der schwärzesten Stunden des Bundesrates. Nach einer fünfeinhalb Stunden dauernden Debatte und nachdem Vermittlungsanträge von Rheinland-Pfalz und des Saarlandes gescheitert waren, folgte die Abstimmung. Die SPD-geführten Bundesländer stimmten dem Gesetz zu, die Unions-geführten Länder dagegen. Daher kam es auf das Votum von Brandenburg an, wo SPD und CDU in einer Koalition regierten. Ministerpräsident Manfred Stolpe (SPD) und sein Stellvertreter, Innenminister Jörg Schönbohm (CDU), konnten sich nicht auf eine gemeinsame Linie einigen. Daraufhin stimmte Stolpe mit Ja und Schönbohm mit Nein. Ein Bundesland mit geteiltem Abstimmungsverhalten im Bundesrat ist im Grundgesetz nicht vorgesehen. Als verfassungsrechtlich umstritten galt, wie die gespaltene Stimmabgabe des Landes Brandenburg zu werten war.

Der amtierende Bundesratspräsident, Berlins Regierender Bürgermeister Klaus Wowereit (SPD), wertete die Zustimmung Stolpes als Zustimmung des Landes Brandenburg und erklärte: »Die Mehrheit hat dem Gesetz zugestimmt.« Die Vorlage galt damit als angenommen. Im Sitzungssaal brachen daraufhin Tumulte aus. Thüringens Ministerpräsident Bernhard Vogel (CDU) ergriff das Wort und sagte: »Ein Ergebnis ist festgestellt worden, das dem Grundgesetz widerspricht.« Wowereit unterbrach die Sitzung für 45 Minuten. Danach lieferten sich die Ministerpräsidenten Roland Koch (Hessen, CDU) und Sigmar Gabriel (Niedersachsen, SPD) einen Schlagabtausch zur Geschäftsordnung. Als ein Antrag der CDU/CSU auf Vertagung abgelehnt wurde, verließen die Länderchefs der Union aus Protest den Plenarsaal. Unions-Kanzlerkandidat Edmund Stoiber betonte: »Dies ist ein verfassungspolitischer Skandal. Dieses Gesetz ist durch Vertrags- und Verfassungsbruch zustande gekommen – das heißt, es ist nicht zustande gekommen.« Die Union erwog eine Klage vor dem Verfassungsgerichtshof. Zunächst sollte aber Bundespräsident Johannes Rau aufgefordert werden, das Gesetz nicht zu unterzeichnen, während Innenminister Schily meinte, die Union sollte sich als guter Verlierer zeigen. Unabhängig davon hatte Brandenburgs Ministerpräsident Stolpe mit seinem Votum den Koalitionsvertrag gebrochen. Der sah nämlich vor, daß Brandenburg sich der Stimme enthalten sollte, falls CDU und SPD sich nicht auf eine gemeinsame Linie einigen könnten. Stolpe erklärte

nach der Abstimmung, er wolle im Landtag in Potsdam die Vertrauensfrage stellen, während Edmund Stoiber abschließend betonte: »Deutschland befindet sich in einer Verfassungskrise.«
Bundeskanzler Schröder wies den Vorwurf der Opposition, das Gesetz sei nur mit Verfassungsbruch zustande gekommen, als »absurd« zurück. Er habe keinen Zweifel daran, daß das Gesetz ordnungsgemäß verabschiedet worden sei; er rechne auch damit, daß Bundespräsident Johannes Rau es unterzeichnen würde.
Der Kanzler zeigte sich »sehr zufrieden« mit dem Abstimmungsergebnis. Damit verfüge Deutschland über ein humanitäres Zuwanderungsrecht. Zwei Tage später gab der Saarländische Ministerpräsident Peter Müller (CDU) zu erkennen, daß die CDU/CSU bereits vor der Abstimmung gewußt habe, wie Wowereit sich verhalten und wie man darauf reagieren würde. Fazit: Leider viel Wahlkampftheater bei einem für die Republik außerordentlich wichtigen Thema.

Prozesse[9]

Zur »Vergangenheitsbewältigung« der DDR-Geschichte gehörte auch die strafrechtliche Verfolgung von Verbrechen des SED-Regimes. Dies stellte, wie sich schon bald zeigen sollte, Polizei, Staatsanwälte und Richter vor große juristische und praktische Probleme.
Nach der Vereinigung im Jahre 1990 richteten die Justizminister der Länder beim Berliner Kammergericht eine »Arbeitsgruppe Regierungskriminalität« ein, die das verbrecherische DDR-Erbe verfolgen sollte. Bis zum Herbst 1993 ermittelte diese Arbeitsgruppe gegen 2500 Personen der ehemaligen Spitze des Partei- und Staatsapparates sowie gegen Gewalttäter. In 61 Fällen wurde Anklage erhoben, zahlreiche Personen verurteilt. Mit Beginn der »Aufarbeitung« Anfang 1992 schätzte die damalige Berliner Justizsenatorin und spätere Präsidentin des Bundesverfassungsgerichts, Jutta Limbach, daß dies »wohl noch zehn Jahre dauern« werde, zumal auch die neuen Bundesländer zahlreiche Straftaten verfolgten, allein Sachsen mehr als 8000. Am Ende waren es alles in allem – mit den Tötungsdelikten an Mauer und innerdeutscher Grenze – etwa 30000 Ermittlungsverfahren und 300 Verurteilungen. Verhältnismäßig wenig, vergleicht man das mit den NS-Verbrechen, als es 90000 Ermittlungsverfahren und 6500 Verurteilungen gab: in etwa 1 % zu 7 %.

Harry Tisch
Kurz nach der Vereinigung, im Januar 1991, begann der erste Prozeß vor dem Landgericht Berlin gegen den ehemaligen Chef des FDGB, Harry Tisch, der seit Juli 1990 in Haft saß, weil er sich 80 000 Mark aus der FDGB-Kasse für private Fernreisen hatte geben lassen. Im Juni 1991 wurde er – was nicht ohne eine gewisse Komik war – von Richtern aus dem Westen nach dem Strafgesetzbuch der DDR wegen »Untreue zum Nachteil sozialistischen Eigentums« zu eineinhalb Jahren Freiheitsstrafe mit Bewährung verurteilt. (Tisch wurde nach Anrechnung der Untersuchungshaft und Aussetzung der Haft freigelassen, im Januar 1995 wegen Totschlags an der innerdeutschen Grenze erneut angeklagt. Er starb am 18. Juni 1995.)
Es gab noch einige ähnliche Verfahren; das Bedürfnis nach Schutz von »sozialistischem Eigentum« erlahmte aber schnell.
Das war bei den zahlreichen Prozessen wegen Fälschung der Kommunalwahlen vom Mai 1989 anders. Da gab es meist Geldstrafen, aber auch 40 Freiheitsstrafen mit Bewährung und einige Freisprüche.

Wolfgang Berghofer[10]
Der erste Prozeß begann am 7. Januar 1992 in Dresden, wo mit dem ehemaligen Oberbürgermeister Wolfgang Berghofer die erste bekannte SED-Größe auf der Anklagebank saß. Ihm wurde vorgeworfen, bei den Kommunalwahlen im Mai 1989 Wahlfälschung und Anstiftung zum Wahlbetrug begangen zu haben. Angeklagt war auch der frühere Erste SED-Sekretär der Stadtleitung, Werner Moke. Der Anwalt Berghofers, der SPD-Bundestagsabgeordnete Otto Schily – seit 1998 Bundesinnenminister –, erklärte, man könne nicht fälschen, was ohnehin schon falsch sei. Diese Sicht der Dinge stieß in der Öffentlichkeit teilweise auf heftigen Widerspruch. Führende Mitglieder der SPD kritisierten, daß solche Äußerungen ein schweres Problem bagatellisierten, und drohten Schily Konsequenzen an. Berghofer hatte zugegeben, das Stimmenverhältnis zugunsten der SED gefälscht zu haben, nachdem er angeblich bei der SED-Zentrale in Berlin wiederholt Einspruch gegen die von dort verordneten Zahlen erhoben hatte. Er habe sich dem Diktat der Partei gebeugt, um nicht politisch liquidiert zu werden.
In seinem Antrag auf Freispruch erklärte Schily, daß bis zur Inkraftsetzung des Einigungsvertrages keine Strafvorschrift der alten Bundesrepublik vorgelegen habe, die die Handlung Berghofers unter

Strafe gestellt hätte. Alle vorangegangenen Straftaten fielen aber unter das Rückwirkungsverbot. Mit dem Einigungsvertrag sei darauf verzichtet worden, DDR-Recht weiterwirken zu lassen. Das Gericht verurteilte Berghofer und Moke dennoch zu jeweils einem Jahr Haft auf Bewährung. Berghofer wurde zusätzlich eine Geldstrafe von 36000 DM auferlegt, Moke sollte 3600 DM an soziale Institutionen zahlen. Der Richter erklärte, Schilys Ausführungen seien zwar beeindruckend, aber nicht durchweg überzeugend, da man die DDR nicht pauschal als Unrechtsstaat bezeichnen könne. Schily nannte das Urteil verfehlt und kündigte Revision an. Das Urteil wurde später vom Bundesgerichtshof allerdings bestätigt.

Hans Modrow

1993 wurde auch Hans Modrow, 1973–1989 SED-Chef von Dresden und von November 1989 bis März 1990 Vorsitzender des DDR-Ministerrats, angeklagt. Das Landgericht Dresden befand ihn in drei Fällen schuldig, Weisungen zur Wahlmanipulation gegeben zu haben. Modrow wurde verwarnt und zu einer Geldstrafe verurteilt. Im Februar 1994 hob der Deutsche Bundestag Modrows Immunität als Bundestagsabgeordneter auf und ermöglichte ein gerichtliches Vorgehen gegen ihn. Im März wurde Anklage wegen meineidlicher Falschaussage vor dem Sonderausschuß zur Untersuchung von Amts- und Machtmißbrauch in der DDR erhoben, ein Jahr später wurde Modrow für schuldig befunden und zu zehn Monaten Haft mit Bewährung verurteilt.

Mauerschützen[11]

Spektakulärer als diese Prozesse war der erste Mauerschützen-Prozeß gegen vier frühere DDR-Grenzsoldaten, der am 2. September 1991 begann und am 20. Januar 1992 endete. Sie waren beschuldigt worden, auf Flüchtlinge gezielt geschossen und ihren Tod billigend in Kauf genommen zu haben. Am 6. Februar 1989 war der zwanzigjährige Chris Gueffroy – als letzter von etwa 255 bei Fluchtversuchen an der Mauer getöteten Personen – durch einen Schuß ins Herz getötet worden. Angeklagt waren: Ingo Heinrich, Andreas Kühnpast, Mike Schmidt und Peter Schmett. In dem Prozeß wurde deutlich, daß Verfahren wegen Verbrechen in der DDR voller juristischer Unwägbarkeiten steckten. Der Richter mußte sich gemäß dem Einigungsvertrag nach den früheren DDR-Gesetzen richten, worauf bereits auch Schily im Berghofer-

Prozeß hingewiesen hatte. Darin war aber keine Handhabe für eine Verurteilung zu finden. Das juristische Problem lag also – wie bei fast allen Prozessen wegen Unrechts, das in der DDR begangen worden war – im Einigungsvertrag. Durften Grenzsoldaten überhaupt verurteilt werden?

Nach dem Einigungsvertrag und auch nach ganz allgemeinen Grundsätzen des Strafrechts durfte jemand wegen einer Tat in der DDR von der Justiz der Bundesrepublik nur verurteilt werden, wenn diese Tat in doppelter Weise strafbar war: sowohl nach dem Recht der DDR als auch nach dem der Bundesrepublik. Die Gerichte mußten also jedesmal klären: Hat sich ein Angeklagter überhaupt nach dem Recht der DDR strafbar gemacht? Wenn nicht, konnte er auch nicht verurteilt werden. Und spätestens seit 1970 waren Schüsse auf Flüchtlinge nicht mehr strafbar, sondern nach Paragraph 27 des Grenzgesetzes der DDR grundsätzlich erlaubt. Nun sagten die Gerichte der Bundesrepublik, sie würden Paragraph 27 dieses Gesetzes nicht anerkennen. So auch in diesem Fall. Das Gericht sah es nach 28 Verhandlungstagen dennoch als erwiesen an, daß Heinrich den tödlichen Schuß abgegeben hatte, und verurteilte ihn wegen Totschlags zu dreieinhalb Jahren Haft ohne Bewährung. Der Schuß aus 37 Metern Entfernung habe einer Hinrichtung geglichen. Kühnpast erhielt zwei Jahre Freiheitsstrafe mit Bewährung, Schmidt und Schmett wurden freigesprochen.

Das Gericht begründete sein von vielen Beobachtern als hart empfundenes Urteil damit, daß der Todesschütze und seine Kollegen ihr Gewissen nicht ausreichend geprüft und den Gehorsam nicht verweigert hätten. Es gebe in der zivilisierten Welt einen »Kernbereich des Rechts«, der durch kein Gesetz und keine Staatsgewalt angetastet werden könne. Niemand dürfe sein Gewissen abschalten, wenn es sich um die Tötung von Menschen auf Anordnung und im Sinne einer Obrigkeit handle. Die Angeklagten seien zwar die letzten Glieder einer Kette, jedoch auch verantwortlich gewesen. Auch nach DDR-Gesetzen sei der Schußwaffengebrauch an der Grenze »schlechthin nicht gerechtfertigt« gewesen, fügte Richter Theodor Seidl hinzu; ausdrücklich wurde Schmett bescheinigt, daß er auf die Füße eines Flüchtenden gezielt und damit noch eine gewisse Verhältnismäßigkeit gewahrt habe.

Im März 1993 hob der Bundesgerichtshof die Urteile teilweise auf. Bei Heinrich hätten die Richter nicht berücksichtigt, daß er »in der militärischen Hierarchie ganz unten gestanden« habe. Von einer anderen Strafkammer des Berliner Landgerichts erhielt er eine Bewährungsstrafe. Damit war die allgemeine Höhe der Strafen für Grenzsoldaten vorgegeben. Kritik fand damals der Umgang der Medien mit diesem ersten Mauerschützen-Prozeß. In der »Zeit« hieß es:

»Schon die äußeren Umstände des Prozesses waren katastrophal. Die Boulevard-Presse bleckte all ihre Zähne. Sie spuckte Namen, Anschriften und Telefonnummern fast aller Prozeßbeteiligten aus, sogar – im Großformat – ein Bild des unbekleideten Opfers. Was natürlich keinen Zusammenhang hatte mit dem Umstand, daß zumindest zwei der Anwälte von den Haß predigenden Postillen bezahlt wurden.«

Im zweiten Mauerschützen-Prozeß gegen zwei ehemalige Grenzsoldaten wurden am 5. Februar 1992 Strafen wegen Totschlags ausgesprochen. Beiden Angeklagten war vorgeworfen worden, den zwanzigjährigen Horst-Michael Schmidt am 1. Dezember 1984 bei seinem Fluchtversuch in Berlin mit gezielten Schüssen getötet zu haben. Einer der Angeklagten erhielt 21 Monate Haft, der andere, der zur Tatzeit noch »heranwachsend« gewesen war, 18 Monate Jugendstrafe; beide Strafen wurden zur Bewährung ausgesetzt. Den Verurteilten wurde in der Urteilsbegründung vorgeworfen, sich an die Vorgaben ihrer Vorgesetzten, jedoch nicht an das geltende DDR-Recht gehalten zu haben. Auch nach den Bestimmungen des DDR-Strafrechts und des Grenzgesetzes der DDR hätten beide Grenzsoldaten nicht aus großer Entfernung (100 bzw. 150 Meter) auf den Flüchtenden mit der Maschinenpistole schießen dürfen. Es wäre völlig ausreichend gewesen, mit einem gezielten Einzelschuß auf die Füße die Flucht zu stoppen. Außerdem sei ein bedenklicher Mangel an Zivilcourage festzustellen, denn die Angeklagten hätten auf diese Weise die Möglichkeit des Todes des Flüchtlings einer gelungenen Flucht vorgezogen. Eine zu entschuldigende Unkenntnis sei ebenfalls nicht festzustellen; beide hätten sich keine Gedanken gemacht, was Recht oder Unrecht, menschlich oder unmenschlich sei. Es hätte keinen Nachteil für die Angeklagten bedeutet, den Schießbefehl nicht auszuführen. »Sie brauchten kein Heldentum aufzubringen, um Schmidt nicht zu erschießen«, fügte die Richterin hinzu.

Die prinzipielle Strafbarkeit der Todesschüsse wurde Ende 1992 vom Berliner Strafsenat des Bundesgerichtshofs (BGH) ausdrücklich bestätigt. Das DDR-Grenzgesetz sei »unwirksam, da es gegen höheres Recht verstieß, das Recht des Lebens«. So sei »rechtswidriges Tun« befohlen worden. Bis Mitte 1994 ergingen allein in 15 Gerichtsverfahren Urteile gegen Grenzschützer der DDR, fast immer wegen Totschlags. Insgesamt wurden mehr als 100 verurteilt. Fast alle erhielten Frei-

heitsstrafen zwischen ein und zwei Jahren, die zur Bewährung ausgesetzt wurden.
Nur in Fällen von besonderer Grausamkeit ging man härter vor. Erstmals wurde am 20. Oktober 1993 ein früherer Soldat der Grenztruppen wegen Mordes verurteilt. Der Fünfte Strafsenat des BGH in Berlin hob ein im Dezember 1992 ergangenes Urteil des Bezirksgerichts Potsdam, das auf Totschlag erkannt und eine Haftstrafe von sechs Jahren verhängt hatte, auf und sprach statt dessen eine zehnjährige Haftstrafe wegen eines heimtückisch begangenen Mordes mit Tötungsvorsatz aus. Damit verhängten die Richter die nach dem hierfür noch geltenden DDR-Recht zulässige Mindeststrafe. Der Mauerschütze hatte in der Nacht zum 18. Oktober 1965 einen Flüchtling an der innerdeutschen Grenze, der bereits gestellt worden war und sich ergeben hatte, mit seiner Maschinenpistole erschossen. In der ersten Instanz war die politische Indoktrination der DDR-Grenztruppen als strafmildernd berücksichtigt worden, doch wollte der BGH dieser Wertung nicht folgen. Das Revisionsverfahren vor dem Bundesgerichtshof war sowohl von der Staatsanwaltschaft, die in ihrem Plädoyer von einer »regelrechten Hinrichtung« sprach, als auch von der Verteidigung des ehemaligen Grenzsoldaten angestrengt worden.[12]

Erich Honecker[13]
Am 12. November 1992 lief dann der Prozeß gegen Erich Honecker und fünf weitere frühere DDR-Spitzenfunktionäre an: Erich Mielke (von 1957–1989 Minister für Staatssicherheit), Willi Stoph (1964–1973 und 1976–1989 Vorsitzender des Ministerrates), Heinz Keßler (1985–1989 Verteidigungsminister), Fritz Streletz (1979–1989 stellv. Verteidigungsminister) und Hans Albrecht (1968–1989 Erster Sekretär des SED-Bezirks Suhl). Sie waren die noch lebenden Mitglieder des DDR-Verteidigungsrates in der Zusammensetzung von 1974.
Eine Schießbefehl-ähnliche Notiz des damaligen Sekretärs dieses Gremiums, Streletz, trug das Datum 3. Mai 1974. Das Verfahren gegen sie wegen gemeinschaftlichen Totschlages sollte auch zeigen, daß nach den Mauerschützen-Prozessen nicht nur die »kleinen Leute« bestraft würden. Für Kritiker handelte es sich allerdings um einen »politischen Prozeß«. Gegenstand des Prozesses waren fünf Fälle von Tötung durch Schüsse und je vier Fälle durch Erdminen bzw. Selbstschußanlagen. Die Anklageschrift umfaßte 783 Seiten, konnte aber nicht darüber hinwegtäuschen, daß die Beweislage umstritten war. Den juristischen Re-

geln zufolge hätte die Anklage auf DDR-Recht fußen müssen. Das stufte eine Flucht aber als illegalen Grenzübertritt ein, der Schußwaffengebrauch zuließ. Die Staatsanwälte verwiesen auf die Notiz vom 3. Mai 1974, in der es hieß, daß bei »Grenzdurchbruchsversuchen von der Schußwaffe rücksichtslos Gebrauch« zu machen sei. Die Angeklagten hätten dadurch »gemeinschaftlich einen Menschen getötet, ohne Mörder zu sein«.

Bereits am ersten Verhandlungstag wurde das Verfahren nach wenigen Minuten unterbrochen. Stoph erschien wegen eines am 10. November erlittenen Herzinfarkts nicht. Das Verfahren wurde wegen dessen schwerer Herzerkrankung vom Hauptprozeß abgetrennt und vorläufig eingestellt; Stoph war »auf nicht absehbare Zeit« verhandlungsunfähig. Am zweiten Prozeßtag mußte das Verfahren nach zwei Stunden wegen eines Schwächeanfalls Honeckers vertagt werden. Am 17. November beschloß das Gericht, auch den Prozeß gegen Mielke – der sich parallel in einem zweiten Verfahren wegen der Tötung zweier Polizisten in Berlin im Jahre 1931 zu verantworten hatte – vom Hauptverfahren abzutrennen und vorläufig einzustellen. Ein ärztliches Gutachten hatte zuvor belegt, daß der 84jährige Angeklagte dem Verfahrensverlauf nicht mehr folgen konnte. Die Richter hoben hervor, daß Mielke zwar »grundsätzlich eingeschränkt verhandlungsfähig«, doch die Doppelbelastung durch beide Prozesse unzumutbar sei. Mielke wurde am 26. Oktober 1993 wegen jener Morde aus dem Jahr 1931 zu sechs Jahren Haft verurteilt. Zwei Jahre später, am 1. August 1995, wurde er aus der Haft entlassen, nachdem er zwei Drittel seiner Strafe verbüßt hatte. Er starb am 21. Mai 2000.[14]

Inzwischen wurde weiter gegen Honecker verhandelt. Der ehemalige SED-Chef war im Januar 1990 kurz verhaftet, aufgrund seines schlechten Gesundheitszustandes aber entlassen worden, und hatte dann Ende Januar 1990 Unterkunft bei einem evangelischen Pfarrer gefunden. Ab April 1990 hatte er im sowjetischen Militärhospital in Beelitz gelebt, von wo aus er am 13. März 1991 nach Moskau geflogen worden war. Im Dezember 1991 hatte er angesichts einer drohenden Ausweisung in der chilenischen Botschaft in Moskau Zuflucht gesucht, war dann aber am 29. Juni 1992 nach Deutschland zurückgekehrt.

Am 3. Dezember 1992 nahm Honecker zu den gegen ihn erhobenen Vorwürfen Stellung. Gleichzeitig referierte er in einer 24 Seiten langen Erklärung über Grundzüge der DDR-Politik in den siebziger und achtziger Jahren und verteidigte den DDR-Staat sowie die Gesellschafts- und Wirtschaftsordnung im Sozialismus. Die Anklage wies er zurück, nannte die Strafkammer ein »Gericht der Sieger über uns Besiegte«, den Prozeß eine »Farce«, ein »Polit-Schauspiel« sowie einen »Nürnberger Prozeß gegen Kommunisten«, der die Diskreditierung der DDR und des Sozialismus zum Ziel habe und die »Fortsetzung des Kalten Krieges« darstelle. Was er zum Mauerbau sagte, wurde in ähnlicher Form im Sommer 2001 von der PDS wiederholt, als überall in Deutschland des 13. August 1961 gedacht wurde – mit Fahnen auf halbmast im ganzen Land (und dem verzweifelten Bemühen in Berlin, Reste der Mauer zu finden; hier war man radikal ans Werk gegangen und hatte die Mauer im Sommer 1990 innerhalb weniger Wochen fast vollständig beseitigt; um überhaupt noch etwas davon zu erkennen, wurde im Sommer 2001 vom Berliner Senat beschlossen, mit einer Linie aus Pflastersteinen den Verlauf der Mauer zu markieren).

Honecker zum Mauerbau: Die »Sperrung« sei vom Warschauer Pakt, in dem die DDR nur ein geringer Teil gewesen sei, »keineswegs leichten Herzens« beschlossen worden. »Der Beschluß trennte nicht nur Familien, sondern er war auch das Zeichen einer politischen und wirtschaftlichen Schwäche des Warschauer Vertrags gegenüber der NATO.« Er habe den Mauerbau befürwortet und mitverantwortet, da andernfalls ein weltweiter atomarer Krieg »mit Tausenden oder Millionen Toten« gedroht hätte. Im übrigen sei die Teilung Deutschlands »nicht ein Werk der Kommunisten, sondern das Werk der westlichen Alliierten und Konrad Adenauers« gewesen. Der deutsch-deutsche Grundlagenvertrag sowie die Einigung Deutschlands wären ohne den Bau der Mauer nicht möglich gewesen. Aus diesem Grund treffe ihn und seine Mitangeklagten »nicht nur keine juristische, sondern auch keine politische und moralische Schuld«. Er schloß mit den Worten: »Die Strafe, die Sie mir offensichtlich zudenken, wird mich nicht mehr erreichen. Tun Sie, was Sie nicht lassen können.«

In den folgenden Wochen sorgten Gutachten und Gegengutachten über das Stadium des Leberkrebses und die Überlebenschancen Honeckers dafür, daß das Verfahren in den Anfängen steckenblieb, nachdem das Landgericht Berlin am 21. Dezember beschlossen hatte, den Prozeß fortzusetzen. Das Berliner Verfassungsgericht stellte schließlich am 12. Januar 1993 fest, daß der Prozeß angesichts der Krankheit des Angeklagten gegen die Menschenwürde verstoße. Schon am nächsten Tag wurde Honecker die Ausreise nach Chile er-

möglicht, wo seine Frau Margot und seine Tochter lebten. Er starb dort am 29. Mai 1994 im Alter von 81 Jahren an Krebs.
Die Mitangeklagten Keßler und Streletz wurden im September 1993 wegen Anstiftung zum Totschlag zu siebeneinhalb bzw. fünf Jahren, Albrecht wegen Beihilfe zu viereinhalb Jahren Haft verurteilt. Aus Gesundheitsgründen wurde ihnen Haftverschonung gewährt.

Egon Krenz

Am 9. Januar 1995 schließlich erhob die Berliner Staatsanwaltschaft gegen weitere sieben Mitglieder des ehemaligen SED-Politbüros, darunter auch der letzte SED-Generalsekretär Egon Krenz, Anklage wegen der Todesschüsse und Todesminen an der deutsch-deutschen Grenze. Zweieinhalb Jahre später, am 25. August 1997, erging das Urteil gegen Krenz. Die Richter erkannten ihn als mitverantwortlich für den Tod von vier Personen, die zwischen 1984 und 1989 bei Fluchtversuchen getötet worden waren, und verhängten eine Freiheitsstrafe von sechseinhalb Jahren; unmittelbar nach der Urteilsverkündung hob der vorsitzende Richter den Haftverschonungsbeschluß gegen den 60jährigen Krenz wegen »erheblicher Fluchtgefahr« auf, der daraufhin noch im Gerichtssaal verhaftet wurde. Die beiden Mitangeklagten, die früheren SED-Spitzenpolitiker Günter Schabowski und Günther Kleiber, erhielten Freiheitsstrafen von jeweils drei Jahren.

»Die Richter wiesen in ihrer Urteilsbegründung die Darstellung der Verteidigung zurück, die Verantwortung für das Grenzregime der DDR habe ausschließlich beim Nationalen Verteidigungsrat in Ost-Berlin sowie bei der Nationalen Volksarmee gelegen; vielmehr sei durch zahlreiche Aussagen belegt worden, daß die Anweisungen über die Aufrechterhaltung der Grenzsicherungsanlagen ausschließlich aus dem Politbüro der SED gekommen seien, wobei die Staatspartei ohne Unterlaß auf die Notwendigkeit verwiesen habe, die Souveränität der DDR und die Staatsgrenze zu schützen. Das Politbüro habe seinen Befehl, Grenzdurchbrüche mit allen Mitteln zu verhindern, immer wieder erneuert; gegen das ›Verbrechen der Republikflucht‹ sei ›gnadenlos vorzugehen‹ gewesen. Hieraus habe sich eine ›Befehlskette nach unten‹ ergeben.«[15]

Die Angeklagten, »Staatsmänner in höchsten Positionen«, trügen damit die Mitverantwortung für den Tod von mindestens vier Menschen an der Berliner Mauer. Krenz hatte die Zuständigkeit der Berliner Richter bestritten, von »Siegerjustiz« gesprochen und kündigte Revision gegebenenfalls bis zum Europäischen Gerichtshof für Menschenrechte an. Die »Frankfurter Allgemeine Zeitung« kommentierte das Urteil am 26. August folgendermaßen:

»Es ist nicht Aufgabe eines Strafgerichts, Vergangenheit zu ›bewältigen‹. Der Rechtsstaat kann und muß aber auch für die Zukunft unzweifelhaft deutlich machen, daß die Repräsentanten eines Staates sich nicht nach Belieben über Menschen- und Bürgerrechte hinwegsetzen können, daß die von ihnen zur Durchsetzung und Erhaltung ihrer Macht geschaffenen Gesetze kein Freibrief dafür sind, Schranken und Gebote zu mißachten, die Moral und Recht aufgebaut haben. Der unselige Satz: ›Was gestern Gesetz war, darf heute nicht Unrecht sein‹ darf nach dem Sturz von Diktaturen – auch von Politbüro-Diktaturen – nicht gelten.«

Der Bundesgerichtshof bestätigte am 8. November 1999 das Urteil des Berliner Landgerichts. Auf die wiederholte Argumentation von Krenz eingehend, die DDR sei auch in Fragen des Grenzregimes nur bedingt souverän gewesen, habe dem Willen Moskaus folgen müssen, erklärte das Gericht, diese bedingte Souveränität treffe zwar zu, doch habe die DDR ein starkes Eigeninteresse an der Undurchdringlichkeit der innerdeutschen Grenze demonstriert und daher ein im wesentlichen gleichgerichtetes Interesse wie die Sowjetunion gehabt. Ein Verzicht auf das Grenzregime hätte die Existenz der DDR fraglich gemacht, daher sei eine abweichende Haltung der DDR-Führung von den Interessen der Sowjetführer nicht festzustellen. Außerdem habe die Sowjetunion der DDR die Ausgestaltung des Grenzregimes überlassen. Der PDS-Ehrenvorsitzende Hans Modrow bezeichnete das Urteil als zynischen Beitrag zu den Feiern des 10. Jahrestages des Mauerfalls. Die Sprecher der Regierungsparteien nannten die Entscheidung dagegen einen Erfolg für den Rechtsstaat.

Schabowski und Kleiber traten ihre Haft an, Krenz verklagte die Bundesrepublik vor dem Europäischen Gerichtshof in Straßburg, dem Tribunal des Europarates, wo er am 9. November 2000 angehört wurde. Er argumentierte, die Verurteilung verstoße gegen das in der Europäischen Menschenrechtskonvention verankerte Rückwirkungsverbot.

Die deutsche Justiz blickte damals gebannt bis bang nach Straßburg. Eine Niederlage Deutschlands hätte alle Prozesse wegen der Maueropfer ins Zwielicht gerückt und womöglich die gesamte neudeutsche Vergangenheitsbewältigung in Frage gestellt.[16] Dazu kam es nicht. Im März 2001 wiesen die 17 Richter in Straßburg die Beschwerde einstimmig zurück. Ihrer Ansicht nach kam es auf das Rückwirkungsverbot nicht an, weil die Tötung von Flüchtlingen an der innerdeutschen Grenze auch nach DDR-Recht verboten gewesen sei. Das Gebot, menschliches Leben zu schützen, sei in Verfassung und Grenzgesetz festgeschrieben gewesen.

Zudem sei »das Recht auf Leben schon zur Tatzeit das höchste Rechtsgut auf der Werteskala der international anerkannten Menschenrechte« gewesen. Die DDR sei Menschenrechtspakten beigetreten und habe sie in ihrem Strafrecht umgesetzt. Für einen Rechtsstaat wie die Bundesrepublik sei es legitim, Verbrechen, die unter einem früheren Regime begangen wurden, zu ahnden. Dabei dürften Gesetze, die zur Tatzeit galten, »im Lichte rechtsstaatlicher Prinzipien« angewendet werden. Im Urteil hieß es zudem, auch ein Soldat könne sich nicht blind auf Befehle berufen, die kraß gegen das Recht auf Leben verstoßen. Gegen dieses Urteil war keine Berufung mehr möglich, d. h. es war gleichzeitig ein Schlußstrich unter die juristische Aufarbeitung des DDR-Grenzregimes gezogen worden.[17]

Krenz blieb in Haft – wenn auch im offenen Vollzug. Ähnlich auch Kleiber und Schabowski, die im September 2000 von Eberhard Diepgen begnadigt wurden.[18] Am 2. Oktober 2000 waren darüber hinaus die meisten anderen Delikte – Rechtsbeugung, Wahlfälschung, Vermögensschiebereien der SED-Spitze, Spionage etc. – verjährt. Vorher war bereits der letzte Prozeß gegen SED-Politbüromitglieder zu Ende gegangen. Herbert Häber, Siegfried Lorenz und Hans-Joachim Böhme waren am 7. Juli 2000 von der Anklage der Tötung durch Unterlassen freigesprochen worden.[19] Für Krenz ging wenige Tage nach Bildung der SPD/PDS-Koalition in Berlin (s. Kap. 10) bei der Justizsenatorin Karin Schubert (SPD) ein neuerliches Gnadengesuch ein; die Senatorin ließ am 1. Februar 2002 mitteilen, sie wolle das Gesuch ablehnen.[20]

Markus Wolf

Ein spezielles Verfahren betraf den ehemaligen DDR-Spionagechef Markus Wolf, der sich 1990 einer drohenden Verhaftung zunächst durch Flucht in die Sowjetunion entzog, sich im September 1991 aber den deutschen Behörden stellte. Er stand Ende 1993 in Düsseldorf vor Gericht. Die Problematik dieses Falles war besonders klar: Wolf hatte Spionage gegen die BRD betrieben. Auch von der Bundesrepublik war allerdings Spionage betrieben worden – vom Bundesnachrichtendienst gegen die DDR. Dessen Chef war viele Jahre Klaus Kinkel gewesen. Als der Prozeß in Düsseldorf begann, war Kinkel Außenminister.

Am 6. Dezember 1993 wurde Wolf in Düsseldorf wegen Landesverrats und Bestechung von Amtsträgern zu sechs Jahren Gefängnis verurteilt. Das Gericht – unter Vorsitz desselben Richters, der 16 Jahre zuvor Günter Guillaume, Wolfs größten Erfolg (s. Bd. 3, Kap. 11), verurteilt hatte – sah es als erwiesen an, daß Wolf die Spionage gegen die

Bundesrepublik gelenkt hatte. Wolf blieb auch nach der Urteilsverkündung auf freiem Fuß, da der Haftbefehl gegen ihn außer Vollzug gesetzt war. Die Verteidigung hatte Revision eingelegt. Ein Jahr später erklärten die Karlsruher Verfassungsrichter in einem Grundsatzurteil die Verurteilung von ehemaligen DDR-Spionen für verfassungsrechtlich unzulässig. Wolf wurde dennoch verurteilt: 1996 zu einer zweijährigen Bewährungsstrafe wegen Verschleppung und Freiheitsberaubung. Er schrieb wie viele andere auch seine Memoiren und ist immer noch gefragter Gast in Fernseh-Talkshows.

Alexander Schalck-Golodkowski

Ein anderer hat auch Erinnerungen niedergeschrieben, war aber seltener in Talkshows zu sehen: Alexander Schalck-Golodkowski. Der »große Alex«, wie man ihn zu DDR-Zeiten wegen seiner Länge von rd. 1,90 m nannte, hatte als Devisenbeschaffer der DDR wohl die meisten und interessantesten Westkontakte. Er war »Held der Arbeit«, hatte seit 1960 offizielle Kontakte zum MfS und wurde dort ab 1975 als Oberst geführt. Er hatte sich am 6. Dezember 1989 den westdeutschen Behörden gestellt und anschließend seine Kenntnisse in 31 langen Sitzungen dem Bundesnachrichtendienst offenbart. Für ihn gab es, wie er rückwirkend feststellte, »keine Schwierigkeiten, zu antworten. Je mehr die Bundesrepublik über den sich auflösenden Staat wußte, desto besser für die DDR.« Oder desto besser für Schalck?

Seit Anfang 1990 wohnt Schalck im idyllischen Rottach-Egern am Tegernsee.

1991 sah sich Bundesjustizminister Kinkel veranlaßt, Vorwürfen und Vermutungen zu widersprechen, wonach Schalck geschützt werde. Anlaß waren die langsame Entwicklung der Ermittlungen gegen Schalck und dessen vielfältige Kontakte zu prominenten westdeutschen Politikern und Unternehmern. Nachdem mehrere Ermittlungsverfahren eingestellt wurden, kam es 1996 zu einem eher grotesken Urteil. Schalck wurde wegen des Verstoßes gegen ein Gesetz der Militärregierung aus dem Jahre 1949 (am 3. Oktober 1990 außer Kraft gesetzt) verurteilt: ein Jahr auf Bewährung, weil er Jagdwaffen und Nachtsichtgeräte für die Mächtigen der DDR besorgt hatte. 1997 bestätigte der Bundesgerichtshof das Urteil. Im März 1999 scheiterte Schalck mit einer Verfassungsbeschwerde vor dem Bundesverfassungsgericht in Karlsruhe.

Zwischen 1992 und 1998 wurde noch auf andere Weise versucht, Geschichte und Folgen der SED-Diktatur »aufzuarbeiten«. Der Bundestag setzte im März 1992 eine entsprechende Enquete-Kommission ein, der 16 Bundestagsabgeordnete und 11 Sachverständige angehörten. Willy Brandt skizzierte in seiner letzten Rede vor dem Bundestag die Aufgabe der Kommission u. a. folgendermaßen:

»Der Weg zur Verwirklichung der deutschen Einheit ist steiniger und wird, wie wir alle wissen, auch teurer, als die meisten angenommen hatten. Ich bin darüber hinaus nicht der einzige, der den Eindruck hat: Die immateriellen Folgen der Spaltung und die Nachwirkungen des SED-Regimes könnten die Kräfte stärker und länger binden, als zu verantworten wäre. [...] Das Zusammenwachsen jedenfalls ist ein widerspruchsvoller Prozeß. Damit er gut verläuft, darf man einerseits nicht zulassen, daß der Mantel des Verschweigens über gravierendes Unrecht ausgebreitet wird, auf der anderen Seite aber auch nicht hinnehmen, wenn dem vergangenen System durch grassierende Verdächtigung und langwierige Vergiftung nachträglich Triumphe beschert werden. [...] Vergangenes ist immer ein Stück des Gegenwärtigen. Erinnerung darf nicht selektieren, sie muß alles umfassen. [...] Möglichst viel Aufdeckung und Aufklärung muß her, zumal wo es um Machtzentren von Partei, Staat und sog. Staatssicherheit geht, und wo es sich um das Ausmaß der unterschiedlich festzumachenden Verantwortung handelt.«[21]

In 44 ganztägigen öffentlichen Anhörungen mit 186 Wissenschaftlern und Zeitzeugen wurden bis 1994 sechs große Themenbereiche aufgearbeitet, nämlich

1. Machtstrukturen und Entscheidungsmechanismen im SED-Staat und die Frage der Verantwortung.
2. Rolle und Bedeutung der Ideologie, integrative Faktoren und disziplinierende Praktiken in Staat und Gesellschaft der DDR.
3. Recht, Justiz und Polizei im SED-Staat.
4. Innerdeutsche Beziehungen und internationale Rahmenbedingungen.
5. Rolle und Selbstverständnis der Kirchen in den verschiedenen Phasen der SED-Diktatur.
6. Möglichkeiten und Formen abweichenden und widerständigen Verhaltens und oppositionellen Handelns, die friedliche Revolution im Herbst 1989 und die Vereinigung Deutschlands.

In manchen der Debatten und Analysen spielte Parteipolitik eine nicht unerhebliche Rolle, der sich teilweise auch die Wissenschaftler nicht entziehen konnten. (Bereits im Vorfeld hatte es bei der Nominierung von Wissenschaftlern massive parteipolitische Eingriffe gegeben!) Am

Ende wurden die Ergebnisse in neun umfangreichen Bänden mit 18 Teilbänden veröffentlicht, die Debatten, Anhörungen, Sachverständigenberichte, Zeitzeugenbefragungen und eine umfangreiche Sammlung von Expertisen zu Einzelproblemen enthalten.

Trotz aller, mitunter auch unsachlich vorgetragenen Kritik hat diese Enquete-Kommission eine beachtliche Arbeit geleistet. Sie hat Spuren und Zeugnisse in einem Umfang gesichert, wie es Wissenschaft und Publizistik schon aus Gründen der Arbeitsökonomie in so kurzer Zeit nie vermocht hätten. Sie hat viele Bereiche der DDR-Realität beleuchtet, die üblicherweise im Schatten der Aufmerksamkeit standen. Und sie hat Anstöße und Anregungen für weitere Arbeiten gegeben, deren Wert sich erst in Zukunft erweisen wird. Werner Müller faßte das so zusammen: »Das wichtigste Resultat dürfte aber darin bestehen, daß man sich den Langzeitwirkungen der zweiten deutschen Diktatur gestellt hat. Deren Beschönigung oder Verdrängung dürfte nicht mehr ganz so einfach sein.«[22]

Dankenswerterweise wurde 1997 aus den 18 Teilbänden eine vierbändige Taschenbuchausgabe als Kurzfassung veröffentlicht. In Band 1 wird unter dem Titel »Das Herrschaftssystem« die Machtstruktur in der DDR behandelt, in Band 2 »Opfer, Opposition und Widerstand«, in Band 3 »Wandlungen der Deutschlandpolitik«, das wohl an Widersprüchen reichste Kapitel der Kommissionsarbeit. In Band 4 werden das SED-Regime in vergleichender Perspektive und die Bedeutung seiner Aufarbeitung untersucht.

1995 wurde eine »Fortsetzungs«-Kommission eingesetzt, die sich mit der »Überwindung der Folgen der SED-Diktatur im Prozeß der deutschen Einheit« beschäftigen sollte. Ihre Ergebnisse wurden 1999 veröffentlicht. Auf Empfehlung der zweiten Kommission verabschiedete der Deutsche Bundestag am 5. Juni 1998 das »Gesetz über die Errichtung einer Stiftung zur Aufarbeitung der SED-Diktatur«. Zweck der Stiftung, die im Herbst 1998 ihre Arbeit in Berlin aufnahm, ist es,

> »in Zusammenarbeit mit anderen Einrichtungen auf dem Gebiet der Aufarbeitung der SED-Diktatur, Beiträge zur umfassenden Aufarbeitung von Ursachen, Geschichte und Folgen der Diktatur in der Sowjetischen Besatzungszone in Deutschland und in der DDR zu leisten und zu unterstützen, die Erinnerung an das geschehene Unrecht und die Opfer wachzuhalten sowie den antitotalitären Konsens in der Gesellschaft, die Demokratie und die innere Einheit Deutschlands zu fördern und zu festigen«.[23]

Der Golfkrieg

Während die Bürger in Europa beim Jahreswechsel 1990/91 die Wende in Osteuropa und die Deutschen die Vollendung ihrer Einheit feierten, entwickelte sich ein Konflikt im Nahen Osten. Der Irak unter seinem Diktator Saddam Hussein hatte am 2. August 1990 Kuwait militärisch besetzt. Unter Führung der USA stellte der Sicherheitsrat der Vereinten Nationen dem Land daraufhin am 29. November ein Ultimatum, sich bis zum 15. Januar aus dem kleinen Emirat wieder zurückzuziehen. Gleichzeitig engagierte sich US-Präsident George Bush maßgeblich am Aufbau einer internationalen Streitmacht für einen möglichen Krieg gegen den Irak.
Gefragt war hier auch Deutschland, das Bush bereits im Mai 1989 zum »partner in leadership« in Europa erklärt hatte. Die USA forderten eine stärkere deutsche Unterstützung, worauf die neue Bundesregierung nur sehr zögerlich einging. Immerhin wurden am 6. Januar 1991 18 »Alpha«-Jets der Bundeswehr in die Südtürkei verlegt und am 8. Februar – nachdem am 17. Januar der Golfkrieg begonnen hatte – 49 Soldaten des mit »Hawk«-Raketen ausgerüsteten Flugabwehrgeschwaders 36 in der Osttürkei stationiert. Damit standen erstmals nach dem Zweiten Weltkrieg deutsche Soldaten in einem Gebiet, das von Krieg bedroht war.
Diese Entscheidung löste in Deutschland heftige Diskussionen aus und führte zu einem rapiden Anstieg der Zahl der Kriegsdienstverweigerer. Die NATO und die Bundesregierung gingen davon aus, daß bei einem möglichen Angriff des Irak auf die Türkei der Bündnisfall eintreten würde, wonach jedes NATO-Mitglied zum Beistand verpflichtet ist. Die SPD sah das nicht nur anders, sie war auch der Meinung, daß eine Beteiligung der Bundeswehr nur unter dem Kommando der UNO zulässig sei (eine Meinung, die sie Anfang 1999 änderte, als sie die Regierung stellte und die Bundeswehr im Kosovo-Krieg den NATO-Angriff gegen Jugoslawien mit mehreren Flugzeugen unterstützte).
Noch während des Golfkrieges wurde bekannt, daß die Bundesrepublik den Irak in seinen Kriegsanstrengungen unterstützt hatte. Deutsche Firmen hatten mitgeholfen, die Reichweite der irakischen »Scud«-Raketen von 280 auf 600 Kilometer zu erhöhen, so daß diese beispielsweise auch israelisches Gebiet erreichen konnten. Auch beim

Aufbau der Giftgasproduktion sollen Deutsche beteiligt gewesen sein. Um den Schaden einigermaßen zu begrenzen, besuchte Außenminister Genscher Ende Januar Israel und bot Geld an, um die Lieferung von »Patriot«-Abwehrraketen zur Verteidigung gegen den Irak zu finanzieren. Wenn schon keine Truppen, dann wenigstens Geld: Dies galt auch bei den anderen Ländern. Am Ende unterstützte die Bundesrepublik mit rd. 18 Mrd. DM – etwa ein Drittel des bundesdeutschen Verteidigungsetats – den Golfkrieg und mußte sich trotzdem den Vorwurf der »Scheckbuch-Diplomatie« gefallen lassen.
Offensichtlich um in Israel das angeschlagene Image zu verbessern, ließ man sich in Bonn im Dezember 1991 wieder auf geheime Waffenlieferungen ein. Es ging um Panzer und Kettenfahrzeuge sowjetischer Bauart sowie anderes Gerät aus dem Bestand der ehemaligen Nationalen Volksarmee der DDR. Die Behörden in Hamburg hatten das Material entdeckt. Die Aktion war als Geheimoperation vom zuständigen Staatsminister im Bundeskanzleramt, Lutz Stavenhagen, eingefädelt worden. Die SPD forderte – erfolglos – den Rücktritt von Bundesverteidigungsminister Gerhard Stoltenberg; nur Stavenhagen mußte zurücktreten.

Jugoslawien

Inzwischen brannte der Balkan: Jugoslawien fiel auseinander. Und hier nun wurde – anders als im Golfkrieg – die Bundesregierung aktiv. Die Außenminister der EG beschlossen auf Initiative von Deutschland und Frankreich, die jugoslawischen Teilrepubliken Slowenien und Kroatien bis zum 15. Januar 1992 auf ihren Wunsch hin als unabhängige Staaten anzuerkennen. Dieser Beschluß führte dazu, daß Bonn – und gleichzeitig auch Wien – am 23. Dezember diese beiden Staaten anerkannte und alle Vermittlungsversuche damit hinfällig wurden. Die Hoffnung auf eine friedliche Lösung des Jugoslawienkonflikts sollte sich damit allerdings nicht erfüllen: Der Krieg weitete sich aus, und es kam zu jenen berüchtigten ethnischen Säuberungen unter Slobodan Milošević, die am Ende dann zum Eingreifen der NATO im Kosovo 1999 führten.
In Osteuropa war die deutsche Politik erfolgreicher. Am 17. Juni 1991 schlossen Bonn und Warschau ein Abkommen über gute Nachbarschaft und freundschaftliche Zusammenarbeit zwischen beiden Ländern.

In der Folgezeit kamen neue Verpflichtungen auf das vereinigte Deutschland zu.
Im Frühjahr 1993 bat UN-Generalsekretär Butros Butros-Ghali die Bundesregierung offiziell um eine Beteiligung an der Aktion »Neue Hoffnung« in Somalia. Anfang Juli billigte der Bundestag den Einsatz von Bundeswehrsoldaten bei der entsprechenden UNO-Hilfsaktion. Nach der Vereinigung müsse das souverän gewordene Deutschland, so hieß es, eine größere internationale Verantwortung übernehmen. Das Grundgesetz werde von der Beteiligung an der Mission nicht berührt, da die Soldaten in Somalia nur in befriedeten Gebieten eingesetzt und ausschließlich zu humanitären Hilfsleistungen herangezogen würden. Damit begann ein Streit um die Verfassungsmäßigkeit dieser Aktion.
Das Bundesverfassungsgericht in Karlsruhe verkündete am 23. Juni 1993, die Teilnahme verstoße nicht gegen das Grundgesetz; die Entsendung von Soldaten müsse jedoch vom Bundestag beschlossen werden. Die deutschen Blauhelme blieben bis 1995 in Somalia, wobei am praktischen Nutzen des Einsatzes mehrfach Zweifel geäußert wurden.
Ein Jahr später, mit Urteil vom 12. Juli 1994, beendete das Bundesverfassungsgericht den Streit um die sogenannten »out of area«-Einsätze der Bundeswehr, der mit dem Golfkrieg begonnen hatte. Die Auslandseinsätze im Rahmen der UNO oder anderer Bündnissysteme wie der Westeuropäischen Union (WEU) oder der NATO waren demnach zulässig, allerdings von der Zustimmung des Bundestages abhängig – bei einfacher Mehrheit. Damit wurde eine Klage der SPD-Bundestagsfraktion gegen die Teilnahme deutscher Soldaten an der UNO-Mission in Somalia zurückgewiesen; die Bundesregierung hatte ein zentrales außen- und sicherheitspolitisches Ziel erreicht. Nach Wiedervereinigung und Wiedererlangung der vollen Souveränität war die deutsche Außen- und Sicherheitspolitik endlich voll handlungs- und bündnisfähig. Die Karlsruher Entscheidung war auch im Ausland mit besonderer Aufmerksamkeit registriert worden, hoffte man doch, daß das vereinigte Deutschland mehr weltpolitische Verantwortung übernehmen würde. Das Urteil bedeutete politisch auch eine klare Absage an einen deutschen Sonderweg. Friedenschaffende Maßnahmen oder Kampfeinsätze waren demnach vom Grundgesetz gedeckt. Das war im Grunde der politische Kern des Urteils.

Abb. 25: »Lebe wohl Deutschland! Empfange uns Heimat.« Ende August 1994 endet die über 49 Jahre dauernde sowjetisch-russische Militärpräsenz in Deutschland: Hier die Verladung der letzten von 4000 Panzern im Hafen von Rostock.

31. August 1994: Abzug der russischen Truppen[24]

Sechs Wochen später, am 31. August 1994, gab es wieder etwas zu feiern: die über 49 Jahre dauernde sowjetisch/russische Militärpräsenz in Deutschland wurde beendet. An dem Festakt in Berlin nahm auch der russische Präsident Boris Jelzin teil. In den knapp vier Jahren seit der Unterzeichnung des Zwei-plus-Vier-Vertrages am 12. September 1990 waren 340 000 Soldaten und 206 000 Zivilisten in ihre nunmehrigen Heimatstaaten der inzwischen aufgelösten Sowjetunion zurückgekehrt, gleichzeitig 123 629 Stück schwere Waffen – davon über 4000 Panzer, 11 500 Panzerfahrzeuge, 4000 Artilleriegeschütze und -systeme – und 2,7 Mio. Tonnen Material aus Deutschland abtransportiert worden. Jelzin würdigte die organisatorische Leistung der Soldaten und sprach von einem »historischen Ereignis«. Kohl nannte den 31. August den »Schlußpunkt der Nachkriegsgeschichte Europas« und meinte gleichzeitig: »Wir gewinnen die Zukunft aber nur, wenn wir die Lehren aus den dunklen Kapiteln der Vergangenheit nicht vergessen.« Er dankte dem russischen Volk und Jelzin, »daß wir am Ende dieses Jahrhunderts, das soviel Leid, Tod und Tränen sah, die Hand zur

Freundschaft reichen können – in dem festen Willen, gemeinsam für Frieden und Freiheit zu arbeiten«.
Die Zeitung »Komsomolskaja Prawda« sah das nicht ganz so freundlich: Deutschland habe die Truppen nicht verabschiedet, sondern sich beeilt, sie »hinauszukomplimentieren«; dies sei kein Tag zum Feiern. Im Vorfeld hatte es nämlich Unstimmigkeiten über die Ausgestaltung der Veranstaltung gegeben. Die Russen wollten gemeinsam mit den westlichen Siegermächten verabschiedet werden, was die Bundesregierung jedoch ablehnte. Man wollte die Sowjets nicht mit den westlichen Alliierten auf eine Stufe stellen.
Die Streitkräfte der drei Westalliierten wurden am 8. September in Anwesenheit von François Mitterrand, des britischen Premierministers John Major und US-Außenminister Warren Christopher feierlich verabschiedet. In Deutschland sind seitdem als ausländische Soldaten nur noch Truppen der NATO stationiert. Zur Erinnerung an die Sowjets wird deren Museum in Karlshorst – wo im Mai 1945 die bedingungslose Kapitulation unterschrieben worden war – weitergeführt, zur Erinnerung an die Präsenz der Westalliierten wurde ein Museum errichtet. Dieses AlliiertenMuseum befindet sich im Zentrum des ehemaligen US-Sektors von Berlin und konnte bereits im September 1994 mit der Ausstellung »Mehr als ein Koffer bleibt. Die Westmächte und Berlin 1944–1994« an die Öffentlichkeit treten.

11. Dezember 1991: Maastricht[25]

Während der Abzug der russischen Truppen deutlich machte, daß das vereinigte Deutschland nun wirklich souverän war, gab das Land durch die Vertiefung und Erweiterung der Europäischen Gemeinschaft gleichzeitig ein Stück Souveränität ab. Dies entsprach dem Wunsch und Willen von Kohl während jener aufregenden Wochen und Monate der Vereinigung, wohl aber noch mehr dem von François Mitterrand. Dessen veränderte Haltung Ende 1989/Anfang 1990, als erkennbar war, daß eine Wiedervereinigung so oder so kommen würde, wurde der Schlüssel zur europapolitischen Absicherung der Vereinigung. Frankreich forcierte die Vertiefung der europäischen Integration und erwartete die deutsche Zustimmung dafür als Beweis für die Integrationsbereitschaft auch des vereinigten Deutschland.
Eines solchen Beweises bedurfte es bei Kohl in dieser Frage genauso

wenig wie gegenüber den Amerikanern mit Blick auf die Mitgliedschaft ganz Deutschlands in der NATO. Kohl war sich in dem Bestreben mit Mitterrand völlig einig, auch wegen der deutschen Vereinigung die europäische Integration voranzutreiben. Das Stichwort hierfür lautet Maastricht. Die damaligen zwölf Staats- und Regierungschefs der Europäischen Gemeinschaft beschlossen auf ihrer Gipfelkonferenz vom 9. bis 11. Dezember 1991 die Europäische Union. Maastricht wurde zum bedeutendsten Reformschritt seit Gründung der Europäischen Wirtschaftsgemeinschaft im März 1957. Der Vertrag von Maastricht wurde am 7. Februar 1992 unterzeichnet. Er sah u. a. vor:

1. Die Schaffung einer Europäischen Wirtschafts- und Währungsunion mit der gemeinsamen Währung ECU sowie die Errichtung einer Europäischen Zentralbank. Bis spätestens 1999 sollten diejenigen Vertragspartner, die eine solide Finanzpolitik vorweisen konnten, den ECU als allgemeingültiges Zahlungsmittel einführen. Erforderlich dafür waren eine Begrenzung des Haushaltsdefizits auf 3 % des Bruttosozialprodukts und der Staatsschulden auf 6 % des Bruttoinlandsprodukts sowie die Einhaltung von Höchstgrenzen für Inflationsraten und Zinsniveau.
2. Festlegung einer gemeinsamen Außen- und Sicherheitspolitik unter Einschluß einer noch festzulegenden gemeinsamen Verteidigungspolitik im Rahmen der Westeuropäischen Union (WEU). Der Europäische Rat der Staats- und Regierungschefs sollte diejenigen Bereiche festlegen, in denen mit qualifizierter Mehrheit entschieden und somit das Vetorecht einzelner Mitglieder aufgehoben wurde.
3. Vorgesehen war eine enge Kooperation in der Rechts- und Innenpolitik; Asylrecht, Einwanderungspolitik und Bekämpfung grenzüberschreitender Kriminalität galten als »Anliegen von gemeinsamem Interesse«.
4. Weiters war vorgesehen die Einführung einer Unionsbürgerschaft, Fortschritte in der Sozialpolitik sowie zusätzliche Rechte und Aufgaben für das Europäische Parlament; jeder EU-Bürger sollte sich in allen EU-Staaten frei bewegen und aufhalten können sowie in seinem Wohnsitzland das Wahlrecht für kommunale Wahlen und die Wahlen zum Europäischen Parlament erhalten.
5. Wichtigster Einzelaspekt aber – und so auch von der Öffentlichkeit registriert – war die geplante Einführung einer europäischen Währung.[26]

Der Zeitplan für die Umsetzung der Maastrichter Beschlüsse geriet anfangs ins Stocken, nachdem die Dänen bei einer Volksabstimmung 1992 gegen die Verträge gestimmt hatten. Das wurde dann allerdings beim zweiten Urnengang 1993 korrigiert. Der Bundestag stimmte dem Vertrag am 2. Dezember 1992 zu. Nach Ratifizierung durch alle Mitgliedstaaten trat er zum 1. November 1993 in Kraft. Der Vertrag von Maastricht war seit seiner Vereinbarung im Dezember 1991 umstritten. Den einen galt er als zu ehrgeizig – etwa in der Währungspolitik –, andere wiederum taten ihn als zu halbherzig ab, vor allem bei der politischen Union. Wieder andere empfanden »Maastricht«, als Entwurf der Gestalt Europas nach dem Kalten Krieg gedacht, als bürgerfern, historisch überholt und zu kurz gegriffen, entstanden ausschließlich aus dem Blickwinkel der westeuropäischen Staaten.
Das offenkundige Versagen der Europäer auf dem Balkan hatte weitere Zweifel am Zweck einer »immer engeren Union« und an der Handlungsfähigkeit der Gemeinschaft genährt. Die Ratifizierungsverfahren hatten sich als Gelegenheiten erwiesen, der allgemeinen Politikverdrossenheit ein Ventil zu öffnen. Es hatte mehrerer Volksentscheide und höchstrichterlicher Urteile bedurft, damit der Weg für das Inkrafttreten des Vertrages frei wurde. Tatsache aber war: Mit Maastricht überschritt die Europäische Gemeinschaft die Schwelle zur weitreichendsten Reform in ihrer Geschichte. Es begann nun das Wagnis des zweifachen Sprungs in die Wirtschafts- und Währungsunion sowie in die politische Union. Es war ein Unterfangen von Kühnheit und historischer Tragweite. Am 1. Januar 1995 traten auch Österreich, Schweden und Finnland der Gemeinschaft bei; seither gibt es 15 EU-Mitglieder.
Drei Monate später, am 26. März 1995, traten das Zweite Schengener Abkommen über die Abschaffung der Personenkontrollen an den EU-Binnengrenzen zwischen den Benelux-Staaten, der BRD, Frankreich, Portugal und Spanien sowie eine gemeinsame Sicherheits- und Asylpolitik in Kraft. Von nun an ging es nicht nur um die Vertiefung der Europäischen Union, sondern auch wieder um eine Erweiterung, diesmal nach Osten.

Am 17. Juni 1997 kam mit dem Vertrag von Amsterdam die dritte große Vertragsreform hinzu (nach der Einheitlichen Europäischen Akte von 1986 und Maastricht). Sie sollte einerseits das politische Defizit ausgleichen, das beim Vertrag von Maastricht geblieben war, und andererseits die Gemeinschaft auf die Erweiterung um die mittel- und osteuropäischen Reformstaaten vorbereiten. Den 15 Staats- und Regierungschefs der EU ging es bei ihrem Gipfel um mehr Kooperation in der Beschäftigungs-, Außen- und Justizpolitik. Die Wirtschaftspolitik sollte koordiniert werden, der »Stabilitätspakt«, der am 1. Januar 1999 mit der Einführung des Euro in Kraft treten würde, sah für Länder, die beim Haushaltsdefizit die 3 %-Grenze überschritten, Geldbußen vor. Außerdem sollte die Polizeibehörde Europol innerhalb der nächsten fünf Jahre ihre Arbeit aufnehmen und ein Generalsekretär die Außenpolitik koordinieren; in Asylfragen durfte weiter nur einstimmig entschieden werden.
Besonders für die Entscheidungsprozeduren der wichtigsten EU-Organe blieb die Reform dennoch weit hinter den Erwartungen zurück. Der EU-Vertrag wurde nicht einfacher, sondern noch komplizierter. Am eindrucksvollsten beschrieb im Mai 1998 der ehemalige französische Kulturminister Jacques Lang die Lage der Europäischen Union:

> »Europa gleicht heute einem Schiff, das ohne Kapitän, ohne Kurs und ohne Antrieb dahintreibt. Im Vergleich zu einem aktiven, dynamischen und starken Amerika ist Europa heute nichts als ein träger Luxusdampfer, zunehmend reparaturbedürftig, mit Roststellen behaftet und stotternder Maschine. Das Abenteuer Europa, das neben Wohlstand und Frieden eine neue Ära der Größe versprach, ist zu einer Serie bürokratischer Kompromisse geworden.«[27]

Ganz so schlimm waren die Dinge dennoch nicht. Als Lang dies schrieb, beschlossen die EU-Staats- und Regierungschefs am 3. Mai 1998 den Start der Europäischen Währungsunion (EWU) und damit den Einstieg in die Einführung des Euro als Buchgeld zum 1. Januar 1999 (zunächst ohne Großbritannien, Schweden, Dänemark und Griechenland). Am 1. Januar 2002 sollte der Euro offizielles Zahlungsmittel werden. Gleichzeitig wurde der Niederländer Wim Duisenberg als Chef der Europäischen Zentralbank (EZB) mit Sitz in Frankfurt am Main nominiert.

10. Kapitel

1998–2002: Die Regierung Schröder/Fischer

Dokumente

1998–2002: Die Regierung Schröder/Fischer

27. September 1998: Bundestagswahl[1]

Bis Ende 1999 waren 1500 Milliarden DM an Unterstützung für die neuen Bundesländer aufgebracht worden (etwa 250mal mehr, als die BRD Marshallplan-Hilfe erhalten hat). Im Vorfeld der Bundestagswahl am 27. September 1998 warf Helmut Kohl der SPD im Bundestag »Realitätsverlust und Verweigerung« vor:

»Es lohnt sich, einmal kurz darüber nachzudenken: Wo stünden wir eigentlich, wenn Schröder und Lafontaine seit 1990 das Sagen gehabt hätten? Ob dann, nachdem beide gegen die Währungsunion gestimmt hatten, die Einheit überhaupt möglich gewesen wäre, wage ich zu bezweifeln. Wenn sie doch möglich gewesen wäre, dann wäre sie nicht weitgehend durch Einsparungen und Umschichtungen, sondern weitgehend durch Steuererhöhungen finanziert worden. Dies hätte der deutschen Wirtschaft mit Sicherheit entscheidend geschadet. Die deutsche Volkswirtschaft hätte nicht die Kraft aufgebracht, jedes Jahr vier bis fünf Prozent des BIP für die größte Solidaraktion der deutschen Geschichte, nämlich die Einheit, aufzubringen. Das haben wir geleistet.«

Die Wahl ging dennoch für die Koalition und vor allem für die CDU/CSU verloren: Die Union mußte das schlechteste Ergebnis seit 1949 hinnehmen und rutschte unter die 40 %-Grenze. Für viele politische Beobachter war allein die Höhe des SPD-Sieges überraschend. Unerwartet war für viele auch das beeindruckende Ergebnis der PDS, die nicht nur vier Direktmandate in Berlin gewann, sondern auch bundesweit die Fünf-Prozent-Hürde überwand und im neuen Bundestag eine Fraktion bildete. Das Ergebnis im einzelnen (in Klammern 1994):

	Prozent	Mandate
SPD	40,9 (36,4)	298 (252)
CDU/CSU	35,2 (41,4)	245 (294)
Bündnis 90/Grüne	6,7 (7,3)	47 (49)
FDP	6,2 (6,9)	43 (47)
PDS	5,1 (4,4)	36 (30)
Republikaner	1,8 (1,8)	– (–)

Selten zuvor argumentierten die Analysten so einmütig. »Die Deutschen waren des Kanzlers überdrüssig. Helmut Kohl ist abgewählt worden«, formulierte das Meinungsforschungsinstitut polis. Ein anderes sprach vom »Plebiszit gegen Kohl« und nannte den Amtsträger einen »verbrauchten Kanzler«.

Der Triumph des SPD-Kandidaten Gerhard Schröder wurde nach Meinung der Wahlforscher nur durch die offenkundige Schwäche des christdemokratischen Langzeit-Regenten Helmut Kohl möglich. In den letzten vier Jahren hatte Kohl es zu einem »Reformstau« kommen lassen, wie es hieß. Manches war vergessen, vor allem eine der größten innenpolitischen Leistungen, die Einführung der Pflegeversicherung. Kompromißlos rechneten vor allem die Menschen im Osten Deutschlands mit Kohl ab. Dort, wo der Kanzler 1990 »blühende Landschaften« versprochen hatte, verlor die CDU mehr als 10 % und erreichte weniger als 28 %. Im Osten der Hauptstadt Berlin wählten gerade mal 15 % die CDU; 1994 waren es immerhin noch 19,5 % gewesen.

In den ländlichen Wahlkreisen der neuen Länder, wo der Aufschwung noch auf sich warten ließ, straften die Wähler die CDU und ihren Spitzenkandidaten überraschend deutlich ab. Die Union stürzte auf 30,9 % (minus 14,7 % im Vergleich zu 1994) ab. Eckhardt Rehberg, CDU-Fraktionschef in Mecklenburg-Vorpommern, nannte einen Grund: »Wir haben die Ostdeutschen nicht mitgenommen auf dem Weg in die Einheit. 80 % fühlen sich als Menschen zweiter Klasse.«

Kohls zweistelliger Absturz Ost bestätigte die Vorhersage der Demoskopen. Die hatten mehrfach betont, daß wegen mangelnder Parteienverbundenheit mit extremen Wählerwanderungen zu rechnen sei. Selbst »Sachsen-König« Kurt Biedenkopf gelang es nicht, das Desaster abzumildern. Die Christdemokraten, die den Freistaat mit absoluter Mehrheit regierten, blieben zwar die stärkste Partei dort, brachen jedoch auf 32,7 % (minus 15,3 %) ein.

SPD und PDS wurden zum Auffangbecken. Beide Parteien profitierten in den neuen Ländern überdurchschnittlich von der Kanzlermüdigkeit. Allein 468 000 Wähler, die 1994 für die CDU votiert hatten, liefen zur SPD über (bundesweit 1,66 Mio.); 156 000 ehemalige Anhänger der Union stimmten für die umgetaufte SED (bundesweit 275 000).

Nach einer Umfrage des Instituts Infratest stand für 95 % der Deutschen die Arbeitslosigkeit an der Spitze der Probleme. Der Union trauten nur noch 28 % der Wähler die Lösung dieses Problems zu. Am

Wahlabend, als das Ergebnis bereits feststand, zeigte Helmut Kohl noch einmal Größe. Der Langzeitkanzler sagte traurig, aber mit fester Stimme zu seinen Parteifreunden: »Jetzt werden wir uns wie Demokraten verhalten.« Er wünschte dem Wahlsieger »eine glückliche Hand für unser Land« und hatte für seine Parteifreunde einen höchst menschlichen Trost parat: »Das Leben geht weiter.« Die Ära Kohl war zu Ende. Kohl, ein Politiker mit Machtinstinkt und Fortune, ein Mensch mit Kampfgeist, ein Patriarch und Patriot, ein großer Staatsmann und vor allem ein Europäer, trat ab. Wie er abtrat und das Amt übergab, war allererste Klasse.

Erstmals bildeten SPD und Grüne eine Koalition. Mit der Wahl Gerhard Schröders zum Bundeskanzler und seiner anschließenden Vereidigung am 27. Oktober übernahm diese Koalition nach 16 Jahren konservativ-liberaler Herrschaft offiziell die Regierungsgewalt in Deutschland. Bei der geheimen Abstimmung votierten 351 von 666 anwesenden Abgeordneten für den 54jährigen SPD-Politiker. Damit erreichte der dritte sozialdemokratische Kanzler nach Willy Brandt und Helmut Schmidt im ersten Wahlgang 16 Stimmen mehr als die notwendige absolute Mehrheit. Außenminister und Vizekanzler wurde Joseph (»Joschka«) Fischer von den Grünen.

Bei der Aushändigung der Ernennungsurkunde an Schröder erklärte Bundespräsident Roman Herzog, die Regierung werde von großen Erwartungen begleitet. Deutschland brauche Reformen, habe aber nicht viel Zeit. Schröder versprach »Entschlußkraft und Mut zu Reformen«. Entsprechend sah denn auch der Koalitionsvertrag aus. Bekämpfung der Arbeitslosigkeit und Stärkung der Wirtschaft war ein Thema: es ging um eine neue Wirtschaftspolitik für mehr Arbeitsplätze; der Mittelstand, das Handwerk und Existenzgründungen sollten gestärkt werden. Gerechte Steuern, eine ökologische Steuer- und Abgabenreform, eine ökologische Modernisierung, Umweltschutz und die Modernisierung des Sozialstaats waren weitere Schwerpunkte.

Diese Themen flossen dann in die Regierungserklärung von Schröder ein, die dieser am 10. November vor dem Deutschen Bundestag abgab. Die Menschen, so der neue Bundeskanzler,

»erwarten, daß eine bessere Politik für Deutschland gemacht wird. Wir wissen: ökonomische Leistungsfähigkeit ist der Anfang von allem. Wir müssen Staat und Wirtschaft modernisieren, soziale Gerechtigkeit wiederherstellen und sie sichern, das europäische Haus wirtschaftlich, sozial und politisch so ausbauen, daß die gemeinsame Währung ein Erfolg werden kann. Wir müssen die innere Einheit Deutschlands vorantreiben; und vor allem und bei allem: wir müssen dafür sorgen, daß die

Arbeitslosigkeit zurückgedrängt wird, daß bestehende Arbeitsplätze erhalten bleiben und neue Beschäftigung entsteht.«

Der neue CDU-Vorsitzende und Fraktionschef der CDU/CSU, Wolfgang Schäuble, nannte die Regierungserklärung enttäuschend, da sie »eine Ansammlung von Überschriften und Absichtserklärungen« enthalte, die dort, wo es um inhaltliche Substanz gehe, »bemerkenswert blaß« geblieben sei.[2]

Arbeitslosigkeit

Die Regierung Schröder/Fischer zeigte gerade im ersten Jahr bedenkliche Schwächeanfälle. Es dauerte eine ganze Weile, bis sie wirklich Tritt gefaßt hatte, ohne aber das entscheidende Ziel, dem Schröder seine Wahl mit zu verdanken hatte, die Reduzierung der Arbeitslosenzahlen, zu erreichen. Arbeitslosigkeit war ein durchgehendes Thema der neunziger Jahre, genauso wie das Thema Globalisierung, mit dem sie oftmals erklärt wurde. Sie blieb trotz zeitweiliger Konjunkturbelebungen auf hohem Niveau. Im Januar 1994 war die Zahl erstmals in der Nachkriegszeit über die 4-Millionen-Grenze gestiegen: 2,736 Millionen Arbeitslose in den alten und 1,293 Millionen in den neuen Bundesländern. Im Januar 2002 gab es 4,29 Millionen Arbeitslose!

In seiner Regierungserklärung hatte Schröder ein »Bündnis für Arbeit« angekündigt, als ständiges Instrument zur Bekämpfung der Arbeitslosigkeit. Er hatte die Massenarbeitslosigkeit als dringendstes und auch schmerzhaftestes Problem genannt und erklärt: »Wir wollen uns jederzeit – nicht erst in vier Jahren – daran messen lassen, in welchem Maße wir zur Bekämpfung der Arbeitslosigkeit beitragen.« Das Ziel war, die Arbeitslosigkeit bis zur nächsten Bundestagswahl 2002 auf 3,5 Millionen zu drücken. Er hatte auch gesagt, er verdiene es nicht, wiedergewählt zu werden, wenn das Ziel nicht erreicht werde. Das war eine fatale Aussage, wie das Jahr 2002 zeigen sollte. Im Sommer 2001 erwies sich dieses Ziel als nicht mehr erreichbar. Im Juli 2001 lauteten die Arbeitslosenzahlen: insgesamt 3,863 Millionen, davon im Westen 2,488 und im Osten 1,375 – mit steigender Tendenz. Es ging offensichtlich nur noch um die Frage, so die »Frankfurter Allgemeine Zeitung« am 16. August 2001, wie man am elegantesten von den Versprechungen vom Beginn der Legislaturperiode herunterkommen konnte. Der Grund für die Misere »liegt nicht nur an der Konjunktur«, wie

»FAZ«-Experte Walter Hamm meinte: »Die Flaute deckt auf, an was es wirklich fehlt: an strukturellen Reformen, vor allem des Arbeitsmarktes und der sozialen Sicherung.«[3] Mit der Bundesrepublik ging es wirtschaftlich jedenfalls weiter bergab – im Winter 2001/2002 bis an die letzte Stelle aller EU-Länder. (Dazu paßte das Ergebnis der OECD-Studie PISA Ende 2001: Im internationalen Vergleich versagten die deutschen Schüler und Schulen. »Der Spiegel« fragte am 10. Dezember 2001 in seiner Titelgeschichte: »Sind deutsche Schüler doof?«, wohl wissend, daß die Schüler wohl am wenigsten verantwortlich sind für die neue Bildungskatastrophe.)

Schröder sah das im Sommer 2001 anders. 3,5 Millionen Arbeitslose wären »ohne die Konjunkturschwäche in Amerika und Japan erreichbar gewesen«, sagte er im ZDF; es sei eine »bittere Wahrheit«, daß die Regierung ihre selbstgesetzte Marke wohl verfehlen werde.[4] Er verwies weiter auf seine »Politik der ruhigen Hand«, die von der Opposition bereits als »ruhige Kugel schieben« interpretiert wurde. Und dies alles, obwohl in politisch interessierten Kreisen der Öffentlichkeit Schröder schon längst als »Kanzler der Konzerne« und »Genosse der Bosse« gehandelt wurde. Die Bosse spielten jedenfalls nicht mehr mit; im Sommer 2001 überboten sich große private und öffentliche Unternehmen beim Streichen von Arbeitsplätzen – euphemistisch »Stellenabbau« etc. genannt. Die vielgescholtene Globalisierung mußte auch dafür herhalten, während die CDU versuchte, mit einem Programm der »Neuen Sozialen Marktwirtschaft« zu punkten.

Schröder hatte zu Beginn seiner Regierungszeit mit mehreren Problemen zu kämpfen, obwohl es zunächst einige schnelle Entscheidungen der Regierung gab. So wurden Reformen der CDU/FDP-Regierung (Einschränkungen bei Lohnfortzahlung im Krankheitsfall sowie Kündigungsschutz, Renten- und Krankenversicherung) wegen »Lücken bei der sozialen Gerechtigkeit« zurückgenommen, wie es schon im Wahlkampf verkündet worden war. Es gab dann zahlreiche »handwerkliche Fehler« und unprofessionelles Handeln. Schon bald mußten Minister ausgewechselt werden.

Ein besonders schwieriger Fall – und in Partei und Öffentlichkeit kaum nachvollziehbar – war der spektakuläre Abgang von Oskar Lafontaine. Am 11. März 1999 trat der SPD-Vorsitzende und Finanzminister ohne Stellungnahme und völlig unerwartet von allen seinen politischen Ämtern zurück. Er zog damit die Konsequenzen aus einem monatelangen Machtkampf mit Schröder. In einem Schreiben an die SPD-Ge-

nossen meinte Lafontaine in herablassender Kürze, »hiermit erkläre ich meinen Rücktritt vom Amt des Vorsitzenden der Sozialdemokratischen Partei Deutschlands. [...] Ich wünsche Euch für die Zukunft eine erfolgreiche Arbeit für Freiheit, Gerechtigkeit und Solidarität.« Im Finanzministerium hieß es, der Minister sei für niemanden erreichbar.
Die englische Zeitung »The Sun« hatte noch kurz zuvor die Frage gestellt, ob Lafontaine der »gefährlichste Mann Europas« sei. Lafontaines Rücktritt belebte jedenfalls die Börse. Als die Nachricht von seiner Demission bekannt wurde, schnellten die Kurse in die Höhe. Wolfgang Schäuble nannte den Rücktritt ein »Menetekel für die Substanzlosigkeit der Regierung Schröder«. Der Minister wolle offenbar nicht mehr für den Schaden haftbar gemacht werden, den die Regierung angerichtet habe. Viele in der SPD empfanden den Schritt Lafontaines als eine Art Verrat. Jedenfalls war dies sein Ende als Politiker. Spätere Medienauftritte sahen eher kläglich aus.
Schröder bedauerte den Rücktritt seines Parteigenossen und dankte ihm für die geleistete Arbeit. Er lehnte es ab, über mögliche Motive Lafontaines zu spekulieren und schlug den noch amtierenden hessischen Ministerpräsidenten Hans Eichel als neuen Finanzminister vor. Eichels rot-grüne Koalition hatte bei den Wahlen in Hessen am 7. Februar eine empfindliche Wahlniederlage erlitten. Die CDU war mit ihrem Spitzenkandidaten Roland Koch erfolgreich; sie hatte mit einer Unterschriftenaktion gegen die von der Bundesregierung geplante doppelte Staatsbürgerschaft bei den Wählern gepunktet. Auf einem Sonderparteitag der SPD in Bonn am 12. April wurde Schröder dann zum neuen Vorsitzenden der Partei gewählt.
Die Grünen unter Umweltminister Jürgen Trittin waren beim Thema Atomausstieg besonders aktiv, obwohl auch sie feststellen mußten, daß Opposition und Regierung zwei verschiedene Dinge sind. Hatten sie vor 1998 Atommülltransporte ins niedersächsische Gorleben massiv bekämpft, so sah das im Frühjahr 2001 anders aus, als Atomkraftgegner wieder mit Schienenblockaden einen sogenannten »Castor-Transport« aufhielten. Jetzt verteidigte ein grüner Bundesumweltminister die Transporte. Auch sonst machte sich Trittin durch höchst unüberlegte Äußerungen unbeliebt. Beliebt und anerkannt war dagegen Außenminister Joschka Fischer. Er profilierte sich besonders als Vermittler im Nahostkonflikt, zuletzt im August 2001, als bei einem Treffen mit Arafat dieser ein Treffen zwischen ihm und dem israelischen Außenminister Shimon Peres in Berlin vorschlug (das nicht stattfand).

Er überzeugte seine Parteigenossen auch von der Antiterror-Politik der Bundesregierung und eröffnete Anfang Dezember 2001 die Afghanistan-Konferenz auf dem Petersberg bei Königswinter. Die heftige öffentliche Debatte über Fischers politisch-radikale Vergangenheit war längst vergessen. In Gang gesetzt hatte sie Bettina Röhl, Tochter von Ulrike Meinhof, zu Beginn des Jahres. Im Mittelpunkt hatte u. a. ein kurzer Filmausschnitt gestanden, in dem der junge Fischer einem wehrlos am Boden liegenden Polizisten in den Magen tritt. Am Ende des Jahres konnte sich der Außenminister als Weltfriedenspolitiker profilieren. Der Satire-Entertainer von SAT 1, Harald Schmidt, nannte das: vom »Prügel-Joschka« zu »Kofi Fischer« (Kofi Annan ist UNO-Generalsekretär).

Kosovo[5]

Die neue rot-grüne Regierung sah sich wenige Monate nach Amtsübernahme einer besonderen Situation gegenüber: Am Luftkrieg der NATO gegen Jugoslawien vom März bis Juni 1999 waren deutsche »Tornado«-Jets beteiligt.
Am 16. Oktober 1998 stimmte der Bundestag in einer Sondersitzung dem Antrag der scheidenden Bundesregierung zur deutschen Beteiligung an einer möglichen NATO-Aktion im Kosovo mit großer Mehrheit zu. Bereits am 30. September hatte das Kohl-Kabinett beschlossen, der NATO 14 Tornados für einen Einsatz in Jugoslawien zur Verfügung zu stellen. SPD und Grüne hatten daraufhin erklärt, sie würden die Antwort der Bundesregierung an die NATO mittragen. In dem Antrag wurde festgehalten, daß das atlantische Bündnis zum Eingreifen berechtigt sei, falls die Regierung in Belgrad die Resolutionen des UN-Sicherheitsrats nicht erfülle. SPD und Grüne hatten für ihre Fraktion die Abstimmung freigegeben. Für den Antrag stimmten 500 von 580 anwesenden Abgeordneten, dagegen 62; 18 enthielten sich der Stimme. Zuvor hatte die große Mehrheit des Parlaments einen Entschließungsantrag der PDS zurückgewiesen, in dem gefordert worden war, die Beteiligung der Bundeswehr an einer NATO-Militäraktion abzulehnen.
Jugoslawiens Präsident Slobodan Milošević betrieb in jenen Wochen und Monaten im Kosovo eine »ethnische Säuberung«. Hunderttausende flüchteten. Vor Beginn der Debatte im Bundestag hatte Außen-

minister Klaus Kinkel betont, daß ein militärischer Einsatz nur als letztes Mittel in Frage käme, Milošević habe aber auf die monatelangen Bemühungen der Staatengemeinschaft für eine politische Lösung nicht reagiert. Er sei der Hauptverantwortliche für die Tragödie im Kosovo, und es dürfe ihm nicht erlaubt werden, »sein Katz-und-Maus-Spiel« fortzusetzen. Die NATO habe mit ihrem Beschluß, angesichts der drängenden humanitären Not einzugreifen, kein neues Rechtsinstrument geschaffen. Verteidigungsminister Volker Rühe sagte, die Bundeswehrsoldaten brauchten für ihre schwierige Mission die vorbehaltlose Unterstützung des Bundestages. Insgesamt würden 500 deutsche Soldaten eingesetzt werden.
Der Vorsitzende der SPD-Fraktion, Rudolf Scharping, der im Kabinett Schröder Verteidigungsminister wurde, argumentierte, da sich Milošević nur nach militärisch untermauertem Druck bewegen ließe, müsse dieser Druck auch künftig aufrechterhalten werden. Wolfgang Schäuble erklärte für die CDU/CSU-Fraktion, die Entscheidung für eine NATO-Intervention stehe verfassungs- und völkerrechtlich auf sicherer Grundlage. Gregor Gysi (PDS) betonte dagegen, die Entscheidung der NATO verletze nicht nur das allgemeine Völkerrecht, sondern auch die Resolution der UNO zum Kosovo. Ein »Vorratsbeschluß« für einen Krieg mit Serbien sei indiskutabel und der falsche Weg. Gysi war es denn auch, der wenig später Milošević in Belgrad besuchte, was als politische Instinktlosigkeit bezeichnet wurde.
Im Februar 1999 wurde der Beschluß des Bundestages noch einmal bestätigt. Von den 608 abgegebenen Stimmen am 25. Februar waren 556 für, 42 gegen den Antrag, 10 enthielten sich der Stimme. Die PDS-Fraktion hatte ihre geschlossene Ablehnung vorher angekündigt, ebenso fünf Abgeordnete der Grünen. Es sollten bis zu 6000 deutsche Soldaten als Teil der sogenannten KFOR-Truppe (Kosovo-Force) eingesetzt werden. Scharping wie auch sein Amtsvorgänger Rühe hoben hervor, daß die große Zahl deutscher Soldaten und die besonders gefährliche Lage auf dem Kosovo dem Einsatz im Vergleich zu früheren eine neue Qualität gäben. Außenminister Joschka Fischer meinte, man werde dem Konflikt zwischen Serben und Kosovo-Albanern nicht entkommen können, wenn man wegschaue. Das bedeute nur »die Akzeptanz der mörderischen Logik des Konflikts«.
Am 20. März 1999 scheiterten in Rambouillet und Paris die Friedensverhandlungen für den Kosovo; vier Tage später begannen die Luftangriffe der NATO. Zum erstenmal seit 1945 befand sich damit auch

Deutschland wieder im Krieg – ausgerechnet unter einer rot-grünen Regierung. Am 24. März erklärte Bundeskanzler Schröder dazu in einer Fernsehansprache u. a.:

»Heute abend hat die NATO mit Luftschlägen gegen militärische Ziele in Jugoslawien begonnen. Damit will das Bündnis weitere schwere und systematische Verletzungen der Menschenrechte unterbinden und eine humanitäre Katastrophe im Kosovo verhindern. [...] Die Militäraktion richtet sich nicht gegen das serbische Volk. [...] An dem Einsatz der NATO sind auch Soldaten der Bundeswehr beteiligt. So haben es Bundesregierung und der Deutsche Bundestag beschlossen. [...] Die Bundesregierung hat sich ihre Entscheidung nicht leicht gemacht, schließlich stehen zum ersten Mal nach Ende des Zweiten Weltkrieges deutsche Soldaten im Kampfeinsatz. Ich rufe von dieser Stelle aus alle Mitbürgerinnen und Mitbürger auf, in dieser Stunde zu unseren Soldaten zu stehen. Sie und ihre Familien sollen wissen, daß wir das Menschenmögliche tun für den Schutz unserer Soldaten bei diesem schwierigen und gefahrvollen Einsatz. Gleichwohl können wir Gefahren für Leib und Leben unserer Soldaten nicht ausschließen.«[6]

Nach 79 Tagen nahm die NATO die faktische Kapitulation der jugoslawischen Armee entgegen. Die NATO hatte keinen einzigen Soldaten im Kampfeinsatz verloren; es hatte allerdings »Kollateralschäden« gegeben, wie die Wortschöpfung der NATO für getötete Zivilisten, Bombardierung der chinesischen Botschaft in Belgrad etc. lautete. Wenig später rückten insgesamt 50 000 KFOR-Soldaten im Kosovo ein, davon 1500 der Bundeswehr.

Ein Jahr später, im Juni 2000, verlängerte der Bundestag das Mandat für den Verbleib der deutschen Truppen im Kosovo. Die PDS stimmte erneut dagegen. Bei dieser Gelegenheit wies Verteidigungsminister Scharping auf die Erfolge bei der Flüchtlingsrückkehr und der Wiederherstellung friedlicher Verhältnisse im Kosovo hin. Er meinte gleichzeitig, es sei naiv zu glauben, die Bundeswehr innerhalb der nächsten Jahre dort abziehen zu können.

Wieder ein Jahr später stand der nächste Einsatz auf dem Programm: diesmal in Mazedonien. Am 23. August 2001 folgte die Bundesregierung einem entsprechenden Beschluß der NATO. Der Bundestag billigte den Einsatz deutscher Soldaten am 29. August. Erstmals verfügten SPD und Grüne dabei über keine eigene Mehrheit. Die PDS hatte erneut geschlossen gegen den Einsatz gestimmt.

In seiner Regierungserklärung hatte Bundeskanzler Schröder betont, die Einbindung Deutschlands in die Europäische Union sei »von zentraler Bedeutung für die deutsche Politik«, und angekündigt, daß die Bundesregierung im ersten Halbjahr 1999 die deutsche Ratspräsidentschaft nutzen werde, um den Integrationsprozeß voranzutreiben. Daraus wurde nichts, der Kosovo-Krieg band alle Kräfte. Hinzu kam die Krise der EU-Kommission. In einem unabhängigen Bericht wurden ihr Mißwirtschaft und Korruption vorgeworfen, worauf deren Präsident Jacques Santer am 16. März 1999 den Rücktritt der 20köpfigen Kommission bekanntgab. Nachfolger Santers wurde im September 1999 der ehemalige italienische Ministerpräsident Romano Prodi.

Immerhin kam es am 26. März 1999 zu einer wichtigen Entscheidung der EU-Staats- und Regierungschefs: Mit der »Agenda 2000« wurde die Grundlage für eine Erweiterung der EU gelegt. Ein knappes Jahr später wurden erstmals in der Geschichte der Gemeinschaft Boykottmaßnahmen gegen einen Mitgliedstaat eingeleitet: Österreich. In Wien hatten die konservative Volkspartei und die rechtspopulistischen Freiheitlichen eine Koalitionsregierung gebildet. Einige EU-Mitglieder sahen nun die Demokratie in Österreich gefährdet – die sie 1994 bei der Beteiligung von Neofaschisten an der Regierung in Rom für Italien nicht gefährdet gesehen hatten. Das Ganze war eine eher peinliche Veranstaltung, an der sich die rot-grüne Regierung in Berlin heftig beteiligte – vor allem wegen Rücksichtnahme auf den Partner in Paris – und die es, wie Kohl meinte, unter ihm als Kanzler niemals gegeben hätte.

Nur mit Mühe fand die EU wieder zum Tagesgeschäft zurück. Der nächste Gipfel fand unter der Ratspräsidentschaft Frankreichs Anfang Dezember 2000 in Nizza statt. Das vier Tage und eine Nacht dauernde Gipfeltreffen – das bis dahin langste in der Geschichte der Europäischen Union – hatte zum Ziel, die europäischen Institutionen so zu reformieren, daß die Union auch nach der Aufnahme neuer Mitglieder arbeits- und entscheidungsfähig bleibt. Bei der Frage der Neugewichtung der Stimmen im Ministerrat, dem am meisten umstrittenen Thema, konnte erst unter der Drohung eines Scheiterns der Konferenz eine Einigung erreicht werden, die sowohl die kleinen wie die großen Mitgliedsländer zufriedenstellte. Es war ein politischer Kompromiß mit vielen Ungereimtheiten. Die Neugewichtung im Ministerrat nutzt den großen Ländern, während im Europäischen Parlament vor allem die Bevölkerungszahl entscheidend ist. Beim Thema Mehrheitsentscheidungen waren kaum Fortschritte erzielt worden. Im »Rheinischen Merkur« hieß es am 15. Dezember 2000: »So feilschen nur die Teppichhändler«; und die »FAZ« kommentierte am 13. Januar 2001, die Versäumnisse des Gipfels von Nizza »müssen schnell korrigiert werden«. Wann und wie das geschehen wird – und mit wie vielen neuen Mitgliedern –, bleibt abzuwarten.

Ein Jahr später – der Nizza-Vertrag war noch nicht ratifiziert – trafen die EU-Staats- und Regierungschefs zu einem weiteren Gipfel im belgischen Königsschloß Laeken zusammen. Dort kam es zu einer historischen Weichenstellung, wie viele politische Beobachter meinten. Angesichts der Tatsache, daß nur 11 % der EU-Bürger sich mit Europa identifizierten und die Zustimmung zur EU in den Jahren zuvor ständig gesunken war und nur jeder zweite Bürger die Union positiv sah, fiel in Laeken der Startschuß zu einer bürgerfreundlicheren, unbürokratischeren EU. Am Ende der zweitägigen Tagung, am 15. Dezember 2001, wurde die »Erklärung von Laeken« verabschiedet. Damit wurde eine Debatte über mehr Bürgernähe und weniger Bürokratie eingeleitet. Zehn der 13 Beitrittskandidaten wurden erstmals als wahrscheinliche Aufnahmekandidaten für 2004 genannt. Entscheidend aber war der Beschluß, einen Konvent einzuberufen, der sich eine neue EU ausdenken sollte. Dem Konvent sollten 30 Vertreter der nationalen Parlamente, 16 Delegierte des Europäischen Parlaments, 15 Entsandte der Regierungen sowie zwei EU-Kommissare angehören. Vertreter der Beitrittskandidaten sollten als »aktive Beobachter«, aber ohne Stimmrecht den Beratungen des Konvents folgen. »Die Bürger finden, daß alles zu sehr über ihren Kopf hinweg geregelt wird, und wünschen eine bessere demokratische Kontrolle.« Die EU müsse »demokratischer, transparenter und effizienter werden«, so die Erklärung.

Die Staats- und Regierungschefs legten eine Zustandsbeschreibung der EU vor, in der mit ungewöhnlicher Offenheit auch die Bürgerferne ihrer Institutionen beschrieben wurde. Zum Präsidenten des Reformkonvents wurde der ehemalige französische Staatschef Valéry Giscard d'Estaing ernannt, zu Vizepräsidenten die früheren Regierungschefs Giuliano Amato (Italien) und Jean-Luc Dehaene (Belgien). Bundeskanzler Schröder verteidigte die Ernennung Giscards gegen erste kritische Stimmen; dieser sei ein »überzeugter Europäer«. Ein Verfassungsentwurf, »der den Namen verdient«, wäre nach Ansicht des Kanzlers ein »ideales Ergebnis« der Konventsberatungen. Im einzelnen sollte der Konvent, dessen Mandat weit gefaßt wurde, eine bessere Zuordnung der Zuständigkeiten zwischen den zentralen EU-Organen und jenen der bisherigen und zukünftigen zehn neuen Mitgliedstaaten vor allem aus Mittel- und Osteuropa und nur ein Jahr nach den zaghaften Reformschritten prüfen und untersuchen, welche Aufgaben besser gemeinsam erledigt werden können. Als Beispiel dafür wurde die Frage gestellt, wie sich eine in sich schlüssige gemeinsame Außen- und Sicherheitspolitik entwickeln lasse. Auch über die demokratische Legitimierung der EU-Organe sollte sich der Konvent Gedanken machen. So mußte das Gremium zum Beispiel prüfen, ob der Kommissionspräsident künftig durch das Europäische Parlament oder sogar in Direktwahl von den Bürgern gewählt werden kann. Schließlich wurde die Frage nach einer Verfassung gestellt. Es bleibt abzuwarten, wie die Entwicklung weitergeht. Die Regierungschefs behielten sich auch in Laeken vor, zunächst die Empfehlungen des Konvents zu begutachten und erst nach mehrmonatiger Denkpause in einer Regierungskonferenz über Vertragsänderungen zu entscheiden.

Jedenfalls sind seit dem 1. Januar 2002 Euro-Banknoten und -Münzen in 12 der 15 Mitgliedstaaten der Europäischen Union – Großbritannien, Schweden und Dänemark führten den Euro (noch) nicht ein – im Umlauf. Deren nationale Banknoten und Münzen wurden am 28. Februar 2002 aus dem Verkehr gezogen. Seither ist der Euro für 380 Millionen Menschen das einzige Zahlungsmittel. Es gibt keine D-Mark mehr – und definitiv auch keine Möglichkeit mehr für einen deutschen Sonderweg. Mit der Einführung des Euro ist die europäische Einigung unumkehrbar, eine sinnvolle Alternative nicht vorhanden. Es gibt kein Zurück mehr – aber noch viel zu tun in Europa.

Bereits in den ersten Tagen und Wochen wurde der Euro zur Erfolgsstory: Schlangestehen vor den Bankschaltern wurde zur Kulthandlung, die emotionsbesetzte D-Mark war schon lange vor dem 28. Februar praktisch verschwunden, und in den drei Euro-Verweigerer-Staaten bröckelte schon im Januar die Ablehnungsfront massiv. Außerdem wurde der Euro auch außerhalb der EU praktisch zur anerkannten Zweitwährung, etwa in der Schweiz oder im Kosovo. Der Euro brachte mit seiner Einführung als Bargeld sofort einen Schub für die europäische Integration über die Grenzen der EU des Jahres 2002 hinaus: Europhorie statt Eurosklerose und Europhobie.

Die CDU

Noch am Abend der Wahlniederlage am 27. September 1998 hatte Helmut Kohl angekündigt, daß er nicht mehr für den Parteivorsitz zur Verfügung stehen werde. Sechs Wochen später, am 7. November, wurde Wolfgang Schäuble auf dem 11. Parteitag der CDU in Bonn zum neuen Vorsitzenden der Partei gewählt. Ein Jahr später geriet die Partei in Turbulenzen. Am 4. November 1999 erließ das Amtsgericht Augsburg einen Haftbefehl gegen den früheren CDU-Schatzmeister Walther Leisler Kiep wegen Steuerhinterziehung. Daraus ergaben sich finanzielle Ungereimtheiten, die sich zur Spendenaffäre der CDU ausweiteten, auch wenn Generalsekretärin Angela Merkel erklärte, die Partei sei in diese Vorgänge nicht verstrickt.
Im Bundestag kam es am 24. November zu einem heftigen Schlagabtausch zwischen dem SPD-Fraktionsvorsitzenden Peter Struck und Ex-Kanzler Helmut Kohl, der gereizt auf dessen Äußerung reagierte, die CDU mache nach der Flick-Parteispendenaffäre in den achtziger Jahren so weiter wie bisher. Zwei Tage vorher hatten SPD und Grüne mit ihrer Mehrheit im Bundestag die Einsetzung eines Untersuchungsausschusses »Parteispenden und Waffenhandel« beschlossen, der u. a. klären sollte, ob im Zusammenhang mit der Lieferung von Panzern an Saudi-Arabien Bestechungsgelder an die CDU geflossen waren (bei Abschluß dieses Manuskripts waren die Untersuchungen noch nicht abgeschlossen). Kohl war mehr in den – negativen – Schlagzeilen als während seiner Kanzlerschaft im vereinigten Deutschland, nachdem er wenig später eingeräumt hatte, als Parteivorsitzender über heimliche Konten und Finanztransfers verfügt zu haben. Von diesen Konten seien Sonderzuwendungen an einzelne Parteigliederungen geflossen. Er habe es als notwendig erachtet, bestimmte Sachverhalte als vertraulich anzusehen. Er fügte hinzu, er bedaure, »wenn die Folge dieses Vorgehens mangelnde Transparenz und Kontrolle sowie möglicherweise Verstöße gegen Bestimmungen des Parteiengesetzes« gewesen sein sollten. Er übernahm für diese Fehler die politische Verantwortung, weigerte sich aber, Namen bestimmter Spender zu nennen.
Wenig später geriet auch der Parteivorsitzende Schäuble ins Visier der öffentlichen Kritik, nachdem nicht geklärt werden konnte, ob er es war, der eine 100000-DM-Spende angenommen hatte. Der einst als »Hoffnungsträger« der Partei gefeierte Schäuble zog die Konsequenz aus diesem Vertrauensverlust und trat zurück. Am 10. April 2000 wurde

Angela Merkel, die bisherige Generalsekretärin der Partei, zur neuen Vorsitzenden der CDU gewählt. Zwei Jahre später, am 11. Januar 2002, wurde auch die leidige »K-Frage« entschieden. Monatelang wurde die Öffentlichkeit mit der Frage genervt, wer Kanzlerkandidat/in der CDU/CSU werden sollte: Angela Merkel oder Edmund Stoiber. Es wurde CSU-Chef Stoiber.

13. August 2001: 40 Jahre Mauerbau und die PDS

Der Mauerbau am 13. August 1961 bleibt eines der einschneidendsten Ereignisse der deutschen Nachkriegsgeschichte. 40 Jahre später, 2001, 12 Jahre nach dem Fall der Mauer, erinnerten alle Parteien an dieses Ereignis. Dabei traf es sich gut, daß der Jahrestag des Mauerbaues in den Berliner Wahlkampf fiel. Das Gedenken an das Geschehen vor 40 Jahren wurde überdeckt von der Debatte um die mögliche Regierungsbeteiligung der PDS in Berlin nach der Wahl zum Abgeordnetenhaus am 21. Oktober 2001 und um die grundsätzliche Auseinandersetzung mit dieser Partei.

Die PDS hatte bis zu diesem Zeitpunkt eine erstaunliche Entwicklung hinter sich gebracht. Auf dem Parteitag der SED im Dezember 1989 hatte sich die Partei nicht aufgelöst, sondern in SED-PDS umbenannt; nur so wurde das in den Jahren zuvor angehäufte ungeheure Vermögen – etwa 6 Mrd. Mark – gerettet. Der neue Vorsitzende Gregor Gysi war dabei laut »Spiegel« besonders aktiv gewesen.[7] (Seit 1990 mühen sich die noch von der letzten DDR-Volkskammer eingesetzte Unabhängige Kommission zur Überprüfung der DDR-Parteivermögen [UKPV] – sowie die Treuhand und zwei Untersuchungsausschüsse des Deutschen Bundestages – nachzuvollziehen, wie und wohin das Geld geflossen ist. Mit bislang mäßigem Erfolg.) Bei den ersten gesamtdeutschen Bundestagswahlen am 2. Dezember 1990 hatte die PDS 11,1 % in den neuen Bundesländern (Gysi hatte das einzige Direktmandat gewonnen) und 0,3 % in den alten erreicht (insgesamt 2,4 %). Sie war nur deshalb in den Bundestag eingezogen, weil das Bundesverfassungsgericht entschieden hatte, daß – nur für diese Wahl – ein Anteil von fünf Prozent der Stimmen in einem der beiden Wahlgebiete genügt.

In der Folge gewann die PDS beständig Stimmen dazu – im Osten wie im Westen (hier allerdings auf einem ungleich geringeren Niveau). Bei

der Bundestagswahl 1994 steigerte sie sich auf 4,4 % (im Osten 19,8 %; im Westen 0,9 %), 1998 auf 5,1 % (im Osten 21,6 %; im Westen 1,2 %). In Sachsen und Thüringen kam sie bei den Landtagswahlen 1999 auf den zweiten Platz hinter der CDU. Offenbar führten manche Ostdeutsche die Schwierigkeiten beim Prozeß der Einigung weniger auf die katastrophale Hinterlassenschaft der DDR zurück als auf Fehler der Bundesregierung. Und die PDS hatte es zum Teil verstanden, sich als Interessenwahrnehmer »des Ostens« zu profilieren.[8]
Zunächst vom Verfassungsschutz observiert und 1990 gesellschaftlich isoliert, änderte sich das in den folgenden Jahren. Seit 1994 und wieder 1998 – als bei den Wahlen in Sachsen-Anhalt im April zum Entsetzen aller Demokraten die rechtsextreme DVU mit 12,9 % erstmals den Einzug in ein ostdeutsches Landesparlament schaffte – war sie durch Tolerierung der Regierung von Sachsen-Anhalt indirekt an dieser Regierung beteiligt; seit November 1998 war sie Juniorpartner der SPD in Mecklenburg-Vorpommern, mit Helmut Holter als Minister und stv. Ministerpräsidenten. Beide Länder zeichneten sich durch eine hohe Verschuldung aus und waren die wirtschaftlichen Schlußlichter in Deutschland. Und mit Hilfe dieser PDS hatte die SPD Mitte Juni 2001 den Regierenden Bürgermeister von Berlin, Eberhard Diepgen, gestürzt und die zehn Jahre alte Koalition mit der CDU aufgekündigt. Neuer Regierender Bürgermeister wurde Klaus Wowereit (SPD). »Ich bin schwul, und das ist auch gut so«, verkündete der. »Für wen?« fragte da die »Berliner Zeitung« gleich nach.
Mit scharfen Worten von SPD und CDU wurde nun der Mauerbau gegeißelt. Bundespräsident Johannes Rau nannte ihn ein »Verbrechen« der DDR-Führung gegen das eigene Volk. Er und auch Bundeskanzler Schröder widersprachen der Ansicht, der Bau der Mauer sei eine zwangsläufige Folge des Kalten Krieges gewesen, wie das die PDS in mehreren Erklärungen geäußert hatte. Auf einer Wahlkundgebung am früheren Grenzübergang »Checkpoint Charlie« kritisierten die Vorsitzenden von CDU und CSU, Angela Merkel und Edmund Stoiber, die SPD scharf wegen deren Überlegungen zur Zusammenarbeit mit der PDS in Berlin, gleichzeitig auch die PDS, weil sie nach Unionsmeinung die Politik der SED fortsetze. Daß die Sozialdemokraten »unter Schröder« gemeinsame Sache mit der SED-Nachfolgepartei machen wollten, wertete Merkel als Beispiel für »das Vergessen aller Ideale in der Politik«. Der bayerische Ministerpräsident und CSU-Vorsitzende Edmund Stoiber war noch schärfer: »Wer mit der PDS koaliert, paktiert mit dem

Sozialismus der SED«, SPD und PDS suchten in Berlin »den Gleichschritt zur Macht«. Mit Blick auf die Mauerbau-Erklärungen der PDS meinte Frau Merkel, es sei im Grunde egal, ob sich die PDS für den Mauerbau entschuldige oder dazu nichts sage, solange ihr Parteiprogramm noch immer eine grundlegende Veränderung des gegenwärtigen freiheitlichen Systems der Bundesrepublik erstrebe.
Politiker von SPD und Grünen wiederholten die Aufforderung an die PDS, sich für den Bau der Mauer zu entschuldigen. Klaus Wowereit meinte, auch deren Berliner Spitzenkandidat Gysi »wäre gut beraten, wenn er sich entschuldigte«. Der wiederum verweigerte das. Schuld sei »etwas sehr Persönliches«, sagte er, eine »plakative, billige Entschuldigung« auf Aufforderung des politischen Gegners erscheine ihm »ein bißchen albern«. Dagegen forderte die Potsdamer PDS-Politikerin Birgit Müller ihre Partei auf, sich für die Mauer und die Toten zu entschuldigen. Die Brandenburgische Sozialdemokratin und frühere Ministerin Regine Hildebrandt (SPD) brachte einen ganz anderen Gedanken in die Diskussion ein: Sie warf der DDR-Blockpartei CDU eine Mitschuld am Bau der Mauer vor; die PDS dürfe nicht »zum Buhmann der Nation« gemacht werden. Und dann kam sie auf den Kern der Sache: »Eine Zusammenarbeit mit der PDS, so wie sie sich jetzt mit ihren Leuten in Berlin darstellt, ist möglich.« Die wiederum verweist immer wieder darauf, daß sie eigentlich nicht die Nachfolgerin der SED sei; von den ehemaligen 2,4 Mio. SED-Mitgliedern seien nämlich nur etwa 60 000 Mitglieder der PDS geworden.
Der Generalsekretär der Berliner CDU, Joachim Zeller, nannte die Aufforderung Wowereits an die PDS, sich für den Mauerbau der SED zu entschuldigen, eine »der beschämendsten Tatsachen zum heutigen Datum«. Wowereit habe sich schließlich von der PDS zum Regierenden Bürgermeister wählen lassen; er weiche »bewußt klaren Antworten auf die Frage der Zusammenarbeit mit der SED-Fortsetzungspartei aus«, was die Opfer der Mauer als »pure Heuchelei« empfinden mußten.[9]
Der CDU-Spitzenkandidat für die Wahl zum Abgeordnetenhaus, Frank Steffel, kritisierte, daß Wowereit in seinen Beiträgen zum Gedenken an den Mauerbau weder die Leistungen der westlichen Alliierten für Berlin und Deutschland, noch die des ehemaligen Bundeskanzlers Kohl gewürdigt habe. Das sei ein »Armutszeugnis«. Die Mauer war zwar materiell »entsorgt«, aber seit sie nicht mehr stand, wirkte – und wirkt – sie offensichtlich weiter. Wie, das war die entscheidende Frage. In Berlin wurde die Antwort am 21. Oktober gegeben.

September/Oktober 2001: Wahlen in Hamburg und Berlin

Vier Wochen vorher, am 23. September 2001, fanden die Wahlen zur Hamburger Bürgerschaft, dem Parlament des Stadtstaates, statt. Vier Jahre zuvor hatten die Sozialdemokraten bei den Wahlen ein Debakel erlitten: Sie hatten 4,2 % verloren und mit 36,2 % das schlechteste Ergebnis der Nachkriegszeit eingefahren. Der Erste Bürgermeister, Henning Voscherau, hatte daraufhin seinen Rücktritt erklärt. Sein Nachfolger Ortwin Runde konnte nicht einmal den Amtsbonus des Ersten Bürgermeisters nutzen. Die SPD blieb zwar mit 36,5 % stärkste Partei in der Hansestadt, verlor aber trotzdem die Macht. Ihr grüner Koalitionspartner sackte von 13,9 % auf nur noch 8,5 % ab. Der CDU mit ihrem Spitzenkandidaten Ole von Beust ging es auch nicht sehr viel besser: Sie erzielte mit 26,2 % das zweitschlechteste Ergebnis ihrer Geschichte in Hamburg – und war dennoch irgendwie Sieger: Am 31. Oktober 2001 wurde von Beust zum Ersten Bürgermeister gewählt. In der Koalition war jetzt auch die FDP vertreten – die 5,1 % der Stimmen erzielt hatte.

Der eigentliche Sieger der Wahl aber war ein anderer Mann, nämlich der beurlaubte Amtsrichter Ronald Schill. Schill war 1994 in Hamburg Strafrichter geworden und hatte schon bald den Mißmut vieler Kollegen geerntet. Immer wieder waren in der nächsten Instanz harte Urteile von ihm aufgehoben worden – etwa, als er eine psychisch Kranke, die Autos zerkratzt hatte, zu zwei Jahren Haft verurteilt hatte. Im Jahre 2000 hatte Schill seinen politischen Feldzug gegen die »zu lasche Justiz« begonnen. Anfang 2000 war er nach Verstößen gegen das richterliche Ermessensgebot in eine Zivilkammer versetzt worden. Die Staatsanwaltschaft hatte ein Verfahren wegen Rechtsbeugung eingeleitet. Schill hatte sich verfolgt gefühlt und war zum Gegenangriff übergegangen: Er hatte im Juli 2000 seine eigene Partei gegründet, die »Partei Rechtsstaatliche Offensive«. Sie hatte jetzt auf Anhieb 19,4 % der Stimmen erreicht, ein in der Geschichte der Bundesrepublik einmaliges Ereignis. Im Wahlkampf hatte sich Schill ausschließlich auf das Thema »Innere Sicherheit« konzentriert und war damit tief ins bürgerliche Lager eingedrungen. Hamburg bot seit vielen Jahren Anschauung genug, wie Liberalismus mit Gleichgültigkeit verwechselt werden kann: Hafenstraße, Neue Flora, Schanzenviertel, St. Georg etc. Der CDU war es, wie schon 1997, nicht gelungen, mit dem Thema »Innere Sicherheit« gegen die SPD entscheidende Punkte zu machen,

während die SPD ihrerseits aus der Wahlkatastrophe von 1997 offensichtlich nichts gelernt hatte. Straf-Richter »Gnadenlos« ist jedenfalls seit Ende Oktober 2001 Innensenator von Hamburg.
War es der CDU durch die Bildung einer Koalition mit der FDP und der Schill-Partei zumindest gelungen, nach 44 Jahren einen SPD-Bürgermeister abzulösen, so erlitt sie bei der Wahl zum Berliner Abgeordnetenhaus am 21. Oktober 2001 eine verheerende Niederlage. Gegenüber der Wahl von 1999 (40,8 %) wurde sie fast halbiert. Mit 23,7 % lag sie nur geringfügig vor der PDS, die 22,6 % der Stimmen erhielt. Nahezu jeder zweite Wähler im Osten Berlins hatte für die PDS gestimmt, die allerdings auch im Westteil der Stadt Stimmen gewinnen konnte. Erstmals seit 1974 – damals logischerweise nur in West-Berlin – machten die Wähler die SPD wieder zur stärksten Partei in Berlin. Die Sozialdemokraten konnten mit Wowereit an der Spitze ihr Ergebnis von 22,4 % auf 29,7 % verbessern. Der Abwärtstrend von Bündnis 90/Die Grünen setzte sich fort, und zwar von 9,9 % auf 9,1 %. Die FDP, die 1999 an der Fünf-Prozent-Hürde gescheitert war, kam auf 9,9 %.
Elf Jahre nach der Wiedervereinigung deutete nichts darauf hin, daß sich das Wahlverhalten der Deutschen in Ost und West angleichen würde. Das Wahlergebnis verdeutlichte den tiefen Graben zwischen den einst getrennten Teilen der Stadt und damit zwischen der alten Bundesrepublik und der ehemaligen DDR. Die CDU, die 1999 in allen Altersgruppen die relative Mehrheit der Stimmen erhalten hatte, erlebte eine Niederlage wie keine Partei bei einer Landtagswahl zuvor. Nach wochenlangen, mühsamen Gesprächen scheiterte Wowereit mit dem Versuch, eine »Ampelkoalition« – SPD, FDP, Grüne – zu bilden. Anfang Dezember 2001 begann er Verhandlungen mit der PDS, die zügig geführt wurden und erfolgreich waren. Seit dem 17. Januar 2002 gibt es in Berlin eine rot-rote Koalition – für die einen eine Schande, für die anderen eine historische Chance, die SED-Nachfolgepartei in die politische Verantwortung einzubinden. In der »Präambel« des Koalitionsvertrages werden dabei 55 Jahre deutsche Nachkriegsgeschichte abgearbeitet (vgl. Dok. 23).

Dienstag, 11. September 2001: Terror und »uneingeschränkte Solidarität«[10]

Seit jenem »Schwarzen Dienstag« ist die Welt nicht mehr so, wie sie war. Wie so viele andere Tage zuvor verbrachte ich auch diesen Tag bei den Schwiegereltern auf Pyne Mountain in Monroe County/West Virginia, als sich die Nachrichten überschlugen, aus Gerüchten Fakten wurden und aus angeblichen Fakten Gerüchte. Es begann der erste Krieg im 21. Jahrhundert. An jenem, offensichtlich symbolischen Tag, 9/11 – in den USA werden erst Monate, dann Tage gezählt; 911 ist die nationale Telefonnummer für den Notfall –, wurden die USA Opfer der bis dahin schlimmsten Anschläge in der unrühmlichen Geschichte des Terrorismus.

Am Morgen jenes Dienstags wurden vier vollgetankte in Richtung Los Angeles und San Francisco gestartete Großraumflugzeuge der United Airlines und der American Airlines von arabischen Terroristen gekidnappt. Die erste Maschine – American Airlines Flight 11 – schlug um 8.45 Uhr in einen der Zwillingstürme des World Trade Center in New York ein, riß ein klaffendes Loch in die obere Hälfte des Turms und setzte ihn in Brand. Um 9.03 Uhr flog ein zweites Flugzeug – United Airlines Flight 175 – direkt in den unversehrten zweiten Turm. Um 9.43 Uhr schlug American Airlines Flight 77, der in Washington/Dulles gestartet war, im Pentagon ein. Das Gebäude wurde sofort evakuiert, zwei Minuten später auch das Weiße Haus.

Um 10.05 Uhr brach der südliche Turm des World Trade Center in sich zusammen, um 10.10 Uhr ein Teil des Pentagon-Gebäudes. Gleichzeitig hieß es, eine unbekannte Boeing 747 kreise über Washington und eine weitere sei im Anflug auf Washington. Wenig später hieß es, eine Maschine sei abgestürzt; es stellte sich dann heraus, daß dies die vierte Maschine war – United Airlines Flight 93 –, die südöstlich von Pittsburgh – und nicht in West Virginia – abgestürzt war. Um 10.28 Uhr stürzte der zweite Turm des World Trade Center ein. Die über 400 Meter hohen Symbole amerikanischer Wirtschaftsmacht gab es nicht mehr. Um 10.45 Uhr wurden alle Regierungsgebäude in Washington evakuiert, während United Airlines und American Airlines bekannt gaben, daß vier Flugzeuge vermißt würden. In seiner ersten Reaktion aus Florida, wo er gerade Schulkindern aus einem Buch vorgelesen hatte, beklagte Präsident George W. Bush die »nationale Tragödie«. Beim Zwischenstopp in Louisiana bekräftigte er die Entschlossenheit,

EXTRA Daily News EXTRA

Online: dailynews.com

TUESDAY, SEPTEMBER 11, 2001

50 Cents

ATTACK ON AMERICAN SOIL

TERROR

An explosion rocks the World Trade Center this morning after terrorists crashed two airplanes into the twin 110-story towers in New York City. Death tolls are expected to climb into the thousands.

Hijacked planes wipe out World Trade Center, damage Pentagon and shatter American security

Abb. 26: 11. September 2001 (»9/11«): Die Türme des World Trade Center in New York unmittelbar nach dem Einschlag der von Terroristen entführten Flugzeuge.

die Urheber »zu jagen und zu bestrafen«. Alle Sicherheitsvorkehrungen seien getroffen und das Militär weltweit in Alarmbereitschaft versetzt worden. Die nächste Station des Präsidenten war dann für einige Stunden ein Militärstützpunkt bei Omaha in Nebraska, der früher das ursprünglich für einen Atomkrieg eingerichtete Strategic Air Com-

mand beherbergte, wo Bush in einem Bunker über Konferenzschaltung mit Vizepräsident Dick Cheney, seinen Sicherheitsberatern und dem Kabinett sprach.
Um 18.54 Uhr traf Bush dann in Washington ein, wo er sich um 20.30 Uhr in einer Fernsehansprache an das amerikanische Volk wandte und versicherte, daß die »Regierung funktioniert«. Die Attentäter hätten zwar die »Fundamente unserer größten Gebäude«, aber nicht die demokratischen und freiheitlichen Fundamente Amerikas erschüttert. Er formulierte seine Kampfansage schließlich mit den Worten, daß er »keinen Unterschied zwischen den Terroristen, die diese Taten verübten, und jenen, die ihnen Zuflucht bieten«, machen werde.
Seit dem Bürgerkrieg waren die Vereinigten Staaten auf eigenem Territorium nicht mehr von solchen Verwüstungen heimgesucht worden. Dieser »Angriff auf Amerika« traf das Land in seinem Selbstbewußtsein, in seinem insularen Sicherheitsgefühl. Es war wie ein Schock, viele sprachen von Krieg, Tausende Opfer waren zu beklagen. Am Tag danach schien die verheerende Wirklichkeit noch niederschmetternder: Schulen, Flughäfen und Finanzmärkte waren geschlossen; von Disney-World in Florida bis zu den Casinos von Las Vegas waren selbst die harmlosesten Vergnügungen unterbrochen. Zum ersten Mal seit dem »D-Day« im Juni 1944 waren die Baseballspiele abgesagt worden. New York war zum Katastrophengebiet erklärt, in der Hauptstadt Washington der Notstand ausgerufen worden. Die seit 1975 über die Freiheitsstatue hinaus glänzenden Türme des World Trade Center waren rauchende Trümmer und Massengräber, »Ground Zero«, wie es jetzt hieß, 1,5 Mio. Tonnen Schutt. Eine Seite des Pentagon, des größten Bürogebäudes der Welt, sah aus, als habe jemand, wie ein Augenzeuge sagte, »mit einer Axt in einen Geburtstagskuchen gehackt«.
Die im Fernsehen immer wieder gezeigten Bilder von den einstürzenden Zwillingstürmen in New York waren für viele Menschen einfach unwirklich; es schien ein Hollywood-Film zu sein. Aber es war Wirklichkeit, furchtbare Wirklichkeit, ein Akt des Terrorismus von monströsen Ausmaßen. Nach diesem Ereignis war die Welt nicht mehr so, wie sie vorher war. Der 11. September des Jahres 2001 ging als jener Tag in die Weltgeschichte ein, an dem die westliche Zivilisation eine Ahnung davon bekam, was die Vision vom Endkampf zwischen Gut und Böse vor dem Tag des Jüngsten Gerichts, was der biblische Ortsname »Armageddon« bedeuten könnte, wie Günther Nonnenmacher in der »FAZ« zwei Tage nach dem Ereignis schrieb. Die USA waren im

tiefsten Inneren getroffen worden. Aber es war nicht nur ein Krieg gegen die Vereinigten Staaten, sondern dieser beispiellose Terror wurde auch als Angriff gegen den Westen und die westliche Zivilisation insgesamt gesehen. Entsprechend war die Reaktion.
Zum ersten Mal in ihrer Geschichte beschloß die NATO den Bündnisfall. Niemals zuvor hatte sich ein Mitgliedstaat auf die Verpflichtung zum gegenseitigen Beistand berufen, auf die der NATO-Vertrag von 1949 gegründet ist. Nach den Terroranschlägen in New York und Washington galt auch dies nicht mehr.
Am Mittwochabend, 12. September, beschlossen die 19 Bündnispartner in einer außerordentlichen Sitzung des NATO-Rates – der dritten innerhalb von 24 Stunden –, daß der terroristische Angriff auf die USA nach Artikel 5 des Gründungsvertrages »als Angriff auf sie alle« angesehen werde. Es war eine hochpolitische Entscheidung, ein Bekenntnis zur Solidarität – beruhend auf der Einsicht, daß die USA in dieser schweren Stunde nicht allein gelassen werden durften (daß Belgien und die Niederlande sich diesem Beschluß widersetzten, ist eine andere Frage). In der Erklärung der NATO hieß es, »die Verbündeten der USA in der NATO stehen bereit, die Hilfe zu leisten, die in der Folge dieser Barbarei eingefordert werden könnte«. (Daß diese Verbündeten beim späteren Geschehen fast gar keine Rolle spielten, ist eine andere Sache.)
In Berlin wurde diesmal nicht lange gezögert. Als am Dienstag, 11.00 Uhr, der New Yorker Bürgermeister Rudolph Giuliani zur Räumung des südlichen Teils von Manhattan aufrief – und mit seiner Haltung in der Krise zum »Bürgermeister Amerikas« und später von der Zeitschrift »Times« zum »Mann des Jahres« gewählt wurde –, trat in Berlin der Bundessicherheitsrat, das höchste Gremium für innen- und außenpolitische Sicherheit, unter Vorsitz von Bundeskanzler Gerhard Schröder zusammen. Im Bundestag war zuvor die Haushaltsdebatte nach Bekanntwerden der Terroranschläge abgebrochen worden. Um 12.00 Uhr bezeichnete der Kanzler die Terroranschläge als »Kriegserklärung gegen die gesamte zivilisierte Welt«; er habe dem amerikanischen Präsidenten die »uneingeschränkte Solidarität« der Bundesregierung zugesichert. Er erinnerte daran, was Deutschland den Vereinigten Staaten und dem amerikanischen Volk verdanke. Eine entsprechende Erklärung ließ er in der »FAZ« und in mehreren großen amerikanischen Zeitungen veröffentlichen. Am späten Mittwochabend erklärte er, daß die Bundesregierung die Entscheidung des

Abb. 27: 9. Oktober 2001: Bundeskanzler Gerhard Schröder zu Besuch bei US-Präsident George W. Bush in Washington. Nach den Anschlägen vom 11. September hat der Kanzler den USA die »uneingeschränkte Solidarität« Deutschlands im Kampf gegen den Terror zugesichert. Damit beginnt auch ein neues Kapitel deutscher Sicherheits- und Außenpolitik. Anfang Januar 2002 landen die ersten Bundeswehrsoldaten als Teil der UN-Schutztruppe in Afghanistan.

NATO-Rates, die Terroranschläge auf Amerika als kollektiven Beistandsfall zu werten, vorbehaltlos unterstütze; er sicherte den USA erneut »uneingeschränkte Solidarität« zu. In seiner Erklärung hieß es unter anderem:

»Mir liegt daran, meine Damen und Herren, daß es für uns Deutsche, für mich selbst, aber auch für die ganz große Mehrheit in unserem Land, hier nicht um die formale Erfüllung einer übernommenen Bündnisverpflichtung alleine geht. Ich habe immer wieder deutlich gemacht, und dabei bleibe ich und das unterstreiche ich noch einmal, daß die terroristischen Schläge, die so unsäglich viel Leben gekostet haben, nicht nur Anschläge gegen die Menschen in den Vereinigten Staaten, gegen unsere Freunde in Amerika selbst sind, sondern auch Anschläge gegen die gesamte zivilisierte Welt. Also auch Anschläge gegen unsere eigene Freiheit, gegen unsere eigenen Werte, die wir mit dem amerikanischen Volk teilen. Deshalb leisten wir Beistand […] in völliger Übereinstimmung mit unseren eigenen moralischen Wert-

vorstellungen. Es geht hier um die Verteidigung all dessen, was unsere freiheitliche und offene Gesellschaft im Kern begründet, und das dürfen wir in unserem eigenen Interesse nicht preisgeben.
Als es um die Verteidigung der Freiheit Berlins ging, hat John F. Kennedy gesagt, Sie kennen diesen berühmten Satz: ›Ich bin ein Berliner.‹ Das war der Ausdruck einer unglaublichen Solidarität. Heute, denke ich, haben wir Anlaß, gerade wir Deutschen, diese Solidarität zurückzugeben, indem wir sagen: Wir sind solidarisch mit dem amerikanischen Volk.«
(Zur inhaltlichen Vertiefung der letzten drei Sätze habe ich dem Kanzler damals die Lektüre meiner Arbeit über den Mauerbau (278) empfohlen.)

Die Festlegung der Bundesregierung, dem NATO-Beschluß zuzustimmen, wurde von den Führungen der SPD, der Unionsparteien und der FDP grundsätzlich unterstützt. Daß auch die Bevölkerung hinter den Solidaritätsbekundungen stand, wurde deutlich, als sich beim Schweigemarsch in Berlin am 14. September mehr als 200 000 Personen vor dem Brandenburger Tor versammelten, wo Bundespräsident Johannes Rau in einer Ansprache noch einmal versicherte, daß das deutsche Volk den USA beistehe. Inzwischen war bekannt geworden, daß die Spuren der mutmaßlichen Terroristen auch nach Deutschland führten: Einige von ihnen hatten an der Technischen Universität Hamburg-Harburg studiert.
Mit großer Mehrheit beschloß der Deutsche Bundestag in einer Sondersitzung am 19. September uneingeschränkte Unterstützung für die Vereinigten Staaten und militärische Hilfe zur Terrorbekämpfung. Alle Parteien außer der PDS stimmten einem entsprechenden Entschließungsantrag zu. Der CDU/CSU-Fraktionsvorsitzende Friedrich Merz forderte ein klares Ja zur Gemeinschaft der freien Völker, der NATO und den Vereinigten Staaten. »Dies ist nicht die Zeit für ein Ja, aber.« Es müsse alles getan werden, um die Täter und deren Hintermänner zur Verantwortung zu ziehen. In einer Regierungserklärung hatte Gerhard Schröder zuvor betont: »Unser Bekenntnis zur politischen und moralischen Solidarität mit den USA ist in diesen Tagen mehr als eine bloße Selbstverständlichkeit. Gerade hier in Berlin werden wir Deutschen niemals vergessen, was die Vereinigten Staaten für uns getan haben.« An der Seite der Verbündeten zu stehen heiße, daß Deutschland zu Risiken bereit sei, auch im Militärischen, jedoch nicht zu Abenteuern.
Wie Merz unterstützte auch der FDP-Vorsitzende Guido Westerwelle die Regierungserklärung; es gehe angesichts der ernsten Lage nicht um Parteienstreit, Deutschland verdiene eine parteienübergreifende Verantwortung. Zuvor hatte der SPD-Fraktionsvorsitzende Peter Struck

die Anschläge als »Angriff auf die gesamte zivilisierte Welt« bezeichnet und geradezu klassisch formuliert: »Wir sind alle Amerikaner.« Bundesverteidigungsminister Rudolf Scharping stimmte die Bundeswehr im Parlament auf einen eventuellen NATO-Einsatz ein: »Der Beitrag der Bundesrepublik wird erwartet, er wird geleistet, weil er unseren ureigensten Interessen entspricht.« Es dürfe nicht Terroristen überlassen sein, zu entscheiden, wann und wo Menschen erneut in den Tod gerissen würden.

Auch der vom Bundeskabinett am selben Tag verabschiedete Sicherheitskatalog fand im Bundestag schon vor einer formellen Beratung Zustimmung aus den Reihen der Opposition. Bundesinnenminister Otto Schily kündigte einen »langen und schwierigen« Kampf gegen den Terrorismus an und dankte der Union für ihr Angebot, die Gesetzesänderungen, die sich aus dem Maßnahmenbündel ergäben, zügig zu beraten. Unter anderem waren Rechtsverschärfungen, höhere Sicherheitsmaßnahmen im Flugverkehr, striktere Kontrollen möglicher terroristischer Finanzquellen und eine bessere Ausstattung der Sicherheitsbehörden vorgesehen.

Weitergehende Vorschläge blieben jedoch in der Regierungskoalition umstritten. Hier taten sich vor allen Dingen die Grünen schwer. So konnte sich die Koalition nicht darauf verständigen, den Datenschutz zu lockern und die Bundeswehr zu polizeilichen Aufgaben heranzuziehen. Schily verlangte im Parlament allerdings unmißverständlich, es dürfe ihm »niemand mehr in den Arm fallen« und verhindern, daß vorhandene Datenbestände zur Verbrechens- und Terrorismusbekämpfung genutzt werden dürften.

Inzwischen erklärte der amerikanische Präsident in einer großen Rede im Kongreß einen langen, weltweiten Feldzug gegen den Terrorismus unter dem Motto: »Für uns oder gegen uns.« Washington beabsichtigte die Vernichtung des internationalen Terrorismus. Die Frage war, ob Deutschland auf die vielfach angekündigte Solidarität vorbereitet war und den Erklärungen Taten folgen lassen würde – falls sie von Washington eingefordert würden.

Knapp vier Wochen nach den Terrorangriffen in New York und Washington, Sonntag, den 7. Oktober, begannen die USA mit Militärschlägen gegen Afghanistan. Das Ziel waren nach Angaben von George Bush Ausbildungslager der Al-Qa'ida-Terrororganisation von Osama bin Laden und Militäreinrichtungen des Taliban-Regimes. Von britischen Schiffen wurden Marsch-Flugkörper abgeschossen.

Der als Terrordrahtzieher gesuchte bin Laden antwortete mit neuen Drohungen gegen die USA und rief die Moslems in aller Welt zum Heiligen Krieg (»Dschihad«) gegen die USA auf. In einem vorbereiteten Video, das von dem arabischen Fernsehsender Al-Dschasira ausgestrahlt wurde, rechtfertigte er auch die Anschläge gegen die USA am 11. September und sagte: »Gott hat sie ihnen beschert.« Er fügte hinzu: »Die Schlacht zwischen dem Glauben und dem Unglauben hat begonnen.« Bush informierte die Staats- und Regierungschefs der wichtigsten NATO-Staaten sowie den russischen Präsidenten Wladimir Putin telefonisch über den Beginn der Aktion. Die NATO war nicht in die Militärschläge gegen Afghanistan eingebunden. Die Außenminister der Europäischen Union erklärten ihre volle Solidarität mit den USA und ihre vollständige Unterstützung der Aktion, die ein Akt der Selbstverteidigung und in Einklang mit der UN-Charta ergriffen worden sei, wie es in einer Erklärung in Luxemburg hieß.

Die Taliban zahlten nun den Preis dafür, daß sie sich weigerten, Osama bin Laden auszuliefern, sagte George Bush. Außenminister Fischer betonte: »Wir müssen klarmachen, daß die Aktion der USA und Großbritanniens legitim ist.«

Der NATO-Rat beschloß, fünf AWACS-Aufklärungsflugzeuge samt Besatzung in die USA zu entsenden. Dadurch wurden bei der US-Luftwaffe Kapazitäten frei, um eigene Aufklärungsflugzeuge in das Kriegsgebiet zu beordern.

Die Entwicklung führte in der deutschen Außen- und Sicherheitspolitik zu einer grundlegenden Umorientierung. Der Bundestag unterstützte in einer Sitzung am 11. Oktober die Angriffe auf Ziele in Afghanistan. Deutschland, so Bundeskanzler Schröder, habe sich »in einer neuen Weise internationaler Verantwortung zu stellen«. Die Zeiten, in denen Deutschland bei Konflikten jedes unmittelbare Risiko vermieden habe, seien endgültig vorbei. Das Taliban-Regime müsse dafür zur Rechenschaft gezogen werden, daß es den Terrorismus fördere. Der Kanzler ging von einer lang andauernden Auseinandersetzung mit dem internationalen Terrorismus aus.

Die Regierungspolitik wurde auch von den Oppositionsparteien CDU/CSU und FDP gebilligt. Während die CDU-Vorsitzende Angela Merkel aber neue Schritte für die innere Sicherheit forderte, mahnte FDP-Fraktionschef Wolfgang Gerhardt die Beachtung bürgerlicher Rechte an. In der Debatte bekräftigte nur die PDS ihre grundsätzliche Ablehnung von Militäreinsätzen. Die Opposition forderte, die Bun-

desregierung müsse dieser Neudefinition Taten folgen lassen und die entsprechenden Haushaltstitel besser ausstatten.
Der Bundestag beriet anschließend erste gesetzliche Schritte zu entschlossenerem Vorgehen gegen Terroristen. Schröder wollte ungeachtet des Widerstandes des grünen Koalitionspartners die Sicherheitsgesetze weiter verschärfen. Er sprach sich für die Möglichkeit aus, Fingerabdrücke in den Paß aufzunehmen. Auch Otto Schily war für den verstärkten Einsatz von Fingerabdrücken als Identifizierungsmittel; dies bedeute keine Verletzung von Persönlichkeitsrechten. Schröder kündigte noch für Oktober ein zweites Sicherheitspaket an. Der Innenexperte des grünen Koalitionspartners, Cem Özdemir, äußerte erneut Vorbehalte gegen Fingerabdrücke im Ausweis. Der Bundesbeauftragte für den Datenschutz, Joachim Jacob, stellte dagegen klar, daß er hier keine Bedenken habe.
Die von Bundeskanzler Schröder den USA zugesagte »uneingeschränkte Solidarität« wurde von Washington Anfang November eingefordert: Die Amerikaner wollten Elitesoldaten, ABC-Spürpanzer, Evakuierungs- und Lufttransport-Kapazitäten sowie Seestreitkräfte. Die Bundesregierung erklärte sich bereit, bis zu 3900 Soldaten zur Verfügung zu stellen. Schröder betonte: »Die Bundesregierung hat die Absicht, den Bitten der USA zu entsprechen.« Der Bundestag solle die Bereitstellung der Soldaten billigen, über ihren Einsatz entscheide die Bundesregierung, wie er am 6. November klarmachte. Er wandte sich an die Kritiker des Einsatzes auch in den Reihen von SPD und Grünen und meinte: »Was wäre das für eine Solidarität, die wir vom Erfolg einer Maßnahme abhängig machen?«
Joschka Fischer warnte vor einer Isolierung Deutschlands. In der Grünen-Fraktion war zuvor trotz einer Rücktrittsdrohung des Außenministers deutlich geworden, daß mehrere Abgeordnete den Regierungsbeschluß nicht billigen würden. Rückendeckung bekam die Regierung von Union und FDP. In jedem Fall war eine Regierungskrise erkennbar, die Nervosität in Berlin stieg. Der geplante Militäreinsatz von Bundeswehrsoldaten weit außerhalb des NATO-Gebietes gefährdete die Koalition.
In dieser Situation verknüpfte Schröder die Abstimmung über den Einsatz der Bundeswehr in Afghanistan mit der Vertrauensfrage. Damit stieg der Druck auf die Gegner dieses Einsatzes in den eigenen Reihen. Acht Abgeordnete der Grünen hatten sich auf ein Nein festgelegt. Damit hätte die Regierung keine eigene Mehrheit im Bundestag ge-

habt. Die Abstimmung fand am 16. November statt; manche politischen Beobachter sprachen von Schröders »Schicksalstag«. Die Koalition stellte 341 von 666 Abgeordneten und konnte sich nur sieben Gegenstimmen leisten. In den Reihen der Grünen war von einer Erpressung Schröders die Rede, aber dieser setzte sich schließlich durch. Für ihn und die Teilnahme Deutschlands am Antiterrorkrieg stimmten 336 Abgeordnete, nur zwei mehr als notwendig.

Aus der rot-grünen Koalition stimmten letztendlich doch nur vier Abgeordnete der Grünen gegen Schröder und dessen Politik. Eine SPD-Abgeordnete, die sich ebenfalls gegen den Bundeswehr-Einsatz ausgesprochen hatte, war am Tag zuvor aus der Fraktion ausgetreten. Die Opposition, die bis auf die PDS den Antiterrorkrieg zwar befürwortete, stimmte dennoch geschlossen gegen Schröder: Das Vertrauen wollte sie dem Kanzler nicht aussprechen.

Vor der Abstimmung war bekannt geworden, daß sich die acht Abweichler bei den Grünen darauf geeinigt hatten, daß vier mit Nein stimmen sollten, um gegen den Krieg in Afghanistan zu protestieren, die anderen vier mit Ja, um die rot-grüne Koalitionsregierung nicht zu stürzen und damit Neuwahlen zu provozieren, die wohl das Ende der Grünen bedeutet hätten.

Der Kanzler hatte die Widerspenstigen in den eigenen Reihen in die Schranken gewiesen und sich politischen Spielraum verschafft. Die Abstimmung hatte das Dilemma der Grünen verdeutlicht. Wahlniederlagen und ständige Dissonanzen zwischen Realpolitik in der Regierung und Radikalopposition an der Basis hatten die Partei ausgezehrt. Nur das Bündnis mit der SPD sicherte den Grünen Einfluß, deshalb ihr Ja zum ungeliebten Schröder. Doch damit allein schien der Absturz nur aufgeschoben. Die Opposition sah jedenfalls die Regierung am Ende. Die wiederum blickte mit Spannung auf den Parteitag der Grünen am 24./25. November in Rostock, für den ein Antrag auf Austritt aus der Koalition mit den Sozialdemokraten vorlag, während die Spitze der Grünen an die Basis appellierte, im Interesse der rot-grünen Koalition den Bundeswehr-Einsatz im Afghanistan-Krieg zu billigen. Nach einer heftigen Debatte und einer kämpferischen Rede von Joschka Fischer stimmten auch die Parteitagsdelegierten für den Bundeswehreinsatz.

Aber auch diese Entscheidung änderte nichts daran, daß die Grünen als Sündenbock der Koalition feststanden. Schröder, dessen Partei eine Woche zuvor auf dem Parteitag in Nürnberg die Beteiligung der Bundeswehr im Kampf gegen den Terror in Afghanistan mit großer Mehr-

heit gebilligt hatte, verdeckte damit seine eigenen Schwächen und die seiner Partei. Er festigte gleichzeitig den Alleinvertretungsanspruch für die »neue Mitte« und profilierte sich als Garant für Sicherheit im Wandel. Bei der stets diskussionsfreudigen SPD waren kritische Auseinandersetzungen am Parteitag die Ausnahme. Querdenkern schien es ratsam, die Harmonie mit Blick auf die im Jahr 2002 stattfindende Bundestagswahl nicht zu trüben. Gefühlsgemeinschaft lautete die wohlige Devise – auch vor dem Thema Nr. 1, nämlich der Tatsache, daß Deutschland im Winter 2001/2002 am Rande der Rezession stand und es erkennbare Schwächen in der Sozial- und Arbeitsmarktpolitik gab. Die Schwäche der Union half dabei dem Kanzler, dem sie in der Haushaltsdebatte Ende November seinen beim Regierungsantritt geäußerten Satz über die Arbeitslosigkeit vorhielt. Von einer Reduzierung der Arbeitslosenzahlen war in der Tat weit und breit nichts zu sehen. Im Gegenteil: Im Januar 2002 waren 4,29 Mio. Menschen ohne Arbeit, bei Investitionen und Produktion war die Bundesrepublik im Vergleich mit den übrigen EU-Ländern auf die letzte Stelle abgerutscht. »Schlußlicht Deutschland« titelte »Der Spiegel« am 3. Dezember 2001.
So als ob es einen 16. November ohne besonderen Anlaß gegeben hätte, beschloß die Bundesregierung am 21. Dezember in einer Sondersitzung den UN-Einsatz der Bundeswehr in Afghanistan (bis zu 1200 Mann für vorerst sechs Monate). Am darauffolgenden Tag stimmte der Bundestag dem Einsatz mit großer Mehrheit zu: 538 zu 35 bei acht Enthaltungen. (Die PDS und einige »Abweichler« bei den Grünen waren gegen den Einsatz.) Am 11. Januar 2002 trafen die ersten Soldaten in Afghanistan ein, am selben Tag, als der Herausforderer des Kanzlers für die Bundestagswahl am 22. September 2002 feststand: der bayerische Ministerpräsident und CSU-Chef Edmund Stoiber. Am nächsten Tag begann der Wahlkampf.

Dokumente zum 10. Kapitel

[22] »Solidarität mit unseren amerikanischen Freunden. Von Bundeskanzler Gerhard Schröder«, 13. 9. 2001

Die terroristischen Angriffe auf das World Trade Center in New York und das amerikanische Verteidigungsministerium in Washington am 11. September 2001 haben in Deutschland Erschütterung und Entsetzen ausgelöst. Wir sind fassungslos über dieses ungeheuerliche Verbrechen, das so unzählig viele unschuldige Menschenleben gekostet hat. Dieser Tag wird für immer in unserem Gedächtnis bleiben. Im Namen aller Deutschen spreche ich der amerikanischen Regierung und dem amerikanischen Volk unser tiefempfundenes Mitgefühl aus. In dieser schweren Stunde stehen wir in fester Solidarität an der Seite unserer amerikanischen Freunde. Unsere Gedanken sind bei den Opfern und ihren Angehörigen. Ihnen gilt unser ganzes Mitgefühl und unsere Anteilnahme. In der Sitzung des Bundestages am 12. September 2001 wurde die einmütige Anteilnahme und Solidarität aller im Bundestag vertretenen Parteien mit den Vereinigten Staaten von Amerika eindrucksvoll zum Ausdruck gebracht.

Wir werden nie vergessen, welche außerordentliche Unterstützung Deutschland durch die amerikanische Regierung und das amerikanische Volk beim Wiederaufbau nach dem Kriege und bei der Erlangung der deutschen Einheit erhalten hat. Wir bieten den Vereinigten Staaten von Amerika jede gewünschte Unterstützung bei der Bewältigung dieser Katastrophe und bei der Ermittlung der Drahtzieher an.

Die niederträchtigen Anschläge am vergangenen Dienstag waren nicht allein Angriffe auf die USA, sondern auf uns alle. Sie sind eine Kriegserklärung gegen die gesamte zivilisierte Welt. Diese Art von terroristischer Gewalt stellt die Grundregeln jeglicher Zivilisation in Frage. Sie bedroht unmittelbar die Prinzipien menschlichen Zusammenle-

bens. Wer Terroristen hilft, stellt diese Prinzipien in Frage. Dafür kann es keinerlei Rechtfertigung geben.
Die furchtbaren Ereignisse vom 11. September haben Menschen aus aller Welt aufgerüttelt. Wir alle – ob in Amerika, in Europa oder wo auch immer in der Welt –, die wir uns für Frieden und Freiheit einsetzen, müssen der Herausforderung durch den internationalen Terrorismus entschlossen entgegentreten. Denn wir sind eine Welt. Sicherheit ist nicht teilbar. Nur wenn die internationale Gemeinschaft eng zusammenarbeitet, wird sie wirksame Maßnahmen treffen können, um dem Terrorismus den Nährboden zu entziehen. Deutschland wird seinen Beitrag dazu leisten.
(»Frankfurter Allgemeine Zeitung«, 13. 9. 2001)

[23] Präambel der Koalitionsvereinbarung von SPD und PDS in Berlin, 8. 1. 2002

[...]
IV. Zwölf Jahre nach der Wiederherstellung der deutschen Einheit bilden SPD und PDS in Berlin eine Koalition, wissend um die zahlreichen Belastungen und Schicksale aus der Zeit der Teilung der Stadt, deren Gründe und Folgen jede Politik für Berlin zu berücksichtigen hat. Vielen Menschen in Ost und West ist die leidvolle Teilung bis heute in schrecklicher Erinnerung.
Die 1961 von den Machthabern der DDR und der Sowjetunion errichtete Mauer vollendete und zementierte die Teilung und die Einordnung der Stadthälften in politisch gegensätzliche Systeme. Die Berliner Mauer wurde aber nicht nur weltweit zum Symbol der Blockkonfrontation und des Kalten Krieges, sondern vor allem zu einem Symbol für Totalitarismus und Menschenverachtung. Die Schüsse an der Berliner Mauer haben schweres Leid und Tod über viele Menschen gebracht.
Sie waren Ausdruck eines Regimes, das zur eigenen Machtsicherung sogar das Recht auf Leben und körperliche Unversehrtheit mißachtete. Die Mauer durch Berlin, das unmenschliche Grenzregime mitten in Deutschland haben Familien und Freunde auseinander gerissen. Wenn auch der Kalte Krieg von beiden Seiten geführt wurde, die Verantwortung für dieses Leid lag ausschließlich bei den Machthabern in Ost-Berlin und Moskau.
Wenn SPD und PDS jetzt eine Koalition eingehen, so sind sie sich der

Verantwortung bewußt, die mit diesem Schritt verbunden ist. Die Erfahrung des Sieges des Faschismus über die gespaltene Arbeiterbewegung führte in Teilen der Mitgliedschaft von SPD und KPD nach 1945 zum Wunsch nach Vereinigung. Dieser Wunsch wurde mißbraucht zu einer Zwangsvereinigung, ohne freie Entscheidung insbesondere der Mitglieder der SPD, die sich im Westteil der Stadt in einer Urabstimmung gegen die Vereinigung aussprachen und die im Ostteil an der freien Abstimmung gehindert wurden.
Von vornherein beabsichtigte die KPD-Führung, nach der Vereinigung alles sozialdemokratische Gedankengut aus der SED zu verbannen. Für die Verfolgung von Sozialdemokratinnen und Sozialdemokraten und anderen Teilen der demokratischen Opposition, für deren Inhaftierung unter menschenunwürdigen Bedingungen bis hin zum Tod und für die Hinrichtungen anders Denkender trägt die SED eine bleibende Schuld. Zusammen mit den damaligen Entscheidungsträgern in der Sowjetunion ist sie verantwortlich für die gewaltsame Niederschlagung des Volksaufstandes in der DDR am 17. Juni 1953, den Mauerbau und zahlreiche Menschenrechtsverletzungen, mithin für das Fehlen grundlegender demokratischer und Freiheitsrechte in der DDR.
Vor diesem Hintergrund sieht die Koalition ein großes historisches Verdienst darin, daß sich die Ostdeutschen aus dieser Unterdrückung selbst befreit haben.
Die Distanzierung der PDS von den Unrechtstaten der SED und dem Mauerbau waren wichtige Schritte zur Aufarbeitung der unheilvollen Geschichte der SED. Es waren wichtige Schritte im Prozeß der notwendigen Erneuerung der PDS.
SPD und PDS bekennen sich im Wissen um das Trennende aus der Geschichte dazu, daß die Vergangenheit nicht auf Dauer die Zukunft beherrschen darf. Dies kann aber nur gelingen, wenn nicht verdrängt und vertuscht wird. Der offene Umgang mit den Verbrechen an der Demokratie und den individuellen Rechten, die Übernahme von Verantwortung sowie der Respekt vor den Opfern sowie die Bewahrung ihres Andenkens sind Voraussetzungen für Versöhnung und innere Einheit. Sie sind auch Voraussetzungen dieser Koalition.
V. SPD und PDS anerkennen die großen Leistungen, die im Einigungsprozeß bisher, insbesondere von den Menschen aus dem ehemaligen Ostteil der Stadt, vollbracht wurden. Voraussetzungen für die Vollendung der inneren Einheit sind die Herstellung von Chancengleichheit zwischen Ost und West, ein höherer Respekt für die im je-

weiligen Teil Berlins gelebten Biografien, auch für die von den Menschen in der DDR erbrachten sozialen und kulturellen Leistungen. Über manches davon wurde in den vergangenen Jahren zu schnell und zu geringschätzig hinweggegangen.
Nur in der Arbeit aller an einer guten Zukunft Berlins kann das Zusammenwachsen gelingen.
[...]

(»Frankfurter Allgemeine Zeitung«, 9.1.2002; abrufbar unter *http://www.pds-Berlin.de*)

Epilog
Wir sind noch einmal davongekommen – oder die neue Chance

1945 lag Deutschland in Trümmern, politisch und moralisch zerstört, militärisch geschlagen, entrechtet. Das deutsche Volk, das unendliches Leid über die Völker Europas und der Welt gebracht hatte, war geächtet. Was der Oberbefehlshaber der anglo-amerikanischen Truppen, General Dwight D. Eisenhower, bei seinem Besuch des Konzentrationslagers Buchenwald damals sagte, galt für viele andere auch: Er werde niemals wieder einem Deutschen die Hand geben, geschweige denn mit ihm sprechen. Und dennoch: Mit Thornton Wilder konnten zumindest die Westdeutschen schon bald sagen: »Wir sind noch einmal davongekommen.« Dank der Amerikaner und des beginnenden Kalten Krieges wurde ihnen die Chance geboten, in die Gemeinschaft der zivilisierten Völker zurückzukehren. Der Preis dafür war die Teilung des Landes 1949, die der Teilung Europas im Jahr 1947 folgte. Konrad Adenauer war der Kanzler, der die Westintegration vollzog – auch mit der Konsequenz, daß die Spaltung der Nation vertieft wurde. Wichtigste Stationen auf diesem Weg waren im wirtschaftlichen Bereich der Schuman-Plan und dann die Europäische Wirtschaftsgemeinschaft, im militärischen der Beitritt zur NATO 1955.

Mit dem Bau der Mauer im August 1961 wurde die Teilung der Nation im wahrsten Sinne des Wortes zementiert und zu einem stabilen Element in einer ansonsten instabilen Welt – und so von den Westmächten und der Sowjetunion akzeptiert. Es war »die Stunde der großen Desillusion«, wie der Vorsitzende der CDU/CSU-Bundestagsfraktion, Heinrich Krone, in sein Tagebuch schrieb. Am Jahresende 1961 zog er eine bittere Bilanz, nämlich:

»An der Mauer entlang ist Deutschland getrennt, verläuft die Grenze des kommunistischen Ostens gegen die freie Welt. Und – was wir immer nicht glauben wollten, die amerikanische Politik nimmt diese Grenze zur Kenntnis. Was später einmal ist, daß die Westmächte uns in Verträgen versprochen haben, daß sie nicht rasten würden, bis Deutschland wieder ein Volk und ein Land ist, das alles hat im Augenblick keine aktive Bedeutung.«[1]

Es sollte auch in den nun folgenden Jahren keine Bedeutung haben. Die deutsche Frage schien gelöst, eine Wiedervereinigung stand definitiv nicht mehr auf der Tagesordnung der Weltpolitik. Die Deutschen in Ost und West richteten sich in ihren jeweiligen Staaten und Bündnissen so gut wie eben möglich ein, die Westdeutschen zweifelsohne sehr viel besser als die Ostdeutschen. Daran änderte die Ostpolitik der sozialliberalen Koalition unter Willy Brandt und Walter Scheel nur insofern etwas, als es darum ging, die eine Nation in zwei Staaten nicht noch weiter auseinanderdriften zu lassen. Ob es die vielzitierte »Aggression auf Filzlatschen« war, wie DDR-Außenminister Otto Winzer das bezeichnete, mit dem langfristigen Ziel der Destabilisierung der DDR, bleibt eine offene Frage. Liest man die jetzt freigegebenen Dokumente – die bis 1970 reichen –, kann man zu dieser Vermutung kommen. Im Widerspruch dazu steht aber die bis 1989 betriebene Politik.

Entscheidend aber wurde dann das, was sich in der Sowjetunion tat. Erst Gorbatschows Perestroika brachte die Dinge in Bewegung. Seine Vision vom europäischen Haus nahm zunächst niemand ernst, bis Außenminister Genscher den Versuch unternahm, den Kremlführer beim Wort zu nehmen. Gorbatschow stand zu dem, was er als seine Vision formuliert hatte – und verlor mehr und mehr die Kontrolle über die Entwicklung im eigenen Land und im Ostblock. Hinzu kamen systemimmanente Schwächen, die diese Entwicklung noch beschleunigten. Gorbatschows inzwischen vielzitierten Ausspruch während der Feiern zum 40jährigen Bestehen der DDR im Oktober 1989 – »Wer zu spät kommt, den bestraft das Leben« – kann man im Zusammenhang mit der deutschen Frage allerdings mehrfach auf die Sowjetunion selbst anwenden. Die sowjetische Politik kam hier fast immer zu spät.

Die Sowjets wollten mit ziemlicher Sicherheit nicht die Teilung Deutschlands – sie kam doch. Als der amerikanische Außenminister James F. Byrnes 1946 die Neutralisierung Deutschlands vorschlug, lehnte sein sowjetischer Kollege Wjatscheslaw Molotow ab. Das war der erste Fehler. Der zweite folgte im Sommer 1947, als die Sowjets Marshallplan-Hilfe ablehnten. Der dritte Fehler war Stalins Berlin-Blockade 1948/49, der auf diese Weise noch einmal das Spiel um Deutschland eröffnen wollte. Das Gegenteil wurde erreicht: Die Westdeutschen lehnten sich noch enger an die Amerikaner an.

Ähnlich die Stalin-Note 1952. Das Angebot kam wieder zu spät und war für Adenauer nicht attraktiv. Ähnlich 1954. Nach dem Scheitern der Europäischen Verteidigungsgemeinschaft hätte ein direkter Vorstoß der sowjetischen Politik in der Deutschlandfrage im Westen wahrscheinlich zu erheblichen Verwerfungen geführt. Der Vorstoß kam nicht, weil man in Moskau wiederum zögerte. Und dann wahrscheinlich sehr verblüfft war über die Geschwindigkeit, mit der die Bündnisfrage, d.h. Beitritt der Bundesrepublik zur NATO, gelöst wurde. Bei der Gipfelkonferenz in Genf im Juli 1955 war es dann wieder zu spät.

Man kann argumentieren, daß mit Adenauer eine andere Politik als jene der Westbindung sowieso nicht machbar gewesen wäre. Und hier setzt dann auch die Kritik an seiner Politik ein. Es gab zur Westintegration der Bundesrepublik eine Alternative – ein militärisch neutrales, vereintes Deutschland, das den Ostdeutschen wahrscheinlich viel Elend und bittere Erfahrungen erspart hätte. Adenauer ging diesen Weg nicht – und mußte erkennen, daß die Westmächte von der 1954 von ihnen übernommenen Verpflichtung, sich für eine Wiedervereinigung einzusetzen, in den folgenden Jahren mehr und mehr abrückten.

Dann kam der Herbst 1989. Vor dem Fall der Mauer und auch in den ersten Tagen danach wollte keine der Vier Mächte eine Wiedervereinigung – am allerwenigsten Michail Gorbatschow. Wochenlang hielt er an der Fiktion zweier deutscher Staaten als Urteil der Geschichte fest – und lief in den folgenden Wochen und Monaten der Entwicklung hinterher.

Als Bundespräsident Richard von Weizsäcker im Juli 1987 im Kreml war, sagte Gorbatschow, für die Sowjetunion sei die deutsche Frage »nicht länger offen«. Trachte »jemand« danach, einen anderen Weg einzuschlagen, werde das »sehr ernste Konsequenzen« haben. Zwar lastete Gorbatschow die Schuld an der deutschen Teilung »Churchill und den Amerikanern« an; er nannte die Teilung jedoch zugleich eine Realität, von der auch künftig auszugehen sei. Über das vom Bundespräsidenten angeschnittene Thema »deutsche Nation« mochte der Kremlchef »nicht theoretisieren«, weil allein der politische Aspekt und damit das Bestehen zweier deutscher Staaten in unterschiedlichen Systemen zähle. Wie es darum »in hundert Jahren« bestellt sein könnte, werde »die Geschichte entscheiden«.

Wenige Tage nach Öffnung der Mauer meinte Gorbatschow vor Studenten in Moskau: »Diskussionen über die Wiedervereinigung würden eine Einmischung in die Angelegenheiten Westdeutschlands und der Deutschen Demokratischen Republik bedeuten.« Zwei Tage später, im Gespräch mit Bundestagspräsidentin Rita Süssmuth, »korrigierte« er sich und schränkte ein: »Beide (deutschen) Staaten sind UN-Mitglieder. Sie gehören internationalen Organisationen wie der NATO und dem Warschauer Pakt, der EG und dem RGW an. Das sind die Realitäten, von denen man ausgehen muß.« Wiederum zwei Tage später, am 17. November 1989, ergänzte Außenminister Eduard Schewardnadse vor Abgeordneten des Obersten Sowjet:

»Realitäten sind die Grenzen, die nach dem Krieg gezogen und in einer Reihe internationaler Rechtsakte verankert worden sind. Dazu zählen der Moskauer Vertrag, die Verträge der BRD mit den Ländern Osteuropas, das vierseitige Abkommen über West-Berlin und die Schlußakte von Helsinki. Auf diesen Realitäten beruhen Sicherheit und Stabilität in Europa.«

Drei Tage zuvor war dem französischen Außenminister Roland Dumas in Moskau von Schewardnadse bedeutet worden:

»Große Besorgnis rufen die Versuche einiger Kreise in der BRD hervor, die Frage der Wiedervereinigung auf die heutige politische Tagesordnung zu setzen. Es gibt Bemühungen, nicht nur die Existenz der DDR in Abrede zu stellen, sondern die gesamte territorial-politische Ordnung auf dem Kontinent in Zweifel zu ziehen.«

Der französische Präsident François Mitterrand ließ wissen, Gorbatschow habe ihm anvertraut, am Tage der Ankündigung einer deutschen Wiedervereinigung werde sich ein Marschall auf seinen Stuhl im Kreml setzen.

Nach seinen Gesprächen mit US-Präsident George Bush in Malta am 3. Dezember 1989 meinte Gorbatschow:

»Um Realisten zu bleiben, sollten wir sagen, daß die Geschichte selbst die Prozesse und Schicksale auf dem europäischen Kontinent entscheidet und damit auch das Schicksal der zwei deutschen Staaten. Ich glaube, das ist eine von allen geteilte Ansicht. Jede künstliche Beschleunigung des Prozesses würde die Lage nur verschärfen und die Veränderungen schwieriger machen, die derzeit in vielen europäischen Ländern stattfinden.«

Nur zwei Tage später wies Schewardnadse, der damals deutschlandpolitisch einen schärferen Ton anschlug als Gorbatschow, in einem Gespräch mit Außenminister Genscher den Zehn-Punkte-Plan von Bundeskanzler Kohl als ein »Diktat« zurück. Es dürfe nicht vergessen werden, daß die DDR ein »Freund und Verbündeter« der Sowjetunion sei und die Entwicklung dort »vitale Interessen« der östlichen Großmacht sowie aller Mitgliedsländer des Warschauer Paktes berühre. Am nächsten Tag wiederholte Gorbatschow gegenüber Mitterrand in Kiew, »die deutsche Frage stehe nicht auf der Tagesordnung«. Es gebe zwei deutsche Staaten, und die gegenwärtigen Entwicklungen änderten daran nichts. Allerdings fügte er diesmal hinzu: »Die Geschichte wird über die Zukunft Europas entscheiden.« Vor dem Zentralkomitee seiner Partei präzisierte er am 9. Dezember 1989:

»Wir unterstreichen mit aller Entschiedenheit, daß wir die DDR nicht im Stich lassen; sie ist unser strategischer Verbündeter und ein Mitglied des Warschauer Paktes. Es muß von den nach dem Krieg entstandenen Realitäten ausgegangen werden, zu denen die Existenz zweier souveräner deutscher Staaten zählt. Ein Abrücken davon bringt die Gefahr einer Destabilisierung Europas mit sich. Das Gesagte bedeutet selbstverständlich nicht, daß sich die Beziehungen zwischen der DDR und der BRD nicht ändern könnten. Eine friedliche Zusammenarbeit zwischen ihnen kann und soll sich entwickeln.«[2]

Wie die Lage damals im Ostblock gesehen wurde, machte auch die Tagung der Verteidigungsminister der Teilnehmerstaaten des Warschauer Paktes in Budapest vom 27.–29. November 1989 deutlich, über die DDR-Verteidigungsminister Theodor Hoffmann dem »Genossen Hans Modrow« am 1. Dezember 1989 Bericht erstattete. Da wurden »Grundlagen der Konzeption der Vervollkommnung der Vereinten Streitkräfte bis zum Jahre 2000 bei Gewährleistung der Hinlänglichkeit der Verteidigung« beschlossen. Es wurde vereinbart, bis Ende 1990 ein Programm zur Entwicklung von Bewaffnung und Kampftechnik für die verbündeten Armeen bis zum Jahre 2000 auszuarbeiten. Ausdrücklich wurde festgehalten, daß angesichts der Strategie der USA und der NATO die Herausarbeitung von

»operativ-taktischen Forderungen an das einheitliche automatisierte System der Teilnehmerstaaten des Warschauer Vertrages zur Feststellung und Einschätzung der Ausmaße und Folgen des Einsatzes von Massenvernichtungsmitteln des Gegners, ausgehend vom Verteidigungscharakter der Militärdoktrin,«

ihre Bedeutung behalte.[3] Wenig später gab es keine DDR und damit keine Nationale Volksarmee und auch keinen Warschauer Pakt mehr. Die Sowjets hatten 1989/90 zwar eine Meinung, aber keine Politik. Sie wollten keine Wiedervereinigung. Ähnlich auch die Franzosen und Briten. Die hatten sich zwar 1954 im Deutschlandvertrag verpflichtet, mit der Bundesrepublik zusammenzuwirken,

»um mit friedlichen Mitteln ihr gemeinsames Ziel zu verwirklichen: ein wiedervereinigtes Deutschland, das eine freiheitlich-demokratische Verfassung ähnlich wie die Bundesrepublik besitzt und das in die Europäische Gemeinschaft integriert ist«,

aber als es mit der Wiedervereinigung ernst wurde, sahen die Dinge anders aus. Schon bis zum Deutschlandvertrag waren die Franzosen einen weiten Weg gegangen. Nach Kriegsende ging es ihnen darum, Deutschland auf Dauer zu schwächen, und das hieß Schaffung einer

Oder-Neiße-Situation im Westen, Abtretung der linksrheinischen Gebiete und Bildung von ein, zwei oder drei unabhängigen Staaten unter französischer Oberhoheit, Abtrennung des Ruhrgebiets und die Schaffung eines neuartigen internationalen Ruhr-Territoriums; das Saargebiet sollte sowieso mit Frankreich verbunden werden.

Dank zunächst der Amerikaner und dann auch Adenauers änderte sich diese Politik. Charles de Gaulle wurde später, vor allem während der Berlinkrise 1960/61, zum wichtigsten Verbündeten Adenauers. Er war nicht bereit, der Erpressung Chruschtschows nachzugeben – zum Ärger der Briten. Er war auch von einer staatlichen Anerkennung der DDR weit entfernt, jedenfalls weiter als etwa die Briten. Im März 1959 meinte er:

»Die Wiedervereinigung der beiden Teile zu einem einzigen Deutschland, das völlig frei sein müßte, scheint uns das normale Schicksal des deutschen Volkes, vorausgesetzt, daß es nicht die bestehenden Grenzen in West, Ost, Nord und Süd in Frage stellt und daß es sich bemüht, sich eines Tages in einer Vertragsorganisation ganz Europas für die Zusammenarbeit, die Freiheit und den Frieden einzuordnen. Aber bis dieses Ideal erreicht ist, glauben wir, daß die beiden getrennten Teile des deutschen Volkes ihre Bindungen und Beziehungen auf allen praktischen Gebieten vermehren können sollten.«[4]

Intern aber machte er klar, daß man niemals niemals sagen sollte. Jedenfalls kam es wegen der Weigerung de Gaulles während der Berlinkrise zu keinen Verhandlungen mit den Sowjets.[5] Daraus entwickelte sich die Freundschaft zweier Männer, und daraus der deutsch-französische Vertrag vom 22. Januar 1963. Die Schwierigkeiten zwischen beiden Ländern wurden bei der Ratifizierung dieses Vertrages am 8. Mai deutlich. In der Präambel wurde auf die Partnerschaft zwischen Europa und den Vereinigten Staaten von Amerika verwiesen sowie auf die »gemeinsame Verteidigung« im Rahmen der NATO und die Einbeziehung Großbritanniens in die Europäische Gemeinschaft. An zweiter Stelle wurden die Verwirklichung des Selbstbestimmungsrechts des deutschen Volkes und die Wiederherstellung der deutschen Einheit festgeschrieben.[6] Im Sinne der deutsch-französischen Freundschaft wurde in den folgenden Jahren auch von Paris der Wunsch der Deutschen nach Wiedervereinigung als legitim bezeichnet. Das fiel um so leichter, als diese in weite Ferne gerückt schien.

Bei einer gemeinsamen Pressekonferenz zum Abschluß des Besuchs von Gorbatschow in Paris am 5. Juli 1989 wurde dem französischen Staatspräsidenten François Mitterrand die Frage nach der Wiedervereinigung gestellt. Er zeigte sich nicht überrascht und meinte, die Hoffnung darauf sei legitim für die, die sie in dem einen oder anderen Teil Deutschlands hegten. Er wolle keine Haltung einnehmen, die »unvorsichtiger« sei als die der deutschen Verantwortlichen selbst, »die doch sehr patriotische Deutsche sind«. Man könne nicht, einer Eingebung folgend, und sei sie noch so schön, die Geschichte umstoßen, wie sie sich nach dem Zweiten Weltkrieg ergeben habe.[7] Wie hatte doch der ehemalige französische Kulturminister einst gesagt? Er liebe Deutschland so sehr, daß er froh sei, daß es zwei davon gebe.

Nach dem Mauerfall am 9. November 1989 wurden die Dinge noch komplizierter. Mitterrand war es, der Gorbatschow wenig später in Kiew geradezu anflehte, die Entwicklung in der DDR zu stoppen. Mitterrand war auch das erste Staatsoberhaupt einer westlichen Siegermacht des Zweiten Weltkrieges, das der DDR einen Besuch abstattete – Ende Dezember 1989!

Noch schlimmer als die Franzosen aber waren durchgehend die Briten. Schon Premierminister Harold Macmillan war gegen eine Wiedervereinigung gewesen, auch wenn er öffentlich anders geredet hatte. Er mochte die Deutschen nicht – freundlich ausgedrückt. In schöner Kontinuität gehören dazu die Äußerungen von Premierministerin Margaret Thatcher. Im Mai 1984 erklärte sie öffentlich, es sei die Meinung bisheriger britischer Regierungen, daß wirkliche und beständige Stabilität in Europa schwierig zu erreichen sein werde, solange die deutsche Nation gegen ihren Willen geteilt sei. Das war die glatte Unwahrheit. Sie mochte die Deutschen auch nicht!

Nach der Öffnung der Mauer wurde es ernst. Der neue Außenminister Douglas Hurd sprach am 16. November 1989 auf einer Pressekonferenz im Berliner Reichstag von Wiedervereinigung im »Prinzip« und machte zugleich klar, sie gehe auch andere Staaten, nicht nur die deutschen, an. Die Frage, ob er »gestern mit Herrn Genscher über die deutsche Wiedervereinigung gesprochen« habe, verneinte Hurd mit den Worten, »weil der Gegenstand zur Zeit nicht aktiv auf der Tagesordnung steht. Das ist nicht, was die Reformer, was die Menschen wünschen, die in der DDR nach Freiheit drängen.« Die Wiedervereinigung, so Hurd,

> »steht aus sehr guten Gründen nicht auf der Tagesordnung, weil die nach Reform strebenden Menschen in Ostdeutschland sie nicht auf die Tagesordnung gesetzt haben. Aber das Prinzip ist deutlich, steht deutlich im Grundgesetz der Bundesrepublik Deutschland. Das Prinzip ist deutlich in den Erklärungen der Alliierten und der britischen Regierung, also haben wir kein Problem mit dem Prinzip. Aber das Wie und Wann ist etwas, wie der Bundeskanzler neulich sagte, das zur rechten Zeit überlegt werden müsse und eine Menge Leute angehe.«[8]

Kohl ergriff damals den von ihm im Gespräch mit Gorbatschow am 15. Juli 1990 in Moskau erwähnten »Mantel der Geschichte«, von dem Bismarck einmal gesprochen hatte.[9] Mit seinem Zehn-Punkte-Plan Ende November wollte der Kanzler auch, wie er später sagte, einem möglichen sowjetischen Angebot im Sinne der Stalin-Note zuvorkommen. Ein solches Angebot kam tatsächlich, aber als es kam, war es wieder zu spät; die Ereignisse waren bereits darüber hinweggegangen. Kohl hatte in den ersten Jahren seiner Kanzlerschaft das fortgesetzt, was Brandt und Schmidt hinterlassen hatten. Das war keine konkrete Wiedervereinigungspolitik. Aber in den entscheidenden Tagen und Wochen des »Wendeherbstes« 1989 entwickelte er ein ausgeprägtes Gespür für die Wünsche der Menschen in der DDR. Und die gingen eindeutig in Richtung Wiedervereinigung. Kohl setzte sich dann entschlossen an die Spitze dieser Bewegung. Möglich war das auch – oder nur – mit Hilfe der Amerikaner.*

Das Team um George Bush und James Baker lief zu Höchstform auf. Sie standen von Anfang an hundertprozentig hinter der Politik der Wiedervereinigung – darauf bedacht, daß dieser Prozeß entsprechend ihren Vorstellungen ablaufen würde. Für sie war die entscheidende Bedingung die Mitgliedschaft eines vereinten Deutschland in der NATO. Hier trafen sie sich mit Kohl. Der dynamischen amerikanisch-westdeutschen Politik hatten die Sowjets nur Zögern und Zaudern entgegenzusetzen. Das Sowjetsystem brach auseinander, Moskau war zah-

* Elf Jahre später gab es eine symbolische Geste des Dankes (für 10 Mio. US-Dollar). Die Bundesregierung erteilte die Ausfuhrgenehmigung für die Weltkarte des Freiburger Kartographen Martin Waldseemüller aus dem Jahre 1507, die auf der Liste der gesetzlich geschützten deutschen Kulturgüter stand und unter normalen Umständen im Land hätte bleiben müssen. Der drei Quadratmeter große, aus zwölf Holzschnittafeln zusammengesetzte Druck gab dem 1492 entdeckten Kontinent den bleibenden Namen »America« und ist so etwas wie der geographische Taufschein der USA. Seit bald einem Jahrhundert waren die Amerikaner hinter dieser Weltkarte her, die zum ersten Mal, noch verzerrt und fragmentarisch, ihren Kontinent verzeichnet, den sie irrtümlich nicht nach Kolumbus, sondern nach dem Florentiner Entdecker Amerigo Vespucci benennt. Dabei wurde allerdings nicht der Kontinent als Ganzes, sondern ein Gebiet in der Gegend des heutigen Brasilien als »America«, die heutigen USA dagegen als »Terra Ulteri Incognita« (»unbekanntes Land«) bezeichnet. Waldseemüller hatte den Namen »America« nur einschränkend für das von Vespucci betretene Gebiet verwendet; der Name breitete sich dennoch als Bezeichnung für den ganzen Kontinent aus.
Das letzte Exemplar der Karte wird nun in der Library of Congress in Washington, D.C. ausgestellt, wo auch schon eine Gutenberg-Bibel zu sehen ist. Vgl. auch Leo Wieland, Amerika dankt, und Verlorene Weltkarte, in: »Frankfurter Allgemeine Zeitung«, 23. 7. 2001, S. 39, sowie Geburtsurkunde. Spätes Glück aus Oberschwaben, in: »Die Weltwoche«, 2.11.2001.
Ähnlich auch die Solidarität seit den Terrorangriffen auf die USA am 11. September 2001 (s. Kap. 10).

lungsunfähig und benötigte Hilfe. Kohl sagte das im Februar 1990 bei seinem Besuch in Washington voraus. Die Gesamtkonstellation ermöglichte die schnelle Wiedervereinigung – im Einvernehmen mit allen Nachbarn (auch und vor allem mit Polen, nicht zuletzt durch die Anerkennung der Oder-Neiße-Grenze durch Deutschland). Die Wiedervereinigung beseitigte Spannungen und schuf keine neuen. Sie wurde auch als europäische Integrationspolitik verstanden und von Kohl so betrieben: Einheit Deutschlands und Einigung Europas mit dem Euro (und damit Aufgabe der D-Mark, was inzwischen weniger schmerzt als vielfach angenommen) – das waren seine großen Themen, da liegen seine großen Leistungen. Am Ende erstand Deutschland wie ein Phönix aus der Asche – auch wenn die Teilung schmerzhaft war und die Einheit viel Geld kostete und noch kostet.

Vieles mußte zusammenkommen, damit die Vereinigung stattfinden konnte, aber entscheidend war zunächst Helmut Kohl, der als »Kanzler der Einheit« und »Mit-Vater des Euro« in die Geschichte eingehen und eines Tages möglicherweise gleichrangig neben Männern wie Churchill oder de Gaulle stehen wird. Niemand kann ihm den Rang außerordentlicher historischer Größe streitig machen. (Daran werden auch die von ihm eingestandenen Verfehlungen in der Parteispendenaffäre langfristig nichts ändern.) Er nutzte die Gunst der Stunde. Sein ausgeprägtes Geschichtsbewußtsein brachte ihn in einer Phase, in der das gesamte Bonner Denken nur ganz kleine ostpolitische Schritte wagte und sich zahlreiche »Bedenkenträger« meldeten, zu dem einsamen Entschluß, »in einen Raum ungewissen Ausmaßes hinein« kühn den Weg zur Wiedervereinigung zu wagen, wie Jochen Thies gemeint hat. Und weiter:

»Von Willy Brandt einmal abgesehen, dem großen Außenseiter der deutschen Politik und damit auch in der Sozialdemokratie, war niemand in der deutschen Politik gedanklich, strategisch und emotional zu dem Schritt fähig, den Kohl damals unternahm. [...] Nur Helmut Kohl besaß im entscheidenden Augenblick die Kühnheit und den umfassenden Blick für alle relevanten Konstellationen, Menschen wie Materialien, um nach dem Mantel der Geschichte zu greifen.«[10]

Eine Wertung, der man nur zustimmen kann.

Für die neue alte Republik gilt das, was Bundesaußenminister Hans-Dietrich Genscher am 26. September 1990 vor der UN-Generalversammlung in New York sagte, nämlich: »Deutschland kennt und anerkennt seine Verantwortung für eine bessere Zukunft Europas. Wir wollen nicht ein deutsches Europa, wir wollen ein europäisches

Deutschland.« Damit hatte er das wiederholt, was er zuvor in einer Regierungserklärung am 20. September in Bonn zur Unterzeichnung des Zwei-plus-Vier-Abschlußdokuments gesagt hatte. Das Dokument, so Genscher, bilde den Schlußpunkt der europäischen Nachkriegsgeschichte: Europa erhalte die Möglichkeit eines umfassenden Neuanfangs, »uns Deutschen eröffnet sich eine neue Chance«.

Und die DDR, die von der SED zugrunde gerichtet worden war? Sie brachte keine Mitgift in die Vereinigung ein, aber war doch wohl mehr als nur eine Fußnote der Geschichte, was Stefan Heym 1990 befürchtet hatte, wie wir täglich erfahren.

Die deutsche Frage ist zwar gelöst und die Teilung beendet, für die innere Einheit bleibt allerdings noch viel zu tun. 13 Jahre nach der Wende liegt der Osten dem Westen ferner denn je – und vice versa. Mehr als 40 Jahre Teilung zeigen noch immer Wirkung – und das wird wohl noch eine ganze Weile so bleiben. Das führt noch einmal zur Stalin-Note vom März 1952 und zu der – zugegeben müßigen – Frage, was wäre wohl gewesen, wenn? Der Politische Planungsstab im US-State Department war damals bereit gewesen, das von Stalin angebotene »Wiedervereinigungsspiel« zu spielen, und hatte intern bereits einen Termin für gesamtdeutsche Wahlen genannt: 16. November 1952. Es ist ja noch einmal gutgegangen, auch wenn es diese Wahlen dann erst am 2. Dezember 1990 geben sollte.

Dennoch: Die Jahre grundlegender historischer Entscheidungen mit Blick auf Deutschland sind vorbei. Gegenwart und Zukunft werden zwar weiterhin von großen Problemen geprägt, aber sie sind nicht mehr mit jenen von gestern zu vergleichen. Ob sie deshalb leichter zu lösen sein werden, bleibt die große Frage, die seit den Terroranschlägen vom 11. September 2001 ganz neu gestellt wurde. Angesichts der neuen Gefahren und Herausforderungen in der Welt und des ersten Krieges im 21. Jahrhundert, jenem gegen den Terrorismus, kann bei der Erinnerung an den Kalten Krieg fast schon so etwas wie Nostalgie aufkommen – zumindest bei jenen westlich des ehemaligen Eisernen Vorhanges.

Es gibt das neue Deutschland, »La nouvelle Allemagne«, wie es Henri de Bresson, Redakteur von »Le Monde« in Bonn und Berlin, beschreibt.[11] Was ist neu? Zunächst das Alte: Es gibt immer noch die »Gegenwart der Vergangenheit«. Der lange Schatten des Dritten Reiches wird bleiben: Der Historikerstreit mit der Debatte um die umstrittene These des US-Amerikaners Daniel Goldhagen vom deutschen Volk als

»Hitlers willige Vollstrecker«, die Rede des Schriftstellers Martin Walser über die Instrumentalisierung von »Auschwitz«, die Entschädigung von Zwangsarbeitern oder die Wehrmachtsausstellung zeugen davon. »Die Vergangenheit ist in Deutschland nie fern«, schreibt de Bresson. Wohl wahr!

Neu sind die geographische Größe, das Gewicht der Bevölkerung, das Wirtschaftspotential, das Bemühen um mehr Einfluß, aber auch die Bereitschaft zum grundsätzlichen Umdenken. 12 Jahre nach dem Ende der Teilung und der Wiedererlangung der vollen Souveränität hat sich Deutschland jedenfalls in einer neuen Weise der internationalen Verantwortung gestellt, einer Verantwortung, die seiner Rolle als wichtiges Mitglied der Europäischen Union und wichtiger Partner der USA, aber auch als starke Demokratie mit starker Volkswirtschaft im Herzen Europas entspricht (auch wenn es beim letzten Punkt in den vergangenen Jahren stetig bergab gegangen ist). Deutsche Soldaten auf dem Balkan und in Afghanistan sind sichtbare Zeichen dafür. Wäre es anders, wäre wohl Anlaß zu besorgten Fragen.

Anhang

Anmerkungen

(Die Zahl in Klammern hinter Autorennamen und Kurztitel verweist jeweils auf die entsprechende Zahl im Literaturverzeichnis.)

1. Kapitel

1 »Der Spiegel«, 27. 5. 1974.
2 Vgl. Jäger/Link, Republik (418), S. 12 ff.
3 Deutscher Bundestag. Stenographische Protokolle, 7. Wahlperiode, 100. Sitzung, 17. Mai 1974, S. 6593.
4 Vgl. C. Nonn, Ruhrbergbaukrise (291).
5 »Spiegel«-Gespräch vom 15. 7. 1974, S. 17.
6 Europa-Archiv 1975, S. D 667.
7 »Spiegel«-Gespräch vom 1. 1. 1979, S. 48.
8 Jäger/Link, Republik (418), S. 286.
9 Ebd., S. 279.
10 Ebd., S. 282.
11 Ebd., S. 283.
12 »konkret«, Nr. 5, Mai 1968; vgl. auch Coron Chronik (249), 1968, S. 71.
13 Vgl. hierzu und dem Folgenden ebd., 1977, S. 164–171.
14 Bahr, Zeit (47), S. 459.
15 Keworkow, Kanal (89), S. 174–177.
16 Loth, Helsinki (186), S. 160.
17 Ebd., S. 16.
18 Text der Rede in: Bulletin der Bundesregierung, Nr. 112, 8. 11. 1977, S. 1013–1020; in Auszügen auch bei Haftendorn, Sicherheit (417), S. 196–212.
19 Abgedruckt bei ebd., S. 226–231. Vgl. auch Görtemaker, Bundesrepublik (178), S. 95 ff.
20 Vgl. Loth, Helsinki (186), S. 203 ff.
21 Interview am 16. 10. 1981. Ebd., S. 209.
22 Ansprache am 8. März 1983, in: Presidential Documents, Bd. XIX, S. 369, zit. in ebd., S. 209.
23 Jäger/Link, Republik (418), S. 211 ff. Vgl. hierzu jetzt auch die Darstellung bei Schöllgen, Brandt (166), S. 242–246, und das Interview mit Helmut Schmidt über seinen Streit mit Brandt über den NATO-Doppelbeschluß im »Spiegel«, Nr. 38, 15. 9. 2001, S. 42–46.
24 Jäger/Link, Republik (418), S. 208.
25 Ebd., S. 236.
26 AdG (248), Bd. 8, S. 7692.
27 Jäger/Link, Republik (418), S. 260.
28 Zit. bei Korte, Deutschlandpolitik (419), S. 90.
29 AdG (248), Bd. 8, S. 7710 f.
30 Vgl. ebd., S. 7863–7870.

2. Kapitel

1 Zit. nach Hertle, Fall der Mauer (523), S. 25.
2 Ebd., S. 25 f.
3 Wolle, Heile Welt (504), S. 35.
4 Ebd., S. 37.
5 Ebd., S. 38.
6 Zit. bei Hertle, Fall der Mauer (523), S. 29 f.
7 Honecker, Aus meinem Leben (86), S. 244.
8 Hertle, Fall der Mauer (523), S. 32.
9 Vgl. Wolle, Heile Welt (504), S. 195 f.
10 Ebd., S. 197.
11 Ebd., S. 42 f.
12 Hertle, Fall der Mauer (523), S. 33.
13 Kaminsky, »Mehr produzieren…« (467), S. 18.
14 Bechtel, Maschine (440), S. 10.
15 Ebd.
16 Vgl. Wolle, Heile Welt (504), S. 200 f.
17 Kaminsky, »Mehr produzieren…« (467), S. 18, und Merkel, Meckerecke (479).
18 Kaminsky (467), S. 20.
19 Potthoff, Bonn (33), S. 455.
20 Wolle, Heile Welt (504), S. 209.
21 Ebd., S. 210 ff.
22 Hertle/Stephan, Ende (21), S. 364.
23 Vgl. hierzu insbesondere Gieseke (454).

3. Kapitel

1 Revolutionäre deutsche Parteiprogramme, (Ost-)Berlin 1967, S. 249.
2 Protokoll des VI. Parteitages der SED, Bd. 1, (Ost-)Berlin 1963, S. 52.
3 Verfassung der Deutschen Demokratischen Republik – Dokumente/Kommentar, Bd. 1, (Ost-)Berlin 1969, S. 197.
4 Ebd., S. 215 f.
5 Ebd., S. 308.
6 Ebd., S. 314.
7 Albert Norden, Fragen des Kampfes gegen den Imperialismus, (Ost-)Berlin 1972, S. 22.
8 Hermann Axen, Zur Entwicklung der sozialistischen Nation in der DDR, (Ost-)Berlin 1973, S. 16.
9 »Neues Deutschland«, 13. 12. 1974.
10 »Neues Deutschland«, 16. 2. 1981.
11 Erich Honecker, Reden und Aufsätze, (Ost)-Berlin 1975, Bd. 2, S. 241.
12 Vgl. hierzu auch die von der Friedrich-Ebert-Stiftung hrsg. Broschüren »Honeckers neue Geschichtsschreibung der SED« (1978) und »Das Preußenbild der DDR im Wandel« (1981), den Artikel »Nation und nationale Frage« im »DDR Handbuch«, Bd. 2, Köln 1985, S. 924 ff., sowie Eberhard Kuhrt/Henning von Löwis, Griff nach der deutschen Geschichte. Erbeaneignung und Traditionspflege in der DDR, Paderborn u. a. 1988.

4. Kapitel

1 Potthoff, Bonn (33), S. 756.
2 Vogtmeier, Bahr (411), S. 182.
3 Potthoff, Bonn (33), S. 46. Zu Vogels Aktivitäten vgl. jetzt Craig R. Whitney, Advocatus Diaboli. Wolfgang Vogel. Anwalt zwischen Ost und West, München 1993, sowie Norbert F. Pötzl, Basar der Spione. Die geheimen Missionen des DDR-Unterhändlers Wolfgang Vogel, Hamburg 1997.
Nach der Wiedervereinigung wurde Vogel vom Landgericht Berlin u. a. wegen Erpressung verurteilt. Das gegen ihn beim Bundesverfassungsgericht anhängige Strafverfahren wurde am 5. 8. 1998 rechtskräftig erledigt, das Urteil, soweit es den Vorwurf der Erpressung betraf, aufgehoben und Vogel teilweise freigesprochen, teilweise das Verfahren gegen ihn eingestellt. Demnach verblieb es bei einer Verurteilung Vogels wegen Meineides zu 14 Monaten Freiheitsstrafe mit Bewährung und wegen Falschbeurkundung im Amt zu einer Geldstrafe. Vgl. Bundesgerichtshof, Pressemitteilung Nr. 61, 10. 8. 1998.
4 Potthoff, Bonn (33), S. 38.
5 Nakath/Stephan, Hubertusstock (31), S. 48.
6 Schreiben vom 10. 9. 1974; abgedruckt bei Potthoff, Bonn (33), S. 309 ff.; und Schreiben vom 25. 10. 1974 an Schmidt; ebd., S. 315 f.
7 Ebd., S. 50 f.
8 Garton Ash, Namen (177), S. 245.
9 Abdruck der Erklärung u. a. in: Zehn Jahre Deutschlandpolitik (39), S. 414–420.
10 Schmidt, Die Deutschen (123), S. 34.
11 Potthoff, »Koalition« (34), S. 147.
12 Schmidt, Die Deutschen (123), S. 39, sowie die Protokolle der Gespräche in Helsinki bei Potthoff, Bonn (33), S. 329–355, und das Schreiben Schmidt an Honecker vom 28. 7. 1976, ebd., S. 356–359.
13 Ebd., S. 348.
14 Protokoll des Gesprächs bei Potthoff, Bonn (33), S. 368–384.
15 Ebd., S. 59.
16 Ebd., S. 390 ff.
17 Schreiben vom 22. 12. 1977; ebd., S. 393 ff.
18 Ebd., S. 396–404.
19 Ebd., S. 418–421.
20 Ebd., S. 441–460.
21 Verhandlungen des Deutschen Bundestages, VIII. Wahlperiode, 6. 3. 1978; zit. bei Jäger/Link, Republik (418), S. 355 f.
22 Potthoff, Bonn (33), S. 489–495.
23 Nakath/Stephan, Hubertusstock (31), S. 43–49.
24 Ebd., S. 43–50.
25 Zit. bei Przybylski, Tatort (35), S. 345.
26 Ebd., S. 343; Nakath/Stephan, Hubertusstock (31), S. 23 f.
27 Schmidt, Die Deutschen (123), S. 40.
28 Fernschreiben Gaus vom 4. 11. 1980, zit. bei Potthoff, Bonn (33), S. 75.
29 Vermerk des »Arbeitsstab Deutschlandpolitik« vom 4. 11. 1980 zum Gespräch Gaus–Honecker; ebd., S. 74.
30 Zit. bei Przybylski, Tatort (35), S. 346.
31 Vgl. hierzu AdG (248), Bd. 8, S. 7451 f.
32 Gespräch am 12. 2. 1981; Potthoff, Bonn (33), S. 565–568.

33 Telefonat Schmidt–Honecker, 30. 10. 1981; ebd., S. 621–632.
34 Die »Westprotokolle« der Gespräche ebd., S. 652–697; die DDR-Protokolle bei Nakath/Stephan, Hubertusstock (31), S. 57–73.
35 Ebd., S. 69.
36 Ebd., S. 25.
37 Vgl. oben, S. 36.
38 Genscher, Erinnerungen (75), S. 476.
39 Bulletin, 24. 6. 1983, Nr. 68.
40 Zit. bei Korte, Deutschlandpolitik (419), S. 155.
41 Protokoll des Gesprächs bei Nakath/Stephan, Hubertusstock (31), S. 105 ff.
42 Vgl. hierzu auch Korte, Deutschlandpolitik (419) und die Rezension von Ulrich Mahlert in der »Süddeutschen Zeitung«, 10. 8. 1998.
43 Korte, Deutschlandpolitik (419), S. 190.
44 Vgl. ebd., S. 136.
45 Ebd., S. 191.
46 Nakath/Stephan, Hubertusstock (31), S. 168.
47 Diekmann/Reuth, Kohl (67), S. 54.
48 Vgl. Korte, Deutschlandpolitik (419), S. 206 f.
49 Vgl. auch die Einführung bei Nakath/Stephan, Häber-Protokolle (30), S. 25–65, sowie Peter-Jochen Winters, Als Moskau Druck ausübte, ließ Honecker seinen deutschlandpolitischen Berater fallen, in: »Frankfurter Allgemeine Zeitung«, 9. 5. 2000, S. 5.
50 Potthoff, »Koalition« (34), S. 26, sowie das Protokoll der Moskauer Gespräche ebd., S. 305–310, ebenfalls bei Nakath/Stephan, Hubertusstock (31), S. 215–220.
51 So Bernhard Wördehoff in seiner Besprechung des Dokumentenbandes in »Die Zeit«, 24. 11. 1995.
52 Nakath/Stephan, Hubertusstock (31), S. 226–233.
53 Garton Ash, Namen (177), S. 253.
54 Ebd.
55 Auszug der Ansprache bei März, Dokumente (13), S. 180 ff.
56 Vgl. AdG (248). Bd., 9, S. 8422–8433.
57 Mittag, Preis (105), S. 89.
58 Vgl. Dok. 13.
59 Garton Ash, Namen (177), S. 287.
60 Ebd., S. 305.
61 In seiner Besprechung von Nakath/Stephan, Häber-Protokolle (30), 19. 7. 1999.
62 Potthoff, »Koalition« (34), S. 454.
63 Vgl. Uschner, Ostpolitik (434), S. 139 ff.
64 Nakat/Stephan, Hubertusstock (31), S. 329–232.
65 Garton Ash, Namen (177), S. 480.
66 Korte, Deutschlandpolitik (419), S. 483.
67 Ebd., S. 481.
68 So Helmut Kohl in seiner Rede am 17. 9. 2000 in Berlin über »Deutschlands Einheit und Europäische Vereinigung« anläßlich der von der Konrad-Adenauer-Stiftung durchgeführten Veranstaltung »Zehn Jahre Wiedervereinigung – Europa und die deutsche Einheit.« Die Reden von Kohl, Angela Merkel, Friedrich Merz, Horst Möller, W. Bartoszewksi und G. Rinsche sind abrufbar unter *http://www.kas.de/*
69 Verhandlungen des Bundestages, Protokolle, 5. 9. 1989, S. 11723–11733; zit. bei Garton Ash, Namen (177), S. 482.

70 »Frankfurter Rundschau«, 13. 9. 1989; zit. ebd.
71 Wolle, Heile Welt (504), S. 313.
72 »Die Welt«, 30. 8. 1989.
73 Zit. bei Wolle, Heile Welt (504), S. 312 f.

5. Kapitel

1 Vgl. Coron Chronik (249), 1987, S. 106 f.
2 Wolle, Heile Welt (504), S. 306.
3 Görtemaker, Bundesrepublik (178), S. 724.
4 Zit. bei U. Mählert, Geschichte der DDR (*http://www.thueringen.de*).
5 Zit. nach Mitter/Wolle, Befehle (28), S. 42–45, und Wolle, Heile Welt (504), S. 306 ff.
6 DzD, Deutsche Einheit (14), S. 442.
7 Abgedruckt in: »Neues Deutschland«, 12. 9. 1989.
8 Mitter/Wolle, Befehle (128), S. 125.
9 DzD, Deutsche Einheit (14), S. 397.
10 »Neues Deutschland«, 2. 10. 1989.
11 Hertle, Fall (523), S. 108 f.
12 Ebd., S. 111.
13 Görtemaker, Bundesrepublik (178), S. 727, zit. nach Schabowski, Absturz (115), S. 241.
14 Vgl. Wolle, Heile Welt (504), S. 322.
15 Hertle/Stephan, Ende (21), S. 405.
16 Wolle, Heile Welt (504), S. 323.
17 Vgl. hierzu Hertle, Fall (523), S. 123–132.
18 Potthoff, »Koalition« (34), S. 977.
19 Ebd., S. 975 ff.
20 DzD, Deutsche Einheit (14), S. 493 f.
21 Ebd., S. 397.
22 Bulletin vom 9. 11. 1989, S. 723–739.
23 So Diekmann/Reuth, Kohl (67), S. 117; dazu auch Korte, Deutschlandpolitik (419), S. 462.
24 Ebd., S. 483.
25 Ebd., S. 463.
26 »Niederschrift des Gesprächs des Genossen Egon Krenz, Generalsekretär des ZK der SED und Vorsitzender des Staatsrates der DDR, mit Genossen Michail Gorbatschow, Generalsekretär des ZK der KPdSU und Vorsitzender des Obersten Sowjets der UdSSR, am 1. 11. 1989 in Moskau.« Vgl. auch Hertle, Fall (523), S. 137.
27 Niederschrift der Fernsehaufzeichnung ebd., S. 169–172.
28 Wadim Sagladin war Erster Stellvertretender Leiter der Internationalen Abteilung der KPdSU und einer der führenden »Westarbeiter« der Partei.
29 Vgl. Biermann, Kreml (557), S. 235 f.
30 Abgedruckt bei Hertle/Stephan, Ende (21), S. 394; dazu auch die CD-Tonaufzeichnung des DeutschlandRadio.
31 Vgl. Hertle/Stephan, Ende (21), S. 405.
32 Ebd., S. 429.

33 Ebd., S. 433.
34 Volkskammer der DDR, IX. Wahlperiode, XI. Tagung, 13. 11. 1989, stenographische Niederschrift, S. 255 und S. 258.
35 Abgedruckt bei Hertle/Stephan, Ende (21), S. 465.
36 Ebd., S. 469.
37 Ebd., S. 481.

6. Kapitel

1 Ackermann, Gehör (40), S. 310.
2 Vgl. Hertle, Fall (523), S. 275 f.
3 Vgl. Adomeit, Overstretch (553) u. die Besprechung von Heinrich Maetzke in der »Frankfurter Allgemeine Zeitung«, 31. 3. 1998.
4 Hertle, Fall (523), S. 271.
5 Ebd., S. 277.
6 Zelikow/Rice, Sternstunde (581), S. 159.
7 Diekmann/Reuth, Kohl (67), S. 135.
8 Teltschik, 329 Tage (128), S. 23.
9 Ebd.
10 DzD, Deutsche Einheit (14), S. 505–509.
11 Ebd., S. 511 f.
12 Vgl. Johannes Wilms, »Diese Menschen spielen mit einem Weltkrieg«, in: »Süddeutsche Zeitung«, 9. 11. 2000.
13 Potthoff, »Koalition« (34), S. 989–994; siehe auch DzD, Deutsche Einheit (14), S. 513 ff.
14 Ebd., S. 516 ff.
15 Zelikow/Rice, Sternstunde (581), S. 160.
16 DzD, Deutsche Einheit (14), S. 546 f.
17 Teltschik, 329 Tage (128), S. 44.
18 Jäger/Walter, Überwindung (528), S. 66.
19 Ebd., S. 67.
20 Weidenfeld, Außenpolitik (580), S. 127.
21 Ebd., S. 153–159.
22 Diekmann/Reuth, Kohl (67), S. 195.
23 Görtemaker, Bundesrepublik (178), S. 738.
24 Vgl. z. B. »Frieden und Freiheit sind nur in einem vereinten Europa zu sichern.« Interview mit H. Kohl; Beilage der Zeitschrift »Deutschland«, Nr. 4, August 1995.
25 Diekmann/Reuth, Kohl (67), S. 166 f.
26 Gespräch Kohl mit Mitterrand, 4. 1. 1990; in: DzD, Deutsche Einheit (14), S. 682–690.
27 Küsters, in: Ebd., S. 86.
28 Teltschik, 329 Tage (128), S. 133.
29 Pressemitteilung Nr. 60/90, 7. 2. 1990.
30 Zelikow/Rice, Sternstunde (581), S. 259–262.
31 Ebd., S. 263.
32 Gespräch Kohl mit Gorbatschow, 10. 2. 1990, und Delegationsgespräch Kohl mit Gorbatschow, 10. 2. 1990, DzD, Deutsche Einheit (14), S. 795–811; Zelikow/Rice, Sternstunde (581), S. 267 ff.

33 Teltschik, 329 Tage (128), S. 139 ff.
34 Ebd., S. 269.
35 DzD, Deutsche Einheit (14), S. 1028.
36 Zelikow/Rice, Sternstunde (581), S. 270.
37 Interview in der »taz«, 15. 2. 1990.
38 Vgl. auch die Protokolle in DzD, Deutsche Einheit (14), S. 814–826.

7. Kapitel

1 »Der Spiegel« 9/1990.
2 Vgl. hierzu z. B. Marlies Menge, Die Schau in den Fenstern. Die Werbestrategen der West-Parteien prägen den Wahlkampf in der DDR, in: »Die Zeit«, 11/1990.
3 Vgl. Nakath/Neugebauer/Stephan, »Kreml« (29), Dok. 8, 9, 11, 13, 14, 19, 21, 29, 30, 31, 32.
4 Vgl. Georgia Tornow, Gregor Gysis großer Sprung, »taz« 15. 3. 1990; in: taz-DDR-Journal 2 (549), S. 130 f.
5 Ebd., S. 21.
6 DzD, Deutsche Einheit (14), S. 801.
7 »Die Zeit«, 12/1990.
8 »taz«, 3. 9. 1990.
9 Vgl. »Der Spiegel«, 3/14. 1. 2002.
10 Die Volkskammer-Erklärung ist abgedruckt bei: Gransow/Jarausch, Vereinigung (20), S. 155 f.
11 Ebd., S. 157 ff.
12 Interview in: »taz«, 15. 2. 1990.
13 Teltschik, 329 Tage (128), S. 129.
14 DzD, Deutsche Einheit (14), S. 749–753.
15 Vgl. Zelikow/Rice, Sternstunde (581), S. 282.
16 DzD, Deutsche Einheit (14), S. 841.
17 Ebd., S. 947.
18 Schreiben von Karl-Otto Pöhl an Kohl, 30. 3. 1990. Ebd., S. 1002 f.
19 Gespräch am 28. 3. 1990. Ebd., S. 983–986; vgl. auch Dok. 20.
20 AdG (248), Bd. 9, S. 8822 f.
21 Ebd., S. 8823.
22 Gespräch am 12. 3. 1990. DzD, Deutsche Einheit (14), S. 933.
23 Schäuble, Vertrag (118), S. 34.
24 »Der Prozeß der Einigung ist unumkehrbar«; Gespräch mit der »Zeit«, 29. 6. 1990.
25 Schreiben Schäuble vom 4. 7. 1990 an die Ständigen Mitglieder des Kabinettsausschusses Deutsche Einheit, mit Anlage »Diskussionspapier des Bundesministers des Innern mit Elementen einer zur Herstellung der deutschen Einheit zu treffenden Regelung«. DzD, Deutsche Einheit (14), S. 1265–1275.
26 Ebd., S. 1324 f.
27 Volkskammer, 10. Wahlperiode, Protokolle, Bd. 27, S. 1382 f., zit. in: DzD, Deutsche Einheit (14), S. 1497, sowie AdG (248), Bd. 9, S. 8838–8844.
28 Vgl. hierzu das Feature von Johannes Kaiser, Vom Sperrgebiet zum Naturpark, gesendet im Deutschlandfunk am 25. 1. 2002.

29 Vgl. Gill/Schröter, Ministerium (514), S. 253 ff., u. Schroeder, SED-Staat (200), S. 367 ff.; insgesamt Gieseke (454).
30 Vgl. AdG (248), Bd. 9, S. 8848–8860, hier S. 8859.
31 Vgl. Helmut Kohl: »Mit Gottes Hilfe haben wir es geschafft.« Text in: *http://www.50Jahre-deutschland.de/1990/*

8. Kapitel

1 Vgl. auch den Überblick von Karl Kaiser, Scharfes Gespür für strategische Gelegenheiten ermöglichte die Einheit, in: »Das Parlament«, 16. 4. 1999, S. 9.
2 Zelikow/Rice, Sternstunde (581), S. 188 ff.
3 Ebd., S. 198.
4 Ebd., S. 199 f.
5 DzD, Deutsche Einheit (14), S. 932.
6 Zelikow/Rice, Sternstunde (581), S. 204.
7 Teltschik, 329 Tage (128), S. 105.
8 Ebd., S. 67.
9 Zelikow/Rice, Sternstunde (581), S. 238.
10 Telefongespräch Kohl mit Bush am 13. 2. 1990. DzD, Deutsche Einheit (14), S. 826 ff.
11 Schreiben Bush an Kohl, 9. 2. 1990. Ebd., S. 784 f.
12 Ebd., S. 867.
13 Zelikow/Rice, Sternstunde (581), S. 196.
14 Ebd., S. 274; Genscher, Erinnerungen (75), S. 729.
15 Zelikow/Rice, Sternstunde (581), S. 275.
16 Ebd., S. 289.
17 Ebd., S. 292. John Major, The Autobiography, London 1999, S. 175.
18 DzD, Deutsche Einheit (14), S. 860–877.
19 Zelikow/Rice, Sternstunde (581), S. 329–332.
20 Ebd., S. 595 f., und Gespräch des Autors mit Botschafter Jack Matlock am 24. 7. 2001 in Innsbruck.
21 DzD, Deutsche Einheit (14), S. 1121 f.
22 Delegationsgespräch Kohl mit Bush, 17. 5. 1990. Ebd., S. 1130.
23 Kwizinskij, Sturm (102), S. 12.
24 Zelikow/Rice, Sternstunde (581), S. 368.
25 DzD, Deutsche Einheit (14), S. 1156.
26 Zelikow/Rice, Sternstunde (581), S. 384.
27 Tschernajew, Jahre (130), S. 298. Gesprächsverlauf auch in Baker, Drei Jahre (48), S. 226, Gorbatschow, Erinnerungen (77), S. 723.
28 Zelikow/Rice, Sternstunde (581), S. 384.
29 Ebd., S. 391.
30 Teltschik, 329 Tage (128), S. 255 ff.
31 Gespräch Kohl mit Bush am 8. 6. 1990. DzD, Deutsche Einheit (14), S. 1191–1199.
32 Genscher, Erinnerungen (75), S. 831; Teltschik, 329 Tage (128), S. 317 f.; Klein, Kaukasus (95), S. 35 f.
33 Zelikow/Rice, Sternstunde (581), S. 458.
34 Teltschik, 329 Tage (128), S. 327–332.

35 DzD, Deutsche Einheit (14), S. 1367–1370.
36 Ebd., S. 1371–1374.
37 Ebd., S. 1374 ff.
38 Vgl. hierzu auch Klaus Larres, Ein englisches Dilemma. Wie Margaret Thatcher die Wiedervereinigung verhindern wollte – und Londons Auswärtiges Amt dagegenhielt, in: »Die Zeit«, 40/28. 9. 2000, S. 76.
39 Vgl. die Schilderung bei Genscher, Erinnerungen (75), S. 865–873.
40 Teltschik, 329 Tage (128), S. 361 f.
41 Ebd., S. 365.
42 Gespräch Kohl mit Baker am 15. 9. 1990. DzD, Deutsche Einheit (14), S. 1542 ff.

9. Kapitel

1 AdG (248), Bd. 9, S. 8806.
2 Vgl. hierzu vor allem Breuel (585), Falkner (590), Fischer/Hax/Schneider (593), Freese (594), Jürgs (596), Kemmler (597), Luft (604), Marissal (605), Oppenländer (607), Rauschnabel (610), Weber (619) sowie den Artikel von Jürgen Turek im Handbuch (262), S. 742–751, und die Beiträge von Wolfgang Seibel, Birgit Breuel, Jan Priewe, Roland Czada und Frank Nägele, in: PZG, B 43–44/94, 28. 10. 1994.
3 Vgl. Anette Frank, Wie privatisiert man Zirkuspferde? »Berliner Morgenpost«, 1. 3. 2000; Kerstin Schwenn, Einzigartiges Projekt und Symbol kalter Marktwirtschaft, »Frankfurter Allgemeine Zeitung«, 17. 6. 2000.
4 Vgl. hierzu Robers (612), Wagner (618), sowie die Literatur bei Klaus-Dietmar Henke, (Handbuch (262), S. 729, sowie *www.bstu.de/*
5 Vgl. hierzu den 4. Tätigkeitsbericht des Bundesbeauftragten für die Unterlagen des Staatssicherheitsdienstes der ehemaligen Deutschen Demokratischen Republik 1999; abrufbar unter *www.bstu.de/*
6 Pressemitteilung v. 3. 8. 2001: »Erklärung von Marianne Birthler zur Urteilsbegründung des Berliner Verwaltungsgerichts.«
7 Vgl. u. a. Coron Chronik (249) 1991, S. 108; sowie »Hauptstadt Berlin. Der deutsche Kraftakt«: »Spiegel«-Titelgeschichte, 24. 6. 1991.
8 »Frankfurter Allgemeine Zeitung«, 21. 8. 2001.
9 Vgl. hierzu insgesamt McAdams (606).
10 AdG (248), Bd. 9, S. 8989.
11 Ebd., S. 9000. Vgl. auch Uwe Wesel, Ein deutscher Prozeß. Wie der Rechtsstaat die Verbrechen an der innerdeutschen Grenze ahndete, in: »Süddeutsche Zeitung«, 21. 9. 2000.
12 AdG (248) Bd., 9, S. 9165.
13 Ebd., S. 9078 ff.
14 Vgl. Otto, Mielke (162), S. 483–500; Schwan, Mielke (168), S. 318–340.
15 AdG (248), Bd. 10, S. 9672.
16 Vgl. Stefan Ulrich, Schlupfloch Tyrannenklausel. Der Ex-DDR-Staatschef hat mit seiner Klage vor dem Menschenrechtstribunal gute Chancen, in: »Süddeutsche Zeitung«, 8. 11. 2000.
17 Vgl. Reinhard Müller, Am Anfang und am Ende schuldig wegen Totschlags. Das Straßburger Urteil über DDR-Unrecht, in: »Frankfurter Allgemeine Zeitung«, 23. 3. 2001.

18 Vgl. Eberhard, der Gnädige. Diepgen läßt Schabowski und Kleiber laufen, in: »Süddeutsche Zeitung«, 7. 9. 2000.
19 Vgl. Freisprüche für die drei Angeklagten im letzten Politbüro-Prozeß, in: »Frankfurter Allgemeine Zeitung«, 8. 7. 2000; Uwe Wesel, Ein deutscher Prozeß. Wie der Rechtsstaat die Verbrechen an der innerdeutschen Grenze ahndete, in: »Süddeutsche Zeitung«, 21. 9. 2000; sowie Auf Biegen und Beugen, ebd., 26. 9. 2000; Anette Ramelsberger, Gnade für die Schreibtischtäter, in: »Süddeutsche Zeitung«, 8. 11. 2000.
20 Vgl. »Berliner Morgenpost«, 2. 2. 2002.
21 Zit. in: Getrennte Vergangenheit (222), Bd. I, S. 9.
22 So in seiner Besprechung von »Getrennte Vergangenheit« (222) in: »Das Parlament«, 5. 3. 1999, S. 20.
23 S. auch unter *http://www.stiftung-Aufarbeitung.de/*
24 Vgl. AdG (248), Bd. 10, S. 9262–9265.
25 Vgl. hierzu Pechstein/Koenig (608).
26 Vgl. Coron Chronik (249), 1991, S. 194 f.
27 »Internationale Politik«, Mai 1998.

10. Kapitel

1 Vgl. hierzu »Regierungswechsel 1998«, Presseartikel im ACDP, Abteilung Pressedokumentation.
2 Vgl. AdG (248), Bd. 10, S. 9785–9802.
3 »Frankfurter Allgemeine Zeitung«, 16. 8. 2001.
4 Vgl. auch Alexander Hagelüken, Kanzler gibt Arbeitsmarkt-Ziel auf, in: »Süddeutsche Zeitung«, 11. 8. 2001.
5 Vgl. hierzu Clewing/Reuter (588); Theo Sommer, Ernstfall Frieden, in: »Die Zeit«, 17. 6. 1999; Jochen Hippler, Rückblick auf den Kosovokrieg – eine Zeitschriftenschau; abrufbar unter *http://www.jochen-hippler.de*; sowie Frank Schirrmacher (Hrsg.), Der westliche Kreuzzug. 41 Positionen zum Kosovo-Krieg, Stuttgart 1999. Matthias Küntzel, Der Weg in den Krieg. Deutschland, die Nato und das Kosovo, Berlin 2000.
6 Coron Chronik (249), 1999, S. 48.
7 Vgl. den Bericht vom 10. 12. 2001, S. 40–56.
8 Vgl. auch den Gastkommentar von Eckhard Jesse, PDS zwischen Mauer und Macht, im »Bayernkurier«, 32/33, August 2001.
9 Vgl. »Frankfurter Allgemeine Zeitung«, 13. u. 14. 8. 2001.
10 Hierzu gibt es bereits etliche Publikationen; ich habe mich in erster Linie an der »Frankfurter Allgemeinen Zeitung« und der »New York Times« orientiert. Empfehlenswert das »Zeit«dokument 2/2001, »Krieg gegen Terror – Dialog mit dem Islam.« (Gedruckte Ausgabe und als CD-Rom.) Darüber hinaus: Hilmar Hoffmann/Wilfried F. Schoeller (Hrsg.), Wendepunkt 11. September 2001: Terror, Islam und Demokratie, Köln 2001; sehr gut: Chronik aktuell. Der 11. September 2001. Die Ereignisse. Die Reaktionen. Die Hintergründe. Die Folgen, München 2001; Stefan Aust/Cordt Schnibben (Hg.), 11. September. Geschichte eines Terrorangriffs, Stuttgart–Hamburg 2002. Am beeindruckendsten der Bildband »New York September 11«, by Magnum Photographers, New York 2001 bzw. Stuttgart 2002.

Epilog

1 Vgl. Bd. 3, S. 107 f.
2 Vgl. Die vier Siegermächte des Zweiten Weltkrieges und ihre Haltung zur deutschen Frage, »Frankfurter Allgemeine Zeitung«, 12. 12. 1989, S. 7, und Zelikow/Rice, Sternstunde (581), S. 196 ff.
3 Nachlesbar auf der Website des »Parallel History Project on NATO and the Warsaw Pact« unter *http://www.isn.ethz/php/*
4 Zit. in: »Frankfurter Allgemeine Zeitung«, 15. 12. 1989, S. 5.
5 Vgl. hierzu Steininger, Mauerbau (278).
6 Vgl. Bd. 3, Kap. 5.
7 Vgl. Anm. 4.
8 Ebd. Vgl. auch Klaus Larres, Ein englisches Dilemma. Wie Margaret Thatcher die Wiedervereinigung verhindern wollte – und Londons Auswärtiges Amt dagegenhielt, in: »Die Zeit«, 40/28. 9. 2000, S. 76.
9 DzD, Deutsche Einheit (14), S. 1340.
10 Jochen Thies, Größe und Scheitern. Eine Annäherung an Helmut Kohl, in: »Die politische Meinung«, Nr. 381, August 2001, S. 92 f.
11 Henri de Bresson, La nouvelle Allemagne, Paris 2001. Vgl. hierzu auch »Gegenwart der Vergangenheit« (621).

Allgemeine Literaturhinweise für 1955–2002

a) Quellen/Dokumentensammlungen

1. Adenauer, Konrad – Rhöndorfer Ausgabe, hrsg. im Auftrag der Stiftung Bundeskanzler-Adenauer-Haus von Rudolf Morsey und Hans-Peter Schwarz:
a) Briefe 1955–1957, bearb. von Hans Peter Mensing, Berlin 1998.
b) Briefe 1957–1959, bearb. von Hans Peter Mensing, Paderborn 2000.
c) Teegespräche 1959–1961, bearb. von Hanns Jürgen Küsters, Berlin 1988.
d) Teegespräche 1961–1963, bearb. von Hanns Jürgen Küsters, Berlin 1992.
e) Konrad Adenauer–Theodor Heuss. Unter vier Augen. Gespräche aus den Gründerjahren 1949–1959, bearb. von Hanns Jürgen Küsters, Berlin 1997.
2. Akten zur Auswärtigen Politik der Bundesrepublik Deutschland 1949/50, 1951, 1952, 1953, 1963–1970. Wissenschaftlicher Leiter: R. A. Blasius, München 1994–2001.
3. Außenpolitik der Bundesrepublik Deutschland. Dokumente von 1949 bis 1994, hrsg. vom Auswärtigen Amt, Köln 1995.
4. Besatzungszeit, Bundesrepublik und DDR 1945–1969, hrsg. von Merith Niehuus u. Ulrike Lindner, Stuttgart 1998.
5. Brandt, Willy – Berliner Ausgabe, hrsg. im Auftrage der Bundeskanzler-Willy-Brandt-Stiftung von Helga Grebing, Gregor Schöllgen und Heinrich August Winkler, Bonn 2000 ff. Bereits erschienen: Bd. 1: Hitler ist nicht Deutschland (1928–1940); Bd. 2: Zwei Vaterländer. Deutsch-Norweger im schwedischen Exil – Rückkehr nach Deutschland 1940–1947; Bd. 4: Auf dem Weg nach vorn. Willy Brandt und die SPD 1947–1972; Bd. 7: Mehr Demokratie wagen. Innen- und Gesellschaftspolitik 1966–1974.
6. Bundesrepublik und DDR 1969–1990, hrsg. von Dieter Grosser, Stephan Bierling, Beate Neuss, Stuttgart 1996.
7. CDU-Bundesvorstand. Die Protokolle des CDU-Bundesvorstandes, bearb. von Günter Buchstab. Bd. 1, 1950–1953: Adenauer: »Es mußte alles neu gemacht werden«; Bd. 2, 1953–1957: Adenauer: »Wir haben wirklich etwas geschaffen«; Bd. 3, 1957–1961: Adenauer: »... um den Frieden zu gewinnen«; Bd. 4, 1961–1965: Adenauer: »Stetigkeit in der Politik«, Stuttgart bzw. Düsseldorf 1986–1998.
8. Die Bundesrepublik Deutschland und Frankreich. Dokumente 1949–1963, 3 Bde., hrsg. von H. Möller/K. Hildebrand, bearb. von U. Lappenküper u. a., München 1997.
9. Die SPD-Fraktion im Deutschen Bundestag. Sitzungsprotokolle 1949–1957, bearb. von P. Weber, 2 Bde.; Sitzungsprotokolle 1957–1961, bearb. von W. Hölscher; Sitzungsprotokolle 1961–1966, 2 Bde., bearb. von H. Potthoff, Düsseldorf 1993.
10. Documents Diplomatiques Français, hrsg. vom Ministère des Affaires Étrangères, bisher 21 Bde. (1954–1960), Paris 1987–1996.

11. Documents on British Policy Overseas, hrsg. von R. Bullen, M. E. Pelly, Ser. I, bisher 7 Bde. (1945–1950), Ser. II, bisher 4 Bde. (1950–1955), London 1984–1995.
12. Dokumente der Wiedervereinigung Deutschlands, hrsg. von Ingo von Münch, Stuttgart 1991.
13. Dokumente zu Deutschland 1944–1994, bearb. von Peter März, hrsg. von der Bayerischen Landeszentrale für politische Bildungsarbeit, München 2000.
14. Dokumente zur Deutschlandpolitik. Deutsche Einheit. Sonderedition aus den Akten des Bundeskanzleramtes 1989/90, bearb. von Hanns Jürgen Küsters und Daniel Hofmann, München 1998.
15. Dokumente zur Deutschlandpolitik. Wissenschaftl. Leitung: E. Deuerlein (seit 1972): K. D. Bracher, H.-A. Jacobsen, H.-P. Schwarz; seit 1996: K. Hildebrand, H.-P. Schwarz. 1. Reihe (1949–1945): bisher 7 Bde., Frankfurt/M. 1984–1991; 2. Reihe (1945–1955): bisher 7 Bde., Frankfurt/M. 1992–1997; 3. Reihe (1955–1958): 9 Bde., Frankfurt/M. 1961–1969.
16. Eberle, Hendrik/Wesenberg, Denise (Hrsg.), Einverstanden. E. H. Parteiinterne Hausmitteilungen, Briefe, Akten und Intrigen aus der Honecker-Zeit, Berlin 1999.
17. FDP-Bundesvorstand. Sitzungsprotokolle 1949–1960, bearb. von U. Wengst, 2 Bde.; Sitzungsprotokolle 1960–1967, bearb. von R. Schiffers, Düsseldorf 1990–1993.
18. Foreign Relations of the United States. Diplomatic Papers 1945 ff., Washington D. C. 1968 ff. (bis 1964–1968, Vol. XV, Germany and Berlin), Washington D. C. 1999.
19. Fuchs, Hans-Werner/Reuter, Lutz R. (Hrsg.), Bildungspolitik seit der Wende. Dokumente zum Umbau des ostdeutschen Bildungssystems (1989–1994), Opladen 1995.
20. Gransow, Volker/Jarausch, Konrad H., Die deutsche Vereinigung. Dokumente zu Bürgerbewegung, Annäherung und Beitritt, Köln 1991.
21. Hertle, Hans-Hermann/Stephan, Gerd-Rüdiger (Hrsg.), Das Ende der SED. Die letzten Tage des Zentralkomitees, Berlin 1999.
22. Innerdeutsche Beziehungen. Die Entwicklung der Beziehungen zwischen der Bundesrepublik Deutschland und der Deutschen Demokratischen Republik 1980–1986. Eine Dokumentation, hrsg. vom Bundesministerium für innerdeutsche Beziehungen, Bonn 1986.
23. Judt, Matthias (Hrsg.), DDR-Geschichte in Dokumenten. Beschlüsse, Berichte, interne Materialien und Alltagszeugnisse, Bonn 1998.
24. Kleßmann, Christoph/Wagner, Georg (Hrsg.), Das gespaltene Land. Leben in Deutschland 1945–1990. Texte und Dokumente, München 1993.
25. Kubina, Michael/Wilke, Manfred (Hrsg.), »Hart und kompromißlos durchgreifen.« SED contra Polen 1980/81. Geheimakten der SED-Führung über die Unterdrückung der polnischen Demokratiebewegung, Berlin 1995.
26. »Let Berlin be next.« George Bush und die deutsche Einheit. Die Telefongespräche zwischen US-Präsident George Bush und Bundeskanzler Helmut Kohl, 23. Oktober 1989–3. Oktober 1990. Eine Veröffentlichung des AlliiertenMuseums, Berlin 1999.
27. Lüdtke, Alf/Becker, Peter (Hrsg.), Akten. Eingaben. Schaufenster. Die DDR und ihre Texte. Erkundungen zu Herrschaft und Alltag, Berlin 1997.
28. Mitter, Armin/Wolle, Stefan (Hrsg.), »Ich liebe euch doch alle!« Befehle und Lageberichte des MfS. Januar bis November 1989, Berlin 1990.
29. Nakath, Detlef/Neugebauer, Gero/Stephan, Gerd-Rüdiger (Hrsg.), »Im Kreml brennt noch Licht«. Die Spitzenkontakte zwischen SED/PDS und KPdSU 1989–1991, Berlin 1998.

30. Nakath, Detlef/Stephan, Gerd-Rüdiger (Hrsg.), Die Häber-Protokolle. Schlaglichter der SED-Westpolitik 1973–1985, Berlin 1999.
31. Nakath, Detlef/Stephan, Gerd-Rüdiger (Hrsg.), Von Hubertusstock nach Bonn. Eine dokumentierte Geschichte der deutsch-deutschen Beziehungen auf höchster Ebene 1980–1987, Berlin 1995.
32. Nakath, Detlef/Stephan, Gerd-Rüdiger (Hrsg.), Countdown zur deutschen Einheit. Eine dokumentierte Geschichte der deutsch-deutschen Beziehungen 1987–1990, Berlin 1996.
33. Potthoff, Heinrich (Hrsg.), Bonn und Ost-Berlin 1969–1982. Dialog auf höchster Ebene und vertrauliche Kanäle. Darstellung und Dokumente, Bonn 1997.
34. Potthoff, Heinrich (Hrsg.), Die »Koalition der Vernunft«. Deutschlandpolitik in den 80er Jahren, München 1995.
35. Przybylski, Peter, Tatort Politbüro. Die Akte Honecker, Berlin 1991.
36. Przybylski, Peter, Tatort Politbüro, Band 2: Honecker, Mittag und Schalck-Golodkowski, Berlin 1992.
37. Stephan, Gerd-Rüdiger (Hrsg.), »Vorwärts immer, rückwärts nimmer!« Interne Dokumente zum Zerfall von SED und DDR 1988/89, Berlin 1994.
38. Süsz, Walter, Ende und Aufbruch – Von der DDR zur neuen Bundesrepublik Deutschland (Weltgeschichte im Aufriß, Ausgabe in Themenheften, hrsg. von Werner Ripper), Frankfurt am Main 1992.
39. Zehn Jahre Deutschlandpolitik. Die Entwicklung der Beziehungen zwischen der Bundesrepublik Deutschland und der Deutschen Demokratischen Republik 1969–1979. Bericht und Dokumentation, hrsg. vom Bundesministerium für innerdeutsche Beziehungen, Bonn 1980.

b) Memoiren/Tagebücher etc.

40. Ackermann, Eduard, Mit feinem Gehör. Vierzig Jahre in der Bonner Politik, Bergisch-Gladbach 1994.
41. Ackermann, Eduard, Politisches. Vom richtigen und falschen Handeln, Bergisch-Gladbach 1996.
42. Allardt, Helmut, Moskauer Tagebuch. Beobachtungen, Notizen, Erlebnisse, Düsseldorf/Wien 1974.
43. Allardt, Helmut, Politik vor und hinter den Kulissen. Erfahrungen eines Diplomaten zwischen Ost und West, Frankfurt/Berlin/Wien 1983.
44. Apel, Hans, Der Abstieg, Politisches Tagebuch eines Jahrzehnts, 1978–1988, Stuttgart 1990.
45. Attali, Jacques, Verbatim. Bd. I: Chroniques des années 1981–1986, Bd. II 1986–1988, Bd. III, 1988–1991, Paris 1993–1995.
46. Axen, Hermann, Ich war ein Diener der Partei, Berlin 1996.
47. Bahr, Egon, Zu meiner Zeit, München 1996.
48. Baker, James, Drei Jahre, die die Welt veränderten. Erinnerungen, Berlin 1996.
49. Barzel, Rainer, Die Tür blieb offen. Mein persönlicher Bericht über Ostverträge – Mißtrauensvotum – Kanzlersturz, Bonn 1998.
50. Barzel, Rainer, Ein gewagtes Leben. Erinnerungen, Stuttgart 2001.
51. Berliner, Kurt, Der Resident. Ein Diplomat im Dienst der Hauptverwaltung Aufklärung erinnert sich, Berlin 2001.
52. Biedenkopf, Kurt H., 1989–1990. Ein deutsches Tagebuch, Berlin 2000.

53. Birrenbach, Kurt, Meine Sondermissionen. Rückblick auf zwei Jahrzehnte bundesdeutscher Außenpolitik, Düsseldorf/Wien 1984.
54. Bogomolow, Alexander, Ohne Protokoll. Amüsantes und Bitteres aus der Arbeit eines sowjetischen Diplomaten in Deutschland, Berlin 2000.
55. Bohlen, Charles E., Witness To History, 1929–1969, New York 1973.
56. Bölling, Klaus, Die letzten 30 Tage des Kanzlers Helmut Schmidt. Ein Tagebuch, Reinbek 1982.
57. Brandt, Willy, Begegnungen und Einsichten. Die Jahre 1960–1975, Hamburg 1976.
58. Brandt, Willy, Erinnerungen, Frankfurt/M. 1989.
59. Bubis, Ignatz, »Damit bin ich noch längst nicht fertig.« Die Autobiographie, Frankfurt/New York 1996.
60. Bundy, McGeorge, Danger And Survival: Choices about the Bomb in the First Fifty Years, New York 1988.
61. Bush, George/Scowcroft, Brent, A World Transformed, New York 1998 (dt. Ausgabe: Eine neue Welt. Amerikanische Außenpolitik in Zeiten des Umbruchs, Berlin 1999).
62. Chruschtschow, Nikita S., Chruschtschow erinnert sich, hrsg. von S. Talbott, Reinbek 1971.
63. Couve de Murville, Maurice, Außenpolitik 1958–1969, München 1973.
64. Czepuck, Harri, Meine Wendezeiten. Erinnerungen, Erwägungen, Erwartungen, Berlin 1999.
65. De Maizière, Lothar, Anwalt der Einheit. Ein Gespräch mit Christine de Maizière, Berlin 1996.
66. Diehl, Günter, Zwischen Politik und Presse. Bonner Erinnerungen 1949–1969, Frankfurt/M. 1994.
67. Diekmann, Kai/Reuth, Ralf Georg, Helmut Kohl: »Ich wollte Deutschlands Einheit«, Berlin 1996.
68. Dobrynin, Anatoly, In Confidence. Moscow's Ambassador to America's Six Cold War Presidents (1962–1986), New York 1995.
69. Dumas, Roland, Le Fil et la Pélote. Mémoires, Paris 1996.
70. Ehmke, Horst, Mittendrin. Von der Großen Koalition zur Deutschen Einheit, Berlin 1994.
71. Falin, Valentin, Konflikte im Kreml. Zur Vorgeschichte der deutschen Einheit, München 1997.
72. Garton Ash, Timothy, Die Akte »Romeo«. Persönliche Geschichte, Frankfurt/M. 1999.
73. Gaulle, Charles de, Memoiren der Hoffnung. Die Wiedergeburt, 1958–1962, Wien/München/Zürich 1971.
74. Geißler, Heiner, Zukunft. Politik in stürmischer Zeit, München 1990.
75. Genscher, Hans-Dietrich, Erinnerungen, Berlin 1995.
76. Gerlach, Manfred, Mitverantwortlich. Als Liberaler im SED-Staat, Berlin 1991.
77. Gorbatschow, Michail, Erinnerungen, Berlin 1995.
78. Gorbatschow, Michail, Wie es war. Die deutsche Wiedervereinigung, Berlin 1999.
79. Gribkow, Anatoli I., Der Warschauer Pakt. Geschichte und Hintergründe des östlichen Militärbündnisses, Berlin 1995.
80. Großmann, Werner, Bonn im Blick. Die DDR-Aufklärung aus der Sicht ihres letzten Chefs, Berlin 2001.
81. Gysi, Gregor, Ein Blick zurück, ein Schritt nach vorn, Hamburg 2001.

82. Hager, Kurt, Erinnerungen, Leipzig 1996.
83. Harpprecht, Klaus, Im Kanzleramt. Tagebuch der Jahre mit Willy Brandt, Reinbek 2000.
84. Herrmann, Frank-Joachim, Der Sekretär des Generalsekretärs. Honeckers persönlicher Mitarbeiter über seinen Chef, Berlin 1996.
85. Hillenbrand, Martin J., Fragment of Our Time. Memoirs of a Diplomat, Athens, Georgia, 1998.
86. Honecker, Erich, Aus meinem Leben, Frankfurt/M. 1980.
87. Keil, Rolf-Dietrich, Mit Adenauer in Moskau. Erinnerungen eines Dolmetschers, Bonn 1997.
88. Keßler, Heinz, Zur Sache und zur Person. Autobiographische Erinnerungen des DDR-Verteidigungsministers, Berlin 1996.
89. Keworkow, Wjatscheslaw, Der geheime Kanal. Moskau, der KGB und die Bonner Ostpolitik, Berlin 1995.
90. Khrushchev, Nikita S., Khrushchev Remembers: the Glasnost Tapes, transl. and ed. by Jerold L. Schecter, with Vyacheslav V. Luchkov, Boston 1990.
91. Kiessler, Richard/Elbe, Frank, Ein runder Tisch mit scharfen Ecken. Der diplomatische Weg zur deutschen Einheit, Baden-Baden 1993.
92. Kissinger, Henry A., Memoiren 1968–1973, München 1979.
93. Kissinger, Henry A., Memoiren 1973–1974, München 1982.
94. Klein, Fritz, Drinnen und Draußen. Ein Historiker in der DDR. Erinnerungen, Frankfurt/M. 2000.
95. Klein, Hans, Es begann im Kaukasus. Der entscheidende Schritt in die Einheit Deutschlands, Berlin/Frankfurt/M. 1991.
96. Kohl, Helmut, Mein Tagebuch 1998–2000, München 2000.
97. Kotschemassow, Wjatscheslaw, Meine letzte Mission. Fakten, Erinnerungen, Überlegungen, Berlin 1994.
98. Krenz, Egon, Herbst '89, Berlin 1999.
99. Krenz, Egon, Wenn Mauern fallen. Die friedliche Revolution. Vorgeschichte – Ablauf – Auswirkungen, Wien 1990.
100. Kroll, Hans, Lebenserinnerungen eines Botschafters, Köln/Berlin 1967.
101. Krug, Manfred, Abgehauen. Eine Mitschrift und ein Tagebuch, Düsseldorf 1996.
102. Kwizinskij, Julij A., Vor dem Sturm. Erinnerungen eines Diplomaten, Berlin 1993.
103. Maizière, Lothar de, Die deutsche Einheit – eine kritische Betrachtung, Fürstenfeldbruck 1994.
104. McGhee, George C., At the Creation of New Germany: From Adenauer to Brandt, an Ambassador's Account, New Haven 1989.
105. Mittag, Günter, Um jeden Preis. Im Spannungsfeld zweier Systeme, Berlin/Weimar 1991.
106. Möbis, Harry, Von der Hoffnung gefesselt. Zwischen Stoph und Mittag – unter Modrow, Berlin 1999.
107. Modrow, Hans, Aufbruch und Ende, Hamburg 1991.
108. Modrow, Hans, Die Perestrojka. Wie ich sie sehe. Persönliche Erinnerungen und Analysen eines Jahrzehnts, das die Welt veränderte, Berlin 1998.
109. Modrow, Hans, Ich wollte ein neues Deutschland, München 1999.
110. Nakath, Detlef (Hrsg.), Deutschlandpolitiker der DDR erinnern sich, Berlin 1995.
111. Osterheld, Horst, »Ich gehe nicht leichten Herzens...«. Adenauers letzte Kanzlerjahre. Ein dokumentarischer Bericht, Mainz 1986.

112. Osterheld, Horst, Außenpolitik und Bundeskanzler Ludwig Erhard 1963–1966. Ein dokumentarischer Bericht aus dem Kanzleramt, Düsseldorf 1992.
113. Rusk, Dean, As I Saw It, New York/London 1990.
114. Schabowski, Günther, Das Politbüro. Ende eines Mythos, Hamburg 1990.
115. Schabowski, Günther, Der Absturz, Berlin 1991.
116. Schachnasarow, Georgi, Preis der Freiheit. Eine Bilanz von Gorbatschows Berater, Bonn 1996.
117. Schalck-Golodkowski, Alexander, Deutsch-deutsche Erinnerungen, Hamburg 2000.
118. Schäuble, Wolfgang, Der Vertrag. Wie ich über die deutsche Einheit verhandelte, München 1993.
119. Schewardnadse, Edward, Die Zukunft gehört der Freiheit, Reinbek 1991.
120. Schirdewan, Karl, Aufstand gegen Ulbricht. Im Kampf um politische Kurskorrektur, gegen stalinistische, dogmatische Politik, Berlin 1999[3].
121. Schirdewan, Karl, Ein Jahrhundert Leben. Erinnerungen und Visionen, Berlin 1998.
122. Schmidt, Helmut, Menschen und Mächte, Berlin 1987.
123. Schmidt, Helmut, Die Deutschen und ihre Nachbarn. Menschen und Mächte II, Berlin 1990.
123a. Schmidt, Helmut, Hand aufs Herz. Helmut Schmidt im Gespräch mit Sandra Maischberger, München 2002.
124. Schütz, Klaus, Logenplatz und Schleudersitz. Erinnerungen, Frankfurt 1992.
125. Spiegel, Paul, Wieder zu Hause? Erinnerungen und Visionen, Berlin 2001.
126. Stern, Carola, Doppelleben. Eine Autobiographie, Köln 2001.
127. Stoltenberg, Gerhard, Wendepunkte. Stationen deutscher Politik 1947–1990, Berlin 1997.
128. Teltschik, Horst, 329 Tage. Innenansichten der Einigung, Berlin 1991.
129. Thatcher, Margaret, Downing Street No 10. Die Erinnerungen, Düsseldorf 1993.
130. Tschernajew, Anatoli, Die letzten Jahre einer Weltmacht. Der Kreml von innen, Stuttgart 1993.
131. Vogel, Hans-Joachim, Nachsichten. Meine Bonner und Berliner Jahre, München/Zürich 1996.
132. Walters, Vernon A., Die Vereinigung war voraussehbar. Hinter den Kulissen eines entscheidenden Jahres. Die Aufzeichnung des amerikanischen Botschafters, Berlin 1994.
133. Wechmar, Rüdiger von, Akteur in der Loge. Weltläufige Erinnerungen, München 2000.
134. Weizsäcker, Richard von, Vier Zeiten. Erinnerungen, Berlin 1997.
135. Wickert, Erwin, Die glücklichen Augen. Geschichten aus meinem Leben, Stuttgart/München 2001.
136. Winkelmann, Egon, Moskau, das war's. Erinnerungen des DDR-Botschafters in der UdSSR 1981–1987, Berlin 1997.
137. Wolf, Markus, Spionagechef im geheimen Krieg. Erinnerungen, München 1998.

c) Biographien

138. Aldus, Richard (Hrsg.), Harold Macmillan – Aspects of a Political Life, London 1998.

139. Behrend, Günther, Franz Josef Strauß. Eine politische Biographie, Köln 1995.

140. Bickerich, Wolfram, Franz Josef Strauß. Die Biographie, Düsseldorf 1996.

141. Brentzel, Marianne, Die Machtfrau. Hilde Benjamin 1902–1989, Berlin 1997.

142. Busche, Jürgen, Helmut Kohl – Anatomie eines Erfolges, Berlin 1998.

143. Clough, Patricia, Helmut Kohl – Ein Porträt der Macht, München 1998.

144. Dreher, Klaus, Helmut Kohl. Leben mit Macht, Stuttgart 1998.

145. Eberle, Henrik, Anmerkungen zu Honecker, Berlin 2000.

146. Filmer, Werner/Schwan, Heribert, Helmut Kohl, Düsseldorf u. a. 1990.

147. Filmer, Werner/Schwan, Heribert, Wolfgang Schäuble. Politik als Lebensaufgabe, München 1992.

148. Frank, Mario, Walter Ulbricht. Eine deutsche Biografie, Berlin 2001.

149. Giesbert, Franz-Olivier, François Mitterrand. Die Biographie, Berlin 1997.

150. Hentschel, Volker, Ludwig Erhard. Ein Politikerleben, München 1996.

151. Henzler, C., Fritz Schäffer, 1945–1967, München 1994.

152. Jodel, Markus, Amboß oder Hammer? Otto Grotewohl. Eine politische Biographie, Berlin 1997.

153. John, Antonius, Rudolf Seiters. Einsichten in Amt, Person und Ereignisse, Bonn/Berlin 1991.

154. Köpf, Peter, Stoiber. Die Biographie, Hamburg 2001.

155. Krauss, Meinold/Henschel, Andreas, Lothar de Maizière. Staatsmann auf Zeit. Die Biographie, Berlin 1999.

156. Leinemann, Jürgen, Helmut Kohl – die Inszenierung einer »Karriere«, Berlin 1998.

157. Lorenzen, Jan N., Erich Honecker. Eine Biographie, Hamburg 2001.

158. Meyer, Georg, Adolf Heusinger. Dienst eines deutschen Soldaten 1915–1964, Hamburg/Berlin/Bonn 2001.

159. Michels, Reinhold, Otto Schily – Eine Biographie, Stuttgart/München 2001.

160. Morsey, Rudolf, Heinrich Lübke. Eine politische Biographie, Paderborn u. a. 1996.

161. Oppelland, Torsten, Politik zwischen Staat, Partei und Konfession. Eine politische Biographie Gerhard Schröders, Düsseldorf 2002.

162. Otto, Wilfriede, Erich Mielke – Biographie. Aufstieg und Fall eines Tschekisten, Berlin 2000.

163. Podewin, Norbert, Walter Ulbricht. Eine neue Biographie, Berlin 1995.

164. Pruys, Karl Hugo, Helmut Kohl. Die Biographie, Berlin 1995.

165. Reitz, Ulrich, Wolfgang Schäuble. Die Biographie, Bergisch-Gladbach 1996.

166. Schöllgen, Gregor, Willy Brandt. Die Biographie, Berlin/München 2001.

167. Schunck, Peter, Charles de Gaulle. Ein Leben für Frankreichs Größe, Berlin 1998.

168. Schwan, Heribert, Erich Mielke. Der Mann, der die Stasi war, München 1997.

169. Weber, Petra, Carlo Schmid 1896–1979. Eine Biographie, München 1996.

170. Wengst, Udo, Thomas Dehler 1897–1957. Eine politische Biographie, München 1997.

d) Gesamtdarstellungen

171. Adomeit, Hannes, Imperial overstretch: Germany in Soviet policy from Stalin to Gorbachev. An Analysis Based on New Archival Evidence, Memoirs, and Interviews, Baden-Baden 1998.
172. Bender, Peter, Die »neue Ostpolitik« und ihre Folgen. Vom Mauerbau bis zur Vereinigung, München 1995[3].
173. Bender, Peter, Episode oder Epoche? Zur Geschichte des geteilten Deutschland, München 1996.
174. Birke, Adolf M., Die Bundesrepublik Deutschland. Verfassung, Parlament, Parteien, München 1997.
175. Fricke, Karl Wilhelm, Der Wahrheit verpflichtet. Texte aus fünf Jahrzehnten zur Geschichte der DDR, Berlin 2000.
176. Fulbrook, Mary, Anatomy of a dictatorship. Inside the GDR 1949–1989, Oxford 1997.
177. Garton Ash, Timothy, Im Namen Europas. Deutschland und der geteilte Kontinent, Frankfurt/M. 1995.
178. Görtemaker, Manfred, Geschichte der Bundesrepublik Deutschland. Von der Gründung bis zur Gegenwart, München 1999.
179. Hacke, Christian, Weltmacht wider Willen. Die Außenpolitik der Bundesrepublik Deutschland, Frankfurt/M./Berlin 1993 (erw. Neuausgabe, s. Bd. 2, 145).
180. Haftendorn, Helga, Deutsche Außenpolitik seit dem Zweiten Weltkrieg. Zwischen Selbstbeschränkung und Selbstbehauptung, Stuttgart 2001.
181. Kielmansegg, Peter Graf, Nach der Katastrophe. Eine Geschichte des geteilten Deutschland (Die Deutschen und ihre Nation), Berlin 2000.
181 a. Klein, Thomas/Otto, Wilfriede/Grieder, Peter, Visionen. Repression und Opposition in der SED (1949–1989), Frankfurt/Oder 1997.
182. Kleßmann, Christoph, Zwei Staaten, eine Nation. Deutsche Geschichte 1955–1970, Bonn 1997[2].
183. Kowalczuk, Ilko-Sascha/Wolle, Stefan, Roter Stern über Deutschland. Sowjetische Truppen in der DDR, Berlin 2001.
184. Küchenmeister, Daniel/Nakath, Detlef/Stephan, Gerd-Rüdiger, »… abgegrenzte Weltoffenheit …«. Zur Außen- und Deutschlandpolitik der DDR, Berlin 1999.
185. Küsters, Hanns Jürgen, Der Integrationsfriede. Viermächte-Verhandlungen über die Friedensregelung mit Deutschland 1945–1990, München 2000.
186. Loth, Wilfried, Helsinki, 1. August 1975. Entspannung und Abrüstung, München 1998.
187. Mählert, Ulrich, Kleine Geschichte der DDR, München 1998.
188. Mählert, Ulrich/Stephan, Gerd-Rüdiger, Blaue Helme – Rote Fahnen. Die Geschichte der Freien Deutschen Jugend, Opladen 1996.
189. Maibaum, Werner, Geschichte der Deutschlandpolitik, Bonn 1998.
190. Mitter, Armin/Wolle, Stefan, Untergang auf Raten. Unbekannte Kapitel der DDR-Geschichte, München 1993.
191. Morsey, Rudolf, Die Bundesrepublik Deutschland. Entstehung und Entwicklung bis 1969, München 1999[4].
192. Neubert, Ehrhart, Geschichte der Opposition in der DDR 1949–1989, Bonn 2000.
193. Potthoff, Heinrich, Im Schatten der Mauer. Deutschlandpolitik 1961 bis 1990, Berlin 1999.

194. Pötzsch, Horst, Deutsche Geschichte von 1945 bis zur Gegenwart. Die Entwicklung der beiden deutschen Staaten, München 1998.
195. Richter, Michael u. a., Geschichte der DDR, Bonn 1991 (unveränderte Neuauflage 2000) (Informationen zur politischen Bildung, Heft 231).
196. Ritter, Gerhard A., Über Deutschland. Die Bundesrepublik in der deutschen Geschichte, München 1998.
197. Rupp, Hans Karl, Politische Geschichte der Bundesrepublik Deutschland, 3. Auflage, München/Wien 2000.
198. Schildt, Axel u. a., Deutschland in den 70er/80er Jahren, Bonn 2001 (Informationen zur politischen Bildung, Heft 270).
199. Schöllgen, Gregor, Die Außenpolitik der Bundesrepublik Deutschland. Von den Anfängen bis zur Gegenwart, Bonn 1999.
200. Schroeder, Klaus, Der SED-Staat. Geschichte und Strukturen der DDR, München 1998.
201. Schröter, Harm G., Von der Teilung zur Wiedervereinigung (1945–2000), in: Michael North (Hrsg.), Deutsche Wirtschaftsgeschichte. Ein Jahrtausend im Überblick, München 2000, S. 351–420.
202. Smyser, William R., From Yalta to Berlin. The Cold War Struggle over Germany, New York 1999.
203. Staritz, Dieter, Geschichte der DDR, erw. Neuausgabe, Frankfurt/M. 1996.
204. Steininger, Rolf, The German Question 1945–1995, in: Larres (601), S. 1–24.
205. Thurich, Eckart u. a., Die Teilung Deutschlands 1955 bis zur Einheit, Bonn 1991 (Informationen zur politischen Bildung, Heft 233).
206. Tränhardt, Dietrich, Geschichte der Bundesrepublik Deutschland, Frankfurt/M. 1996 (erw. Neuausgabe von 1986: vgl. Bd. 2, 186).
207. Weber, Hermann, Geschichte der DDR, München 1999.
208. Weber, Jürgen, Deutsche Geschichte 1945 bis 1990. Grundzüge, hrsg. von der Bayerischen Landeszentrale für politische Bildungsarbeit, München 2001 (bzw. dtv, München 2002).
209. Weizsäcker, Richard von, Drei Mal Stunde Null? 1949–1969–1989. Deutschlands europäische Zukunft, Berlin 2001.
210. Winkler, Heinrich August, Der lange Weg nach Westen. Bd. 2: Deutsche Geschichte vom Dritten Reich bis zur Wiedervereinigung, München 2000.
211. Wolfrum, Edgar, Geschichtspolitik in der Bundesrepublik Deutschland. Der Weg zur bundesrepublikanischen Erinnerung 1948–1990, Darmstadt 1999.

e) Sammelbände

212. Badstübner, Evemarie (Hrsg.), Befremdlich anders. Leben in der DDR, Berlin 2000^2.
213. Bähr, Johannes/Petzina, Dietmar (Hrsg.), Innovationsverhalten und Entscheidungsstrukturen, Berlin 1996.
214. Bald, Detlef/Klotz, Johannes/Wette, Wolfram, Mythos Wehrmacht. Nachkriegsdebatten und Traditionspflege, Berlin 2001.
215. Bauerkämper, Arnd/Sabrow, Martin/Stöver, Bernd (Hrsg.), Doppelte Zeitgeschichte. Deutsch-deutsche Beziehungen 1945–1990, Bonn 1998.
216. Buchstab, Günter (Hrsg.), Geschichte der DDR und deutsche Einheit. Analyse von Lehrplänen und Unterrichtswerken für Geschichte und Sozialkunde, Schwalbach 1999.

217. Deutscher Bundestag (Hrsg.), Materialien der Enquete-Kommission »Aufarbeitung von Geschichte und Folgen der SED-Diktatur in Deutschland«, 18 Bde., Baden-Baden 1995.
218. Deutscher Bundestag (Hrsg.), Materialien der Enquete-Kommission »Überwindung der Folgen der SED-Diktatur im Prozeß der deutschen Einheit«, 14 Bde., Baden-Baden 1999 (auch als Taschenbücher im Suhrkamp Verlag, Frankfurt/Main 2000).
219. 50 Jahre Bundesrepublik Deutschland. Politische Vierteljahresschrift, Sonderheft 30 (1990), hrsg. von Michael Kreile u. a.
220. Fricke, Karl Wilhelm, Der Wahrheit verpflichtet. Texte aus fünf Jahrzehnten zur Geschichte der DDR, Berlin 2000.
221. Germany and America. Essays in Honor of Gerald R. Kleinfeld, ed. by Wolfgang-Uwe Friedrich, New York/Oxford 2001.
222. Getrennte Vergangenheit, gemeinsame Zukunft. Ausgewählte Dokumente, Zeitzeugenberichte und Diskussionen der Enquete-Kommission (siehe 319 f.), 4 Bde., hrsg. von Ingrun Drechsler u. a., München 1997.
223. Hampe, Peter/Weber, Jürgen (Hrsg.), 50 Jahre soziale Mark(t)wirtschaft. Eine Erfolgsstory vor dem Ende? München 1999.
224. Helwig, Gisela (Hrsg.), Rückblick auf die DDR. Festschrift für Ilse Spittmann-Rühle, Köln 1995.
225. Henke, Klaus-Dieter/Steinbach, Peter/Tuchl, Johannes, Opposition in der DDR, Köln 1999.
226. Jesse, Eckard/Mitter, Armin (Hrsg.), Die Gestaltung der deutschen Einheit. Geschichte – Politik – Gesellschaft, Bonn 1992.
227. Junker, Detlef (Hrsg.), Die USA und Deutschland im Zeitalter des Kalten Krieges 1945–1990, 2 Bde., Stuttgart 2000.
228. Kaelble, Hartmut/Kocka, Jürgen/Zwahr, Hartmut (Hrsg.), Sozialgeschichte der DDR, Stuttgart 1994.
229. Kenntemich, Wolfgang u. a. (Hrsg.), Das war die DDR. Eine Geschichte des anderen Deutschland, Berlin 1993.
230. Kleßmann, Christoph u. a. (Hrsg.), Deutsche Vergangenheiten – eine gemeinsame Herausforderung. Der schwierige Umgang mit der doppelten Nachkriegsgeschichte, Berlin 1999.
231. Krieger, Wolfgang/Weber, Jürgen (Hrsg.), Spionage für den Frieden? Nachrichtendienste in Deutschland während des Kalten Krieges, München 1997.
232. Langguth, Gerd (Hrsg.), Politik und Plakat. 50 Jahre Plakatgeschichte am Beispiel der CDU, Bonn 1995.
233. Larres, Klaus (Hrsg.), Deutschland und die USA im 20. Jahrhundert. Geschichte der politischen Beziehungen, Darmstadt 1997.
234. März, Peter (Hrsg.), 40 Jahre Zweistaatlichkeit in Deutschland. Eine Bilanz, München 1999.
235. Meissner, Boris/Eisfeld, Alfred (Hrsg.), 50 Jahre sowjetische und russische Deutschlandpolitik sowie ihre Auswirkungen auf das gegenseitige Verhältnis, Berlin 1999.
236. Motte, Jan/Ohlinger, Rainer/Oswald, Anne von (Hrsg.), 50 Jahre Bundesrepublik – 50 Jahre Einwanderung. Nachkriegsgeschichte als Migrationsgeschichte, Frankfurt/M. 1999.
237. Müller Guido (Hrsg.), Deutschland und der Westen. Internationale Beziehungen im 20. Jahrhundert. Festschrift für Klaus Schwabe zum 65. Geburtstag, Stuttgart 1998.

238. Sozialgeschichte der DDR. Thema im Archiv für Sozialgeschichte (XXXIX) 1999.
239. Thoß, Bruno (Hrsg.), Vom Kalten Krieg zur deutschen Einheit. Analysen und Zeitzeugenberichte zur deutschen Militärgeschichte 1945 bis 1995, München 1995.
239 a. Timmermann, Heiner (Hrsg.), Die DDR in Deutschland. Ein Rückblick auf 50 Jahre, Berlin 2001.
240. Vollnhals, C./Weber J. (Hrsg.), Der Schein der Normalität. Alltag und Herrschaft in der SED-Diktatur, München 2001.
241. Weber, Jürgen (Hrsg.), Der SED-Staat. Neues über eine vergangene Diktatur, München 1994.

f) Chroniken/Lexika/Handbücher

242. 50 Jahre Deutschland. Das deutsch-deutsche Geschichtsbuch von Bild, München 1999.
243. Barth, Bernd-Rainer u. a. (Hrsg.), Wer war Wer in der DDR. Ein biographisches Handbuch, Frankfurt/M. 1995.
244. Baumann, Wolf-Rüdiger/Eschenhagen, Wieland u. a., Die Fischer Chronik Deutschland 1949–1999. Ereignisse, Personen, Daten, Frankfurt/M. 1999.
245. Benz, Wolfgang, Deutschland seit 1945. Chronik und Bilder, München 1999.
246. Bögeholz, Hartwig, Die Deutschen nach dem Krieg. Eine Chronik. Befreit, geteilt, vereint: Deutschland 1945 bis 1995, Reinbek 1995.
247. Conze, Eckart/Metzler, Gabriele (Hrsg.), 50 Jahre Bundesrepublik Deutschland. Daten und Diskussionen, Stuttgart 1999.
248. Deutschland. 1949 bis 1999, Zehn Bände, Archiv der Gegenwart, St. Augustin 2000.
249. Die Coron Chronik. Das 20. Jahrhundert, Stuttgart 1999 (für 1940–1999 die Bände 11–25).
250. Diedrich, Torsten/Ehlert, Hans/Wenzke, Rüdiger (Hrsg.), Handbuch der bewaffneten Organe der DDR, Berlin 1998.
251. Diemer, Gebhard, Kurze Chronik der Deutschen Frage, München 1990.
252. Fuhr, Eckhard u. a., Geschichte der Deutschen 1949–1990. Eine Chronik zu Politik, Wirtschaft und Kultur, Frankfurt/M. 1990.
253. Herbst, Andreas/Ranke, Winfried/Winkler, Jürgen, So funktionierte die DDR. Bd. 2: Lexikon der Organisation; Bd. 3: Lexikon der Funktionäre, Reinbek 1994.
254. Herbst, Andreas/Stephan, Gerd-Rüdiger/Winkler, Jürgen, Die SED. Geschichte, Organisation, Politik. Ein Handbuch, Berlin 1997.
255. Kempf, Udo/Merz, Hans-Georg (Hrsg.), Kanzler und Minister 1949–1998. Biografisches Lexikon der deutschen Bundesregierungen, Opladen 2001.
256. Lehmann, Hans Georg, Deutschland-Chronik 1945 bis 2000, Bonn 2000.
257. Lexikon der Christlichen Demokratie in Deutschland, hrsg. von Winfried Becker, Günter Buchstab, Anselm Doering-Manteuffel, Rudolf Morsey, Paderborn 2002.
258. Lexikon des DDR-Sozialismus. Das Staats- und Gesellschaftssystem der Deutschen Demokratischen Republik, hrsg. von Rainer Eppelmann, Horst Möller, Günter Nooke, Dorothee Wilms, 2. Aufl., Stuttgart 1997.
259. Müller, Helmut M., Brockhaus: 1949–1999, 50 Jahre Deutsche Geschichte: Ereignisse, Personen, Entwicklungen, Leipzig/Mannheim 1999.

260. Schäfer, Hermann (Hrsg.), 50 Jahre Deutschland Ploetz. Ereignisse und Entwicklungen. Deutsch-deutsche Bilanz in Daten und Analysen, Freiburg i. Br. 1999.
261. Sommer, Stefan, Lexikon des DDR-Alltags, Berlin 2000.
262. Weidenfeld, Werner/Korte, Karl-Rudolf (Hrsg.), Handbuch zur deutschen Einheit 1949–1989–1999, Bonn 1999.

Literaturhinweise zu den einzelnen Kapiteln

1. Kapitel/4. Kapitel
1974–1989: Von Helmut Schmidt zu Helmut Kohl/ Deutsch-deutsche Beziehungen

413. Borowsky, Peter, Deutschland 1969–1982, Hannover 1989[2].
414. Dittgen, Herbert, Deutsch-amerikanische Sicherheitsbeziehung in der Ära Helmut Schmidt. Vorgeschichte und Folgen des NATO-Doppelbeschlusses, München 1991.
415. Dowe, Dieter (Hrsg.), Die Ost- und Deutschlandpolitik der SPD in der Opposition 1982–1989, Bonn 1993.
416. Gaddum, Eckhart, Die deutsche Europapolitik in den 80er Jahren. Interessen, Konflikte und Entscheidungen der Regierung Kohl, Paderborn 1999.
417. Haftendorn, Helga, Sicherheit und Stabilität. Außenbeziehungen der Bundesrepublik zwischen Ölkrise und NATO-Doppelbeschluß, München 1986.
418. Jäger, Wolfgang/Link,Werner, Republik im Wandel 1974–1982. Die Ära Schmidt, Stuttgart 1987.
419. Korte, Karl-Rudolf, Deutschlandpolitik in Helmut Kohls Kanzlerschaft. Regierungsstil und Entscheidungen 1982–1989, Stuttgart 1998 (Geschichte der deutschen Einheit, Band 1).
420. Layritz, Stephan, Der NATO-Doppelbeschluß. Westliche Sicherheitspolitik im Spannungsfeld von Innen-, Bündnis- und Außenpolitik, Frankfurt/M. 1992.
421. Lehmann, Hans Georg, Öffnung nach Osten. Die Ostreise Helmut Schmidts und die Entstehung der Ost- und Entspannungspolitik, Bonn 1984.
422. Loth, Wilfried, Helsinki, 1. August 1975. Entspannung und Abrüstung, München 1998.
423. Moseleit, Klaus, Die »Zweite« Phase der Entspannungspolitik der SPD 1983–1989. Eine Analyse ihrer Entstehungsgeschichte, Entwicklung und der konzeptionellen Ansätze, Frankfurt/M. 1991.
424. Oldenburg, Fred, Honecker kam nicht bis Bonn. Neue Quellen zum Konflikt zwischen Ost-Berlin und Moskau 1984, in: DA 1995, S. 791–805.
425. Pflieger, Klaus, Die Aktion »Spindy«. Die Entführung des Arbeitgeberpräsidenten Dr. Hanns-Martin Schleyer, Baden-Baden 1997.
426. Pötzl, Norbert F., Basar der Spione. Die geheimen Missionen des DDR-Unterhändlers Wolfgang Vogel, Hamburg 1997.
427. Rehlinger, Ludwig, Freikauf. Die Geschäfte der DDR mit politisch Verfolgten 1963–1989, Berlin 1991.
428. Roos, Sören, Das Wiedervereinigungsgebot des Grundgesetzes in der deutschen Kritik zwischen 1982 und 1989, Berlin 1996.

429. Roucek, Libor, Die Tschechoslowakei und die Bundesrepublik Deutschland 1949–1989, München 1990.
430. Schildt, Axel u. a., Deutschland in den 70er/80er Jahren, Bonn 2001 (Informationen zur politischen Bildung, Heft 270).
431. Siebs, Benno-Eide, Die Außenpolitik der DDR 1976–1989. Strategien und Grenzen, Paderborn 1999.
432. Tränhardt, Dietrich, Geschichte der Bundesrepublik Deutschland, erw. Neuausgabe Frankfurt am Main 1996.
433. Tuschhoff, Christian, Der Genfer »Waldspaziergang« 1982. Paul Nitzes Initiative in den amerikanisch-sowjetischen Abrüstungsgesprächen, in: VfZ 38 (1990), S. 298–328.
434. Uschner, Manfred, Die Ost-Politik der SPD. Sieg und Niederlage einer Strategie, Berlin 1991.
435. Westad, Odd Arne (Ed.), The Fall of Detente. Soviet-American Relations in the Carter Years, Oslo 1997.
436. Zimmer, Matthias, Nationales Interesse und Staatsräson. Zur Deutschlandpolitik der Regierung Kohl 1982–1989, Paderborn 1992.

2. Kapitel/3. Kapitel
1971–1989: Die DDR unter Honecker/ Die SED und die »nationale Frage«

437. Aretz, Jürgen/Stock, Wolfgang, Die vergessenen Opfer der DDR, Bergisch-Gladbach 1997.
438. Auerbach, Thomas, Vorbereitung auf den Tag X. Die geplanten Isolierungslager des MfS, Berlin 1995.
439. Auerbach, Thomas, Einsatzkommandos an der unsichtbaren Front. Terror- und Sabotagevorbereitung des MfS gegen die Bundesrepublik Deutschland, Analysen und Dokumente, Berlin 1999.
440. Bechtel, Michael, Jede zweite Maschine war schrottreif, in: PZ 97, März '99, S. 10 f.
441. Besier, Gerhard, Der SED-Staat und die Kirche 1969–1990. Die Vision vom »Dritten Weg«, Berlin/Frankfurt/M. 1995.
442. Besier, Gerhard, Der SED-Staat und die Kirche 1983–1993. Höhenflug und Absturz, Berlin 1995.
443. Biermann, Wolf, Die Ausbürgerung. Anfang vom Ende der DDR, hrsg. v. Fritz Pleitgen, Berlin 2001.
444. Bittner, Regina, Kolonien des Eigensinns. Ethnographie einer ostdeutschen Industrieregion, Frankfurt/New York 1998.
445. Cornelsen, Doris, DDR-Wirtschaft: Ende oder Wende? in: PZG, 1990, S. 33–37.
446. Cornelsen, Doris, Die Wirtschaft der DDR 1981–1985. Bilanz des 5-Jahres-Planes, in: PZG, B 1/2, S. 3–15.
447. Dertz-Schröder, Monika/Staadt, Jochen (Hrsg.), »Teurer Genosse!« Briefe an Honecker, Berlin 1994.
448. Drobnig, Ulrich (Hrsg.), Die Strafrechtsjustiz der DDR im Systemwechsel. Partei und Justiz, Mauerschützen und Rechtsbeugung, Berlin 1998.
449. Einsichten. Diktatur und Widerstand in der DDR. Herausgegeben von der Stiftung Haus der Geschichte der Bundesrepublik Deutschland, Zeitgeschichtliches Forum Leipzig, Leipzig 2001.

450. Faulenbach, Bernd/Meckel, Markus/Weber, Hermann (Hrsg.), Die Partei hat immer Recht – Aufarbeitung und Folgen der SED-Diktatur, Essen 1994.
451. Fricke, Karl Wilhelm, Akten-Einsicht. Rekonstruktion einer politischen Verfolgung, Berlin 1997.
452. Fricke, Karl Wilhelm, Memoiren aus dem Stasi-Milieu. Eingeständnisse, Legenden, Selbstverklärung, in: PZG, B 30–31/2001, S. 6–13.
453. Fricke, Karl Wilhelm/Klewin, Silke, Bautzen II. Sonderhaftanstalt unter MfS-Kontrolle 1956 bis 1989, Leipzig 2001.
454. Gieseke, Jens, Mielke-Konzern. Die Geschichte der Stasi 1945–1990, Stuttgart/München 2001 (mit kommentierter Bibliographie).
455. Goeckel, Robert F., Die Evangelische Kirche in der DDR. Konflikte, Gespräche, Vereinbarungen unter Ulbricht und Honecker, Leipzig 1995.
456. Goerner, Martin G., Die Kirche als Problem der SED. Strukturen kommunistischer Herrschaftsausübung gegenüber der evangelischen Kirche 1945–1958, Berlin 1997.
457. Haese, Ute, Katholische Kirche in der DDR, Düsseldorf 1998.
458. Hartewig, Karin, Zurückgekehrt. Die Geschichte der jüdischen Kommunisten in der DDR, Köln 2000.
459. Hartmann, Grit, Goldkinder. Die DDR im Spiegel ihres Spitzensports, Leipzig 1997.
460. Hellwig, Gisela (Hrsg.), Die letzten Jahre der DDR. Texte zum Alltagsleben, Köln 1990.
461. Henke, Klaus-Dietmar/Steinbach, Peter/Tuchel, Johannes (Hrsg.), Widerstand und Opposition in der DDR, Köln/Weimar/Wien 1990 (mit ausführlichen Literaturangaben).
462. Holzweissig, Günter/Bessel, Richard/Jessen, Ralf (Hrsg.), Die Grenzen der Diktatur. Staat und Gesellschaft in der DDR, Göttingen 1996.
463. Jarausch, Konrad H./Sabrow, Martin (Hrsg.), Weg in den Untergang. Der innere Zerfall der DDR, Göttingen 1999.
464. Jordan, Carlo, Kaderschmiede Humboldt-Universität zu Berlin. Aufbegehren, Säuberungen und Militarisierung 1945–1989, Berlin 2001.
465. Kaiser, Monika, Machtwechsel von Ulbricht zu Honecker. Funktionsmechanismen der SED-Diktatur in Konfliktsituationen 1962 bis 1972, Berlin 1997.
466. Kaminsky, Annette, Kaufrausch. Die Geschichte der ostdeutschen Versandhäuser, Berlin 1998.
467. Kaminsky, Annette, »Mehr produzieren, gerechter verteilen, besser leben.« Konsumpolitik in der DDR, in: PZG B 28/99, S. 12–20.
468. Knabe, Hubertus, Der diskrete Charme der DDR. Stasi und Westmedien, Berlin/München 2001.
469. Knabe, Hubertus, Die unterwanderte Republik. Stasi im Westen, Berlin 1999.
470. Knabe, Hubertus, West-Arbeit des MfS. Das Zusammenspiel von »Aufklärung« und »Abwehr«, Berlin 1999.
471. Kocka, Jürgen (Hrsg.), Historische DDR-Forschung. Aufsätze und Studien, Berlin 1993.
472. Kocka, Jürgen/Sabrow, Martin (Hrsg.), Die DDR als Geschichte. Fragen, Hypothesen, Perspektiven, Berlin 1994.
473. Koop, Volker, »Den Gegner vernichten.« Die Grenzsicherung der DDR, Bonn 1996.
474. Koubina, Michael/Wilke, Manfred (Hrsg.), »Hart und kompromißlos durch-

greifen.« Die SED kontra Polen 1980/81. Geheimakten der SED-Führung über die Unterdrückung der polnischen Demokratiebewegung, Berlin 1995.
475. Kurth, Eberhard/Buck, Hannsjörg u. a. (Hrsg.), Am Ende des realen Sozialismus. Beiträge zu einer Bestandsaufnahme der DDR-Wirklichkeit in den 80er Jahren. Band 1: Die SED-Herrschaft und ihr Zusammenbruch; Band 2: Die wirtschaftliche und ökologische Situation der DDR in den achtziger Jahren; Band 3: Opposition in der DDR in den 70er Jahren bis zum Zusammenbruch der SED-Herrschaft; Band 4: Die Endzeit der DDR-Wirtschaft. Analysen zur Wirtschafts-, Sozial- und Umweltpolitik, Opladen 1996–1999.
476. Land, Rainer/Possekel, Ralf, Fremde Welten. Die gegensätzliche Deutung der DDR durch SED-Reformer und Bürgerbewegung in den 80er Jahren, Berlin 1998.
477. Lapp, Peter Joachim, Ulbrichts Helfer. Wehrmachtsoffiziere im Dienste der DDR, Bonn 2000.
478. Mählert, Ulrich/Stephan, Gerd-Rüdiger, Blaue Hemden – Rote Fahnen. Die Geschichte der Freien Deutschen Jugend, Opladen 1996.
479. Merkel, Ina, Wir sind doch nicht die Meckerecke der Nation. Briefe an das Fernsehen der DDR, Köln/Weimar 1997.
480. Mothes, Jörn u. a. (Hrsg.), Beschädigte Seelen. DDR-Jugend und Staatssicherheit, Bremen 1996.
481. Naumann, Gerhard/Trümpler, Eckehard, Von Ulbricht zu Honecker. 1970 – ein Krisenjahr der DDR, Berlin 1990.
482. Pleil, Ingolf, Mielke, Macht und Meisterschaft. Die »Bearbeitung« der Sportgemeinschaft Dynamo Dresden durch das MfS 1978–1989, Berlin 2001.
483. Pohl, Heinrich, Historiker in der DDR, Göttingen/Zürich 1997.
484. Pollack, Detlef/Rink, Dieter (Hrsg.), Zwischen Verweigerung und Opposition. Politischer Protest in der DDR 1970–1989, Frankfurt/M. 1997.
485. Poppe, Ulrike/Eckert, Rainer/Kowalczuk, Ilko-Sascha (Hrsg.), Zwischen Selbstbehauptung und Anpassung. Formen des Widerstands und der Opposition in der DDR, Berlin 1995.
486. Raschka, Johannes, Zwischen Überwachung und Repression – Politische Verfolgung in der DDR 1971 bis 1989, Opladen 2001.
487. Richter, Michael u. a., Geschichte der DDR, Bonn 1991 (Informationen zur politischen Bildung, Heft 231).
488. Schäfer, Bernd, Staat und katholische Kirche in der DDR, Köln/Weimar/Wien 1998.
489. Schwan, Heribert, Tod dem Verräter! Der lange Arm der Stasi und der Fall Lutz Eigendorf, München 2000.
490. Siebs, Benno-Eide, Die Außenpolitik der DDR 1976–1989. Strategien und Grenzen, Paderborn 1999.
491. Spittmann, Ilse, Die DDR unter Honecker, Köln 1990.
492. Stelkens, Jochen, Machtwechsel in Ost-Berlin. Der Sturz Walter Ulbrichts 1971, in: VfZ 45 (1997), S. 503–533.
493. Suckut, Siegfried (Hrsg.), Das Wörterbuch der Staatssicherheit. Definitionen zur »politisch-operativen Arbeit«, Berlin 1996.
494. Suckut, Siegfried/Süß, Walter, Staatspartei und Staatssicherheit. Zum Verhältnis von SED und MfS, Berlin 1997.
495. Timmermann, Heiner (Hrsg.), Die DDR – Erinnerungen an einen untergegangenen Staat, Berlin 1999.
496. Timmermann, Heiner (Hrsg.), Diktaturen in Europa im 20. Jahrhundert – der Fall DDR, Berlin 1997.

497. Vollenhals, Clemens (Hrsg.), Die Kirchenpolitik von SED und Staatssicherheit. Eine Zwischenbilanz, Berlin 1996.
498. Wanitschke, Matthias, Methoden und Menschenbild des Ministeriums für Staatssicherheit der DDR, Köln 2001.
499. Weber, Jürgen (Hrsg.), Der SED-Staat. Neues über eine vergangene Diktatur, München 1994.
500. Weber, Jürgen/Piazolo, Michael (Hrsg.), Eine Diktatur vor Gericht. Aufarbeitung von SED-Unrecht durch die Justiz, München/Landsberg am Lech 1994.
501. Wenzel, Otto, Kriegsbereit: Der Nationale Verteidigungsrat der DDR 1960–1989, Köln 1995.
502. Werkentin, Falco, Recht und Justiz im SED-Staat, Bonn 1998.
503. Wilke, Manfred/Schröder, Klaus (Hrsg.), Geschichte und Transformation des SED-Staates, Berlin 1994.
504. Wolle, Stefan, Die heile Welt der Diktatur. Alltag und Herrschaft in der DDR 1971–1989, Berlin 1998².
505. Wroblewsky, Vincent von, Zwischen Thora und Trabant. Juden in der DDR, Berlin 1993.

5. Kapitel/6. Kapitel/7. Kapitel
Der Fall der Mauer/Auf dem Weg zur Einheit/Innenpolitik für die Einheit

506. Bahrmann, Hannes/Links, Christoph, Chronik der Wende. Die DDR zwischen 7. Oktober und 18. Dezember 1989, Berlin 1994.
507. Bahrmann, Hannes/Links, Christoph, Chronik der Wende 2. Stationen der Einheit. Die letzten Monate der DDR, Berlin 1995.
508. Behrend, Manfred/Meier, Helmut (Hrsg.), Der schwere Weg der Erneuerung. Von der SED zur PDS. Eine Dokumentation, Berlin 1991.
509. Dowe, Dieter (Hrsg.), Von der Bürgerbewegung zur Partei. Die Gründung der Sozialdemokratie in der DDR, Bonn 1993.
510. Eckart, Karl/Hacker, Jens/Mampel, Siegfried (Hrsg.), Wiedervereinigung Deutschlands. Festschrift zum 20jährigen Bestehen der Gesellschaft für Deutschlandforschung, Berlin 1998.
511. Faulenbach, Bernd/Potthoff, Heinrich, Die deutsche Sozialdemokratie und die Umwälzung 1989/1990, Essen 2001.
512. Fritze, Lothar, Innenansichten eines Ruins. Gedanken zum Untergang der DDR, München 1993.
513. Gawel, Erik, Die deutsch-deutsche Währungsunion, Baden-Baden 1994.
514. Gill, David/Schröter, Ulrich, Das Ministerium für Staatssicherheit. Anatomie des Mielke-Imperiums, Berlin 1991.
515. Glaeszner, Gert-Joachim, Der schwierige Weg zur Demokratie. Vom Ende der DDR zur deutschen Einheit, Opladen 1991.
516. Görtemaker, Manfred, Unifying Germany 1989/90, New York 1994.
517. Görtemaker, Manfred, Der Weg zur Einheit. Deutschland seit Mitte der achtziger Jahre, Bonn 1996 (Informationen zur politischen Bildung, Heft 250).
518. Gröf, Wolfgang, »In der frischen Tradition des Herbstes 1989.« Die SDP/SPD in der DDR: Von der Gründung über die Volkskammer-Arbeit zur deutschen Einheit, Bonn 1996.

519. Gros, Jürgen, Entscheidung oder Alternative? Die Wirtschafts-, Finanz- und Sozialpolitik im deutschen Vereinigungsprozeß 1989/90, Mainz 1994.
520. Grosser, Dieter, Das Wagnis der Währungs-, Wirtschafts- und Sozialunion. Politische Zwänge im Konflikt mit ökonomischen Regeln, Stuttgart 1998 (Geschichte der deutschen Einheit, Band 2).
521. Hankel, Wilhelm, Die sieben Todsünden der Vereinigung, Berlin 1993.
522. Hertle, Hans-Hermann, Chronik des Mauerfalls. Die dramatischen Ereignisse um den 9. November 1989, Berlin 1996.
523. Hertle, Hans-Hermann, Der Fall der Mauer. Die unbeabsichtigte Selbstauflösung des SED-Staates, Opladen 1996.
524. Hertle, Hans-Hermann, Vor dem Bankrott der DDR, Berlin 1991.
525. Heydemann, Günther/ Mai, Gunter/Müller, Werner (Hrsg.), Revolution und Transformation in der DDR 1989/90, Berlin 1999.
526. Hommelhoff, Peter/Krebs, Walter (Hrsg.), Treuhandanstalt und Treuhandgesetz, Köln 1990.
527. Jäger, Wolfgang, Entscheidung im Kanzleramt. Helmut Kohl und die deutsche Wiedervereinigung, Stuttgart 1996.
528. Jäger, Wolfgang, in Zusammenarbeit mit Michael Walter, Die Überwindung der Teilung. Der innerdeutsche Prozeß der Vereinigung 1989/90, Stuttgart 1998 (Geschichte der deutschen Einheit, Band 3).
529. Jäger, Wolfgang/Walter, Michael, Die Allianz für Deutschland. CDU, Demokratischer Aufbruch und Deutsche Soziale Union 1989/90, Köln/Weimar/Wien 1998.
530. Jarausch, Konrad H., Die unverhoffte Einheit 1989–1990, Frankfurt/M. 1995.
531. Jesse, Eckhard/Mitter, Armin (Hrsg.), Die Gestaltung der deutschen Einheit. Geschichte – Politik – Gesellschaft, Bonn/Berlin 1992.
532. Jesse, Eckard (Hg.), Eine Revolution und ihre Folgen. 14 Bürgerrechtler ziehen Bilanz, Berlin 2000.
533. Kemmler, Marc, Die Entstehung der Treuhandanstalt, Frankfurt/New York 1994.
534. Kloth, Hans-Michael, Vom »Zettelfalten« zum freien Wählen. Die Demokratisierung der DDR 1989/90 und die »Wahlfrage«, Berlin 2000.
535. Korte, Karl-Rudolf, Die Chance genutzt? Die Politik zur Einheit Deutschlands, Frankfurt/M./New York 1994.
536. Küchenmeister, Daniel/Nakath, Detlef/Stephan, Gerd-Rüdiger (Hrsg.), »... sofort, unverzüglich.« Der Fall der Mauer am 9. November 1989, Berlin 2000.
537. Kurucz, Gyula, Das Tor zur deutschen Einheit. Grenzdurchbruch Sopron 19. August 1989, Berlin 2000.
538. Lindner, Bernd, Die demokratische Revolution in der DDR 1989/90, hrsg. von der Bundeszentrale für politische Bildung, Bonn 1998.
539. Maier, Charles S., Das Verschwinden der DDR und der Untergang des Kommunismus, Frankfurt 1999 (am. Orig.: Dissolution. The Crisis of Comunism and the End of East Germany, Princetown, N. Y. 1997).
540. Maier, Harry/Maier, Sigrid, Vom innerdeutschen Handel zur deutsch-deutschen Wirtschafts- und Währungsgemeinschaft, Köln 1990.
541. Malchow, Birgit (Hrsg.), Der Letzte macht das Licht aus. Wie DDR-Diplomaten das Jahr 1990 im Ausland erlebten, Berlin 2001.
542. Nach dem Sturz. Gespräche mit Erich Honecker, aufgezeichnet von Reinhold Andert, Leipzig 2001.
543. Oldenburg, Fred, Die Implosion des SED-Regimes. Ursachen und Entwicklungsprozesse, Köln 1991.

544. Prokop, Siegfried (Hrsg.), Die kurze Zeit der Utopie. Die »zweite« DDR im vergessenen Jahr 1989/90, Berlin 1994.
545. Richter, Michael, Die Staatssicherheit im letzten Jahr der DDR, Köln 1996.
546. Rupieper, Hermann-Josef, Friedliche Revolution 1989/90 in Sachsen-Anhalt, Halle 2000.
547. Semtner, Klemens, Der Runde Tisch in der DDR, München 1992.
548. Süß, Walter, Staatssicherheit am Ende. Warum es den Mächtigen nicht gelang, 1989 eine Revolution zu verhindern, Berlin 1999.
549. taz-DDR-Journal, 1 u. 2, Berlin 1990.
550. Thaysen, Uwe, Der Runde Tisch oder Wo blieb das Volk? Der Weg der DDR in die Demokratie, Opladen 1992.
551. Timmer, Karsten, Vom Aufbruch zum Umbruch. Die Bürgerbewegung in der DDR 1989, Göttingen 2000.
552. Winkler, Heinrich August, 1989/90: Die unverhoffte Einheit, in: Carola Stern/H. A. Winkler (Hrsg.), Wendepunkte deutscher Geschichte 1848–1990, Frankfurt am Main 1994, S. 193–226.

8. Kapitel
1990: Außenpolitik für die Einheit

553. Adomeit, Hannes, Imperial Overstretch. Germany in Soviet Policy from Stalin to Gorbachev. An Analysis Based on New Archival Evidence. Memoirs and Interviews, Baden-Baden 1997.
554. Albrecht, Ulrich, Die Abwicklung der DDR. Die »2 + 4-Verhandlungen«. Ein Insiderbericht, Opladen 1992.
555. Auswärtiges Amt (Hrsg.), »2 + 4«. Die Verhandlungen über die äußeren Aspekte der Herstellung der deutschen Einheit. Eine Dokumentation, Bonn 1992.
556. Auswärtiges Amt (Hrsg.), Deutsche Außenpolitik 1990/1991. Auf dem Weg zu einer europäischen Friedensordnung. Eine Dokumentation, Bonn 1991.
557. Biermann, Rafael, Zwischen Kreml und Kanzleramt. Wie Moskau mit der deutschen Einheit rang, Paderborn 1997.
558. Bischof, Henrik u. a., Der künftige sicherheitspolitische Status Deutschlands. Probleme und Perspektiven der »2 + 4«-Gespräche, Bonn 1992.
559. Blumenwitz, Dieter, Die Überwindung der deutschen Teilung und die Vier Mächte, Berlin 1990.
560. Bortfeldt, Heinrich, Washington – Bonn – Berlin. Die USA und die deutsche Einheit, Bonn 1993.
561. Brandt, Christoph-Matthias, Souveränität für Deutschland. Grundlagen, Entstehungsgeschichte und Bedeutung des Zwei-plus-Vier-Vertrages vom 12. September 1990, Köln 1993.
562. Bruck, Elke/Wagner, Peter M. (Hrsg.), Wege zum »2 + 4«-Vertrag. Die äußeren Aspekte der deutschen Einheit, München 1996.
563. Bruns, Wilhelm, Die äußeren Aspekte der deutschen Einigung, Bonn 1990.
564. Bullard, Julian, Die britische Haltung zur deutschen Wiedervereinigung. In: Josef Becker (Hrsg.), Wiedervereinigung in Mitteleuropa; Außen- und Innenansichten zur staatlichen Einheit Deutschlands, München 1992, S. 27–42.
565. Craig, Gordon A., Die Chequers-Affäre von 1990. Beobachtungen zum Thema Presse und internationale Beziehungen, in: VfZ 1991, S. 611–623.

566. Eberwein, Wolf-Dieter/Kerski, Basil (Hrsg.), Die deutsch-polnischen Beziehungen 1949–2000. Eine Wert- und Interessengemeinschaft? Opladen 2001.
567. Eckhart, Karl/Hacker, Jens/Mampel, Siegfried (Hrsg.), Wiedervereinigung Deutschlands. Festschrift zum 20-jährigen Bestehen der Gesellschaft für Deutschlandforschung, Berlin 1998.
568. Fischer, Angela, Entscheidungsprozeß zur deutschen Wiedervereinigung. Der außen- und deutschlandpolitische Entscheidungsprozeß der Koalitionsregierung in den Schicksalsjahren 1989/90, Frankfurt/M. 1996.
569. Garton Ash, Timothy, Ein Jahrhundert wird abgewählt, Stuttgart 1990.
570. Glaeszner, Gerd-Joachim, The Unification Process in Germany. From Dictatorship to Democracy, New York 1992.
571. Haftendorn, Helga/Ricke, Henning (Hrsg.), »... die volle Macht eines souveränen Staates ...«. Die Alliierten Vorbehaltsrechte als Rahmenbedingungen westdeutscher Außenpolitik 1949–1990, Baden-Baden 1996.
572. Jarausch, Konrad H., The Rush to German Unity, New York 1994.
573. Kaiser, Karl, Deutschlands Vereinigung. Die internationalen Aspekte. Mit den wichtigsten Dokumenten, Bergisch-Gladbach 1991.
574. Lehmann, Ines, Die deutsche Vereinigung von außen gesehen, 3 Bände, Frankfurt 1996 ff.
575. Meissner, Boris, Auf dem Weg zur Wiedervereinigung Deutschlands und zur Normalisierung der deutsch-russischen Beziehungen. Ausgewählte Beiträge, Berlin 2000.
576. Spiegel-Redaktion (Hrsg.), 162 Tage Deutsche Geschichte, Hamburg 1990.
577. Thies, Jochen/Wagner, Wolfgang (Hrsg.), Das Ende der Teilung. Der Wandel in Deutschland und Osteuropa in Beiträgen und Dokumenten aus dem Europa-Archiv, Bonn 1990.
578. Tomala, Mieczyslaw, Deutschland – von Polen gesehen. Zu den deutsch-polnischen Beziehungen 1945–1991, Marburg 2000.
579. Wagensohn, Tanja, Die sowjetische Position im Zwei-plus-Vier-Prozeß, München 1996.
580. Weidenfeld, Werner mit Peter M. Wagner und Elke Bruck, Außenpolitik für die Deutsche Einheit. Die Entscheidungsjahre 1989/90, Stuttgart 1998 (Geschichte der deutschen Einheit, Band 4).
581. Zelikow, Philip/Rice, Condoleezza, Sternstunde der Diplomatie. Die deutsche Einheit und das Ende der Spaltung Europas, Berlin 1997 (am. Orig.: Germany Unified and Europe Transformed. A Study in Statecraft, Cambridge u. a. 1995).

9. Kapitel/10. Kapitel
1990–1998: Das vereinigte Deutschland
1998–2002: Die Regierung Schröder/Fischer

582. Altenhoff, Ralf/Jesse, Eckhard (Hrsg.), Das wiedervereinigte Deutschland. Zwischenbilanz und Perspektiven, München 1995.
583. Berth, Hendrik/Brähler, Elmar (Hrsg.), Zehn Jahre Deutsche Einheit. Die Bibliographie, Berlin 2000.
584. Berth, Hendrik/Brähler, Elmar (Hrsg.), Deutsch-deutsche Vergleiche. Psychologische Untersuchungen 10 Jahre nach dem Mauerfall, Berlin 2000.
585. Breuel, Birgit (Hrsg.), Treuhand intern. Tagebuch, Frankfurt/M. 1993.

586. Bundesministerium der Verteidigung (Hrsg.), Der Kosovo-Konflikt. Eine Dokumentation des Bundesministeriums der Verteidigung, Bonn 1999.
587. Busse, Tanja, Melken und gemolken werden. Die ostdeutsche Landwirtschaft nach der Wende, Berlin 2001.
587a. Czada, Roland/Wollmann, Hellmut (Hrsg.), Von der Bonner zur Berliner Republik. 10 Jahre Deutsche Einheit, Wiesbaden 2000 (Leviathan-Sonderheft 19/1999).
588. Clewing, Konrad/Reuter, Jens, Der Kosovo-Konflikt. Ursachen – Akteure – Verlauf, hrsg. v. der Bayerischen Landeszentrale für politische Bildungsarbeit, München 2000.
589. Esser, Hartmut, Der Wandel nach der Wende. Gesellschaft, Wirtschaft, Politik in Ostdeutschland, Wiesbaden 2000.
590. Falkner, Thomas, Absturz in die Marktwirtschaft. Der schwere Gang durch die ostdeutsche Wirtschaftskrise, München 1994.
591. Falter, Jürgen/Gabriel, Oscar W./Rattinger, Hans (Hrsg.), Wirklich ein Volk? Die politischen Orientierungen von Ost- und Westdeutschen im Vergleich, Opladen 2000.
592. Fischer, Alexander/Wilke, Manfred, Probleme des Zusammenwachsens im wiedervereinigten Deutschland, Berlin 1994.
593. Fischer, Wolfram/Hax, Herbert/Schneider, Hans-Karl (Hrsg.), Treuhandanstalt: Das Unmögliche wagen, Berlin 1993.
594. Freese, Christopher, Die Privatisierungstätigkeit der Treuhandanstalt, Frankfurt/New York 1995.
595. Gross, Johannes, Begründung der Berliner Republik. Deutschland am Ende des 20. Jahrhunderts, Stuttgart 1995.
596. Jürgs, Michael, Die Treuhändler. Wie Helden und Halunken die DDR verkauften, München 1997.
597. Kemmler, Marc, Die Entstehung der Treuhandanstalt, Frankfurt/New York 1994.
598. Klein, Olaf Georg, Ihr könnt uns einfach nicht verstehen. Warum Ost- und Westdeutsche aneinander vorbeireden, Frankfurt am Main 2001.
599. Kleßmann, Christoph/Misselwitz, Hans/Wichert, Günter (Hrsg.), Deutsche Vergangenheiten – eine gemeinsame Herausforderung. Der schwierige Umgang mit der doppelten Nachkriegsgeschichte, Berlin 1999.
600. Kunze, Thomas, Staatschef a. D. Die letzten Jahre des Erich Honecker, Berlin 2001.
601. Larres, Klaus (Ed.), Germany since Unification: The Domestic and External Consequences, Oxford 1998.
602. Link, Werner, Die Neuordnung der Weltpolitik. Grundprobleme globaler Politik an der Schwelle zum 21. Jahrhundert, München 2001[3].
603. Loth, Wilfried (Hrsg.), Das europäische Projekt zu Beginn des 21. Jahrhunderts, Opladen 2001.
604. Luft, Christa, Die Lust am Eigentum. Auf den Spuren der deutschen Treuhand, Zürich 1996.
605. Marissal, Matthias J., Der politische Handlungsrahmen der Treuhand, Frankfurt am Main., 1993.
606. McAdams, A. James, Judging the Past in Unified Germany, Cambridge 2001.
607. Oppenländer, Karl Heinrich (Hrsg.), Wiedervereinigung nach sechs Jahren: Erfolge, Defizite, Zukunftsperspektiven im Transformationsprozeß, Berlin u. a. 1997.

608. Pechstein, Matthias/Koenig, Christian, Die Europäische Union. Die Verträge von Maastricht und Amsterdam, 3. Aufl., Tübingen 2000.
609. Priewe, Jan/Hickel, Rudolf, Der Preis der Einheit. Bilanz und Perspektiven der deutschen Vereinigung, Frankfurt am Main 1991.
610. Rauschnabel, Markus, Sanierungsstrategien der Treuhandanstalt, Göttingen 1996.
611. Rebe, Bernd/Lang, Franz Peter (Hrsg.), Die unvollendete Einheit, Hildesheim 1996.
612. Robers, Norbert, Joachim Gauck. Die Biographie einer Institution, Berlin 2000.
613. Rudolf, Hermann, Das erste Jahrzehnt. Die Deutschen zwischen Euphorie und Enttäuschung, Stuttgart 2000.
614. Schroeder, Klaus, Der Preis der Einheit. Eine Bilanz, München 2000.
615. Thierse, Wolfgang/Spittmann-Rühle, Ilse/Kuppe, Johannes L. (Hrsg.), Zehn Jahre Deutsche Einheit. Eine Bilanz, Bonn 2000.
616. Thumfart, Alexander, Die politische Integration Ostdeutschlands, Frankfurt am Main 2001.
617. Tichy, Roland/Dietl, Sylvia, Deutschland einig Rundfunkland, München 2000.
618. Wagner, Matthias, Das Stasi-Syndrom. Über den Umgang mit den Akten des MfS in den 90er Jahren, Berlin 2001.
619. Weber, Christiana, Treuhandanstalt – eine Organisationskultur entsteht im Zeitraffer, Wiesbaden 1996.
620. Zimmer, Jochen (Hrsg.), Das Gauck-Lesebuch. Eine Behörde abseits der Verfassung? Frankfurt/M. 1998.

Epilog

621. Die Gegenwart der Vergangenheit. Die SPIEGEL-Serie über den langen Schatten des Dritten Reichs, Hrsg. Spiegelverlag, Hamburg 2001.
622. Genscher, Hans-Dietrich, Die Einheit Deutschlands und Europas als historische Chance. Detmolder Rede zum 10. Jahrestag der Deutschen Einheit, Norderstedt 2001.

Bibliographischer Essay

(zur neueren Literatur)

1. Erinnerungen

Wer schon – fast – alles über die deutsche Geschichte nach 1945 weiß, aber trotzdem noch etwas erfahren möchte – und dies mit größtem Lesevergnügen –, dem seien die Erinnerungen von Erwin Wickert über die Jahre 1947–1976 empfohlen (135). Erwin Wickert – Vater des allseits bekannten ARD-Tagesthemen-Moderators – erzählt als Diplomat *und* Literat. Er wählt aus, stellt subjektiv dar, aber stellt auch klar, »was ich zeige, ist so wahr, wie ich es erinnere« – ohne spätere Korrekturen. Dafür zeugen unzählige Tagebuchnotizen, auf die er sich stützt.

Seine Geschichte besteht auch aus wunderbaren Geschichten und Anekdoten, die die Ereignisse so lebendig und anschaulich machen. Rainer Blasius erwähnt in seiner Rezension in der »FAZ« am 23. August 2001 drei: Zum einen den Mauerbau und das Gespräch Wickerts mit Herbert Wehner im Juli 1967. Wehner habe die Wiedervereinigung für eine Utopie gehalten und Kritik an der amerikanischen Politik geübt. Den Bau der Mauer hätten die USA verhindern können: »Mit ein paar Panzern wäre das möglich gewesen.« Wickert widersprach: »Aber unser Bundeskanzler hat sie damals nicht dazu ermutigt.« Darauf Wehner »ausfallend und laut«: »Ja, und wer hat ihn beraten? Das war die Verwaltung mit ihren Ratschlägen. Die tragen die Verantwortung dafür, die Beamten, die die Hosen voll hatten!« Für Wickert war eine solche Äußerung »einfach Unsinn«; es sei überhaupt zwecklos gewesen, »mit dem Krakeeler zu argumentieren«. Dann Willy Brandt und dessen Berater Egon Bahr. Wickerts Begeisterung für sie hält sich in engen Grenzen, wie seine Wertung über Brandts Kniefall in Warschau deutlich macht.

Ein weiterer Höhepunkt des Buches sind Wickerts Erinnerungen an seine Botschafterzeit in Bukarest. Regierungschef Ceauçescu und auch dessen Außenminister Manescu seien offensichtlich nicht ganz bei

Trost gewesen. Manescu rauchte kubanische Spitzenzigarren mit der eigens für ihn angefertigten Banderole »Especiales Para Cornelio Manescu«. Nach dessen Entlassung als Außenminister wurden sie beschlagnahmt und in einem Bukarester Tabakgeschäft verkauft. Wickert sandte eine Upmann-Zigarre nach Bonn. Als er das nächste Mal Außenminister Walter Scheel traf, fragte er, ob der Minister die Zigarre »zu den Akten gegeben habe«. Der Genießer Scheel bekannte: »Keineswegs, eine Upmann ins Archiv zu senden, wäre ein krimineller Akt gewesen. Ich habe sie natürlich geraucht, aber die Banderole weisungsgemäß zu den Akten geschrieben.«

Hatte Wickert noch 1965 zum Vertrauten von Bundeskanzler Ludwig Erhard, Karl Humann, gesagt, das deutsche Volk in der Bundesrepublik habe sich auf seiner Rechtsposition »zur Ruhe gelegt, schläft und will nicht geweckt werden«, und betont, auf den Kanzler und die Parteiführung komme es an, sie allein könnten dem deutschen Volk die Realitäten *ad oculos* demonstrieren, so führte das dann bekanntlich Willy Brandt mit seiner Ostpolitik durch.

Ein etwas anderes »deutsches Leben« – aus ost- und westdeutscher Sicht – schildert die bekannte Journalistin Carola Stern in ihrer Autobiographie (126). Es ist ein in jeder Hinsicht beeindruckendes Buch. »Der Spiegel« (10/2001) schrieb über Sterns »Doppelleben«:

> »Die Mitgründerin der deutschen Sektion von Amnesty International und Vertraute von Heinrich Böll und Günter Grass, die jahrzehntelang als Super-Linke und moralisches Gewissen der Nation galt, bekennt Unerhörtes. Daß sie als Jugendliche eine stramme Nationalsozialistin war, ist nicht ganz unbekannt; aber dann kommt der Hammer: Sie hat in der jungen DDR Parteikarriere gemacht, auf einer Parteihochschule gelehrt und nebenbei als Informantin der Feinde, der Amerikaner, gearbeitet.
>
> Sie war eine Spionin. Zwar offenbar keine große Nummer, und dennoch: Sie verriet. Zunächst Betriebsabläufe eines Raketenforschungsinstituts, in dem sie als Bibliothekarin gearbeitet hatte. Später dann plauderte sie aus, wohin Kollegen von der SED-Parteihochschule versetzt wurden.«

Es ist ein ungemein mutiges Buch, auch wenn Frau Stern in so mancher öffentlichen Talkrunde nicht damit einverstanden war, daß sich die Diskussion allzu sehr auf ihre Agententätigkeit beschränkte.

Von hohem Quellenwert sind auch die dokumentarischen Berichte von Horst Osterheld über Adenauers letzte Kanzlerjahre und Erhards Kanzlerschaft (111, 112). Willy Brandt hat mehrmals berichtet (57, 58). Egon Bahrs Erinnerungen sind eine empfehlenswerte Lektüre. Im Klappentext heißt es dazu, Egon Bahr blicke mit dem geschulten Auge des Journalisten auf fünf Jahrzehnte als Politiker zurück: »Sachlich, aber humorvoll, persönlich, aber selbstkritisch und mit Abstand.« Der Klappentext ist zutreffend. Manchmal schadet es wahrlich nicht, wenn ein ehemaliger Journalist Geschichte und Geschichten schreibt (der schreiben kann, was im übrigen auch jene Memoranden Bahrs beweisen, die jetzt in den Akten (2) nachzulesen sind). Bahrs Memoiren zeigen, wie ein Kalter Krieger zum Anwalt der Entspannung wurde; er schildert den Weg, der ihn zum Vordenker der neuen Ostpolitik und engsten Mitarbeiter und Vertrauten Willy Brandts aufrücken ließ.

Allzu Selbstkritisches findet man in Erinnerungen selten. Gibt es ein Politikerbuch, das frei von Eitelkeiten ist? Wohl kaum. Und so kommen auch die folgenden nicht ganz ohne aus. Rainer Barzel, einstmals Hoffnungsträger der CDU, erklärt in einem, wie er es nennt, persönlichen Bericht über Ostverträge, Mißtrauensvotum und Kanzlersturz sein Handeln als Oppositionsführer im Bundestag in den Jahren 1969–1972 (49). In seinem Glückwunschschreiben an Barzel zu dessen 70. Geburtstag im Juni 1994 würdigte Wolfgang Schäuble die erfolgreichen Bemühungen Barzels, »im Zusammenhang mit den Ostverträgen an der Einheit der Nation festzuhalten und sie auch völkerrechtlich verbindlich festzuschreiben«. Damit habe er »die Tür offengehalten, durch die Helmut Kohl 1989 gehen konnte«. Diese Zeilen faßten die Hauptthese von Barzels Buch zusammen; deshalb publizierte Barzel sie an Stelle eines Nachworts. Barzel selbst war und ist von deren Inhalt überzeugt. Er betrachtet es als seinen persönlichen Erfolg, die gemeinsame Entschließung des Deutschen Bundestags vom Mai 1972 durchgesetzt zu haben und damit das Ziel der deutschen Einheit offen gehalten zu haben. Diese Überzeugung rechtfertigte seiner Meinung nach auch den gescheiterten Versuch vom 27. April 1972, Brandt durch ein konstruktives Mißtrauensvotum als Bundeskanzler zu stürzen. Es sei ihm vor allem darum gegangen, das Mandat für Verhandlungen über Korrekturen an den Ostverträgen zu erhalten: »Ich traute mir zu, ein besseres Vertragswerk zu gestalten.«

Ergänzend dazu legte Barzel im letzten Jahr seine Erinnerungen vor (50), kritisch »auch gegen mich selbst«, wie er betonte. »Hin und wieder« sei ihm das bei aller Eitelkeit sogar gelungen, meinte dazu Rainer Blasius in seiner Rezension in der »FAZ« am 27. 9. 2001.

Wilhelm Grewes »Rückblenden« 1976–1951 sind schon so etwas wie ein Klassiker (Bd. 2, 51): hoher Informationsgehalt mit persönlich gehaltener Analyse (ein Vergleich mit Wickert bietet sich geradezu an, um zu sehen, wie unterschiedlich Erinnerungen geschrieben werden

können). Das gilt gleichermaßen auch für den ehemaligen Botschafter in Moskau, Helmut Allardt (42), den Pressesprecher in Bonn, Günter Diehl (66) und den Botschafter in London, Hans Herwarth von Bittenfeld (Bd. 2, 53). Interessant auch Klaus Schütz: Als Regierender Bürgermeister von Berlin und dann Botschafter in Israel hatte er einmal einen »Logenplatz«, dann saß er auf dem »Schleudersitz« (124); aufschlußreich und interessant zu lesen. Ähnlich auch die Erinnerungen von Franz Josef Strauß (Bd. 2, 76), die in manchen Punkten erstaunlich offen sind – und gut lesbar. Erwähnt seien auch Gerhard Stoltenbergs »Wendepunkte« (127). Stoltenberg, zuletzt Verteidigungsminister, war lange Jahre Ministerpräsident von Schleswig-Holstein. Helmut Schmidt berichtet über die Deutschen und seine Kanzlertätigkeit (122, 123), der unter Brandt zurückgetretene Finanzminister Alex Möller über sich und seine Zeit als »Genosse Generaldirektor« (Bd. 2, 64), Bundestagspräsident Eugen Gerstenmaier als verhinderter Kanzler (Bd. 2, 49). Horst Ehmke, 1969–1972 Kanzleramtsminister, danach Forschungsminister, veröffentlichte 1994 seine Erinnerungen (70).
Eine lohnenswerte Lektüre sind auch die Erinnerungen des Diplomaten Rüdiger von Wechmar (133), obwohl dieser weder als Politiker noch als Journalist eine allzu bedeutende Rolle gespielt hat. Aber sein Lebenslauf ist beispielhaft für jene Generation, die Hitler-Deutschland und Wiederaufbau miterlebt hat.
Wie britische und amerikanische Diplomaten so etwas machen, zeigen die Erinnerungen von Paul Nitze (Bd. 2, 68), George C. McGhee (104), Martin J. Hillenbrand (85), McGeorge Bundy (60) und Frank Roberts (Bd. 2, 71) – von Henry Kissinger (auch in deutscher Übersetzung) ganz zu schweigen (92, 93).
Wolfgang Schäuble berichtet über den Einigungsvertrag (118) und wie er als Bundesinnenminister über die deutsche Einheit verhandelte. Interessanter und fast schon von dokumentarischem Wert sind Horst Teltschiks »329 Tage« (128). In dieser tagebuchartigen Darstellung des Beraters von Kanzler Kohl werden zum Teil einzigartige Innenansichten der Entwicklung vom 9. November 1989 bis 3. Oktober 1990 gezeigt, über die nur Teltschik (da oftmals nur er mit dabei war) berichten kann. Ähnlich auf französischer Seite die tagebuchähnlichen Aufzeichnungen von Jacques Attali, dem Vertrauten von Präsident Mitterrand für die Jahre 1988–1991 (45). Helmut Kohl hat bislang nur etwas Memoiren-Ähnliches vorgelegt (67, in der BitBooks Bibliothek auch online zu lesen unter *http://www.mountmedia.de/special/bitbooks/kohl*).

Hier ist noch einiges zu erwarten, mehr als das »Tagebuch« (96): der Altkanzler arbeitet an seinen Memoiren. (Vgl. auch die Artikelsammlung der »Berliner Morgenpost« unter *http://morgenpost.berlin1.de*)
Zu den eifrigen Tagebuchschreibern gehört auch Kurt Biedenkopf (1990 bis April 2002 Ministerpräsident des Freistaates Sachsen). Sein deutsches Tagebuch (52) beginnt im Juli 1989, als Michail Gorbatschow auf Staatsbesuch in Bonn war, und endet am 9. November 1990, als der Bundesrat zum ersten Mal mit Vertretern aller 16 deutschen Länder zusammentrat. Biedenkopf hat seine Eindrücke und Begegnungen notiert, Entwicklungen analysiert, Prognosen formuliert und Zukunftsaufgaben und mögliche Lösungen entworfen. Es bereitet Freude, zu lesen, wie dieser scharfe Analytiker die Dinge gesehen und aufgeschrieben hat (möglicherweise mit dem Hintergedanken einer frühzeitigen Veröffentlichung).
1995 legte Langzeitminister Hans-Dietrich Genscher, 1969–1974 Innen-, dann bis 1992 Außenminister, seine Erinnerungen vor (75), keine Memoiren im traditionellen Sinne, sondern eher, wie Ernst-Otto Czempiel am 19. 9. 1995 in der »FAZ« meinte, »ein Handbuch der deutschen Außenpolitik, vom Autor selbst schon in die Form einer Darstellung gegossen«. Das hat nicht immer zur Lesbarkeit beigetragen. Dennoch ist der Quellenwert beeindruckend. Vier Fünftel des Buches sind den 18 Jahren als Außenminister gewidmet; sie umfassen die ereignisreiche Periode vom Scheitern der Entspannungspolitik unter US-Präsident Richard Nixon bis zur Partnerschaft mit dem Rußland von Boris Jelzin. Die Jahre 1989/90 mit Wiedervereinigung, Eingliederung des vereinten Deutschland in die NATO und die Europäische Union bilden das Kernstück der Memoiren. Genscher hebt dabei immer wieder hervor, daß Kremchef Michail Gorbatschow und dessen Außenminister Eduard Schewardnadse dabei den entscheidenden Beitrag erbracht hätten.
Auf dem Weg zur Einheit gab es von seiten Genschers allerdings »seltsame Alleingänge«: Am 25. Januar 1990 störte er den Wiedervereinigungsplan Kohls mit dem Vorschlag, die Zukunft Deutschlands auf der KSZE-Gipfelkonferenz zu verhandeln, so wie Moskau sich das vorstellte. Sechs Tage später wollte er den Westen auf das Versprechen festlegen, daß es »eine Ausdehnung des NATO-Territoriums nach Osten [...] nicht geben« dürfe. Damit präjudizierte er nicht nur die Sicherheit der DDR, sondern auch die der entstehenden Demokratien im zerfallenden Warschauer Pakt. Kohl und seine Verbündeten in Wa-

shington waren fassungslos. Am 5. Mai schlug Schewardnadse vor, die Verhandlungen über die äußeren Aspekte der Einheit von der Herstellung der inneren Einheit abzukoppeln; Genscher lehnte nicht sofort ab. Erst später sah das Auswärtige Amt ein, daß dies »ein großer Fehler« gewesen wäre; Kohl habe »untrügerischen Sinn für das richtige Timing« bewiesen, Genscher »gewackelt« [so R. Biermann (557)].
Das war auch wieder der Fall bei der zukünftigen Stärke der Bundeswehr. Genscher bot im Juni Schewardnadse 280 000 bis 300 000 Mann an und meinte gegenüber Washington, Moskau wünsche diese Obergrenze. Tatsächlich akzeptierte Gorbatschow dann im Juli ohne Umstände Kohls erstes Verhandlungsangebot: 370 000 Mann. Noch im Flugzeug auf dem Weg nach Moskau stritten sich Genscher und Verteidigungsminister Gerhard Stoltenberg über die Bundeswehrstärke – und über die Wehrpflicht. »Ist es denn schlecht«, fragte am 8. Juni 1990 die Moskauer »Prawda«, »daß viele Vorstellungen Genschers uns nahe sind oder gar mit unseren übereinstimmen?«
Wie sich das alles aus Moskauer Sicht darstellt, darüber geben gleich mehrere Memoirenschreiber Auskunft: E. Schewardnadse (119), M. Gorbatschow (77, 78) und dessen Berater V. Falin (71 und Bd. 2, 47), J. Kwisinskij (102), A. Tschernajew (130), W. Kotschemassow (97; Botschafter in Ost-Berlin), G. Schachnasarow (116) sowie W. Keworkow vom sowjetischen Geheimdienst KGB (89). Sie alle zeigen, wie Moskau damals mit der deutschen Einheit im wahrsten Sinne des Wortes rang. Sie zeigen auch, daß am Schluß das Drama fast zur Farce wurde: Kurz vor der Wiedervereinigung ersuchte Lothar de Maizières DDR-Regierung Moskau darum, den Freundschaftsvertrag von 1975 außer Kraft zu setzen. Am 2. Oktober 1990 lag das Ersuchen dem Obersten Sowjet vor. Zwei Tage lang stritten sich Perestroika-Anhänger und Altkommunisten erbittert darüber. Am 4. Oktober setzte der zuständige Ausschuß den Vertrag endlich außer Kraft und datierte den Entschluß auf den 3. Oktober zurück, »um sich«, so Kwisinskij, »nicht der Lächerlichkeit preiszugeben«. Der Oberste Sowjet ratifizierte den Zwei-plus-Vier-Vertrag erst im März 1991: Schewardnadse trat darüber im Zorn zurück, nachzulesen in seinen Erinnerungen, die gelegentlich unpräzise, aber dennoch lesenswert sind und zeigen, daß er in der Tat maßgeblichen Anteil am Erfolg der Zwei-plus-Vier-Verhandlungen hatte. Sie zeigen aber auch die Intensität Moskauer Widerstände gegen die Wiedervereinigung und die Leistung Michail Gorbatschows. Das wird auch in dessen Erinnerungen deutlich.

Seit dem Fall der Mauer wurde der Kremlchef in mehrfacher Hinsicht zum Getriebenen. Gorbatschows engster Ratgeber Tschernajew gesteht: »Die Vereinigung Deutschlands [...] wäre sowieso zustande gekommen – ohne uns und uns zum Trotz.« Moskau sei außerstande, Deutschlands Vereinigung zu stoppen, rief Schewardnadse 1990 seinen Kritikern entgegen, »es sei denn mit Gewalt«. Aber dann hätten sowjetische Panzer nicht nur in Berlin, sondern gleichzeitig in Warschau, Prag, Budapest und Bukarest rollen müssen – von Wilna und Tiflis gar nicht zu reden.

Wie wichtig die Volkskammerwahl vom 18. März 1990 war, wird bei allen Memoirenschreibern deutlich. Den Wahlsieg der SPD hatte auch Gorbatschow schon eingeplant. Die SED-PDS sollte dann mit der Ost-SPD koalieren. Der Kremlchef zielte dabei auf Bonn. Er stützte seine Hoffnung auf Ibrahim Böhme (den Ost-SPD-Vorsitzenden, der dann enttarnt wurde) und Oskar Lafontaine, der öffentlich die Mitgliedschaft eines vereinten Deutschland in der NATO ablehnte.

Mit dem überwältigenden Wahlsieg der CDU-geführten »Allianz für Deutschland« wurde der kürzeste Weg zur Wiedervereinigung frei. Gegen das Bündnis Kohls mit den Ostdeutschen konnte weder Gorbatschow noch Lafontaine etwas ausrichten – und auch nicht Mitterrand und Margaret Thatcher. Unter diesen Umständen waren die Zwei-plus-Vier-Verhandlungen, wie Julij Kwisinskij, bis Anfang Mai 1990 sowjetischer Botschafter in Bonn, dann Stellvertreter von Schewardnadse, selbst kein Anhänger der Wiedervereinigung, es formulierte, aus sowjetischer Sicht tatsächlich »von Anfang an eine verlorene Partie«.

Die zahlreichen Erinnerungen, die ehemalige SED-Funktionäre und Repräsentanten des DDR-Regimes nach der Wende vorgelegt haben, sind von höchst unterschiedlicher Qualität. Genannt seien das SED-Politbüro-Mitglied Schirdewan (120, 121), der unter Ulbricht früh in Ungnade gefallen war, 1990 rehabilitiert wurde, aber ein unbelehrbarer kommunistischer Funktionär blieb. Ähnlich auch Möbis (106), der von 1967 bis zum Ende der Regierung Modrow Staatssekretär beim Vorsitzenden des Ministerrats der DDR war. Noch schlimmer sind die Erinnerungen von Czepuck (64), dem ehemaligen Bonn-Korrespondenten der SED-Zeitung »Neues Deutschland«. Auch die Erinnerungen von Modrow (107, 108, 109) sind nicht besonders erhellend und nicht unbedingt ein Lesevergnügen.

Bei all diesen Erinnerungsarbeiten sind umfängliche Enthüllungen meist nicht dabei; es geht in der Regel um moralische Selbstwertung und Selbstrechtfertigung. Dabei wird mehr Verwirrung gestiftet, als Tatsachen mitgeteilt. Ein besonderes Beispiel ist hier Schalck-Golodkowski (117). Schalck hat mit seinen Erinnerungen zweifelsohne einen Beitrag zur Zeitgeschichte geleistet – fragt sich nur, welchen? Wer das liest, muß nämlich ganz besonders in Kauf nehmen, daß der Autor sich so erinnert, wie es ihm konveniert. Das soll ja in der Memoirenliteratur hin und wieder vorkommen …

Ähnliches gilt auch für einen der letzten wirklichen Repräsentanten des DDR-Regimes, den Spionage-Chef Markus Wolf. Dessen Erinnerungen (137) werden sicherlich als Quelle in die historische Forschung eingehen, wenn auch »als Quelle minderen Ranges, weil die meisten Behauptungen nicht belegt werden«, wie Volker Zastrow in seiner Besprechung in der »FAZ« zu Recht am 2. 6. 1997 betonte. Immerhin wirft Wolfs Darstellung auf manche Vorgänge ein neues Licht. Wie ein Treppenwitz der Zeitgeschichte klingt es bei ihm, wenn er mitteilt, daß die Dokumente des Superspions Guillaume aus dem Kanzlerbüro Willy Brandts den DDR-Nachrichtendienst durch ein Mißgeschick nie erreicht haben. Zum Thema »Memoiren aus dem Stasi-Milieu« sollte man unbedingt auch den Beitrag von Karl Wilhelm Fricke lesen (452).

In die Kategorie der Selbstrechtfertigung fallen auch die Erinnerungen des SED-Chefideologen Kurt Hager (82) und des DDR-Verteidigungsministers Heinz Keßler (88). Anders der Rückblick von Günter Schabowski (115), jenes Mannes, dessen historische Pressekonferenz am 9. November 1989 zum Fall der Mauer führte. Schabowski war Chefredakteur des »Neuen Deutschland«, bevor er Mitglied des Politbüros und Bezirkschef der Ostberliner SED wurde. Er wurde später verurteilt – nahm das Urteil an und wurde inzwischen zu einem der schärfsten Kritiker seiner Ex-Genossen. Seine gut lesbaren Memoiren vermitteln einen instruktiven Eindruck von der inneren und äußeren Entwicklung der DDR, die letztlich zum Absturz führte. Geradezu wohltuend ist die Lektüre der Lebensgeschichte des bekannten DDR-Historikers Fritz Klein (94), der es verstand, Distanz zum Regime zu halten – im Gegensatz zu den meisten seiner Kollegen. Welche Rolle *die* spielten, so daß am Ende die Historie in der DDR in besonderem Maße »zur Magd der Politik herabgewürdigt« wurde, kann man in der »brillanten Studie« (Volker Ullrich am 24. 1. 2002 in der »Zeit«) von Martin Sabrow (Bd. 1, 1149) erfahren. Ergänzend dazu sollte man allerdings die Habilitationsschrift von Edgar Wolfrum über die Geschichtspolitik

in der Bundesrepublik Deutschland (211) lesen; da kann man sich auch über manches nur wundern – oder auch nicht.
Natürlich darf hier auch Gregor Gysi nicht fehlen. Seine »persönliche Bilanz eines politischen Querkopfs« (81) stand sogar auf der Bestsellerliste des »Spiegel«. Der PDS-Star warf laut Untertitel in seinen Erinnerungen einen Blick zurück und ging einen Schritt nach vorn – geradewegs in die rot-rote Koalition von SPD und PDS in Berlin. Seit dem 17. Januar 2002 ist er dort Bürgermeister sowie Senator für Wirtschaft, Arbeit und Frauen. Erhellend sind auch die Gespräche, die Gysi als PDS-Vorsitzender mit M. Gorbatschow geführt hat (29).
Eine etwas andere, sehr lesbare Sicht der Dinge in der DDR und danach bietet Vera Lengsfeld an. Die ehemalige DDR-Bürgerrechtlerin hat ihr Leben aufgeschrieben (Von nun an ging's bergauf. Meine drei Leben, München 2002) und damit ein Bild des real existierenden DDR-Sozialismus festgehalten, »das in der Erinnerung der meisten Deutschen rapide verblaßt«, wie Michael Mersch in der »Frankfurter Allgemeinen Sonntagszeitung« am 24.3.2002 meinte. Lengsfeld erlangte unter ihrem Ehenamen Wollenberger eher bedauernswerte Berühmtheit, als sie aus ihren Stasi-Akten erfuhr, daß der eigene Mann als Stasi-Spitzel auf sie angesetzt war und sie ausspioniert hatte (vgl. oben, S. 297).
Lengsfeld schildert eindrucksvoll ihre »drei Leben«: zuerst das kleine Mädchen, das an den Sozialismus glaubte, dann die Oppositionelle, die 1983 wegen öffentlicher Stellungnahme gegen die sowjetische Raketenstationierung in der DDR aus der SED ausgeschlossen, 1988 verhaftet und wegen versuchter »Zusammenrottung« verurteilt und nach England abgeschoben wurde und am 9. November 1989 zurückkehrte, und schließlich die »im Westen Angekommene«, die als Bundestagsabgeordnete – erst von Bündnis 90/Die Grünen, seit 1996 der CDU – gegen simple DDR-Nostalgie und den neuen Machtgewinn der alten SED-Kader streitet. Mit M. Mersch kann man nur wünschen, daß ihr Buch »viele Leser findet, vor allem im Westen. Dort, wo die PDS zwar nicht gewählt wird, wo aber eine im Grunde zynische DDR-Verniedlichung zum guten Ton gehört.«
Für die SBZ und die ersten Jahre der DDR ähnlich instruktiv Hermann Webers Lebensgeschichte (Bd. 1, 1159a).

2. Veröffentlichte Quellen

Die seit 1994 erscheinenden »Akten zur Auswärtigen Politik der Bundesrepublik Deutschland« (2), die mit dem Jahr 1963 beginnen und inzwischen das Jahr 1970 erreicht haben, sind eine faszinierende Lektüre (auch wenn es sich, wie bei all diesen Editionen, immer um eine Auswahl handelt, die ein bestimmter Herausgeberkreis – mit einem »Hauptherausgeber«! – trifft) und erscheinen entsprechend der 30jährigen Sperrfrist. Die Bände für das Jahr 1969 und 1970 enthalten die bahnbrechenden Verhandlungen Willy Brandts und Egon Bahrs zur »Ostpolitik« (Das Jahr 1971 lag bei Abschluß des Manuskripts noch nicht vor; der Bitte nach frühzeitigem Einblick wurde leider nicht entsprochen. Im April 2002 hat der Oldenbourg Verlag diesen Band angekündigt: drei Teilbände, ca. 2300 Seiten). Die Auswahl ist so, daß man einen intensiven Eindruck von den Entscheidungsprozessen der damaligen Zeit gewinnt. Das Editorenteam unter der langjährigen wissenschaftlichen Leitung von Rainer Blasius hat jedenfalls hervorragende Arbeit geleistet; man kann nur hoffen, daß auch die weiteren Bände ähnlich ediert werden. Zu begrüßen ist auch, daß in einer zweiten Reihe nun mit dem Jahr 1949 begonnen worden ist; inzwischen liegen hier schon vier Bände vor. Fazit: Ohne diese Bände kann man zukünftig keine Außenpolitik der BRD mehr schreiben!
Wichtig sind auch die »Dokumente zur Deutschlandpolitik«, wo die Einteilung der verschiedenen Reihen in Halb- und Drittelbände allerdings schon mal zu Verwirrung führen kann (15). Am spektakulärsten in dieser Reihe ist zweifelsohne der Band Deutsche Einheit (14, s. u., S. 422). Vielversprechend auch die vom Oldenbourg Verlag im April 2002 angekündigte neue VI. Reihe, die mit der Regierung Brandt/Scheel beginnt. Deren Band 1 dokumentiert mit Akten des Bundeskanzleramtes zur Deutschland- und Ostpolitik die Anfangszeit dieser Regierung. Eigens herabgestufte Dokumente gewähren Einblicke in bislang unbekannte Hintergründe und Vorgänge. Zahlreiche Aufzeichnungen, Korrespondenzen und Planungspapiere aus den Entscheidungszentralen in Bonn und Ost-Berlin erhellen die vielfältigen Abstimmungsprozesse und Verhandlungen, die zu den Treffen von Brandt und Stoph in Erfurt und Kassel und zum Abschluß der Verträge von Moskau und Warschau führten. Dabei wird auch dokumentiert, welche Rolle die Westmächte und der Kreml spielten.
Für die fünfziger Jahre wird inzwischen die Veröffentlichung der Ka-

binettsprotokolle fortgesetzt (1063); diese sind nach wie vor nicht sehr aufregend (Glaubt man der Ankündigung des Verlages, so gilt das nicht für Band 11, der das Jahr 1958 dokumentiert – mit Chruschtschows Berlin-Ultimatum, Atombewaffnung der Bundeswehr etc.), ebensowenig wie die Protokolle der NRW-Landesregierung (1064); etwas interessanter sind jene des Bayerischen Ministerrates (1065).

Für die Adenauer-Ära wichtig sind die Adenauer-Briefe (1 a, 1 b, sowie Bd. 2, 3–6), sowie der Briefwechsel und die Gespräche Adenauers mit Theodor Heuss (1 e). Um eine Persönlichkeit zu erfassen, gibt es keine bessere Quelle als deren Briefe. Die vorliegenden, von Hans Peter Mensing vorbildlich kommentierten Ausgaben sind zugleich eine erstrangige Quelle für die Geschichte der Bundesrepublik jener Jahre. Gleiches gilt auch für die von Günter Buchstab sorgfältig bearbeiteten Protokolle des CDU-Bundesvorstandes (7). Ergänzend dazu Adenauers Teegespräche (1 c, 1 d). Für die FDP liegen die Sitzungsprotokolle des Bundesvorstandes vor (17); hier bietet sich ein interessanter Vergleich mit der CDU an, der auf die SPD nur eingeschränkt ausgedehnt werden kann: da sind bislang nur die Sitzungsprotokolle der Bundestagsfraktion veröffentlicht worden (9).

Im Auftrag der Bundeskanzler-Willy-Brandt-Stiftung (*http://www.willy-brandt.org*) geben Helga Grebing, Gregor Schöllgen und Heinrich August Winkler seit 2000 die auf zehn Bände angelegte »Willy Brandt-Berlin Ausgabe« heraus, von der bereits vier Bände vorliegen. Mit ausgewählten Reden, Artikeln und Briefen von Willy Brandt wird darin dessen politisches Wirken dokumentiert (5).

Inzwischen liegen auch drei Bände über das Verhältnis zu Frankreich vor (8). Sie dokumentieren ein zentrales Kapitel der europäischen Nachkriegsgeschichte auf ebenso umfassende wie anschauliche Art und Weise. Einleitung und Kommentare machen die Dokumentation zu einem nützlichen Arbeitsinstrument.

Von den fremdsprachigen Dokumenteneditionen sind die Foreign Relations of the United States (18) zwar eine Klasse für sich, aber manchmal doch mit Vorsicht zu genießen, wie z. B. die Hinweise bei Steininger, Mauerbau (278, S. 14) zeigen; ähnliches gilt auch für den Band XV der Serie 1964–1968, Germany and Berlin. Kein Wort über jenes berühmt-berüchtigte »Johnson-Treatment«, dem Bundeskanzler Ludwig Erhard bei seinem Besuch im Weißen Haus im Dezember 1965 von US-Präsident Lyndon B. Johnson unterzogen wurde (vgl. Bd. 3, Kap. 3). Ähnliches gilt auch für die französischen und britischen Akteneditionen (10, 11).

Heinrich Potthoff, der stellvertretende Vorsitzende der Historischen Kommission der SPD, hat zwei ganz gewichtige Dokumentenbände vorgelegt. In »Bonn und Ostberlin 1969–1982« (33) ordnet er die Deutschlandpolitik in den Kontext der 1969 aufgenommenen sozialliberalen Ostpolitik ein, konzentriert sich aber auf die Zeit nach dem Grundlagenvertrag, als der »Dialog auf höchster Ebene« einsetzen konnte. Auf die »Stunde Bahrs«, der die Verhandlungsphase vom Moskauer Vertrag von 1970 bis zum Abschluß des Grundlagenvertrags 1972 dominierte, folgte nach Potthoff die »Stunde Wehners«, der seit 1973 in den Beziehungen zur DDR besondere Kanäle benutzte und damit so manche Phantasie beflügelte, aber auch Mißtrauen entstehen ließ (vgl. auch die Besprechung von Gottfried Niedhart in »Die Zeit«, 2. 5. 1997).

Für die Jahre danach wurde etwas für die Zeitgeschichte ganz Ungewöhnliches und höchst Erfreuliches möglich: Durch den Zusammenbruch der DDR wurden nämlich mehr und mehr die internen Aufzeichnungen aus DDR-Archiven zugänglich, in erster Linie jene des Zentralen Parteiarchivs der SED und der Stasi – mit Ausnahme des DDR-Außenministeriums (die jetzt im Politischen Archiv des Auswärtigen Amts unter Verschluß liegen) und jener »Blockflötenparteien«, die von ihren westdeutschen Schwesterparteien »vereinnahmt« wurden. Die Historiker stürzten sich auf dieses Material und begannen, entsprechende »Bausteine« zusammenzusetzen, insbesondere mit Blick auf die deutsch-deutschen Beziehungen. Heinrich Potthoff legte denn auch einen zweiten Band vor, den er die »Koalition der Vernunft« nannte (34) und in dem er die Deutschlandpolitik der achtziger Jahre dokumentierte. Abgedruckt werden 81 Gespräche Honeckers mit westdeutschen Politikern, gut die Hälfte davon betreffen die sozialdemokratische »Nebenaußenpolitik«, wie von Kritikern angemerkt wurde. Die Frage wurde gestellt, ob es Potthoff um eine allzu positive Würdigung der »zweiten Ostpolitik« der SPD ging – als die Partei in der Opposition war – und ob nur die offiziell vertretene Linie dargestellt wurde, es sich insgesamt also um einen »mißlungenen Versuch der Ehrenrettung« handelte, wie Jochen Staadt in seiner Besprechung in der »FAZ« am 29. Juli 1995 kritisch meinte. Ergänzend dazu die Protokolle, die bei Przybylski (35, 36), Nakath/Stephan (30, 31, 32) und Nakath/Neugebauer/Stephan (29) abgedruckt sind.

Es wird jedenfalls noch einiges zu diskutieren geben, um die große Frage zu beantworten, ob es in den sechziger, siebziger und achtziger

Jahren eine Kontinuität oder eher einen Bruch in der Deutschlandpolitik gab. Vor allem wird wohl weiter darüber gestritten werden, welcher Anteil an der Erosion und dem schließlichen Zusammenbruch des SED-Regimes der »Ostpolitik« unter Willy Brandt und des durch sie ermöglichten KSZE-Prozesses und der Politik unter Helmut Schmidt und Helmut Kohl zuzumessen ist. Wer wollte die Destabilisierung des SED-Regimes? In den »Informationen zur politischen Bildung« Nr. 233 (205) hat Eckart Thurich 1991 leicht zugänglich einiges Diskussionsmaterial von Christoph Kleßmann, Thomas Meyer, Christian Hacke und Brigitte Seebacher-Brandt zusammengestellt.

Über die unmittelbare »Wendezeit« 1989 und die letzten Sitzungen des SED-Politbüros geben Hertle/Stephan (21) Aufschluß: spannende Lektüre, ergänzt durch eine vom DeutschlandRadio produzierte CD: »Götterdämmerung im Zentralkomitee«, auf der als akustisches Lehrstück in 33 Ausschnitten die »Ohnmacht der Mächtigen« dokumentiert wird.

Eine Sonderstellung nimmt im Rahmen der seit Jahrzehnten renommierten Reihe Dokumente zur Deutschlandpolitik der Band über die deutsche Einheit ein. Es handelt sich um eine Sonderedition aus den Akten des Bundeskanzleramtes 1989/90 (14). Hier sind insgesamt 430 Dokumente auf knapp 1300 Seiten abgedruckt, hervorragend ediert und mit Hinweisen auf weitere Quellen versehen. Den Zeithistoriker schmerzt es, daß hier wieder einmal privilegierter Aktenzugang gewährt wurde – 20 Jahre vor Ablauf der offiziellen Sperrfrist –, den Leser erfreut es allerdings. Es ist eine faszinierende Lektüre! Heinrich Maetzke sprach denn auch am 1. 9. 1998 in der »FAZ« zu Recht vom »fesselndsten Buch dieses Sommers«. Man kann nachlesen, wie das Management der Einheit funktioniert hat und wie das, was man 1989/90 mit emotionaler Teilnahme miterlebt hat, intern ablief. Wenn man das liest, versteht man auch, warum Kohl als »Kanzler der Einheit« in die Geschichte eingehen wird. Daß es damals offensichtlich Differenzen zwischen Kohl und Genscher gegeben hat, wird auch daran deutlich, daß die Akten des Auswärtigen Amts nicht zur Verfügung gestellt wurden. Das wiederum läßt den »einfachen« Zeithistoriker hoffen. Allerdings hätte gerade den hier ausgewählten Dokumenten keine 236 Seiten umfassende – zugegeben sehr gute – Einleitung als Interpretation vorangestellt werden sollen. Das bitte separat: Die Bewertung dieser Dokumente sollte dem Leser überlassen bleiben.

Darstellungen

Wer sich einen ganz schnellen Überblick über die Zeit seit 1945 verschaffen will, dem seien die von der Bundeszentrale für politische Bildung in Bonn herausgegebenen hervorragenden »Informationen zur politischen Bildung« empfohlen, insbesondere die Hefte Nr. 232 (Bd. 2, 127), 231 (195), 233 (205), 250 (517), 258 (400), 270 (430), 256 (1150) und 259 (1079). Die »Informationen« sind in den letzten Jahren immer besser geworden, und einige von ihnen werden jetzt dankenswerterweise auch ins Internet gestellt und können kostenlos heruntergeladen werden. (Noch knapper die »Thema«-Ausgabe der Wochenzeitung »Das Parlament« vom 16. 4. 1999: »50 Jahre Bundesrepublik Deutschland« mit mehreren interessanten Beiträgen; ähnlich auch die Ausgaben vom 25. 8./1. 9. 2000 und 8./15. 9. 2000 zum Thema »Zehn Jahre Deutsche Einheit«; immer lesbar natürlich auch die Beilage des »Parlaments«, »Aus Politik und Zeitgeschichte«.)
Auch sonst sind die Bundeszentrale in Bonn und die verschiedenen Landeszentralen für politische Bildung (in Bayern Bildungsarbeit) beim Thema deutsche Frage sehr aktiv (mit hervorragender Präsentation im Internet *http://www.politische-bildung.de*). So sind in München einige wichtige Arbeiten erschienen, u. a. Altenhoff/Jesse (582), März (13, 234), Schroeder (200, 614) sowie mehrere Bände von Jürgen Weber (u. a. Bd. 2, 192, 269), in Bonn u. a. die Arbeiten von Kleßmann (Bd. 2, 157; 182), Maibaum (189), Schöllgen (199), Suckut (1156), Werkentin (502), Wolle (504), Judt (23), Jesse/Mitter (226), Lindner (538) und Weidenfeld/Korte (262). Zur schnellen Information gibt es jetzt auch die »Grundzüge« von Weber (208), die auch bei dtv erschienen sind.
Heinrich Potthoff hat die erste, sehr lesenswerte Gesamtdarstellung der Deutschlandpolitik »im Schatten der Mauer« vorgelegt (193), in der er die Thesen seiner Einleitungen in den erwähnten Dokumentenbänden (33, 34) aufgreift und erweitert. Hervorragend ist die »Geschichte der Bundesrepublik« von Manfred Görtemaker (178), ähnlich auch Heinrich August Winkler (210) und Dietrich Tränhardt (432). Graf Kielmansegg hat vor zwei Jahren als letzten Band in der vom Siedler Verlag herausgegebenen Reihe »Die Deutschen und ihre Nation« eine »Geschichte des geteilten Deutschland« vorgelegt (180). Für Klaus Hildebrand erfüllt sie alle Voraussetzungen, um zu einem Standardwerk zu werden (»FAZ«, 17. 10. 2000), während Peter Bender kri-

tischer war; für ihn hat Kielmansegg zu viele Fragen unbeantwortet gelassen (»Die Zeit«, 16. 11. 2000).

In den vorliegenden vier Bänden werden ebenfalls Fragen gestellt, meist allerdings beantwortet.

Rudolf Morsey hat seine bewährte Geschichte der Bundesrepublik bis 1969 neu aufgelegt (191, mit aktualisiertem Literaturverzeichnis), aber wir warten alle auf die Fortsetzung! Unübertroffen in seiner kritischen Analyse bleibt das Werk des Briten Timothy Garton Ash (177). Ein halbes Jahrhundert deutsche Außenpolitik wird hier in den Kontext des Ost-West-Konfliktes gestellt. Diese Auseinandersetzung ist auch Thema der Studie von Wilfried Loth (186), der in gekonnter Manier die zahlreichen Arbeiten zum Thema zu einer brillanten Synthese zusammenfaßt. Dies ist die Fortsetzung seiner vielgerühmten, erstmals 1980 erschienenen »Teilung der Welt«, die mit einem Nachwort zum »Kalten Krieg in neuem Licht« vor zwei Jahren als erweiterte Neuauflage erschienen ist (Bd. 2, 163).

Ganz neu ist jetzt die Studie von Helga Haftendorn über die deutsche Außenpolitik seit dem Zweiten Weltkrieg (180). Ebenso fundiert wie allgemein verständlich legt die Autorin hier die Summe ihrer langjährigen Forschung vor. Detlef Junker, von 1994 bis 1999 Direktor des Deutschen Historischen Instituts in Washington, D. C., hat vor zwei Jahren ein außergewöhnliches deutsch-amerikanisches Kooperationsprojekt beendet und zwei Sammelbände vorgelegt. In 146 (!) Beiträgen wird das deutsch-amerikanische Verhältnis von 1945 bis 1990 untersucht (227). Ähnlich, wenn auch nicht ganz so umfangreich, das »Handbuch« von Wolfgang Benz (1080), ein sehr nützliches Nachschlagewerk, das für die Zeit von 1945 bis 1955 in seinen fast 150 Einzelbeiträgen (von 100 Autoren/innen) eine Fülle von Informationen bietet. Zur Diskussion lädt die Auswahl von Leitartikeln aus 50 Jahren ZEIT ein: ZEIT-Geschichte der Bonner Republik 1949–1999, Reinbek 2000, hrsg. von Helmut Schmidt, Theo Sommer und der großartigen, Anfang des Jahres 2002 verstorbenen Marion Gräfin Dönhoff.

Eine ähnlich anregende Lektüre bietet Gunter Hofman: Abschiede – Anfänge. Die Bundesrepublik Deutschland – Eine politische Wegbeschreibung, München 2002. In 21 Aufsätzen und Skizzen beschreibt der Berliner Redakteur der ZEIT darin mit kritischer Feder Stationen, Situation und handelnde Politiker der BRD.

An dieser Stelle sei auch der Sammelband von W.-U. Friedrich (221) erwähnt, mit 16 von 19 Beiträgen über die Zeit nach 1945. Der Band ist Gerald R. Kleinfeld von der Arizona State University gewidmet, der 1975 erstmals deutsche und amerikanische Kollegen/innen in Phoenix/Arizona mit dem Ziel zusammenbrachte, auf akademischer Ebene die deutsch-amerikanische Zusammenarbeit und das gegenseitige Verständnis zu fördern. Daraus ist die »German Studies Association« entstanden – eine der angesehensten akademischen Vereinigungen in den USA.

Bei den deutsch-britischen Beziehungen ist Klaus Larres von der Queens University in Belfast besonders aktiv (u. a. 233, 312, »Die Zeit« 40/2000).

Zu Berlinkrise, Mauerbau, den Westmächten und Adenauer 1958–1963 habe ich im letzten Jahr eine Darstellung auf der Basis neuer amerikanischer, britischer und deutscher Quellen vorgelegt – mit ausführlichen Literaturangaben (278). Einige der Reaktionen sind auf der Website des Instituts für Zeitgeschichte der Universität Innsbruck unter *www.ifz-innsbruck.at* nachzulesen; dort auch ergänzend im Zeitgeschichte-Informations-System weitere Dokumente unter *http://zis.uibk.ac.at/* Sehr gut auch die vom DeutschlandRadio produzierten zwei CDs und eine CD-ROM zur Mauer (276a/b; vgl. auch *http://www.chronik-der-mauer.de*).

Sehr lesenswert – auch von daher Pflichtlektüre so manchen Historikers – ist das Werk des Journalisten Peter Bender zur Ostpolitik und deren Folgen (172), der in einem zweiten Durchgang die Frage stellt, ob die Geschichte des geteilten Deutschland »Episode oder Epoche« war (173). »Der Spiegel« hat in einem »SPIEGEL special« eine vorab veröffentlichte Serie zusammengefaßt, in der sich renommierte Autoren primär mit der »Gegenwart der Vergangenheit« beschäftigen, mit erstmals veröffentlichten Farbbildern, die zeigen, wie die Sieger das zerstörte Deutschland sahen. Diese Serie macht deutlich, wie sehr die deutsche Gegenwart von der NS-Vergangenheit geprägt war und möglicherweise noch ist (621).

Für die DDR ist das Werk des Doyen der DDR-Geschichte, Hermann Weber, maßgeblich; er hat eine aktualisierte und erweiterte Neuausgabe unter Einschluß ehemaliger DDR-Akten seit 1999 vorgelegt (207). Eine ähnliche Gesamtschau bieten auch Klaus Schroeder (200) und für Honeckers DDR das spannend zu lesende Buch von Stefan Wolle (504), mit einer sehr nützlichen, nach Sachgebieten unterteilten Literaturübersicht.

In der interessanten neuen Reihe »Kontroversen um die Geschichte«

der Wissenschaftlichen Buchgesellschaft analysiert Beate Ihme-Tuchel in ihrem Band über »Die DDR« (Darmstadt 2002) zentrale Forschungsprobleme zu Zäsuren der DDR: Gründung, Juni 1953, Mauerbau, Machtwechsel Ulbrich–Honecker, Untergang. Ähnlich vielversprechend auch die neue Reihe »Fischer Kompakt« des Fischer Taschenbuch Verlages mit Themen – für unseren Zeitraum – wie Kalter Krieg, DDR, Europa etc.

Zum Thema Umgang mit dem Holocaust liegt der von mir – unter Mitarbeit von Ingrid Böhler – herausgegebene Sammelband vor (367); in sieben Beiträgen werden die Verhältnisse in Deutschland, der DDR und Österreich nach 1945 untersucht. Ergänzend dazu Michael Wolffsohn (373). Über die Verjährungsdebatten im Bundestag hat Helmut Dubiel eine umfangreiche Darstellung vorgelegt (347). Seine These lautet, daß »der Bundesrepublik eine demokratische Kultur nur in dem Maße zugewachsen ist, wie den Erinnerungen an jene Vergangenheit ein Raum eröffnet wurde«. So manch einer, der nach 1945 Karriere machte, eröffnete der Vergangenheit lieber keinen Raum. Wer das war, und wie das ging, schildert eindrucksvoll Norbert Frei (349). Über die Wiedergutmachung in der Bundesrepublik informieren der schon etwas ältere Sammelband von Constantin Goschler und Ludolf Herbst (356) sowie die 1992 erschienene Darstellung von Goschler (353). Jetzt ganz neu der von Constantin Goschler und Jürgen Lillteicher herausgegebene Konferenzband (353 a), der erstmals eine genaue Übersicht zu Raub und Rückerstattung jüdischen Vermögens in Deutschland und Österreich bietet. Aus israelischer Sicht dazu Ronald W. Zweig (374).

Zum Treffen zwischen Adenauer und Ben Gurion in New York im März 1960 sind die von R. Blasius und Y. Jelinek veröffentlichten Protokolle besonders aufschlußreich (346). Zu den deutsch-israelischen Beziehungen nach wie vor wichtig Rolf Vogel (370); ergänzend dazu die Dokumentation von Jelinek (359). Michael Wolffsohn hat sich in bekannt gekonnter Manier mehrfach zu diesem Thema geäußert (371, 372). Das Verhältnis DDR–Israel ist schon seit Jahren ein Anliegen von Angelika Timm; sie hat dazu zahlreiche Arbeiten vorgelegt, zuletzt eine umfangreiche Darstellung mit außerordentlich interessanten Dokumenten (369). Zum Thema »DDR–Palästina« jetzt ein erster, sehr lesenswerter Beitrag von Klaus Polkehn (363).

Spätestens mit der Einführung des Euro als Bargeld am 1. Januar 2002 wird wohl auch dem letzten Zeitgenossen klar geworden sein, daß der Prozeß der europäischen Integration unumkehrbar ist. Um so erstaunlicher ist es, daß nach wie vor eine Gesamtdarstellung zur Geschichte dieser Integration fehlt. Zur ganz schnellen Information sei daher Heft Nr. 213 der »Informationen zur politischen Bildung« empfohlen (311, mit nützlichen Internetadressen). Um die Entwicklung einzuschätzen, ist ein Vergleich dieser überarbeiteten Neuauflage 2000 mit den älteren Auflagen 1992 und 1995 ganz interessant. Zum schnellen Nachschlagen unverzichtbar das Handlexikon der Europäischen Union von Wolfgang Mickel (315) und das Taschenbuch der Europäischen Integration von Werner Weidenfeld und Wolfgang Wessels (329). Die nach wie vor einzige umfassende Dokumentation der Nachkriegszeit mit vollständigem Quellenmaterial ist Curt Gasteyger (305); daneben Walter Lipgens (312 a), dessen Band die wichtigsten Dokumente von den Anfängen bis zum Vertragsentwurf des europäischen Parlaments enthält.

Die Gründungsgeschichte der Europäischen Wirtschaftsgemeinschaft vom Marshallplan 1947 bis zur Unterzeichnung und zum Inkrafttreten der Römischen Verträge 1957/58 ist bislang am besten erforscht. Zum Stand der Dinge vgl. C. Wurm (334). Die beste Darstellung bis zum Jahr 1957 ist nach wie vor jene von W. Loth (Bd. 2, 164), inzwischen in vierter Auflage; auf die angekündigte Fortsetzung bis ins Jahr 2002 warten wir bereits! Interessant ist auch der Ausstellungskatalog der Europäischen Gemeinschaft (304). Zum Marshallplan ergänzend zu den Titeln in Band 1 (759–791) der Sammelband von G. Trausch (328); zum Schuman-Plan ergänzend zu Band 2 (862, 864, 865, 869, 872, 875) M. Kipping (310) und E. Dell (301).

Zu dieser Frühphase hat die »Historiker-Verbindungsgruppe bei der Europäischen Kommission« inzwischen mehrere Symposien veranstaltet (mit entsprechenden Veröffentlichungen); diese Verbindungsgruppe gibt auch seit 1995 die Halbjahres-»Zeitschrift für Geschichte der Europäischen Integration« heraus, die der Erforschung und dem vertieften Verständnis aller historischen Aspekte der europäischen Integration und der Beziehungen der europäischen Staaten untereinander dient und für den interessierten Zeithistoriker unverzichtbar ist.

Biographische Studien sind nach wie vor Mangelware; es gibt die Arbeit von F. Duchêne über Jean Monnet (302) und von V. Dujardin und M. Dumoulin über Paul van Zeeland (303). Von besonderem Interesse war immer auch schon die Position Großbritanniens. Hier sind die Arbeiten von E. Dell (301), W. Kaiser (309), K. Larres (312) und G. Schmidt (321) unentbehrlich. Zur Rolle der USA P. Winand (333),

B. Neuss (316) und die hervorragende Arbeit von Marc Trachtenberg (327). Zu Jean Monnet auch der Sammelband von A. Wilkens (332). Gut aufgearbeitet ist inzwischen auch der erste britische Beitrittsantrag, der 1963 scheiterte. Über die deutsche Reaktion und die Rolle Bonns nach dem Veto de Gaulles am 14. Januar 1963 siehe die Beiträge von W. Hölscher (308) und von R. Steininger (324, 325). Dazu jetzt auch die Darstellungen von O. Bange (297) und N. P. Ludlow (314).
Zur Vorgeschichte der ersten britischen Beitrittsentscheidung und über die Rolle der EFTA siehe die Beiträge von R. Steininger (322, 323).
Zur Geschichte Europas insgesamt lesenswert die Arbeit von R. Wigs und R. Ladrech (331). Über die tatsächlich erfolgten Erweiterungen der EWG in den Jahren 1973 bis 1986 und schließlich 1995 gibt es noch keine Literatur, die das Thema auf Aktenbasis aufgearbeitet hätte. Es fehlen bislang die Primärquellen. Eine allgemeine Darstellung hat C. Preston vorgelegt (318); bis zur Entwicklung im Jahr 1978 reichen W. Harbrecht (307) sowie F. Nicholson und R. East (317).
Zur Rolle der europäischen Neutralen Irland, Finnland, Schweden, Schweiz und Österreich sowie zur Haltung der Großmächte seit Ende des Zweiten Weltkrieges liegt der auf breiter Quellengrundlage basierende Sammelband von M. Gehler und R. Steininger vor (306). Über »Mister Europe«, das ist Edward Heath, gibt es eine lesbare Biographie von John Campbell (299).
Wer sich über die Entwicklung der europäischen Integration von Jahr zu Jahr informieren will, der ist mit dem seit 1981 erscheinenden Standardwerk gut bedient, das W. Weidenfeld und W. Wessels herausgeben. Dieses »Jahrbuch der Europäischen Integration« erscheint seit 1981 und behandelt jeweils das entsprechende Jahr; zuletzt ist das Jahr 1999/2000 erschienen (330). Wenn man da genau nachliest, ist leicht zu erkennen, wer zu den »Vätern« des Euro auf deutscher Seite gehört: Helmut Kohl und Finanzminister Theodor Waigel – und nicht etwa deren Nachfolger im Amt, Gerhard Schröder und Hans Eichel. Als letztere noch in der Opposition waren, gehörten sie nämlich zu den vehementesten Kritikern des Euro. Bei dessen Einführung als Bargeld am 1. Januar 2002 hörten sich die Verlautbarungen aus Berlin dann ganz anders an. Da schien es plötzlich neue »Väter« zu geben.
Kein Ereignis hat die Deutschen in Ost und West in den letzten Jahren so bewegt wie die Entwicklung 1989/90, die zur deutschen Einheit führte. Seit 1990 ist durchschnittlich an jedem Tag mehr als ein Buch zum Thema Wiedervereinigung, deutsche Einheit, DDR/SBZ, Ost-

deutschland/neue Bundesländer, Transformationsprozesse usw. erschienen. Wer es ganz genau wissen will, sei auf die Bibliographie von H. Berth/E. Brähler verwiesen (583). Für einen schnellen Überblick zum Thema Einheit ist das bereits erwähnte von W. Weidenfeld und K.-R. Korte herausgegebene Handbuch nützlich (262), mit insgesamt 71, in Länge und Qualität z. T. sehr unterschiedlichen Artikeln (jeweils mit Literaturangaben).

Privilegierter Aktenzugang – im Grunde ein Skandal, aber je nach Parteiengunst immer wieder praktiziert – machte vier Bände zur »Geschichte der deutschen Einheit« möglich, nämlich K.-R. Korte (419), D. Grosser (520), W. Jäger (528) und W. Weidenfeld (580), letzterer ehedem Berater von Kanzler Kohl und Regierungsbeauftragter für die deutsch-amerikanischen Beziehungen. Da gibt es Risiken und Nebenwirkungen und leichte Skepsis, ob das nicht zu Apologie führen könnte. Wir können nichts nachprüfen und nur glauben, was wir lesen. Im übrigen sind die Bände inhaltlich und stilistisch sehr unterschiedlich, Jäger ist eine Art Sammelband geworden, Korte kritisch, aber stellenweise sehr mühsam zu lesen – was bei Weidenfeld und seinen Mitarbeitern Peter Wagner und Elke Brück nicht zutrifft. Der privilegierte Aktenzugang wird noch skandalöser, wenn anderen Historikern fast gleichzeitig der Zugang zu 40 Jahre altem Material (!) mit fadenscheiniger Begründung (»NATO« ...) verwehrt wird (vgl. 278, S. 15).

Alles Material wurde Weidenfeld und den anderen zum Glück doch nicht zugänglich gemacht; so laßt uns denn auf das Jahr 2020 hoffen, wenn die Akten endgültig geöffnet werden (u. a. auch jene des Auswärtigen Amts). Wer Weidenfeld liest, sollte in jedem Fall auch R. Biermann lesen (557).

Aus allen Arbeiten zu den äußeren Aspekten der Wiedervereinigung ragt für mich ein Werk heraus: jenes der beiden amerikanischen Autoren Philip Zelikow und Condoleezza Rice (581), letztere inzwischen Nationale Sicherheitsberaterin von US-Präsident George W. Bush, davor Professorin an der Stanford University. Die Autoren waren im innersten Zirkel der Entscheidungsfindung dabei und haben eine hervorragende deskriptive Analyse jener Wochen und Monate vorgelegt. Ein Standardwerk, wie Paul Noack festgestellt hat, das man im Original lesen sollte. Generell kann man wohl sagen, daß Amerikaner sehr lesbar und interessant schreiben. Deutsche Verlage tun sich manchmal noch bei Übersetzungen schwer. Wie kann man z. B. das hervorragende Buch von Michael Beschloss, The Crisis Years, Kennedy and Krushchev, 1960–1963, New York 1991, dem deutschen Leser unter dem Titel »Powergame« (271) anbieten?

Drei englischsprachige Darstellungen seien erwähnt: zum einen die auf breiter Grundlage von Archivalien und gedrucktem Material fußende scharfsinnige Analyse des renommierten Harvard-Historikers Charles Maier über den Untergang der DDR, die jetzt auch in deutscher Übersetzung vorliegt (539). Für Maier war dies ein struktureller – vor allem ökonomischer – Zusammenbruch und ein revolutionärer Umbruch in einem. Die wirtschaftlichen Probleme werden dabei auf der Basis insbesondere der Akten der Staatlichen Plankommission detailliert und sehr konstruktiv dargestellt.

Daneben steht die Arbeit des an der Universität Potsdam lehrenden Manfred Görtemaker (516), (der auch das hervorragende Heft Nr. 250 der »Informationen zur politischen Bildung« (517) gestaltet hat). Auch hier ist die deutsche Übersetzung längst überfällig, genauso wie bei Hannes Adomeit, der die sowjetische Deutschlandpolitik von Stalin bis Gorbatschow analysiert (553). Über einige seiner Thesen (etwa Stalin-Note 1952 aufgrund der Pieck-Aufzeichnungen »Propagandamanöver«) läßt sich zwar trefflich streiten, dennoch meinte Heinrich Maetzke in der »FAZ« (31. 3. 1998), es sei »das mit Abstand beste Buch zum Thema«.

Der 1992 gegründete »Forschungsverbund SED-Staat« an der Freien Universität Berlin (*http://www.fu-berlin.de/fsed*) und vor allem das »Zentrum für Zeithistorische Forschung« in Potsdam (ZZF; seit 1996: *http://www.zzf-pdm.de*) unter der Leitung von Christoph Kleßmann, Universität Potsdam, und Konrad Jarausch, University of North Carolina in Chapel Hill, sind zu den wohl wichtigsten Orten zur Erforschung der SED/DDR-Geschichte geworden. Inzwischen liegen bereits etliche hervorragende Arbeiten vor, etwa Wolle (504), Lemke (268) oder »Der Fall der Mauer« von H.-H. Hertle (523). Hertle zeichnet die Entscheidungsprozesse, die die Mauer zum Einsturz brachten, minutiös nach. Er hat nicht nur die schriftlichen Quellen umfassender ausgewertet als irgend jemand vor ihm, sondern auch zahllose Interviews, überwiegend mit ostdeutschen Akteuren, geführt. Warum auch bei der letzten Neuauflage ein Personenregister fehlt, bleibt wohl das Geheimnis des Verlages (und hoffentlich nicht des Autors). Vom »Forschungsverbund« zuletzt die wichtigen von Manfred Wilke herausgegebenen Arbeiten über die KPD/SED (1164) und (mit A. Hegedüs) die »Satelliten nach Stalins Tod« (1111).

Nach wie vor interessant ist eine der ersten auf Aktenbasis entstandenen Arbeiten über den Untergang der DDR auf Raten, die Armin Mitter und Stefan Wolle schon 1993 herausgegeben haben (190), genauso wie die von ihnen bereits 1990 veröffentlichten Befehle und Lageberichte des MfS (28) (mit bemerkenswerter Auflage: 200 000). Ähnlich auch die Arbeiten von Peter Przybylski über Honecker (35, 36), die ebenfalls hohe Auflagen erreichten. Damals war das Interesse für solche Themen besonders groß. Wichtig auch die neue Arbeit von Wolle (gemeinsam mit I.-S. Kowalczuk) über die Rote Armee in Deutschland (183).

Von hohem Interesse sind die Veröffentlichungen der »Gauck-Behörde« – genauer – und entsprechend der besonders gelungenen offiziellen Bezeichnung: der Behörde der Bundesbeauftragten für die Unterlagen des Staatssicherheitsdienstes der ehemaligen Deutschen Demokratischen Republik, nach Joachim Gauck jetzt unter Leitung von Marianne Birthler. Deren hervorragende wissenschaftliche Reihe wird im Ch. Links Verlag, Berlin, veröffentlicht. (Der Verlag wurde im Dezember 1989 gegründet und ist inzwischen zu einem der wichtigsten Publikationsorte zum Thema »DDR« geworden; s. unter *http://www.linksverlag.de)* Daß es dabei auch manchmal mit eigenen Mitarbeitern Querelen gibt, zeigt die Arbeit von Hubertus Knabe, der seit Jahren in der Behörde die Aktivitäten des Ministeriums für Staatssicherheit im Westen erforscht hat. Seine Schlußfolgerungen und Wertungen gingen einigen in der Forschungsabteilung der Behörde zu weit für die hauseigene Schriftenreihe. Knabes Absicht, seine Thesen dann in einem anderen Verlag zu veröffentlichen, wurden zunächst ziemlich viele Steine in den Weg gelegt. Nach etlichem Hin und Her einigte man sich: Beide Bücher konnten erscheinen. Das ist schon eher ungewöhnlich, in diesem Fall aber »nicht unbedingt ein Nachteil«, wie Joachim Nawrocki am 11. 11. 1999 in »DIE ZEIT« meinte. Im Buch des Links Verlages (470) werden die Strukturen der Stasi-Arbeit gezeigt, in dem anderen, im Propyläen Verlag erschienenen und populär aufgemachten Band (469) werden wesentlich mehr Namen von Inoffiziellen Mitarbeitern (IM) der Stasi genannt. Man kann sich selbst ein Bild davon machen, warum es zwei Bücher gibt.

Ein Buch sei hier erwähnt, das schon vor längerer Zeit erschienen ist (und wahrscheinlich noch in fast jeder Bibliothek steht): das vom Bundesministerium für innerdeutsche Beziehungen 1985 in dritter Auflage herausgegebene zweibändige »DDR-Handbuch«. Es sollte »Grund-

wissen über die DDR vermitteln und sie transparenter machen«, wie der zuständige Bundesminister Heinrich Windelen im Vorwort meinte. Nachdem die Geschichte über die DDR hinweggegangen ist, ist es besonders interessant, das, was wir inzwischen über die DDR erfahren haben, mit den Beiträgen im Handbuch zu vergleichen.
Auch für die Zeit vor der Vereinigung gibt es einige bemerkenswerte neuere Darstellungen (vgl. Bd. 1, S. 392–398). Von den ehemaligen DDR-Historikern ist Rolf Badstübner zu nennen. Er hat 1999 eine Arbeit über die Zeit 1945–1949 vorgelegt, in der er nach eigener Aussage versucht hat, die Entstehung und Konsolidierung der beiden deutschen Nachkriegsgesellschaften und -staaten aus der gemeinsamen deutschen Geschichte heraus »so objektiv, wie es dem Verfasser möglich war«, zu rekonstruieren (1075), was ihm auch weitgehend gelungen ist.
Als »Kontrastlektüre« dazu empfehlenswert – neben Martin Sabrow (1149) – die Darstellung von R. T. Baus über die CDU in der SBZ 1945 bis 1948 (1076), die auch insofern interessant ist, als die Rolle der CDU in der DDR derzeit wieder intensiver thematisiert wird, wobei meist unterstellt wird, die Ost-CDU habe dem Regime aktiv gedient und dessen Entscheidungen mitbestimmt und mitgetragen. Die CDU sei daher heute nicht legitimiert, der PDS ihre Vergangenheit vorzuhalten. Baus legt erstmals aufgrund eines umfassenden Quellenstudiums offen, daß die Kommunisten in der SBZ von Anfang an die Gleichschaltung aller sich neu bildenden Parteien planten. Als sich die CDU im Osten gründete, hatte sie trotz aller Bemühungen so standhafter Politiker wie Andreas Hermes und Jakob Kaiser keine Chance mehr, eine eigenständige Rolle zu spielen. Sie war von Anfang an Opfer der kommunistischen Strategie, als »Blockpartei« von der SED instrumentalisiert, unterdrückt und gesteuert, und lebte so als »Blockflötenpartei« weiter.
Hervorragend, geradezu Maßstäbe setzend, die abschließenden Bände 3 und 4 der vom Militärgeschichtlichen Forschungsamt herausgegebenen »Anfänge westdeutscher Sicherheitspolitik 1945–1956«. Dankenswerterweise bietet der Oldenbourg Verlag in München eine preiswerte Sonderausgabe aller vier Bände an (1074).
Über die deutsch-französischen Beziehungen 1949 bis 1963 hat Ulrich Lappenküper eine Monographie (seine Habilitationsschrift) in zwei Teilbänden vorgelegt, die auf umfangreichen Recherchen in französischen und deutschen Archiven basiert (340). Über Gerhard Schröder als Außenminister 1961 bis 1966 berichtet Franz Eibl (284). »Wer

kennt heute noch Gerhard Schröder?« fragte Tim Geiger in der »FAZ«. Gemeint war natürlich der CDU-Außenminister unter Adenauer und Erhard, der Beinahe-Nachfolger von Adenauer als Bundeskanzler und 1963 Vorkämpfer der transatlantischen Orientierung (gegen Adenauer). Das Wirken Schröders während seiner Amtszeit, von Persönlichem bis zur »politischen Konzeption«, wird gut beschrieben und problemorientiert dargestellt. Die Auseinandersetzung zwischen »Atlantikern« (Schröder) und »Gaullisten« (Adenauer) schildert Eibl fesselnd und schlüssig.

Was der ehemalige Bonner Diplomat Werner Kilian über die Hallstein-Doktrin 1955–1973 berichtet, macht deutlich, wie die westdeutsche Außenpolitik langsam aber sicher erstarrte (267). Die Doktrin, der ein Bonner Staatssekretär ihren Namen gab, forderte von der westdeutschen Diplomatie, die DDR zu boykottieren, und beanspruchte das alleinige außenpolitische Vertretungsrecht, wo auch immer sich eine Gelegenheit dafür bot. Den diplomatischen Konkurrenzkampf hat Kilian detailreich beschrieben. Deutlich wird hier, wie ein »vernünftiger Ansatz« die Arbeit der Diplomaten zunehmend eingeschränkt hat. In den sechziger und siebziger Jahren gab es geradezu groteske Auswüchse – immer auf der Suche nach der DDR-«Spalterflagge«. So mußte etwa unter Karl Carstens als Staatssekretär ein Fußballspiel zwischen Leeds United und Bologna observiert werden, weil dort zwei Linienrichter aus der DDR agierten.

Weiter sind zu nennen die Arbeiten von Gerhard Wettig (1063), Hans Jürgen Küsters (185) und Michael Lemke (268) sowie der Sammelband von Boris Meissner (1036). Darin geht es an prominenter Stelle auch um die berühmte Stalin-Note vom März 1952. Der Altmeister der Kremlakten, Wettig, bestätigt noch einmal – in diesem Fall noch ohne altersbedingte Weisheit – seine schon früher geäußerte Interpretation der sowjetischen Dokumente, nach denen diese Note ein Ablenkungsmanöver gewesen sei und ich mit meiner Wertung völlig daneben liege (was im übrigen schon von anderen Autoren – u. a. Jochen Laufer und Elke Scherstjanoi – bestritten wurde, die die von Wettig benutzten Dokumente ganz anders interpretiert haben). Ähnlich wie Wettig auch Küsters: Demnach hatte die sowjetische Regierung 1952 kein Interesse an einem Verhandlungskompromiß. Küsters bringt allerdings noch weniger Beweise für diese Position als Wettig. Aufschlußreich bei Küsters die Darstellung über die Genfer Gipfelkonferenz 1955. Offensichtlich waren die Sowjets auch nach dem Beitritt der Bundesrepublik zur NATO zu Gesprächen über Deutschland bereit (vgl. hierzu auch Band 2, S. 329 ff.). Das änderte sich nach Adenauers Besuch in Moskau im September 1955. Die nachfolgende Außenministerkonferenz in Genf nennt Küsters daher zu Recht »Wiedervereinigungsarabeske«. Wie Wettig liefert auch Küsters insgesamt eine bemerkenswert gründliche und informative Darstellung.

Auch bei Meissner bleibt die Stalin-Note ein umstrittenes Thema; hier, und noch viel stärker bei Lemke, neigt sich die Waage aber in meine Richtung, die seit der Veröffentlichung der britischen und amerikanischen Akten 1985 klar ist (vgl. Bd. 2, Kap. 7). Lemkes neueste Arbeit (268) – fast vollständig aus den Quellen gearbeitet – kann ohne Abstriche als Standardwerk bezeichnet werden. Er zeigt, wie die SED lange Zeit versucht hat, die von Stalin nie ganz aufgegebene Hoffnung auf einen an die Sowjetunion angelehnten gesamtdeutschen Staat zu konterkarieren. In diesem spezifischen Zusammenhang behandelt er die Stalin-Note. Weil die DDR 1952 noch ein schwacher und völlig ungesicherter Staat war, habe die Offerte auf Ost-Berlin verstörend gewirkt. Lemke sieht einige Indizien, die darauf hinweisen, daß die SED das Angebot Stalins an die Westmächte mit gutem Grund ernst nahm und trotz aller Begeisterung und des von der Volkskammer abgestatteten »heißen Dankes für die Note« alles tat, um seine mögliche Verwirklichung zu verhindern.

Lemkes Quellen stammen vom Minister für Staatssicherheit der DDR, Wilhelm Zaisser, und wurden wenig später als Belastungsmaterial gegen diesen selbst benutzt. Nach Lemke kann man das merkwürdig schwache Echo der Note in der DDR als Indiz für die Furcht des Politbüros vor dem möglichen Ende des eigenen Staates werten:

> »Für die Führung der SED war selbst eine interne Kritik an Stalin und der Sowjetunion nicht denkbar, geschweige denn eine in Akten festgehaltene oder gar öffentlich geäußerte. Nichts hatten die Funktionäre der SED mehr verinnerlicht als Vorsicht. Wenn in den volksdemokratischen Staaten Köpfe rollten und die Gefängnisse sich füllten, wenn zumindest die politische Karriere oder die materielle Existenz zur Disposition stand, wagten viele Funktionäre nicht einmal zu denken, was sie niemals, nicht einmal hinter vorgehaltener Hand, geäußert hätten.« (S. 217)

Lemke kommt zu dem Schluß, daß es

> »der Sowjetunion 1952 im Prinzip ernst war mit ihrem Angebot und daß das im [SED-]Politbüro auch so wahrgenommen wurde«. (S. 215)

Die Stalin-Note steht jedenfalls in der Kontinuität der sowjetischen Deutschlandpolitik. Als gesichert gilt wohl inzwischen – das bestätigt auch Stein Bjørnstaad in seiner auf umfangreichen sowjetischen Quellen beruhenden Studie –, daß sich Stalin mit dieser Note alle Optionen offenhielt (1082). Erstmals liegen jetzt auch sowjetische Quellen in deutscher Übersetzung vor (J. Zarusky, 1072) – mit Beiträgen von W. Loth, G. Wettig und H. Graml. Fazit: Bestätigung meiner Thesen. Dazu auch W. Loth in der »ZEIT« (»Ein heikles Angebot«, 7. 3. 2002, S. 92) und E. Scherstjanoi in der »Berliner Zeitung« (»Wettlauf um die Gunst der Deutschen«, 9./10. 3. 2002, S. 4). Sehr instruktiv auch der Beitrag von Torsten Ripper (1177), in dem die leidenschaftlich geführte Debatte bis 1999 noch einmal nachgezeichnet wird.

Offensichtlich gibt es immer wieder Neues für ein schier unerschöpfliches Thema der Zeitgeschichte – was nicht verwundert, bleibt doch die Stalin-Note ein Schlüsselthema der deutschen Nachkriegsgeschichte. »Was wäre, wenn« es z. B. am 16. November 1952 tatsächlich gesamtdeutsche Wahlen gegeben hätte (wie im US-State Department vorgeschlagen)? Das ist gerade nach der Vereinigung 1990 und den sich daraus ergebenden Problemen für die Bevölkerung der ehemaligen DDR eine besonders interessante Frage.

Auch zum 17. Juni 1953 kann Lemke Neues mitteilen, genauso wie Christian F. Ostermann in Washington, D. C., der erstmals faszinierende Dokumente zum Aufstand in der DDR vorlegt, die auch Aufschluß über die sowjetische Deutschlandpolitik geben (1141). Die Machtkämpfe im Kreml nach Stalins Tod am 5. März 1953 hatten offensichtlich auch damit etwas zu tun, wie ein Brief ahnen läßt, in dem sich Berija, der ehemalige sowjetische Geheimpolizeichef, nach seiner Verhaftung aus dem Gefängnis heraus an Malenkow und andere Sowjetführer wandte. Er hatte den Plan, die DDR freizugeben. »Alles was wir wünschen, ist ein friedliches Deutschland«, so sein Standpunkt, »und es macht keinen Unterschied, ob es sozialistisch ist oder nicht.« Seine Alternative wurde in Moskau verworfen, nachdem sich Stalins Erben mit den Unruhen konfrontiert sahen, die Ostmitteleuropa im Frühjahr 1953 erfaßt hatten.

An ganz großen Biographien auf der Grundlage von Aktenmaterial herrscht leider nach wie vor großer Mangel. Vielleicht liegt das auch daran, daß es in dem behandelten Zeitraum einfach zu wenig wirklich große Persönlichkeiten gegeben hat. Daran ändert auch das sehr lobenswerte Bemühen von Rudolf Morsey zum ehemaligen Bundespräsidenten Heinrich Lübke nichts (160), genausowenig wie jenes von Ch. Henzler zu Fritz Schäffer (151), 1945 bayerischer Ministerpräsident

und unter Adenauer Finanzminister. Es ragen nach wie vor die Arbeiten von Hans-Peter Schwarz (Bd. 2, 108, 109) und Henning Köhler (Bd. 2, 93) über Adenauer heraus. Mit Köhler ist so etwas wie ein »Anti-Schwarz« entstanden. Er präsentiert »seinen« Adenauer; er spricht ihm die Größe nicht ab, zeigt seine Stärken, aber eben auch seine Schwächen. Es geht ihm um das »richtige Adenauerbild«, nicht um den Kult um einen großen Mann wie beim »Rhöndorfer Gralshüter« Schwarz und dessen Mitstreitern.
Köhler nennt als größte Leistungen Adenauers in der Außenpolitik die Westverträge und die Versöhnung mit Frankreich, in der Innenpolitik die Festigung der Demokratie in Deutschland. Aber dann kommt doch immer wieder die Auseinandersetzung mit Schwarz, wobei Köhler bei seinen Wertungen nicht zimperlich ist. Einige Beispiele: der Schwarzschen »Begründung mangelt jede Seriosität«, seine Behauptung ist »völlig abwegig«, da läßt sich etwas aus den Quellen »wirklich nicht ablesen«, mutet etwas anderes »geradezu rührend an«, da ist von »Verdrehung des historischen Sachverhalts« die Rede, da wird Schwarz zum »bundesrepublikanischen Patrioten«, der eine »umwerfende Erkenntnis« weitergibt.
Adenauers Vorschlag einer Österreich-Lösung für die DDR – Neutralität – ist bei Schwarz ein »schwerer diplomatischer Kunstfehler«. Für Köhler setzt der Begriff voraus, »daß jemand die Kunst der Diplomatie beherrscht«; Adenauers Vorschlag »hatte jedoch nichts mit Diplomatie zu tun«.
Bei Berlinkrise und Mauerbau gehen die Meinungen völlig auseinander. Als die Krise begann, legte Adenauer ein Memorandum vor; für Schwarz der Beweis für einen »ganz harten Kurs« – für Köhler Ausdruck von Adenauers »Unfähigkeit, die Krise nüchtern zu analysieren«; für ihn »fabuliert« Schwarz nur noch. Macht Schwarz Adenauer zum Retter Berlins aufgrund seiner hartnäckigen Haltung, so sieht Köhler nur die Unfähigkeit eines Mannes, der nicht mehr begriff, was gespielt wurde; »ein alter Mann, der von der Macht nicht lassen konnte und nur bestrebt war, sie zu behalten«. Fazit mit Blick auf Köhler und Schwarz: Auch wenn Köhler in manchen Wertungen nicht zuzustimmen ist: Man muß Schwarz' »Adenauer« kennen, um Köhlers »Adenauer« richtig genießen zu können – oder umgekehrt, wobei ich bei Adenauer in der Berlinkrise ausnahmsweise näher bei Schwarz bin – allerdings nur zu 50 %: Adenauer hat West-Berlin zu 50 % gerettet, die anderen 50 % gehen auf das Konto von Charles de Gaulle (vgl. Steininger, 278).

Zwei sehr lesenswerte Biographien über einen Mann, der für den ostdeutschen Leser sicherlich von größerem Interesse ist als für den westdeutschen, seien hier ebenfalls erwähnt: Stasi-Chef Erich Mielke. Die »Westbiographie« von Heribert Schwan (168), Historiker und Dokumentarfilmautor beim WDR, und die »Ostbiographie« von Wilfriede Otto (162), Vorsitzende der Historischen Kommission der PDS, beide auch mit Dokumenten und zahlreichen interessanten Faksimiles. Ein Vergleich bietet sich geradezu an. Nach der Lektüre – ergänzt um die hervorragenden Arbeiten von J. Gieseke (454), I. Pleil (482), S. Suckut/W. Süß (494) und M. Wanitschke (498) – fragt man sich verwundert, wie dieser Mann über Jahrzehnte eine solche Macht ausüben konnte. Aber es erklärt auch sehr gut, warum die DDR so war, wie sie war und warum sie scheiterte, letztlich wohl auch scheitern mußte.

Sehr lesbar auch die Biographien von K. Dreher über Helmut Kohl (144), U. Hentschel über Ludwig Erhard (150), P. Weber über Carlo Schmid (169) und U. Wengst über Thomas Dehler (170).

Ganz neu ist die Biographie des Erlanger Historikers Gregor Schöllgen über Willy Brandt (166). *Die* Biographie, wie der Untertitel lautet, ist es aber wohl noch nicht. Schöllgen, seit Jahren an der Erschließung des in der Bonner Friedrich-Ebert-Stiftung lagernden Brandt-Nachlasses beteiligt, schildert unaufdringlich und ohne Fußnoten den ausgeprägt widersprüchlichen Charakter des ehemaligen Kanzlers und langjährigen SPD-Vorsitzenden. Was soll man davon halten, wenn ein Bundeskanzler – nämlich Brandt – regelmäßig in eine Art Depression verfällt und »völlig weg« ist, wie sich der ehemalige Kanzleramtsminister Horst Ehmke erinnert? Der fuhr dann zu ihm nach Hause, ließ sich von Brandts Frau eine Flasche Rotwein geben und ging zu Brandt in dessen Zimmer. Da der so tat, als nähme er Ehmke nicht wahr, fuhr dieser schweres Geschütz auf: »Willy, aufstehen, wir müssen regieren.«

Zu den interessantesten Details – neben ganz persönlichen – gehört auch die Darstellung der Kontroverse zwischen Brandt und seinem Nachfolger im Kanzleramt, Helmut Schmidt, über den NATO-Doppelbeschluß (s. auch oben, S. 32). Zur weiteren »Innensicht« Brandts sei das sehr private Tagebuch erwähnt, das Klaus Harpprecht, 1972 bis 1974 Berater und Redenschreiber Willy Brandts, 2000 vorlegte (83). Von daher ist die Kritik Harpprechts an Schöllgens Biographie (»eher ein allzu rasch aufs Papier gesetzter Essay«, die Schilderung von Brandts Selbstmordabsichten »jenseits der Grenze des Seriösen«, »Die Zeit«, 1/2002) nur schwer nachvollziehbar.

Über den hier behandelten Zeitraum gibt es inzwischen auch eine ganze Reihe von nützlichen Chroniken. Zu nennen sind insbesondere Wolfgang Benz (245), von dem mehrere seiner früheren Arbeiten (Bd. 2, 118–121) inzwischen auch als Neuauflagen vorliegen, H. Bögeholz (246), G. Diemer (251), E. Fuhr (252), H. G. Lehmann (256), H. Müller (259) und H. Schäfer (260). Ganz hervorragend und sehr empfehlenswert ist die Coron Chronik (249), die ich immer wieder mit großem Gewinn konsultiert habe. Die einzelnen Jahre werden hier Tag für Tag in chronologischer Abfolge behandelt, mit Artikeln, Kalendereinträgen etc. Ergänzend dazu Ton- und Bilddokumente, jetzt auch alles auf mehreren CD-ROMs. Hilfreich wie immer das »Archiv der Gegenwart«. Wer keinen Zugang zur ausführlichen Version hat, dem sei die preiswerte zehnbändige Sonderausgabe »Deutschland 1949 bis 1999« empfohlen (248).
Weitere CD-ROMs seien ebenfalls erwähnt: Jörg Schäfer, »Deutsche Geschichte von 1949 bis zur Gegenwart«, 1997 im Olzog Verlag München erschienen; eine »multimediale Zeitreise in die deutsche Nachkriegsgeschichte mit Fotos, Texten, Graphiken, Dokumenten, Video- und Audio-Clips«. »Getrennte Vergangenheit – gemeinsame Geschichte?« Multimedia CD-Rom des Geschichtsforums 1949–1989–1999, hrsg. von Ulrich Mählert; hier werden die Ergebnisse einer Veranstaltung vom Mai 1999 auf dem Berliner Geschichtsforum über die doppelte deutsche Nachkriegsgeschichte zusammengefaßt (erhältlich in der »Stiftung zur Aufarbeitung der SED-Diktatur«, s. unter *http://www.stiftung-aufarbeitung.de/publikationen.html*).
Neben 276 a/b bietet das DeutschlandRadio weitere, sehr interessante CDs an: 1. Götterdämmerung im Zentralkomitee. Tonprotokolle aus den Sitzungen des ZK der SED Oktober bis Dezember 1989 (1 CD mit 12seitigem Booklet); 2. Auf der Kippe. Originaltöne zur Wende (2 CDs mit 24seitigem Booklet); 3. Audiothek der Zeitgeschichte. Geschichte zum Hören. Mit Ausschnitten aus Interviews, Reportagen und Reden werden einzelne Jahre im Originalton dokumentiert. Bei Abschluß des Manuskripts lagen vor: 1945 (2 CDs mit 24seitigem Booklet), 1947 (5 CDs mit 100seitigem Booklet), 1951 (3 CDs mit 16seitigem Booklet) sowie: Humor ist eingeplant. Das politische Kabarett in der DDR – eine Revue (2 CDs mit 10seitigem Booklet).
Hervorragend sind auch die CDs »Stimmen des 20. Jahrhunderts« des Deutschen Rundfunkarchivs (s. unter *www.dra.de*).

20 Fragen

1. Wieso kommt es 1945 nicht zur Zerstückelung, sondern »nur« zur Aufteilung in Besatzungszonen?
2. Warum wird das Potsdamer Abkommen nicht umgesetzt?
3. Welche Rolle spielt die Ruhrfrage für die deutsche Nachkriegsgeschichte?
4. Warum scheiterte im Juni 1947 die gesamtdeutsche Ministerpräsidentenkonferenz in München?
5. Welche Bedeutung hat der Marshallplan für die Bundesrepublik Deutschland?
6. Wer oder was ist verantwortlich für die Teilung Deutschlands?
7. Warum wurde die Stalin-Note von 1952 nicht »ausgelotet«?
8. Welche Rolle spielt der 17. Juni in der Geschichte der DDR?
9. Was ist der Ausgangspunkt für die Erfolgsgeschichte »Europäische Integration«?
10. Welche Rolle spielten Konrad Adenauer für die BRD und Walter Ulbricht für die DDR?
11. Gab es beim Mauerbau 1961 die von Bundeskanzler Gerhard Schröder im September 2001 (s. o., S. 353 f.) erwähnte »unglaubliche Solidarität« der USA?
12. Wie ist die zweifache »Vergangenheitsbewältigung« in Deutschland nach 1945 und nach der Wende zu beurteilen?
13. Hat die Ostpolitik der Brandt/Scheel-Regierung die Wiedervereinigung befördert oder eher nicht?
14. Was führte zum Fall der Mauer im November 1989?
15. Wer ist der Träger der »Wende« in der DDR?
16. Ist Bundeskanzler Helmut Kohl der »Kanzler der Einheit«?
17. Wer ist der »Vater des Euro«?
18. Welcher der ehemaligen vier Siegermächte gebührt das größte Verdienst an der Wiedervereinigung?
19. Ist die nach den Terrorangriffen in den USA im September 2001

von Bundeskanzler Gerhard Schröder zugesagte »uneingeschränkte Solidarität« angebracht?

20. Wie ist die Bildung einer SPD/PDS-Koalition in Berlin im Januar 2002 aus historischer Perspektive zu beurteilen?

Fernsehdokumentationen
(Auswahl)

Personen und Persönlichkeiten

1. Kurt Schumacher (ARD/NDR 1988, 2 Teile, je 45 Min.)
2. Der Alte. Konrad Adenauer (ZDF 1987, 60 Min.)
3. Der kalte Patriarch. Aufstieg und Fall des Walter Ulbricht (ARD/HR, WDR, NDR 1994, 60 Min.)
4. Die Leidenschaft der Vernunft. Helmut Schmidt wird 80 (ARD 1998, 45 Min.)
5. Ulbricht und Honecker (ARD/MDR 1999, 90 Min.)
6. Willy Brandt (ARD 2000, 45 Min.)
7. Helmut Kohl. Patriot und Patriarch (ARD 2000, 45 Min.)
8. Kanzler. Die Mächtigen der Republik (ZDF 1999, 6 Teile, je 45 Min., eine Filmreihe von Guido Knopp)
a) Der Patriarch – Konrad Adenauer
b) Der Optimist – Ludwig Erhard
c) Der Vermittler – Kurt Georg Kiesinger
d) Der Visionär – Willy Brandt
e) Der Lotse – Helmut Schmidt
f) Der Patriot – Helmut Kohl

Serien

9. Geschichte der DDR (ARD/NDR 1990, 4 Teile, je 45 Min.)
a) Befreiung und Aufbruch in die neue Zeit. 1945–1948
b) Der Stalinismus im SED-Staat. 1949–1953
c) Die Ära Ulbricht
d) Die Ära Honecker und ihr Ende 1971–1989
10. Das war die DDR (ARD/NDR, ORF, Deutsche Welle 1993, 4 Teile, je 90 Min.)
a) Ich war Bürger der DDR
b) Von der Zone zum Staat – Vom Plan zur Pleite
c) In Fürsorge für das Volk – Geist und Macht
d) Schild und Schwert – Wir sind das Volk
11. Die deutsche Einheit. Traum und Wirklichkeit (ZDF 1990, 6 Teile, je 60 Min.)
a) Teilung auf Befehl (1945–1949)
b) Ungenutzte Chancen (1949–1953)
c) Vom Volksaufstand zum Mauerbau (1953–1961)
d) Kleine Schritte (1961–1972)

e) Zwei Staaten – eine Nation (1973–1989)
f) Der Weg nach Deutschland (1989–1990)
Dazu das Buch von Guido Knopp und Ekkehard Kuhn, Die Deutsche Einheit. Traum und Wirklichkeit, Erlangen/Bonn/Wien 1990.

12. Die Mauer. Eine deutsche Geschichte (NDR/Spiegel-TV 2000, 6 Teile, je 45 Min.)
a) Beton und Stacheldraht
b) Kalter Krieg und Propaganda
c) Stasi und Dissidenten
d) Geheimdienste und Spione
e) Die Mächtigen und das Volk
f) Zusammenbruch und deutsche Einheit

13. Der Kalte Krieg (BBC/WDR 1998, 24 Teile, je 45 Min. Daraus die Folgen 2) Der Eiserne Vorhang, 3) Der Marshallplan, 4) Berlinblockade und Luftbrücke, 9) Die Mauer, 23) Der Fall der Mauer

14. 20 Tage im 20. Jahrhundert (ARD 1998, 20 Teile, je 45 Min. Daraus: a) Jalta, b) Gründung der EWG 1957

15. Der Morgenthau-Plan (WDR 1995, 30 Min.)

16. »Ihr habt es gewußt!« Die Konzentrationslager Buchenwald und Dachau nach der Befreiung (ARD 1995, 45 Min.)

17. Besiegt – Besetzt – Geteilt. Deutschland 1944–1949 (ARD 1995, 60 Min. und 45 Min.)

18. Was soll aus Deutschland werden? Die Konferenz von Potsdam (ZDF 1985, 60 Min.)

19. Wiederaufbau damals und heute/50 Jahre Marshallplan (Arte/BR 1997, 90 Min.)

20. 50 Jahre Marshallplan (ZDF 1997, 30 Min.)

21. Auf Messers Schneide – Berlinkrise 1945–49 (NDR/SFB 1989, 90 Min.)

22. Berlin und die Luftbrücke (SFB/ORB 1998, 45 Min.)

23. Die amerikanische Lektion – Umerziehung der Deutschen nach 1945 (MDR/HR 1995, 45 Min.)

24. Lernen, schaffen, fröhlich sein – Die Umerziehung der Ostdeutschen nach 1945 (MDR 1995, 45 Min.)

25. Drei Jahre, die die Welt bewegten: Koreakrieg und Wiederbewaffnung (ARD 1980, 60 Min.)

26. Freier Wille, Zwang oder Resignation? Die Gründung der SED (ORB/SFB/WDR 1996, 45 Min.)

27. Der 17. Juni 1953 (DFF, 1990, 60 Min.)

28. Die Mauer – Entscheidung im August (ZDF 1986, zweimal 60 Min.)

29. Sonntag, der 13. (Originalsendung des DDR-Fernsehens 1981, 50 Min.)

30. Es geschah im August. Der Bau der Berliner Mauer (ARD 2001, 90 Min.)

31. Fünf Wochen im Herbst. Protokoll einer deutschen Revolution (Spiegel-TV 2000, 97 Min.)

32. Als die Mauer fiel. 50 Stunden, die die Welt veränderten (SFB 1999, 90 Min.)

33. Stationen der Einheit. Die letzten Monate der DDR (ARD 1990, 135 Min.)

34. Deutschland im Frühling 1990. Protokoll einer deutschen Revolution (Spiegel-TV 1990, 90 Min.)

35. Ein Volk sprengt seine Mauern. 9. November 1989 (SFB 1990, 70 Min.)

36. Die Nacht der Nächte. Eine Chronik des 9. 11. 1989 (NDR 1997, 60 Min.)

37. Der Fall der Mauer (ARD 1999, 45 Min.)

38. Gorbatschow und die deutsche Einheit (ZDF 1993, 45 Min.)
39. Baader-Meinhof (Spiegel-TV 1997, 45 Min.)
40. Hanns-Martin Schleyer (ARD 1997, 180 Min.)
41. Der Anschlag. 10 Jahre danach: Rückblick auf den Fall Schleyer (BR 1987, 55 Min.)
42. Die 68er-Story. Eine Generation vor der Rente (BR 1998, 90 Min.)
43. 1968. Aus dem Bilderbuch einer Revolte. Eine Zeitcollage (Arte 1993, 60 Min.)
44. Stasiterror. Im Auftrag der Partei (ZDF 1990, 45 Min.)
45. Stasi intern. Einblicke, Einsichten, Folgen (ZDF 1990, 60 Min.)
46. Verräter im schwarzen Rock. Katholische Kirche und DDR-Staatssicherheit (ARD 1993, 45 Min.)
47. Gejagt – Getroffen – Verblutet. Der Tod des Mauerflüchtlings Peter Fechter (ARD/WDR, 1995/1997, 45 Min.)
48. Angst – Mißtrauen – Haß. Was die DDR-Staatssicherheit anrichtete. Eine Dokumentation über die Gauck-Behörde (ARD 1995, 45 Min.)
49. Tod dem Verräter! Der lange Arm der Stasi. Der Fall Lutz Eigendorf (ARD 2000, 45 Min.)
50. Der Biedermann. Erich Mielke – eine deutsche Karriere (ARD 1997, 45 Min.)
51. Geraubte Kinder – Zwangsadoptionen in der DDR (ARD 2001, 45 Min.)
52. Wolfsjagd. Die Stasi-Bespitzelung des Liedermachers Wolf Biermann (ARD 2001, 45 Min.)
53. Angeklagt. DDR-Grenztruppengeneräle als Totschläger (WDR 1995, 45 Min.)
54. Ein gerechtes Urteil? Beobachtungen beim ersten Mauerschützenprozeß (WDR 1992, 45 Min.)
55. Die verschwundene Armee (Ende der NVA) (NDR 1997, 130 Min.)
56. Siegerjustiz? DDR-Politbüro-Prominenz vor Gericht (WDR 1995, 45 Min.)
57. Siegerjustiz? Die Urteile im Politbüro-Prozeß (WDR 1999, 45 Min.)
58. Mit der ganzen Härte des Gesetzes... Todesstrafe in der DDR (ARD 2001, 45 Min.)
59. Drei Stunden Güstrow. Der Besuch von Helmut Schmidt 1981 (ARD 1994, 2001, 45 Min.)
60. Herbstgeschichte '90. 10 Jahre Deutsche Einheit (Spiegel TV 2000, 70 Min.)
61. Geboren 1955 – erschossen 1966. Der Tod eines Zehnjährigen an der Berliner Mauer (MDR 2001, 45 Min.)
62. Damals in der DDR. Die »Ulbricht Attentäter« (MDR, 3 Teile, 2001, je 45 Min.)
63. die story: Franz Josef Strauß – ein Doppelleben (ARD 2002, 45 Min.)
64. Deutschland und die RAF (ARD 1997, 2002, fünf Folgen, je 45 Minuten)

Die meisten der genannten Fernsehdokumentationen sind in der Regel 45 bis 60 Minuten lang. Für private Zwecke sollten sie bereits bei der Ausstrahlung aufgezeichnet worden sein. Andernfalls hat man Schwierigkeiten, Kopien zu bekommen. Mehr und mehr werden die Dokumentationen inzwischen auch im Handel angeboten. Ansonsten kann man nur auf Wiederholungen hoffen, was zumeist bei Phoenix, dem für den Zeithistoriker m. E. ohnehin besten Fernsehsender – u. a. mit den sonntäglichen historischen Debatten – geschieht. Beim Thema Erwerb/Verleih von Dokumentationen der öffentlich-rechtlichen Fernsehanstalten könnte sich die Bundeszentrale für politische Bildung noch große Verdienste erwerben.
Ein Blick auf die Dokumentationen zeigt, daß besonders für die unmittelbare Nachkriegszeit und »Höhepunkte« der deutschen Nachkriegsgeschichte Schwerpunkte gesetzt worden sind. Das betrifft die Anfänge der Teilung und die Entwicklung in

den Besatzungszonen, den 17. Juni und den Mauerbau sowie den Fall der Mauer und die »Wende« bis zur Vereinigung insgesamt. Dann kommt die Reihe jener Dokumentationen, die sich vor allen Dingen mit der internen Geschichte der DDR beschäftigen: Stasi etc. Auch das zeigt: Nach dem Untergang der DDR kann der »erste Arbeiter- und Bauernstaat auf deutschem Boden« – zumindest bei Historikern – mit mehr Interesse rechnen als während seiner 40jährigen Existenz.

Ein neues Genre macht die Zeitgeschichte für die interessierte Öffentlichkeit neuerdings noch spannender: jene sogenannten »Doku-Dramen«, eine Mischung aus Dokumentation und Spielfilm. Die ARD hat den »deutschen Herbst« und das »Deutschlandspiel« über die Wiedervereinigung produziert, das ZDF bereitet eine Produktion über den 17. Juni 1953 vor.

Die Privaten bieten hier insgesamt wenig an. Immerhin kündigte RTL für 2002 eine vierteilige Dokumentation »Krisen, Kanzler, Koalitionen. Deutsche Geschichte seit 1945« an.

Daß es auch im Hörfunk interessante zeithistorische Features gibt, sei hier nur am Rande vermerkt. Am besten sind hier nach wie vor Deutschlandfunk bzw. DeutschlandRadio Berlin, die ihr gedrucktes Programm kostenlos verschicken (Informationen unter *www.dradio.de/kontakt*).

Internetadressen

Das Angebot im World Wide Web ändert sich ständig; es ist daher möglich, daß einzelne hier angegebene Adressen inzwischen ins Leere führen.

Institutionen, Behörden, Museen

http://zis.uibk.ac.at

Das Zeitgeschichte-Informations-System des Instituts für Zeitgeschichte der Universität Innsbruck. Ein Tor zum Internet, seit Februar 1995 online. Eine kommentierte Auswahl von z. Zt. 800 Internet-Adressen für die Geschichtswissenschaft unter besonderer Berücksichtigung der Zeitgeschichte (mit Veranstaltungskalender etc.).
Ergänzend dazu »Schwerpunktthemen« entsprechend den Schwerpunkten der Institutsmitarbeiter/innen in Forschung und Lehre, und zwar: Deutsche Geschichte seit 1945, Europäische Integration, Südtirol/Tirol, Österreich im 20. Jhdt., Holocaust und Österreich, Brasilien, Weltausstellungen; jeweils mit einleitendem Essay, Zeittafel, Schlüsseldokumenten sowie weiterführender Literatur und Links.

http://www.zeitgeschichte.de

Das Berlin-Brandenburger Bildungswerk e. V. führt unter dem Titel Zeitgeschichtliches Archiv Berlin das umfangreiche Zeitungsartikelarchiv der Zeitung »Neues Deutschland« weiter. Das Archiv enthält nicht nur Artikel und Dokumente im Zusammenhang mit »Neues Deutschland«, sondern auch eine umfangreiche Sammlung von Artikeln deutschsprachiger Printmedien Ost/West.

http://www.willy-brandt.org

Multimediale online-Biographie Willy Brandts der Bundeskanzler-Willy-Brandt-Stiftung. Ergänzend Filme und Tondokumente etc.

http://www.FES.de

Friedrich-Ebert-Stiftung in Bonn; mit digitaler Bibliothek und online-Publikationen.

http://www.KAS.de
Konrad-Adenauer-Stiftung; ebenfalls mit online-Texten.

http://www.deutsche-aussenpolitik.de
Das »Gateway to German Foreign Policy« mit zahlreichen nützlichen Links, Dokumentationen, Bibliographie etc.

http://www.documentArchiv.de
Sehr gutes Angebot. Zahlreiche Vertragstexte im Volltext.

http://www.aicgs.org/wahlen
Organisiert vom »American Institute for Contemporary German Studies« der Johns Hopkins University. Daten über Wahlen in Deutschland.

http://www.calvin.edu/academic/cas/egsg
Unter dem Titel »German Propaganda Archive« unterhält das Calvin College (USA) ein Archiv mit Propagandareden und -schriften aus dem Dritten Reich und der DDR; Adresse der Eastern German Studies Association, mit zahlreichen DDR-relevanten Links.

http://www.hdg.de
Das Haus der Geschichte der Bundesrepublik Deutschland. Umfangreiche Informationen zur Zeitgeschichte, mit populärwissenschaftlicher Ausrichtung.

http://www.dhm.de
Das Deutsche Historische Museum in Berlin. Hervorragende Präsentation; bietet u. a. in der Geschichtsdatenbank LeMO umfangreiche und detaillierte Informationen.

http://www.bayern.de/HDBG
Haus der Bayerischen Geschichte. Sehr gute Präsentation, sehr gute Links.

http://www.vl-museum.de
Virtual Library Museum. Unentbehrlich für museumsspezifische online-Ressourcen und -Suche.

http://www.nrw2000.de/ausstellung/nrw/expo-index-nrw.htm
Gut gemachte virtuelle Ausstellung über die Geschichte des Landes Nordrhein-Westfalen 1945–2000 (vom Institut für empirische Sozial- und Kommunikationsforschung).

Ähnlich auch
http://www.geschichte.nrw.de
Von der Landeszentrale für politische Bildung Nordrhein-Westfalen gestaltete Website zur Landesgeschichte, die sich vornehmlich an eine junge, geschichtsinter-

essierte Zielgruppe richtet. Sie ermöglicht durch »Bilder, Texte, Töne« Zeitreisen in die politische und soziokulturelle Geschichte des Landes seit seiner Gründung im Jahr 1946 (leider werden das Jahr 1945 und die Vorgeschichte der Gründung des Landes nicht berücksichtigt). Das Angebot vermittelt Hintergründe und läßt Entwicklungslinien erkennen in den Bereichen Politik, Wirtschaft, Medien und Kultur.

http://www.politische-bildung.de

Hervorragendes Angebot der Bundeszentrale und der Landeszentralen für politische Bildung. Mit Volltextversion zahlreicher »Informationen zur politischen Bildung« etc. und nützlichen Links.

Portale, Kataloge, Listen

http://www.erlangerhistorikerseite/de

Die »Virtual Library Geschichte« ist ein internationales Gemeinschaftsprojekt verschiedener Netzwerke, um zu verschiedensten Themen Portale/Kataloge zur Verfügung zu stellen. Der zentrale Katalog wird von der University of Kansas (http://www.ukans.edu/history/VL/index.html) betreut. Die Sektion »Deutsche Geschichte« bietet, gegliedert nach Epochen und Zeitabschnitten, eine umfangreiche Link-Datenbank zur wissenschaftlichen Verwendung. Der Schwerpunkt liegt dabei auf Datenquellen. Ein alphabetisches Register erleichtert die Suche.

http://history.gmu.edu/

Center for History and New Media nennt sich die Seite der George Mason University (Virginia). Sie bietet eine weltweite Suchmaschine für historische Institute und Forschungseinrichtungen.

http://www.historiker.de

Unentbehrlicher und hervorragender »Nachrichtendienst für Historiker« von Tobias Berg, u. a. mit Webadressen für folgende Themen: 50 Jahre BRD (Stand März 2002: 4), DDR (54), Rote Armee Fraktion (9), Studentenbewegung (6), Kalter Krieg (7), Weimarer Republik (9), Drittes Reich (213).

http://www-journals.de

Verzeichnis geschichtswissenschaftlicher Zeitschriften, mit Newsletter etc.; ausgezeichnete Seite von Stefan Blaschke.

Nürnberger Prozesse

http://www.topographie.de/imt

Die digitale Dokumentation »Der Prozeß gegen die NS-Hauptkriegsverbrecher vor dem Internationalen Militär-Tribunal (IMT) in Nürnberg, 20. November 1945 bis 1. Oktober 1946« wurde von der Stiftung Topographie des Terrors in Kooperation

mit der Stiftung Deutsches Rundfunkarchiv Frankfurt am Main – Potsdam-Babelsberg und dem Imperial War Museum London erarbeitet. Anlaß war der 55. Jahrestag der Urteilsverkündung am 1. Oktober 2001.
Die Dokumentation ist in verschiedene Informationsebenen aus Primär- und Sekundärmaterialien gegliedert. Sie skizziert den Hintergrund und die Zielsetzung des Nürnberger Prozesses. Daneben gibt sie einen Überblick über den Verlauf des Verfahrens bis zum Urteilsspruch am 1. Oktober 1946.

http://www.justiz.bayern.de/olgn/fr-imt.htm

Nürnberger Kriegsverbrecher-Prozesse (1945–1949); zusammengestellt vom Oberlandesgericht Nürnberg; mit weiterführenden Links.

http://www.jur.uva.ul/junsv

Justiz und NS-Verbrechen. Die deutschen Strafverfahren wegen nationalsozialistischer Tötungsverbrechen 1945–1999. Ausführliche Datenbank, zusammengestellt im Institut für Strafrecht der Universität von Amsterdam von Prof. Dr. C. F. Rüter und Dr. D. W. de Mildt.

http://www.yale.edu/lawweb/avalon/imt/imt.htm

The Nuremberg War Crime Trials. Umfangreiche Dokumentensammlung der Law School der Yale University.

http://www.lib.ucom.edu/DoddCenter/ASC/dodnurem.htm

Thomas J. Dodd Research Center der University of Connecticut Libraries in Storrs, Connecticut; etwa 400 Seiten Übersicht über Dokumentensammlung; keine Texte.

Marshallplan

http://lcweg.loc.gov/exhibits/marshall

»For European Recovery: The Fiftieth Anniversary of the Marshall Plan.« Sehr gute Präsentation durch die Library of Congress in Washington, D. C.: Chronologie der Ereignisse, on-line-Texte, Bilder.

http://marshallplanfoundation.org/index.html

George C. Marshall-Museum.

http://home.t-online.de/home/ker-berlin/marshall.htm

Website vom Leistungskurs Politische Weltkunde an der Rückert-Oberschule in Berlin-Schöneberg für die CityHistory Ausstellung »50 Jahre Marshall-Plan« gestaltet.

Kalter Krieg

http://www.cnn.com/SPECIALS/cold.war

Das Archiv von CNN bietet in englischer Sprache eine umfangreiche Dokumentation (mehr als 1000 Seiten) des Kalten Krieges, Porträts der politischen Akteure, Interviews und Reden (teilweise auch akustisch abrufbar), Videos etc.

http://www.gwu.edu/~usarchiv

Die Website des National Security Archive an der George Washington University in Washington, D. C. Die Einrichtung wurde 1986 als »Non-profit«-Organisation mit der Absicht gegründet, bei der Freigabe von Akten den Freedom of Information Act intensivst zu nutzen; einmal auf der mailing list, bekommt man regelmäßig kostenlose e-mail-Informationen mit Dokumenten etc.

http://www.fas.harvard.edu/~hpcws

Die Website des Harvard Project on Cold War Service (HPCWS) vom Davis Center for Russian Studies an der Harvard University in Cambridge, Mass. Allgemeine Informationen, Inhaltsverzeichnisse von Artikeln des »Journal of Cold War Studies«, Publikations- und Veranstaltungsübersicht, Dokumente, Links zum Thema etc.

http://cwihp.si.edu/default.htm

Das Cold War International History Project (CWIHP) vom Woodrow Wilson International Center for Scholars in Washington, D. C., unter Christian F. Ostermann. Umfangreiche Sammlung von Dokumenten, zum Teil im Volltext, Diskussionsforum, online-Zugang zur Document Library, Links etc.

http://www.isn.ethz.ch/php

Parallel History Project on NATO and the Warsaw Pact; koordiniert von Prof. Vojtech Mastny. Z.Zt. 13 wissenschaftliche Institutionen aus 10 Ländern; mit Volltextdokumenten etc.

http://www.coldwar.org

The Cold War Museum in Fairfax, Virginia, gegründet 1996. Mit zahlreichen nützlichen Links, Volltextartikeln, Internet-Newsletter etc.

http://www.fsk.ethz.ch

Forschungsstelle für Sicherheitspolitik und Konfliktanalyse an der Eidgenössischen Technischen Hochschule Zürich.

http://learningcurve.pro.gov/uk/coldwar

Website aus Großbritannien mit Lernhilfen, Fragen etc.

Unter

http://www.fsk.ethz.ch/teaching/Seminar/entnazi.htm
ein guter Aufsatz online von Christoph Münger aus dem Jahr 1995: »Der Wandel der amerikanischen Entnazifizierungspolitik vor dem Hintergrund des ausbrechenden Kalten Krieges.«

DDR

http://www.volksaufstand1953.de
http://www.17Juni53.de
Bundeszentrale für politische Bildung, DeutschlandRadio, Zentrum für Zeithistorische Forschung (hervorragende Seite; wird seit 2002 aufgebaut).

http://chronik-der-Wende.de
Die Chronik der Wende. Die hochgerühmte Website des Ostdeutschen Rundfunks Brandenburg entstand parallel zur gleichnamigen Fernsehdokumentation.

http://www.bstu.de
Die Behörde der Bundesbeauftragten für die Unterlagen des Staatssicherheitsdienstes der ehemaligen Deutschen Demokratischen Republik, Marianne Birthler, der »Gauck-Behörde«.
Ein absolutes Muß mit Schrift- und Tondokumenten, Film- und Fotoaufnahmen. Sehr informativ.

http://www.stasimuseum.de
Die Forschungs- und Gedenkstätte Normannenstraße forscht an der Stelle, wo die Zentrale des Ministeriums für Staatssicherheit ihren Sitz hatte, u. a. mit Tondokumenten wie Walter Ulbrichts »Niemand hat die Absicht, eine Mauer zu errichten!« und zahlreichen hilfreichen Links.

http://www.stasiopfer.de
Website zur Aufarbeitung von MfS-Unrecht. Darstellung, Arbeitsweise des MfS. Erlebnisberichte von ehemaligen politischen Häftlingen, Opfern etc.; Einsicht in Originaldokumente, Stasiakten etc. Mit umfangreicher Linkliste, Literatur etc.

http://www.cs.uni-magdeburg.de
neu unter:
www.buergerkomitee.de
http://www.home.snafu.de
Das Matthias-Domaschk-Archiv und Robert-Havemann-Archiv. Bedeutendstes Privatarchiv zur DDR-Oppositionsgeschichte und Geschichte der Bürgerbewegungen; umfangreiches Material der Oppositionsgruppen und der Staatssicherheit über die Opposition, Dokumente, Filme, Bilder.

http://ddr-im-www.de
Eine alphabetische Liste ermöglicht einen schnellen Überblick und Zugriff auf Themengebiete, die auf der Website behandelt werden. Von ADN (Allgemeiner Deutscher Nachrichtendienst) bis Zwei-plus-Vier-Vertrag. Ergänzend dazu die Geschichte der DDR (Personen von Hermann Axen bis Gerd Ziller), Fotos etc.

http://www.kontraste.de/wendezeiten
Auf den Spuren einer Diktatur, mit Filmen über die Stasi etc.

http://www.mzes.uni-mannheim.de
Das sog. Vademecum der DDR-Forschung mit online-Recherche (beschränkt auf Deutschland).

http://www.ddr-suche.de
Die Suchmaschine zum Thema DDR mit zahlreichen Links zu privaten Homepages.

http://www.sul.stanford.edu
Die Stanford University mit einer großen Sammlung von Posters, Alternativ-, Untergrund- und Oppositionsliteratur der DDR.

http://www.welt.de/gauck/index/html
Eine virtuelle Ausstellung der Bundesbeauftragten für die Unterlagen des Staatssicherheitsdienstes und der »Welt-online« über die innerdeutsche Grenze. Mit nützlichen Links.

http://www.dra.orb.de
Hier finden sich die vom Deutschen Rundfunkarchiv und dem Ostdeutschen Rundfunk Brandenburg aufgearbeiteten Sendemanuskripte des DDR-Politmagazins von Karl-Eduard von Schnitzler »Der schwarze Kanal«. Die Präsentation der Sendemanuskripte wird durch Audio- und Videomaterial sowie Hinweise auf Quellen und Literatur ergänzt. »Der schwarze Kanal« wurde im Fernsehen der DDR wöchentlich von März 1960 bis Oktober 1989 insgesamt 1519 Mal ausgestrahlt und war als Konterpropaganda konzipiert, um »die Verlogenheit der westlichen Politik am Beispiel des westdeutschen Fernsehens zu entlarven«.

http://www.gedenkstaette-hohenschoenhausen.de
Stiftung Gedenkstätte Berlin-Hohenschönhausen. Dort befand sich das sowjetische Speziallager Nr. 3; das zentrale Untersuchungsgefängnis in der SBZ und die zentrale Untersuchungshaftanstalt des Ministeriums für Staatssicherheit (MfS) bis 1989; mit Chronik, Zeittafel etc. und Links zu weiteren Gedenkstätten von früheren sowjetischen Speziallagern bzw. MfS-Gefängnissen.

http://www.buchenwald.de
www.stsg.de
Stiftung sächsische Gedenkstätten.

http://www.thueringen.de
Geschichte der DDR (1949–1990). Volltext mit Bibliographie von Ulrich Mählert.

http://www.alltagskutur-ddr.de
Dokumentationszentrum Alltagskultur der DDR in Eisenhüttenstadt. Website des Museums für die Alltagsgeschichte und Alltagskultur im Osten Deutschlands.

http://www.ddr-bilder.de
Der »staatsfeindliche« Blick. Fotos 1958–1961 von Hans-Joachim Helwig-Witson. Insgesamt 54 eindrucksvolle Fotos zu folgenden Themen: Sektorengrenzen, Mauerbau, Aufmärsche, Parolen, »Mach mit!«, Momente. Eine Ausstellung des Berliner Landesbeauftragten für Stasi-Unterlagen.

http://Honecker-im-Internet.de
Kurioses und Wissenswertes um den ehemaligen SED-Chef. Privater Anbieter.

http://www.stiftung-aufarbeitung.de
Bundesunmittelbare Stiftung des öffentlichen Rechts in Berlin, errichtet 1998 (s. oben, S. 320); aktuelle Pressemitteilungen, Aktuelles aus der DDR-Forschung, Projektverzeichnis, Linklisten etc.

http://www.ddr-comics.de
Privates Projekt von Guido Weißhahn. Ca. 1000 Comics, die während der 40 Jahre DDR veröffentlicht wurden; mit nützlichen Hintergrundinformationen und weiteren Links.

Mauer, Grenze

http://www.newseum.org
Das »Nachrichtenmuseum« in Arlington, Virginia (demnächst Washington, D. C.) mit seiner Internet-Seite zur Geschichte der Berliner Mauer.

http://www.chronik-der-mauer.de
Beste Seite zum Mauerbau. Hervorragende Sammlung der Bundeszentrale für politische Bildung und des DeutschlandRadios; mit Chronik, Begleitung, Bibliographie, (Ton-)Dokumenten, Filmliste, zahlreichen weiteren Links etc.

http: www.berliner-mauer.de
Das Berliner Mauer-Archiv von Hagen Koch; Dokumente aus den Akten des BStU, Zeitzeugenberichte etc.

http://www.dailysoft.de

Das »Berliner Mauer Archiv« von Heiko Burkhardt bietet neben einer Chronik und Bildern zur Geschichte der Mauer auch eine »Timeline«, Mauerkunst, Literaturtips, historische Karten und Abbildungen von Passierscheinen und anderen »Alltagsgegenständen« rund um die Mauer sowie interessante Links.

http://www.wall-berlin.org

Ein Vorhang aus Eisen und Beton. Entstehung und Fall der Mauer. Vom Deutschen Historischen Museum und Le Mémorial de Caën organisierte Ausstellung; mit ca. 100 Fotos in fünf knapp kommentierten Kapiteln:
1. Der geteilte Himmel; 2. Operation »Chinesische Mauer«; 3. Die Sperranlagen; 4. Im Schatten der Mauer; 5. Auf den Spuren der Mauer.

http://www.berlinwall.weberlinwall/archive

Berlin Wall Online; mit History, Timeline, Archive, Wall Today, Photographs, Maps, Links.

http://www.grenzlandmuseum.de

Das Grenzlandmuseum Eichsfeld am ehemaligen Grenzübergang Duderstadt-Worbis. Eröffnet 1995; informiert über die Geschichte der innerdeutschen Grenze und ihre Auswirkungen auf die Menschen und die Natur im Grenzgebiet.

http://zis.uibk.ac.at

Ergänzende Dokumente zu Rolf Steininger, Der Mauerbau (278).

Sonstige

http://www.wiedervereinigung.de

Eine Literatur-Datenbank zur deutschen Wiedervereinigung mit 40 000 Einträgen.

http://www.50Jahre-deutschland.de

Gut gemachte Chronik der Bild-Zeitung (im Stil der Zeitung); mit Originalbildern und Tondokumenten.

http://www.politeia-project.de

Deutsche Geschichte nach 1945 aus Frauensicht, mit Biographien, Texten, Audios, Fotos, Exponaten. Von der Universität Bonn, Seminar für Geschichte und ihre Didaktik und Politische Bildung, Lehrgebiet Frauengeschichte, gefördert von der Bundeszentrale für politische Bildung und dem Bundesministerium für Bildung und Forschung.

http://www.bayern.de/HDBG/verfas/hbr10.htm

Stationen deutscher Nachkriegsgeschichte: Der Verfassungskonvent Herrenchiemsee 1948. Ausstellung 1998 vom Haus der Bayerischen Geschichte im »Alten

Schloß« eingerichtet (Ende und Neubeginn, Zur Teilung, Parteienpolitik, Verfassungskonvent, Bonner Grundgesetz, Zur Einheit).

http://europa.eu.int
Startseite der Europäischen Union mit zahlreichen Links etc.; weitere Adressen in den »Informationen zur politischen Bildung«, Heft 213: »Europäische Union« (319).

http://www.perlentaucher.de
Hochinteressantes Kulturmagazin; u. a. mit täglicher Auswertung der Buchrezensionen in den sechs besten deutschsprachigen Zeitungen, Bücherschau der Woche etc.

http://morgenpost.berlin1.de
Artikelsammlung zu verschiedenen Themen, u. a. Mauerfall und Deutsche Einheit (277 Artikel), 40 Jahre Mauerbau (82 Artikel).

http://www.politik-buch.de
Digitales Rezensionsforum.

http://hsozkult.geschichte.hu-berlin.de
Am Institut für Geschichtswissenschaften der Humboldt-Universität zu Berlin koordiniertes Internet-Forum. Seit März 2002 von der Deutschen Forschungsgemeinschaft gefördert.

http://www.holzbauer.net
Die Seite von Dr. Robert Holzbauer mit zahlreichen Notizen zur Zeitgeschichte. Termine, Neuigkeiten, Berichte, Texte, Bücher, Links etc.

http://www.Nachkriegsdeutschland.de
Der Bereich »Nachkriegsdeutschland« vom Arbeitskreis Shoa.de (http://www.shoa.de) in Düsseldorf mit zahlreichen Themen (z. T. noch in Entwicklung) von Auschwitzlüge bis Mauerbau.

http://www.hagalil.com/Deutschland/index.htm
Informationen zum Judentum und zum jüdischen Leben; mit der ersten online-Veröffentlichung in deutscher Sprache der Erinnerungen von Avi Primor, Botschafter des Staates Israel in der Bundesrepublik Deutschland » ... mit Ausnahme Deutschlands«.

http://www.aicgs.org/resources/index.shtml
Die Website des American Institute for Contemporary German Studies der Johns Hopkins University mit Angaben über deutsche Wahlen etc. und hilfreichen Links.

http://www.inter-nationes.de
Die Website von Inter Nationes in Bonn mit verschiedenen Angeboten. Bei »Materialien für Schulen und Hochschulen« wird u. a. in Zusammenarbeit mit dem Bonner »General-Anzeiger« das Thema »Zeitgeschehen 1900–2000« aufgearbeitet: jeweils ein Jahr des 20. Jahrhunderts (auch als CD-ROM erhältlich).

http://www.politikerscreen.de
Informationsdienst für Politik. Mit einer Vielzahl von Links zu Themen wie Politische Bildung, Medien, Archive, Dokubanken, Nachschlagewerke etc.

http://historynewsnetwork.org
US-Online-Nachrichtenservice in Verbindung mit der George Mason University, Virginia, und Washington State, USA.

http://www.richtig-suchen.de
Hilfreich bei der Suche.

http://www.diplom.de
Diplomarbeiten etc.-Agentur.

http://www.koep3og.virtualave.net
Website zum Thema »50 Jahre Bundesregierung Deutschland» in 11 Rubriken, von den Gründerjahren bis zum 50. Jahrestag. Umfangreiche Textdokumente und zahlreiche Bilddateien. Mit Navigationsleiste, Zeitleiste und einer Suchmaschine, mit der Begriffe aufgerufen werden können. Das Projekt ist im Rahmen des Road Ahead Prize 2000 entstanden.

http://www.collegium-carolinum.de
Website des Collegium Carolinum, der Forschungsstelle für die Böhmischen Länder in München. Mit Dokumenten im Volltext und interessanten Links zu Tschechien und der Slowakei, Deutschland und internationalen Themen (u. a. die Diskussion über die Vertreibung der Deutschen und die sog. Beneš-Dekrete; Direktzugriff hierfür unter
http://www.collegium-carolinum.de/doku/lit/bibl-vertreibung.htm).

Drei lesenswerte Schulprojekte als Ansporn für andere Schulen:

http://50jahre.hlg-fuerth.de
Ein Internet-Projekt des Helene-Lange-Gymnasiums in Fürth unter Betreuung von OStR Martin Daum im Rahmen des Microsoft Road Ahead Prize 1999.

Ähnlich auch das Projekt der Käthe-Kollwitz-Oberschule in Berlin über 50 Jahre Deutschland unter
http://www.hilfe-am-computer.de/deutschland/index2.html.
Mit dem Microsoft Road Ahead Prize 2000 ausgezeichnet.

http://www.kssursee.ch/schuelerweb/Kalter-krieg/index.htm
Der Kalte Krieg. 85seitige Matura-Arbeit 2000 im Fach Geschichte an der Schweizer Kantonsschule Sursee von Christian Balmer, Oliver Bieri und Urs Blum mit interessanten Links etc.

Verwiesen sei auch auf den »Wegweiser durch das Internet für den Geschichtsunterricht« von Klaus Fieberg, hrsg. vom Verband der Geschichtslehrer Deutschlands, Landesverband Rheinland-Pfalz, und der Fachzeitschrift Praxis Geschichte. Eine CD-Rom mit historischen Fachinformationen und kommentierten Linksammlungen; erhältlich beim Westermann Schulbuchverlag in Braunschweig (u. a. »Deutschland nach 1945« und »BRD und DDR in den 80er Jahren«).

Für Österreich:

http://www.eforum-zeitgeschichte.at
Online-Magazin für Zeitgeschichte und Kulturwissenschaften; von Mitarbeitern der Universität Graz gestaltet, mit Rezensionen, Links etc.

http://www.nachkriegsjustiz.at
NS-Verbrechen: Österreichische Täter vor österreichischen Gerichten. Details zur gerichtlichen Ahndung von NS-Gewaltverbrechen von der Forschungsstelle Nachkriegsjustiz.

Wer zur Abwechslung einmal nur Zeitungen oder Zeitschriften lesen bzw. Rundfunk hören möchte, sei auf http://newslink.org bzw. http://windowsmedia.com/radiotuner oder www.radio-locator.com mit Hunderten von Zeitungen und Rundfunkstationen hingewiesen.

Zeittafel

1974	**BRD**	**DDR**
16.5.	Helmut Schmidt wird zum Bundeskanzler gewählt.	
22.6.	Bei der Fußballweltmeisterschaft in der BRD besiegt die DDR durch ein Tor von Jürgen Sparwasser die BRD mit 1:0.	
4.9.		Die USA und die DDR nehmen diplomatische Beziehungen auf.
7.7.	BRD Fußballweltmeister.	
7.10.		Per Gesetz Änderung der Verfassung von 1968: Die DDR wird »für immer und unwiderruflich« als mit der Sowjetunion verbündet erklärt; Tilgung des Begriffs und der Bezüge auf die »deutsche Nation«. Aus Bezeichnungen von Institutionen wird der Name »Deutschland« weitgehend entfernt.
10.11.	Der Berliner Kammergerichtspräsident Günter von Drenkmann wird in seiner Wohnung von Mitgliedern der »Bewegung 2. Juni« ermordet.	

1975	**BRD**	**DDR**
1.1.		Um Papier zu sparen, gibt es keine Sonntagsausgaben von DDR-Zeitungen mehr.
27.2.	Der CDU-Politiker und Bürgermeisterkandidat Peter Lorenz wird in Berlin entführt und fünf Tage lang gefangengehalten. Die »Bewegung 2. Juni« preßt fünf Häftlinge frei, die vom (ehemaligen) Regierenden Bürgermeister Heinrich Albertz nach Aden begleitet werden.	
28.2.	1,2 Mio. Bundesbürger arbeitslos.	

24.4.	Die deutsche Botschaft in Stockholm wird vom »Kommando Holger Meins« besetzt. Der Militärattaché Andreas von Mirbach und der Diplomat Heinz Hillegaart werden erschossen. Zwei Terroristen kommen bei der Befreiungsaktion ums Leben.	
1.8.	35 Staaten unterzeichnen in Helsinki die KSZE-Schlußakte. Erstes Gespräch zwischen Helmut Schmidt und Erich Honecker.	
7.10.		Die DDR und die Sowjetunion schließen einen zweiten Vertrag über Freundschaft, Zusammenarbeit und gegenseitigen Beistand auf der Grundlage der »ewigen und unverbrüchlichen Freundschaft und der brüderlichen gegenseitigen Hilfe auf allen Gebieten«. Die deutsche Frage wird als gelöst erklärt. Der Vertrag bestätigt u. a. die Breschnew-Doktrin von der eingeschränkten Souveränität sozialistischer Staaten.
15.–17.11.	Erster Weltwirtschaftsgipfel in Rambouillet (Frankreich).	
15.12.	Kanzleramtsspion Guillaume zu 13 Jahren Gefängnis verurteilt.	
16.12.		Ausweisung des »Spiegel«-Korrespondenten Jörg Mettke.
19.12.	Vereinbarung über die Erneuerung der Autobahn zwischen Berlin und Marienborn und Neufestlegung der Transitpauschale.	

1976	**BRD**	**DDR**
31.1.	1,35 Mio. Arbeitslose (5,9 %); höchste Zahl seit 1954.	
30.3.	Unterzeichnung des Post- und Fernmeldeabkommens.	
9.5.	Ulrike Meinhof erhängt sich in ihrer Zelle in Stuttgart-Stammheim. Bei einer Schießerei kommen am gleichen Tag in Köln ein Polizist und ein Terrorist ums Leben.	
18.–22.5.		Der IX. Parteitag der SED im neu eröffneten »Palast der Republik« beschließt ein neues Programm und Statut, in dem alle gesamtdeutschen Bezüge getilgt sind, und verkündet die »Einheit von

		Wirtschafts- und Sozialpolitik«. Honecker erhält den Titel »Generalsekretär«.
24.7.	Der Leiter der Bonner Ständigen Vertretung in Ost-Berlin protestiert nach Grenzzwischenfällen gegen den Schußwaffengebrauch an der innerdeutschen Grenze.	
3.10.	Bei den Bundestagswahlen behaupten SPD und FDP knapp ihre Mehrheit.	
18.8.		Der evangelische Pfarrer Oskar Brüsewitz verbrennt sich in Zeitz öffentlich, um gegen die Unterdrückung der Kirchen zu protestieren.
29.10.		Die Volkskammer wählt Erich Honecker zum Vorsitzenden des Staatsrats und des Nationalen Verteidigungsrats.
16.11.		Wolf Biermann wird während seiner Tournee durch die Bundesrepublik ausgebürgert.
15.12.	Helmut Schmidt wird erneut zum Bundeskanzler gewählt.	
22.12.		Die DDR weist den ARD-Korrespondenten Lothar Loewe wegen »Diffamierung des Volks und der Regierung« aus; er muß das Land innerhalb von 48 Stunden verlassen.

1977	**BRD**	**DDR**
17.2.		Honecker in der »Saarbrücker Zeitung«: Ohne Anerkennung der DDR-Staatsbürgerschaft keine Reisefreiheit für DDR-Bürger.
7.4.	Generalbundesanwalt Siegfried Buback und sein Fahrer werden von Terroristen ermordet.	
28.4.	Lebenslange Haftstrafen für die Terroristen Andreas Baader, Gudrun Ensslin, Jan-Carl Raspe.	
5.5.	Altkanzler Ludwig Erhard stirbt.	
30.7.	Der Vorstandsvorsitzende der Dresdner Bank, Jürgen Ponto, wird von Terroristen ermordet.	
5.9.	Terroristen der »Rote Armee Fraktion« (RAF) entführen den Präsidenten der Bundesvereinigung Deutscher Arbeitgeberverbände, Hanns-Martin Schleyer.	

7.10.		Tumulte auf dem Berliner Alexanderplatz bei einem Volksfest.
13.10.	Eine Lufthansa-Maschine wird auf dem Rückflug von Mallorca entführt. Die inhaftierten RAF-Terroristen sollen freigepreßt werden.	
18.10.	Die Sondereinheit GSG 9 des Bundesgrenzschutzes befreit die Geiseln in der Lufthansa-Maschine, die inzwischen in Mogadischu eingetroffen war. Die zu lebenslanger Haft verurteilten Terroristen Baader, Raspe und Ensslin begehen daraufhin in ihren Zellen Selbstmord.	
19.10.	Schleyer wird im Kofferraum eines Autos ermordet aufgefunden.	
1978	**BRD**	**DDR**
10.1.	»Der Spiegel« muß sein Ost-Berliner Büro schließen. Das Nachrichtenmagazin hatte ein Manifest oppositioneller Kommunisten innerhalb der SED veröffentlicht.	
6.3.		Zusammentreffen Honeckers mit dem Vorstand der Konferenz der Evangelischen Kirchenleitungen leitet Phase der Entspannung ein.
4.–7.5.	Besuch des sowjetischen Staats- und Parteichefs Leonid Breschnew in der BRD.	
16.7.	4. Weltwirtschaftsgipfel in Bonn.	
26.8.		Astronaut Sigmund Jähn fliegt an Bord der sowjetischen Raumkapsel »Sojus 3« als »erster Deutscher« ins All.
1.9.		Einführung des Wehrkundeunterrichts als Pflichtfach in den Klassen 9 und 10.
6.11.	Der CSU-Vorsitzende Franz Josef Strauß wird bayerischer Ministerpräsident.	
25.11.	Abschluß der Verhandlungen mit der DDR über Verkehrsfragen (Ausbau der Autobahn Berlin–Hamburg, Wiedereröffnung des Teltow-Kanals) und den Zahlungsverkehr.	

1979	BRD	DDR
13.3.	Europäisches Währungssystem eingeführt.	
14.4.	Westliche Journalisten in der DDR müssen ab sofort Interviews und andere Befragungen genehmigen lassen und Reisen außerhalb Ost-Berlins vorher anmelden.	
17.4.	Die Bundesregierung protestiert gegen diese Behinderung.	
23.5.	Karl Carstens (CDU) zum Bundespräsidenten gewählt.	
25.5.		Verurteilung Robert Havemanns.
10.6.	Erste Direktwahl des Europäischen Parlaments.	
12.12.	NATO-»Doppelbeschluß«: Der NATO-Ministerrat beschließt, atomare Mittelstreckenraketen in Europa zu stationieren und zu modernisieren – falls die Sowjetunion nicht auf die weitere Stationierung von SS-20 Atomraketen verzichtet.	
14.12.		Amnestie aus Anlaß des 30. Jahrestages der DDR; 21928 Strafgefangene werden entlassen.
27.12.		Einmarsch sowjetischer Truppen in Afghanistan.

1980	BRD	DDR
1.1.		Die DDR wird für zwei Jahre »nicht-ständiges« Mitglied des UN-Sicherheitsrates.
13.1.	Gründungskongreß der »Grünen« in Karlsruhe.	
30.1.	Bundeskanzler Schmidt sagt ein geplantes Treffen mit Honecker wegen des Einmarsches sowjetischer Truppen in Afghanistan ab.	
3.7.	Der Bundesminister für innerdeutsche Beziehungen, Egon Franke, teilt mit, daß zwischen 1964 und 1980 20000 politische Häftlinge der DDR durch »besondere Bemühungen der Bundesregierung« (»Freikäufe«) vorzeitig entlassen wurden und in die BRD kommen konnten; 30000 Bürger konnten im gleichen Zeitraum im Rahmen der Familienzusammenführung ausreisen. Die Freikäufe werden bis 1989 fortgesetzt (jährlich bis zu 2500 Fälle).	
22.8.	Bundeskanzler Schmidt sagt wegen der Entwicklung in Polen (Massenstreiks) ein geplantes Treffen mit Erich Honecker am Werbellinsee ab.	
5.10.	Bei den Bundestagswahlen kann die SPD/FDP-Koalition ihre Mehrheit ausbauen. Schmidt-Herausforderer Strauß muß eine deutliche Niederlage einstecken.	

9.10.		Die DDR erhöht den Mindestumtauschsatz bei Reisen in die DDR von 13 auf 25 DM pro Tag.
13.10.		Die »Geraer Forderungen« Erich Honeckers als Voraussetzung für »normale Beziehungen« zwischen beiden deutschen Staaten: 1. Anerkennung der DDR-Staatsbürgerschaft, 2. Auflassung der Zentralen Erfassungsstelle für in der DDR begangene Straftaten in Salzgitter, 3. Umwandlung der Ständigen Vertretungen in Botschaften, 4. Festlegung des Grenzverlaufs in der Strommitte der Elbe.
5.11.	Der Bundestag wählt Helmut Schmidt erneut zum Bundeskanzler.	
10.–13.11.		Besuch Honeckers in Österreich; es ist seine erste offizielle Reise in ein westliches Land.

1981	**BRD**	**DDR**
18.2.		Honecker auf einer Delegiertenkonferenz der SED in Ost-Berlin: »Wenn der Tag kommt, an dem die Werktätigen der Bundesrepublik an die sozialistische Umgestaltung der BRD gehen, dann stellt sich die Frage der Vereinigung beider Staaten vollkommen neu. Wie wir uns dann entscheiden, daran dürfte wohl kein Zweifel bestehen.«
26.–31.5.		Honecker in Japan.
10.10.	Etwa 300 000 Anhänger der Friedensbewegung demonstrieren in Bonn gegen den NATO-Doppelbeschluß.	
13.12.		Kriegsrecht in Polen.
11.–13.12.	Bundeskanzler Schmidt besucht die DDR; Gespräche mit Honecker am Werbellinsee, Besuch in Güstrow.	

1982	**BRD**	**DDR**
Frühjahr		Ernsthafte Versorgungsmängel.
10.6.	Größte Kundgebung in der Geschichte der BRD: etwa 350 000 Teilnehmer der Friedensbewegung demonstrieren in Bonn.	

18.6.	Neue »Swing«-Regelung: Der zinslose Überziehungskredit für die DDR wird verlängert; dafür u. a. Reiseerleichterungen.	
1.10.	Der Bundestag stürzt Bundeskanzler Schmidt durch ein konstruktives Mißtrauensvotum und wählt Helmut Kohl zu seinem Nachfolger.	
29.11.	Erstes Schreiben Kohls an Honecker: Fortsetzung der Deutschlandpolitik.	

1983	**BRD**	**DDR**
6.3.	Vorgezogene Wahlen zum 10. Deutschen Bundestag. Die CDU/CSU ist klarer Sieger, die FDP behauptet sich (7 %), die SPD muß starke Einbußen hinnehmen. Erstmals kommen die Grünen in den Bundestag.	
29.3.	Der Bundestag wählt Helmut Kohl zum Bundeskanzler.	
29.6.	Die Bundesregierung bürgt für einen DDR-Kredit in Höhe von 1 Mrd. DM, den Franz Josef Strauß »eingefädelt« hat.	
15.9.	Treffen Honeckers mit dem Regierenden Bürgermeister von West-Berlin, Richard von Weizsäcker, in Ost-Berlin.	
25.–27.7.	Strauß in der DDR; Gespräch mit Honecker.	
5.10.		Honecker kündigt den Abbau der Selbstschußanlagen an der innerdeutschen Grenze an.
22.10.	Massendemonstrationen gegen die Stationierung von US-Mittelstreckenraketen.	
31.10.		Honecker empfängt eine Delegation der Grünen.
22.11.	Der Bundestag billigt gegen die Stimmen von SPD und Grünen die Stationierung neuer US-Mittelstreckenraketen.	

1984	**BRD**	**DDR**
13.2.	Erstes Treffen von Kohl und Honecker am Rande der Trauerfeierlichkeiten für Juri Andropow in Moskau.	
8.3.	Eine Delegation der SPD-Bundestagsfraktion besucht die Volkskammer.	
23.5.	Richard von Weizsäcker wird zum Bundespräsidenten gewählt.	
25.6.		Vorübergehende Schließung der Ständigen Vertretung der BRD in Ost-Berlin, in der sich 55 DDR-Bürger aufhalten, die ihre Ausreise erzwingen wollen.

25.7. Staatsminister Philipp Jenninger gibt die Gewährung eines Kredits von 950 Mio. DM an die DDR bekannt. Im Gegenzug Erleichterungen im innerdeutschen Reiseverkehr und Abbau der Selbstschußanlagen an der DDR-Grenze.

1.8. Erleichterungen im innerdeutschen Reiseverkehr für Rentner.

2.8. Die »Prawda« kritisiert die deutsch-deutschen Beziehungen. Bonn mische sich mit seinen ökonomischen Mitteln in die inneren Angelegenheiten der DDR ein.

4.9. (DDR) Honecker muß den geplanten Besuch in der BRD auf Druck Moskaus absagen.

22.9. (BRD) Kohl und Mitterrand auf dem Schlachtfeld von Verdun.

6.10. (DDR) Honecker im »Neuen Deutschland«: »Die Vereinigung von Sozialismus und Kapitalismus ist ebenso unmöglich wie die von Feuer und Wasser.«

30.11. Die DDR baut die Selbstschußanlagen an der innerdeutschen Grenze ab.

30.12. 1984 wurden von der DDR bis Jahresende etwa 40 900 Ausreisegenehmigungen erteilt (höchste Zahl seit Unterzeichnung der KSZE-Schlußakte von Helsinki).

1985 BRD DDR

9.–12.1. Der Ministerpräsident von Nordrhein-Westfalen, Johannes Rau (SPD), besucht die DDR; Gespräche mit Honecker.

13.2. (DDR) Wiedereröffnung der restaurierten Semper-Oper in Dresden.

11.3. (DDR) Michail Gorbatschow wird Generalsekretär der KPdSU.

12.3. In Moskau Treffen zwischen Kohl und Honecker am Rande der Trauerfeierlichkeiten für den verstorbenen Generalsekretär der KPdSU, Konstantin Tschernenko.

5.5. (BRD) Reagan und Kohl auf dem Soldatenfriedhof in Bitburg in der Eifel. Kritik, da dort auch Angehörige der Waffen-SS begraben sind.

8.5. (BRD) Vielbeachtete Rede von Bundespräsident Weizsäcker zum 8. Mai 1945 als »Tag der Befreiung« auch für die Deutschen.

7.7. (BRD) Boris Becker siegt in Wimbledon.

1986 BRD DDR

19.–22.2. Der Präsident der DDR-Volkskammer, Horst Sindermann, besucht die BRD.

17.–21.4. (DDR) Gorbatschow nimmt am XI. Parteitag der SED teil und unterbreitet einen Vorschlag zur konventionellen Abrüstung.

25.4.	Saarlouis und Eisenhüttenstadt vereinbaren die erste deutsch-deutsche Städtepartnerschaft, unterzeichnet am 19.9. in Saarlouis, am 6.10. in Eisenhüttenstadt.	
6.5.	Kulturabkommen zwischen BRD und DDR.	
25.8.		Eurocheques akzeptiert.

1987	**BRD**	**DDR**
6.1.	Ein Sprecher des DDR-Außenministeriums teilt mit, daß 1986 »537 000 Bürger der DDR die Genehmigung zu einem Besuch der BRD wegen dringender Familienangelegenheiten« erhalten hätten.	
25.1.	Wahl zum 11. Deutschen Bundestag: CDU/CSU 44,3 %, SPD 37 %, FDP 9,1 %, Die Grünen 8,3 %.	
11.3.	Helmut Kohl wird erneut zum Bundeskanzler gewählt.	
9.4.		In einem Interview mit dem »Stern« äußert sich Kurt Hager, Mitglied des SED-Politbüros, zu den Reformen Gorbatschows folgendermaßen: »Würden Sie, nebenbei gesagt, wenn Ihr Nachbar seine Wohnung neu tapeziert, sich verpflichtet fühlen, Ihre Wohnung ebenfalls neu zu tapezieren?«
23.3.	Willy Brandt tritt als SPD-Vorsitzender zurück; Nachfolger wird Hans-Jochen Vogel.	
15.4.		In der DDR endet ein mehrtägiges Manöver der NVA, an dem erstmals Beobachter aus den KSZE-Staaten – darunter zwei Offiziere der Bundeswehr – teilgenommen haben.
3.–5.6.		Besuch Erich Honeckers in den Niederlanden.
6.–8.6.		In Ost-Berlin kommt es zu heftigen Auseinandersetzungen zwischen der Volkspolizei und Jugendlichen, die ein Konzert in der Nähe des Brandenburger Tores in West-Berlin mithören wollen. Sprechchöre u. a.: »Die Mauer muß weg!«
10.6.	In Bonn paraphieren Vertreter der BRD und der DDR ein Rahmenabkommen über die Zusammenarbeit auf dem Gebiet des Umweltschutzes.	

12.6.	US-Präsident Ronald Reagan besucht West-Berlin und fordert Gorbatschow auf, die Mauer niederzureißen.	
23.6.		Erich Honecker empfängt den Präsidenten der »Jewish Claims Conference«, Rabbiner Israel Miller.
1.7.	Die Einheitliche Europäische Akte, 1985 in Luxemburg verabschiedet, tritt in Kraft. Die EG-Staaten verpflichten sich, bis Ende 1992 einen einheitlichen europäischen Binnenmarkt zu verwirklichen, und proklamieren als Ziel die Herstellung der politischen Union.	
17.7.		Der Staatsrat verkündet die Abschaffung der Todesstrafe; am 12.12. realisiert.
13.8.		Am Jahrestag des Mauerbaues kommt es zu Demonstrationen in Ost-Berlin mit Sprechchören: »Die Mauer muß weg!«
17.8	Steffi Graf Nummer eins im Damenwelttennis (bis 20.3.1991)	
26.8.	Die Bundesregierung erhöht das Begrüßungsgeld für DDR-Besucher von bisher zweimal 30 DM im Jahr auf einmal 100 DM im Jahr.	
27.8.	SPD und SED legen ein gemeinsames Grundsatzpapier »Der Streit der Ideologien und die gemeinsame Sicherheit« in Ost-Berlin und Bonn vor.	
7.–11.9.	Offizieller Besuch Erich Honeckers in der BRD.	
11.10.	Der ehemalige Ministerpräsident von Schleswig-Holstein, Uwe Barschel (CDU), wird tot in der Badewanne eines Genfer Hotelzimmers gefunden.	
24./25. 11.		Der Staatssicherheitsdienst durchsucht die Räume der evangelischen Zionsgemeinde in Ost-Berlin. Material der »Umwelt-Bibliothek« wird beschlagnahmt; Mitglieder kirchlicher Friedens- und Umweltgruppen werden verhaftet.
8.12.	Auf ihrem 3. Gipfeltreffen in Washington unterzeichnen Ronald Reagan und Michail Gorbatschow den Vertrag über den Abbau ihrer landgestützten Mittelstreckenraketen in Europa.	

1988	BRD	DDR
7.–9.1.		Erich Honecker besucht Frankreich.
11.1.	Bundeskanzler Kohl gibt die von Erich Honecker übermittelten offiziellen Zahlen von DDR-Besuchern in der BRD 1987 bekannt: 5 062 914; davon 1 286 896 Personen unterhalb des Rentenalters.	
17.1.		»Januar-Ereignisse von '88«: Am Rande der offiziellen Gedenkdemonstrationen für Rosa Luxemburg und Karl Liebknecht werden etwa 120 Bürgerrechtler und Ausreisewillige sowie Mitglieder der »Kirche von unten« festgenommen. Sie wollten unter der von Rosa Luxemburg stammenden Losung »Die Freiheit ist immer auch die Freiheit des Andersdenkenden« demonstrieren.
25.2.		Die Sowjetunion beginnt mit dem Abzug der SS-20 Raketen aus der DDR und der ČSSR.
14.3.		Erklärung der Konferenz der Evangelischen Kirchenleitungen in der DDR. Demnach sieht die Kirche ihre Aufgabe darin, »zu Verhältnissen beizutragen, unter denen Menschen gerne leben können und Anträge auf Entlassung aus der Staatsbürgerschaft nicht mehr stellen wollen«.
26.5.	Die Evangelische Kirche in Deutschland und der Bund der Evangelischen Kirchen in der DDR veröffentlichen ein »gemeinsames Wort« zum 50. Jahrestag des Pogroms gegen die deutschen Juden am 9. November 1938.	
1.7.	Der ehemalige Bundesverteidigungsminister Manfred Wörner (CDU) wird als erster Deutscher NATO-Generalsekretär.	
9.8.		DDR-Verteidigungsminister Heinz Keßler schlägt Gespräche zwischen den Verteidigungsministerien und Militärexperten der beiden deutschen Staaten vor.
3.10.	Franz Josef Strauß stirbt im Alter von 73 Jahren.	
16.–18.10.		Besuch des Präsidenten des Jüdischen Weltkongresses, David Bronfmann, in der DDR.
20.10.	Erste Buchausstellung der BRD in Ost-Berlin.	

24.–27.10.	Bundeskanzler Kohl besucht die Sowjetunion; West-Berlin wird in alle Abkommen einbezogen.	
20.11.		Verbot der sowjetischen Monatszeitschrift »Sputnik«.

1989 BRD/DDR

19.1. Erich Honecker verkündet, die Mauer werde noch 100 Jahre stehen.

6.2. Chris Gueffroy, letzter an der Mauer erschossener Flüchtling.

2.5. Ungarische Grenzsoldaten beginnen mit der Beseitigung des Stacheldrahtverhaues an der Grenze zu Österreich.

7.5. Kommunalwahlen in der DDR. Es kommt zu massiven Wahlfälschungen; die Nationale Front erhält angeblich 98,77 Prozent. Politbüromitglied und Vorsitzender der Zentralen Wahlkommission Egon Krenz bezeichnet das Ergebnis als »klares Votum des Volkes für starken Sozialismus und sicheren Frieden«.

8.6. Die DDR-Volkskammer bezeichnet die »Vorgänge in Peking« (Massaker auf dem »Platz des Himmlischen Friedens« in Peking am 4.6. mit mehreren hundert Toten) als »innere Angelegenheit der Volksrepublik China« zur »Wiederherstellung von Ordnung und Sicherheit«.

12.–15.6. Michail Gorbatschow in der BRD.

15.–18.6. Die Bevölkerung der EG-Staaten wählt zum drittenmal das Europäische Parlament in direkter Wahl.

1.8. Die Zeitungen des Axel-Springer-Verlages verzichten bei der Bezeichnung »DDR« auf die Anführungszeichen.

3.8. In der Ständigen Vertretung der BRD in Ost-Berlin halten sich 80 Ausreisewillige auf; als die Zahl auf 131 steigt, wird die Vertretung am 8.8. vorübergehend geschlossen.

13.8. Die Botschaft der BRD in Budapest wird geschlossen, da 171 DDR-Bürger dort Zuflucht genommen haben.

14.8. Honecker vor Erfurter Arbeitern: »Das Triumphgeschrei westlicher Medien über das Scheitern der sozialistischen Gesellschaftsordnung ist das Geld nicht wert, das dafür ausgegeben wird. Den Sozialismus in seinem Lauf hält weder Ochs noch Esel auf.«

19.8. Ein »paneuropäisches Picknick« der »Paneuropa-Union« bei Sopron an der ungarisch-österreichischen Grenze nutzen mehr als 600 DDR-Bewohner zur Flucht nach Österreich.

22.8. Die Botschaft der BRD in Prag wird geschlossen, nachdem mehr als 100 DDR-Bewohner darin Zuflucht gesucht haben. Weitere Hunderte von Flüchtlingen klettern über den Zaun in den Garten der Botschaft.

24.8. 108 DDR-Bürger, die sich in der Botschaft in Budapest aufhalten, dürfen in die BRD ausreisen.

4.9. Erste Montagsdemonstration in Leipzig mit ca. 1200 Teilnehmern.

11.9. Gründung der Reformbewegung »Neues Forum« in der DDR.

11.9. Um Mitternacht öffnet die ungarische Regierung die Grenze für alle DDR-Besucher. Innerhalb von drei Tagen reisen 15 000 Deutsche über Ungarn und Österreich in die Bundesrepublik ein. Bis Ende Oktober sind es 50 000.

12.9. Auf dem CDU-Parteitag in Bremen wird Kohl als Vorsitzender bestätigt.

16.9. Zum Auftakt der Synode des Evangelischen Kirchenbundes in der DDR ruft Bischof Leich die Staatsführung zu tiefgreifenden Reformen auf: »Wir brauchen jetzt deutliche Zeichen dafür, daß die notwendigen Veränderungen begonnen werden.«

24.9. Erstes landesweites Treffen der DDR-Opposition in Leipzig.

25.9. Nach dem Friedensgebet in der Nikolaikirche großer Protestmarsch in Leipzig.

30.9. Hans-Dietrich Genscher auf dem Balkon der BRD-Botschaft in Prag. Er verkündet den über 4000 DDR-Flüchtlingen auf dem Gelände der Botschaft, daß sie über die DDR in Sonderzügen in die Bundesrepublik ausreisen dürfen.

2.10. Montagsdemonstration in Leipzig mit ca. 15 000 Teilnehmern. Die DDR-Regierung setzt den visumfreien Reiseverkehr in die Tschechoslowakei aus.

3.10. In der Botschaft der BRD in Prag wieder über 6000 Flüchtlinge.

4.10. Die Flüchtlinge dürfen ausreisen. Etwa 7600 kommen mit Sonderzügen durch die DDR in die BRD; auf dem Bahnhof von Dresden wollen DDR-Bürger aufspringen; die Polizei setzt Wasserwerfer und Schlagstöcke ein.

7.10. Die DDR feiert mit altem Gepränge den 40. Jahrestag der Staatsgründung. Gorbatschow betont: »Die Fragen, die sich in der DDR stellen, werden nicht in Moskau entschieden, sondern in Berlin.« Gleichzeitig kritisiert er die DDR-Führung: »Wer zu spät kommt, den bestraft das Leben.« Am Abend kommt es in Ost-Berlin und mehreren anderen Städten der DDR zu Demonstrationen für Meinungsfreiheit und Reformen. Sicherheitskräfte der DDR lösen sie zum Teil brutal auf.

9.10. Montagsdemonstration in Leipzig mit ca. 75 000 Teilnehmern: »Wir sind das Volk!« Die aufmarschierten Sicherheitskräfte greifen nicht ein.

11.10. Das SED-Politbüro ruft zum Dialog über die Entwicklung in der DDR auf.

18.10. Erich Honecker tritt als Generalsekretär des ZK der SED zurück; Egon Krenz wird neuer Parteichef; in einer Fernsehsendung prägt er den Begriff der »Wende«, die die Partei eingeleitet habe. Gorbatschow begrüßt die Wahl als »prompte Antwort auf die Anforderungen der Zeit«.

23.10. Montagsdemonstration in verschiedenen DDR-Städten; in Leipzig 300 000 Menschen: »Wir sind das Volk!«

26.10. Telefonat zwischen Kohl und Krenz.

4.11. Größte Massendemonstration in der Geschichte der DDR auf dem Ost-Berliner Alexanderplatz. Ca. eine Million Teilnehmer.

6.11. Im Bonner Kanzleramt Entscheidung für offene Einmischung in die Angelegenheiten der DDR – nach DDR-Kreditwünschen in Milliardenhöhe.

7.11. Der Ministerrat unter Vorsitz von Willi Stoph tritt zurück. Stündlich reisen 200 DDR-Bürger aus; über Prag in der ersten Novemberwoche 62 000.

8.11. Rücktritt des SED-Politbüros. Das »Neue Forum« wird vom DDR-Innenministerium als Vereinigung anerkannt.

9.11. Fall der Mauer.

10.11. Grenzsoldaten der DDR beginnen mit Abrißarbeiten an der Mauer, um neue Grenzübergänge zu schaffen.

13.11. Wahl von Hans Modrow – erster Sekretär der SED im Bezirk Dresden – zum Ministerpräsidenten der DDR. Erste und letzte Rede von Stasi-Chef Mielke in der Volkskammer (obwohl seit 1958 Mitglied) über das MfS: »Wir haben, Genossen, liebe Abgeordneten, einen außerordentlich hohen Kontakt zu allen werktätigen Menschen (Heiterkeit). Ich liebe doch alle Menschen ...« (Gelächter).

16.11. Der Bundestag fordert freie Wahlen in der DDR und will Reformen durch Wirtschaftshilfe unterstützen.

17.11. Modrow schlägt »Vertragsgemeinschaft« BRD–DDR vor.

19.11. Krenz und Modrow erklären in Interviews, eine Wiedervereinigung stehe nicht zur Diskussion.

20.11. Auf der Leipziger Montagsdemonstration erstmals Forderung nach Wiedervereinigung: »Wir sind *ein* Volk!«

25.11. Krenz schließt eine Konföderation beider deutschen Staaten nicht aus; die DDR bleibe ein »sozialistisches Land«.

28.11. Bundeskanzler Kohl trägt vor dem Bundestag einen 10-Punkte-Plan zur Deutschlandpolitik vor: »Konföderierte Strukturen« mit dem Endziel Wiedervereinigung.

30.11. Durch einen Sprengstoffanschlag per Fernzündung wird der Vorstandssprecher der Deutschen Bank, Alfred Herrhausen, getötet.

1.12. Die Volkskammer streicht den Führungsanspruch der SED aus der Verfassung.

3.12. Das ZK der SED tritt geschlossen zurück.

6.12. Krenz tritt als Staatsratsvorsitzender zurück. Honecker wird aus der SED ausgeschlossen.

7.12. Erste Sitzung des »Runden Tisches« unter Moderation von Kirchenvertretern.

8./9.12. Erste Sitzung des Außerordentlichen SED-Parteitages. Gregor Gysi zum Vorsitzenden gewählt; Antrag auf Selbstauflösung scheitert, um das Parteivermögen zu retten.

16./17.12. Fortsetzung des Parteitages der SED, die sich in SED-PDS umbenennt.

19./20.12. Bundeskanzler Kohl in Dresden.

20.–22.12. Staatsbesuch von François Mitterrand in der DDR.

22.12. Das Brandenburger Tor in Berlin wird geöffnet.

31.12. Im Jahre 1989 sind insgesamt 343 854 Personen aus der DDR in die BRD übergesiedelt. Mit Beginn des neuen Jahres verlassen täglich fast 2000 Personen die DDR.

1990 BRD/DDR

8.1. Montagsdemonstration in Leipzig mit der Forderung nach baldiger Wiedervereinigung: »Deutschland, einig Vaterland«.

13.1. Aus der SDP wird die SPD.

15.1. Erstürmung der Stasi-Zentrale in der Berliner Normannenstraße.

19.1. Herbert Wehner stirbt im Alter von 83 Jahren.

28.1. Modrow und Vertreter des »Runden Tisches« vereinbaren, die Wahlen zur Volkskammer auf den 18. März vorzuziehen. Eintritt von Oppositionspolitikern in die Regierung Modrow.

30.1. Modrow in Moskau; Gorbatschow stimmt Einheit zu.

1.2. Modrows Plan für den schrittweisen »Weg zur deutschen Einheit«. Militärische Neutralität Vorbedingung.

4.2. Die SED-PDS wird zur PDS unter Vorsitz von Gregor Gysi.
5.2. Regierung der »Nationalen Verantwortung«; in ihr stellen acht Oppositionsparteien Minister ohne Geschäftsbereich.
5.2. Kohl in West-Berlin: Wahlbündnis »Allianz für Deutschland« unter dem Ost-CDU-Vorsitzenden Lothar de Maizière.
6.2. Kohl schlägt der DDR Verhandlungen über eine »Währungsunion mit Wirtschaftsreform« vor.
7.2. Bürgerrechtsgruppen schließen sich zu einem »Bündnis 90« für die Wahl zur Volkskammer zusammen; Kabinettsausschuß »Deutsche Einheit« in Bonn.
7.–10.2. US-Außenminister Baker in Moskau.
10.2. Kohl und Genscher in Moskau. Gorbatschow bekennt sich zum Selbstbestimmungsrecht der Deutschen.
12.–14.2. In Ottawa Einigung auf »Zwei-plus-Vier«-Mechanismus zur Regelung der äußeren Aspekte der deutschen Vereinigung.
13./14.2. Besuch von Ministerpräsident Modrow in Bonn.
24./25.2. Kohl in Washington.
5.3. DDR-Bürger können nun 73 bundesdeutsche Presseorgane zum Kurs 1:3 erwerben.
10.3. Die Opel AG will in Eisenach die technologisch modernste Autofabrik Europas errichten.
12.3. Letzte Sitzung des »Runden Tisches«; letzte Montagsdemonstration in Leipzig mit geringer Beteiligung.
13.3. In der Nähe von Neubrandenburg wird das erste von mehreren Massengräbern mit Opfern sowjetischer Internierungslager nach dem Zweiten Weltkrieg entdeckt.
15.3. In einem Ost-Berliner Kohlenkeller wird ein 21,2 t schwerer Goldschatz der Organisation »Kommerzielle Koordinierung« gefunden.
18.3. Erste freie Wahlen zur Volkskammer in der DDR: Sieg der »Allianz für Deutschland«.
3.4. Erstmals fliegen 86 DDR-Bürger zum Urlaub nach Mallorca.
12.4. Die erste frei gewählte Regierung in der Geschichte der DDR – Große Koalition – unter Ministerpräsident Lothar de Maizière wird vereidigt. Im Koalitionsvertrag haben sich die Partner auf die Vereinigung Deutschlands nach Art. 23 des Grundgesetzes festgelegt.
2.5. Richard v. Weizsäcker besucht als erster Bundespräsident Polen und betont die Unantastbarkeit der polnischen Westgrenze.
5.5. Erste »Zwei-plus-Vier«-Konferenz in Bonn über die Vereinigung beider deutscher Staaten.
6.5. Erste freie Kommunalwahlen in der DDR.
15.5. Mit der Einrichtung des Fonds »Deutsche Einheit« sollen bis 1994 insgesamt 115 Mrd. DM für Ostdeutschland aufgebracht werden.
17.5. Kohl in Washington.
18.5. Die Finanzminister der DDR und der Bundesrepublik unterzeichnen den deutsch-deutschen Staatsvertrag.
21.5. Der erste in der DDR gefertigte VW-Polo läuft im Automobilwerk Zwickau vom Band.
31.5. Gorbatschow in Washington: Bündniszugehörigkeit Sache der Deutschen.

6.6. In Ost-Berlin wird Susanne Albrecht verhaftet, eine der meistgesuchten Terroristinnen der Rote Armee Fraktion (RAF). Ende des Monats werden in der DDR, wo die Stasi ihnen Unterschlupf besorgt hat, neun weitere RAF-Mitglieder verhaftet.

8.6. Kohl in Washington.

12.6. Erstmals seit 42 Jahren tagen die beiden Stadtregierungen Ost- und West-Berlins gemeinsam.

22.6. Zweite »Zwei-plus-Vier«-Verhandlungsrunde in Ost-Berlin.

1.7. Wirtschafts-, Währungs- und Sozialunion tritt in Kraft (am 18.5. unterzeichnet). Die D-Mark ist die neue Währung in der DDR. Kohl zu den DDR-Bürgern: »Es wird niemandem schlechter gehen als zuvor – dafür vielen besser.«

6.7. Beginn der Verhandlungen über den Einigungsvertrag zwischen der BRD und der DDR.

8.7. Die BRD wird Fußballweltmeister.

15./16.7. Kohl und Genscher in Moskau und im Kaukasus. Gorbatschow stimmt der NATO-Mitgliedschaft des vereinigten Deutschland zu; die sowjetischen Truppen sollen innerhalb von drei bis vier Jahren aus Deutschland abgezogen werden.

17.7. Dritte »Zwei-plus-Vier«-Verhandlungsrunde in Paris – in Anwesenheit des polnischen Außenministers – bestätigt die Oder-Neiße-Linie als Polens Westgrenze.

5.8. Die Grünen und das ostdeutsche »Bündnis 90« beschließen zur Bundestagswahl eine Listenvereinigung »Bündnis 90/Die Grünen«.

20.8. Der Vorstandschef der Hoesch AG, Detlev Karsten Rohwedder, wird Präsident der Treuhandanstalt.

22.8. Drei Westkonzerne übernehmen die DDR-Energiewirtschaft.

23.8. Die Volkskammer beschließt mit 294 gegen 62 Stimmen bei sechs Enthaltungen den Beitritt der DDR zur BRD nach Art. 23 des Grundgesetzes zum 3. Oktober 1990.

31.8. Unterzeichnung des Einigungsvertrages in Ost-Berlin.

12.9. Unterzeichnung des Zwei-plus-Vier-Vertrages in Moskau: Das vereinigte Deutschland erhält seine volle Souveränität.

2.10. Letzte Sitzung der Volkskammer.

3.10. Tag der deutschen Einheit: Die DDR tritt der Bundesrepublik gemäß Art. 23 des Grundgesetzes bei; offizielle Feiern vor dem Reichstagsgebäude in Berlin; Ende der Teilung Deutschlands.

12.10. Deutsch-sowjetischer Vertrag über Aufenthalt und Abzug der sowjetischen Truppen in Deutschland.

9.11. In Bonn unterzeichnen Kohl und Gorbatschow den deutsch-sowjetischen »Vertrag über gute Nachbarschaft, Partnerschaft und Zusammenarbeit«.

14.11. Unterzeichnung des deutsch-polnischen Grenzvertrages in Warschau; Bestätigung der Endgültigkeit der Oder-Neiße-Grenze.

2.12. Wahl zum ersten gesamtdeutschen Bundestag; Sieg der Koalition aus CDU/CSU und FDP.

1991

6.1. Erster Bundeswehreinsatz in einem kriegsbedrohten Krisengebiet: Landung von 18 Alpha-Jets auf dem türkischen Stützpunkt Erhac.

17.1. Helmut Kohl mit 378 gegen 257 Stimmen (und neun Enthaltungen) erneut zum Bundeskanzler gewählt.
Beginn des Golfkrieges.

25.2. Der Warschauer Pakt löst sich auf.

28.2. Ende des Golfkrieges.

20.3. Die Ostberliner Zeitung »die andere« beginnt mit dem Abdruck der Lohnlisten von 100000 Mitarbeitern des früheren Staatssicherheitsdienstes.

1.4. Ein RAF-Kommando ermordet den Chef der Treuhandanstalt Detlev Karsten Rohwedder; neue Vorsitzende wird Birgit Breuel.

17.6. Kohl und Polens Ministerpräsident Bilecki unterzeichnen den deutsch-polnischen Vertrag über gute Nachbarschaft.

20.6. Mit 338 gegen 320 Stimmen entscheidet sich der Bundestag für Berlin als künftigen Sitz von Regierung und Parlament.

1.7. »Solidaritätszuschlag«: je 7,5 % auf Lohn- und Einkommensteuer zur Finanzierung des Aufbaus in Ostdeutschland.

31.7. George Bush und Michail Gorbatschow unterzeichnen in Moskau den START-Vertrag (Strategic Arms Reduction Talks) zum Abbau der strategischen Atomwaffen.

17.8. Die Sarkophage der Preußenkönige Friedrich Wilhelm I. und Friedrich II. werden von der Burg Hohenzollern nach Potsdam überführt.

2.9. Der erste Mauerschützenprozeß beginnt.

17.9. Im sächsischen Hoyerswerda schwere Ausschreitungen Rechtsradikaler gegen ein Ausländerwohnheim.

20.9. Die Treuhandanstalt verfügt die Stillegung des Robotron-Büromaschinenwerks in Sömmerda (Thüringen) bis Ende des Jahres. 9200 Mitarbeiter verlieren ihren Arbeitsplatz.

22.10. EFTA und EG bilden den Europäischen Wirtschaftsraum (EWR).

13.11. Der Abriß der Berliner Mauer ist beendet.

14.11. Der Bundestag beschließt das Stasi-Unterlagen-Gesetz.

9.–11.12. Staats- und Regierungschefs der Europäischen Gemeinschaft beschließen in Maastricht die Schaffung der Europäischen Union.

29.12. Das Stasi-Unterlagen-Gesetz tritt in Kraft.

1992

5.2. Bernhard Vogel, früherer Ministerpräsident von Rheinland-Pfalz, wird zum neuen Ministerpräsidenten von Thüringen gewählt.

10.2. Beginn des Verfahrens gegen Ex-Stasi-Chef Erich Mielke.

17.5. Hans-Dietrich Genscher tritt als Außenminister zurück. Nachfolger wird Klaus Kinkel.

23.5. Erstmals nehmen deutsche Soldaten an einer UNO-Mission teil – als Sanitäter in Kambodscha.

1.7. Das neue Asylgesetz tritt in Kraft.

4.8. Das Bundesverfassungsgericht stoppt das neue Abtreibungsrecht mit einer einstweiligen Verfügung.

8.10. Willy Brandt stirbt im Alter von 78 Jahren.

3.11. Bill Clinton gewinnt die Präsidentenwahlen in den USA.

12.11. Beginn des Verfahrens gegen Honecker wegen des Schießbefehls an der Mauer.

23.11. Brandanschlag von Rechtsextremisten in Mölln; drei Türkinnen sterben, neun weitere Menschen werden schwer verletzt.
2.12. Der Bundestag billigt den Maastricht-Vertrag.

1993

1.1. In der EG wird der 1986 beschlossene Binnenmarkt verwirklicht: freier Verkehr von Personen, Waren, Dienstleistungen und Kapital.
12.1. Einstellung des Verfahrens gegen Erich Honecker. Er wird am nächsten Tag aus der Haft entlassen und reist nach Chile aus.
17.1. Grüne und Bündnis 90 beschließen ihre Fusion unter dem Namen »Bündnis 90/Die Grünen«.
20.1. Bill Clinton 42. Präsident der USA.
30.1. Lothar Bisky neuer PDS-Vorsitzender.
13.3. »Solidarpakt« zur Finanzierung der deutschen Einheit.
1.7. 40 Kumpel der von der Schließung bedrohten Kaligrube in Bischofferode beginnen einen Hungerstreik. Sie beenden ihn am 20.9.
17.8. Einstellung des Verfahrens gegen Willi Stoph wegen schlechten Gesundheitszustandes.
16.9. Haftstrafe gegen den früheren DDR-Verteidigungsminister Heinz Keßler.
26.10. Verurteilung von ex-Stasi-Minister Mielke wegen Doppelmordes, begangen 1931. Sechs Jahre Haft.
29.10. Die Staats- und Regierungschefs der EU bestimmen Frankfurt/Main als Sitz der Europäischen Zentralbank.
1.11. Der Maastricht-Vertrag zur Gründung der Europäischen Union tritt in Kraft.

1994

25.3. Brandanschlag auf die Synagoge in Lübeck.
20.5. Der Bundestag stellt das Leugnen des Völkermords an den Juden, die sogenannte Auschwitz-Lüge, unter Strafe mit Freiheitsentzug bis zu drei Jahren.
23.5. In Berlin wählt die Bundesversammlung den bisherigen Präsidenten des Bundesverfassungsgerichts, Roman Herzog, zum neuen Bundespräsidenten; erste gesamtdeutsche Wahl.
26.5. Neufassung des Abtreibungsparagraphen 218.
29.5. Erich Honecker stirbt im Alter von 81 Jahren in Santiago de Chile.
21.7. Reinhard Höppner (SPD) wird zum Chef einer von der PDS tolerierten rot-grünen Minderheitsregierung in Sachsen-Anhalt gewählt.
31.8. Verabschiedung der letzten russischen Truppen durch Boris Jelzin und Helmut Kohl in Berlin.
8.9. Die Streitkräfte der drei Westalliierten werden in Berlin offiziell verabschiedet.
16.10. Bei den Bundestagswahlen behauptet die CDU/CSU-FDP-Koalition ihre Mehrheit.
15.11. Helmut Kohl zum fünften Mal zum Bundeskanzler gewählt.
5.12. SPD-Abgrenzungsbeschluß zur PDS: keine Koalition auf Bundes- oder Landesebene mit der SED-Nachfolgepartei.
31.12. Mit Ablauf des Jahres 1994 endet die Tätigkeit der Treuhandanstalt, die in vier Jahren rd. 15 000 ehemals »volkseigene« Betriebe bzw. Unternehmensteile privatisiert hat.

1995

1.1. Einführung des Solidaritätszuschlags auf die Lohn-, Einkommen- und Körperschaftsteuer.

26.3. An den Grenzen zwischen Deutschland, Frankreich, den Benelux-Staaten, Spanien und Portugal entfallen mit dem Inkrafttreten des zweiten Schengener Abkommens die Paßkontrollen.

1.4. Die Auszahlung der Leistungen der Pflegeversicherung beginnt.

11.4. Die »Gauck-Behörde« ermittelt, daß die Stasi seit 1967 Pläne besaß, um in Krisensituationen bis zu 10000 Oppositionelle zu internieren.

29.6. Das neue Abtreibungsgesetz vom Bundestag gebilligt.

30.6. Der Bundestag stimmt der Unterstützung der NATO-Eingreiftruppe in Bosnien durch Bundeswehrsoldaten zu.

16.11. Erstmals in der Geschichte der deutschen Sozialdemokraten wird ein amtierender Parteivorsitzender abgewählt: Auf dem Mannheimer Parteitag unterliegt Rudolf Scharping dem saarländischen Ministerpräsidenten Oskar Lafontaine.

6.12. Der Bundestag billigt die Beteiligung deutscher Soldaten an der IFOR-Friedenstruppe. 4000 Soldaten sollen in Kroatien stationiert werden.

1996

8.1. François Mitterrand stirbt im Alter von 79 Jahren.

9.1. Das Landgericht Berlin verurteilt den früheren DDR-Unterhändler Wolfgang Vogel zu zwei Jahren Haft auf Bewährung und einer Geldstrafe von 92000 DM.

16.1. Der israelische Staatspräsident Ezer Weizmann ruft in einer Rede vor dem Deutschen Bundestag zur Wachsamkeit gegen neonazistische Tendenzen auf.

18.1. Brandanschlag auf ein Ausländerheim in Lübeck; zehn Menschen kommen ums Leben.

25.1. CDU/SPD-Koalition in Berlin; Eberhard Diepgen erneut Regierender Bürgermeister.

27.1. Offizieller Gedenktag für die Opfer des Nationalsozialismus.

31.1. Alexander Schalck-Golodkowski wird zu einem Jahr Haft auf Bewährung verurteilt – wegen illegaler Waffengeschäfte.

29.2. 4270426 Arbeitslose; der Höchststand in der Bundesrepublik seit Ende des Zweiten Weltkrieges.

4.3. Erstmals wird ein ehemaliger Regimentskommandeur der DDR-Grenztruppen wegen der Todesschüsse auf einen Flüchtling vom Bundesgerichtshof in Karlsruhe für schuldig erklärt.

15.3. Wolfgang Schnur wegen Stasi-Mitarbeit zu einem Jahr Haft auf Bewährung verurteilt.

8.5. Eröffnung des ersten Goethe-Instituts in einem der neuen Bundesländer in Weimar.

8.5. Mit dem bisher größten Einsatz von Polizeikräften wird ein Atommüll-Transport aus Frankreich in das niedersächsische Zwischenlager Gorleben gesichert.

9.5. Das Bundesverfassungsgericht bestätigt die Rechtsauffassung von 1991, wonach die zwischen 1945 und 1949 in der Sowjetischen Besatzungszone durchgeführten Enteignungen rechtsgültig sind.

19.7. Eröffnung der XXVI. Olympischen Sommerspiele in Atlanta.

31.10. Jubiläum für Bundeskanzler Helmut Kohl: Mit 5145 Tagen bricht er Adenauers Kanzler-Rekord.

13.12. Der Deutsche Bundestag billigt die Teilnahme von bis zu 3300 Bundeswehrsoldaten an der Bosnien-Friedenstruppe SFOR (Stabilisation Force).

14.12. EU-Gipfel in Dublin. Einigung auf die Kriterien für den vor allem von Deutschland geforderten Stabilitätspakt für die Europäische Währungsunion.

»Unwort« des Jahres 1996: »Rentnerschwemme«; Wort des Jahres: »Sparpaket«.

1997

4.1. Das Nachrichtenmagazin »Der Spiegel« wird 50 Jahre alt.

27.1. Deutsch-tschechische Versöhnungserklärung.

4.2. Baubeginn des neuen Kanzleramtes in Berlin.

28.2. 4,67 Mio. Arbeitslose: höchster Stand seit Ende des Zweiten Weltkrieges (18,9 % im Osten, 10,6 % in den alten Bundesländern). Am schlimmsten ist die Situation in Sachsen-Anhalt mit 21,3 % Arbeitslosen.

27.5. Die Staats- und Regierungschefs der NATO-Staaten und der russische Präsident Boris Jelzin unterzeichnen in Paris die »Grundakte über gegenseitige Beziehungen, Zusammenarbeit und Sicherheit zwischen der NATO und der Russischen Föderation«. Ende des Ost-West-Konflikts.

17.6. EU-Gipfel in Amsterdam: Einigung auf die Grundzüge einer gemeinsamen Außen- und Sicherheitspolitik.

25.8. Haftstrafen im »Politbüro-Prozeß« für Egon Krenz, Günter Schabowski und Günther Kleiber.

21.9. Wahlen zur Hamburger Bürgerschaft; die SPD verliert 4,2 %; schlechtestes Ergebnis der Nachkriegszeit.

10.12. Die deutsche Telekom schließt den Aufbau des Telefonnetzes in Ostdeutschland offiziell ab. Sie hat 50 Mrd. DM investiert; die Zahl der Telefonanschlüsse hat sich von 1990 bis Ende 1997 von 1,9 Mio. auf 8,7 Mio. erhöht.

13.12. EU-Gipfel in Luxemburg: Polen, Ungarn, Tschechien, Slowenien, Estland und Zypern werden zu Beitrittsverhandlungen eingeladen.

16.12. Beitritt Polens, Ungarns und Tschechiens zur NATO (am 12. 3. 1999 in Kraft).

1998

5.2. Mit 4,823 Mio. Arbeitslosen neuer Rekord.

1.3. Landtagswahlen in Niedersachsen. Die SPD erreicht mit 47,9 % der Stimmen das beste Ergebnis seit Gründung des Landes (plus 3,6 %). Ministerpräsident Gerhard Schröder wird am nächsten Tag von der SPD zum Kanzlerkandidaten nominiert.

18.3. Unter dem Schlagwort »Agenda 2000« legt die EU-Kommission ein umfassendes Reformpaket für die Agrar-, Struktur- und Finanzpolitik der Europäischen Union vor.

1.4. Entsprechend dem zweiten Schengener Abkommen entfallen die Personenkontrollen auch an den Grenzübergängen zwischen Deutschland, Österreich und Italien.

17.4. Gerhard Schröder vom SPD-Sonderparteitag in Leipzig zum Kanzlerkandidaten gewählt.

23.4. Der Bundestag billigt mit 575 gegen 35 Stimmen bei fünf Enthaltungen die Einführung des Euro.

26.4. Landtagswahl in Sachsen-Anhalt. Die rechtsextreme Deutsche Volksunion (DVU) mit 12,9 % erstmals in einem ostdeutschen Landesparlament.

3.5. Die Staats- und Regierungschefs der EU bestimmen in Brüssel als Beginn der Europäischen Währungsunion mit elf Ländern den 1. 1. 1999.

26.5. SPD-Minderheitsregierung in Sachsen-Anhalt; von der PDS toleriert. Ministerpräsident wird erneut Reinhard Höppner.

27.5. Der Landtag von Nordrhein-Westfalen wählt Wolfgang Clement (SPD) zum neuen Ministerpräsidenten als Nachfolger von Johannes Rau.

1.6. Errichtung der Europäischen Zentralbank (EZB) in Frankfurt am Main.

3.6. Schwerstes Zugunglück in der Geschichte der Bundesrepublik bei Eschede; 101 Menschen kommen ums Leben.

19.6. Der Bundestag billigt die Verlängerung des Bundeswehreinsatzes (3000 Soldaten) in Bosnien.

10.8. Der Bundesgerichtshof in Leipzig hebt die Verurteilung des früheren DDR-Unterhändlers Wolfgang Vogel wegen Erpressung Ausreisewilliger auf. Die Urteile wegen Meineides und Urkundenfälschung bleiben aufrecht.

13.9. Bei der Landtagswahl in Bayern verteidigt die CSU mit 52,9 % der Stimmen ihre absolute Mehrheit.

27.9. Bundestagswahl: SPD und Bündnis 90/Die Grünen erringen zusammen die absolute Mehrheit an Mandaten (SPD 40,9 %, CDU/CSU 35,2 %, Grüne 6,7 %, FDP 6,2 %, PDS 5,1 %).

17.10. Großer Zapfenstreich für den scheidenden Bundeskanzler Helmut Kohl.

27.10. Rot-grüne Koalitionsregierung. Gerhard Schröder (SPD) wird mit 351 von 666 Stimmen vom Bundestag zum 7. Kanzler der Bundesrepublik Deutschland gewählt. Joschka Fischer (Bündnis 90/Die Grünen) wird Außenminister.

3.11. Erste SPD/PDS-Koalitionsregierung in Mecklenburg-Vorpommern. Ministerpräsident wird Harald Ringstorff.

7.11. Wolfgang Schäuble wird als Nachfolger von Helmut Kohl zum Vorsitzenden der CDU gewählt.

10.11. Regierungserklärung von Gerhard Schröder. Bekämpfung der Arbeitslosigkeit primäres Ziel der rot-grünen Bundesregierung.

13.11. Der Bundestag billigt die deutsche Beteiligung an der NATO-Luftüberwachung im Kosovo.

19.11. Der Bundestag billigt die Beteiligung von bis zu 250 Soldaten an der NATO-Schutztruppe »Extraction Force« für die OSZE-Beobachter im Kosovo; sie sollen in Mazedonien stationiert werden.

25.11. Das Bundeskabinett tagt erstmals in Berlin.

1999

1.1. Einführung des Euro als Buchgeld.

7.2. Machtwechsel bei der Landtagswahl in Hessen: CDU und FDP erreichen zusammen zwei Abgeordnetenmandate mehr als die bisherigen

Regierungsparteien SPD und Bündnis 90/Die Grünen. Neuer Ministerpräsident wird Roland Koch (CDU).

25.2. Der Bundestag stimmt für die Teilnahme von rund 5000 Soldaten an einer internationalen Friedenstruppe unter Führung der NATO im Kosovo.

11.3. Oskar Lafontaine (SPD) tritt überraschend als Bundesfinanzminister und auch als Parteivorsitzender zurück. Als Grund nennt er drei Tage später das »schlechte Mannschaftsspiel« innerhalb der Regierung.

12.3. Polen, Ungarn und Tschechien Mitglieder der NATO.

24.3. In den Abendstunden beginnt die NATO mit den ersten Luftangriffen auf Jugoslawien.

26.3. Die EU-Staats- und Regierungschefs verabschieden in Berlin die »Agenda 2000«, Grundlage für die geplante Erweiterung der EU: Die Garantiepreise für Mehl, Getreide und Rindfleisch sollen um bis zu 30 % gekürzt werden.

12.4. Auf dem SPD-Sonderparteitag in Bonn wird Gerhard Schröder zum Parteivorsitzenden gewählt.

12.4. Der abgewählte hessische Ministerpräsident Hans Eichel (SPD) wird als Nachfolger von Oskar Lafontaine zum Bundesfinanzminister ernannt.

19.4. Bundesregierung und Bundestag ziehen nach Berlin um.

19.4. Erste reguläre Sitzung des Deutschen Bundestages im umgebauten Reichstagsgebäude in Berlin.

29.4. Die EU beschließt ein Öl-Embargo gegen Jugoslawien.

23.5. Johannes Rau (SPD) wird zum neuen Bundespräsidenten gewählt.

4.6. NATO-Generalsekretär Javier Solana wird EU-Vertreter für die »Gemeinsame Außen- und Sicherheitspolitik (GASP)«.

10.6. Nach 79 Tagen Ende des Krieges der NATO gegen Jugoslawien. Bildung einer internationalen Kosovo-Friedenstruppe.

12.6. Die KFOR-Friedenstruppe rückt im Kosovo ein.

13.6. Wahlen zum Europäischen Parlament. Konservative und Christdemokraten lösen die Sozialdemokraten und Sozialisten als führende Kraft ab.

25.6. Der Bundestag billigt den Plan des US-Architekten Peter Eisenman für ein Holocaust-Mahnmal in Berlin südlich des Brandenburger Tores.

1.7. Abschied des Bundestages von Bonn.

23.8. Bundeskanzler Gerhard Schröder nimmt seine Arbeit im neuen Parlaments- und Regierungssitz in Berlin auf – im ehemaligen Staatsratsgebäude der DDR.

2.9. Der frühere Berliner Grenzbahnhof Friedrichstraße wird nach vierjähriger Renovierung neu eröffnet.

5.9. Landtagswahlen in Brandenburg; die SPD verliert 14,8 %.

5.9. Landtagswahlen im Saarland; die SPD verliert nach 14 Jahren die absolute Mehrheit an die CDU.

12.9. Landtagswahlen in Thüringen; die CDU unter Ministerpräsident Bernhard Vogel gewinnt mit 51,0 % der Stimmen die absolute Mehrheit. Die SPD rutscht mit 18,5 % (minus 11,1 %) auf den dritten Platz hinter die PDS (21,3 %).

19.9. Landtagswahlen in Sachsen; die CDU unter Kurt Biedenkopf verteidigt mit 56,9 % die absolute Mehrheit.

29.9. Peter Müller (CDU) neuer Ministerpräsident des Saarlandes.
10.10. Wahl zum Berliner Abgeordnetenhaus. CDU 40,8 %, SPD 22,4 %, PDS 17,7 %, Bündnis 90/Die Grünen 9,9 %.
18.10. Solana tritt sein Amt als außenpolitischer Koordinator der EU an.
8.11. Der Bundesgerichtshof bestätigt die Haftstrafen gegen Egon Krenz, Günter Schabowski und Günther Kleiber.
26.11. Niedersachsens Ministerpräsident Gerhard Glogowski (SPD) tritt zurück.
30.11. Helmut Kohl räumt die Existenz »schwarzer« Konten der Partei während seiner Amtszeit als CDU-Vorsitzender ein und übernimmt dafür die politische Verantwortung.
2.12. Der Bundestag setzt einen Untersuchungsausschuß »Parteispenden und Waffenhandel« ein.
9.12. Koalition aus CDU und SPD in Berlin; Eberhard Diepgen (CDU) wieder Regierender Bürgermeister.
17.12. Sigmar Gabriel (SPD) neuer Ministerpräsident von Niedersachsen.
17.12. Die Zwangsarbeiter aus der NS-Zeit erhalten von Deutschland eine Entschädigung; insgesamt 10 Milliarden DM.

2000

1.1. Staatsangehörigkeitsgesetz in Kraft; doppelte Staatsangehörigkeit bis zum 23. Lebensjahr möglich.
15.2. Bundestagspräsident Wolfgang Thierse (SPD) verpflichtet die CDU zur Rückzahlung von 41,3 Millionen DM an die Bundeskasse, da die Partei in ihrem Rechenschaftsbericht von 1998 das Vermögen nicht aufgeführt hat, das die hessische CDU heimlich ins Ausland geschafft hatte.
23.2. Der US-Unterhändler Stuart Eizenstat, der Beauftragte der Bundesregierung, Otto Graf Lambsdorff, die osteuropäischen Staaten und jüdische Organisationen erreichen einen Kompromiß bei den Verhandlungen über die Verteilung der insgesamt 10 Milliarden DM zur Entschädigung ehemaliger NS-Zwangsarbeiter.
10.4. Die CDU wählt auf ihrem Parteitag Angela Merkel mit 95,9 % der Delegiertenstimmen zur neuen Bundesvorsitzenden und Nachfolgerin von Wolfgang Schäuble. Merkel zum Abschluß des Parteitages: »Wir sind wieder da.«
12.5. In einer Grundsatzrede zur Europapolitik spricht sich Bundesaußenminister Joschka Fischer (Bündnis 90/Die Grünen) für die Gründung einer europäischen Föderation von Nationalstaaten aus, die zunächst aus einem Kern von wenigen Staaten bestehen solle (»persönliche Vision«).
21.5. Ex-Stasi-Chef Erich Mielke stirbt.
31.5. Das Bundeskabinett billigt die von Arbeitsminister Walter Riester (SPD) erarbeitete Green-Card-Regelung für ausländische Computer-Experten.
8.6. Der Bundestag verlängert das Kosovo-Mandat der Bundeswehr.
15.6. »Atomausstieg«: Die rot-grüne Bundesregierung und die großen Stromunternehmen einigen sich auf einen Kompromiß zum Ausstieg aus der Atomenergie. Das Abkommen legt eine Gesamtstrommenge fest, die einer Laufzeit von 32 Jahren seit Beginn des Betriebs der Atomkraftwerke entspricht.
6.7. Der Bundestag beschließt mit 556 gegen 42 Stimmen bei 22 Enthal-

tungen das Gesetz zur Einrichtung einer Entschädigungsstiftung für NS-Zwangsarbeiter in Höhe von 10 Milliarden DM (am 17.7. wird das Abkommen in Berlin unterzeichnet).

14.9. In der Presse werden die Opfer rechtsextremer Gewalttaten in Deutschland während der letzten zehn Jahre veröffentlicht. Danach gab es seit Oktober 1990 93 Todesfälle, weit mehr als offiziell zugegeben. Bundesinnenminister Otto Schily räumt daraufhin Defizite bei der Erfassung rassistischer und fremdenfeindlicher Übergriffe ein.

2./3.10. In der Nacht zum 3.10. verüben unbekannte Täter einen Brandanschlag auf die Synagoge in Düsseldorf.

18.10. Die PDS-Kommunalpolitikerin Bärbel Grygier wird mit 37 von 66 Stimmen zur ersten Bürgermeisterin der Partei in einem Westteil Berlins gewählt.

28.10. In Düsseldorf demonstrieren 25 000 Menschen gegen rechte Gewalt.

24.11. Der erste Fall von Rinderwahnsinn BSE in Deutschland. Der Markt bricht daraufhin im Dezember etwa um die Hälfte ein.

7.–9.12. Treffen der EU-Regierungs- und Staatschefs in Nizza.

2001

9.1. Bundesgesundheitsministerin Andrea Fischer und Landwirtschaftsminister Karl-Heinz Funke treten wegen der BSE-Krise zurück. Renate Künast (Grüne) wird neue »Bundes-Verbraucherschutz-Ministerin«.

20.1. George W. Bush 43. Präsident der USA.

30.1. Die Bundesregierung beantragt vor dem Bundesverfassungsgericht in Karlsruhe das Verbot der NPD.

30.3. Bundestag und Bundesrat stellen NPD-Verbotsantrag in Karlsruhe.

11.6. »Atomkonsens«. Bundesregierung und Energieversorgungs-Unternehmen unterzeichnen in Berlin die im Jahr zuvor getroffene Vereinbarung über den schrittweisen Atomausstieg bis 2021.

16.6. Berlins Regierender Bürgermeister Eberhard Diepgen (CDU) wird vom Abgeordnetenhaus mit den Stimmen von SPD (Koalitionspartner), Bündnis 90/Die Grünen und PDS gestürzt; zum Nachfolger wird Klaus Wowereit (SPD) gewählt.

17.8. Bundeskanzler Gerhard Schröder bereist wie im Jahr zuvor die neuen Bundesländer (»Häuptling Ruhige Hand in Neu-Ostland«).

19.8. Michael Schumacher wird zum vierten Mal Formel-1-Weltmeister.

21./22.8. Gerhard Schröder besucht Tschechien.

23.8. Die Bundesregierung beschließt die Beteiligung von 500 deutschen Soldaten am NATO-Einsatz »Essential Harvest« in Mazedonien, der die freiwillige Entwaffnung der UCK-Rebellen sichern und organisieren soll.

29.8. Der Bundestag beschließt mit großer Mehrheit die Teilnahme deutscher Soldaten am NATO-Einsatz in Mazedonien. Erstmals verfügten SPD und Grüne dabei über keine eigene Mehrheit. Die PDS stimmt geschlossen dagegen.

11.9. Terrorangriffe in New York und Washington.

23.9. Wahlen zur Hamburger Bürgerschaft.

7.10. Die USA beginnen Luftangriffe gegen Terroristenstützpunkte in Afghanistan.

9./10.10. Gerhard Schröder in Washington und New York. Wie schon zuvor sichert er den USA im Kampf gegen den Terror »uneingeschränkte Solidarität« zu.

21.10. Wahlen zum Berliner Abgeordnetenhaus.

31.10. Ole von Beust (CDU) Erster Bürgermeister von Hamburg.

6.11. Die Bundesregierung erklärt sich bereit, 3900 Soldaten der Bundeswehr für den Kampf gegen den Terror bereitzustellen. Bundeskanzler Gerhard Schröder verknüpft die Zustimmung des Bundestages mit der Vertrauensfrage.

16.11. Mit zwei Stimmen Mehrheit gewinnt Schröder die Vertrauensfrage im Bundestag.

6.12. Abschluß der Afghanistan-Konferenz auf dem Petersberg bei Königswinter.

11.12. Bundesinnenminister Otto Schily (SPD) verbietet die extremistische Islam-Vereinigung »Kalifatstaat« in Köln.

14.12. Der Deutsche Bundestag beschließt mit den Stimmen der rot-grünen Koalition das Gesetz zur geordneten Beendigung der Kernenergienutzung (»Atomausstieg«).

14./15.12. Gipfeltreffen der EU-Staats- und Regierungschefs in Laeken; »Erklärung von Laeken«: Einsetzung eines Konvents für die Reform der EU.

21.12. Die Bundesregierung beschließt den Einsatz deutscher Soldaten in Afghanistan.

22.12. Der Bundestag stimmt dem Afghanistan-Einsatz mit großer Mehrheit zu (538 zu 35 bei 8 Enthaltungen).

2002

1.1. Euro-Banknoten und -Münzen im Umlauf.

11.1. Edmund Stoiber Kanzlerkandidat der CDU/CSU.

17.1. SPD und PDS bilden in Berlin eine Koalitionsregierung. Klaus Wowereit (SPD) im Amt als Regierender Bürgermeister erwartungsgemäß bestätigt.

30.1. Historische Entscheidung des Bundestages ermöglicht den Import embryonaler Stammzellen.

28.2. Nationale Banknoten und Münzen werden aus dem Verkehr gezogen.

28.2. Konstituierende Sitzung des Europäischen Konvents.

1.3. Der Deutsche Bundestag beschließt mit den Stimmen der rot-grünen Koalition das Zuwanderungsgesetz.

22.3. Eklat im Bundesrat wegen des Zuwanderungsgesetzes.

17.4. Der sächsische Ministerpräsident Kurt Biedenkopf (CDU) tritt nach elfeinhalb Jahren im Amt zurück. Zum Nachfolger wird am nächsten Tag der Anfang 2001 von Biedenkopf im Streit aus dem Amt des Finanzministers entlassene Georg Milbradt.

21.4. Landtagswahl in Sachsen-Anhalt. Schwere Niederlage der regierenden Sozialdemokraten: Die SPD erhält nur noch 20 % (1998: 35,9 %), CDU 37,3 % (22 %); PDS 20,4 % (19,6 %); FDP 13,3 % (4,2 %). Die »Schill-Partei« erhält 4,5 %. Die Wahlbeteiligung betrug 56,5 % (1998: 71,5 %).

20.6. Bundespräsident Johannes Rau unterschreibt das Zuwanderungsgesetz. Die unionsgeführten Länder Bayern, Hessen und Thüringen kündigen Klage vor dem Bundesverfassungsgericht an.

26.6. Brandenburgs Ministerpräsident Manfred Stolpe (SPD) tritt zurück. Nachfolger wird der SPD-Landesvorsitzende und Potsdamer Oberbürgermeister Matthias Platzeck.

4.7. Gegen den Widerstand der CDU/CSU verabschiedet der Bundestag das geänderte Stasi-Unterlagen-Gesetz.

18.7. Bundeskanzler Gerhard Schröder entläßt Verteidigungsminister Rudolf Scharping. Nachfolger wird der Vorsitzende der SPD-Bundestagsfraktion Peter Struck.

31.7. Rücktritt von Gregor Gysi.

22.9. Bundestagswahl.

Abkürzungsverzeichnis

Begriffe, Institutionen, Parteien

ABC-Waffen	Atomare, biologische, chemische Waffen
ACDP	Archiv für Christlich-Demokratische Politik, Sankt Augustin
ADN	Allgemeiner Deutscher Nachrichtendienst (DDR)
AfNS	Amt für Nationale Sicherheit (DDR)
APO	Außerparlamentarische Opposition
AS	Ausgabe Sicherheit
AV	Ausgabe Volkswirtschaft
AWACS	Airborne Warning And Control System
BAROV	Bundesamt zur Regelung offener Vermögensfragen
BGH	Bundesgerichtshof
BK	Bundeskanzler
BMG	Beteiligungs-Management-Gesellschaft
BND	Bundesnachrichtendienst
BRD	Bundesrepublik Deutschland
BStU	Bundesbeauftragte(r) für die Stasi-Unterlagen
BVS	Bundesanstalt für Vereinigungsbedingte Sonderaufgaben
BVVG	Bodenverwertungs- und -verwaltungsgesellschaft
CA	California
CDU	Christlich-demokratische Union Deutschlands
CIA	Central Intelligence Agency
CNN	Cable Network News
ČSSR	Tschechoslowakische Sozialistische Republik
CSU	Christlich-soziale Union (Deutschlands)
DA	Demokratischer Aufbruch/Deutschland Archiv
DBD	Demokratische Bauern Partei Deutschlands
DC	District of Columbia (Washington)
DDA	Der Demokratische Aufbruch
DDR	Deutsche Demokratische Republik
DEFA	Deutsche-Film-AG (DDR)
DFD	Demokratischer Frauenbund Deutschlands
DJ	Demokratie Jetzt
DKP	Deutsche Kommunistische Partei
DSU	Deutsche Soziale Union
DVU	Deutsche Volksunion
ECU	European Currency Unit
EEA	Einheitliche Europäische Akte

EG	Europäische Gemeinschaft
E. H.	Erich Honecker
EPZ	Europäische Politische Zusammenarbeit
EU	Europäische Union
EWS	Europäisches Währungssystem
EWU	Europäische Währungsunion
EZB	Europäische Zentralbank
FDGB	Freier Deutscher Gewerkschaftsbund
FDJ	Freie Deutsche Jugend
FDP	Freie Demokratische Partei
GASP	Gemeinsame Außen- und Sicherheitspolitik der EU
GG	Grundgesetz
GÜST	Grenzübergangsstelle
IFOR	(Peace) Implementation Forces
IM (MfS)	Inoffizieller Mitarbeiter
INF	Intermediate Nuclear Forces (Nukleare Mittelstreckenwaffen)
KB	Kulturbund der DDR
KFOR	Kosovo Force
Koko	Kommerzielle Koordination
KPdSU	Kommunistische Partei der Sowjetunion
KSE	Konventionelle Streitkräfte in Europa
KSZE	Konferenz für Sicherheit und Zusammenarbeit in Europa
KVAE-N	Konferenz über Vertrauensbildende Maßnahmen und Abrüstung in Europa – Nachfolge
LDPD	Liberal-demokratische Partei Deutschlands
MBFR	Mutual and Balanced Force Reductions
MdI	Ministerium des Innern
MfNV	Ministerium für Nationale Verteidigung
MfS	Ministerium für Staatssicherheit
MP	Ministerpräsident
NATO	North Atlantic Treaty Organization
NDPD	National-demokratische Partei Deutschlands
NRW	Nordrhein-Westfalen
NVA	Nationale Volksarmee
OibE(MfS)	Offizier in besonderem Einsatz
OSZE	Organisation für Sicherheit und Zusammenarbeit in Europa
PAP	Polska Agencja Prasowa (Polnische Presse-Agentur)
PDS	Partei des demokratischen Sozialismus
PISA	Programme for International Student Assessment
PR	Public Relations
RAF	Rote Armee Fraktion
RGW	Rat für Gegenseitige Wirtschaftshilfe
SDI	Strategic Defense Initiative
SDP	Sozialdemokratische Partei der DDR
SED	Sozialistische Einheitspartei Deutschlands
SMAD	Sowjetische Militäradministration in Deutschland
SPD	Sozialdemokratische Partei Deutschlands
START	Strategic Arms Reduction Talks (Verhandlungen über die Verringerung Strategischer Waffen)
StUG	Stasi-Unterlagen-Gesetz

SU	Sowjetunion
TLG	Treuhand-Liegenschafts-Gesellschaft
UCK	Ushtria Clirimtare E Kosoves (Kosovo Befreiungsarmee)
UK	United Kingdom
UKPV	Unabhängige Kommission zur Überprüfung der DDR-Parteivermögen
UNO	United Nations Organization
US	United States (of America)
VEB	Volkseigener Betrieb
VS	Verschlußsache
WEU	Westeuropäische Union
ZK	Zentralkomitee

Zeitschriften, Periodika

AAPD	Akten zur Auswärtigen Politik der Bundesrepublik Deutschland
AdG	Archiv der Gegenwart, Deutschland
BZ	Berliner Zeitung
DA	Deutschland Archiv
DaS	Diplomacy and Statecraft
DH	Diplomatic History
DzD	Dokumente zur Deutschlandpolitik
EA	Europa Archiv
FAZ	Frankfurter Allgemeine Zeitung
FRUS	Foreign Relations of the United States
GSR	German Studies Review
GWU	Geschichte in Wissenschaft und Unterricht
HZ	Historische Zeitschrift
PZG	Aus Politik und Zeitgeschichte, Beilage zur Wochenzeitung »Das Parlament«
VfZ	Vierteljahrshefte für Zeitgeschichte

Abbildungsnachweis

AlliiertenMuseum, Berlin: 24
Bundesbildstelle, Berlin: Titelbild, 9, 12, 19, 23, 27
Bundeskanzler a. D. Dr. Helmut Kohl: 18
Bundeszentrale für politische Bildung, Bonn: 13,14
Ch. Links Verlag, Berlin: 16
Institut für Zeitgeschichte, Innsbruck: 20, 21, 22
National Archives, Washington, D. C.: 1, 2, 3, 4, 5, 6, 7, 8, 10, 15, 17
Ronald Reagan Presidential Library, Simi Valley, CA: 11
Susanne Müller, Potsdam: 25
»The Los Angeles Daily News«; Extraausgabe vom 11. 9. 2001: 26

Dank

Bundeskanzler a. D. Dr. Helmut Kohl, Staatssekretär a. D. Dr. Rolf Lahr, Dr. Ludwig Biewer vom Politischen Archiv des Auswärtigen Amts in Berlin, Dr. Günter Buchstab vom Archiv für Christlich-Demokratische Politik in St. Augustin, Susanne Müller in Potsdam, die Bundeszentrale für politische Bildung in Bonn, die National Archives in Washington, D. C., das Public Record Office in London, die John F. Kennedy Library in Boston, Massachusetts, die Ronald Reagan Presidential Library in Simi Valley, Kalifornien, die Deutsche Presse-Agentur in Frankfurt/Main, das Bundesarchiv in Koblenz, die Bundesbildstelle in Berlin, das AlliiertenMuseum in Berlin, die Stiftung Archiv der Parteien und Massenorganisationen der ehemaligen DDR im Bundesarchiv in Berlin (wo ich im März/April 1990 Akten einsehen konnte, als es noch Zentrales Parteiarchiv der SED hieß und offiziell nach Erich Honeckers »Schießbefehl« gesucht wurde), der/die Bundesbeauftragte für die Unterlagen des Staatssicherheitsdienstes der ehemaligen DDR in Berlin, das Institut für Deutsche Geschichte der Universität Tel Aviv sowie die Verlage Schöningh in Paderborn, Oldenbourg in München, Ch. Links in Berlin, Dietz in Berlin und Bleicher in Gerlingen stellten freundlicherweise Dokumente und Bildmaterial zur Verfügung. Ihnen allen danke ich herzlich für ihre Unterstützung, genauso wie jenen Kolleginnen und Kollegen, deren Arbeiten ich benutzt habe, insbesondere die Akten- und Dokumenteneditionen (mit folgenden Zahlen im Literaturverzeichnis: 2, 14, 21, 23, 30, 31, 33, 34, 359).

Neben der schon erwähnten »Coron Chronik« (249) und dem »Archiv der Gegenwart« (248) war das Internet von A wie Amazon über Google und Perlentaucher bis Y wie Yahoo und zurück eine neue und erfreuliche, wenn auch manchmal etwas mühsame Erfahrung. Für die Kapitel 9 und 10 im Band 4 war dieses Medium besonders nützlich, und da vor allem die online-Ausgabe von »Frankfurter Allgemeine Zeitung«

(»FAZ-NET«) und »Süddeutsche Zeitung« (»Sueddeutsche.de«), jeweils mit Archiv. Aber auch andere Zeitungen, wie etwa die »Berliner Morgenpost« oder die »Neue Zürcher Zeitung«, waren sehr nützlich und haben zudem hervorragende online-Archive, in denen sich wunderbar – teils kostenlos, teils gegen eine geringe Gebühr – stöbern ließ und läßt.

Eva Plankensteiner und Ingrid Voggenberger danke ich für die professionelle Texterfassung, ihre Geduld und die vielen guten Ratschläge, Ulrike Scherpereel für das Einscannen der Dokumente, meinem Sohn Axel für das Einscannen der Bilder und Faksimiles und dafür, daß er die im Zeitgeschichte-Informations-System des Instituts für Zeitgeschichte der Universität Innsbruck unter http://zis.uibk.ac.at abrufbaren ergänzenden Dokumente (s. die Vorbemerkung) ins Netz gestellt hat. Mein besonderer Dank gilt Mag. Harald Dunajtschik, der nicht nur an seiner Dissertation über »Politik und die Fußballweltmeisterschaft 1954« arbeitet – Fertigstellung 2004 –, sondern auch mit kritischem Blick Manuskript und Druckfahnen gelesen und mehrmals dafür gesorgt hat, daß ein Fehler erst gar nicht zu einem wirklichen Fehler wurde. Sollten trotzdem welche übersehen worden sein, bin ganz allein ich dafür verantwortlich; für entsprechende Hinweise an mich – Rolf.Steininger@uibk.ac.at – wäre ich dankbar.

Last but not least danke ich Dr. Walter Pehle vom Fischer Taschenbuch Verlag für seine Geduld mit mir und seine unerschütterliche Überzeugungskraft, das Projekt abzuschließen: Seinem Argument, die Bände 1 und 2 würden erst dann wieder neu aufgelegt, wenn es auch die Bände 3 und 4 geben würde, war nicht zu widerstehen. In der Endphase der Produktion war seine Mitarbeiterin Anita Jantzer eine unentbehrliche Hilfe. Dafür möchte ich mich an dieser Stelle sehr herzlich bei ihr bedanken.

Personenregister

Sach- und Ortsregister

Geschichtswissenschaften
Eine Einführung
Herausgegeben von Christoph Cornelißen

Band 14566

Das unentbehrliche Kompendium
für Studienanfängerinnen und -anfänger.

Geschichtswissenschaften heute
Das Studium – Die Geschichtswissenschaft am Ende des 20. Jahrhunderts – Der Beruf des Historikers

Epochen der Geschichte
Antike – Mittelalter – Frühe Neuzeit – Geschichte seit 1789 – Zeitgeschichte

Klassische Felder der Geschichtswissenschaften
Politische Geschichte – Sozialgeschichte – Kulturgeschichte – Militärgeschichte – Wirtschaftsgeschichte – Osteuropäische Geschichte – Imperialgeschichte

Neue Felder der Geschichtswissenschaften
Mentalitätsgeschichte – Technikgeschichte – Geschichte der Erinnerungskulturen – Religionsgeschichte – Geschlechtergeschichte – Historische Anthropologie

Fischer Taschenbuch Verlag

fi 14566/1

Dan Diner
Das Jahrhundert verstehen
Eine universalhistorische Deutung
Band 14766

Was war das 20. Jahrhundert, und was bleibt von dieser Epoche? Dan Diner legt eine tiefenscharfe Deutung des Säkulums vor, das durch die Konfrontation von Werten und Ideologien geprägt wurde, dem aber auch die traditionellen Konflikte um nationale Hegemonieansprüche ihren Stempel aufdrückten.

»Auf dieses Buch wird man immer wieder zurückgreifen. Dan Diner ist sein Meisterwerk gelungen.«
Bruno Schoch, Die Weltwoche

Fischer Taschenbuch Verlag

fi 14766 / 1

Gesine Schwan

Politik und Schuld

Die zerstörerische Macht des Schweigens

Band 13404

Was bedeutet nicht verarbeitete Schuld für die politische Kultur einer Demokratie? Diese Frage mußte und muß die deutsche Gesellschaft in diesem Jahrhundert zweimal beantworten: nach 1945 und nach 1989. Die Autorin streitet mit ihrem Überblick über ein Menschheitsthema gegen die naive und falsche Hoffnung, daß unverarbeitete Schuld sich mit der Zeit, gewissermaßen biologisch, von selbst »auswachse«.

Fischer Taschenbuch Verlag

fi 13404 / 1

Untertan in Uniform

Militär und Militarismus im Kaiserreich 1871-1914

Quellen und Dokumente

Herausgegeben von Bernd Ulrich, Jakob Vogel und Benjamin Ziemann

Band 14903

Die Pickelhaube, vor der Zivilisten ehrfurchtsvoll erstarren, der schnarrende adlige Leutnant mit Monokel, hurrapatriotische Reservisten auf der Sedan-Feier – wenn es um die Rolle von Militär und Militarismus im deutschen Kaiserreich geht, können solche Stereotype den Zugang zur geschichtlichen Wirklichkeit eher verstellen als fördern.

Die kommentierten Dokumente dieses Bandes zeigen die zahlreichen Auswirkungen, die das Militär tatsächlich auf Lebenswelten und Politik hatte, und tragen dazu bei, ein anschauliches wie differenziertes Bild jener Epoche zu gewinnen.

Fischer Taschenbuch Verlag

fi 14903 / 1

Barbara Tuchman

Die Torheit der Regierenden

Von Troja bis Vietnam

Aus dem Amerikanischen von Reinhard Kaiser

Band 15394

Barbara Tuchman untersucht die vielleicht faszinierendste Paradoxie der Geschichte: die Verwirklichung einer Politik, die dem Eigeninteresse der Regierenden entgegensteht. Sie führt den Leser an vier entscheidende Schauplätze. Der erste ist der Trojanische Krieg. Gegen göttliche Omen und Beschwörungen aus den eigenen Reihen handelnd, ziehen die Trojaner das Pferd in ihre Mauern und verurteilen sich selbst zum Untergang. Das hölzerne Pferd ist das Symbol eines Wahns, der heute existenzgefährdend geworden ist. Die sechs Jahrzehnte päpstlicher Torheiten stellt sie im zweiten Abschnitt vor: Korruption, Amoral und Machthunger, die hochmütige Nichtachtung aller Proteste und Klagen, die zum Protestantismus und zu den Religionskriegen führten. Im dritten Kapitel erzählt sie, wie Georg III. und seine Regierung die Beziehungen zu den Siedlern in den amerikanischen Kolonien zerstörten. Die Verblendung der englischen Krone und ihrer Berater machte aus Untertanen Rebellen und besiegelte den Verlust eines Kontinents. Und schließlich analysiert sie Amerikas Verwicklung in Vietnam – von Franklin D. Roosevelts zögernder Unterstützung des französischen Kolonialismus in Indochina über die unsinnige Domino-Theorie bis zu Lyndon B. Johnsons törichtem Bestehen auf einem militärischen Sieg und der kaum verhüllten Niederlage der USA.

Fischer Taschenbuch Verlag

fi 15394 / 1

Ernst Klee

Auschwitz, die NS-Medizin und ihre Opfer

Band 14906

»Die Machthaber des Dritten Reiches boten
Medizinern etwas unerhört Verlockendes,
in der Welt bis dahin Einmaliges:
Statt Meerschweinchen, Laborratten
und Versuchskaninchen konnten sie Menschen
massenhaft zu Versuchszwecken benutzen.«

Ernst Klee

Für dieses Buch,
das auf Platz 1 der Sachbuch-Bestenliste
stand, erhielt Ernst Klee den
Geschwister-Scholl-Preis.

Fischer Taschenbuch Verlag

fi 14906 / 1

Harald Müller

Das Zusammenleben der Kulturen

Ein Gegenentwurf zu Huntington

Band 13915

Die Thesen des US-amerikanischen Politologen Samuel Huntington mit dem Schlüsselbegriff des »Kampfes der Kulturen« haben in den letzten Jahren großes Aufsehen erregt. Einer seiner qualifiziertesten Kritiker meldet sich nun zu Wort: Professor Dr. Harald Müller legt seinen »Gegenentwurf« vor. Kritisch betrachtet er Huntingtons Weltsicht, die geprägt ist von den angeblich feindseligen Zivilisationen, die den Westen bedrohen.

Müller zeigt, wie gefährlich und verführerisch es ist, vereinfachte Welt- und Feindbilder zu zeichnen oder sie zu übernehmen. Die Weltgesellschaft muss auf Kooperation setzen und nicht auf Konfrontation. In eindringlicher Weise macht der Autor deutlich, dass nicht der Kampf, sondern der Dialog der Kulturen eine friedliche Zukunft der Weltgemeinschaft garantieren kann – und dass dies ein durchaus realistischer Weg ist.

Fischer Taschenbuch Verlag

fi 13915 / 1

Wolfgang J. Mommsen

Bürgerliche Kultur und politische Ordnung

Künstler, Schriftsteller und Intellektuelle in der deutschen Geschichte 1830-1933

Band 14951

»Kultur« ist zu einem maßgebendem Leitbegriff der Geschichteswissenschaft geworden – wirkungsmächtiger als objektive soziale Strukturen erscheinen subjektive Erfahrungsmuster und ideelle Interessen.

Aus Anlaß des 70. Geburtstages von Wolfgang J. Mommsen werden mit diesem Band wichtige kulturgeschichtliche Arbeiten vorgelegt.

Fischer Taschenbuch Verlag

fi 14951 / 1

Eine Welt von Feinden
Der Große Krieg 1914-1918
Herausgegeben von Wolfgang Kruse

Band 13571

Der erste totale Krieg (1914-1918) führte nicht nur zu einer grundlegenden Umgestaltung der europäischen Landkarte, sondern mit dem Sturz der regierenden Monarchien auch zu einem einschneidenden Wandel der Herrschaftssysteme. Die damit einhergehenden mentalitäts-, ideologie- und kulturgeschichtlichen Veränderungsprozesse werden im internationalen Vergleich dargestellt.

Fischer Taschenbuch Verlag

fi 13571 / 1

Das Verdämmern der Macht
Vom Untergang großer Reiche
Herausgegeben von Richard Lorenz

Band 13534

Großreiche haben in allen Epochen das Schicksal der Menschheit bestimmt und waren doch sämtlich dem Schicksal des Untergangs geweiht. Wie kommt es, daß einstmals mächtige Imperien dem Verfall nicht entgehen konnten? Gibt es hier geschichtliche Gesetzmäßigkeiten, immer wieder zu beobachtende Ablaufmuster? Und was können wir, am Anfang eines neuen Jahrtausends stehend, daraus für das Verständnis unserer heutigen Welt lernen?

Fischer Taschenbuch Verlag

fi 13534 / 1

Christopher R. Browning

Judenmord

NS-Politik, Zwangsarbeit
und das Verhalten der Täter
284 Seiten. Gebunden

Nach wie vor werden in der Holocaust-Forschung zentrale Fragen kontrovers diskutiert: Wie entwickelte sich die nationalsozialistische »Judenpolitik« in den ersten Jahren des Krieges? Zu welchem Zeitpunkt überschritt das NS-Regime die historische Trennlinie von Bevölkerungsverschiebungen und -dezimierungen (»ethnischen Säuberungen«) zu einem Programm der totalen und systematischen Vernichtung? Auf welche Weise versuchten die NS-Behörden, die Vertreibungs- und Ausrottungspolitik mit der kriegsbedingten Notwendigkeit zu vereinbaren, jüdische Arbeitskraft auszubeuten? Was waren die Folgen im Alltagsleben der Zwangsarbeiter? Welchen Einfluss hatten die vielen lokalen »Machthaber«, welche Rolle spielten dem gegenüber die Vorgaben der Zentrale in Berlin? Welche neuen Erkenntnisse lassen sich über Verhalten und Motivation der Täter vor Ort gewinnen?

Das Buch präsentiert – klar und verständlich formuliert – die Summe von Brownings neuen Erkenntnissen zum Mord an den europäischen Juden.

S. Fischer

fi 1-005210 / 1